ŒUVRES
COMPLÈTES
DE BOSSUET

PUBLIÉES

D'APRÈS LES IMPRIMÉS ET LES MANUSCRITS ORIGINAUX

PURGÉES DES INTERPOLATIONS ET RENDUES A LEUR INTÉGRITÉ

PAR F. LACHAT

ÉDITION

RENFERMANT TOUS LES OUVRAGES ÉDITÉS ET PLUSIEURS INÉDITS

VOLUME XI

PARIS

LIBRAIRIE DE LOUIS VIVÈS, ÉDITEUR

RUE DELAMBRE, 5

1863

ŒUVRES COMPLÈTES
DE BOSSUET.

SERMONS.

VOLUME IV.

OEUVRES

COMPLÈTES

DE BOSSUET

PUBLIÉES

D'APRÈS LES IMPRIMÉS ET LES MANUSCRITS ORIGINAUX

PURGÉES DES INTERPOLATIONS ET RENDUES A LEUR INTÉGRITÉ

PAR F. LACHAT

ÉDITION

RENFERMANT TOUS LES OUVRAGES ÉDITÉS ET PLUSIEURS INÉDITS

VOLUME XI

PARIS

LIBRAIRIE DE LOUIS VIVÈS, EDITEUR

RUE DELAMBRE, 5

1863

Besançon, imprimerie d'Outhenin Chalandre fils.

SERMONS

POUR LES

FÊTES DE LA SAINTE VIERGE.

PREMIER SERMON

POUR LA

FÊTE DE LA CONCEPTION DE LA SAINTE VIERGE (a).

Tota pulchra es, amica mea. Cant. iv, 7.

Si le nom de Marie vous est cher, si vous aimez sa gloire, si vous prenez plaisir de célébrer ses louanges, chrétiens enfans de Marie, vous que cette Vierge très-pure assemble aujourd'hui en ce lieu, réjouissez-vous en Notre-Seigneur. Demain luira au monde cette sainte et bienheureuse journée en laquelle l'ame de Marie, cette ame prédestinée à la plénitude des graces et au plus haut

---

(a) Dieu fait des choses contre l'ordre commun.
Les graces faites à Marie sont sans conséquence.
Faut distinguer Jésus-Christ d'avec Marie, mais aussi Marie d'avec les autres, afin que le péché soit vaincu partout. Le futur appartient à Dieu (Tertullien). Il agit en homme avant l'incarnation (*idem*) : donc en fils avant qu'elle soit.
Réflexion sur le vice de notre origine et sur la foiblesse de la convoitise. La nature se perd en présumant de soi; ne veut guérir. Nous ne voulons le bien qu'imparfaitement. La loi, les préceptes, appareil externe. Il faut un remède au dedans, la grace. Volonté imparfaite, et non pleine. Maladie de la nature.

Prêché vers 1650, dans la confrérie du Rosaire, au collége de Navarre, à Paris.
Bossuet avoit la piété la plus tendre et la plus élevée pour la sainte Vierge; ni les docteurs ni les Pères, aucun écrivain n'a parlé de sa douceur et de sa clémence dans un langage plus touchant, aucun n'a relevé ses grandeurs avec plus de force et plus d'éloquence. Sa pieuse mère l'offrit dès son enfance à cette gracieuse Reine du ciel et de la terre ; et le docte Cornet, qui dirigea ses études à Paris, le reçut de bonne heure dans la confrérie du Rosaire érigée au collége de Navarre en son honneur. En 1648, il prêcha sur l'incomparable Vierge, Mère de Dieu et Mère des hommes, un sermon qui fit une sensation profonde. Lorsqu'il eut reçu le diaconat, en 1649, à l'âge de 22 ans, il fut nommé directeur de

degré de la gloire, fut premièrement unie à un corps, mais à un corps dont la pureté qui ne trouve rien de semblable même parmi les esprits angéliques, attirera quelque jour sur la terre le chaste Epoux des ames fidèles. Il est donc bien juste, mes Frères, que nous passions cette solennité avec une joie toute spirituelle. Loin de cette conception les gémissemens et les pleurs qui doivent accompagner les conceptions ordinaires! Celle-ci est toute pure et toute innocente. Non, non, ne le croyez pas, chrétiens, que la corruption générale de notre nature ait violé la pureté de la Mère que Dieu destinoit à son Fils unique. C'est ce que je me propose de vous faire voir dans cette méditation, dans laquelle je vous avoue que je ne suis pas sans crainte. De tant de diverses matières que l'on a accoutumé de traiter dans les assemblées ecclésiastiques, celle-ci est sans doute la plus délicate. Outre la difficulté du sujet, qui fait certainement de la peine aux plus habiles prédicateurs, l'Eglise nous ordonne de plus une grande circonspection et une retenue extraordinaire. Si j'en dis peu, je prévois que votre piété n'en sera pas satisfaite; que si j'en dis beaucoup, peut-être sortirai-je des bornes que les saints canons me prescrivent. Je ne sais quel instinct me pousse à vous assurer que cette conception est sans tache, et je n'ose vous l'assurer d'une certitude infaillible. Il faudra tenir un milieu qui sera peut-être un peu difficile. Disons néanmoins, chrétiens, disons à la gloire de Dieu que

la même confrérie du Rosaire. Il remplit pendant trois ans, jusqu'en 1652, les devoirs de cette charge avec autant de zèle et de piété que de science et de talent. Il prêchoit tous les samedis, dans la chapelle du collége; et chacun de ses discours ajoutoit à l'admiration de ses condisciples, en même temps que ses maîtres en déposoient le souvenir dans les *Mémoires* de l'établissement. C'est alors que Bossuet prêcha la plupart de ses sermons sur la Sainte Vierge.

Celui qu'on va lire appartient à cette période. On y remarquera les expressions suivantes : « Est-ce point? seroit-ce pas? avons-nous point crié? ès siècles des siècles, manier dextrement, le venin et la perte se coulent dans notre nature, le diable pénètre jusqu'aux ventres de nos mères, le péché alloit gâter cette sainte Vierge, purger de ce péché d'origine, dépouiller les ordures de notre première nativité, » etc. Ces expressions révèlent manifestement une des premières compositions sorties de la plume de Bossuet.

On verra que l'habile théologien procède avec la plus grande circonspection. C'est que l'Eglise n'avoit pas encore défini, comme article de foi, le dogme de l'immaculée Conception; elle défendoit même de condamner l'opinion contraire. Cependant, comme on le verra dans le second sermon, déjà Bossuet disoit anathème à qui nie la plus sublime prérogative de Marie.

la bienheureuse Marie n'a pas ressenti les atteintes du péché commun de notre nature. Disons-le autant que nous pourrons avec force; mais disons-le toutefois avec un si juste tempérament que nous ne nous éloignions pas de la modestie. Ainsi les fidèles seront contens; ainsi l'Eglise sera obéie. Nous satisferons tout ensemble à la tendre piété des enfans et aux sages règlemens de la mère.

Il y a certaines propositions étranges et difficiles, qui pour être persuadées, demandent que l'on emploie tous les efforts du raisonnement et toutes les inventions de la rhétorique. Au contraire il y en a d'autres qui jettent au premier aspect un certain éclat dans les ames, qui fait que souvent on les aime avant même que de les connoître. De telles propositions n'ont pas presque besoin de preuves. Qu'on lève seulement les obstacles, que l'on éclaircisse les objections, (a) l'esprit s'y portera de soi-même et d'un mouvement volontaire. Je mets en ce rang celle que j'ai à établir aujourd'hui. Que la conception de la Mère de Dieu ait eu quelque privilége extraordinaire, que son Fils tout-puissant l'ait voulu préserver de cette peste commune qui corrompt toutes nos facultés, qui gâte jusqu'au fond de nos ames, qui va porter la mort jusqu'à la source de notre vie; qui ne le croiroit, chrétiens? Qui ne donneroit de bon cœur son consentement à une opinion si plausible? Mais il y a, dit-on, beaucoup d'objections importantes, qui ont ému de grands personnages. Eh bien, pour satisfaire les ames pieuses, tâchons de résoudre ces objections; par ce moyen j'aurai fait la meilleure partie de ma preuve. Après cela sans doute il ne sera pas nécessaire de vous presser davantage: sitôt que vous aurez vu les difficultés expliquées, vous croirez volontiers que le péché originel n'a pas touché à Marie. Que dis-je, vous le croirez? vous en êtes déjà convaincus; et tout ce que j'ai à vous dire ne servira qu'à vous confirmer dans cette pieuse créance.

PREMIER POINT.

Il n'est pas, ce me semble, fort'nécessaire d'exposer ici une vérité qui ne doit être ignorée de personne. Vous le savez, fidèles,

(a) *Note Marg.* : S'il s'en présente quelques-unes.

qu'Adam notre premier père s'étant élevé contre Dieu, il perdit aussitôt l'empire naturel qu'il avoit sur ses appétits. La désobéissance fut vengée par une autre désobéissance (*a*). Il sentit une rébellion à laquelle il ne s'attendoit pas; et la partie inférieure s'étant inopinément soulevée contre la raison, il resta tout confus de ce qu'il ne pouvoit la réduire. Mais ce qui est de plus déplorable, c'est que ces convoitises brutales qui s'élèvent dans nos sens à la confusion de l'esprit aient si grande part à notre naissance. De là vient qu'elle a je ne sais quoi de honteux, à cause que nous venons tous de ces appétits déréglés qui firent rougir notre premier père. Comprenez, s'il vous plaît, ces vérités; et épargnez-moi la pudeur de repasser encore une fois sur des choses si pleines d'ignominie, et toutefois sans lesquelles il est impossible que vous entendiez ce que c'est que le péché d'origine. Car c'est par ces canaux que le venin et la peste se coulent dans notre nature; qui nous engendre nous tue; nous recevons en même temps et de la même racine, et la vie du corps et la mort de l'ame; la masse de laquelle (*b*) nous sommes formés étant infectée dans sa source, elle empoisonne notre ame par sa funeste contagion. C'est pourquoi le Sauveur Jésus voulant comme toucher au doigt la cause de notre mal, dit en *saint Jean*, chapitre III, que ce qui naît de la chair est chair : » *Quod natum est ex carne, caro est* [1]. La chair en cet endroit, selon la phrase de l'Ecriture, signifie la *concupiscence*. C'est donc comme si notre Maître avoit dit plus expressément : O vous, hommes misérables, qui naissez de cette révolte et de ces inclinations corrompues qui s'opposent à la loi de Dieu, vous naissez par conséquent rebelles contre lui et ses ennemis : *Quod natum est ex carne, caro est*. Telle est la pensée (*c*) de Notre-Seigneur; et c'est ainsi, si je ne me trompe, que l'explique saint Augustin [2], celui qui de tous les Pères a le mieux entendu les maladies de notre nature.

Que dirons-nous donc maintenant de la bienheureuse Marie? Il est vrai qu'elle a conçu étant vierge; mais elle n'a pas été conçue d'une vierge. Cet honneur n'appartient qu'à son Fils. Pour elle,

---

[1] *Joan.*, III, 6. — [2] *Aug., in Joan.*, tract. XII.
(*a*) *Var.* : Par la désobéissance. — (*b*) Dont. — (*c*) Le raisonnement.

dont la conception s'est faite par les voies ordinaires, comment évitera-t-elle la corruption qui y est inséparablement attachée? Car enfin l'apôtre saint Paul parle en termes si universels de cette commune malédiction de toute notre nature, que ses paroles semblent ne pouvoir souffrir aucune limitation. « Tous ont péché, dit-il; et tous sont morts en Adam, et tous ont péché en Adam [1]. » Et il y a beaucoup d'autres paroles semblables, non moins fortes, ni moins générales. Où chercherons-nous donc un asile à la bienheureuse Marie, où nous puissions la mettre à couvert d'une condamnation si universelle? Ce sera entre les bras de son Fils, ce sera dans la toute-puissance divine, ce sera dans cette source infinie de miséricorde qui jamais ne peut être épuisée. Vous avez, ce me semble, bien compris la difficulté. Je l'ai proposée dans toute sa force, du moins selon mon pouvoir. Ecoutez maintenant la réponse, et suivez attentivement ma pensée. Je dirai les choses en peu de mots, parce que je vois que je parle ici à des personnes intelligentes.

Certes il faut l'avouer, chrétiens; Marie étoit perdue tout ainsi que les autres hommes, si le Médecin miséricordieux qui donne la guérison à nos maladies, n'eût jugé à propos de la prévenir de ses graces. Ce péché qui ainsi qu'un torrent se déborde sur tous les hommes, alloit gâter cette sainte Vierge de ses ondes empoisonnées. Mais il n'y a point de cours si impétueux, que la toute-puissance divine n'arrête quand il lui plaît. Considérez le soleil, avec quelle impétuosité il parcourt cette immense carrière qui lui a été ouverte par la Providence. Cependant vous n'ignorez pas que Dieu ne l'ait fixé autrefois au milieu du ciel à la seule parole d'un homme. Ceux qui habitent près du Jourdain, ce fleuve célèbre de la Palestine, savent avec quelle rapidité il se décharge dans la mer Morte, du moins si je ne me trompe dans la description de ces lieux. Néanmoins toute l'armée d'Israël l'a vu remonter à sa source, pour faire passage à l'arche où reposoit le Seigneur tout-puissant. Est-il rien de plus naturel que cette influence de chaleur dévorante qui sort du feu dans une fournaise? Et l'impie Nabuchodonosor n'a-t-il pas admiré trois bénis enfans qui se

[1] *Rom.*, v, 12.

jouoient au milieu des flammes, que ses satellites impitoyables avoient vainement irritées? Nonobstant tous ces exemples illustres, ne peut-on pas dire véritablement qu'il n'y a point de feu qui ne brûle, et que le soleil roule dans les cieux d'un mouvement éternel, et qu'il ne se rencontre aucun fleuve qui retourne jamais à sa source? Nous tenons tous les jours de semblables propos, sans que nous en soyons empêchés (a) par ces fameux exemples, bien qu'ils ne soient ignorés de personne. Et d'où vient cela, chrétiens? C'est que nous avons accoutumé de parler selon le cours ordinaire des choses; et Dieu se plaît d'agir quelquefois selon les lois de sa toute-puissance, qui est au-dessus de tous nos discours.

Ainsi je ne m'étonne pas que le grand apôtre saint Paul ait prononcé si généralement que le péché de notre premier père a fait mourir tous ses descendans. En effet selon la suite naturelle des choses que l'Apôtre consideroit en ce lieu, être né de la race d'Adam à la façon ordinaire, enfermoit infailliblement le péché. Il n'est pas plus naturel au feu de brûler qu'à cette damnable concupiscence d'infecter tout ce qu'elle touche, d'y porter la corruption et la mort. Il n'est point (b) de poison plus présent, ni de peste plus pénétrante. Mais je dis que ces malédictions (c) si universelles, que toutes ces propositions si générales qu'elles puissent être, n'empêchent pas les réserves que peut faire le souverain, ni les coups d'autorité absolue. Et quand est-ce, ô grand Dieu! que vous userez plus à propos de cette puissance qui n'a point de bornes et qui est sa loi elle-même? Quand est-ce que vous en userez, sinon pour faire grace à Marie?

Je sais bien que quelques docteurs assurent que c'est imprudence de vouloir apporter quelques restrictions à des paroles si générales: cela, disent-ils, tire à conséquence. Mais, ô mon Sauveur! quelles conséquences? Pesez, s'il vous plaît, ce raisonnement. Ces conséquences ne sont à craindre qu'où il y peut avoir quelque sorte d'égalité. Par exemple, vous méditez d'accorder quelque grace à une personne d'une condition médiocre; vous

---

(a) *Var.*: Sans que ces fameux exemples nous en empêchent. — (b) Il n'y a point. — (c) Mais ces malédictions.

avez à y prendre garde; cela peut tirer à conséquence, beaucoup d'autres par cet exemple prétendront la même faveur. Mais parcourez tous les chœurs des anges, considérez attentivement tous les ordres des bienheureux, voyez si vous trouverez quelque créature (*a*) qui ose, je ne dis pas s'égaler, mais même en aucune manière se comparer à la sainte Vierge. Non : ni l'obéissance des patriarches, ni la fidélité des prophètes, ni le zèle infatigable des saints apôtres, ni la constance invincible des martyrs, ni la pénitence persévérante des saints confesseurs (*b*), ni la pureté inviolable des vierges, ni cette grande diversité de vertus que la grace divine a répandues dans les différens ordres des bienheureux (*c*), n'a rien qui puisse tant soit peu approcher de la très-heureuse Marie. Cette maternité glorieuse, cette alliance éternelle qu'elle a contractée avec Dieu, la met dans un rang tout singulier qui ne souffre aucune comparaison. Et dans une si grande inégalité quelle conséquence pouvons-nous craindre? Montrez-moi une autre Mère de Dieu, une autre Vierge féconde; faites-moi voir ailleurs cette plénitude de grace, cet assemblage de vertus divines, une humilité si profonde dans une dignité si auguste, et toutes les autres merveilles que j'admire en la sainte Vierge; et puis dites, si vous voulez, que l'exception que j'apporte à une loi générale en faveur d'une personne (*d*) si extraordinaire, a des conséquences fâcheuses.

Et combien y a-t-il de lois générales dont Marie a été dispensée? N'est-ce pas une nécessité commune à toutes les femmes d'enfanter en tristesse et dans le péril de leur vie? Marie en a été exemptée. N'a-t-il pas été prononcé de tous les hommes généralement « qu'ils offensent tous en beaucoup de choses : » *In multis offendimus omnes* [1]? Y a-t-il aucun juste qui puisse éviter ces péchés de fragilité que nous appelons véniels? Et bien que cette proposition soit si générale et si véritable, l'admirable saint Augustin ne craint point d'en excepter la très-innocente Marie [2]. Certes si nous reconnoissions dans sa vie qu'elle eût été assujettie

---

[1] *Jac.*, III, 2. — [2] *De Natur. et grat.*, n. 42.

(*a*) *Var.* : Si vous en trouverez aucun. — (*b*) Ni la générosité des martyrs, ni la persévérance des confesseurs. — (*c*) A semées dans les différens ordres des prédestinés. — (*d*) A la considération d'une personne.

aux ordres communs, nous pourrions croire peut-être qu'elle auroit été conçue en iniquité, tout ainsi que le reste des hommes. Que si nous y remarquons au contraire une dispense presque générale de toutes les lois; si nous y voyons selon la foi orthodoxe, ou du moins selon le sentiment des docteurs les plus approuvés; si, dis-je, nous y voyons un enfantement sans douleur, une chair sans fragilité, des sens sans rébellion, une vie sans tache, une mort sans peine; si son époux n'est que son gardien, son mariage le voile sacré qui couvre et protége sa virginité, son Fils bienaimé une fleur que son intégrité a poussée; si lorsqu'elle le conçut, la nature étonnée et confuse crut que toutes ses lois alloient être à jamais abolies; si le Saint-Esprit tint sa place, et les délices de la virginité celle qui est ordinairement occupée par la convoitise : qui pourra croire qu'il n'y ait rien eu de surnaturel dans la conception de cette Princesse, et que ce soit le seul endroit de sa vie qui ne soit point marqué de quelque insigne miracle?

Vous me direz peut-être que cette innocence si pure, c'est la prérogative du Fils de Dieu; que de la communiquer à sa sainte Mère, c'est ôter au Sauveur l'avantage qui est dû à sa qualité. C'est le dernier effort des docteurs dont nous réfutons aujourd'hui les objections. Mais à Dieu ne plaise, ô mon Maître, qu'une si téméraire pensée puisse jamais entrer dans mon ame! Périssent tous mes raisonnemens, que tous mes discours soient honteusement effacés, s'ils diminuent quelque chose de votre grandeur! Vous êtes innocent par nature, Marie ne l'est que par grace; vous l'êtes par excellence, elle ne l'est que par privilége; vous l'êtes comme Rédempteur, elle l'est comme la première de celles que votre sang précieux a purifiées. O vous qui désirez qu'en cette rencontre la préférence demeure à Notre-Seigneur, vous voilà satisfaits, ce me semble. Quoi! si nous n'étions tous criminels par notre naissance, ne sauriez-vous que dire pour donner l'avantage au Sauveur? Si vous croyez avoir fait beaucoup de l'avoir mis au-dessus d'une infinité de coupables, ne trouvez pas mauvais si je tâche du moins de trouver une créature innocente à laquelle je le préfère, afin de faire voir que ce n'est pas notre crime seul qui lui donne la préférence.

Il est certes tout à fait nécessaire qu'il surpasse sa sainte Mère d'une distance infinie. Mais aussi ne jugez-vous pas raisonnable que sa Mère ait quelque avantage par-dessus le commun de ses serviteurs? Que répondrez-vous à une demande qui paroît si juste? Je ne me contente pas de ce que vous me dites, qu'elle a été sanctifiée devant sa naissance. Car encore que je vous avoue que c'est une belle prérogative, je vous prie de vous souvenir que c'est le privilége de saint Jean-Baptiste, et peut-être de quelque autre prophète. Or ce que je vous demande aujourd'hui, c'est que vous donniez, si vous le pouvez, quelque chose de singulier à Marie, sans toucher aux droits de Jésus. Pour moi j'y satisferai aisément, établissant trois degrés que chacun pourra retenir. Je dis que le Sauveur étoit infiniment au-dessus de cette commune corruption; pour Marie, elle y étoit soumise, mais elle en a été préservée : entendez ce mot, s'il vous plaît. Et à l'égard des autres saints, je dis qu'ils l'avoient effectivement contractée, mais qu'ils en ont été délivrés. Ainsi nous conservons la prérogative à la Mère, sans faire tort à l'excellence du Fils; ainsi nous voyons une juste et équitable disposition qui semble bien convenable à la Providence divine; ainsi le Sauveur Jésus, qui selon la doctrine des théologiens étoit venu en ce monde principalement pour purger les hommes de ce péché d'origine (a), en remporte une glorieuse victoire; il le dompte, il le met en fuite partout où il se peut retrancher.

Comment cela, chrétiens? L'induction en est claire. Ce vice originel règne dans les enfans nouvellement nés; Jésus l'y surmonte par le saint baptême. Ce n'est pas tout; le diable par ce péché pénètre jusqu'aux ventres de nos mères, et là tout impuissans que nous sommes il nous rend ennemis de Dieu. Jésus choisit quelques ames illustres qu'il purifie dans les entrailles maternelles, et là il défait encore le péché. Tels sont ceux que nous appelons sanctifiés devant la naissance, comme saint Jean, comme Jérémie selon le sentiment de quelques docteurs, comme saint Joseph peut-être selon la conjecture de quelques autres. Mais il reste un endroit, ô Sauveur, où le diable se vante d'être invin-

(a) *Var.* : De ce péché d'origine qui étoit le grand œuvre du diable.

cible. Il dit que l'on ne l'en peut chasser. C'est le moment de la conception, dans lequel il brave votre pouvoir. Il dit que si vous lui ôtez la suite, du moins il s'attache sans rien craindre à la source et à la racine. « Elevez-vous, Seigneur, et que vos ennemis disparoissent, et que ceux qui vous haïssent tombent et périssent devant votre face : » *Exurgat Deus, et dissipentur inimici ejus; et fugiant, qui oderunt eum, à facie ejus* [1] *!* Choisissez du moins une créature que vous sanctifiiez dès son origine, dès le premier instant où elle sera animée; faites voir à notre envieux (a) que vous pouvez prévenir son venin par la force de votre grace; qu'il n'y a point de lieu où il puisse porter ses ténèbres infernales (b), d'où vous ne le chassiez par l'éclat tout-puissant de votre lumière. La bienheureuse Marie se présente fort à propos. Il sera digne de votre bonté, et digne de la grandeur d'une Mère si excellente, que vous lui fassiez ressentir les effets d'une protection spéciale.

Chers Frères, que vous en semble? que pensez-vous de cette doctrine? Vous paroît-elle pas bien plausible? Pour moi, quand je considère le Sauveur Jésus, notre amour et notre espérance, entre les bras de la sainte Vierge, ou suçant son lait virginal, ou se reposant doucement sur son sein, ou enclos dans ses chastes entrailles (mais je m'arrête à cette dernière pensée, elle convient beaucoup mieux à ce temps : dans peu de jours nous célébrerons la nativité du Sauveur, et nous le considérons à présent dans les entrailles de sa sainte Mère); quand donc je regarde l'Incompréhensible ainsi renfermé, et cette immensité comme raccourcie; quand je vois mon Libérateur dans cette étroite et volontaire prison, je dis quelquefois à part moi : Se pourroit-il bien faire que Dieu eût voulu abandonner au diable, quand ce n'auroit été qu'un moment, ce temple sacré qu'il destinoit à son Fils, ce saint tabernacle où il prendra un si long et si admirable repos, ce lit virginal où il célébrera des noces toutes spirituelles avec notre nature? C'est ainsi que je me parle à moi-même. Puis me retournant au

---

[1] *Psal.* LXVII, 1.

(a) *Var.* : A cet envieux. — (b) Qu'il ne puisse obscurcir par ses ténèbres infernales.

Sauveur : Bénit Enfant, lui dis-je, ne le souffrez pas, ne permettez pas que votre Mère soit violée. Ah! que si Satan l'osoit aborder pendant que demeurant en elle vous y faites un paradis, que de foudres vous feriez tomber sur sa tête! Avec quelle jalousie vous défendriez l'honneur et l'innocence de votre Mère! Mais, ô bénit Enfant, par qui les siècles ont été faits, vous êtes devant tous les temps; quand votre Mère fut conçue, vous la regardiez du plus haut des cieux; mais vous-même vous formiez ses membres, c'est vous qui inspirâtes ce souffle de vie qui anima cette chair dont la vôtre devoit être tirée; ah! prenez garde, ô Sagesse éternelle, que dans ce même moment elle va être infectée d'un horrible péché, elle va être en la possession de Satan; détournez ce malheur par votre bonté, commencez à honorer votre Mère, faites qu'il lui profite d'avoir un Fils qui est devant elle. Car enfin, à bien prendre les choses, elle est déjà votre Mère, et déjà vous êtes son Fils.

Fidèles, cette parole est-elle bien véritable? Est-ce point un excès de zèle qui nous fait avancer une proposition si hardie? Non certes : elle est déjà Mère, le Fils de Dieu est déjà son Fils : il l'est, non point en effet, non selon la révolution des choses humaines, mais selon l'ordre de Dieu, selon sa prédestination éternelle. Suivez, s'il vous plaît, ma pensée (*a*).

Quand Dieu dans son secret conseil a résolu quelque événement, longtemps devant qu'il paroisse l'Ecriture a accoutumé d'en parler comme d'une chose déjà accomplie. Par exemple : « Un petit Enfant nous est né, disoit autrefois Isaïe [1], parlant de Notre-Seigneur, et un Fils nous a été donné. » Que veut-il dire, mes Frères? Jésus-Christ n'étoit pas né de son temps. Mais ce saint homme considéroit qu'il n'en étoit pas de Dieu ainsi que des hommes, qui font tant de projets inutiles; au contraire, que sa volonté a un effet infaillible et inévitable. Ainsi ayant pénétré par les lumières d'en haut (*b*), dans ce grand dessein que le Père éternel méditoit d'envoyer son Fils au monde, il s'en réjouit en esprit et estime la chose déjà comme faite, à cause qu'il la voit résolue par un décret immuable. Et certes cette façon de parler est bien digne des saints

---

[1] *Isa.*, IX, 6.
(*a*) *Var.:* Ce raisonnement. — (*b*) Divines.

prophètes, et ressent tout à fait la majesté de celui qui les inspire. Car, comme remarque très-bien le grave Tertullien, « il est bienséant à la nature divine, qui ne connoît en soi-même aucune différence de temps, de tenir pour fait tout ce qu'elle ordonne, à cause que chez elle l'éternité fait régner une consistance toujours uniforme : » *Divinitati competit quæcumque decreverit ut perfecta reputare, quia non sit apud illam differentia temporis, apud quam uniformem statum temporum dirigit æternitas ipsa* [1]. Par conséquent il est vrai, et je ne me suis pas trompé quand je l'ai assuré de la sorte, que la très-sainte Vierge dès le premier instant de sa vie étoit déjà Mère du Sauveur, non pas selon le langage des hommes, mais selon la parole de Dieu, c'est-à-dire comme vous l'avez vu, selon la façon de parler ordinaire des Ecritures divines.

Et je fortifie ce raisonnement par une autre doctrine excellente des Pères, merveilleusement expliquée par le même Tertullien. C'est au livre II *contre Marcion*, où ce grand homme raconte que le Fils de Dieu ayant résolu de prendre notre nature (*a*) quand l'heure en seroit arrivée, il s'est toujours plu dès le commencement à converser avec les hommes ; que dans ce dessein souvent il est descendu du ciel ; que c'étoit lui qui dès l'Ancien Testament parloit en forme humaine (*b*) aux patriarches et aux prophètes. Tertullien considère ces apparitions différentes comme des préludes de l'incarnation, comme des préparatifs de ce grand ouvrage qui se commençoit dès lors. « De cette sorte, dit-il, le Fils de Dieu s'accoutumoit aux sentimens humains ; il apprenoit pour ainsi dire à être homme ; il se plaisoit d'exercer dès l'origine du monde ce qu'il devoit être dans la plénitude des temps : » *Ediscens jam indè à primordio, jam indè hominem, quod erat futurus in fine* [2]. Ou plutôt, pour parler plus dignement d'un si haut mystère, il ne s'accoutumoit pas, mais nous-mêmes il nous accoutumoit à ne nous point effaroucher quand nous entendrions parler d'un Dieu-Homme ; il ne s'apprenoit pas, mais il nous apprenoit à nous-mêmes à traiter plus familièrement avec lui, déposant doucement

---

[1] Lib. III, *adv. Marcion.*, n. 5. — [2] Lib. II, *adv. Marcion.*, n. 27.
(*a*) *Var.* : Une chair semblable à la nôtre. — (*b*) En forme humaine parloit.

cette majesté terrible pour s'accommoder à notre foiblesse et à notre enfance.

Tel étoit le dessein du Sauveur. Et de cette belle doctrine de Tertullien, je tire ce raisonnement que je vous supplie de comprendre; peut-être en serez-vous édifiés. Marie étoit Mère de Dieu dès le premier instant auquel elle fut animée. Ne vous souvient-il pas que nous vous le disions tout à l'heure? Elle l'étoit selon les desseins de Dieu, selon les règles de sa providence, selon les lois de cette éternité immuable, à laquelle rien n'est nouveau, qui enferme dans son unité toutes les différences des temps. Sans doute vous n'avez pas oublié ce beau passage de Tertullien qui explique si bien cette vérité. Or c'est selon ces règles que le Fils de Dieu doit agir, et non selon les règles humaines; selon les lois de l'éternité, non selon les lois des temps. Quand il s'agit du Fils de Dieu, ne me parlez point des règles humaines, parlez-moi des règles de Dieu. Marie étant donc sa Mère selon l'ordre des choses divines, le Fils de Dieu dès sa conception la considéroit comme telle; elle l'étoit en effet à son égard. Ne laissez passer, s'il vous plaît, aucune de ces vérités : elles sont toutes fort importantes pour ce que j'ai à vous dire.

Poursuivons maintenant et disons : Nous venons d'apprendre de Tertullien que le Verbe divin, longtemps devant qu'il se fût revêtu d'une chair humaine, se plaisoit pour ainsi dire à se revêtir par avance de la forme et des sentimens humains, tant il étoit passionné, si j'ose parler de la sorte, pour notre misérable nature. Quel sentiment plus humain que l'affection envers les parens? Par conséquent le Fils de Dieu, longtemps avant que d'être homme, aimoit Marie comme sa Mère; il se plaisoit dans cette affection, il ne cessoit de veiller sur elle, il détournoit de dessus son temple les malédictions des profanes, il l'embellissoit de ses dons, il la combloit de ses graces depuis le premier instant où elle commença le cours de sa vie jusqu'au dernier soupir par lequel elle fut terminée. C'est la conséquence que je prétendois tirer de ces savans principes de Tertullien; elle me semble fort véritable, elle établit à mon avis puissamment l'immaculée conception de Marie. Et en vérité cette opinion a je ne sais quelle force qui persuade les ames pieuses. Après les articles de foi je ne vois guère de chose plus assurée.

C'est pourquoi je ne m'étonne pas que cette célèbre école des théologiens de Paris oblige tous ses enfans à défendre cette doctrine. Savante compagnie, cette piété pour la Vierge est peut-être l'un des plus beaux héritages que vous ayez reçu de vos pères. Puissiez-vous être à jamais florissante! puisse cette tendre dévotion que vous avez pour la Mère à la considération de son Fils, porter bien loin aux siècles futurs cette haute réputation que vos illustres travaux vous ont acquise par toute la terre! Pour moi, je suis ravi, chrétiens, de suivre aujourd'hui ses intentions. Après avoir été nourri de son lait, je me soumets volontiers à ses ordonnances, d'autant plus que c'est aussi, ce me semble, la volonté de l'Eglise. Elle a un sentiment fort honorable de la conception de Marie. Elle ne nous oblige pas à la croire immaculée; mais elle nous fait entendre que cette créance lui est agréable. Il y a des choses qu'elle commande, où nous faisons connoître notre obéissance. Il y en a d'autres qu'elle insinue, où nous pouvons témoigner notre affection. Il est de notre piété, si nous sommes vrais enfans de l'Eglise, non-seulement d'obéir aux commandemens, mais de fléchir aux moindres signes de la volonté d'une mère si bonne et si sainte (a). Je vous vois tous, ce me semble, dans ce sentiment. Mais ce n'est rien d'être jaloux de défendre la pureté de Marie, si nous ne sommes soigneux de conserver la pureté en nous-mêmes. C'est à quoi peut-être vous serez portés par la briève réflexion qui va fermer ce discours; du moins je l'espère ainsi de l'assistance divine.

SECOND POINT.

Vous avez ouï, mes Frères, les divers raisonnemens par lesquels j'ai tâché de prouver que la conception de Marie est sans tache. Il y a déjà si longtemps que les plus grands théologiens de l'Europe travaillent sur ce sujet. Vous savez combien la personne de la sainte Vierge est illustre, combien digne d'honneurs extraordinaires, combien elle doit être privilégiée. Et toutefois l'Eglise n'a

---

(a) *Var.* : De fléchir aux moindres signes d'une mère si bonne et si sainte.

pas encore osé décider si elle est exempte du péché originel. Plusieurs grands personnages ne l'ont pas cru; il nous est défendu de les condamner. Jugez, jugez par là combien nécessaire, combien grande et inévitable doit être la corruption de notre nature, puisque l'Église hésite si fort à en exempter celle de toutes les créatures qui est sans doute la plus éminente. O misère! ô calamité! ô abîme de maux infinis! hélas! petits enfans que nous étions sans connoissance et sans mouvement, nous nous étions déjà révoltés contre Dieu. Nous n'avions pas encore vu cette belle lumière du jour, condamnés par la nature à une sombre prison, nous étions encore condamnés par arrêt de la justice divine à une prison plus noire, à de plus épaisses ténèbres : ténèbres horribles et infernales. Justement certes, justement! Car vos jugemens sont très-justes, ô Dieu éternel, Roi des siècles, souverain Arbitre de l'univers. Eh! qui nous a tirés de cette prison? qui a réconcilié ces rebelles? qui a appelé ces enfans de colère à l'adoption des enfans de Dieu? Le prophète Jonas du ventre de ce monstre qui l'avoit englouti, éleva au ciel la voix de son cœur. Avons-nous point crié à vous, ô Seigneur, des cachots de cette prison ou du creux de ce sépulcre où étoit ensevelie notre enfance? Mais nous n'y avions ni parole ni mouvement; seulement la voix de notre péché y crioit vengeance, et celle de notre extrême misère crioit miséricorde. Vous avez eu pitié de nous; vous avez daigné nous conduire à la fontaine de vie où nous avons reçu une nouvelle naissance, y laissant les ordures de notre première nativité. Cette fontaine d'eau vive, fidèles, est ouverte à tous les hommes, je ne l'ignore pas; personne n'en est exclu, Dieu prépare à tous les pécheurs un remède dans les ondes du saint baptême. Mais combien en voyons-nous tous les jours à qui une mort trop précipitée ravit pour jamais ce bonheur; et nous y sommes parvenus! Qu'avions-nous fait à Dieu? Dans une même masse d'iniquité, d'où vient cette différence de graces? Peut-être devons-nous ce bienfait aux mérites de nos parens? Mais combien de parens vertueux, je le dis avec douleur, combien de parens vertueux n'ont pas obtenu cette miséricorde! Dirons-nous que l'ordre des causes naturelles nous a été plus favorable qu'aux autres? O ignorance! ô stupidité! Et comment ne regardez-vous pas la main toute-puissante qui remue ces causes comme il lui plaît? Seroit-ce pas un étrange aveuglement, si nous aimions mieux devoir notre salut à une rencontre fortuite des causes créées qu'au dessein prémédité de la miséricorde divine?

Je frémis, chrétiens, je l'avoue, dans cette discussion. Je ne sais que dire, je n'ai point de raisons à vous alléguer; seulement je suis très-assuré que quelle que puisse être la cause d'une si étonnante diversité, il est impossible qu'elle ne soit juste. Cherche qui voudra des raisons, travaille qui voudra à découvrir les causes de ces secrets jugemens; pour moi, je ne reconnois point d'autre cause de mon bonheur que la pure bonté de mon Dieu. Je chanterai à jamais ses miséricordes; tant que je vivrai, je bénirai le nom du Seigneur; c'est tout ce que je sais, c'est tout ce que je désire connoître; ceux qui en veulent savoir davantage, qu'ils s'adressent à des personnes plus doctes; mais qu'ils prennent bien garde que ce ne soient des présomptueux (a) : *Cui responsio ista*

(a) *Var.* : Vous avez ouï, mes Frères, les divers raisonnemens par lesquels j'ai tâché de prouver que la conception de Marie est sans tache. Il y a si longtemps que les plus beaux esprits de l'Europe travaillent sur ce sujet. Vous savez combien la personne de la sainte Vierge est illustre, combien digne d'honneurs extraordinaires, combien elle doit être privilégiée. Toutefois l'Église n'a pas encore osé décider qu'elle soit exempte du péché originel, plusieurs grands personnages ont été de ce sentiment; l'Église non-seulement les y souffre, mais encore elle défend de les condamner. Partant, ô fidèles, partant combien grande, combien nécessaire, combien véritable est la corruption de notre nature, puisque l'Église hésite si fort à défendre la sainte Vierge! Ô misère! ô calamité dans laquelle nous sommes plongés! ô abîme de maux infinis! Petits enfants que nous étions, sans connoissance et sans mouvement, nous nous étions déjà révoltés contre Dieu. Nous n'avions pas encore vu cette belle lumière du jour; condamnés par la nature à une sombre prison, nous étions condamnés par arrêt de la justice divine à une prison plus noire, à de plus épaisses ténèbres : des ténèbres horribles et infernales. Justement certes, justement! Car vos jugemens sont justes, ô Dieu éternel, souverain juge de l'univers. Eh! qui nous a tirés de cette misère? qui a reconcilié ces rebelles? qui a appelé ces enfans d'ire à l'adoption des enfans de Dieu? Le prophète Jonas du ventre de ce monstre qui l'avoit englouti, éleva la voix de son cœur. Avons-nous point crié à vous, ô Seigneur, des cachots de cette prison ou du creux de ce sépulcre où étoit ensevelie notre enfance? Mais nous n'y avions ni parole ni sentiment; nous n'avions aucune sorte de voix, que celle de notre péché qui crioit vengeance, que notre extrême misère qui crioit miséricorde. Vous avez eu pitié de nous, vous avez daigné nous conduire à ce bain d'immortalité, où dépouillant les ordures de notre première nativité, nous avons reçu une nouvelle naissance, non plus de la volonté de l'homme ni de la volonté de la chair, mais d'un esprit pur et d'une eau sanctifiée par des paroles de vie. Je sais que cette fontaine d'eau vive est ouverte à tous

displicet, quærat doctiores, sed caveat ne inveniat præsumptores [1].

Mais peut-être que le péché originel étant guéri par le saint baptême, il ne nous en demeure aucun reste, et ainsi nous pouvons vivre dans une entière assurance. Ne le croyez pas, chrétiens, ne le croyez pas. La grace du saint baptême nous a retirés de la mort éternelle; mais nous sommes encore abattus de mortelles et pernicieuses langueurs. Ainsi a-t-il plu à mon Dieu de guérir toutes mes blessures les unes après les autres, afin de me faire mieux sentir et la misère dont il me délivre, et la grace par laquelle il me sauve. Mes Frères bien-aimés, écoutez le narré de ma maladie; vous trouverez sans doute que vous avez à peu près les mêmes infirmités. C'est la maladie de la nature; nous en ressentons tous les effets, qui plus, qui moins, selon que nous suivons plus ou moins les mouvemens de l'Esprit de Dieu. Blessé dans toutes les facultés de mon ame, épuisé de forces par de si profondes blessures, je ne fais que de vains efforts. Ai-je jamais pris une généreuse résolution, que l'effet n'ait démentie bientôt (a)? Ai-je jamais eu une bonne pensée, qui n'ait été contra-

[1] S. August., *De Spir. et litt.*, n. 60.

les hommes, auxquels il vous a plu de préparer un remède dans les ondes du saint baptême. Mais combien y en a-t-il à qui une mort trop précipitée ravit ce bonheur; et nous y sommes parvenus! D'où vient cette différence? Ce n'est pas de notre mérite : nous étions tous dans la même masse d'iniquité Est-ce par le mérite de nos parens? Mais combien de parens vertueux n'ont pas obtenu cette grace? Dirai-je peut-être que l'ordre des causes naturelles m'a été plus favorable qu'aux autres? O ignorance! ô stupidité! et comment ne regardez-vous pas la main puissante qui remue ces causes comme il lui plait? Ne savez-vous pas qu'elles sont dirigées par une souveraine raison? Que dirai-je donc? Où me tournerai-je?

Frères bien-aimés, je l'avoue, je frémis dans cette discussion. Je ne sais que dire, je n'ai point de raisons à vous alléguer; seulement je suis très-assuré que quelle que puisse être la cause d'une si étonnante diversité, il est impossible qu'elle ne soit juste. Mais à quoi bon chercher des causes que la Providence divine nous a cachées? N'est-ce pas assez que nous connoissions que si nous sommes parvenus à la grace du saint baptême, nous ne le devons qu'à la pure bonté de Dieu? Cherche qui voudra des raisons, médite qui voudra dans la recherche des causes de ses secrets jugemens; pour moi, je n'en reconnois point d'autre que la miséricorde divine. Graces vous soient rendues, ô Seigneur! Que vos miséricordes soient élevées ès siècles des siècles! C'est tout ce que je sais, c'est tout ce que je désire; ceux qui en veulent savoir davantage, qu'ils s'adressent à des personnes plus savantes; cependant qu'ils prennent bien garde de ne pas rencontrer des présomptueux.

(a) *Var.* : Tôt après.

riée par quelque mauvais désir? Ai-je jamais commencé une action vertueuse, où le péché ne se soit jeté à la traverse (*a*)? Il s'y mêle presque toujours certaines complaisances qui viennent de l'amour-propre, et tant d'autres péchés inconnus qui se cachent dans les replis de ma conscience, qui est un abîme sans fond, impénétrable à moi-même (*b*). Il est vrai, je sens, à mon avis, quelque chose en moi-même qui voudroit s'élever à Dieu (*c*); mais je sens aussitôt (*d*) comme un poids de cupidités opposées qui m'entraînent et me captivent; et si je ne suis secouru, cette partie impuissante, qui sembloit vouloir se porter au bien, ne peut rien faire pour ma délivrance, elle écrit seulement ma condamnation. Quand j'entends quelquefois discourir (*e*) des mystères du royaume de Dieu, je sens mon ame comme échauffée, je ne conçois que de grands desseins, il me semble que je ferai de grandes merveilles (*f*); faut-il faire le premier pas de l'exécution, le moindre souffle du diable éteint cette flamme errante et volage, qui ne prend pas à sa matière, mais qui court légèrement par-dessus. Quoi plus? Je suis malade à l'extrémité (*g*), et ne sens point de mal. Réduit aux abois, je veux faire comme si j'étois en bonne santé. Je ne sais pas même déplorer ma misère, ni implorer le secours du Libérateur, foible et altier tout ensemble, impuissant et présomptueux. J'ai voulu autrefois entreprendre ma guérison de moi-même (*h*); j'ai fait quelques efforts pour me relever; efforts inutiles, qui m'ont rompu et ne m'ont pas soulagé. Comme un pauvre malade moribond qui ne sait plus que faire, il s'imagine qu'en se levant il sera peut-être allégé; il consume son peu de forces par un travail qu'il ne peut supporter (*i*). Après s'être beaucoup tourmenté à traîner ses membres appesantis avec une extrême contention (*j*), il retombe ainsi qu'une pierre, sans pouls et sans mouvement, plus impuissant que jamais : *De vulnere in vulnus,* dit saint Augustin. Ainsi en est-il de

(*a*) *Var. :* Ne se soit comme jeté à la traverse. — (*b*) Où moi-même je ne vois rien. — (*c*) Qui voudroit se porter au bien. — (*d*) Aussi. — (*e*) Discourir quelquefois. — (*f*) Il me semble que je ferai merveilles, je ne me propose que de grands desseins. — (*g*) Je suis malade à un tel point de mal. — (*h*) J'ai voulu autrefois me guérir moi-même. — (*i*) Il consume ses forces par un vain travail que sa foiblesse ne peut plus souffrir. — (*j*) Après qu'il s'est beaucoup tourmenté à soutenir ses membres pesans avec une contention incroyable.

ma volonté, si elle n'est soutenue par la grace (a) : *Infelix ego homo!* Vrai Dieu, où pourrai-je trouver du secours ?

La philosophie me montre de loin dans de belles boîtes, qu'elle étale avec pompe parmi tous les ornemens de la rhétorique, le baume falsifié de ses belles, mais trompeuses maximes. La loi retentit à mes oreilles d'un ton puissant et impérieux : les prédicateurs de l'Evangile m'annoncent les paroles de vie éternelle : que me profite tout cet appareil? Les philosophes charlatans, semblables à ces dangereux empiriques, charment et endorment le mal pour un temps, et pendant cette fausse tranquillité inspirent un secret venin dans la plaie. Ils me font la vertu si belle et si aisée, ils la dorent de telle sorte par leurs artificieuses inventions, que je m'imagine souvent que je puis être vertueux de moi-même, au lieu de me montrer ma servitude et mon impuissance. Ah! superbe philosophie, n'est-ce pas assez que je sois foible, sans me rendre encore de plus en plus orgueilleux? Pour la loi, quoique très-juste et très-sainte, c'est en vain qu'elle me montre le mal, puisque je n'y trouve pas l'unique préservatif que je cherche. Elle ne fait que m'étourdir, si je n'ai l'esprit de la grace. Et ne vois-je pas par expérience que je m'opiniâtre contre les commandemens? Lorsqu'on me défend, on me pousse. Il ne faut que me défendre une chose, pour m'en faire naître l'envie; me commander, c'est me retenir. Mon ame est remuante, inquiète, indocile et incapable de discipline. Plus on la presse par des préceptes, plus elle se roidit au contraire. Enfin tout ce que je lis, tout ce que j'écoute, les prédications, les enseignemens, les corrections les plus charitables, ce sont des remèdes externes qui ne coupent pas la racine du mal. J'ai besoin que l'on touche au cœur, où est la source de la maladie. Et où pourrai-je trouver un médecin assez industrieux pour manier dextrement une partie et si malade et si délicate?

Sauveur Jésus, vous êtes le libérateur que je cherche. Vrai médecin charitable, qui sans être appelé de personne, avez voulu descendre du ciel en la terre, et avez entrepris un si grand voyage pour venir visiter vos malades, je me mets entre vos mains.

(a) *Var.:* Par une main plus puissante.

Faites-moi prendre aujourd'hui une bonne résolution d'avoir toute ma confiance en vous seul, d'implorer votre secours avec zèle, de souffrir patiemment vos remèdes. Si vous ne me guérissez, ô Sauveur, ma santé est désespérée : *Sana me, Domine, et sanabor* [1]. Tous les autres à qui je m'adresse, ne font que couvrir le mal pour un temps ; vous seul en coupez la racine, vous seul me donnez une guérison éternelle. Vous êtes mon salut et ma vie, vous êtes ma consolation et ma gloire, vous êtes mon espérance en ce monde, et vous serez ma couronne en l'autre.

SECOND SERMON

POUR LA

FÊTE DE LA CONCEPTION DE LA SAINTE VIERGE(a).

Fecit mihi magna qui potens est.

Le Tout-Puissant a fait en moi de grandes choses. *Luc.*, I, 49.

Ce que l'Eglise célèbre aujourd'hui, ce que les prédicateurs enseignent aux peuples, ce que j'espère aussi de vous faire entendre

---

[1] *Jer.*, XVIII, 14.
(a) Des lois et des dispenses.
Trois choses pour établir une dispense.
Après avoir trouvé Dieu favorable dans ses dispenses, respectons-le dans ses lois.
La sagesse discerne : Marie discernée (*S. Eucher*). Jésus-Christ à elle d'une façon toute particulière.
Jésus-Christ est un bien commun.
Dieu ne nous prévient qu'afin que nous le prévenions. On ne peut prévenir sa miséricorde ; on peut prévenir sa justice.
Descendre au fond de sa conscience avec un flambeau pour tout éclairer, et un glaive pour couper jusqu'au vif.

Prêché vers 1660.

L'écriture du manuscrit, aussi bien que le style de l'ouvrage, indique manifestement cette période intermédiaire.

L'auteur dit dans le premier sermon pour la fête de la Conception : « De tant de diverses matières que l'on a accoutumé de traiter dans les assemblées ecclésiastiques…; » et dans le second : « De tous les sujets divers qui se traitent dans

avec le secours de la grace, touchant la pureté de la sainte Vierge dans sa conception bienheureuse, exerce depuis longtemps les plus grands esprits; et je ne craindrai pas de vous avouer que de tous les sujets divers qui se traitent dans les assemblées des fidèles, celui-ci me paroît le plus difficile. Et ce qui m'oblige de parler ainsi, ce n'est pas que je prétende imiter l'artifice des orateurs qui se plaisent d'exagérer en termes pompeux la stérilité des matières sur lesquelles leur éloquence travaille, afin d'étaler avec plus d'éclat les richesses de leurs inventions et les adresses de leur rhétorique. Chrétiens, ce n'est pas là ma pensée : je sais combien il seroit indigne de commencer un discours sacré par un sentiment si profane; mais ayant dessein de vous faire voir combien pure, combien innocente, combien glorieuse est la conception de Marie, je considère premièrement les difficultés qui s'opposent à cette créance, afin que les doutes étant éclaircis, la vérité que nous recherchons demeure solidement établie.

Quand je considère, Messieurs, cette sentence (a) terrible du divin Apôtre, prononcée généralement contre tous les hommes : « Tous sont morts, tous sont criminels, tous sont condamnés en Adam [1], » je ne sais quelle exception on peut apporter à des paroles si peu limitées. Mais ce qui me fait connoître plus évidemment combien cette malédiction est universelle, ce sont trois expressions (b) différentes, par lesquelles le malheur de notre naissance nous est représenté dans les saintes Lettres. Elles nous disent premièrement qu'il y a une loi suprême qu'elles nomment *la loi de mort*, qu'il y a un arrêt de condamnation donné indifféremment contre tous, et que pour y être soumis il suffit de naître. Qui s'en pourra exempter? Secondement elles nous apprennent qu'il y a un venin caché et imperceptible (c), qui prenant sa source en Adam, se communique ensuite à toute sa race par une contagion également

---

[1] II *Cor.*, v, 14, et *Rom.*, v, 12, 16.

les assemblées des fidèles. » Ces deux sermons n'ont donc pas été prêchés devant le même auditoire : le premier l'a été devant des ecclésiastiques, dans la confrérie du Rosaire, au collége de Navarre; le second devant de simples fidèles, dans une église de Paris.

(a) *Var.* : Ecoutons donc avant toutes choses cette sentence. — (b) Mais afin de connoître mieux combien cette malédiction est universelle, remarquons trois expressions. — (c) Secret et imperceptible.

funeste et inévitable, qui est appelée par saint Augustin *Contagium mortis antiquæ :* « La contagion de la mort. » Et c'est ce qui fait dire à ce même saint que toute la masse du genre humain est entièrement infectée ; qui pourra trouver un préservatif contre un poison si subtil et si pénétrant ? Mais disons en troisième lieu que tous ceux qui respirent cet air malin contractent nécessairement en eux-mêmes une tache qui les déshonore (*a*), qui efface en eux l'image de Dieu et qui les rend, comme dit saint Paul[1], « naturellement enfans de colère. » *Naturellement,* écoutez. Comment peut-on prévenir un mal qui, selon le sentiment de l'Apôtre, nous est depuis si longtemps passé en nature ?

Voilà quelles sont les difficultés qui s'opposent au dessein que j'ai médité de vous faire voir aujourd'hui que la conception de la sainte Vierge est toute pure et toute innocente. Je sais qu'il est malaisé de les surmonter et qu'elles ont ébranlé, ému plusieurs grands esprits, dont l'Eglise ne condamne pas les opinions. Mais enfin quelque doute que l'on me propose, je ne puis abandonner au péché la conception de cette Princesse qui doit être en toute façon si privilégiée. Voyons si nous les pouvons éclaircir.

Il est vrai qu'il y a une loi de mort qui condamne tous ceux qui naissent ; mais on dispense des lois les plus générales en faveur des personnes extraordinaires. Il y a une vapeur maligne et contagieuse qui a infecté tout le genre humain ; mais on trouve quelquefois moyen de s'exempter de la contagion, en se séparant. Il y a une tache héréditaire qui nous rend naturellement ennemis de Dieu ; mais la grace peut prévenir la nature. Suivez, s'il vous plaît, ma pensée. Contre la loi il faut dispenser ; contre la contagion il faut séparer ; contre un mal naturel il faut prévenir. De sorte que je me propose de vous faire voir Marie dispensée, Marie séparée, Marie prévenue : dispensée de la loi commune, séparée de la contagion universelle (*b*), prévenue par la grace contre la colère qui nous poursuit dès notre origine. Pour la dispenser de la loi, j'ai recours à l'autorité souveraine qui s'est tant de fois décla-

---

[1] *Ephes.,* II, 3.

(*a*) *Var.:* Que tous ceux qui sont frappés de cet air malin attirent nécessairement en eux-mêmes une tache qui les défigure. — (*b*) Générale.

rée pour elle ; pour la séparer de la masse, j'appelle au secours la sagesse qui l'a si visiblement séparée des autres par les grands et impénétrables desseins qu'elle a sur elle devant tous les temps; et pour prévenir la colère, j'emploie l'amour éternel de Dieu qui l'a faite un ouvrage de miséricorde avant qu'elle puisse être un objet de haine.

Et ce sont, Messieurs, les trois choses qu'elle nous propose, si nous l'entendons, dans son admirable cantique. *Fecit mihi magna qui potens est :* « Le Tout-Puissant a fait en moi de très-grandes choses. » Elle commence par la puissance, pour honorer l'autorité absolue par laquelle elle est dispensée : *Qui potens est.* Mais ce Tout-Puissant, qu'a-t-il fait? Ah! dit-elle, de grandes choses : *Magna;* voyez qu'elle se reconnoît séparée des autres par les grands et profonds desseins auxquels la Sagesse l'a prédestinée. Et qui peut exécuter toutes ces merveilles, sinon l'amour éternel de Dieu, cet amour toujours actif et toujours fécond, sans l'entremise duquel (*a*) la puissance n'agiroit pas, et cette Sagesse infinie renfermant en elle-même toutes ses pensées, ne produiroit jamais rien au jour? C'est lui par conséquent qui fait tout : *Fecit mihi magna*[1] ; lui seul ouvre le sein de Dieu sur ses créatures ; il est la cause de tous les êtres, le principe de toutes les libéralités. C'est donc, fidèles, cet amour fécond qui a fait la conception de Marie : *Fecit;* c'est lui qui a prévenu le mal, en la sanctifiant dès son origine. Et ces choses étant ainsi supposées, j'aurai entièrement expliqué mon texte, et achevé le panégyrique de la sainte Vierge dans sa conception bienheureuse, si je puis vous faire voir en trois points que l'autorité souveraine l'a dispensée de la loi commune, que la sagesse l'a séparée de la contagion générale, et que l'amour éternel de Dieu a prévenu par miséricorde la colère qui se seroit élevée contre elle. C'est ce que j'ai dessein de vous faire entendre avec le secours de la grace ; et après passant à l'instruction, je vous montrerai dans tous les fidèles une image de ces trois graces, pour exciter en nous la reconnoissance.

[1] *Luc.*, I, 49.
(*a*) *Var.* : Sans lequel.

PREMIER POINT.

On pourroit douter, chrétiens, si la souveraineté paroît davantage, ou dans l'autorité de faire des lois auxquelles des peuples entiers obéissent, ou dans la puissance qu'elle se réserve d'en dispenser sagement suivant la nécessité des affaires. Et il semble premièrement que la dispense en s'éloignant du cours ordinaire, ait quelque chose de plus relevé et témoigne plus d'indépendance. Car comme il n'est point dans le monde de majesté pareille à celle des lois, et que le pouvoir de les établir est le droit le plus auguste et le plus sacré d'une monarchie absolue, ne peut-on pas dire avec raison que celui qui dispense des lois, faisant céder leur autorité à la sienne propre, s'élève par ce moyen en quelque façon au-dessus de la souveraineté même? C'est pourquoi Dieu fait des miracles, qui sont comme des dispenses des lois ordinaires, pour montrer plus sensiblement sa toute-puissance ; et par là il semble évident que la marque la plus certaine de l'autorité, c'est de pouvoir dispenser des lois. D'autre part les raisons ne sont pas moins fortes pour prouver (a) qu'elle consiste principalement dans le droit de les établir. Pour cela il faut remarquer que la loi s'étend sur tous les sujets, et que la dispense est restreinte à peu de personnes. Si la dispense s'étendoit à tous, elle perdroit le nom de dispense, et feroit un changement de la loi. Maintenant je vous demande, Messieurs, si la puissance la moins limitée n'est pas aussi la plus absolue ; s'il ne paroît pas plus d'autorité à faire des lois sous lesquelles un million d'hommes fléchisse, qu'à en dispenser cinq ou six par des raisons particulières. Et ensuite ne doit-on pas dire que la puissance se fait mieux connoître par un établissement arrêté, tel qu'est sans doute celui de la loi, que par une action extraordinaire, comme est celle de la dispense?

Pour accorder tout ce différend, disons que le caractère de l'autorité paroît (b) également dans l'un et dans l'autre. Car, comme dit très-bien saint Thomas, on peut considérer dans la loi deux choses, le commandement général et l'application particulière. Par exemple, dans cette ordonnance d'Assuérus tous les Juifs sont

(a) *Var. :* Pour montrer. — (b) Reluit.

condamnés à la mort, voilà le commandement général; l'application particulière, Esther y sera-t-elle comprise? Ce commandement général fait l'autorité de la loi, et c'est sur l'application particulière que peut intervenir la dispense. Comme donc il appartient au même pouvoir qui établit les règlemens généraux, de diriger l'application qui s'en fait sur tous les sujets particuliers, il s'ensuit que faire les lois, donner les dispenses, sont des appartenances également nobles de l'autorité souveraine, qu'elles ne peuvent être séparées.

Ces maximes étant établies (a), venons maintenant à notre sujet. Vous m'opposez une loi de mort prononcée contre tous les hommes; vous me dites que d'y apporter quelque exception, quand ce seroit en faveur de la sainte Vierge, c'est violer l'autorité de la loi. Et moi je vous réponds au contraire, selon les principes que j'ai posés (b), que la puissance du Législateur ayant deux parties, ce n'est pas moins violer son autorité de dire qu'il ne puisse pas dispenser dans l'application particulière, que de dire qu'il ne peut pas ordonner par un commandement général. Parlons encore plus clairement. Saint Paul assure en termes formels que « tous les hommes sont condamnés [1]. » Je ne m'en étonne pas, chrétiens; il regarde l'autorité de la loi, qui d'elle-même s'étend sur tous; mais il n'exclut pas les réserves que peut faire le Souverain, ni les coups d'une puissance absolue. En vertu de l'autorité de la loi, j'avoue que Marie étoit condamnée, ainsi que le reste des hommes; et c'est par les graces, c'est par les réserves, c'est par la puissance du Souverain, que je dis qu'elle a été dispensée.

Mais, direz-vous, abandonner aux dispenses la sacrée majesté des lois, c'est énerver toute leur vigueur. Il est vrai, si cette dispense n'est accompagnée de trois choses, que je vous prie de remarquer, qu'elle se donne pour une personne éminente, que l'on soit fondé en exemple, que la gloire du souverain y soit engagée. Nous devons le premier à la loi, le second au public, le troisième au prince. Nous devons, dis-je, ce respect à la loi, de ne

---

[1] *Rom.*, v, 18.
(a) *Var.* : Posées. — (b) Etablis.

reconnoître aucune dispense qu'en faveur des personnes extraordinaires ; nous devons cette satisfaction au public, de ne le faire point sans exemple; nous devons au souverain auteur de la loi, et surtout à un souverain tel que Dieu, des égards très-particuliers (a). Mais quand ces trois choses concourent ensemble, on peut raisonnablement attendre une grace. Considérons-les en la sainte Vierge.

Dites-moi, qu'appréhendez-vous, vous qui craignez de faire une exception en faveur de la bienheureuse Marie? Ce que l'on craint ordinairement, c'est la conséquence. Examinons si elle est à craindre en cette rencontre (b). Je crois que vous prévenez déjà ma pensée, et que vous jugez bien qu'on ne la doit craindre qu'où il y peut avoir de l'égalité. Mais y a-t-il une autre mère de Dieu, y a-t-il une autre vierge féconde, sur laquelle on puisse étendre les prérogatives de l'incomparable Marie? Qui ne sait que cette maternité glorieuse, que cette alliance éternelle qu'elle a contractée avec Dieu, la met en un rang tout singulier qui ne souffre aucune comparaison ? Et dans une telle inégalité, quelle conséquence pouvons-nous craindre ? Voulez-vous que nous passions aux exemples ? Toutefois ne croyez pas, chrétiens, que j'espère trouver dans les autres saints des exemples de la grandeur de Marie. Car puisqu'elle est toute extraordinaire, ce seroit se tromper de chercher ailleurs des priviléges semblables aux siens. Mais d'où tirerons-nous donc les exemples en faveur de la dispense que nous proposons ? Il les faut nécessairement prendre d'elle-même (c) et voici quelle est ma pensée.

Je remarque dans les histoires que lorsque les graces des souverains ont commencé de prendre un certain cours, elles y coulent avec profusion; les bienfaits s'attirent les uns les autres, et se servent d'exemple réciproquement. Dieu même nous dit dans son Evangile : *Habenti dabitur* [1] *:* « Qu'il aime à donner à ceux qui possèdent; » c'est-à-dire que selon l'ordre de ses libéralités une grace ne va jamais seule, et qu'elle est le gage de beaucoup

---

[1] *Matth.*, xxv, 29.

(a) *Var.* : De regarder les intérêts de sa gloire. — (b) Voyons quelle peut être cette conséquence. — (c) Mais, chrétiens, où prendrai-je donc les exemples que j'ai promis ? Il les faut nécessairement tirer d'elle-même.

d'autres. Appliquons ceci à la sainte Vierge (a). Si nous reconnoissions, chrétiens, qu'elle eût été assujettie aux ordres communs, nous pourrions croire peut-être qu'elle auroit été conçue en iniquité, ainsi que les autres hommes. Mais si nous y remarquons au contraire une dispense (b) presque générale de toutes les lois ; si nous y voyons selon la foi catholique, ou selon le sentiment des docteurs les plus approuvés, si, dis-je, nous y voyons un enfantement sans douleur, une chair sans fragilité, des sens sans rébellion, une vie sans tache, une mort sans peine ; si son époux n'est que son gardien, son mariage un voile sacré qui couvre et protége sa virginité, son Fils bien-aimé une fleur que son intégrité a poussée ; si, lorsqu'elle le conçut, la nature étonnée et confuse crut que toutes ses lois alloient être à jamais abolies ; si le Saint-Esprit tint sa place, et les délices de la virginité celle qui est ordinairement occupée par la convoitise ; en un mot, si tout est singulier en Marie, qui pourra croire qu'il n'y ait rien eu de surnaturel en la conception de cette Princesse, et que ce soit le seul endroit de sa vie qui ne soit marqué par aucun miracle ? Et n'ai-je pas beaucoup de raison après l'exemple de tant de lois dont elle a été dispensée, de juger de celle-ci par les autres ? Ainsi l'excellence de la personne et l'autorité des exemples, favorisent la dispense que nous proposons.

Mais je l'appuie en troisième lieu sur ce que la gloire du Souverain, c'est-à-dire de Jésus-Christ même, y est visiblement engagée. Je pourrois rapporter ici un beau mot d'un grand roi [1], chez Cassiodore, qui dit « qu'il y a certaines rencontres où les princes gagnent ce qu'ils donnent, lorsque leurs libéralités leur font honneur : » *Lucrantur principes dona sua; et hoc verè thesauris reponimus quod famæ commodis applicamus* [2]. Si Jésus honore sa Mère, il se fait honneur à lui-même ; et il gagne véritablement tout ce qu'il lui donne, parce qu'il lui est plus glorieux de donner qu'à Marie de recevoir. Mais venons à des considérations plus particulières. Je dis donc, ô divin Sauveur, que vous étant revêtu d'une chair humaine pour anéantir cette loi funeste que nous

---

[1] Athalaric. — [2] Cassiod., *Variar.*, lib. VIII, epist. XXIII.
(a) *Var.*: C'est ce qui paroît en la sainte Vierge. — (b) Une exemption.

avons appelée la loi du péché, il y va de votre grandeur de l'abolir (*a*) dans tous les lieux où elle domine. Suivons, s'il vous plaît, ses desseins et tout l'ordre de ses victoires.

Cette loi règne dans tous les hommes. Elle règne dans l'âge avancé : Jésus la détruit par sa grace. Il n'est pas jusqu'aux enfans nouvellement nés qui ne gémissent sous sa tyrannie : il l'efface par son baptême : elle pénètre jusqu'aux entrailles des mères et elle fait mourir tout ce qu'elle y trouve : le Sauveur choisit des ames illustres qu'il affranchit de la loi de mort, en les sanctifiant devant leur naissance, comme par exemple saint Jean-Baptiste. Mais elle remonte jusqu'à l'origine, elle condamne les hommes dès qu'ils sont conçus : O Jésus, vainqueur tout-puissant, n'y aura-t-il donc que ce seul endroit où votre victoire ne s'étende pas ? Votre sang, ce divin remède qui a tant de force pour nous délivrer du mal, n'en aura-t-il point pour le prévenir ? Pourra-t-il seulement guérir, et ne pourra-t-il pas préserver ? Et s'il peut préserver du mal, cette vertu demeurera-t-elle éternellement inutile, sans qu'il y ait aucun de vos membres qui en ressente l'effet ? Mon Sauveur, ne le souffrez pas; et pour l'intérêt de votre gloire, choisissez du moins une créature où paroisse tout ce que peut votre sang contre cette loi qui nous tue. Et quelle sera cette créature, si ce n'est la bienheureuse Marie ?

Mon Sauveur, permettez-moi de le dire, on doutera de la vertu de votre sang. Il est juste certainement que ce sang précieux du Fils de la Vierge exerce sur elle toute sa vertu, pour honorer le lieu d'où il est sorti. Car remarquez, s'il vous plaît, Messieurs, ce que dit très-éloquemment un ancien évêque de France; c'est le grand Eucher de Lyon. Marie a cela de commun avec tous les hommes, qu'elle est rachetée du sang de son Fils; mais elle a cela de particulier, que ce sang a été tiré de son chaste corps : *Profundendum sanguinem pro mundi vitâ de corpore tuo accepit, ac de te sumpsit quod etiam pro te solvat.* Elle a cela de commun avec tous les fidèles, que Jésus lui donne son sang; mais elle a cela de particulier, qu'il l'a premièrement reçu d'elle. Elle a cela de commun avec nous, que ce sang tombe (*b*) sur elle pour la sanctifier;

(*a*) *Var. :* De la renverser. — (*b*) Coule.

mais elle a cela de particulier, qu'elle en est la source. Tellement que nous pouvons dire que la conception de Marie est comme la première origine du sang de Jésus; c'est de là que ce beau fleuve commence à se répandre, ce fleuve de graces qui coule dans nos veines par les sacremens, et qui porte l'esprit de vie dans tout le corps de l'Eglise. Et de même que les fontaines, se souvenant toujours de leurs sources, portent leurs eaux en rejaillissant jusqu'à leur hauteur qu'elles vont chercher au milieu de l'air, ainsi ne craignons pas d'assurer que le sang de notre Sauveur fera remonter sa vertu jusqu'à la conception de sa Mère, pour honorer le lieu dont il est sorti (a).

Ne cherchez donc plus, chrétiens, ne cherchez plus le nom de Marie dans l'arrêt de mort qui a été prononcé contre tous les hommes. Il n'y est plus, il est effacé; et comment? Par ce divin sang qui ayant été puisé en son chaste sein, tient à gloire d'employer pour elle tout ce qu'il renferme (b) de force en lui-même contre cette funeste loi qui nous tue dès notre origine. D'où il est aisé de conclure qu'il n'est rien de plus favorable que la dispense dont nous parlons, puisque nous y voyons concourir ensemble l'excellence de la personne, l'autorité des exemples et la gloire du Souverain, c'est-à-dire de Jésus-Christ même.

Un célèbre auteur ecclésiastique dit que la majesté de Dieu est si grande, qu'il y a non-seulement de la gloire à lui consacrer ses services, mais qu'il y a même de la bienséance à descendre pour l'amour de lui jusqu'à la soumission de la flatterie : *Non tantùm obsequi ei debeo, sed et adulari* [1]. Il veut dire que nous devons tenir tous nos mouvemens tellement dans la dépendance des ordres de Dieu, que non-seulement nous cédions aux commandemens qu'il nous fait, mais encore qu'étudiant avec soin jusqu'aux moindres signes de sa volonté, nous la prévenions, s'il se peut, par la promptitude de notre ponctuelle obéissance.

Ce que Tertullien dit de Dieu, qui est le Père commun de tous les fidèles, j'ose le dire aussi de l'Eglise qui en est la mère. Elle n'emploie ni ses foudres, ni ses anathèmes pour obliger ses enfans

[1] Tertul., *De jejun.*, n. 13.
(a) *Var.* : D'où il est premièrement découlé. — (b) Ramasse.

à confesser que la conception de la sainte Vierge est toute pure et toute innocente. Elle ne met pas cette créance entre les articles qui composent la foi chrétienne. Toutefois elle nous invite à la suivre par la solennité de cette journée. Que ferons-nous ici, chrétiens ? *Non tantùm obsequi, sed et adulari.* N'est-il pas juste, non-seulement que nous obéissions aux commandemens d'une mère si bonne et si sainte, mais encore que nous fléchissions au moindre témoignage de sa volonté ? Disons donc avec confiance que cette conception est sans tache ; honorons Jésus-Christ en sa sainte Mère ; et croyons que le Fils de Dieu a fait quelque chose de particulier en la conception de Marie, puisque cette Vierge est choisie pour coopérer par une action particulière à la conception de Jésus.

Mais en considérant les bienfaits dont le Fils de Dieu honore sa Mère, rappelons en notre mémoire ceux que nous avons reçus de la grace ; imprimons en notre pensée, chrétiens, combien dure et inévitable est la sentence qui nous condamne, puisque pour en exempter la très-sainte Vierge, il ne faut rien moins que l'autorité souveraine (*a*) ; et ce qui est bien plus étonnant, c'est qu'avec toutes les prérogatives qui sont dues à sa qualité, l'Eglise n'a pas encore voulu décider qu'elle en ait été exemptée. Déplorable condition de notre naissance, qui par un long enchaînement de misères sous lesquelles nous gémissons pendant cette vie, nous traîne à un supplice éternel par un juste et impénétrable jugement de Dieu ! Mais grace à la miséricorde divine, cet arrêt de mort a été cassé à la requête de Jésus mourant, son sang a rompu nos liens et a ôté ce joug de fer de dessus nos têtes. Nous ne sommes plus sous la loi de mort. Chrétien, ne sois pas ingrat envers ton Libérateur ; respecte l'autorité souveraine qui t'a exempté d'une loi si rigoureuse. Souviens-toi que nous avons dit que cette autorité souveraine a deux fonctions principales. Elle commande et elle dispense ; elle ordonne et elle exempte, ainsi qu'il lui plaît. Après l'avoir trouvée favorable dans l'exemption qu'elle t'a donnée, révère-la aussi dans les lois qu'elle te prescrit. Tu es redevable aux commandemens, tu ne l'es pas moins aux dispenses. Tu dois aux commandemens une obéissance fidèle, tu dois à la

---

(*a*) *Var.* : Il ne faut pas y employer moins que l'autorité souveraine.

dispense, qui t'a délivré d'une loi si rigoureuse, de continuelles actions de graces. C'est ce que pratique (a) excellemment la très-sainte Vierge : *Fecit mihi magna qui potens est :* « Le Tout-Puissant a fait en moi de grandes choses. » Voyez comme elle se sent obligée à la Puissance qui l'a exemptée de la loi funeste, qui rend toutes les conceptions criminelles. Mais elle n'a pas moins d'obligation à la Sagesse qui l'a séparée de la contagion générale. C'est la seconde partie.

SECOND POINT.

La théologie nous enseigne que c'est à la Sagesse divine de produire la diversité; et comme c'est à elle qu'il appartient d'établir l'ordre dans les choses, elle y doit mettre aussi la distinction, sans laquelle l'ordre ne peut subsister. En effet nous voyons, fidèles, qu'elle s'y est pour ainsi dire exercée dès l'origine de l'univers, lorsque se répandant sur cette matière qui n'étoit encore qu'à demi formée, elle sépara la lumière d'avec les ténèbres, les eaux d'ici-bas d'avec les célestes, et démêla la confusion qui enveloppoit tous les élémens. Mais ce qu'elle a fait une fois dans la création, elle le fait tous les jours dans la réparation de notre nature. Elle a autrefois séparé les parties du monde qui n'étoit qu'une masse sans forme (b); elle fait maintenant la séparation dans le genre humain qui n'est qu'une masse criminelle. C'est ce qui fait dire à l'Apôtre[1] : « Quand il a plu à celui qui m'a séparé, » c'est-à-dire qui m'a délivré, c'est-à-dire qui m'a sauvé : si bien que la grace nous sauve par une bienheureuse séparation, qui nous tire de cette masse gâtée; et c'est l'ouvrage de la Sagesse, parce que c'est elle qui nous choisit dès l'éternité et qui nous prépare les moyens certains par lesquels nous sommes justifiés.

La sainte Vierge est donc séparée, et elle a cela de commun avec tout le peuple fidèle; mais pour voir ce qu'elle a d'extraordinaire, il faut considérer l'alliance particulière qu'elle a contractée avec Jésus-Christ. Chrétiens, apprenez-en le mystère (c) du

---

[1] *Galat.*, I, 15.

(a) *Var. :* Ce que fait. — (b) Qu'une masse informe et confuse. — (c) Mais pour voir ce qu'elle a de particulier, chrétiens, apprenez-en le mystère.

docte et éloquent saint Eucher dans la seconde *Homélie* qu'il a composée sur la nativité de Notre-Seigneur. C'est là (*a*) que se réjouissant avec Marie de ce qu'elle a conçu le Sauveur dans ses bénites entrailles, il lui adresse ces belles paroles : « Que vous êtes heureuse, Mère incomparable, puisque vous recevez la première ce qui a été promis à tous les hommes, et que vous possédez toute seule la joie commune de l'univers ! » *Per tot sæcula promissum, prima suscipere mereris adventum, et commune mundi gaudium, peculiari munere sola possides.* Que veut dire ce saint évêque? Si Jésus-Christ est un bien commun, si ses mystères sont à tout le monde, de quelle sorte la très-sainte Vierge pourra-t-elle le posséder toute seule? Sa mort est le sacrifice public, son sang est le prix de tous les péchés, sa prédication instruit tous les peuples; et ce qui fait voir clairement qu'il est le bien commun de toute la terre, c'est que ce divin Enfant n'est pas plutôt né que les Juifs sont appelés à lui par les anges, et les gentils par les astres. Cependant, ô dignité de Marie! elle a un droit particulier de le posséder toute seule, parce qu'elle peut le posséder comme fils. Nulle autre créature n'a part à ce titre. Il n'y a que Dieu et Marie qui puissent avoir le Sauveur pour fils; et par cette sainte alliance Jésus-Christ se donne tellement à elle, qu'on peut dire que le trésor commun de tous les hommes devient son bien particulier : *Sola possides* (*b*).

Qui n'admireroit, chrétiens, de la voir si glorieusement séparée des autres? Mais que fait cela, direz-vous, pour sanctifier sa conception? C'est ici qu'il faut faire voir que la conception du Sau-

(*a*) *Var.:* C'est où. — (*b*) Entrons dans la pensée de ce saint évêque. Il considère le Fils de Dieu comme un bien commun, et que ses mystères sont à tout le monde. En effet sa mort est le sacrifice public, son sang est le prix de tous les péchés, sa prédication instruit tous les peuples ; et ce qui fait voir clairement qu'il est le bien commun de toute la terre, c'est que ce divin Enfant n'est pas plutôt né que les Juifs sont invités à lui par les anges, et les gentils par les astres. Tout le monde a droit sur le Fils de Dieu, parce que sa bonté nous le donne à tous. Dans cette libéralité générale il n'y a que la sainte Vierge qui par un privilége particulier, peut le posséder toute seule. Jésus-Christ sera donné à tout le monde, nous le savons bien; mais Marie le recevra la première. Saint Joseph, son fidèle époux, aura quelque part à ce grand secret; mais ce sera seulement plusieurs mois après. Cependant dans les commencemens de sa grossesse, Dieu seul sera témoin de son bonheur; il semble que le Fils de Dieu n'est là que pour elle, et que le trésor commun de tous les hommes est devenu son bien particulier : *Sola possides.*

veur a une influence secrète qui porte la grace et la sainteté sur celle de la sainte Vierge. Mais pour entendre ce que j'ai à dire, remettons en notre pensée une vérité chrétienne qui est pleine de consolation pour tous les fidèles. C'est que la vie du Sauveur des ames a un rapport particulier avec toutes les parties de la nôtre, pour y produire la sainteté. Mettons cette vérité dans un plus grand jour par un beau passage tiré de l'Apôtre [1] : « Jésus-Christ est mort et ressuscité, afin que vivans et mourans nous soyons à lui. » Voyez le rapport : la vie du Sauveur sanctifie la nôtre, notre mort est consacrée par la sienne. Disons de même du reste, selon la doctrine de l'Ecriture. Il s'est revêtu de foiblesse ; c'est ce qui soulage nos infirmités. Il a ressenti des douleurs; consolez-vous, chrétiens affligés, c'est pour rendre les vôtres saintes et fructueuses. Enfin il y a un rapport secret entre lui et nous, et c'est cela qui nous sanctifie. C'est pourquoi il a pris tout ce que nous sommes, afin de consacrer tout ce que nous sommes. Et d'où vient cette merveilleuse communication de sa mort avec la nôtre, de ses souffrances avec les nôtres? Ah! répondroit l'apôtre saint Paul, c'est que le Sauveur mourant est à nous; il nous donne sa mort, et nous y trouvons une source de graces qui portent la sainteté dans la nôtre, en la rendant semblable à la sienne. Le Sauveur souffrant est à nous, et nous pouvons prendre dans ses douleurs de quoi sanctifier nos souffrances. C'est ce que peuvent dire tous les chrétiens; mais la Vierge seule a droit de nous dire : Le Sauveur conçu s'est donné à moi par un titre particulier, et de cette sorte sa conception inspire la sainteté à la mienne par une secrète influence.

Oui, chrétiens, le Sauveur conçu est à elle, le Père céleste lui a fait ce présent. Tout le reste de sa vie est à tous les hommes; mais dans le temps qu'elle le conçoit et qu'elle le porte dans ses entrailles, elle a droit de le posséder toute seule : *Peculiari munere sola possides*. Et ce droit qu'elle a particulier sur la conception du Sauveur, est-il pas capable d'attirer sur elle une bénédiction particulière pour sanctifier sa conception? Si en qualité de Mère de Dieu elle est choisie par la Sagesse divine pour faire

[1] *Rom.*, XIV, 9.

quelque chose de singulier dans la conception de Jésus (*a*), n'étoit-il pas juste, fidèles, que Jésus (*b*) aussi réciproquement fît quelque chose de singulier dans la conception de Marie? Après cela qui pourroit douter que la conception de cette Princesse ne soit séparée (*c*) de toutes les autres, puisque le Fils de Dieu (*d*) s'y est réservé une opération extraordinaire? O Marie, je vous reconnois séparée, et votre bienheureuse séparation est un ouvrage de la Sagesse, parce que c'est un ouvrage d'ordre. Comme vous avez avec votre Fils une liaison particulière, aussi vous fait-il part de ses priviléges.

La sainte Vierge séparée; et dans sa séparation, quelque chose de commun avec tous les hommes, quelque chose de particulier : pour l'entendre, il faut savoir que nous sommes séparés de la masse, parce que nous appartenons à Jésus-Christ et que nous avons alliance avec lui. Deux alliances de Jésus-Christ avec la sainte Vierge : l'une comme Sauveur, l'autre comme Fils. Comme Sauveur, commune avec tous les hommes. Jésus-Christ est un bien commun; mais sur ce bien commun la Vierge y a un droit particulier : *Peculiari munere sola possides*, « par cette alliance particulière en qualité de fils. » L'alliance avec Jésus-Christ comme Sauveur fait qu'elle doit être séparée de la masse ainsi que les autres. L'alliance particulière avec Jésus-Christ comme fils fait qu'elle en doit être séparée d'une façon extraordinaire. Sagesse divine, je vous appelle : vous avez autrefois démêlé la confusion des élémens, il y a encore ici de la confusion à démêler. Voilà une masse toute criminelle de laquelle il faut séparer une créature pour la rendre mère de son Créateur. Jésus est son Sauveur, elle doit être séparée comme les autres; mais Jésus est son fils, il y a une alliance particulière, elle doit être même séparée des autres. Si les autres sont délivrés du mal, il faut qu'elle en soit préservée, que l'on en empêche le cours. Et comment? Par une plus particulière communication des priviléges de son Fils. Il est exempt du péché, et Marie aussi en doit être exempte. O Sagesse, vous l'avez séparée des autres; mais ne la confondez pas avec son

---

(*a*) *Var.* : Du Verbe incarné. — (*b*) Le Verbe. — (*c*) Et de là ne s'ensuit-il pas que la conception de cette Princesse est séparée. — (*d*) La grace.

Fils, puisqu'elle doit être infiniment au-dessous. Comment la distinguerons-nous d'avec lui, s'ils sont tous deux exempts du péché? Jésus-Christ l'est par nature et Marie par grace, Jésus-Christ de droit et Marie par privilége et par indulgence. La voilà séparée : *Fecit mihi magna qui potens est.* C'en est assez : voyons maintenant comment nous sommes aussi séparés. C'est ma troisième partie, à laquelle je passerai, chrétiens, après vous avoir fait remarquer qu'encore que nous ne soyons pas séparés aussi excellemment que la sainte Vierge, nous ne laissons pas que de l'être.

Car qu'est-ce que le peuple fidèle? C'est un peuple séparé des autres, tiré de la masse de perdition et de la contagion générale. C'est un peuple qui habite au monde, mais néanmoins qui n'est pas du monde. Il a sa possession dans le ciel, il y a sa maison et son héritage. Dieu lui a imprimé sur le front le caractère sacré du baptême, afin de le séparer pour lui seul. Oui, chrétien, si tu t'engages dans l'amour du monde, si tu ne vis comme séparé, tu perds la grace du christianisme. — Mais comment se séparer, direz-vous? Nous sommes au milieu du monde, dans les divertissemens, dans les compagnies. Faut-il se bannir des sociétés? Faut-il s'exclure de tout commerce? — Que te dirai-je ici, chrétien, sinon que tu sépares du moins le cœur? C'est par le cœur que nous sommes chrétiens : *Corde creditur*[1] ; c'est le cœur qu'il faut séparer. — Mais c'est là, direz-vous, la difficulté. Ce cœur est attiré de tant de côtés, c'est à lui qu'on en veut. Le monde le flatte, le monde lui rit. Là il voit les honneurs, là des plaisirs. L'un lui présente de l'amour, l'autre en veut recevoir de lui. Comment pourra-t-il se défendre? Et comment nous dites-vous donc qu'il faut du moins séparer le cœur? — Je le savois bien, chrétiens, que cette entreprise est bien difficile, d'être toujours au milieu du monde et de tenir son cœur séparé des plaisirs qui nous environnent ; et je ne vois ici qu'un conseil. Mais que voulez-vous que je dise? Puis-je vous prêcher un autre évangile à suivre? De tant d'heures que vous donnez inutilement aux occupations de la terre, séparez-en du moins quelques-unes pour vous retirer en vous-mêmes. Faites-vous quelquefois une solitude, où vous

[1] *Rom.*, X, 10.

méditiez en secret les douceurs des biens éternels et la vanité des choses mortelles. Séparez-vous avec Jésus-Christ, répandez votre ame devant sa face. Pressez-le de vous donner cette grace, dont les attraits divins puissent vous enlever (*a*) aux plaisirs du monde, cette grace qui a séparé la très-sainte Vierge, et qui l'a tellement remplie, que la colère qui menace les enfans d'Adam n'a pu trouver place en sa conception, parce qu'elle a été prévenue par un amour miséricordieux.

TROISIÈME POINT.

Si nous voyons dans les Ecritures sacrées que le Fils de Dieu prenant notre chair, a pris aussi toutes nos foiblesses à l'exception du péché ; si le dessein qu'il avoit conçu de se rendre semblable à nous a fait qu'il n'a pas dédaigné la faim ni la soif, ni la crainte ni la tristesse, ni tant d'autres infirmités qui sembloient indignes de sa grandeur, à plus forte raison doit-on croire qu'il a été vivement touché de cet amour si juste et si saint, que la nature imprime en nos cœurs pour ceux qui nous donnent la vie. Cette vérité est très-claire ; mais je prétends vous faire voir aujourd'hui que c'est cet amour qui a prévenu (*b*) la très-sainte Vierge dans sa conception bienheureuse ; et c'est ce qui mérite plus d'explication.

Je considère en deux états cet amour de fils que le Sauveur a eu pour Marie ; je le regarde dans l'incarnation et devant l'incarnation du Verbe divin. Qu'il ait été dans l'incarnation, chrétiens, il est aisé de le croire. Car comme c'est dans cet auguste mystère (*c*) que Marie est devenue la Mère de Dieu, c'est aussi dans cet auguste mystère que (*d*) Dieu prend des sentimens de fils pour Marie. Mais que cet amour de fils se rencontre en Dieu pour sa sainte Mère devant (*e*) qu'il soit incarné, c'est ce qui paroît assez difficile, puisque le Fils de Dieu n'est son fils qu'à cause de l'humanité qu'il a prise. Toutefois remontons plus haut, et nous trouverons cet amour qui a prévenu la très-sainte Vierge par la profusion de ses dons. Comprenez cette vérité, et vous verrez l'amour de Dieu pour notre nature.

(*a*) *Var.* : Qui vous enlèvent. — (*b*) Que cet amour a prévenu. — (*c*) Dans l'incarnation. — (*d*) Il s'ensuit que c'est aussi là que. — (*e*) Même devant.

Pour entendre cette doctrine, remarquons que la sainte Vierge a cela de propre qui la distingue de toutes les mères, qu'elle engendre le dispensateur de la grace; que son Fils en cela différent des autres, est capable d'agir avec force dès le premier moment de sa vie; et ce qu'il y a de plus extraordinaire, c'est qu'elle est mère d'un Fils qui est devant elle. De là suivent trois beaux effets en faveur de la très-heureuse Marie. Comme son Fils est le dispensateur de la grace, il lui en fait part avec abondance; comme il est capable d'agir dès le premier instant (a) de sa vie, il n'attend pas le progrès de l'âge pour être libéral envers elle, et le même instant où il est conçu voit commencer ses profusions. Enfin comme elle a un Fils qui est devant elle, elle a ceci de miraculeux, que l'amour de ce Fils peut la prévenir jusque dans sa conception, et c'est ce qui la rend innocente. Car il lui doit servir d'avoir un Fils qui soit devant elle. Mais éclaircissons cette vérité par une excellente doctrine des Pères, et voyons quel a été dès l'éternité l'amour du Fils de Dieu pour la sainte Vierge.

N'avez-vous jamais admiré, Messieurs, comme Dieu parle dans les saintes Lettres, comme il affecte pour ainsi dire d'agir en homme, comme il imite nos actions, nos mœurs, nos coutumes, nos mouvemens et nos passions? Tantôt il dit par la bouche de ses prophètes qu'il a le cœur saisi par la compassion, tantôt qu'il l'a enflammé par la colère, qu'il s'apaise, qu'il se repent, qu'il a de la joie ou de la tristesse. Chrétiens, quel est ce mystère? Un Dieu doit-il donc agir de la sorte? Si le Verbe incarné nous parloit ainsi, je ne m'en étonnerois pas, car il étoit homme. Mais que Dieu avant que d'être homme, parle et agisse comme font les hommes, il y a sujet de le trouver étrange. Je sais que vous me direz que cette Majesté souveraine veut s'accommoder à notre portée. Je le veux bien : mais j'apprends des Pères qu'il y a une raison plus mystérieuse. C'est que Dieu ayant résolu de s'unir à notre nature, il n'a pas jugé indigne de lui d'en prendre de bonne heure tous les sentimens. Au contraire il se les rend propres, et vous diriez qu'il s'étudie à s'y conformer.

(a) *Var.* : Moment.

Pourrions-nous bien expliquer un si grand mystère par quelque exemple familier? Un homme veut avoir une charge de robe ou d'épée, il ne l'a pas encore, mais il s'y prépare, il en prend par avance tous les sentimens, et il commence à s'accoutumer ou à la gravité d'un magistrat ou à la brave générosité d'un homme de guerre. Dieu a résolu de se faire homme, il ne l'est pas encore du temps des prophètes, mais il le sera (a). Tellement qu'il ne faut pas s'étonner s'il parle, s'il agit en homme avant que de l'être, s'il prend en quelque sorte plaisir d'apparoître aux prophètes et aux patriarches avec une figure humaine. Pour quelle raison? Que Tertullien l'explique admirablement! Ce sont, dit très-bien cet excellent homme, des préparatifs de l'incarnation. Celui qui doit s'abaisser jusqu'à prendre notre nature, fait pour ainsi dire son apprentissage en se conformant à nos sentimens (b). « Peu à peu il s'accoutume à être homme, et il se plaît d'exercer dès l'origine du monde ce qu'il sera dans la fin des temps : » *Ediscens jam inde à primordio, jam inde hominem, quod erat futurus in fine* [1].

Ne croyez donc pas, chrétiens, qu'il ait attendu sa venue pour avoir un amour de fils pour la sainte Vierge. C'est assez qu'il ait résolu d'être homme, pour en prendre tous les sentimens. Et s'il prend les sentimens d'homme, peut-il oublier ceux de fils qui sont les plus naturels et les plus humains? Il a donc toujours aimé Marie comme mère, il l'a considérée comme telle dès le premier moment qu'elle fut conçue. Et s'il est ainsi, chrétiens, peut-il la regarder en colère? Le péché s'accordera-t-il avec tant de graces, l'indignation (c) avec l'amour, l'inimitié avec l'alliance? Et Marie ne peut-elle pas dire avec le Psalmiste : *In Deo meo transgrediar murum* [2] : « Je passerai par-dessus la muraille au nom de mon Dieu? » Il y a une muraille de séparation que le péché a faite entre Dieu et l'homme, il y a une inimitié comme naturelle. Mais, dit-elle, je passerai par-dessus, je n'y entrerai pas, je passerai par-dessus; *Transgrediar* (d). Et comment? Au

[1] Lib. II, *adv. Marcion.*, n. 27. — [2] *Psal.* XVII, 32.

(a) *Var.* : Mais c'est une chose déterminée. — (b) En prenant nos sentimens, — à se revêtir de nos sentimens. — (c) La vengeance. — (d) *Transiliam*, Hieronymus.

nom de mon Dieu, de ce Dieu qui étant mon Fils est à moi par un droit tout particulier, de ce Dieu qui m'a aimée comme Mère dès le premier moment de ma vie, de ce Dieu dont l'amour tout-puissant a prévenu en ma faveur la colère qui menace tous les enfans d'Eve. C'est ce qui a été fait en la sainte Vierge. Finissons en vous faisant une image de cette grace dans tous les fidèles, et reconnoissons aussi, chrétiens, que l'amour de Dieu nous a prévenus contre la colère qui nous poursuivoit, et qu'il nous prévient tous les jours (a). Que ce soit là le fruit de tout ce discours, comme c'est la vérité la plus importante de la religion chrétienne.

Oui certainement, chrétiens, c'est le fondement du christianisme de comprendre que nous n'avons pas aimé Dieu, mais que c'est Dieu qui nous a aimés le premier, non-seulement avant que nous l'aimassions, mais lorsque nous étions ses ennemis. Ce sang du Nouveau Testament versé pour la rémission de nos crimes, rend témoignage à la vérité que je prêche. Car si nous n'eussions pas été ennemis de Dieu, nous n'eussions pas eu besoin de médiateur pour nous réconcilier avec lui, ni de victime pour apaiser sa colère, ni de sang pour contenter sa justice. C'est donc lui qui nous a le premier aimés, en donnant son Fils unique pour l'amour de nous. Mais peut-être que cette grace est trop générale, et que notre dureté n'en est pas émue. Venons aux bienfaits particuliers par lesquels son amour nous prévient.

Que dirons-nous, chrétiens, de notre vocation au baptême? Avions-nous imploré son secours, l'avions-nous prévenu par quelques prières, afin que sa miséricorde nous amenât aux eaux salutaires où nous avons été régénérés? N'est-ce pas lui au contraire qui s'est avancé et qui nous a aimés le premier? Mais peut-être que ce bienfait est trop ancien, et que notre ingratitude ne s'en souvient plus : disons ce que nous éprouvons tous les jours. Te souviens-tu, pécheur, avec quelle ardeur tu courois au crime? la vengeance ou le plaisir t'emportoit : combien de fois Dieu a-t-il parlé à ton cœur, pour te retenir sur ce penchant? Je ne sais si

---

(a) *Var.* : Rendons graces à ce grand Dieu, et glorifions sa bonté de ce qu'il a prévenu la très-sainte Vierge ; mais reconnoissons aussi, chrétiens, avec quelle miséricorde son amour nous a prévenus nous-mêmes.

tu as écouté sa voix ; mais je sais qu'il s'est présenté souvent. L'invitois-tu, quand tu le fuyois? l'appelois-tu, quand tu t'armois contre lui? Cependant il est venu à toi par sa grace ; il a frappé, il a appelé, et ainsi ne t'a-t-il pas prévenu et ne t'a-t-il pas aimé le premier?

Mais, fidèles, j'en vois un autre qui ne court pas au péché ; il est déjà engagé dans sa servitude. Il s'abandonne aux blasphèmes, aux médisances et à l'impudicité. Il n'épargne ni le bien ni l'honneur des autres pour satisfaire son ambition ; il ne respire que l'amour du monde. Jésus-Christ descendra-t-il dans cet abîme? descendra-t-il dans cet enfer? Autrefois il est allé aux enfers ; mais il y étoit appelé par les cris et par les désirs des prophètes, qui soupiroient après sa venue. Ici on rejette ses inspirations, on le fuit, on lui fait la guerre. Il vient toutefois, il s'approche ; dans une fête, dans un jubilé, dans quelque sainte cérémonie il fait sentir ses terreurs à une conscience criminelle, il l'excite intérieurement à la pénitence. Le pécheur fuit, et Dieu le presse ; il ne sent pas, et Dieu redouble ses coups pour réveiller cette ame endormie : n'est-ce pas là prévenir les hommes par un grand excès de miséricorde?

Mais vous, ô justes, ô enfans de Dieu, je sais que vous aimez votre Père : est-ce vous qui l'avez aimé les premiers? Ne confessez-vous pas avec l'Apôtre [1], que « la charité a été répandue en vos cœurs par le Saint-Esprit qui vous est donné? » Et Dieu vous feroit-il un si beau présent, si avant que de le faire il ne vous aimoit? C'est donc lui qui nous prévient, n'en doutons pas ; c'est lui qui fait toutes les avances. Mais apprenez qu'il ne nous prévient qu'afin que nous le prévenions. — Que dites-vous? cela se peut-il? — Oui, fidèles, nous le pouvons. Ecoutez le Psalmiste qui nous y exhorte : « Prévenons sa face, » dit-il : *Præoccupemus faciem ejus* [2]. Que faut-il faire pour le prévenir? Il y a deux attributs en Dieu qui regardent particulièrement les hommes, la miséricorde et la justice. On ne peut prévenir la miséricorde, au contraire c'est elle qui prévient toujours ; mais elle ne nous prévient qu'afin que nous prévenions la justice. Tu ne dois pas igno-

[1] *Rom.*, v, 5. — [2] *Psal.* XCIV, 2.

rer, pécheur, que tes crimes t'amassent des trésors de colère. S'ils sont scandaleux, Dieu en fera justice devant tout le monde ; et quand même ils seroient cachés, Dieu les découvrira devant tout le monde. Préviens cette juste fureur; venge-les, et il ne les vengera pas; découvre-les, et il ne les découvrira pas : *Prœveniamus faciem ejus in confessione.*

Je sais que *confession* en ce lieu veut dire *louange*, c'est-à-dire confesser la grandeur de Dieu. Mais je ne croirai pas m'éloigner du sens naturel, si je le fais servir à la pénitence. Car peut-on mieux confesser la grandeur de Dieu que d'humilier le pécheur et le confondre devant sa face? Donc, fidèles, confondons-nous devant Dieu, de peur qu'il ne nous confonde en ce jour terrible. Prévenons sa juste fureur par la confession de nos crimes. Descendons au fond de nos consciences où nos ennemis sont cachés. Descendons-y le flambeau à une main et le glaive à l'autre : le flambeau pour rechercher nos péchés par un sérieux examen, le glaive pour les arracher jusqu'à la racine par une vive douleur. C'est ainsi que nous préviendrons la colère de ce grand Dieu dont la miséricorde nous a prévenus. O Marie, miraculeusement dispensée, singulièrement séparée, miséricordieusement prévenue, secourez nos foiblesses par vos prières ; et obtenez-nous cette grace, que nous prévenions tellement par la pénitence la vengeance qui nous poursuit, que nous soyons à la fin reçus dans ce royaume de paix éternelle avec le Père, le Fils et le Saint-Esprit.

TROISIÈME SERMON

POUR LA

FÊTE DE LA CONCEPTION DE LA SAINTE VIERGE (a).

Fecit mihi magna qui potens est.
Le Tout-Puissant a fait en moi de grandes choses. *Luc.*, I, 49.

Dans le dessein que je me propose de vous donner aujourd'hui une instruction chrétienne touchant la dévotion envers la Vierge bienheureuse, et de vous découvrir à fond les utilités infinies que vous en pouvez tirer, aussi bien que les divers abus qui en corrompent la pratique, j'entrerai d'abord en matière; et sans vous ennuyer par un long exorde, je partagerai mon discours en deux parties. La première établira les solides et inébranlables fondemens de cette dévotion; la seconde vous fera voir les règles invariables qui doivent en diriger l'exercice. Cette doctrine nous servira à honorer chrétiennement la très-sainte Vierge, non-seulement dans la fête de sa conception, mais encore dans toutes celles que la sainte succession de l'année ecclésiastique ramène de temps en temps à la piété des fidèles. La conception de Marie étant le premier moment dans lequel nous commençons de nous attacher à cette divine Mère pour de là l'accompagner persévéramment dans tous les mystères qui s'accomplissent en elle, je veux tâcher de vous inspirer dès ce premier pas des sentimens convenables à la piété chrétienne, et de former vos dévotions sur les maximes de l'Evangile.

(a) Prêché dans l'Avent de 1669, à Saint-Germain, devant le roi, la reine, le duc d'Orléans, etc.

La *Gazette de France* nomme les orateurs sacrés qui ont prêché à la Cour la bienheureuse conception : l'évêque de Rodez, l'évêque de Dax, l'abbé Fromentières, dom Cosme, Mascaron, enfin Bossuet en 1669.

On verra que l'habile théologien justifie contre les protestans le culte de la sainte Vierge : il avoit probablement en vue Turenne qui, converti à la foi catholique, suivoit assidument ses prédications.

Bossuet a intitulé ce sermon : « Sur la dévotion à la sainte Vierge. »

Ne me dites pas, chrétiens, que cette idée est trop générale, et que vous attendiez quelque chose qui fût plus propre et plus convenable à une si grande solennité. L'utilité des enfans de Dieu est la loi suprême de la chaire ; et je vous accorderai sans peine que je pouvois prendre un sujet plus propre à la fête que nous célébrons, pourvu aussi que vous m'accordiez qu'il n'y en a point de plus salutaire ni de plus propre à l'instruction de ce royal auditoire (a). Ecoutez donc attentivement ce que j'ai à vous exposer touchant la dévotion pour la sainte Vierge. Voyez quel en est le fondement, et quel en est l'exercice.

PREMIER POINT.

« Personne, dit le saint Apôtre[1], ne peut poser d'autre fondement que celui qui a été mis, c'est-à-dire Jésus-Christ (b). » Soit donc ce divin Sauveur le fondement immuable de notre dévotion pour la sainte Vierge, parce qu'en effet tout le genre humain ne peut assez honorer cette Vierge Mère, depuis qu'il a reçu Jésus-Christ par sa fécondité bienheureuse (c). Elevez vos esprits, mes Frères, et considérez attentivement combien grande, combien éminente est la vocation de Marie, que Dieu a prédestinée avant tous les temps pour donner par elle Jésus-Christ au monde. Mais il faut encore ajouter que Dieu l'ayant appelée à ce glorieux ministère, il ne veut pas qu'elle soit un simple canal d'une telle grâce, mais un instrument volontaire qui contribue à ce grand ouvrage (d), non-seulement par ses excellentes dispositions, mais encore par un mouvement de sa volonté. C'est pourquoi le Père éternel envoie un ange pour lui proposer le mystère, qui ne s'achèvera pas tant que Marie sera incertaine (e) ; si bien que ce grand ouvrage de l'incarnation, qui tient depuis tant de siècles toute la nature en attente, lorsque Dieu est résolu de l'accomplir demeure encore en suspens jusqu'à ce que la divine Vierge y ait consenti : tant il a été nécessaire aux hommes que Marie ait désiré leur salut. Aussitôt qu'elle a donné ce consentement, les cieux

---

[1] *I Cor.*, III, 11.

(a) *Var. :* De mes auditeurs. — (b) Qui est Jésus-Christ. — (c) Par sa bienheureuse entremise. — (d) Mais un instrument volontaire. Il veut qu'elle coopère à ce grand ouvrage... — (e) Ne sera pas résolue.

sont ouverts, le Fils de Dieu est fait homme et les hommes ont un Sauveur. La charité de Marie a donc été en quelque sorte la source féconde, d'où la grace a pris son cours, et s'est répandue avec abondance sur toute la nature humaine. Et comme dit saint Ambroise, et après lui saint Thomas : « C'est de ses bénites entrailles qu'est sorti avec abondance cet Esprit de sainte ferveur, qui étant premièrement survenu en elle, a inondé toute la terre : » *Uterus Mariæ, Spiritu ferventi qui supervenit in eam, replevit orbem terrarum, cùm peperit Salvatorem*[1]. — *Tantam gratiæ obtinuit plenitudinem, ut esset propinquissima auctori gratiæ; ita quod eum qui est plenus omni gratiâ, in se reciperet, et eum pariendo, quodammodò gratiam ad omnes derivaret*[2].

Il a donc fallu, chrétiens, que Marie ait concouru par sa charité à donner au monde son libérateur. Comme cette vérité est connue, je ne m'étends pas à vous l'expliquer; mais je ne vous tairai pas une conséquence que peut-être vous n'avez pas assez méditée : c'est que Dieu ayant une fois voulu nous donner Jésus-Christ par la sainte Vierge, cet ordre ne se change plus (*a*); et « les dons de Dieu sont sans repentance[3]. » Il est et sera toujours véritable qu'ayant reçu par elle une fois le principe universel de la grace, nous en recevions encore par son entremise les diverses applications dans tous les états différens qui composent la vie chrétienne. Sa charité maternelle ayant tant contribué à notre salut dans le mystère de l'incarnation, qui est le principe universel de la grace, elle y contribuera éternellement dans toutes les autres opérations qui n'en sont que des dépendances.

La théologie reconnoît trois opérations principales de la grace de Jésus-Christ. Dieu nous appelle, Dieu nous justifie, Dieu nous donne la persévérance. La vocation, c'est le premier pas; la justification fait notre progrès; la persévérance conclut le voyage et unit dans la patrie, ce qui ne se trouve pas sur la terre, le repos et la gloire (*b*).

[1] S. Ambros., *de Inst. Virg.*, cap. XII. — [2] S. Thom., III part., quæst. XXVII, art. 5, ad. 1. — [3] *Rom.*, XI, 29.

(*a*) *Var.* : La Sagesse divine ayant une fois résolu de nous donner Jésus-Christ par la sainte Vierge, ce décret ne se change plus. — (*b*) Conclut le voyage, et assure dans la patrie la couronne et le repos.

Vous savez qu'en ces trois états l'influence de Jésus-Christ nous est nécessaire ; mais il faut vous faire voir par les Ecritures que la charité de Marie est associée à ces trois ouvrages ; et peut-être ne croyez-vous pas que ces vérités soient si claires dans l'Evangile, que j'espère de les y montrer en peu de paroles.

La grace de la vocation nous est figurée par la soudaine illumination que reçoit le saint Précurseur dans les entrailles de sa mère. Considérez ce miracle, vous y verrez une image des pécheurs que la grace appelle. Jean est ici dans l'obscurité des entrailles maternelles : où êtes-vous, ô pécheurs ? dans quelle nuit ? dans quelles ténèbres ? Jean ne peut ni voir ni entendre : pécheurs, quelle surdité semblable (*a*) à la vôtre, et quel aveuglement égal (*b*), puisque le ciel tonne en vain sur vous par tant de menaces terribles, et que la vérité elle-même qui vous luit si manifestement dans l'Evangile, n'est pas capable de vous éclairer ? Jésus vient à Jean sans qu'il y pense, il le prévient, il parle à son cœur, il éveille et il attire ce cœur endormi et auparavant insensible : pensiez-vous à Dieu, ô pécheurs, quand il a été vous émouvoir par une secrète touche de son Saint-Esprit (*c*) ? Vous ne le cherchiez pas, et il vous appeloit à la pénitence ; vous fuyiez, et il a bien su vous trouver. (*d*) Mais s'il nous montre dans le tressaillement de saint Jean l'image des pécheurs prévenus, il nous fait voir aussi que Marie concourt avec lui à ce grand ouvrage. Si Jean-Baptiste ainsi prévenu semble s'efforcer pour sortir de la prison qui l'enserre, c'est à la voix de Marie qu'il est excité. « Votre voix n'a pas plutôt frappé mon oreille, lorsque vous m'avez saluée, que mon enfant a tressailli de joie dans mon sein [1]. » « C'est Marie, dit saint Ambroise, qui a élevé Jean-Baptiste au-dessus de la nature ; et cet enfant touché de sa voix, avant que d'avoir respiré l'air, a attiré l'esprit de la piété. (*e*) »

[1] *Luc.*, I, 44.

(*a*) *Var.* : Pareille. — (*b*) Pareil. — (*c*) Quand cette soudaine lumière vous apparut tout à coup comme un éclair, quand cette secrète touche du Saint-Esprit vous a donné un nouvel instinct. — (*d*) *Note marg.* : Dégoûts secrets, ces amertumes cachées, qui vous font regretter la paix et vous rappellent à la pénitence. — (*e*) *Levavit (Maria) Joannem in utero constitutum, qui ad vocem ejus exsilivit,... priùs sensu devotionis quàm spiritûs infusione vitalis animatus.* (S. Ambr., *de Inst. Virg.*, cap. XIII.) *Cujus tanta gratia, ut non solùm in se virginitatis gra-*

La justification est représentée dans les noces de Cana en la personne des apôtres. Car écoutez les paroles de l'évangéliste : Jésus changea l'eau en vin : « Ce fut là le premier des miracles de Jésus, qui fut fait à Cana en Galilée ; et il fit paroître sa gloire, et ses disciples crurent en lui [1] ». (a) Vous savez que « la justification est attribuée à la foi [2] ; » non qu'elle suffise toute seule, mais parce qu'elle est le premier principe et, comme dit le saint concile de Trente [3], « la racine de toute grace. » Ainsi le texte sacré ne pouvoit nous exprimer en termes plus clairs la grace justifiante ; mais il ne pouvoit non plus nous mieux expliquer la part qu'a eue la divine Vierge à ce merveilleux ouvrage.

Car qui ne sait que ce grand miracle sur lequel a été fondée la foi des apôtres, fut l'effet de la charité et des prières de Marie ? Lorsqu'elle demanda cette grace, il semble qu'elle ait été rebutée : « Femme, lui dit le Sauveur, qu'y a-t-il entre vous et moi ? Mon heure n'est pas encore venue [4]. » Quoique ces paroles paroissent rudes, et qu'elles aient un air de refus bien sec, Marie ne se croit pas (b) refusée. Elle connoît les délais miséricordieux, les favorables refus, les fuites mystérieuses de l'Epoux sacré. Elle sait tous les secrets (c) par lesquels son amour ingénieux éprouve les ames fidèles, et sait qu'il nous rebute souvent, afin que nous apprenions à emporter par l'humilité et par une confiance persévérante ce que la première demande (d) n'a pas obtenu. Marie ne fut pas trompée dans son attente. Que ne peut obtenir une telle Mère à qui son Fils accorde tout, lors même qu'il semble qu'il la traite le plus rudement ? Et que ne lui donnera-t-il pas, quand l'heure sera venue de la glorifier avec lui par toute la terre, puisqu'il avance en sa faveur, comme dit saint Jean Chrysostome [5], l'heure qu'il avoit résolue ? Jésus, qui sembloit l'avoir refusée, fait néanmoins ce qu'elle demande.

---

[1] *Joan.*, II, 11. — [2] *Rom.*, IV, 5. — [3] Sess. VI, cap. VIII. — [4] *Joan.*, II, 4. — [5] *In Joan.*, hom. XXII.

tiam reservaret ; sed etiam his quos viseret, integritatis insigne conferret... Ad vocem Mariæ exultavit infantulus, obsecutus antequàm genitus. Nec immeritò mansit integer corpore, quem oleo quodam suæ præsentiæ et integritatis unguento, Domini Mater exercuit.(S. Ambr., de Inst. Virg., cap. VII.) — (a) Note marg.: Les apôtres étoient déjà appelés, mais ils ne croyoient pas encore assez vivement pour être justifiés. — (b) *Var.*: Ne se tient pas. — (c) Artifices. — (d) Instance.

Mais, Messieurs, qui n'admirera que Jésus n'ait voulu faire son premier miracle qu'à la prière de la sainte Vierge, ce miracle en cela différent des autres, miracle pour une chose non nécessaire? Quelle grande nécessité qu'il y eût du vin dans ce banquet? Marie le désire, c'est assez. Qui ne sera étonné de voir qu'elle n'intervient que dans celui-ci, qui est suivi aussitôt d'une image si expresse de la justification des pécheurs? Cela s'est-il fait par une rencontre fortuite? Ou plutôt ne voyez-vous pas que le Saint-Esprit a eu dessein de nous faire entendre ce que remarque saint Augustin en interprétant ce mystère, « que la Vierge incomparable (a) étant Mère de notre Chef selon la chair, a dû être selon l'esprit la Mère de tous ses membres, en coopérant par sa charité à la naissance spirituelle des enfans de Dieu : » *Carne mater capitis nostri, spiritu mater membrorum ejus, quia cooperata est charitate ut filii Dei nascerentur in Ecclesiâ*[1]. Vous voyez que nous entendons ce mystère comme l'ont entendu dès les premiers siècles ceux qui ont traité avant nous les Ecritures divines. Mais, mes Frères, ce n'est pas assez qu'elle contribue à la naissance des enfans de Dieu (b); voyons la part que Jésus lui donne dans leur fidèle persévérance.

Paroissez donc, enfans de miséricorde et de grace, d'adoption et de prédestination éternelle, fidèles compagnons du Sauveur Jésus, qui persévérez avec lui jusqu'à la fin; accourez à la sainte Vierge, et venez vous ranger avec les autres sous les ailes de sa charité maternelle. Chrétiens, je les vois paroître, et le disciple chéri de notre Sauveur nous les représente au Calvaire. Puisqu'il suit avec Marie Jésus-Christ (c) jusqu'à la croix, pendant que les autres disciples prennent la fuite, puisqu'il s'attache constamment à ce bois mystique, qu'il vient généreusement mourir avec lui, il est la figure des fidèles persévérans; et vous voyez aussi que Jésus-Christ le donne à sa Mère : (d) « Femme, lui dit-il, voilà votre Fils[2]. »

[1] *De sancta Virg.*, n. 6. — [2] *Joan.*, XIX, 26.

(a) *Var.* : Que la bienheureuse Marie. — (b) A faire naître les enfans de Dieu. — (c) Puisqu'il suit Jésus-Christ avec Marie. — (d) *Note marg.* : « Femme, lui dit-il, voilà votre Fils. » « Elle est, dit saint Ambroise, confiée à Jean l'évangéliste, qui ne connoît point le mariage. Aussi je ne m'étonne pas qu'il nous ait

Chrétiens, j'ai tenu parole. Ceux qui savent considérer combien l'Ecriture est mystérieuse connoîtront par ces trois exemples que Marie est par ses pieuses intercessions la mère des appelés, des justifiés, des persévérans; et que sa charité féconde est un instrument général des opérations de la grace. Par conséquent réjouissons-nous de sa conception bienheureuse; le ciel nous forme aujourd'hui une protectrice. (*a*) Car quelle autre peut parler pour nous, plus utilement que cette divine Mère? C'est à elle qu'il appartient de parler au cœur de son Fils, où elle trouve une si fidèle correspondance. Les sentimens de la nature sont relevés et perfectionnés, mais non éteints dans la gloire; ainsi elle ne craindra pas d'être refusée. « L'amour du Fils parle pour les vœux de la Mère; la nature elle-même le sollicite en sa faveur : on cède facilement aux prières, quand on est déjà gagné par son amour même : » *Affectus ipse pro te orat, natura ipsa tibi postulat :... citò annuunt qui suo ipsi amore superantur* [1].

Par conséquent, mes Frères, nous avons appuyé la dévotion envers la Vierge bienheureuse, sur un fondement solide et inébranlable. Puisqu'elle est si bien fondée, anathème à qui la nie, il ôte aux chrétiens un si grand secours. Anathème à qui la diminue, il affoiblit les sentimens de la piété. Dirai-je anathème à qui en abuse? Non, mes Frères, ils sont enfans de l'Eglise; soumis à ses décrets, quoiqu'ignorans de ses maximes : ne les soumettons pas à nos anathèmes, mais instruisons-les de ses règles. Car quel seroit notre aveuglement, si après avoir posé un fondement si solide, nous bâtissions dessus de vaines et superstitieuses pratiques? Après donc que nous avons fondé nos dévotions, apprenons à les rectifier, et réglons-en l'exercice par les maximes de l'Eglise. Je

---

[1] Salv., epist. IV, p. 199.

révélé plus de mystères que tous les autres, lui à qui le trésor des secrets célestes étoit toujours ouvert : *Eademque posteà Joanni evangelistæ est tradita conjugium nescienti. Undè non miror præ cæteris locutum mysteria divina, cui præsiò erat aula cœlestium sacramentorum.* (S. Amb. de Inst. Virg., cap. VII.) — (*a*) *Note marg.* : Je veux croire avec vous, Messieurs, qu'elle n'a jamais eu de péché, elle qui, comme dit Pierre Chrysologue, étoit engagée au Sauveur Jésus et marquée pour lui par le Saint-Esprit, dès le premier moment de son être. *Provolat ad sponsam festinus interpres, ut humanæ desponsationis arceat et suspendat effectum; neque auferat ab Joseph virginem, sed reddat Christo cui est pignorata cùm fieret.* Petr. Chrysol., serm. CXL, *de Annuntiat.*

vous dirai, chrétiens, en peu de paroles quel culte nous devons à Dieu, à la sainte Vierge, à tous les Esprits bienheureux ; et c'est ma seconde partie.

SECOND POINT.

La règle fondamentale de l'honneur que nous rendons à la sainte Vierge et aux bienheureux Esprits, c'est que nous le devons rapporter tout entier à Dieu et à notre salut éternel. Car s'il n'étoit rapporté à Dieu, ce seroit un acte purement humain, et non un acte de religion. Et nous savons que les Saints étant pleins de Dieu et de sa gloire, ne reçoivent pas (*a*) des civilités purement humaines. La religion nous unit à Dieu ; c'est de là qu'elle prend son nom, comme dit saint Augustin, et c'est par là qu'elle est définie : *Religio, quòd nos religet omnipotenti Deo*[1]. Ainsi toute notre dévotion pour la sainte Vierge est inutile et superstitieuse, si elle ne nous conduit à Dieu pour le posséder éternellement et jouir de l'héritage céleste. Voilà la règle générale du culte religieux, c'est qu'il dérive de Dieu et qu'il y retourne en se répandant sur ses Saints sans se séparer de lui.

Mais pour descendre à des instructions plus particulières, je remarquerai quelques différences entre le culte des chrétiens et celui des idolâtres ; et quoiqu'il semble peu nécessaire de combattre les anciennes erreurs de l'idolâtrie dans cette grande lumière du christianisme, toutefois la vérité paroîtra plus claire par cette opposition. Donc, mes Frères, pour toucher d'abord le principe de tout le mal, les anciens ne connoissant pas la force du nom de Dieu, qui ne conserve sa grandeur et sa majesté que dans l'unité seule, ont divisé la divinité par ses attributs et par ses fonctions différentes, et ensuite par les élémens et les autres parties du monde, dont ils ont fait un partage entre les aînés et les cadets comme d'une terre et d'un héritage : le ciel comme le plus noble et le principal domicile étant demeuré à leur Jupiter et le reste étant échu à ses frères et à sa sœur ; comme si la possession du monde pouvoit être séparée en lots, et n'étoit pas solidaire et indivisible ;

---

[1] *De ver. Rel.*, n. 113 ; *De Civit. Dei*, lib. X, cap. III.
(*a*) *Var. :* Ne souffrent pas.

ou que Dieu eût été obligé d'aliéner son domaine, et d'en laisser à d'autres le gouvernement et la jouissance. Après qu'on eut commencé de violer la sainte unité de Dieu par l'injurieuse communication de ce nom incommunicable, on en vint successivement à une multiplication sans ordre et sans bornes, jusqu'à reléguer plusieurs dieux aux foyers, aux cheminées et aux écuries, ainsi que saint Augustin le reproche aux Romains et aux Grecs. On en mit trois à la seule porte ; et « au lieu, dit ce saint évêque, qu'un seul homme suffit pour garder la porte d'une maison, les Grecs ont voulu qu'il y eût trois dieux (a). » *Unum quisque domui suæ ponit ostiarium, et quia homo est, omninò sufficit; tres deos isti posuerunt* [1]. A quel dessein tant de dieux, sinon pour déshonorer ce grand nom et en avilir la majesté? Ne pensez pas, chrétiens, que ce soit une inutile curiosité qui me fasse remarquer ces choses. Considérez combien le genre humain, qui a pu donner créance durant tant de siècles à ces erreurs insensées, étoit livré avant Jésus-Christ à la puissance des ténèbres et de quel prodigieux aveuglement nous a tirés le Sauveur par la lumière de son Evangile. « Rendons graces à Dieu pour son ineffable don : » *Gratias Deo super inenarrabili dono ejus* [2].

Pour nous, nous n'adorons qu'un seul Dieu tout-puissant, Créateur et Dispensateur de toutes choses, au nom duquel nous avons été consacrés par le saint baptême, (b) et en qui seul nous reconnoissons une souveraineté absolue, une bonté sans mesure et la plénitude de l'être. Nous honorons les Saints et la bienheureuse Vierge, non par un culte de servitude et de sujétion (car nous sommes libres pour tout autre, et ne sommes assujettis qu'à Dieu seul dans l'ordre de la religion); mais « nous les honorons, dit saint Ambroise[3], d'un honneur de charité et de société fraternelle: » *Honoramus eos charitate, non servitute,* comme dit saint Augustin [4]; et nous révérons en eux les miracles de la main du Très-Haut, la communication de sa grace, l'épanchement de sa gloire, et la sainte et glorieuse dépendance par laquelle ils demeurent

---

[1] *De Civit. Dei,* lib. IV, cap. VIII. — [2] II *Cor.,* IX, 15. — [3] Lib. *De Vid.* — [4] *De Ver. Relig.,* n. 110; *Cont. Faust.* lib. XX, cap. XXI.

(a) *Var. :* Les hommes ont voulu qu'il y ait trois dieux. — (b) *Note marg. :* O grace mal conservée! ô foi violée trop facilement!

éternellement assujettis à ce premier Etre, auquel seul nous rapportons tout notre culte comme au seul principe de tout notre bien et au terme unique de tous nos désirs. Ne soyons donc pas de ceux qui pensent diminuer la gloire de Dieu et de Jésus-Christ, quand ils prennent de hauts sentimens de la sainte Vierge et des Saints.

Telle est la vaine appréhension des ennemis de l'Eglise. Mais certes, c'est attribuer à Dieu une foiblesse déplorable que de le rendre jaloux de ses propres dons et des lumières qu'il répand sur ses créatures. Car que sont les saints et la Sainte Vierge, que l'ouvrage de sa main et de sa grace? Si le soleil étoit animé, il n'auroit point de jalousie en voyant « la lune qui préside à la nuit, » comme dit Moïse [1], par une lumière si claire, parce que toute sa clarté dérive de lui, et que c'est lui-même qui nous luit et qui nous éclaire par la réflexion de ses rayons. Quelque haute perfection que nous reconnoissions en Marie, Jésus-Christ pourroit-il en être jaloux, puisque c'est de lui qu'elle est découlée, et que c'est à sa seule gloire qu'elle se rapporte? C'est une erreur misérable. Mais ils sont beaucoup plus dignes de compassion, lorsqu'ils nous accusent d'idolâtrie dans la pureté de notre culte, et qu'ils en accusent avec nous les Ambroises, les Augustins et les Chrysostomes, dont ils confessent eux-mêmes, je n'impose pas, que nous suivons la doctrine, la pratique et les exemples. Il ne faut pas que des reproches si déraisonnables, qu'ils font avec tant d'aigreur à l'Eglise catholique, nous aigrissent nous-mêmes contre eux ; mais qu'ils nous fassent déplorer les excès où sont emportés les esprits opiniâtres et contredisans, et nous inspirent par la charité un désir sincère de les ramener et de les instruire.

Comme nous n'avons qu'un seul Dieu, aussi n'avons-nous qu'un Médiateur universel, et c'est celui qui nous a sauvés par son sang. Quelques philosophes païens estimoient que la nature divine étoit inaccessible aux mortels; qu'elle ne se mêloit pas immédiatement et par elle-même dans les affaires humaines, où sa pureté, disoient-ils, se seroit souillée ; et que ne voulant pas que des créatures si foibles que nous pussent aborder son trône, elle avoit disposé des

---

[1] *Genes.*, I, 16.

médiateurs entre elle et nous, qu'ils appeloient pour cela des dieux mitoyens. Nous rejetons cette doctrine, puisque le Dieu que nous servons nous a créés de sa propre main à son image et ressemblance. Nous croyons qu'il nous avoit faits dans notre première institution pour converser avec lui ; et si nous sommes exclus de sa bienheureuse présence et d'une si douce communication, c'est parce que nous sommes devenus pécheurs. Le sang de Jésus-Christ nous a réconciliés, et ce n'est qu'au nom de Jésus que nous pouvons désormais approcher de Dieu. C'est en ce nom que nous prions pour nous-mêmes, c'est en ce nom que nous prions pour tous les fidèles ; et Dieu, qui aime la charité et la concorde des frères, nous écoute favorablement les uns pour les autres. Ainsi nous ne doutons pas que les Saints qui règnent avec Jésus-Christ, ne soient des intercesseurs agréables, qui s'intéressent pour nous. Parce que nous sommes chers à Dieu, tous ceux qui sont avec Dieu sont des nôtres ; oui, tous les Esprits bienheureux sont nos amis et nos frères, nous leur parlons avec confiance ; et quoiqu'ils ne paroissent pas à nos yeux, notre foi nous les rend présens ; leur charité aussi en même temps nous les rend propices, et ils concourent à tous les vœux que la piété nous inspire. Mais écoutez, chrétiens, « une doctrine plus utile et plus excellente : » *Adhuc excellentiorem viam vobis demonstro* [1].

Les idolâtres adoroient des dieux coupables de mille crimes. On ne pouvoit les honorer sans profanation (*a*), parce qu'on ne pouvoit les imiter sans honte. Mais voici la règle du christianisme, que je vous prie de graver en votre mémoire. Le chrétien doit imiter tout ce qu'il honore. Tout ce qui est l'objet de notre culte doit être le modèle de notre vie [2].

Le Psalmiste, après avoir témoigné son zèle contre les idoles, muettes et insensibles que les païens adoroient, conclut enfin en ces termes : « Puissent leur ressembler ceux qui les servent et qui mettent en elles leur confiance (*b*) : » *Similes eis fiant qui faciunt ea* [4]. Il vouloit dire, Messieurs, que l'homme se doit con-

---

[1] *I Cor.*, xii, 31. — [2] *August., De Civ. Dei*, lib. VIII, cap. xvii. — [4] *Psal.* cxiii, 16.
(*a*) *Var.* : Sans sacrilége. — (*b*) Que ceux qui les adorent leur soient semblables ; — que ceux qui les servent et qui mettent en elles leur confiance, dit-il, leur soient semblables !

former à ce qu'il adore, et ainsi que les adorateurs des idoles méritent de devenir sourds et aveugles comme elles. Mais nous qui adorons un Dieu vivant, nous devons être vivans comme lui d'une véritable vie. Il faut que « nous soyons saints, parce que le Dieu que nous servons est saint [1]. » Il faut que « nous soyons miséricordieux, parce que notre Père céleste est miséricordieux [2]; » et « que nous pardonnions comme il nous pardonne [3]. » (a) Il faut que « nous soyons des adorateurs spirituels et que nous adorions en esprit, parce que Dieu est Esprit [4]. » Enfin « nous devons nous rendre parfaits, dit le Fils de Dieu, parce que celui que nous adorons est parfait [5]. »

Quand nous célébrons les Saints, est-ce pour augmenter leur gloire? Ils sont pleins, ils sont comblés : c'est pour nous inciter à les suivre. Ainsi à proportion, quand nous les honorons pour l'amour de Dieu, nous nous engageons à les imiter. C'est le dessein de l'Eglise dans les fêtes qu'elle célèbre à leur honneur; et elle déclare son intention par cette belle prière : « O Seigneur, donnez-nous la grace d'imiter ce que nous honorons [6]. » « Autant de fêtes que nous célébrons, dit saint Basile de Séleucie, autant de tableaux nous sont proposés pour nous servir de modèles. » « Les solennités des martyrs, dit saint Augustin [7], sont des exhortations au martyre. » « Les martyrs, dit le même Père [8], ne se portent pas volontiers à prier pour nous, s'ils n'y reconnoissent quelques-unes de leurs vertus. » C'est donc la tradition et la doctrine constante de l'Eglise catholique, que la partie la plus essentielle de l'honneur des Saints, c'est de savoir profiter de leurs bons exemples. En vain nous célébrons les martyrs, si nous ne tâchons de nous conformer à leur patience. Il faut être pénitent et mortifié comme les saints confesseurs, quand on célèbre la solennité des saints confesseurs; il faut être humble, pudique et modeste comme les vierges, quand on honore les vierges, mais surtout quand on honore la Vierge des vierges.

[1] *Levit.*, XI, 44. — [2] *Luc.*, VI, 36. — [3] *Matth.*, VI, 14. — [4] *Joan.*, IV, 24. — [5] *Matth.*, V, 48. — [6] *Collect. in die S. Steph.* — [7] *Append.*, Serm. CCXXV, n. 1. — [8] *Ibid.*, Serm. CCXCII, n. 1.

(a) *Note marg.* : Son soleil sur les bons et sur les mauvais; nous, notre charité sur nos amis et sur nos ennemis.

Vous donc, ô enfans de Dieu, qui désirez être heureusement adoptés par la Mère de notre Sauveur (a), soyez ses fidèles imitateurs, si vous voulez être ses dévots. Vous récitez tous les jours cet admirable cantique que la sainte Vierge a commencé en ces termes : *Magnificat*[1] : « Mon ame glorifie le Seigneur, et mon esprit est ravi de joie en Dieu mon Sauveur. » Quand nous récitons son cantique, imitons sa piété, dit excellemment saint Ambroise. « Que l'ame de Marie soit en nous tous pour glorifier le Seigneur ; que l'esprit de Marie soit en nous pour nous réjouir en Dieu. » (b) Nous admirons tous les jours cette pureté virginale qui l'a rendue si heureusement féconde, qu'elle a conçu le Verbe de Dieu en ses entrailles. » Sachez, dit le même Père, que toute ame chaste et pudique qui conserve sa pureté et son innocence, conçoit la Sagesse éternelle en elle-même, et qu'elle est remplie de Dieu et de sa grace à l'imitation de Marie. » (c)

Souffrez, Mesdames, que je vous propose comme le modèle de votre sexe celle qui en est la gloire. On aime à voir les portraits et les caractères des personnes illustres. Qui me donnera des traits assez délicats pour vous représenter aujourd'hui les graces pudiques, les chastes et immortelles beautés de la divine Marie ? Les peintres hasardent tous les jours des images de la sainte Vierge, qui ressemblent à leurs idées, et non à elle. Le tableau que j'ai tracé aujourd'hui et que je vous invite, Messieurs, et vous principalement, Mesdames, de copier dans votre vie, est tiré sur l'Evangile ; et il est fait, si je l'ose dire, après le Saint-Esprit même. Mais remarquez que cette Ecriture ne s'occupe pas à nous faire voir les hautes communications de la sainte Vierge avec Dieu, mais les vertus ordinaires, afin qu'elle puisse être un modèle d'un usage commun et familier. Donc le caractère essentiel de la bienheureuse Vierge (d), c'est la modestie et la pudeur. Elle ne songeoit ni à se faire voir quoique belle, ni à se parer

[1] *Luc.*, I, 46, 47.

(a) *Var.* : Qui désirez être enfans de Marie. — (b) Note marg. : *Sit in singulis Mariæ anima, ut magnificet Dominum; sit in singulis spiritus Mariæ, ut exultet in Deo* (S. Ambr., lib. II, n. 26, *in Luc. Evang.*, cap. I). — (c) *Omnis enim anima concipit Dei Verbum, si tamen immaculata et immunis à vitiis, intemerato castimoniam pudore custodiat* (Ibid.). — (d) *Var.* : De la Vierge bienheureuse.

quoique jeune, ni à s'agrandir quoique noble, ni à s'enrichir quoique pauvre. Dieu seul lui suffit et fait tout son bien. Combien est-elle éloignée de celles dont on voit errer de tous côtés les regards hardis (a), et qui se veulent aussi faire regarder par leurs mines et leurs façons affectées? Marie trouve ses délices dans sa retraite, et est si peu accoutumée à la vue des hommes, qu'elle est même troublée à l'aspect d'un ange. « Elle fut donc troublée, dit l'historien sacré [1], à la parole de l'ange, et elle pensoit en elle-même quelle pouvoit être cette salutation. » Mais remarquez ces paroles : Elle est troublée, et elle pense : elle est toujours sur ses gardes, et la surprise n'étouffe pas (b) en son ame, mais plutôt elle y éveille la réflexion. « Ainsi sont faites les ames pudiques; on les voit toujours craintives, jamais assurées; elles tremblent (c) où il n'y a rien à appréhender, afin de trouver la sûreté dans le péril même : elles soupçonnent partout des embûches, et craignent moins les injures que les complaisances, moins ce qui choque que ce qui plaît, (d) moins ce qui rebute que ce qui attire. »

Mais admirez qu'elle pense et qu'elle ne parle pas. Elle n'engage pas la conversation, elle ne s'épanche pas en discours et en questions curieuses (e). Où sont celles qui se piquent de tirer le plus intime secret des cœurs, et de pénétrer ce qu'il y a de plus caché (f)? Qu'elles apprennent de Marie à être attentives, et non inquiètes (g); à veiller au dedans, plutôt qu'à se répandre au dehors. Elle parle toutefois quand la nécessité l'y oblige, quand le soin de sa chasteté le demande (h). On lui propose d'être Mère du Fils du Très-Haut; quelle femme ne seroit point flattée (i) d'une fécondité si glorieuse? « Comment, dit-elle, serai-je mère, si j'ai résolu d'être toujours vierge [2]? » Elle est prête à refuser des offres

---

[1] *Luc.*, I, 29. — [2] *Ibid.*, 34.

(a) *Var.* : Avides. — (b) N'éteint pas. — (c) Elles craignent. — (d) Note marg. : *Solent virgines, quæ verè virgines sunt, semper pavidæ et nunquam esse securæ; et ut caveant timenda, etiam tuta pertimescere... Quidquid novum, quidquid subitum ortum fuerit, suspectas habent insidias, totum contra se æstimant machinatum* (S. Bern., super *Missus est* homil. III.) Tendent des piéges où elles sont prises. — (e) *Var.* : Inutiles. — (f) Qui veulent tirer le secret des cœurs et pénétrer le fond des ames, — et pénétrer dans le fond de tous les secrets. — (g) Et non curieuses. — (h) La presse. — (i) Touchée.

si précieuses (a) et si magnifiques que l'ange lui fait de la part de Dieu. Elle n'est point flattée de cette gloire ; et plus touchée de son devoir que de sa grandeur, elle commence à craindre pour sa chasteté. O amour de la chasteté, qui n'est pas seulement au-dessus de toutes les promesses des hommes, mais qui est pour ainsi dire à l'épreuve de toutes les promesses de Dieu même ! L'ange lui explique le divin mystère et le secret inouï de sa miraculeuse maternité. Elle parle une seconde fois pour céder à la volonté divine : « Voici, dit-elle, la servante du Seigneur ; qu'il me soit fait selon votre parole [1]. » Heureuse de n'avoir parlé que pour conserver sa virginité et pour témoigner son obéissance !

Mais admirez sa modestie (b) : dans un état de gloire qui surprend les hommes et les anges, elle ne se remplit pas d'elle-même ni des pensées de sa grandeur ; renfermée dans sa bassesse profonde, elle s'étonne que Dieu ait pu arrêter les yeux sur elle. « Il a, dit-elle, regardé la bassesse de sa servante [2]. » Bien loin de se regarder comme la merveille du monde, auprès de qui chacun se doit empresser, elle va chercher elle-même sa cousine sainte Elisabeth ; et plus soigneuse de se réjouir des avantages des autres que de considérer les siens, elle prend part aux graces dont le Ciel avoit honoré la maison de sa parente. Elle célèbre avec elle les miracles qui se sont accomplis en elle-même, parce qu'elle l'en trouvé instruite par le Saint-Esprit. Partout ailleurs elle écoute, et garde un humble silence (c). « Elle conserve tout en son cœur [3]. » Ainsi elle condamne tous ceux qui ne se sentent pas plutôt le moindre avantage, qu'ils fatiguent toutes les oreilles de ce qu'ils ont dit, de ce qu'ils ont fait, de ce qu'ils ont mérité (d); elle fait voir à toute la terre, par son incomparable modestie qu'on peut être grand sans éclat, qu'on peut être bienheureux sans bruit, et qu'on peut trouver la vraie gloire sans le secours de la renommée dans le simple témoignage de sa conscience.

Telle est, Messieurs, cette Vierge, dont je vous dis encore une fois que vous ne serez jamais les dévots, si vous n'en êtes les imi-

---

[1] *Luc.*, I, 38. — [2] *Ibid.*, 48. — [3] *Luc.*, II, 19.

(a) Var. : Glorieuses. — (b) Son humilité. — (c) Elle écoute, elle conserve tout en son cœur, elle garde un humble silence. — (d) De leurs faits et dits.

tateurs. Dressez aujourd'hui à son honneur une image sainte. Soyez vous-mêmes son image. « Chacun, dit saint Grégoire de Nysse [1], est le peintre et le sculpteur de sa vie. » Formez la vôtre sur la sainte Vierge, et soyez de fidèles copies d'un si parfait original. Réglez donc votre conduite sur ce beau modèle. Soyez humbles, soyez pudiques, soyez modestes; méprisez les vanités du monde (a) et toutes les modes ennemies de l'honnêteté. Que les habits officieux envers la pudeur cachent fidèlement ce qu'elle ne doit pas laisser paroître; si vous plaisez moins, par là vous plairez à qui il faut plaire. Que le visage, qui (b) doit seul être découvert, parce que c'est là que reluit l'image de Dieu, ait encore sa couverture convenable, et comme un voile divin par la simplicité et la modestie. Marie avouera que vous l'honorez, quand vous imiterez ses vertus; elle priera pour vous, quand vous serez soigneuses de plaire à son Fils; et vous plairez à son Fils, quand il vous verra semblables à la Mère qu'il a choisie.

Jusqu'ici, chrétiens, j'ai tâché de vous faire voir que la véritable dévotion pour la sainte Vierge et pour les Saints, c'est celle qui nous persuade de nous soumettre à Dieu à leur exemple, et de chercher avec eux le bien véritable, c'est-à-dire notre salut éternel, par la pratique des vertus chrétiennes, dont ils ont été un parfait modèle. Maintenant il sera aisé de condamner par la règle que nous avons établie, toutes les fausses dévotions qui déshonorent le christianisme (c). Et premièrement, chrétiens, ce qui corrompt nos dévotions jusqu'à la racine, c'est que bien loin de les rapporter à notre salut, nous prétendons les faire servir à nos intérêts temporels. Démentez-moi, mes Frères, si je ne dis pas la vérité. Qui s'avise de faire des vœux, et de demander du secours aux Saints contre ses péchés et ses vices, leurs prières pour obtenir sa conversion ? Ces affaires importantes qu'on recommande de tous côtés dans nos sacristies (d), ne sont-elles pas des affaires du monde ? Et plût à Dieu du moins qu'elles fussent justes; et que si nous ne craignons pas de rendre Dieu et ses

---

[1] *De Perf. Christiani formâ.*

(a) *Var. :* Les pompes. — (b) Que les habits soient faits pour couvrir, et non pour montrer le corps; et que le visage, qui... — (c) De condamner toutes les fausses dévotions par la règle que nous avons établie. — (d) Dans les sacristies.

Saints les ministres et les partisans de nos intérêts, nous appréhendions du moins de les faire complices de nos crimes ! Nous voyons régner en nous sans inquiétude des passions qui nous tuent, et jamais nous ne prions Dieu (a) qu'il nous en délivre. S'il nous arrive quelque maladie ou quelque affaire fâcheuse dans notre famille, c'est alors que nous commençons à faire des neuvaines à tous les autels et à tous les Saints, et à charger (b) véritablement le ciel de nos vœux. Car est-il rien qui le fatigue davantage et qui lui soit plus à charge que des vœux et des dévotions basses et intéressées ? Alors on commence à se souvenir qu'il y a des malheureux qui gémissent dans les prisons, et des pauvres délaissés qui meurent de faim et de maladie dans quelque coin ténébreux. Alors charitables par intérêt et pitoyables par force, nous donnons peu à Dieu pour avoir beaucoup ; et très-contens de notre zèle, qui n'est qu'un empressement pour nos intérêts, nous croyons que Dieu nous doit tout jusqu'à des miracles, pour satisfaire aux désirs de notre amour-propre. O Eternel, tels sont les adorateurs qui remplissent vos églises ! Sainte Vierge, Esprits bienheureux, tels sont ceux qui vous veulent faire leurs intercesseurs ! Ils vous chargent de la sollicitation de leurs affaires, ils prétendent vous engager dans les intrigues qu'ils méditent pour élever leur fortune, et ils veulent que vous oubliiez que vous avez méprisé le monde dans lequel ils vous prient de les établir. O Jésus, telles sont les dispositions de ceux qui se nomment vos disciples ! O que vous pourriez dire avec raison ce que vous disiez autrefois (c) : « La foule m'accable : » *Turbæ me comprimunt*[1] ! Tous vous pressent, aucun ne vous touche ; cette troupe qui environne vos saints tabernacles est une troupe de Juifs mercenaires, qui ne vous demande qu'une terre grasse et des rivières coulantes de lait et de miel, c'est-à-dire des biens temporels ; comme si nous étions encore dans les déserts de Sina et sur les bords du Jourdain, et parmi les ombres de Moïse, et non dans les lumières et sous l'Evangile de celui qui a prononcé que « son

[1] *Luc.*, VIII, 45.

(a) *Var.* : Sans jamais prier Dieu. — (b) Et à fatiguer. (c) C'est saint Pierre et les autres disciples qui disent à Jésus-Christ : *Præceptor, turbæ te comprimunt.* (*Edit. de Déforis.*)

royaume n'est pas de ce monde : » *Regnum meum non est de hoc mundo* ¹.

Je ne veux pas dire toutefois qu'il nous soit défendu d'employer (*a*) les Saints pour nos besoins temporels, puisque Jésus-Christ nous a enseigné de demander à son Père notre nourriture, et que la sainte Vierge n'a pas dédaigné de représenter à son Fils que le vin manquoit dans les noces de Cana. Demandons donc avec confiance notre pain de tous les jours (*b*) ; et entendons par ce mot, si vous le voulez, non-seulement les nécessités, mais encore, puisque nous sommes si foibles, les commodités temporelles ; je n'y résiste pas : mais du moins n'oublions pas que nous sommes chrétiens et que nous attendons une vie meilleure. Considérez en quel rang est placée cette demande : elle est placée au milieu de l'Oraison Dominicale, au milieu de sept demandes ; tout ce qui précède et tout ce qui suit est spirituel (*c*). Devant, nous sanctifions le nom de Dieu, nous souhaitons l'avènement de son règne, nous nous conformons à sa volonté. Après, nous demandons humblement la rémission des péchés, la protection divine contre le malin, et la délivrance du mal. Au milieu est un soin passager des nécessités temporelles, qui est pour ainsi dire tout absorbé par les demandes de l'Esprit. Encore ce pain de tous les jours que nous demandons, a-t-il une double signification. Il signifie la nourriture des corps, et il signifie encore la nourriture de l'ame, c'est-à-dire l'Eucharistie, qui est le pain véritable des enfans de Dieu ; tant Jésus a appréhendé que le soin de ce corps mortel et de cette vie malheureuse ne nous occupât tout seul un moment, tant il a voulu nous tenir toujours suspendus dans l'attente des biens futurs et de la vie éternelle. Nous au contraire, nous venons prier quand les besoins humains nous en pressent. A force de recommander à Dieu nos malheureuses affaires, l'effort que nous faisons, pour l'engager avec tous ses Saints (*d*) dans nos intérêts, fait que nous nous échauffons nous-mêmes dans l'attachement que nous y avons. Ainsi nous sortons de la prière, non

¹ *Joan.*, XVIII, 36.
(*a*) *Var.* : Que nous ne puissions pas employer. — (*b*) Notre pain quotidien. — (*c*) Elle est placée au milieu de l'Oraison Dominicale, et devant et après tout est plein de dons spirituels. — (*d*) Et ses Saints.

plus tranquilles ni plus résignés à la volonté de Dieu, ni plus fervens pour sa sainte loi, mais plus ardens et plus échauffés pour les choses de la terre. Aussi vous voit-on revenir, quand les affaires réussissent mal, non avec ces plaintes respectueuses qu'une douleur soumise répand devant Dieu pour les faire mourir à ses pieds, mais avec de secrets murmures et avec un dégoût qui tient du dédain.

Chrétiens, vous vous oubliez; le Dieu que vous priez est-il une idole dont vous prétendez faire ce que vous voulez, et non le Dieu véritable qui doit faire de vous ce qu'il veut? Je sais qu'il est écrit que « Dieu fait la volonté de ceux qui le craignent [1]; » mais il faut donc qu'ils le craignent et qu'ils se soumettent à lui dans le fond du cœur. « L'oraison, dit saint Thomas, est une élévation de l'esprit à Dieu : » *Ascensio mentis in Deum* [2]. Par conséquent il est manifeste, conclut le Docteur angélique, que celui-là ne prie pas, qui bien loin de s'élever à Dieu, demande que Dieu s'abaisse à lui, et qui vient à l'oraison non point pour exciter l'homme à vouloir ce que Dieu veut, mais seulement pour persuader à Dieu de vouloir ce que veut l'homme. Qui pourroit supporter cette irrévérence? Aussi nous, hommes charnels, nous avisons-nous d'un autre artifice : si nous n'osons espérer de tourner Dieu à notre mode, nous croyons pouvoir fléchir plus facilement la sainte Vierge et les Saints, et les faire venir à notre point à force de les flatter par nos louanges ou à force de les fatiguer par nos prières empressées. Ne croyez pas que j'exagère : nous traitons avec les Saints comme avec des hommes ordinaires, que nous croyons gagner aisément par une certaine ponctualité et par quelque assiduité de petits services; et nous ne considérons pas que ce sont des hommes divins, « qui sont entrés, comme dit David [3], dans les puissances du Seigneur, » dans les intérêts de sa gloire, dans les sentimens de sa justice et de sa jalousie contre les pécheurs, aussi bien que dans ceux de sa bonté et de sa miséricorde.

O Dieu! les hommes ingrats abuseront-ils toujours des bienfaits divins, et les verrons-nous toujours si aveugles que d'aigrir leurs maux par les remèdes? Car quelle est cette dévotion pour la

---

[1] *Psal.* CXLIV, 17. — [2] II^a II Quæst. LXXXIII, art. 1, ad 2. — [3] *Psal.* LXX, 17.

sainte Vierge, que je vois pratiquée par les chrétiens? Ils se font des lois, et ils les suivent; ils s'imposent des obligations, et ils y sont ponctuels. Cependant ils méprisent celles que Dieu leur impose, et violent hardiment ses lois les plus saintes; dignes certes de cette terrible malédiction que Dieu prononce par la bouche de son Prophète [1] : Malheur à vous « qui cherchez dans vos dévotions, non ma volonté, mais la vôtre. C'est pourquoi, dit le Seigneur, je déteste vos observances; vos oraisons me font mal au cœur; j'ai peine à les supporter : » *Laboravi sustinens.* En effet quelle religion! Nous croyons avoir tout fait pour la sainte Vierge, quand nous avons élevé sa gloire au-dessus de tous les chœurs des anges, et porté sa sainteté jusqu'au moment de sa conception. Mes Frères, je loue votre zèle, et je sais que sa dignité surpasse encore de bien loin toutes vos pensées. Mais si la tache originelle vous fait tant d'horreur, que vous ne pouvez la souffrir en la sainte Vierge, que ne combattez-vous en vous-mêmes l'avarice, l'ambition, la sensualité, qui en sont les malheureux restes? Celui-là est inquiété, s'il n'a pas dit son chapelet et ses autres prières réglées, ou s'il manque quelque *Ave Maria* à la dixaine; je ne le blâme pas, à Dieu ne plaise! je loue dans les exercices de piété une exactitude religieuse. Mais qui pourroit supporter qu'il arrache tous les jours sans peine quatre ou cinq préceptes à l'observance du saint Décalogue, et qu'il foule aux pieds sans scrupule les plus saints devoirs du christianisme? Etrange illusion, dont l'ennemi du genre humain nous fascine! Il ne peut arracher du cœur de l'homme le principe de religion qu'il y voit trop profondément gravé. Il lui donne, non son emploi légitime, mais un dangereux amusement, afin que déçus par cette apparence, nous croyions avoir satisfait par nos petits soins aux obligations sérieuses que la religion nous impose. Détrompez-vous, chrétiens. Priez la sainte Vierge, je vous y exhorte. Elle nous fortifiera dans les tentations; elle nous impétrera la chasteté qui nous est si nécessaire; elle nous obtiendra du vin pour notre banquet, c'est-à-dire ou de la charité dans notre conduite, ou du courage parmi nos langueurs. Mais écoutez comme elle parle dans les noces de

---

[1] *Isa.*, LVIII, 3; I, 13, 14.

Cana à ceux pour lesquels elle a tant prié : « Faites ce que mon Fils vous ordonnera : » *Quodcumque dixerit vobis, facite* [1]. J'ai prié, j'ai intercédé; mais faites ce qu'il vous dira; c'est à cette condition que vous verrez le miracle et l'effet de mes prières. Ainsi je vous dis, mes Frères, attendez tout de Marie, si vous êtes bien résolus de faire ce que Jésus vous commandera; c'est la loi qu'elle vous prescrit elle-même.

Mais vous me dites : Où me poussez-vous? quitterai-je donc toutes mes prières, jusqu'à ce que j'aie résolu de me convertir tout à fait à Dieu, et vivrai-je, en attendant, comme un infidèle? — Non, mes Frères, à Dieu ne plaise! Dites toujours vos prières; j'aime mieux vous voir pratiquer des dévotions imparfaites que de vous voir mépriser toute dévotion, et oublier que vous êtes chrétiens. Le médecin, qui vous traite d'une maladie dangereuse et habituelle, vous ordonne des remèdes forts; mais il ordonne aussi des fomentations et d'autres remèdes des plus doux (*a*). Vous pratiquez les derniers, et vous n'avez pas le courage de souffrir les autres. Il vous avertit sagement que vous n'achèverez pas votre guérison. Vous vous irritez contre lui ou plutôt contre vous-mêmes; et vous lui dites que vous quitterez tout régime, et que vous laisserez à l'abandon votre santé et votre vie (*b*). Et il vous répond : Ne le faites pas; prenez toujours ces remèdes, qui du moins ne vous peuvent nuire et qui peut-être soutiendront un peu la nature accablée. Mais à la fin vous périrez sans ressource, si vous ne faites de plus grands efforts pour votre santé. Ainsi je vous dis, mes Frères : pratiquez ces dévotions, faites ces prières; j'aime mieux cela qu'un oubli total et de Dieu et de vous-mêmes. Mais ne vous appuyez pas sur ces légères pratiques; elles empêchent peut-être un plus grand malheur, c'est-à-dire l'impiété toute déclarée, et le mépris tout manifeste de Dieu; et c'est pour cela (*c*) qu'on vous les souffre; mais sachez qu'elles n'avancent pas votre guérison et que si vous y mettez votre appui, elles en seront bien plutôt un perpétuel obstacle. Car écoutez ce que le

---

[1] *Joan.*, II, 5.

(*a*) *Var.* : Plus bénins. (*b*) *Note marg.* : Il ne s'aigrit pas contre vous, et il regarde votre chagrin comme une suite fâcheuse ou plutôt comme une partie de votre mal. — (*c*) C'est pourquoi.

Saint-Esprit a dit de vos œuvres et de vos dévotions superstitieuses : « Ils ne cherchent pas la justice et ne jugent pas droitement. Ils mettent leur confiance dans des choses de néant, et ils s'amusent à des vanités. La toile qu'ils ont tissue est une toile d'araignée ; et pour cela, dit le Seigneur, leur toile ne sera pas propre à les revêtir, et ils ne seront point couverts de leurs œuvres. Car leurs œuvres sont des œuvres inutiles, et leurs pensées sont des pensées vaines. Ils marchent dans un chemin de désolation et de ruine (a). »

Telle est la juste sentence que le Saint-Esprit a prononcée contre ceux qui mettent leur dévotion dans des pratiques si minces, permettez-moi la liberté de ce mot, et qui négligent cependant de faire des fruits dignes de pénitence selon le précepte de l'Evangile. Leur piété superficielle ne sera pas capable de les couvrir ; leur iniquité sera révélée, et leur pauvreté leur fera honte. Ils seront jugés par leur bouche, ces mauvais serviteurs ; et les Saints qu'ils auront loués les condamneront par leurs exemples. Voulez-vous donc être dévots à la sainte Vierge, en sorte que cette dévotion vous soit profitable, soyez chastes, soyez droits, soyez charitables ; faites justice à la veuve et à l'orphelin, protégez l'oppressé, soulagez le pauvre et le misérable. En faisant des œuvres de surabondance, gardez-vous bien d'oublier celles qui sont de nécessité. Attachez-vous à la loi ; suivez le précepte de Jésus-Christ : *Quæcumque dixerit facite :* « Faites ce qu'il ordonne, » et vous obtiendrez ce qu'il promet. *Amen.*

(a) Note marg. : *Non est qui invocet justitiam, nec qui judicet verè : confidunt in nihilo et loquuntur vanitates... Telas araneæ texuerunt... Telæ eorum non erunt in vestimentum, neque operientur operibus suis ; opera eorum opera inutilia..... cogitationes eorum cogitationes inutiles : vastitas et contritio in viis eorum.* (Isai., LIX, 4, 6, 7.)

PREMIER SERMON

POUR

LA FÊTE DE LA NATIVITÉ DE LA SAINTE VIERGE (a).

Nox præcessit, dies autem appropinquavit.
La nuit est passée et le jour s'approche. Rom., XIII, 12.

Ni l'art, ni la nature, ni Dieu même ne produisent pas tout à coup leurs grands ouvrages ; ils ne s'avancent que pas à pas. On

---

(a) *Analyse de l'auteur.* — *Nox præcessit.*
Dieu en faisant Marie, traçoit Jésus-Christ Tertull..)
Priviléges de l'innocence conservée, et rétablie.
Distinction : en qualité de Sauveur plus favorable aux pécheurs, il est fait pour eux ; comme Fils de Dieu, il aime plus les justes.
Les apôtres, pécheurs. Marie innocente. Distinction entre ceux qu'il choisit pour les autres et ceux qu'il choisit pour soi-même. Ceux-là, pécheurs, pour l'exemple. Saint Paul : *Quorum.....*
Marie pour Jésus-Christ : *Dilectus meus mihi.*
La vie de Marie, un beau jour, doit avoir un jour serein (Pierre Damien).
Principe de graces et l'union avec Jésus-Christ : *Quandò cum illo omnia nobis donavit.*
Différence de Marie et des autres mères. Celles-ci portent les enfans dans le corps avant que de les porter dans le cœur. Marie *priùs concepit mente quàm corpore.* Union intérieure, à proportion de celle qui est selon le corps ; autrement, Jésus-Christ est violenté.
Marie veut des fidèles en tous les états de grace, vocation, justification, persévérance, parce que par elle nous avons le principe universel. -
Description des maladies et infirmités de nos corps.

Prêché en 1659 ou en 1660 à l'Hôpital général.
D'une part division plus nette, pensées plus profondes, logique plus serrée, marche plus libre et style plus noble que dans les premières compositions de l'orateur ; d'une autre part expressions vieillissantes, distinctions subtiles, citations nombreuses, antithèses qui sentent l'étude et la recherche : tels sont les caractères qui semblent justifier notre date.
Comme on le voit à la fin de la péroraison, le prédicateur parloit dans un « lieu de charité ; » il prie ses auditeurs d'aller « dans ces grandes salles pour y contempler le spectacle de l'infirmité humaine ; » il peint la maladie qui « étend et retire, tourne et disloque, relâche et engourdit, cloue un corps immobile ou le secoue par le tremblement : » tout cela désigne visiblement l'Hôpital général. L'Hôpital général, commencé par Henri IV sur les terrains de l'ancienne Salpêtrière, ne fut ouvert aux indigens qu'en 1657. Cinq mille y entrèrent dès le premier jour ; cinq mille infirmes, aliénés, maniaques, lépreux, cancéreux, aveu-

crayonne avant que de peindre, on dessine avant que de bâtir, et les chefs-d'œuvre sont précédés par des coups d'essai. La nature agit de la même sorte; et ceux qui sont curieux de ses secrets savent qu'il y a de ses ouvrages où il semble qu'elle se joue, ou plutôt qu'elle exerce sa main pour faire quelque chose de plus achevé. Mais ce qui est de plus admirable, c'est que Dieu observe la même conduite, et il nous le fait paroître principalement dans le mystère de l'incarnation : c'est le miracle de sa sagesse, c'est le grand effort de sa puissance ; aussi nous dit-il que pour l'accomplir il remuera le ciel et la terre : *Adhuc modicum, et ego commovebo cœlum et terram* [1] ; c'est son œuvre par excellence, et son prophète l'appelle ainsi : *Domine, opus tuum.* Mais encore qu'il ne doive paroître qu'au milieu des temps : *In medio annorum vivifica illud* [2], il n'a pas laissé de le commencer dès l'origine du monde. Et la loi de la nature, et la loi écrite, et les cérémonies, et les sacrifices, et le sacerdoce, et les prophéties, n'étoient qu'une ébauche de Jésus-Christ, *Christi rudimenta,* disoit un ancien; et il n'est venu à ce grand ouvrage que par un appareil infini d'images et de figures, qui lui ont servi de préparatifs. Mais le temps étant arrivé, l'heure du mystère étant proche, il médite quelque chose de plus excellent : il forme (a) la bienheureuse Marie pour nous représenter plus au naturel Jésus-Christ, qu'il devoit envoyer bientôt, et il en rassemble tous les plus beaux traits en celle (b) qu'il destinoit pour être sa Mère. Je sais que cette matière est très-difficile à traiter ; mais il n'est rien d'impossible à celui qui espère en Dieu : deman-

---

[1] *Agg.*, II, 7. — [2] *Habac.*, III, 2.

gles, convulsionnaires, épileptiques, perclus, estropiés de toutes manières. De ce moment l'homme put voir, dans cet asile, « la liste funeste des maux dont sa foiblesse est menacée; » il put y contempler « dans sa pitoyable variété la maladie qui se joue, comme il lui plaît, des corps que le péché a donnés en proie à ses cruelles bizarreries. » Bossuet implore la charité chrétienne en faveur de tant d'infortunes : nouvelle preuve, sans doute, « que les souffrances du peuple ne lui arrachèrent jamais un seul cri! »

Le grand orateur prêcha plus tard, en en reproduisant du moins les idées fondamentales, le même discours dans la chapelle de Versailles. C'est à cette occasion qu'il composa le morceau qui se trouve, comme variante, au second point.

Comme toutes celles qu'on a lues jusqu'ici, l'analyse du discours a été copiée sur e manuscrit original; mais on a été forcé de donner le discours même d'après les premières éditions.

(a) *Var :* Il fait naître. — (b) En cette Vierge naissante.

dons-lui ses lumières par l'intercession de cette Vierge (a), que je saluerai avec l'ange, en disant, *Ave.*

Je commencerai ce discours par une belle méditation de Tertullien, dans le livre qu'il a écrit *De la Résurrection de la chair.* Ce grave et célèbre (b) écrivain, considérant de quelle manière Dieu a formé l'homme, témoigne être assez étonné de l'attention qu'il y apporte. Représentez-vous, nous dit-il, de la terre humide dans les mains de ce divin artisan; voyez avec quel soin il la manie, comme il l'étend, comme il la prépare (c), avec quel art et quelle justesse il en tire les linéamens; en un mot, comme il s'affectionne et s'occupe tout entier à cet ouvrage : *Recogita totum illi Deum occupatum ac deditum*[1]. Il admire cette application de l'Esprit de Dieu sur une matière si méprisable; et ne pouvant s'imaginer qu'il fallût employer tant d'art ni tant d'industrie à ramasser de la poussière et à remuer de la boue, il conclut que Dieu regardoit plus loin, et qu'il visoit à quelque œuvre plus considérable ; et afin de vous expliquer toute sa pensée : Cet œuvre, dit-il, c'étoit Jésus-Christ; et Dieu en formant le premier homme, songeoit à nous tracer (d) ce Jésus qui devoit un jour naître de sa race : C'est pour cela, poursuit-il, qu'il s'affectionne (e) si sérieusement à cette besogne; parce que, voici ses paroles, « dans cette boue qu'il ajuste, il pense à nous donner une vive image de son Fils qui se doit faire homme : » *Quodcumque limus exprimebatur, Christus cogitabatur homo futurus*[2].

Sur ces belles paroles de Tertullien, voici la réflexion que je fais, et que je vous prie de peser attentivement. S'il est ainsi, mes Frères, que dès l'origine du monde, Dieu en créant le premier Adam, pensât à tracer en lui le second; si c'est en vue du Sauveur Jésus qu'il forme notre premier père avec tant de soin, parce que son Fils en devait sortir après une si longue suite de siècles et de générations interposées : aujourd'hui que je vois naître l'heureuse Marie qui le doit porter dans ses entrailles, n'ai-je pas plus de

---

[1] *De Resur. carn.*, n. 5. — [2] *Ibid.*

(a) *Var.:* Voilà, Messieurs, quelque idée du mystère que j'ai à traiter : Dieu me veuille donner ses lumières pour exécuter ce dessein par les prières, etc. — (b) Illustre. — (c) Dispose. — (d) Exprimer. — (e) S'attache.

raison de conclure que Dieu en créant ce divin Enfant, avoit sa pensée en Jésus-Christ et qu'il ne travailloit que pour lui? *Christus cogitabatur.* Ainsi ne vous étonnez pas, chrétiens, ni s'il l'a formée avec tant de soin, ni s'il l'a fait naître avec tant de graces : c'est qu'il ne l'a formée qu'en vue du Sauveur. Pour la rendre digne de son Fils, il la tire sur son Fils même ; et devant nous donner bientôt son Verbe incarné, il nous fait déjà paroître aujourd'hui (a) en la nativité de Marie un Jésus-Christ ébauché, si je puis parler de la sorte, un Jésus-Christ commencé par une expression vive et naturelle de ses perfections infinies : *Christus cogitabatur homo futurus.* C'est pourquoi j'applique à cette naissance ces beaux mots du divin Apôtre : *Nox præcessit, dies autem appropinquavit :* « La nuit est passée, et le jour s'approche. » Oui, mes Frères, le jour approche ; et encore que le soleil ne paroisse pas, nous en voyons déjà une expression en la nativité de Marie.

J'admire trois choses en notre Sauveur, l'exemption de péché, la plénitude des graces, une source inépuisable de charité pour notre nature : voilà les trois rayons de notre soleil, par lesquels il dissipe toutes nos ténèbres. Car il falloit que Jésus fût innocent pour nous purifier (b) de nos crimes ; il falloit qu'il fût plein de graces pour enrichir notre pauvreté ; il falloit qu'il fût tout brûlant d'amour pour entreprendre la guérison de nos maladies. Ces trois qualités excellentes sont les marques inséparables et les traits vifs et naturels par lesquels on reconnoît le Sauveur ; et Dieu, qui a formé la très-sainte Vierge sur cet admirable exemplaire, nous en fait voir en elle un écoulement. Ainsi, mes Frères, réjouissons-nous, et disons avec l'Apôtre : « La nuit est passée et le jour approche : il approche ce beau, ce bienheureux, cet illustre jour qu'on promet depuis si longtemps à notre nature ; il approche, les ténèbres fuient, nous jouissons déjà de quelque lumière, le jour de Jésus-Christ se commence, parce qu'ainsi que nous avons dit, encore qu'on ne voie pas le soleil, on voit déjà ses plus clairs rayons reluire par avance en Marie naissante, je veux dire l'exemption de péché, la plénitude de graces, une source in-

(a) *Var.* : Il nous donne déjà par avance. — (b) Faire l'expiation de.

comparable de charité (a) pour tous les pécheurs, c'est-à-dire pour tous les hommes. Voilà, Messieurs, les trois beaux rayons que le Fils de Dieu envoie sur Marie. Ils n'ont toute leur force entière qu'en Jésus-Christ seul; en lui seul ils font un plein jour qui éclaire parfaitement la nature humaine; mais ils font en la sainte Vierge une pointe du jour agréable, qui commence à la réjouir; et c'est à cette joie sainte et fructueuse que je vous invite par ce discours.

PREMIER POINT.

Il n'y a rien de plus touchant dans l'Evangile que cette manière douce et charitable dont Dieu traite ses ennemis réconciliés, c'est-à-dire les pécheurs convertis. Il ne se contente pas d'effacer nos taches et de laver toutes nos ordures; c'est peu à sa bonté infinie de faire que nos péchés ne nous nuisent pas, il veut même qu'ils nous profitent : il en fait naître tant de bien pour nous, qu'il nous contraint, si je l'ose dire, de bénir nos fautes et de crier avec l'Eglise : O heureuse coulpe ! *O felix culpa*[1]! Sa grace dispute contre nos péchés à qui emportera le dessus; et il se plaît même, dit saint Paul [2], de faire abonder la profusion de ses graces par-dessus l'excès de notre malice. Bien plus, et voici ce qu'il y a de plus surprenant, il reçoit avec tant d'amour les pécheurs réconciliés, que l'innocence la plus parfaite, mon Dieu, permettez-moi de le dire, auroit en quelque sorte sujet de s'en plaindre, ou du moins d'en avoir de la jalousie : il les traite si doucement, que pourvu qu'on y ait regret, on n'a presque plus de sujet d'y avoir regret. Une de ses brebis s'écarte de lui; toutes les autres, qui demeurent fermes, semblent lui être beaucoup moins chères qu'une seule qui s'est égarée (b) : *Grex und charior non erat*, dit Tertullien [3]; et sa miséricorde est plus attendrie (c) sur le prodigue qu'il a retrouvé que sur son aîné toujours fidèle : *Chariorem senserat quem lucrifecerat.*

S'il est ainsi, mes Frères, ne semble-t-il pas que nous devons

[1] *Sabb. sancto, in Bened. Cer. pasch.* — [2] *Rom.*, v, 20. — [3] *De Pœnit.*, n. 8.

(a) *Var.* : Une tendresse. — (b) Le troupeau tout entier qui demeure ferme, ne lui est pas tant à cœur, que cette unique brebis qui s'égare. — (c) Son cœur est plus attendri.

dire que les pécheurs pénitens l'emportent par-dessus les justes qui n'ont pas péché; et la justice rétablie par-dessus l'innocence toujours conservée? Toutefois il n'en est pas de la sorte. Il n'est pas permis de douter que l'innocence ne soit toujours privilégiée; et pour ne pas parler maintenant de toutes ses autres prérogatives, n'est-ce pas assez pour sa gloire que Jésus-Christ l'ait choisie? Voyez en quels termes l'apôtre saint Paul publie l'innocence de son divin Maître : *Talis decebat ut esset nobis pontifex* : « Il falloit que nous eussions un pontife, saint, innocent, sans tache, séparé des pécheurs, élevé au-dessus des cieux, et qui n'ait pas besoin d'offrir des victimes pour ses propres fautes [1]; » mais qui, étant la sainteté même, fasse l'expiation des péchés. Et s'il est ainsi, chrétiens, que le Fils de Dieu ait pris l'innocence pour son partage, ne devons-nous pas confesser qu'il faut qu'elle soit sa bien-aimée?

Non, mes Frères, ne croyez pas que ces mouvemens de tendresse qu'il ressent pour les pécheurs pénitens les préfèrent à la sainteté, qui ne se seroit jamais souillée dans le crime. On goûte mieux la santé quand on relève tout nouvellement d'une maladie; mais on ne laisse pas d'estimer bien plus le repos d'une forte constitution, que l'agrément d'une santé qui se rétablit. Il est vrai que les cœurs sont saisis d'une joie soudaine de la grace inopinée d'un beau jour d'hiver, qui après un temps pluvieux vient réjouir tout d'un coup la face du monde; mais on ne laisse pas d'aimer beaucoup plus la constante sérénité d'une saison plus bénigne. Ainsi, Messieurs, s'il nous est permis de juger des sentimens du Sauveur par l'exemple des sentimens humains, il caresse plus tendrement les pécheurs récemment convertis, qui sont sa nouvelle conquête; mais il aime toujours avec plus d'ardeur les justes qui sont ses anciens amis; ou si vous voulez que nous raisonnions de cette conduite de sa miséricorde par des principes plus hauts, disons, mais disons en un mot, car il faut venir à notre sujet, qu'autres sont les sentimens de Jésus selon sa nature divine et en qualité de Fils de Dieu, autres sont les sentimens du même Jésus selon sa dispensation en la chair et en qualité de Sauveur des

[1] *Hebr.*, VII, 26.

hommes : cette distinction de deux mots nous développera tout ce mystère.

Jésus-Christ, comme Fils de Dieu étant la sainteté essentielle, quoiqu'il se plaise de voir à ses pieds un pécheur qui retourne à la bonne voie, il aime toutefois d'un amour plus fort l'innocence qui ne s'est jamais démentie : comme elle s'approche de plus près de sa sainteté infinie et qu'elle l'imite plus parfaitement, il l'honore d'une familiarité plus étroite; et quelque grace qu'aient à ses yeux les larmes d'un pénitent, elles ne peuvent jamais égaler les chastes agrémens d'une sainteté toujours fidèle. Tels sont les sentimens de Jésus selon sa nature divine : mais, mes Frères, il en a pris d'autres pour l'amour de nous, quand il s'est fait notre Sauveur. Ce Dieu donne la préférence aux innocens; mais, chrétiens, réjouissons-nous, ce Sauveur miséricordieux est venu chercher les coupables; il ne vit que pour les pécheurs, parce que c'est pour les pécheurs qu'il est envoyé.

Ecoutez comme il nous explique le sujet de sa légation : *Non veni vocare justos*[1], parce que quoiqu'ils soient les plus estimables et les plus dignes de mon amitié, ma commission ne s'étend pas là; comme Sauveur, je dois chercher ceux qui sont perdus; comme Médecin, ceux qui sont malades; comme Rédempteur, ceux qui sont captifs. C'est pourquoi il n'aime que leur compagnie, parce qu'il n'est au monde que pour eux seuls. Les anges qui ont toujours été justes peuvent s'approcher de lui comme Fils de Dieu : ô innocence, voilà ta prérogative; mais en qualité de Sauveur, il donne la préférence aux hommes pécheurs. De la même manière qu'un médecin, comme homme il se plaira davantage à converser avec les sains, et néanmoins comme médecin il aimera mieux soulager les malades. Ainsi ce Médecin charitable, certainement comme Fils de Dieu il préfère les innocens; mais en qualité de Sauveur, il recherchera plutôt les criminels : voilà donc tout le mystère éclairci par une doctrine sainte et évangélique. Pardonnez-moi, mes Frères, si je m'y suis si fort étendu; elle est pleine de consolation pour les pécheurs tels que nous sommes, mais elle est très-avanta-

---

[1] *Matth.*, IX, 13.

geuse pour la sainte et perpétuelle innocence de la divine Marie.

Car s'il est vrai que le Fils de Dieu aime si fortement l'innocence, dites-moi, sera-t-il possible qu'il n'en trouve point sur la terre? Je sais qu'il la possède en lui-même au plus haut degré de perfection ; mais n'aura-t-il pas le contentement de voir quelque chose qui lui ressemble, ou du moins qui approche un peu de sa pureté? Quoi! ce juste, cet innocent sera-t-il éternellement parmi les pécheurs, sans qu'on lui donne la consolation de rencontrer quelque ame sans tache? Et, dites-moi, quelle sera-t-elle, si ce n'est sa divine Mère? Oui, Messieurs, que ce Sauveur miséricordieux qui a chargé sur lui tous nos crimes, coure toute sa vie après les pécheurs, qu'il les aille chercher sans relâche dans tous les coins de la Palestine ; mais si tout le reste du monde ne lui donne que des criminels, ah! qu'il trouve du moins dans son domestique, sous son toit et dans sa maison, de quoi satisfaire ses yeux de la beauté constante et durable d'une sainteté incorruptible (*a*).

Il est vrai que ce Sauveur charitable ne méprise pas les pécheurs; que bien loin de les rejeter de devant sa face, il ne dédaigne pas de les appeler aux plus belles charges de son royaume. Il prépose à la conduite de tout son troupeau un Pierre qui a été infidèle (*b*) ; il met à la tête des évangélistes un Matthieu qui a été publicain; il fait le premier des prédicateurs d'un Paul qui a été le premier des persécuteurs. Ce ne sont pas des justes et des innocens, ce sont des pécheurs convertis qu'il élève aux premières places. Mais ne croyez pas pour cela qu'il tire sa sainte Mère de ce même rang; il faut faire grande différence entre elle et les autres : et quelle sera cette différence? La voici, et je vous prie de la bien entendre, elle est essentielle et fondamentale pour la vérité que je traite.

Il a choisi ceux-là pour les autres, et il a choisi Marie pour lui-même. Pour les autres : *Omnia vestra sunt, sive Paulus, sive Apollo, sive Cephas* [1]: « Tout est à vous, soit Paul, soit Apollon, soit Céphas. » Marie pour lui : *Dilectus meus mihi, et ego illi* [2] : il est mon unique, je suis son unique; il est mon Fils, et je suis

---

[1] *1 Cor.*, III, 22. — [2] *Cant.*, II, 16.

(*a*) *Var.*: Jamais violée. — (*b*) Qui l'a renié.

sa Mère. Ceux qu'il appelle pour les autres, il les a tirés du péché pour pouvoir mieux annoncer sa miséricorde et la rémission des péchés. C'étoit tout le dessein d'appeler à la confiance les ames que le péché avoit abattues ; et qui pouvoit prêcher avec plus de fruit la miséricorde divine, que ceux qui en étoient eux-mêmes un illustre exemple ? Quel autre pouvoit dire avec plus d'effet : « C'est un discours fidèle que Jésus est venu sauver les pécheurs [1], » qu'un saint Paul, qui pouvoit ajouter après, « desquels je suis le premier ? » *Quorum primus ego sum.* N'est-ce pas de même que s'il eût dit au pécheur qu'il désiroit attirer : Ne crains point, je connois la main du médecin auquel je t'a dresse; « c'est lui qui m'envoie à toi pour te dire comme il m'a guéri, avec quelle facilité, avec quelles caresses, » et pour t'assurer du même bonheur : *Qui curavit me, misit me ad te, et dixit mihi : Illi desperanti vade, et dic quid habuisti, quid in te sanavi, quàm citò sanavi* [2]. Est-il rien de plus fort ni de plus puissant pour encourager un malade, pour relever un cœur abattu et une conscience désespérée ? C'étoit donc un sage conseil pour attirer à Dieu les pécheurs, que de leur faire annoncer sa miséricorde par des hommes qui l'avoient si bien éprouvée. Et saint Paul nous l'enseigne manifestement : « J'ai reçu miséricorde, dit-il, afin que Dieu découvrît en moi les richesses de sa patience pour l'instruction des fidèles : » *Ad informationem eorum qui credituri sunt* [3]. Ainsi vous voyez pour quelle raison Dieu honore dans l'Eglise, des premiers emplois, des pécheurs réconciliés : c'étoit pour l'instruction des fidèles.

Mais s'il a traité de la sorte ceux qu'il appeloit pour les autres, ne croyons pas qu'il ait fait ainsi pour cette créature chérie, cette créature extraordinaire, créature unique et privilégiée, qu'il n'a faite que pour lui seul, c'est-à-dire qu'il a choisie pour être sa Mère. Il a fait dans ses apôtres et dans ses ministres ce qui étoit le plus utile au salut de tous; mais il a fait en sa sainte Mère ce qui étoit de plus doux, de plus glorieux, de plus satisfaisant pour lui-même : par conséquent je ne doute pas qu'il n'ait fait Marie innocente. Elle est son unique, et lui son unique : *Dilectus meus mihi,*

---

[1] I *Tim.*, I, 15. — [2] S. August., *Serm.* CLXXVI, n. 4. — [3] I *Tim.*, I, 16.

et ego illi : je n'ai que lui, et il n'a que moi. Je sais que le don d'innocence ne doit pas facilement être prodigué sur notre nature corrompue ; mais ce n'est pas le prodiguer trop que de n'en faire part qu'à sa seule Mère, et ce seroit le trop resserrer que de le refuser jusqu'à sa Mère.

Non, mes Frères, mon Sauveur ne le fera pas : je vois déjà briller sur Marie naissante l'innocence de Jésus-Christ, qui couronne sa tête. Venez honorer ce nouveau rayon que son Fils fait déjà éclater sur elle : la nuit est passée et le jour s'approche : Jésus nous doit bientôt amener ce jour par sa bienheureuse présence. O jour heureux, ô jour sans nuage, ô jour que l'innocence du divin Jésus rendra si serein et si pur, quand viendras-tu éclairer le monde? Chrétiens, il approche, réjouissons-nous, vous en voyez déjà paroître l'aurore dans la naissance de la sainte Vierge : *Natâ Virgine surrexit aurora,* dit le pieux Pierre Damien [1]. Après cela vous étonnez-vous, si je dis que Marie a paru sans tache dès le premier jour de sa vie? Puisque ce grand jour de Jésus-Christ devoit être si clair et si lumineux, ne vous semble-t-il pas convenable que même le commencement en soit beau, et que la sérénité du matin nous promette celle de la journée? C'est pourquoi, comme dit très-bien Pierre Damien, « Marie commençant ce jour glorieux en a rendu la matinée belle par sa nativité bienheureuse : » *Maria veri prævia luminis, nativitate suâ mane clarissimum serenavit* [2]. Accourons donc avec joie, mes Frères, pour voir les commencemens de ce nouveau jour : nous y verrons briller la douce lumière d'une pureté (a) qui n'a point de taches.

Et ne nous persuadons pas que pour distinguer Marie de Jésus, il faille lui ôter l'innocence et ne la laisser qu'à son Fils. Pour distinguer le matin d'avec le plein jour, il ne faut pas remplir l'air de tempêtes, ni couvrir le ciel de nuages ; c'est assez que les rayons soient plus foibles, et la lumière moins éclatante : ainsi pour distinguer Marie de Jésus, il n'est pas nécessaire que le péché s'en mêle : c'est assez que son innocence soit comme un rayon

---

[1] Serm. XL, *in Assumpt. B. Mar. Virg.* — [2] *Ibid.*

(a) *Var. :* D'une sainteté, d'une innocence.

affoibli en comparaison de celle de son Fils (a) : elle appartient à Jésus de droit, elle n'est en Marie que par privilége; à Jésus par nature, à Marie par grace et par indulgence : nous en honorons la source en Jésus, et en Marie un écoulement. Mais ce qui doit nous consoler, mes Frères, je le dis avec joie, je le dis avec sentiment de la miséricorde divine; donc ce qui nous doit consoler, c'est que cet écoulement d'innocence ne luit en la divine Marie qu'en faveur des pauvres pécheurs. L'innocence ordinairement reproche aux criminels leur mauvaise vie, et semble prononcer leur condamnation. Mais il n'en est pas ainsi de Marie; son innocence leur est favorable : pourquoi ? Parce qu'ainsi que nous avons dit, elle n'est qu'un écoulement de l'innocence du Sauveur Jésus. L'innocence de Jésus-Christ, c'est la vie et le salut des pécheurs : ainsi l'innocence de la sainte Vierge lui sert à obtenir pardon pour les criminels. Considérons donc, chrétiens, cette sainte et innocente créature comme l'appui certain de notre misère : allons nettoyer nos péchés à la vive lumière de sa pureté incorruptible; mais tâchons aussi de nous enrichir par la plénitude de ses graces; c'est ma seconde partie.

SECOND POINT.

Je ne trouve pas difficile de parler de l'innocence de la sainte Vierge : il suffit de considérer cette haute dignité de Mère de Dieu, pour juger qu'elle a dû être exempte de tache. Mais quand il s'agit de représenter cette plénitude de graces, l'esprit se confond dans cette pensée et ne sait sur quoi arrêter sa vue. Donc, mes Frères, n'entreprenons pas de décrire en particulier les perfections de Marie, ce seroit vouloir sonder un abîme; mais contentons-nous aujourd'hui de juger de leur étendue par le principe qui les a produites.

Le grand saint Thomas [1] nous enseigne que le principe des graces en la sainte Vierge, c'est l'union très-étroite avec Jésus-Christ (b) : et afin que vous compreniez par les Ecritures divines

---

[1] III part., quæst. XXVII, art. 5.

(a) *Var.* : Que son innocence cède à celle de son divin Fils.
(b) Le grand saint Thomas nous enseigne que, pour entendre dans quelle

l'effet de cette union si avantageuse, remarquez, s'il vous plaît, Messieurs, une vérité importante et qui est le fondement de tout l'Evangile : c'est que la source de toutes les graces qui ont orné hauteur et avec quelle plénitude la sainte Vierge a reçu la grace, il la faut mesurer par son alliance et par son union très-étroite avec son Fils : et c'est par là, chrétiens, qu'il nous est aisé de connoître que les hommes ne lui doivent donner aucunes bornes. Vous raconterai-je, Messieurs, les adresses de la nature pour attacher les enfans et pour les incorporer au sein de la mère, pour faire que leur nourriture et leur vie passent par les mêmes canaux, et faire des deux pour ainsi dire un même tout et une même personne ? Les enfans, en venant au monde, ne rompent pas le nœud de cette union. La nature fait d'autres liens, qui sont ceux de l'amour et de la tendresse : les mères portent leurs enfans d'une autre manière, c'est-à-dire dans le cœur. Aussitôt qu'ils sont agités, leurs entrailles sont encore émues d'une manière si vive, qu'elle ne leur permet pas de sentir qu'elles en soient séparées. Mais que sera-ce, si nous ajoutons à cette union ce qu'il y a de particulier entre Jésus et Marie; si nous considérons qu'il n'a point de père sur la terre, et qu'il reconnoît par conséquent sa Mère très-pure comme la source unique de tout son sang et le principe unique de sa vie; en sorte qu'il ressent pour elle seule, avec une incroyable augmentation et d'amour et de tendresse, ce que la nature a inspiré au cœur des enfans pour le partager également entre le père et la mère; comme aussi réciproquement cette Mère vierge rassemble en elle-même, pour ce cher unique, ce que la même nature répand ordinairement en deux cœurs, c'est-à-dire ce que l'amour du père a de plus fort et ce que l'amour de la mère a de plus vif et de plus tendre : *Dilectus meus mihi, et ego illi.*

Que si vous me répondez que cette union regarde seulement le corps et ne fait que suivre la trace du sang, c'est ici qu'il faut que je vous expose une vérité admirable, mais qui ne sera pas moins utile à votre instruction que glorieuse et avantageuse à la sainte Vierge. C'est, Messieurs, que le Fils de Dieu ayant pris un corps pour l'amour des ames, il ne s'approche jamais de nous par son divin corps que dans un désir infini de s'unir à nous beaucoup plus étroitement selon l'esprit. Table mystique, banquet adorable, je vous appelle à témoins de la vérité que j'avance. Parlez-nous ici, saints autels, autels si saints et si vénérables, mais, je le dirai en passant, autels fort peu révérés. Je ne me plains pas ici des ornemens qui vous manquent; cela se fera bientôt; et dans l'accomplissement de ce superbe édifice que la France verra avec joie, comme un monument immortel de la majesté de ses rois, ô Seigneur, la piété de Louis votre serviteur, que vous nous avez donné pour monarque, n'oubliera pas votre sanctuaire. Mais je me plains, saints autels, de ce que vous êtes peu révérés, parce que ceux qui viennent en cette chapelle la regardent comme un lieu profane. On entre, on sort, sans adorer Dieu. Jésus-Christ, dit-on, n'y repose pas. Mais toutefois il y descend à certains momens : *Illic per certa momenta Christi corpus et sanguis habitabant.* On respecte le siége du roi, même en son absence; il remplit de sa majesté tous les lieux où il habite. Le privilége de la seconde Majesté ne doit pas l'emporter sur la première. Voilà le trône de Jésus-Christ; je vous demande, Messieurs, une grace; il sied bien au ministère que je fais d'en demander de semblables, même de ce lieu : n'entrez pas, ne sortez pas de cette chapelle, sans rendre à Dieu à genoux un moment d'adoration sérieuse.

Mais je m'éloigne trop, et il faut revenir à notre sujet. Je voulois prouver, chrétiens, que lorsque Jésus-Christ s'unit à nos corps, c'est principalement l'ame qu'il recherche. J'ai apporté pour ma preuve l'adorable Eucharistie.

la nature humaine, c'est notre alliance avec Jésus-Christ. Car, mes Frères, cette alliance a ouvert un sacré commerce entre le ciel et la terre, qui a infiniment enrichi les hommes ; et c'est sans doute pour cette raison que l'Eglise inspirée de Dieu appelle l'incarnation un commerce : *O admirabile commercium*. En effet, dit saint Augustin[1], n'est-ce pas un commerce admirable, où Jésus, ce charitable négociateur, étant venu en ce monde pour y trafiquer dans cette nation étrangère, en prenant de nous les fruits malheureux que produit cette terre ingrate, la foiblesse, la misère, la mortalité, nous a apporté les biens véritables que produit cette céleste patrie, qui est son naturel héritage, l'innocence, la paix, l'immortalité? C'est donc cette alliance qui nous enrichit; c'est cet admirable commerce qui fait abonder en nous tous les biens. C'est pourquoi saint Paul nous assure, que nous ne pouvons plus être pauvres, depuis que Jésus-Christ est à nous : « Celui qui nous donne son propre Fils, que nous pourra-t-il refuser? Ne nous donne-t-il pas en lui toutes choses ? » *Quomodò non etiam cum illo omnia nobis donavit*[2] *?* Et après s'être comme débordé par cette libéralité inestimable (*a*), ne faut-il pas que ses autres dons coulent impétueusement par cette ouverture?

Que si notre alliance avec Jésus-Christ nous produit des biens si considérables, tais-toi, tais-toi, ô raison humaine, et n'entreprends pas d'expliquer les prérogatives de la sainte Vierge : car si c'est un avantage incompréhensible qu'on nous donne Jésus-Christ comme Sauveur, que penserons-nous de Marie, à qui le Père éternel le donne, non point d'une manière commune, mais comme il lui appartient à lui-même, comme Fils, comme Fils unique, comme Fils qui pour ne point partager son cœur et tenir tout de sa sainte Mère, ne veut point avoir de père en ce monde? Est-il rien d'égal à cette alliance? Et ne vous persuadez pas qu'elle unisse seulement Marie au Sauveur par une union corporelle: l'on pourroit d'abord se l'imaginer, parce qu'elle n'est sa Mère que selon la chair ; mais vous prendrez bientôt une autre pensée, si vous remarquez, chrétiens, une différence notable entre Marie

---

[1] *In Psal.* CXLVIII, n. 8. — [2] *Rom.*, VIII, 32.

(*a*) *Var.:* Ayant épanché son cœur sur nous par ce présent inestimable.

et les autres mères. Elle a donc ceci de particulier qui la distingue de toutes les autres, qu'elle a conçu son Fils par l'esprit avant de le concevoir dans ses entrailles ; et cela de quelle manière ? C'est que ce n'est pas la nature qui a formé en elle ce divin Enfant ; elle l'a conçu par la foi, elle l'a conçu par l'obéissance : c'est la doctrine constante de tous les saints Pères, et elle est fondée clairement sur un passage de l'Ecriture que peut-être vous n'avez pas remarqué. C'est, mes Frères, qu'Elisabeth ayant humblement salué Marie comme Mère de son Seigneur : *Undè hoc mihi, ut veniat Mater Domini mei ad me* [1], elle s'écrie aussitôt toute transportée : « Heureuse qui avez cru ! » comme si elle eût voulu dire : Il est vrai que vous êtes mère, mais c'est votre foi qui vous rend féconde : d'où les saints docteurs ont conclu, et ont tous conclu d'une même voix, « qu'elle a conçu son Fils dans l'esprit avant que de le porter en son corps : » *Priùs concepit mente quàm corpore* [2]. Ne jugez donc pas de la sainte Vierge comme vous faites des mères communes.

Chrétiens, je n'ignore pas qu'elles s'unissent à leurs enfans, même par l'esprit : qui ne le voit pas ? Qui ne sent pas combien elles les portent au fond de leurs ames ? Mais je dis que l'union se commence au corps, et se noue premièrement par le sang : au contraire en la sainte Vierge la première empreinte se fait dans le cœur ; son alliance avec son Fils prend son origine en l'esprit, parce qu'elle l'a conçu par la foi ; et si vous voulez entendre, mes Frères, jusqu'où va cette alliance, jugez-en à proportion de celle du corps. Car permettez-moi, je vous prie, d'approfondir un si grand mystère, et de vous expliquer une vérité qui ne sera pas moins utile pour votre instruction qu'elle sera glorieuse à la sainte Vierge.

Cette vérité, chrétiens, c'est que notre Sauveur Jésus-Christ ne s'unit jamais à nous par son corps que dans le dessein de s'unir plus étroitement en esprit. Tables mystiques, banquet adorable, et vous, saints et sacrés autels, je vous appelle à témoins de la vérité que j'avance. Mais soyez-en les témoins vous-mêmes, vous

---

[1] *Luc.*, I, 43. — [2] S. Aug., serm. CCXV, n. 4 ; S. Leo, *in Nativit. Dom.*, serm. 1, cap. I.

qui participez à ces saints mystères. Quand vous avez approché de cette table divine, quand vous avez vu venir Jésus-Christ à vous en son propre corps, en son propre sang, quand on vous l'a mis dans la bouche : dites-moi, avez-vous pensé qu'il vouloit s'arrêter simplement au corps ? A Dieu ne plaise que vous l'ayez cru, et que vous ayez reçu seulement au corps celui qui court à vous pour chercher votre ame : ceux qui l'ont reçu de la sorte, qui ne se sont pas unis en esprit à celui dont ils ont reçu la chair adorable, ils ont renversé son dessein, ils ont offensé son amour. Et c'est ce qui fait dire à saint Cyprien ces belles, mais terribles paroles : « Ils font violence, dit ce saint martyr, au corps et au sang du Sauveur : » *Vis infertur corpori ejus et sanguini*[1]. Et quelle est, mes Frères, cette violence ? Ames saintes, ames pieuses, vous qui savez goûter Jésus-Christ dans cet adorable mystère, vous entendez cette violence ; c'est que Jésus recherchoit le cœur (a), et ils l'ont arrêté au corps, où il ne vouloit que passer : ils ont empêché cet Epoux céleste d'aller achever dans l'esprit la chaste union où il aspiroit ; ils l'ont contraint de retenir le cours impétueux de ses graces, dont il vouloit laisser inonder leur ame. Ainsi son amour souffre violence ; et il ne faut pas s'étonner si étant violenté de la sorte, il se tourne en indignation et en fureur : au lieu du salut qu'il leur apportoit, il opère en eux leur condamnation; et il nous montre assez par cette colère la vérité que j'ai avancée, que lorsqu'il s'unit corporellement, il veut que l'union de l'esprit soit proportionnée à celle du corps.

S'il est ainsi, ô divine Vierge, je conçois quelque chose de si grand de vous, que non-seulement je ne le puis dire, mais encore mon esprit travaille à se l'expliquer à lui-même. Car telle est votre union au corps de Jésus lorsque vous l'avez conçu dans vos entrailles, qu'on ne peut pas s'en imaginer une plus étroite; que si l'union de l'esprit n'y répondoit pas, l'amour de Jésus seroit frustré de ce qu'il prétend, il souffriroit violence en vous : il faut donc, pour le contenter, que vous lui soyez unie en esprit, autant que vous le touchez de près par les liens de la nature et du sang.

---

[1] Lib. *de Lapsis,* p. 186.

(a) *Var. :* En vouloit au cœur.

Et puisque cette union se fait par la grace, que peut-on penser et que peut-on dire? Où doivent s'élever nos conceptions, pour ne point faire tort à votre grandeur? Et quand nous aurions ramassé tout ce qu'il y a de dons dans les créatures, tout cela réuni ensemble pourroit-il égaler votre plénitude? Accourez donc avec joie, mes Frères, pour honorer en Marie naissante cette plénitude de graces. Car je crois qu'il est inutile de vouloir vous prouver, par de longs discours, qu'elle l'a apportée en venant au monde. N'entreprenons pas de donner des bornes à l'amour du Fils de Dieu pour sa sainte Mère; et accoutumons-nous à juger d'elle, non par ce que peut prétendre une créature, mais par la dignité (a) de son Fils. Que serviroit-il à Marie d'avoir un Fils qui est devant elle et qui est l'auteur de sa naissance, s'il ne la faisoit naître digne de lui? Ayant à se former une Mère, la perfection d'un si grand ouvrage ni ne pouvoit être portée trop loin, ni ne pouvoit être commencée trop tôt : et si nous savons concevoir combien est auguste cette dignité à laquelle elle est appelée, nous reconnoîtrons aisément que ce n'est pas trop de l'y préparer dès le premier moment de sa vie. Mais c'est assez arrêter nos yeux à contempler de si grands mystères : ébloui d'un éclat si fort, je suis contraint de baisser la vue; et pour remettre mes sens étonnés de l'avoir considérée si longtemps dans ce haut état de grandeur, qui l'approche si près de Dieu, il faut, Messieurs, que je la regarde dans sa charité maternelle, qui l'approche si près de nous. C'est par où je m'en vais conclure.

TROISIÈME POINT.

Ce qui me reste à vous faire entendre est d'une telle importance, qu'il mériteroit un discours entier et ne devroit pas être resserré dans cette dernière partie : comme néanmoins je ne puis l'omettre sans laisser ce discours imparfait, j'en toucherai les chefs principaux, et je vous prie, Messieurs, de les bien entendre : car c'est sur ce fonds qu'il faut établir la dévotion solide pour la sainte Vierge. Je pose donc pour premier principe que Dieu ayant résolu dans l'éternité de nous donner Jésus-Christ par son entremise, il

---

(a) *Var. :* Par la qualité.

ne se contente pas de se servir d'elle comme d'un simple instrument; mais il veut qu'elle coopère à ce grand ouvrage par un mouvement de sa volonté. C'est pourquoi il envoie son ange pour lui proposer le mystère et ce grand ouvrage de l'incarnation, qui tient depuis tant de siècles le ciel et la terre en attente; cet ouvrage, dis-je, demeure en suspens jusqu'à ce que la sainte Vierge y ait consenti. Elle tient donc en attente Dieu et toute la nature, tant il a été nécessaire aux hommes qu'elle ait désiré leur salut. Elle l'a donc désiré, Messieurs; et il a plu au Père éternel que Marie contribuât par sa charité à donner un Sauveur au monde.

Comme cette vérité est connue, je ne m'étends pas à vous l'expliquer; mais je ne puis vous en taire une conséquence, que peut-être vous n'avez pas assez méditée : c'est que la Sagesse divine ayant une fois résolu de nous donner Jésus-Christ par la sainte Vierge, ce décret ne se change plus; il est et sera toujours véritable que sa charité maternelle ayant tant contribué à notre salut dans le mystère de l'incarnation, qui est le principe universel de la grace, elle y contribuera éternellement dans toutes les autres opérations, qui n'en sont que des dépendances : et afin de le bien entendre, remarquez, s'il vous plaît, Messieurs, trois opérations principales de la grace de Jésus-Christ. Dieu nous appelle, Dieu nous justifie, Dieu nous donne la persévérance : la vocation, c'est le premier pas; la justification, c'est notre progrès; la persévérance, la fin du voyage. Vous savez qu'en ces trois états l'influence de Jésus-Christ nous est nécessaire. Mais il faut vous faire voir manifestement par les Ecritures que la charité de Marie est associée à ces trois ouvrages; et peut-être ne croyez-vous pas que ces vérités soient si claires dans l'Evangile que j'espère de les y montrer en peu de paroles.

Pour ce qui regarde la vocation, considérez, s'il vous plaît, Messieurs, ce qui se passe en saint Jean-Baptiste enfermé dans les entrailles de sa mère, et vous y verrez une image des pécheurs que la grace appelle. Jean y est dans l'obscurité : où êtes-vous, ô pécheurs? Il ne peut ni voir, ni entendre, et Jésus vient à lui sans qu'il y pense. Il s'approche, il parle à son cœur, il éveille et il attire ce cœur endormi et auparavant insensible; c'est ainsi que le

Fils de Dieu traite les pécheurs qu'il appelle. Y pensiez-vous, ô pécheurs, quand il vous est venu troubler? Vous vous cachiez, et il vous voyoit; vous vous détourniez, et il vous savoit bien trouver; il a parlé à votre cœur, et il vous a appelés à lui, et vous ne le cherchiez pas. Mais ce même Jésus-Christ nous montre, en *saint Jean*, que la charité de Marie concourt avec lui à ce grand ouvrage. Ce qui fait que Jésus approche de Jean, n'est-ce pas la charité de Marie? Si Jésus agit dans le cœur de Jean, n'est-ce pas par la voix de Marie? Voilà donc Marie en saint Jean-Baptiste Mère de ceux que Jésus appelle : voyons maintenant ceux qu'il justifie.

Je les vois sans figure dans l'Evangile aux noces de Cana en Galilée. Ils sont déjà appelés en la personne des apôtres; mais écoutez l'écrivain sacré : « Jésus fit son premier miracle, et il manifesta sa gloire, et ses disciples crurent en lui : » *Et crediderunt in eum discipuli ejus* [1]. Pouvoit-il nous exprimer en termes plus clairs la grace justifiante, dont la foi, comme vous savez, est le fondement? Mais il ne pouvoit non plus nous expliquer mieux la part qu'y a eue la divine Vierge : car qui ne sait que ce grand miracle fut l'effet de sa charité et de ses prières? Est-ce en vain que le Fils de Dieu, qui dispose si bien toutes choses, n'a voulu faire son premier miracle qu'en faveur de sa sainte Mère? Qui n'admirera, chrétiens, qu'elle ne se soit mêlée que de celui-ci, qui a été suivi aussitôt d'une image si expresse de la justification des pécheurs? Cela se fait-il par hasard, ou plutôt ne paroît-il pas que le Saint-Esprit veut nous faire entendre ce que remarque saint Augustin, en interprétant ce mystère, que la bienheureuse « Marie étant Mère de notre Chef par la chair, a dû être selon l'espri Mère de ses membres, et coopérer par sa charité à leur naissance spirituelle? » *Carne mater capitis nostri, spiritu mater membrorum ejus* [2].

Mais, mes Frères, ce n'est pas assez qu'elle contribue à les faire naître : achevons de montrer ce que fait Marie dans la sainte persévérance des enfants de Dieu. Paroissez donc, enfans d'adoption et de prédestination éternelle, enfans de miséricorde et de grace, fidèles compagnons du Sauveur Jésus, qui persévérez avec lui

[1] *Joan.*, II, 11. — [2] *De sanctâ Virg.*, n. 6.

jusqu'à la fin ; accourez à la sainte Vierge, et venez vous ranger avec les autres sous les ailes de sa charité maternelle. Chrétiens, je les vois paroître ; le disciple chéri de notre Sauveur nous les représente au Calvaire : il est la figure des persévérans, puisqu'il suit Jésus-Christ jusqu'à la croix, qu'il s'attache constamment à ce bois mystique, qu'il vient généreusement mourir avec lui : il est donc la figure des persévérans. Et voyez que Jésus-Christ le donne à sa Mère : « Femme, lui dit-il, voilà votre fils : » *Ecce filius tuus* [1]. Chrétiens, j'ai tenu parole : ceux qui savent considérer combien l'Ecriture est mystérieuse, connoîtront par ces trois exemples que la charité de Marie est un instrument général des opérations de la grace.

Par conséquent réjouissons-nous de nous voir naître aujourd'hui une protectrice. *Nox præcessit;* la nuit est passée avec ses terreurs et ses épouvantes, avec ses craintes et ses désespoirs : *Dies appropinquavit;* le jour approche, l'espérance vient ; nous en voyons luire un premier rayon en la protection de la sainte Vierge. Elle vient (*a*) sans doute pour notre secours ; je ne sais si ses cris et ses larmes n'intercèdent pas déjà pour notre misère, mais je sais qu'il n'est pas possible de choisir une meilleure avocate. Prions-la donc avec saint Bernard qu'elle parle pour nous au cœur de son Fils : *Loquatur ad cor Domini nostri Jesu Christi* [2]. Oui certainement, ô Marie, c'est à vous qu'il appartient de parler au cœur : vous y avez un fidèle correspondant, je veux dire l'amour filial, qui s'avancera pour recevoir l'amour maternel, et qui préviendra ses désirs ; devez-vous craindre d'être refusée, quand vous parlerez au Sauveur ? « Son amour intercède en notre faveur ; la nature même le sollicite pour nous : » *Affectus ipse pro te orat; natura ipsa tibi postulat.* « On se rend facilement aux prières (*b*), lorsqu'on est déjà vaincu par son affection : » *Citò annuunt qui suo ipsi amore superantur* [3]. C'est pour cette raison, chrétiens, que Marie parle toujours avec efficace, parce qu'elle parle à un cœur déjà tout gagné, parce qu'elle parle à un

---

[1] *Joan.*, XIX, 26. — [2] *Ad Beat. Virg.*, serm. panegyr., n. 7 ; int. Oper. S. Bernardi. — [3] Salv., Epist. IV, p. 199.

(*a*) *Var.* : Elle naît. — (*b*) On accorde facilement ce que l'on demande.

cœur de fils. Qu'elle parle donc fortement, qu'elle parle pour nous au cœur de Jésus : *Loquatur ad cor.*

Mais quelle grace demandera-t-elle? Que désirons-nous par son entremise? Quoi! mes Frères, vous hésitez! Ce lieu de charité où vous êtes, ne vous inspire-t-il pas le désir de vous fortifier dans la charité? Charité, charité; ô heureuse Vierge, c'est la charité que nous demandons : sans le désir d'être charitables, que nous sert de réclamer le nom de Marie? Pour vous enflammer à la charité, entrez, Messieurs, dans ces grandes salles pour y contempler attentivement le spectacle de l'infirmité humaine : là vous verrez en combien de sortes la maladie se joue de nos corps : là elle étend, là elle retire; là elle tourne, là elle disloque; là elle relâche, là elle engourdit; là sur le tout, là sur la moitié; là elle cloue un corps immobile, là elle le secoue par le tremblement. Pitoyable variété, chrétiens; c'est la maladie qui se joue, comme il lui plaît, de nos corps que le péché a donnés en proie à ses cruelles bizarreries; et la fortune, pour être également outrageuse, ne se rend pas moins féconde en événemens fâcheux.

Regarde, ô homme, le peu que tu es : considère le peu que tu vaux : viens apprendre la liste funeste des maux dont ta foiblesse est menacée. Si tu n'en es pas encore attaqué, regarde ces misérables avec compassion : quelque superbe distinction que tu tâches de mettre entre toi et eux, tu es tiré de la même masse, engendré des mêmes principes, formé de la même boue : respecte en eux la nature humaine si étrangement maltraitée; adore humblement la main qui t'épargne; et pour l'amour de celui qui te pardonne, aie pitié de ceux qu'il afflige. Va-t-en, mon Frère, dans cette pensée; c'est Marie qui te le dit par ma bouche. Cet hôpital s'élève sous sa protection; ainsi, si tu crois mon conseil, ne sors pas aujourd'hui de sa maison sans y laisser quelque marque de ta charité. Ne dis pas que l'on en a soin : la charité est trop lâche, qui se repose toujours sur les autres; tu verras combien de nécessités implorent ta charité. Si tu le fais, mon Frère, comme je l'espère, puisses-tu, au nom de Notre-Seigneur, croître en charité tous les jours; puisses-tu ne sentir jamais ni de dureté pour les misérables, ni d'envie pour les fortunés; puisses-tu n'avoir jamais ni d'ennemi que tu aigrisses par ton indifférence, ni d'ami que tu corrompes par tes flatteries; puisses-tu t'exercer si utilement dans la charité fraternelle, que tu arrives enfin au plus haut degré de la charité divine, qui t'ayant fortifié dans ce lieu d'exil contre les attaques du monde, te couronnera dans la vie future de la bienheureuse immortalité. Ainsi soit-il, mes Frères, au nom du Père et du Fils et du Saint-Esprit.

SECOND SERMON

POUR

LE JOUR DE LA NATIVITÉ DE LA SAINTE VIERGE (a).

Quis, putas, puer iste erit?

Quel, pensez-vous, que sera cet enfant ? *Luc.*, I, 66.

C'est en vain que les grands de la terre, s'emportant quelquefois plus qu'il n'est permis à des hommes, semblent vouloir cacher les foiblesses de la nature sous cet éclat trompeur de leur éminente fortune. Je reconnois, mes Sœurs, avec l'Apôtre [1], que nous sommes obligés de les honorer comme les lieutenans de Dieu sur la terre, auxquels sa providence a commis le gouvernement de ses peuples; et c'est ce respect que nous leur rendons qui établit la fermeté des Etats, la sûreté publique et le repos des particuliers. Mais comme il leur arrive souvent qu'enivrés de cette prospérité passagère, ils se veulent mettre au-dessus de la condition hu-

---

[1] *Rom.*, XIII et seq.

(a) Prêché aux grandes Carmélites de la rue Saint-Jacques en 1661, la même année que Bossuet prêcha le Carême dans cette communauté religieuse.
Le lecteur remarquera sans peine les signes de cette date.
Il manque dans toutes les éditions, même dans celles qui se publient de nos jours, deux passages importans : l'un à la fin du premier point, l'autre vers le milieu du second, commençant par ces mots : « Il me souvient de ces mères à qui l'on déchire les entrailles... »
Le manuscrit original se trouve à la bibliothèque du séminaire de Meaux.

maine, c'est avec beaucoup de raison que le plus sage de tous les hommes entreprend de confondre leur témérité (a). Il les ramène au commencement de leur vie, il leur représente leurs infirmités dans leur origine; et bien qu'ils aient le cœur enflé de la noblesse (b) de leur naissance, il leur fait bien voir que si illustre qu'elle puisse être, elle a toujours beaucoup plus de bassesse que de grandeur. Pour moi, dit Salomon[1], quoique (c) je sois le maître d'un puissant Etat, j'avoue ingénument que ma naissance ne diffère en rien de celle des autres. Je suis entré nu en ce monde, comme étant exposé à toutes sortes d'injures; j'ai salué comme les autres hommes la lumière du jour par des pleurs, et le premier air que j'ai respiré m'a servi ainsi qu'à eux (d) à former des cris : *Primam vocem similem omnibus emisi plorans*[2]. Telle est, continue-t-il, la naissance des plus grands monarques (e); et de quelque grandeur que les flattent leurs courtisans, la nature qui ne sait point flatter, ne les traite pas autrement que les moindres de leurs sujets.

Voilà où le plus sage des rois appelle les grands de ce monde, pour convaincre leur ambition; et d'autant que c'est là sans doute où elle a le plus à souffrir, il n'est pas croyable combien d'inventions ils ont recherchées pour se tirer du pair, même dans cette commune foiblesse. Il faut, à quelque prix que ce soit, séparer du commun des hommes le prince naissant. C'est pourquoi chacun s'empresse à lui rendre des hommages qu'il ne comprend pas. S'il paroît dans la nature quelque changement ou quelque prodige, on en tire incontinent des augures de sa bonne fortune, comme si cette grande machine ne remuoit que pour cet enfant. Comme le temps présent ne lui est point favorable, parce qu'il ne lui donne rien qui le distingue de ceux de son âge, il faut consulter l'avenir et avoir recours nécessairement à la science des pronostics. C'est ici que les astrologues mêlant dans leurs vaines

---

[1] *Sap.*, VII, 1, 2. — [2] *Ibid.*, 3.

(a) *Var.* : Ils se mettent au-dessus de la condition humaine, comme on en a vu mille et mille exemples dans les cours des princes; le sage Salomon nous donne un moyen bien puissant pour confondre leur témérité. — (b) Et bien qu'ils vantent sans cesse la noblesse. — (c) Encore que. — (d) Comme à eux. — (e) De tous les rois.

spéculations la curiosité et la flatterie, leur font des promesses hardies, dont ils donnent pour cautions (*a*) des influences cachées. C'est dans ce même dessein que les orateurs tâchent (*b*) de faire valoir l'art des conjectures; et ainsi l'ambition humaine ne pouvant se contenir dans cette simple modestie que la nature tâche de nous inspirer, elle s'enfle et se repaît de doutes et d'espérances.

Grace à la miséricorde divine, nous sommes appelés aujourd'hui à la naissance d'une Princesse qui ne demande point ces vains ornemens. Gardons-nous bien, mes Sœurs, de célébrer sa nativité avec ces recherches téméraires dont les hommes se servent en de pareilles rencontres; mais plutôt considérant que celle dont nous parlons est la Mère du Sauveur Jésus, apprenons de son Evangile de quelle manière il désire que nous solennisions la naissance de ses élus. Les parens de saint Jean-Baptiste nous en donnent un bel exemple : ils ne pénètrent pas les secrets de l'avenir avec une curiosité trop précipitée; toutefois adorant en eux-mêmes les conseils de la Providence, ils ne laissent pas de s'enquérir modestement entre eux quel sera un jour cet enfant : *Quis, putas, puer iste erit?* Je me propose aujourd'hui de faire (*c*), pour la Mère de notre Maître, ce que je vois pratiqué pour son précurseur.

Ames saintes et religieuses, qui voyez cette incomparable Princesse faire son entrée en ce monde, quel pensez-vous que sera cet enfant? *Quis, putas, puer iste erit?* Que me répondrez-vous à cette question, et moi-même que répondrai-je? (*d*) Tirons la réponse du saint évangile que nous avons lu ce matin, dans la célébration des divins mystères : *De quâ natus est Jesus* [1]; viendra le temps que Jésus, la Sagesse du Père et l'unique Rédemp-

---

[1] *Matth.*, I, 16.

(*a*) *Var.* : Pour garants. — (*b*) Que les orateurs du siècle, dans ces belles oraisons qu'ils appellent *généthliaques* d'un nom magnifique, tâchent. — (*c*) J'ai cru que je pouvois faire aujourd'hui. — (*d*) *N*. *marg.* Consulterai-je les astres pour lire dans leurs diverses figures la destinée de Marie ? Mais je sais que notre Sauveur est le seul astre qui la domine. Irai-je étudier dans les livres des rhétoriciens les artifices dont ils se servent pour deviner de bonne grace ? Mais cette petite innocente ne prendra pas plaisir aux afféteries de la rhétorique; elle aime sur toutes choses cette naïve simplicité qui reluit de toutes parts dans l'Evangile de son cher Fils. En effet puisque la question que je vous ai proposée est prise de l'Evangile, il sera bien à propos que j'en tire aussi la réponse.

teur de nos ames, se revêtira d'une chair (a) humaine dans les entrailles de cette fille dont nous honorons la naissance. C'est par cet éloge, mes Sœurs, qu'il nous faut estimer sa grandeur, et juger avec certitude quel sera un jour cet enfant. La nativité de la sainte Vierge nous fait voir le temple vivant où se reposera le Dieu des armées, lorsqu'il viendra visiter son peuple; elle nous fait voir le commencement de ce grand et bienheureux jour que Jésus doit bientôt faire luire au monde. Nous aurons bientôt le salut, puisque nous voyons déjà sur la terre celle qui doit y attirer le Sauveur. La malédiction de notre nature commence à se changer aujourd'hui en bénédiction et en grace, puisque de la race d'Adam, qui étoit si justement condamnée, naît la bienheureuse Marie, c'est-à-dire celle de toutes les créatures qui est tout ensemble la plus chère à Dieu et la plus libérale aux hommes. Car la grandeur de la sainte Vierge est une grandeur bienfaisante, une grandeur qui se communique et qui se répand; et la suite de ce discours vous fera paroître que sa dignité de Mère de Dieu la rend aussi la mère des fidèles : de sorte qu'il n'y a rien, ames chrétiennes, que nous ne puissions (b) justement attendre de la protection de cette Princesse que le Ciel nous donne aujourd'hui pour être, après le Sauveur Jésus, le plus ferme appui de notre espérance.

Et c'est ce que je me propose de vous faire entendre par ce raisonnement invincible, dont les deux propositions principales feront le partage de ce discours. Afin qu'une personne soit en état de nous soulager par son assistance près de la Majesté divine, il est absolument nécessaire que sa grandeur l'approche de Dieu, et que sa bonté l'approche de nous. Si sa grandeur ne l'approche de Dieu, elle ne pourra puiser dans la source où toutes les graces sont renfermées; si sa bonté ne l'approche de nous, nous n'aurons aucun bien par son influence. La grandeur est la main qui puise; la bonté, la main qui répand; et il faut ces deux qualités pour faire une parfaite communication. Marie étant la mère de notre Sauveur, sa qualité l'élève bien haut auprès du Père éternel; et la même Marie étant notre mère, son affection la rabaisse jusqu'à compatir à notre foiblesse, jusqu'à s'intéresser à notre

(a) *Var.* : Prendra une chair. — (b) Que nous ne devions.

bonheur. Par conséquent il est véritable que la nativité de cette Princesse doit combler le monde de joie, puisqu'elle le remplit d'espérance ; et l'explication que je vous propose de ces vérités importantes, établira la dévotion à la sainte Vierge sur une doctrine solide et évangélique.

PREMIER POINT.

Encore que les idées différentes que nous nous formons à nous-mêmes pour nous représenter l'essence divine ne soient pas une véritable peinture, mais seulement une ombre imparfaite, celle qui semble la plus auguste et la plus digne de cette Majesté souveraine, c'est de comprendre la Divinité comme un abîme immense et comme un trésor infini, où toutes sortes de perfections sont glorieusement rassemblées. En effet Dieu porte en son sein tout ce qui peut jamais avoir l'être ; toutes les graces, toutes les beautés que nous voyons semées sur les créatures se ramassent toutes en son unité ; et il dit à Moïse son serviteur [1], qu'il lui montrera tout le bien en lui découvrant son essence. C'est que la nature du bien, que nous voyons ici partagée, se trouve totalement renfermée en Dieu. Mais, mes Sœurs, ce n'est pas assez qu'elle y soit ainsi renfermée, il faut que de cette source infinie il coule quelques ruisseaux sur les créatures ; sans quoi il est certain qu'elles demeureroient éternellement enveloppées dans la confusion du néant, parce que n'étant rien par nous-mêmes, nous ne pourrons jamais avoir d'être qu'autant que cette cause première laisse tomber sur nous, pour ainsi parler, quelque rayon ou quelque étincelle du sien. Ainsi pour produire les créatures, il faut que ce trésor immense, il faut que ce vaste sein de Dieu, où toutes choses sont renfermées, s'ouvre en quelque sorte et coule sur nous. Et qu'est-ce qui l'ouvre ? C'est la bonté ; c'est là son office et sa fonction, d'ouvrir le trésor de Dieu pour le communiquer à la créature ; et s'il est permis à des hommes de distinguer les devoirs des divers attributs de Dieu, nous pouvons dire avec raison que comme c'est l'infinité qui renferme

---

[1] *Exod.*, XXXIII, 19.

en Dieu tout le bien, c'est aussi la bonté qui le communique.

C'est ce qu'il m'est aisé de vous expliquer par une belle division de saint Augustin. Tous ceux qui donnent leurs biens aux autres, dit cet admirable docteur, le donnent par l'une de ces trois raisons : ou par une force supérieure qui les y oblige, et ils donnent par nécessité; ou par quelque intérêt qui leur en revient, et ils le font pour l'utilité; ou par une inclination bienfaisante, et c'est un effet de bonté. Ainsi le soleil donne sa lumière parce que Dieu lui a posé cette loi, c'est nécessité; un grand seigneur répand ses trésors pour se faire des créatures, il le fait pour l'utilité; un père donne à son fils à cause qu'il l'aime; c'est un sentiment de bonté. Maintenant il est clair, mes Sœurs, que ce ne peut pas être la nécessité qui oblige Dieu à étendre sur nous sa munificence, parce qu'il n'y a aucune puissance qui le domine; ni l'utilité, parce qu'il est Dieu et qu'il n'a pas besoin de ses créatures; d'où il résulte que la bonté est l'unique dispensatrice des graces, que c'est à elle d'ouvrir le trésor de Dieu et à tirer de son sein immense tout ce que nous avons de bien (a). C'est pourquoi nous lisons dans les saintes Lettres qu'après la création de cet univers, Dieu considérant ses ouvrages, se réjouit en quelque sorte de ce qu'ils sont bons : *Et erant valdè bona*[1]. D'où vient cela, dit saint Augustin[2], sinon qu'il se plaît de voir en ses œuvres l'image de la bonté qui les a produites? Et de là il s'ensuit manifestement qu'il n'y a que l'amour en Dieu qui soit libéral parce que comme le propre de cette justice sévère c'est d'agir avec rigueur, et le propre de la puissance c'est d'agir avec efficace, ainsi le propre de la bonté, c'est d'agir par un pur amour.

Mais cette belle manière d'agir par amour paroît encore plus visiblement en la personne du Dieu incarné. Il sait que c'est l'amour du Père éternel qui l'a envoyé sur la terre : *Sic Deus dilexit mundum*[3] : « Dieu a tant aimé le monde, qu'il lui a donné son Fils unique. » Il avoit montré de l'amour à l'homme dans l'ouvrage de la création, « lorsqu'il le créa, dit Tertullien, non par une parole

---

[1] *Gen.*, I, 31. — [2] *De Genes. ad litt.*, lib. imperf., cap. v, n. 22. — [3] *Joan.*, III, 16.

(a) *Var.* : Tout ce que les créatures possèdent.

de commandement, ainsi que les autres, mais par une voix caressante et comme flatteuse : Faisons l'homme : » *Non imperiali verbo, sed familiari manu, etiam verbo blandiente præmisso : Faciamus hominem*[1]. Voilà de l'amour dans la création ; mais qui ne va pas encore jusqu'à cette extrême tendresse que la rédemption nous a fait paroître. Ce second amour du Père éternel par lequel il a voulu réparer les hommes, n'est pas un amour ordinaire ; c'est un amour qui a du transport. Dieu a tant aimé le monde! Voyez l'excès, voyez le transport. Et c'est pourquoi le Dieu incarné brûle d'un si grand amour (*a*) pour les hommes, parce qu'il « ne fait, nous dit-il lui-même[2], que ce qu'il voit faire à son Père. » Comme son Père nous l'a donné par amour, c'est aussi par l'amour qu'il donne, et c'est l'amour qu'il a pour les hommes qui fait la distribution de ses graces.

Cette doctrine évangélique étant supposée, approchons-nous, mes Sœurs, avec révérence du berceau de la sainte Vierge, et jugeons quelle sera un jour cette fille par l'amour que Jésus sentira pour elle. Et d'abord je pourrois vous dire que l'amour du Sauveur Jésus, qui est une pure libéralité à l'égard des autres, à l'égard de sa sainte Mère est comme une dette, et qu'il passe en nature d'obligation, parce que c'est un amour de Fils.

Mais pénétrons plus profondément les secrets divins sous la conduite des Lettres sacrées ; et pour connoître mieux quel est cet amour du Fils de Dieu pour la sainte Vierge, considérons-le, chrétiens, comme un accomplissement nécessaire du mystère de l'incarnation. Suivez, s'il vous plaît, mon raisonnement ; il est tiré du divin Apôtre en cette admirable *Epître aux Hébreux*. C'est une sainte et salutaire pensée de méditer continuellement en nous-mêmes, dans l'effusion de nos cœurs, la tendre affection de notre Sauveur pour les hommes, en ce qu'il n'a rien dédaigné de ce qui étoit de notre nature. Il a tout pris jusqu'aux moindres choses, tout jusqu'aux plus grandes infirmités. Il a bien voulu avoir faim et soif, tout ainsi que les autres hommes ; et « si vous

---

[1] *Advers. Marcion.*, lib. II, n. 4. — [2] *Joan.*, V, 19.

(*a*) *Var.* : Ressent un si grand amour.

exceptez le péché, il n'a rejeté de lui aucune de nos foiblesses¹. » C'est ce qu'il est venu chercher sur la terre ; et au lieu de nos infirmités qu'il a prises, il nous a communiqué ses grandeurs. Et n'est-ce point, mes Sœurs, pour cette raison que l'Eglise inspirée de Dieu appelle l'incarnation un commerce ? En effet, dit saint Augustin², c'est un commerce admirable où Jésus, ce céleste négociateur, étant venu du ciel en la terre dans le dessein de trafiquer avec une nation étrangère, qu'a-t-il fait? Ah! il nous a apporté les biens qui sont propres à cette céleste patrie qui est son naturel héritage, la grace, la gloire, l'immortalité ; et il a pris les choses que cette misérable terre produit, la foiblesse, la misère, la corruption. O commerce de charité ! ô riche commerce ! ah ! combien il devroit élever nos ames à l'espérance des biens éternels ! Jésus s'est plu dans mon néant, et je ne veux point me plaire dans sa grandeur ! Son amour lui a fait trouver une douce satisfaction en se revêtant de ma pourriture, et je n'en veux point trouver à me revêtir de sa gloire, et mon cœur aime mieux courir après des délices qui passent et des biens que la mort enlève !

Mais revenons à notre sujet, et demandons au divin Epoux d'où vient qu'il ne s'est pas contenté de se revêtir de notre nature, et qu'il veut prendre encore nos infirmités. La raison en est claire dans les Ecritures : c'est que le dessein de notre Sauveur, dans sa bienheureuse incarnation, est de se rendre semblable aux hommes ; et comme tous ses ouvrages sont achevés et ne souffrent aucune imperfection, de là vient, de là vient, mes Sœurs, qu'il ne veut point de ressemblance imparfaite. Ecoutez l'apôtre saint Paul : « Il s'est uni, dit-il³, non pas aux anges, mais à la postérité d'Abraham ; et c'est pourquoi il falloit qu'il se rendît en tout semblable à ses frères, » il veut être semblable aux hommes. Il faut, dit saint Paul, qu'il le soit en tout, autrement son ouvrage seroit imparfait. C'est pourquoi dans le jardin des Olives, je le vois dans la crainte, dans la tristesse⁴, dans une telle consternation, qu'il sue sang et eau dans la seule appréhension du supplice qu'on lui prépare⁵. Dans quelle histoire a-t-on jamais lu qu'un accident

---

¹ *Hebr.*, IV, 15. — ² *Enarr.* II *in Psal.* XXX, n. 3; *Enarr. in Psal.* CXLVIII, n. 8. — ³ *Hebr.*, II, 16, 17. — ⁴ *Marc.*, XIV, 33. — ⁵ *Luc.*, XXII, 44.

pareil soit jamais arrivé à d'autres qu'à lui ? Et n'avons-nous pas raison de conclure d'un effet si extraordinaire que jamais homme n'a eu les passions si tendres ni si fortes que mon Sauveur, bien qu'il les eût toujours modérées parce qu'elles étaient très-soumises à la volonté de son Père? Et d'où vient, ô divin Sauveur, que vous les prenez de la sorte ? Ah ! c'est que je veux être semblable à vous. Et s'il ne l'étoit pas en ce point, il eût cru qu'il eût manqué quelque chose au mystère de l'incarnation.

A plus forte raison doit-on dire que son cœur étoit tout d'amour pour la sainte Vierge sa Mère. Car s'il s'est si franchement revêtu de ces sentimens de foiblesse, qui sembloient indignes de sa personne, de ces langueurs mortelles, de ces vives appréhensions ; s'il les a purs et si entiers, combien doit-il plutôt avoir pris l'affection envers les parens, puisque dans la nature même il n'y a rien de plus naturel, de plus équitable, de plus nécessaire ? Ne seroit-ce pas en quelque sorte mépriser sa chair, que de n'aimer pas fortement cette sainte Vierge, du sang de laquelle elle étoit formée ? Tellement qu'il est impossible que le cœur du divin Jésus ne fût pénétré, jusqu'au fond, de l'amour de Marie sa Mère très-pure, puisque cet amour filial étoit l'accomplissement nécessaire de sa bienheureuse incarnation.

Et ne me dites pas que ce grand amour étant une suite de l'incarnation, le Fils de Dieu n'a pu en être touché qu'après s'être revêtu d'une chair humaine. Car pour vous découvrir les secrets conseils de la Providence divine en faveur de l'incomparable Marie, remarquez une belle doctrine de Tertullien, au second livre *Contre Marcion*. C'est là que ce grand homme enseigne aux fidèles que depuis que le Fils de Dieu eut résolu de s'unir à notre nature, dès lors il a pris plaisir de converser avec les hommes et de prendre les sentimens humains. C'est pour cela, dit Tertullien, qu'il est souvent descendu du ciel, et que dès l'Ancien Testament il parloit en forme humaine aux patriarches et aux prophètes. Il considère ces apparitions différentes comme des préparatifs de l'incarnation ; de cette sorte, dit-il, il s'accoutumoit et il apprenoit pour ainsi dire à être homme ; « il se plaisoit d'exercer, dès l'origine du monde, ce qu'il devoit être enfin dans la plénitude des temps : » *Ediscens jam inde à primordio hominem quod erat futurus in fine* [1].

Et si dès l'origine du monde, avant qu'il eût pris une chair humaine, il se plaisoit déjà de se revêtir de la forme et des sentimens humains, tant il étoit passionné pour notre nature, ne croyons pas, mes Sœurs, qu'il ait attendu sa venue au monde pour prendre des sentimens de fils pour Marie. Dès le premier jour qu'elle naît au monde, il la regarde comme sa Mère parce qu'elle l'est en effet selon l'ordre des décrets divins. Il regarde en elle ce sang dont sa chair doit être formée, et il le considère déjà comme sien, il s'en met pour ainsi dire en possession en le consacrant par son Esprit-Saint ; ainsi son alliance avec Marie commence à la nativité de cette Princesse, et avec l'alliance l'amour, et avec l'amour la munificence. Car, mes Sœurs, il est impossible qu'un Dieu aime et ne donne pas ; et le commencement de ce discours vous a fait connoître que rien n'est plus libéral que l'amour de Dieu, et que c'est lui qui ouvre le trésor des graces. Combien donc illustre, combien glorieuse est votre sainte nativité, ô divine, ô très-admirable Marie ! quelle abondance de dons célestes est aujourd'hui répandue sur vous ! Il me semble que je vois les anges qui contemplent avec respect le palais qui est déjà marqué pour leur Maître, par un caractère divin que le Saint-Esprit y imprime. Mais je vois le Fils de Dieu, le Verbe éternel, qui vient lui-même consacrer son temple et l'enrichir de trésors célestes avec une profusion qui n'a point de bornes, parce qu'il veut, ô bénit Enfant dans lequel notre bénédiction prend son origine, il veut que vous naissiez digne de lui et qu'il vous serve d'avoir un Fils qui soit l'auteur de votre naissance. Quel esprit ne se perdroit pas dans la contemplation de tant de merveilles ! quelle conception assez relevée pourroit égaler cet honneur, cette majesté de Mère de Dieu !

Mais pourriez-vous croire, mes Sœurs, que tous les fidèles peuvent prendre part à la gloire d'un si beau titre ? Nous pouvons participer en quelque façon à la dignité de Mère de Dieu. Rejetons loin de nous les discours humains, les raisonnemens naturels ; écoutons

[1] *Adv. Marc.*, lib. II, n. 27.

parler Jésus-Christ lui-même : « Celui qui fait la volonté de mon Père qui est aux cieux, celui-là est mon frère, ma sœur et ma mère[1]; » c'est-à-dire, ô divin Sauveur, que vous ne reconnoissez aucune alliance qui vous soit plus considérable que celle qui est établie par l'obéissance à la volonté du Père céleste; c'est là ce qui approche les hommes de vous. Il dépend de toi, ô fidèle, il dépend de toi de choisir à quel titre tu appartiendras, de quelle sorte tu seras uni au Sauveur des ames. Jésus-Christ nous aime si fort, qu'il ne refuse avec nous aucun titre d'affinité ni aucun degré d'alliance. Fais la volonté de son Père, et tu peux lui être ce que tu voudras. Si le titre de frère te plaît, Jésus-Christ te l'offre. Si tu admires la dignité de sa Mère, toute grande, toute éminente qu'elle est, il ne t'exclut pas même d'un si grand honneur : *Ille meus frater, soror et mater est.* Tu peux participer en quelque façon à l'amour qu'il a pour sa Mère. *Omnia vestra sunt*[2]. Marie est à nous; tout est à nous, puisque Jésus-Christ même est à nous.

O mes Sœurs, que nous sommes riches! Mais à ses richesses spirituelles nous voulons joindre l'amour des biens de la terre, et nous faisons évanouir les trésors célestes. Mais écoute la loi qu'il t'impose : pour être élevé à de si beaux titres, il ne faut pas faire notre volonté, mais la volonté du Père céleste, puisque le nœud de cette alliance, c'est de faire la volonté de son Père; celui qui fait sa volonté propre, il n'est rien au Sauveur Jésus. Faisons la volonté de son Père, et nous toucherons de près à Jésus. Or la volonté de son Père est que nous ne nous plaisions point à nous-mêmes. Car « Jésus n'a point cherché sa volonté propre : » *Christus non sibi placuit*[3]; mais il l'a soumise à son Père, obéissant jusqu'à la mort. Marie n'a point cherché sa volonté propre; mais contre son inclination naturelle, elle a offert à la croix son Fils bien-aimé. Elle n'a pas été menée au Thabor pour y voir la gloire de son cher Jésus; mais elle a été conduite au Calvaire pour y voir son ignominie, et là sacrifier sa volonté propre à la volonté du Père éternel. Sacrifions la nôtre, mes Sœurs, n'écoutons jamais nos désirs; écoutons la voix de l'obéissance, et alors Marie sera notre Mère. C'est notre seconde partie, par laquelle j'achèverai ce dis-

[1] *Matth.*, XII, 50. — [2] *I Cor.*, III, 22. — [3] *Rom.*, XV, 3.

cours. C'est assez arrêter les yeux sur cette haute dignité de Mère de Dieu; je me sens ébloui d'un si grand éclat, et je suis contraint de baisser la vue. Mais de même que nos foibles yeux éblouis de la clarté du soleil dans l'ardeur de son midi, l'attendent quelquefois pour le regarder plus à leur aise lorsqu'il penche sur son couchant, dans lequel il semble à nos sens qu'il descende plus près de la terre : ainsi étant étonné, ô Vierge admirable, d'avoir osé vous considérer (a) si longtemps dans la qualité éminente de Mère de Dieu, qui vous approche si fort de la Majesté divine (b), il faut maintenant que je vous contemple en la qualité de Mère des hommes, qui vous abaisse jusqu'à nous par une miséricordieuse condescendance. C'est ce qui me reste à vous expliquer. Renouvelez, s'il vous plaît, vos attentions.

SECOND POINT.

Pour entendre solidement quelle est cette fécondité de Marie, qui lui donne tous les chrétiens pour enfans, distinguons avant toutes choses deux sortes de fécondité : fécondité de nature, fécondité de la charité. Nous voyons dans les adoptions que des hommes privés d'enfans, ce que la nature leur a refusé, ils tâchent de l'acquérir par l'amour. C'est ainsi que la charité engendre (c); et ceux qui ont entendu l'Apôtre disant : « Mes petits enfans, que j'enfante de nouveau jusqu'à ce que Jésus-Christ soit formé en vous [1], » savent bien que la charité se fait des enfans. C'est pourquoi saint Augustin dit souvent que : *Charitas mater est* [2]; et pour reprendre cette vérité jusqu'au principe, remarquons que cette double fécondité, que nous voyons dans les créatures, est émanée de celle de Dieu, duquel toute paternité prend son origine. La nature de Dieu est féconde, et lui donne son Fils naturel qu'il engendre dans l'éternité. La charité de Dieu est féconde, et lui donne des fils adoptifs; c'est de là que nous sommes nés avec tous les enfans d'adoption. Marie participe à la fécondité naturelle de Dieu engen-

[1] *Gal.*, IV, 19. — [2] *In Epist. Joan.*, tract. II, n. 4; *Enar. in Psal.* CXLVII, n. 14.

(a) *Var.* : De vous avoir considérée. — (b) Qui vous élève si fort au-dessus de nous. — (c) Est féconde.

drant son propre Fils, et à la fécondité de sa charité engendrant aussi les fidèles : *Cooperata est charitate* [1].

Donc, mes Sœurs, réjouissons-nous en la sainte nativité de Marie, et célébrons ce bienheureux jour par de sincères actions de graces. Comprenons que nos intérêts sont unis très-étroitement à ceux de Jésus, puisque tout ce qui naît pour Jésus naît aussi pour nous. Voyons naître pour nous, avec cette Vierge, une source de charité qui ne tarit point, une source toujours vive, toujours abondante. Buvons à cette source, mes Sœurs ; jouissons de cet amour maternel ; il est plein de douceur, mais ce n'est pas d'une douceur molle.

Mais que nos esprits ne s'arrêtent pas à une vaine spéculation ; méditons ce qu'exige de nous la maternité de Marie, et de quelle sorte nous devons vivre pour être véritablement ses enfans. Ceux qui sont ses véritables enfans, ce ne sont pas ces chrétiens délicats, qui ne peuvent souffrir les afflictions et qui tremblent au seul nom de la pénitence. O Marie, ce ne sont pas là vos enfans. Vous les voulez plus forts et plus généreux ; et ces forts et ces généreux, vous les trouvez au pied de la croix. Appuyons par l'Ecriture divine cette vérité importante ; et posons pour premier principe que les fidèles sont à Marie en tant que Jésus-Christ les lui a donnés, parce qu'étant achetés au prix de son sang, il n'y a que lui seul qui peut nous donner. Or recherchant dans son Evangile où Jésus nous a donnés à Marie, je trouve qu'il nous a donnés étant sur la croix. Où est-ce qu'il a dit à son cher disciple : « O disciple, voilà votre mère [2] ? » Où est-ce qu'il a dit à Marie : « O femme, voilà votre fils ? » N'est-ce pas du haut de la croix ? C'est là donc qu'en la personne de son bien-aimé, il donne tous les fidèles à sa sainte Mère ; c'est là que nous devenons ses enfans.

Et d'où vient que notre Sauveur a voulu attendre cette heure dernière, pour nous donner à Marie comme ses enfans ? En voici la véritable raison : c'est qu'il veut lui donner pour nous des entrailles et un cœur de mère. Et comment cela, direz-vous ? Admirez, mes Sœurs, le secret de Dieu. Marie étoit au pied de la croix ; elle voyoit ce cher Fils tout couvert de plaies, étendant ses bras à

---

[1] S. August., *de sancta Virginit.*, n. 6. — [2] *Joan.*, XIX, 26, 27.

un peuple incrédule et impitoyable, son sang qui débordoit de tous côtés par ses veines cruellement déchirées : qui pourroit vous dire quelle étoit l'émotion du sang maternel? Ah! jamais elle ne sentit mieux qu'elle étoit mère. Toutes les souffrances de son Fils le lui faisoient sentir au vif. Que fera ici le Sauveur? Vous allez voir, mes Sœurs, qu'il sait parfaitement le secret d'émouvoir les affections.

Quand l'ame est prévenue de quelque passion violente, elle reçoit aisément les mêmes impressions pour tous les autres qui se présentent. Par exemple, vous êtes possédé d'un mouvement de colère, il sera difficile que ceux qui approchent de vous n'en ressentent quelques effets. Et de là vient que, dans les séditions populaires, un homme qui saura ménager avec art les esprits de la populace irritée, lui fera aisément tourner sa fureur contre ceux auxquels on pensoit le moins. Il en est de même des autres passions, parce que l'ame étant déjà excitée, il ne reste plus qu'à l'appliquer sur d'autres objets, à quoi son propre mouvement la rend extrêmement disposée. C'est pourquoi le Sauveur Jésus, qui vouloit que sa Mère fût aussi la nôtre afin d'être notre frère en toute façon, considérant du haut de sa croix combien son ame étoit attendrie, comme si c'eût été là qu'il l'eût attendue, il prit son temps de lui dire, lui montrant saint Jean : « O femme, voilà votre fils. » (a) Ce sont ses mots, et voici son sens : O femme affligée, à qui un amour infortuné fait éprouver maintenant jusqu'où peut

---

(a) *Note marg.* : Saint Jean nous représente en cette action l'universalité des fidèles. Comprenez, s'il vous plaît, ce raisonnement. Tous les autres disciples de mon Sauveur l'ont abandonné; et Dieu l'a permis de la sorte, afin de nous faire entendre qu'il y en a peu qui suivent Jésus-Christ à la croix. Donc tous les autres étant dispersés, la Providence n'a retenu près du Dieu mourant que Jean le bien-aimé de son cœur. C'est l'unique, c'est le vrai fidèle. Car celui-là est vraiment fidèle à Jésus, qui suit Jésus jusqu'à la croix; et ainsi cet unique fidèle représente tous les fidèles. Par conséquent lorsque Jésus-Christ parlant à sa Mère, lui dit que saint Jean est son fils, ne croyez pas qu'il considère saint Jean comme un homme particulier : il lui donne en la personne de Jean tous ses disciples et tous ses fidèles, tous les héritiers de la nouvelle alliance et tous les enfans de la croix. De là vient, comme je l'ai remarqué, qu'il l'appelle *femme*; il veut dire femme par excellence, femme choisie singulièrement pour être la Mère du peuple élu. O femme, lui dit-il, ô nouvelle Eve, voilà votre fils; et lui et tous les fidèles qu'il représente, ce sont vos enfans. Jean est mon disciple et mon bien-aimé; recevez en sa personne tous les chrétiens, parce qu'il tient la place d'eux tous, et qu'ils sont tous aussi bien que Jean mes disciples et mes bien-aimés.

aller la tendresse et la compassion d'une mère, cette même affection maternelle dont vous êtes touchée si vivement pour moi (a), ayez-la pour Jean mon disciple et mon bien-aimé ; ayez-la pour tous mes fidèles, que je vous recommande en sa personne, parce qu'ils sont tous mes disciples et mes bien-aimés. Ce sont ces paroles, mes Sœurs, qui imprimèrent au cœur de Marie une tendresse de mère pour tous les fidèles comme pour ses véritables enfans. Car est-il rien de plus efficace sur le cœur de la sainte Vierge que les paroles de Jésus mourant ? Il me souvient ici de ces mères à qui on déchire les entrailles par le fer pour en arracher leurs enfans, et les mettre au monde par violence. Il vous est arrivé quelque chose de semblable, ô bienheureuse Marie. C'est par le cœur que vous nous avez enfantés, puisque c'est par la charité : *Cooperata est charitate.* Et j'ose dire que ces paroles de votre Fils, qui étoient ses derniers adieux, entrèrent en votre cœur ainsi qu'un glaive tranchant, et y portèrent jusqu'au fond avec une douleur excessive un amour de mère pour tous les fidèles. Ainsi vous nous avez pour ainsi dire enfantés d'un cœur déchiré par la violence d'une affliction sans mesure ; et toutes les fois que les chrétiens paroissent devant vos yeux, vous vous souvenez de cette dernière parole et vos entrailles s'émeuvent sur nous comme sur les enfans de votre douleur.

Doutez-vous après cela, chrétiens, quels sont les enfans de la sainte Vierge ? Qui ne voit que ses véritables enfans ce sont ceux qu'elle trouve au pied de la croix avec Jésus-Christ crucifié ? Et qui sont ceux-là ? Ce sont ceux qui mortifient en eux le vieil homme, qui crucifient le péché et ses convoitises par l'exercice de la pénitence. Voulez-vous être enfans de Marie, prenez sur vous la croix de Jésus. C'est ce que vous avez déjà commencé lorsque vous avez renoncé au monde. Mais persévérez dans votre vocation, retranchez tous les jours les mauvais désirs ; et puisque vous avez méprisé le monde, qu'aucune partie de sa pompe ne soit capable de vous attirer, que le souvenir de ses vanités n'excite que du mépris en vos cœurs. Ainsi, mes Sœurs, vous vous rendrez dignes du glorieux et divin emploi que la charité vous impose, de tra-

(a) **Var.**: Qui se réveille si vivement en votre ame pour moi.

vailler au salut des ames. Il les faut gagner par les mêmes voies que Jésus-Christ se les est acquises, par l'humiliation et par la bassesse, par la pauvreté et par les souffrances, par toutes sortes de contradictions. Voyez la bienheureuse Marie, elle engendre les fidèles parmi ses douleurs; de sorte qu'en méditant aujourd'hui la nativité de la sainte Vierge, songez que si elle doit être Mère des fidèles, c'est par les afflictions et par les douleurs qu'elle les doit engendrer à Dieu; et croyez que travaillant au salut des ames, c'est la mortification et la pénitence qui rendront vos soins fructueux.

Et vous, ô pécheurs mes semblables, venez au berceau de Marie implorer le secours de cette Princesse, invoquer d'un cœur contrit et humilié une Mère si charitable. Mais si vous avez dessein de lui plaire, prenez sur vous la croix de Jésus; n'écoutez plus le monde qui vous avoit précipités dans l'abîme, ni ses charmes qui vous avoient abusés. Déplorez vos erreurs passées, et qu'une douleur chrétienne efface les fautes que vous ont fait faire tant de complaisances mondaines. Si l'innocence a sa couronne, la pénitence a aussi la sienne. Jésus est venu chercher les pécheurs; et Marie, toute innocente qu'elle est, leur doit la plus grande partie de sa gloire, puisqu'elle n'auroit pas été la Mère d'un Dieu, si le désir de délivrer les pécheurs n'avoit invité sa miséricorde à se revêtir d'une chair mortelle. S'il reste encore quelque dureté, que les larmes de cet enfant l'amollissent.

TROISIÈME SERMON

POUR LA

FÊTE DE LA NATIVITÉ DE LA SAINTE VIERGE (a).

Quis, putas, puer iste erit?
Quel pensez-vous que sera cet enfant? *Luc.*, I, 66.

Avant la naissance du Sauveur Jésus, tout ce qu'il y avoit de gens de bien sur la terre, qui vivoient attendant la rédemption d'Israël, ne faisoient autre chose que soupirer après sa venue, et par des vœux ardens pressoient le Père éternel d'envoyer bientôt à son peuple son unique Libérateur : que si parmi leurs désirs il leur paroissoit quelque signe que ce temps bienheureux approchât, il n'est pas croyable avec combien de transports toutes les

---

(a) Prêché à Metz dans la fin de 1655 ou dans le commencement de 1656, devant M. de Schomberg.

M. de Schomberg est manifestement désigné dans l'exorde. Ce grand capitaine, maréchal de France à l'âge de 36 ans, le héros de Flix et de Perpignan, de Tortose et de la nuit de Leucate, longtemps la gloire de son pays et la terreur de l'étranger; ce lion si terrible sur le champ de bataille étoit dans la paix l'homme le plus charitable, l'ami le plus tendre, le chrétien le plus simple et le plus pieux. Devenu gouverneur de Metz, en même temps qu'il faisoit régner l'ordre, et la justice, et la religion, il remplissoit la province de ses bienfaits. Sa noble et vertueuse compagne étoit comme lui, non-seulement le secours des pauvres et la consolation des malheureux, mais le soutien des catholiques et l'ange conducteur qui ramenoit les hérétiques à la vérité. Pendant son premier mariage, jouissant d'une grande faveur à la Cour de Louis XIII, femme d'une rare beauté, elle conquit l'estime et l'admiration générale par la délicatesse de ses rapports avec le souverain. Après une perte cruelle, Mme de Hautefort s'étoit retirée loin du monde dans le silence de la retraite; c'est au sein du cloître que la prit le maréchal de Schomberg pour la conduire à l'autel. Qu'on lise maintenant le deuxième alinéa de notre sermon, on verra que les paroles de l'orateur sont pour ainsi dire calquées sur le récit de l'histoire.

L'illustre maréchal mourut le 6 juin 1656, si bien qu'on doit faire remonter au delà de cette date le sermon dont il s'agit. Dira-t-on qu'il ne porte pas tous les traits de l'époque de Metz; qu'on y trouve toujours, pour ne relever que ce caractère, la forme interrogative avec la particule *ne :* cela est vrai; mais il ne nous a pas été donné, malgré toutes nos recherches, d'en retrouver le manuscrit original; nous avons été forcé de le publier d'après la première édition, et Déforis n'a pas manqué de le corriger à sa façon, comme tous les chefs-d'œuvre qui ont passé par ses mains.

puissances de leurs ames éclatoient en actions de graces. Si donc ils eussent appris à la naissance de la sainte Vierge qu'elle devoit être sa Mère, combien l'auroient-ils embrassée, et quel auroit été l'excès de leur ravissement dans l'espérance qu'ils auroient conçue d'être présens à ce jour si beau, auquel le Désiré des nations commenceroit à paroître au monde? Ainsi ces peuples aveugles, qui pour être passionnés admirateurs de cette lumière qui nous éclaire, défèrent des honneurs divins au soleil qui en est le père, commencent à se réjouir sitôt qu'ils découvrent au ciel son avant-courrière l'aurore. C'est pourquoi, ô heureuse Marie, nous qui leur avons succédé, nous prenons part à leurs sentimens : mus d'un pieux respect pour celui qui vous a choisie, nous venons honorer votre lumière naissante et couronner votre berceau, non certes de lis et de roses, mais de ces fleurs sacrées que le Saint-Esprit fait éclore; je veux dire de saints désirs et de sincères louanges.

Monseigneur, c'est la seule chose que vous entendrez de moi aujourd'hui. L'histoire parlera assez de vos grandes et illustres journées, de vos siéges si mémorables, de vos fameuses expéditions et de toute la suite de vos actions immortelles. Pour moi, je vous l'avoue, Monseigneur, si j'avois à louer quelque chose, je parlerois bien plutôt de cette piété véritable, qui vous fait humblement déposer au pied des autels cet air majestueux et cette pompe qui vous environne. Je louerois hautement la sagesse de votre choix, qui vous a fait souhaiter d'avoir dans votre maison l'exemple d'une vertu si rare, par lequel nous pouvons convaincre les esprits les plus libertins qu'on peut conserver l'innocence parmi les plus grandes faveurs de la Cour, et dans une prudente conduite une simplicité chrétienne. Je dirois de plus, Monseigneur, que votre généreuse bonté vous a gagné pour jamais l'affection de ces peuples; et si peu que je voulusse m'étendre sur ce sujet, je le verrois confirmé par des acclamations publiques. Mais encore qu'il soit vrai que l'on vous puisse louer, vous et cette incomparable duchesse, sans aucun soupçon de flatterie, en la place où je suis il faut que j'en évite jusqu'à la moindre apparence. Je sais que je dois ce discours, et vous vos attentions à la très-heureuse Marie. Ce n'est donc plus à vous que je parle, sinon pour vous conjurer,

Monseigneur, de joindre vos prières aux miennes et à celles de tout ce peuple, afin qu'il plaise à Dieu m'envoyer son Saint-Esprit par l'intercession de sa sainte Epouse, que nous allons saluer par les paroles de l'ange : *Ave.*

Pour procéder avec ordre, réduisons tout cet entretien à quelques chefs principaux. Je dis, ô aimable Marie, que vous serez à jamais bienheureuse d'être Mère de mon Sauveur. Car étant Mère de Jésus-Christ, vous aurez pour lui une affection sans égale : ce sera votre premier avantage. Aussi vous aimera-t-il d'un amour qui ne souffrira point de comparaison : c'est votre seconde prérogative. Cette sainte société que vous aurez avec lui, vous unira pour jamais très-étroitement à son Père : voilà votre troisième excellence. Enfin dans cette union avec le Père éternel, vous deviendrez la Mère des fidèles qui sont ses enfans et les frères de votre Fils; c'est par ce dernier privilége que j'achèverai ce discours.

Je vous vois surpris, ce me semble : peut-être que vous jugez que ce sujet est trop vaste, et que mon discours sera trop long ou du moins embarrassé d'une matière si ample; et toutefois il n'en sera pas ainsi, moyennant l'assistance divine. Nous avancerons pas à pas pour ne point confondre les choses, établissant par des raisons convaincantes la dignité de Marie sur sa maternité glorieuse; et encore que je reconnoisse que ces vérités sont très-hautes, je ne désespère pas de les déduire aujourd'hui avec une méthode facile. J'avoue que c'est me promettre beaucoup, et à Dieu ne plaise, fidèles, que je l'attende de mes propres forces ! J'espère que ce grand Dieu, qui inspire qui il lui plaît, me donnera la grace aujourd'hui de glorifier son saint nom en la personne de la sainte Vierge. Le Père s'intéressera pour sa Fille bien-aimée; le Fils pour sa chère Mère; le Saint-Esprit pour sa chaste Epouse. Animé d'une si belle espérance, que puis-je craindre dans cette entreprise? J'entre en matière avec confiance; chrétiens, rendez-vous attentifs.

PREMIER POINT.

Je dis donc avant toutes choses qu'il n'y eut jamais mère qui chérît son fils avec une telle tendresse que faisoit Marie; je dis qu'il n'y eut jamais fils qui chérît sa mère avec une affection si puissante (a) que faisoit Jésus. J'en tire la preuve des choses les plus connues. Interrogez une mère d'où vient que souvent en la présence de son fils elle fait paroître une émotion si visible; elle vous répondra que le sang ne se peut démentir, que son fils c'est sa chair et son sang, que c'est là ce qui émeut ses entrailles et cause ces tendres mouvemens à son cœur, l'Apôtre même ayant dit que « personne ne peut haïr sa chair : » *Nemo enim unquàm carnem suam odio habuit*[1]. Que si ce que je viens de dire est véritable des autres mères, il l'est encore beaucoup plus de la sainte Vierge, parce qu'ayant conçu de la vertu du Très-Haut, elle seule a fourni toute la matière dont la sainte chair du Sauveur a été formée. Et de là je tire une autre considération.

Ne vous semble-t-il pas, chrétiens, que la nature a distribué avec quelque sorte d'égalité l'amour des enfans entre le père et la mère ? C'est pourquoi elle donne ordinairement au père une affection plus forte, et imprime dans le cœur de la mère je ne sais quelle inclination plus sensible. Et ne seroit-ce point peut-être pour cette raison que quand l'un des deux a été enlevé par la mort, l'autre se sent obligé par un sentiment naturel à redoubler ses affections et ses soins ? Cela, ce me semble, est dans l'usage commun de la vie humaine; si bien que la très-pure Marie n'ayant à partager avec aucun homme ce tendre et violent amour qu'elle avoit pour son Fils Jésus, vous ne sauriez assez vous imaginer jusqu'à quel point elle en étoit transportée, et combien elle y ressentoit de douceurs. Ceci toutefois n'est encore qu'un commencement de ce que j'ai à vous dire.

Certes il est véritable que l'amour des enfans est si naturel, qu'il faut avoir dépouillé tout sentiment d'humanité pour ne l'avoir pas. Vous m'avouerez néanmoins qu'il s'y mêle quelquefois

---

[1] *Ephes.*, v, 29.
(a) *Var.* : Si sincère.

certaines circonstances qui portent l'affection des parens à l'extrémité. Par exemple, notre père Abraham n'avoit jamais cru avoir des enfans de Sara; elle étoit stérile, ils étoient tous deux dans un âge décrépit et caduc; Dieu ne laisse pas de les visiter et leur donne un fils. Sans doute cette rencontre fit qu'Abraham le tenoit plus cher sans comparaison. Il le considéroit, non tant comme son fils que comme le « Fils de la promesse » divine, *promissionis filius*[1], que sa foi lui avoit obtenu du Ciel lorsqu'il y pensoit le moins. Aussi voyons-nous qu'on l'appelle Isaac, c'est-à-dire *Ris*[2], parce que venant en un temps où ses parens ne l'espéroient plus, il devoit être après cela toutes leurs délices. Et qui ne sait que Joseph et Benjamin étoient les bien-aimés et toute la joie de Jacob, à cause qu'il les avoit eus dans son extrême vieillesse d'une femme que la main de Dieu avoit rendue féconde sur le déclin de sa vie? Par où il paroît que la manière dont on a les enfans, quand elle est surprenante ou miraculeuse, les rend de beaucoup plus aimables. Ici, chrétiens, quels discours assez ardens pourroient vous dépeindre les saintes affections de Marie? Toutes les fois qu'elle regardoit ce cher Fils : O Dieu! disoit-elle, mon Fils, comment est-ce que vous êtes mon Fils? Qui l'auroit jamais pu croire, que je dusse demeurer vierge et avoir un Fils si aimable? Quelle main vous a formé dans mes entrailles? Comment y êtes-vous entré, comment en êtes-vous sorti, sans laisser de façon ni d'autre aucun vestige de votre passage? Je vous laisse à considérer jusqu'à quel point elle s'estimoit bienheureuse, et quels devoient être ses transports dans ces ravissantes pensées. Car vous remarquerez, s'il vous plaît, qu'il n'y eut jamais vierge qui aimât sa virginité avec un sentiment si délicat. Vous verrez tout à l'heure où va cette réflexion.

C'est peu de vous dire qu'elle étoit à l'épreuve de toutes les promesses des hommes; j'ose encore avancer qu'elle étoit à l'épreuve même des promesses de Dieu. Cela vous paroît étrange sans doute; mais il n'y a qu'à regarder l'histoire de l'Evangile. Gabriel aborde Marie et lui annonce qu'elle concevra dans ses entrailles le Fils du Très-Haut[3], le Roi et le Restaurateur d'Israël. Voilà d'admi-

---

[1] *Rom.*, IX, 9. — [2] *Genes.*, XXI, 6. — [3] *Luc.*, I, 31, 32.

rables promesses. Qui pourroit s'imaginer qu'une femme dût être troublée d'une si heureuse nouvelle, et quelle vierge n'oublieroit pas le soin de sa pureté dans une si belle espérance? Il n'en est pas ainsi de Marie. Au contraire elle y forme des difficultés. « Comment se peut-il faire, dit-elle [1], que je conçoive ce Fils dont vous me parlez, moi qui ai résolu de ne connoître aucun homme? » Comme si elle eût dit : Ce m'est beaucoup d'honneur, à la vérité, d'être mère du Messie; mais si je la suis, que deviendra ma virginité? Apprenez, apprenez, chrétiens, à l'exemple de la sainte Vierge l'estime que vous devez faire de la pureté. Hélas! que nous faisons ordinairement peu de cas d'un si beau trésor! Le plus souvent parmi nous on l'abandonne au premier venu, et qui le demande l'emporte. Et voici que l'on fait à Marie les plus magnifiques promesses qui puissent jamais être faites à une créature, et c'est un ange qui les lui fait de la part de Dieu, remarquez toutes ces circonstances; elle craint toutefois, elle hésite; elle est prête à dire que la chose ne se peut faire, parce qu'il lui semble que sa virginité est intéressée dans cette proposition : tant sa pureté lui est précieuse. Quand donc elle vit le miracle de son enfantement, ô mon Sauveur! quelles étoient ses joies, et quelles ses affections! Ce fut alors qu'elle s'estima véritablement bénite entre toutes les femmes, parce qu'elle seule avoit évité toutes les malédictions de son sexe. Elle avoit évité la malédiction des stériles par sa fécondité bienheureuse; elle avoit évité la malédiction des mères, parce qu'elle avoit enfanté sans douleur, comme elle avoit conçu sans corruption. Avec quel ravissement embrassoit-elle son Fils; le plus aimable des fils, et en cela plus aimable qu'elle le reconnoissoit pour son Fils sans que son intégrité en fût offensée?

Les saints Pères ont assuré [2] qu'un cœur virginal est la matière la plus propre à être embrasée de l'amour de notre Sauveur : cela est certain, chrétiens, et ils l'ont tiré de saint Paul. Quel devoit donc être l'amour de la sainte Vierge? Elle savoit bien que c'étoit particulièrement à cause de sa pureté que Dieu l'avoit destinée à son Fils unique; cela même, n'en doutez pas, cela même lui faisoit aimer sa virginité beaucoup davantage ; et d'autre part l'a-

---

[1] *Luc.*, I, 34. — [2] S. Bernard., serm. XXIX *in Cantic.*, n. 8.

mour qu'elle avoit pour sa sainte virginité, lui faisoit trouver mille douceurs dans les embrassemens de son Fils qui la lui avoit si soigneusement conservée. Elle considéroit Jésus-Christ comme une fleur que son intégrité avoit poussée ; et dans ce sentiment elle lui donnoit des baisers plus que d'une mère, parce que c'étoient des baisers d'une mère vierge. Voulez-vous quelque chose de plus pour comprendre l'excès de son saint amour, voici une dernière considération que je vous propose, tirée des mêmes principes.

L'antiquité nous rapporte [1] qu'une reine des Amazones souhaita passionnément d'avoir un fils de la race d'Alexandre ; mais laissons ces histoires profanes, et cherchons plutôt des exemples dans l'Histoire sainte. Nous disions tout à l'heure que le patriarche Jacob préféroit Joseph à tous ses autres enfans. Outre la raison que nous en avons apportée, il y en a encore une autre qui le touchoit fort, c'est qu'il l'avoit eu de Rachel qui étoit sa bien-aimée : cela le touchoit au vif. Et saint Jean Chrysostome nous rapportant dans le premier livre *du Sacerdoce* les paroles caressantes et affectueuses dont sa mère l'entretenoit, remarque ce discours entre beaucoup d'autres : « Je ne pouvois, disoit-elle, ô mon fils, me lasser de vous regarder, parce qu'il me sembloit voir sur votre visage une image vivante de feu mon mari [2]. » Que veux-je dire par tous ces exemples ? Je prétends faire voir qu'une des choses qui augmente autant l'affection envers les enfans, c'est quand on considère la personne dont on les a eus, et cela est bien naturel. Demandez maintenant à Marie de qui elle a eu ce cher Fils. Vient-il d'une race mortelle ? A-t-il pas fallu qu'elle fût couverte de la vertu du Très-Haut ? Est-ce pas le Saint-Esprit qui l'a remplie d'un germe céleste parmi les délices de ses chastes embrassemens, et qui se coulant sur son corps très-pur d'une manière ineffable, y a formé celui qui devoit être la consolation d'Israël et l'attente des nations ? C'est pourquoi l'admirable saint Grégoire dépeint en ces termes la conception du Sauveur : Lorsque le doigt de Dieu composoit la chair de son Fils du sang le plus pur de Marie, « la concupiscence, dit-il, n'osant approcher, regardoit de loin avec étonnement un spectacle si nouveau, et la nature

---

[1] Quint. Curt., lib. VI. — [2] *De Sacerd.*, lib. I, n. 5.

s'arrêta toute surprise de voir son Seigneur et son Maître dont la seule vertu agissoit sur cette chair virginale : » *Stetit natura contrà et concupiscentia longè Dominum naturæ intuentes in corpore mirabiliter operantem* [1].

Et n'est-ce pas ce que la Vierge elle-même chante avec une telle allégresse dans ces paroles de son cantique : *Fecit mihi magna qui potens est* [2] *:* « Le Tout-Puissant m'a fait de grandes choses? » Et que vous a-t-il fait, ô Marie? Certes elle ne peut nous le dire; seulement elle s'écrie toute transportée qu'il lui a fait de grandes choses : *Fecit mihi magna qui potens est*. C'est qu'elle se sentoit enceinte du Saint-Esprit. Elle voyoit qu'elle avoit un Fils qui étoit d'une race divine; elle ne savoit comment faire, ni pour célébrer la munificence divine, ni pour témoigner assez son ravissement d'avoir conçu un Fils qui n'eût point d'autre Père que Dieu. Que si elle ne peut elle-même nous exprimer ses transports, qui suis-je, chrétiens, pour vous décrire ici la tendresse extrême et l'impétuosité de son amour maternel, qui étoit enflammé par des considérations si pressantes? Que les autres mères mettent si haut qu'il leur plaira cette inclination si naturelle qu'elles ressentent pour leurs enfans; je crois que tout ce qu'elles en disent est très-véritable, et nous en voyons des effets qui passent de bien loin tout ce que l'on pourroit s'en imaginer. Mais je soutiens, et je vous prie de considérer cette vérité, que l'affection d'une bonne mère n'a pas tant d'avantage par-dessus les amitiés ordinaires, que l'amour de Marie surpasse celui de toutes les autres mères. Pour quelle raison? C'est parce qu'étant mère d'une façon toute miraculeuse et avec des circonstances tout à fait extraordinaires, son amour doit être d'un rang tout particulier; et comme l'on dit, et je pense qu'il est véritable, qu'il faudroit avoir le cœur d'une mère pour bien concevoir quelle est l'affection d'une mère; je dis tout de même qu'il faudroit avoir le cœur de la sainte Vierge pour bien concevoir l'amour de la sainte Vierge (*a*).

[1] Serm. II *in Annunt. B. Virgin. Mariæ*, inter Oper. S. Greg. Thaumat. — [2] *Luc.*, I, 49.

(*a*) Ce qu'on vient de lire depuis le commencement du premier point, est emprunté au *Sermon pour le vendredi de la semaine de la Passion, sur la Compassion de la sainte Vierge*, vol. IX, p. 528-532.

Dites-moi, je vous prie, chrétiens, après les choses que vous avez ouïes, quelle opinion avez-vous de cet aimable enfant qui vient de naître? quel sera-t-il à votre avis dans le progrès de son âge? *Quis, putas, puer iste erit?* Pour moi, je ne puis que je ne m'écrie : O fille, mille et mille fois bienheureuse d'être prédestinée à un amour si excessif pour celui qui seul mérite nos affections!

Vous n'ignorez pas que l'amour du Seigneur Jésus, c'est le plus beau présent dont Dieu honore les Saints. Dès le commencement des siècles, il étoit, bien qu'absent, les délices des patriarches. Abraham, Isaac et Jacob ne pouvoient presque modérer leur joie, quand seulement ils songeoient qu'un jour il naîtroit de leur race. Vous donc, ô heureuse Marie, vous qui le verrez sortir de vos bénites entrailles, vous qui le contemplerez sommeillant entre vos bras ou attaché à vos chastes mamelles, comment n'en serez-vous point transportée? En suçant votre lait virginal, ne coulera-t-il pas en votre ame l'ambroisie de son saint amour? Et quand il commencera de vous appeler sa Mère d'une parole encore bégayante; et quand vous l'entendrez payer à Dieu son Père le tribut des premières louanges, sitôt que sa langue enfantine se sera un peu dénouée; et quand vous le verrez dans le particulier de votre maison, souple et obéissant à vos ordres, combien grandes seront vos ardeurs !

Mais disons encore qu'une des plus grandes graces de Dieu, c'est de penser souvent au Sauveur. Oui certes, il le faut reconnoître, son nom est un miel à la bouche; c'est une lumière à nos yeux, c'est une flamme à nos cœurs [1] : il y a je ne sais quelle grace (a) que Dieu a répandue et dans toutes ses paroles et dans toutes ses actions; y penser, c'est la vie éternelle. Pensez-y souvent, ô fidèles; sans doute vous y trouverez une consolation incroyable. C'étoit toute la joie (b) de Marie : nous voyons dans les Evangiles que tout ce que lui disoit son Fils, tout ce qu'on lui disoit de son Fils, elle le conservoit, elle le repassoit mille et mille fois en son cœur : *Maria autem conservabat omnia verba hæc in*

---

[1] S. Bernard., serm. xv, *in Cant.*, n. 6.
(a) *Var.* : Il y a une certaine grace. — (b) La douceur.

corde suo [1]. Il tenoit si fort à son ame qu'aucune force ni violence n'étoit capable de l'en distraire : car il eût fallu lui tirer de ses veines jusqu'à la dernière goutte de ce sang maternel qui ne cessoit de lui parler de son Fils, comme on voit que les mères prennent une part toute extraordinaire à toutes les actions de leurs fils. Que si pour l'ordinaire presque tout ce que fait un bon fils plaît à sa mère (a), quelle admiration de sa vie! quels charmes dans ses paroles! quelle douleur de sa passion! quel sentiment de sa charité! quel contentement de sa gloire! et après qu'il fut retourné à son Père, quelle impatience de le rejoindre!

Le docte saint Thomas, traitant de l'inégalité qui est entre les bienheureux [2], dit que ceux-là jouiront plus abondamment de la présence divine, qui l'auront en ce monde le plus ardemment désirée, parce que, comme dit ce grand homme, la douceur de la jouissance va à proportion des désirs. Comme une flèche qui part d'un arc bandé avec plus de violence, prenant son vol au milieu des airs avec une plus grande roideur, entre aussi plus profondément au but où elle est adressée : de même l'ame fidèle pénétrera plus avant dans l'abîme de l'essence divine, le seul terme de ses espérances, quand elle s'y sera élancée par une plus grande impétuosité de désirs. Que si le grand apôtre saint Paul frappé au vif en son ame de l'amour de Notre-Seigneur, brûle d'une telle impatience de l'aller embrasser en sa gloire, qu'il voudroit voir bientôt ruinée cette vieille masure du corps qui le sépare de Jésus-Christ : *Cupio dissolvi et esse cum Christo* [3], jugez des inquiétudes et des douces émotions que peut ressentir le cœur d'une mère. Le jeune Tobie, par une absence d'un an, perce celui de sa mère d'inconsolables douleurs [4] : quelle différence entre mon Sauveur et Tobie!

S'il est donc vrai, saint Enfant qui nous fournissez aujourd'hui un sujet de méditation si pieux, s'il est vrai que votre grandeur doive croître selon la mesure de vos désirs, quelle place assez auguste vous pourra-t-on trouver dans le ciel? Ne faudra-t-il pas

---

[1] *Luc.*, II, 19. — [2] I part., quæst. XII, art. VI. — [3] *Philip.*, I, 23. — [4] *Tob.*, V, 23 et seq.

(a) *Var.*: Comme on voit que les mères prennent une part toute extraordinaire à toutes les actions de leurs fils, quelle admiration de sa vie!...

que vous passiez toutes les hiérarchies angéliques pour courir à notre Sauveur? C'est là qu'ayant laissé bien loin au-dessous de vous tous les ordres des prédestinés, toute éclatante de gloire et attirant sur vous les regards de toute la Cour céleste, vous irez prendre place près du trône de votre cher Fils pour jouir à jamais de ses plus secrètes faveurs. C'est là qu'étant charmée d'une ravissante douceur dans ses embrassemens si ardemment désirés, vous parlerez à son cœur avec une efficacité merveilleuse. Eh! quel autre que vous aura plus de pouvoir sur ce cœur, puisque vous y trouverez une si fidèle correspondance; je veux dire l'amour filial, qui sera d'intelligence avec l'amour maternel, qui s'avancera pour le recevoir et qui préviendra ses désirs?

Nous voilà tombés insensiblement sur l'amour dont le Fils de Dieu honore la sainte Vierge. Fidèles, que vous en dirai-je? Si je n'ai pu dépeindre l'affection de la Mère selon son mérite, je pourrai encore moins vous représenter celle du Fils, parce que je suis assuré qu'autant que Notre-Seigneur surpasse la sainte Vierge en toute autre chose, d'autant est-il meilleur Fils qu'elle n'étoit bonne Mère. Mais en demeurerons-nous là, chrétiens? Cherchons, cherchons encore quelque puissante considération dans la doctrine des Evangiles; c'est la seule qui touche les cœurs : une seule parole de l'Evangile a plus de pouvoir sur nos ames que toute la véhémence et toutes les inventions de l'éloquence profane. Disons donc avec l'aide de Dieu quelque chose de l'Evangile; et qu'y pouvons-nous voir de plus beau que ces admirables transports avec lesquels le Seigneur Jésus a aimé la nature humaine? Permettez-moi en ce lieu une brièvé digression : elle ne déplaira pas à Marie, et ne sera pas inutile à votre instruction ni à mon sujet.

Certes, ce nous doit être une grande joie de voir que notre Sauveur n'a rien du tout dédaigné de ce qui étoit de l'homme : il a tout pris, excepté le péché; je dis tout jusqu'aux moindres choses, tout jusqu'aux plus grandes infirmités. Je ne le puis pardonner à ces hérétiques qui ayant osé nier la vérité de sa chair, ont nié par conséquent que ses souffrances et ses passions fussent véritables. Ils se privoient eux-mêmes d'une douce consolation : au lieu que reconnoissant que toutes ces choses sont effectives, quelque affliction qui me puisse arriver, je serai toujours honoré de la compagnie de mon Maître. Si je souffre quelque nécessité, je me souviens de sa faim et de sa soif, et de son extrême indigence; si l'on fait tort à ma réputation, « il a été rassasié d'opprobres[1], » comme il est dit de lui; si je me sens abattu par quelques infirmités, il en a souffert jusqu'à la mort; si je suis accablé d'ennuis, que je m'en aille au jardin des Olives : je le verrai dans la crainte, dans la tristesse, dans une telle consternation, qu'il sue sang et eau dans la seule appréhension de son supplice. Je n'ai jamais ouï dire que cet accident fût arrivé à d'autres personnes qu'à lui ; ce qui me fait dire que jamais homme n'a eu les passions ni si tendres, ni si délicates, ni si fortes que mon Sauveur, bien qu'elles aient toujours été extrêmement modérées, parce qu'elles étoient parfaitement soumises à la volonté de son Père.

Mais de là, me direz-vous, que s'ensuit-il pour le sujet que nous traitons? C'est ce qu'il m'est aisé de vous faire voir. Quoi donc? notre Maître se sera si franchement revêtu de ces sentimens de foiblesse qui sembloient en quelque façon être indignes de sa personne; ces langueurs extrêmes, ces vives appréhensions, il les aura prises si pures, si entières, si sincères : et que sera-ce après cela de l'affection envers les parens, étant très-certain que dans la nature même il n'y a rien de plus naturel, de plus équitable, de plus nécessaire, particulièrement à l'égard d'une mère telle qu'étoit l'heureuse Marie? Car enfin elle étoit la seule en ce monde à qui il eût obligation de la vie; et j'ose dire de plus qu'en recevant d'elle la vie, il lui est redevable et d'une partie de sa gloire et même en quelque façon de la pureté de sa chair : de sorte que cet avantage, qui ne peut convenir à aucune autre mère qu'à celle dont nous parlons, l'obligeoit d'autant plus à redoubler ses affections.

Et n'appréhendez pas, chrétiens, que je veuille déroger à la grandeur de mon Maître par cette proposition qui n'en est pas moins véritable, bien qu'elle paroisse peut-être un peu extraordinaire du moins au premier abord; mais je prétends l'établir sur

[1] *Tren.*, III, 30.

une doctrine si indubitable de l'admirable saint Augustin, que les esprits les plus contentieux seront contraints d'en demeurer d'accord. Ce grand homme considérant que la concupiscence se mêle dans toutes les générations ordinaires, ce qui n'est que trop véritable pour notre malheur, en tire cette conséquence que cette maudite concupiscence, qui corrompt tout ce qu'elle touche, infecte tellement la matière qui se ramasse pour former nos corps, que la chair qui en est composée en contracte aussi une corruption nécessaire. C'est pourquoi dans la résurrection, où nos corps seront tout nouveaux, c'est-à-dire tout éclatans et tout purs, ils renaîtront, non de la volonté de l'homme ni de la volonté de la chair, mais du souffle de l'Esprit de Dieu, qui prendra plaisir de les animer quand ils auront laissé à la terre les ordures de leur première génération. Or, comme ce n'est pas ici le lieu d'éclaircir cette vérité, je me contenterai de vous dire comme pour une preuve infaillible que c'est la doctrine de saint Augustin que vous trouverez merveilleusement expliquée en mille beaux endroits de ses excellens écrits, particulièrement dans ses savans livres contre Julien.

Cela étant ainsi, remarquez exactement, s'il vous plaît, ce que j'infère de cette doctrine. Je dis que si ce commerce ordinaire, parce qu'il a quelque chose d'impur, fait passer en nos corps un mélange d'impureté, nous pouvons assurer au contraire que le fruit d'une chair virginale tirera d'une racine si pure une pureté merveilleuse. Cette conséquence est certaine, et c'est une doctrine constante que le saint évêque Augustin a prise dans les Ecritures [1] : et d'autant que le corps du Sauveur, je vous prie, suivez sa pensée; d'autant, dis-je, que le corps du Sauveur devoit être plus pur que les rayons du soleil, de là vient, dit ce grand personnage, qu'il s'est choisi dès l'éternité une Mère vierge, afin qu'elle l'engendrât sans aucune concupiscence par la seule vertu de la foi : *Ideò virginem matrem..., piâ fide sanctum germen in se fieri promerentem..., de quâ crearetur elegit.* Car il étoit bienséant (a) que la sainte chair du Sauveur fût pour ainsi dire em-

---

[1] *De Peccat. merit.*, lib. II, n. 38.
(a) *Var.* : Il falloit.

bellie de toute la pureté d'un sang virginal (a), afin qu'elle fût digne d'être unie au Verbe divin et d'être présentée au Père éternel comme une victime vivante pour l'expiation de nos fautes. Tellement que la pureté qui est dans la chair de Jésus, est dérivée en partie de cette pureté angélique que le Saint-Esprit coula dans le corps de la Vierge, lorsque charmé de son intégrité inviolable, il la sanctifia par sa présence et la consacra comme un temple vivant au Fils du Dieu vivant.

Faites maintenant avec moi cette réflexion, chrétiens. Mon Sauveur, c'est l'amant et le chaste Epoux des vierges : il se glorifie d'être appelé le Fils d'une Vierge, il veut absolument qu'on lui amène les vierges, il les a toujours en sa compagnie, elles suivent cet Agneau sans tache partout où il va. Que s'il aime si passionnément les vierges dont il a purifié la chair par son sang, quelle sera sa tendresse pour cette Vierge incomparable qu'il a élue dès l'éternité, pour en tirer la pureté de sa chair et de son sang (b)?

Après ces grands avantages qui sont préparés à Marie, ô Dieu, quel sera un jour cet enfant? *Quis, putas, puer iste erit?* Heureuse mille et mille fois d'aimer si fort le Sauveur, d'être si fort aimée du Sauveur. Aimer le Fils de Dieu, c'est une grace que les hommes ne reçoivent que de lui-même; et parce que Marie est sa Mère, et qu'une mère aime naturellement ses enfans, ce qui est grace pour tous les autres, lui est comme passé en nature. D'autre part, être aimé du Fils de Dieu, est une pure libéralité dont il daigne honorer les hommes; et parce qu'il est Fils de Marie et qu'il n'y a point de fils qui ne soit obligé de chérir sa mère, ce qui est libéralité pour les autres, à l'égard de la sainte Vierge devient une obligation. S'il l'aime de cette sorte, il faudra par nécessité qu'il lui donne : il ne lui pourra donner autre chose que ses propres biens. Les biens du Fils de Dieu sont les vertus et les graces, c'est son sang innocent qui les fait inonder sur les hommes, et à quel autre pensez-vous qu'il donneroit (c) plus de part à son sang qu'à celle dont il a tiré tout son sang? Pour moi, il me

(a) *Var.* : Fut formé du sang d'une vierge. — (b) Le passage qu'on a lu depuis ces mots: « Car il étoit bienséant que la sainte chair du Sauveur fût, » etc., est emprunté au *Second sermon pour le vendredi de la semaine de la Passion, sur la Compassion de la sainte Vierge.* — (c) Et à quel autre donneroit-il?

semble que ce sang précieux prenoit plaisir de ruisseler pour elle à gros bouillons sur la croix, sentant bien qu'en elle étoit la source de laquelle il étoit premièrement découlé. Bien plus, ne savons-nous pas que le Père éternel ne peut s'empêcher d'aimer tout ce qui touche de près à son Fils? N'est-ce pas en sa personne que le ciel et la terre s'embrassent et se réconcilient? N'est-il pas le nœud éternel des affections de Dieu et des hommes? N'est-ce pas là toute notre gloire et le seul fondement de nos espérances? Comment n'aimera-t-il donc pas la très-heureuse Marie, qui vivra avec son Fils dans une société si parfaite? Tout cela semble établi sur des maximes inébranlables. Mais d'autant que quelques-uns pourroient se persuader que cette sainte société n'a point d'autres liens que ceux de la chair et du sang, mettons la dernière main à l'ouvrage que nous avons commencé : faisons voir en ce lieu, comme nous l'avons promis, avec quels avantages la sainte Vierge est entrée dans l'alliance du Père éternel par sa maternité glorieuse.

SECOND POINT.

C'est ici le point le plus haut et le plus difficile de tout le discours d'aujourd'hui, pour lequel toutefois il ne sera pas besoin de beaucoup de paroles, parce que nos raisonnemens précédens en facilitent l'entrée, et que ce ne sera que comme une suite de nos premières considérations. Or pour vous expliquer ma pensée, j'ai à vous proposer une doctrine sur laquelle il est nécessaire d'aller avec retenue, de peur de tomber dans l'erreur; et plût à Dieu que je pusse la déduire aussi nettement qu'elle me semble solide! Voici donc de quelle façon je raisonne. Cet amour de la Vierge, dont je vous parlois tout à l'heure, ne s'arrêtoit pas à la seule humanité de son Fils. Non, certes, il alloit plus avant; et par l'humanité, comme par un moyen d'union, il passoit à la nature divine, qui en est inséparable. C'est une haute théologie qu'il nous faut tâcher d'éclaircir par quelque chose de plus intelligible. N'est-il pas vrai qu'une bonne mère aime tout ce qui touche à la personne de son fils? J'ai déjà dit cela bien des fois, et je ne le recommence pas sans raison. Je sais bien qu'elle va quelquefois plus avant, qu'elle porte son amitié jusqu'à ses amis et généralement à toutes les choses qui lui appartiennent ; mais particulièrement pour ce qui regarde la propre personne de son fils, vous savez qu'elle y est sensible au dernier point. Je vous demande maintenant : qu'étoit la divinité au Fils de Marie? comment touchoit-elle à sa personne? lui étoit-elle étrangère ? Je ne veux point ici vous faire de questions extraordinaires ; j'interpelle seulement votre foi : qu'elle me réponde. Vous dites tous les jours en récitant le Symbole, que vous croyez en Jésus-Christ, Fils de Dieu, qui est né de la Vierge Marie : celui que vous reconnoissez pour le Fils de Dieu tout-puissant, et celui qui est né de la Vierge, sont-ce deux personnes? Sans doute ce n'est pas ainsi que vous l'entendez. C'est le même qui étant Dieu et homme, selon la nature divine est le Fils de Dieu, et selon l'humanité le Fils de Marie. C'est pourquoi nos saints Pères ont enseigné que la Vierge est Mère de Dieu. C'est cette foi, chrétiens, qui a triomphé des blasphèmes de Nestorius, et qui jusqu'à la consommation des siècles fera trembler les démons. Si je dis après cela que la bienheureuse Marie aime son Fils tout entier, quelqu'un de la compagnie pourra-t-il désavouer une vérité si plausible? Par conséquent ce Fils qu'elle chérissoit tant, elle le chérissoit comme un Homme-Dieu : et d'autant que ce mystère n'a rien de semblable sur la terre, je suis contraint d'élever bien haut mon esprit, pour avoir recours à un grand exemple, je veux dire à l'exemple du Père éternel.

Depuis que l'humanité a été unie à la personne du Verbe, elle est devenue l'objet nécessaire des complaisances du Père. Ces vérités sont hautes, je l'avoue ; mais comme ce sont des maximes fondamentales du christianisme, il est important qu'elles soient entendues de tous les fidèles, et je ne veux rien avancer que je n'en allègue la preuve par les Ecritures. Dites-moi, s'il vous plaît, chrétiens, quand cette voix miraculeuse éclata sur le Thabor de la part de Dieu: « Celui-ci est mon Fils bien-aimé dans lequel je me suis plu [1], » de qui pensez-vous que parlât le Père éternel? N'étoit-ce pas de ce Dieu revêtu de chair, qui paroissoit tout res-

[1] *Matth.*, XVII, 5.

plendissant aux yeux des apôtres ? Cela étant ainsi, vous voyez bien par une déclaration si authentique qu'il étend son amour paternel jusqu'à l'humanité de son Fils ; et qu'ayant uni si étroitement la nature humaine avec la divine, il ne les veut plus séparer dans son affection. Aussi est-ce là, si nous l'entendons bien, tout le fondement de notre espérance, quand nous considérons que Jésus, qui est homme tout ainsi que nous, est reconnu et aimé de Dieu comme son Fils propre.

Ne vous offensez pas, si je dis qu'il y a quelque chose de pareil dans l'affection de la sainte Vierge, et que son amour embrasse tout ensemble la divinité et l'humanité de son Fils, que la main puissante de Dieu a si bien unies. Car Dieu par un conseil admirable ayant jugé à propos que la Vierge engendrât dans le temps celui qu'il engendre continuellement dans l'éternité, il l'a par ce moyen associée en quelque façon à sa génération éternelle. Fidèles, entendez ce mystère. C'est l'associer à sa génération que de la faire Mère d'un même Fils avec lui. Partant puisqu'il l'a comme associée à sa génération éternelle, il étoit convenable qu'il coulât en même temps dans son sein quelque étincelle de cet amour infini qu'il a pour son Fils ; cela est bien digne de sa sagesse. Comme sa Providence dispose toutes choses avec une justesse admirable, il falloit qu'il imprimât dans le cœur de la sainte Vierge une affection qui passât de bien loin la nature et qu'il allât jusqu'au dernier degré de la grace, afin qu'elle eût pour son Fils des sentimens dignes d'une Mère de Dieu et dignes d'un Homme-Dieu.

Après cela, ô Marie, quand j'aurois l'esprit d'un ange et de la plus sublime hiérarchie, mes conceptions seroient trop ravalées pour comprendre l'union très-parfaite du Père éternel avec vous. « Dieu a tant aimé le monde, dit notre Sauveur, qu'il lui a donné son Fils unique[1]. » Et en effet, comme remarque l'Apôtre, « nous donnant son Fils, ne nous a-t-il pas donné toute sorte de biens avec lui[2] ? » Que s'il nous a fait paroître une affection si sincère parce qu'il nous l'a donné comme Maître et comme Sauveur, l'amour ineffable qu'il avoit pour vous lui a fait concevoir bien d'autres desseins en votre faveur. Il a ordonné qu'il fût à vous en

---

[1] *Joan.*, III, 16. — [2] *Rom.*, VIII, 32.

la même qualité qu'il lui appartient; et pour établir avec vous une société éternelle, il a voulu que vous fussiez la Mère de son Fils unique, et être le Père du vôtre. O prodige! ô abîme de charité! quel esprit ne se perdroit pas dans la considération de ces complaisances incompréhensibles qu'il a eues pour vous, depuis que vous lui touchez de si près par ce commun Fils, le nœud inviolable de votre sainte alliance, le gage de vos affections mutuelles, que vous vous êtes donné amoureusement l'un à l'autre; lui, plein d'une divinité impassible; vous, revêtu pour lui obéir d'une chair mortelle.

Croissez donc, ô heureux Enfant, croissez à la bonne heure; que le ciel propice puisse faire tomber sur votre tête innocente les plus douces de ses influences. Croissez, et puissent bientôt toutes les nations de la terre venir adorer votre Fils! puisse votre gloire être reconnue de tous les peuples du monde, auxquels votre enfantement donnera une paix éternelle! Pour nous, mus d'un pieux respect pour celui qui vous a choisie, nous venons honorer votre lumière naissante et jeter sur votre berceau non des roses et des lis, mais des bouquets sacrés de désirs ardens et de sincères louanges. Certes, je l'avoue, Vierge sainte, celles que je vous ai données sont beaucoup au-dessous de vos grandeurs, et beaucoup au-dessous de mes vœux; et toutefois je me sens ébloui d'avoir si longtemps contemplé, quoiqu'à travers tant de nuages, ce haut éclat qui vous environne; je suis contraint de baisser la vue. Mais comme nos foibles yeux éblouis des rayons du soleil dans l'ardeur de son midi, l'attendent quelquefois pour le regarder plus à leur aise lorsqu'il penche sur son couchant, dans lequel il semble à nos sens qu'il descende plus près de la terre : ainsi étant étonné, ô Vierge admirable, d'avoir osé vous considérer si longtemps dans cette qualité éminente de Mère de Dieu, qui vous approche si près de la Majesté divine et vous élève si fort au-dessus de nous, il faut pour me remettre que je vous considère un moment dans la qualité de Mère des fidèles, qui vous abaisse jusqu'à nous par une miséricordieuse condescendance, et vous fait pour ainsi dire descendre jusqu'à nos foiblesses, auxquelles vous compatissez avec une piété maternelle. Je ne m'éloignerai point des principes que j'ai posés; mais il faut que je tâche d'en tirer quelques instructions. Achevons, chrétiens, achevons; il est temps désormais de conclure.

Intercédez pour nous, ô sainte et bienheureuse Marie. Car, comme dit votre dévot saint Bernard [1], quelle autre peut plutôt que vous parler au cœur de Notre-Seigneur Jésus-Christ? Vous y avez une fidèle correspondance, je veux dire l'amour filial qui viendra accueillir l'amour maternel et même qui préviendra ses désirs; et partant que ne devons-nous point espérer de vos pieuses intercessions?

Certes, fidèles, il n'est pas croyable quelle utilité il nous en revient, et c'est avec beaucoup de raison que l'Eglise répandue par toute la terre, nous exhorte à nous mettre sous sa protection spéciale. Mais toutefois je ne craindrai point de vous dire que plusieurs se trompent dans la dévotion de la Vierge: plusieurs croient lui être dévots, qui ne le sont pas: plusieurs l'appellent Mère, qu'elle ne reconnoît pas pour enfans: plusieurs implorent son assistance, à qui cette Vierge très-pure n'accorde pas le secours de ses prières. Apprenez donc, chrétiens, apprenez quelle est la vraie dévotion pour la sainte Vierge, de peur que ne l'ayant pas comme il faut, vous ne perdiez toute l'utilité d'une chose qui pourroit vous être très-fructueuse.

Quand l'Eglise invite tous ses enfans à se recommander aux prières des Saints qui règnent avec Jésus-Christ, elle considère sans doute que nous en retirons divers avantages très-importans. Mais je ne craindrai point de vous assurer que le plus grand de tous, c'est qu'en honorant leurs vertus, cette pieuse commémoration nous enflamme à imiter l'exemple de leur bonne vie: autrement, c'est en vain, chrétiens, que nous choisissons pour patrons ceux dont nous ne voulons pas être les imitateurs. « Il faut, dit saint Augustin, qu'ils trouvent en nous quelques traces de leurs vertus, pour qu'ils daignent s'intéresser pour nous auprès du Seigneur: » *Debent enim in nobis aliquid recognoscere de suis virtutibus, ut pro nobis dignentur Domino supplicare* [2]; de sorte que c'est une prétention ridicule, de croire que la très-sainte Mère

---

[1] *Ad B. Virg. serm. Panegyr.*, n. 7, inter op. S. Bern. — [2] *Serm. de Symbolo*, cap. XIII; *in Append.*

de Dieu admette au nombre de ses enfans, ceux qui ne tâchent pas de se conformer à ce beau et admirable exemplaire.

Et qu'imiterons-nous particulièrement de la sainte Vierge, si ce n'est cet amour si fort et si tendre qu'elle a eu pour Notre-Seigneur Jésus-Christ, qui est, comme vous avez vu, la plus vive source des excellences et des perfections de Marie? D'ailleurs que pouvons-nous faire qui lui plaise plus, que d'attacher toutes nos affections à celui qui a été et sera éternellement toutes ses délices? Enfin qu'y a-t-il qui nous soit ni plus nécessaire, ni plus honorable, ni plus doux et plus agréable que cet amour? Quelle plus grande nécessité que d'aimer celui dont il est écrit : « Si quelqu'un n'aime pas Notre-Seigneur Jésus-Christ, qu'il soit anathème [1]? » Et quel plus grand honneur que d'aimer un Dieu, et quelle plus ravissante douceur que d'aimer uniquement un Dieu-Homme?

Certes, fidèles, rien n'est plus vrai : Dieu est infiniment aimable en lui-même ; mais quand je considère ce Dieu fait homme, je me perds et je ne sais plus ni que dire ni que penser ; et je conçois, ce me semble, sensiblement que je suis la plus méchante, la plus déloyale, la plus ingrate, la plus méprisable des créatures, si je ne l'aime par-dessus toutes choses. Car qu'est-ce, fidèles, que ce Dieu Jésus, qu'est-ce autre chose qu'un Dieu nous cherchant, un Dieu se familiarisant avec nous, un Dieu brûlant d'amour pour nous, un Dieu se donnant à nous tout entier, et qui se donnant à nous tout entier, pour toute récompense ne veut que nous? Ingrat mille et mille fois qui ne l'aime pas! malheureux et infiniment malheureux qui ne l'aime pas, et qui ne comprend pas combien doux est cet amour aux ames pieuses ! Fidèles, nous devrions être honteux de ce que le seul nom de Jésus n'échauffe pas incontinent nos esprits, de ce qu'il n'attendrit pas nos affections.

Donc si vous voulez plaire à Marie, faites tout pour Jésus ; vivez en Jésus, vivez de Jésus : c'est l'unique moyen de gagner le cœur de cette bonne Mère, si vous imitez son affection. Elle est Mère de Jésus-Christ; nous sommes ses membres : elle a conçu la chair de Jésus; nous la recevons: son sang est coulé dans nos veines par les sacremens; nous en sommes lavés et nourris : et Jésus lui-

---

[1] I *Cor.*, xvi, 22.

même, comme on lui disoit : « Votre Mère et vos frères vous cherchent, » étend ses mains à ses disciples, disant : « Voilà ma mère, voilà mes frères ; et celui qui fait la volonté de mon Père céleste, celui-là est mon frère, et ma sœur et ma mère¹. » O douces et ravissantes paroles, les fidèles sont ses frères ! Ce n'est pas assez ; ils sont ses frères et ses sœurs : c'est trop peu ; ils sont ses frères, ses sœurs et sa mère. Non, mes Frères, notre Sauveur nous aime si fort, qu'il ne refuse avec nous aucun titre d'affinité, ni aucun degré d'alliance : il nous donne quel nom il nous plaît ; nous lui touchons de si près qu'il nous plaît, pourvu que nous fassions la volonté de son Père céleste. Et quelle est la volonté du Père céleste, sinon que nous aimions son bien-aimé ? « Celui-ci, dit-il, est mon Fils bien-aimé, dans lequel je me suis plu dès l'éternité². » Tout lui plaît en Jésus, et rien ne lui plaît qu'en Jésus, et il ne reconnoît pas pour siens ceux qui ne consacrent pas leur cœur à Jésus.

Ah ! que je vous demande, fidèles, le faisons-nous ? Notre Sauveur a dit : « Si quelqu'un veut me suivre, qu'il renonce à soi-même³. » Qui de nous a renoncé à soi-même ? « Tous cherchent leurs propres intérêts, et non ceux de Jésus-Christ : » *Omnes quæ sua sunt quærunt, non quæ Jesu Christi*⁴. Avez-vous jamais bien compris quel ouvrage c'est et de quelle difficulté, que de renoncer à soi-même ? Vous avez, dites-vous, quitté les mauvaises inclinations aux plaisirs mortels : Dieu vous en fasse la grace par sa bonté ! Mais une injure vous est demeurée sur le cœur ; vous en poursuivez la vengeance : vous n'avez point renoncé à vous-mêmes. — Mais j'ai surmonté ce mauvais désir ; c'est tout ce que Jésus-Christ demande de moi. — Nullement, ne vous y trompez pas ; ce n'est pas assez : recherchez les secrets de vos consciences ; peut-être que l'avarice, peut-être que ce poison subtil de la vaine gloire, peut-être qu'un certain repos de la vie, un vain désir de plaire au monde, et cette inclination si naturelle aux hommes de s'élever toujours au-dessus des autres, ou quelque autre affection pareille règne en vous. Si cela est ainsi, vous n'avez point renoncé à vous-mêmes. Bref considérez, chrétiens, nous sommes au

---

¹ *Marc.*, III, 32, 33, 34, 35. — ² *Matth.*, III, 17. — ³ *Matth.*, XVI, 24. — ⁴ *Philip.*, II, 21.

milieu d'une infinité d'objets qui nous sollicitent sans cesse : tant qu'il y a une fibre de notre cœur qui est attachée aux choses mortelles, nous n'avons point renoncé à nous-mêmes ; et par conséquent nous ne suivons pas celui qui a dit : « Si quelqu'un veut venir après moi, qu'il renonce à soi-même. » Et si nous ne le suivons pas, où en sommes-nous ?

Qui est donc celui, direz-vous, qui a vraiment renoncé à soi-même ? Celui qui méprise le siècle présent, qui ne craint rien tant que de s'y plaire, qui regarde cette vie comme un exil ; « qui use des biens qu'elle nous présente comme n'en usant pas, considérant sans cesse que la figure de ce monde passe[1] ; » qui soupire après Jésus-Christ, qui croit n'avoir aucun vrai bien ni aucun repos jusqu'à ce qu'il soit avec lui. Celui-là a renoncé à soi-même, et peut présenter à Jésus un cœur qui lui sera agréable, parce qu'il ne brûle que pour lui seul. Si nous n'avons pas atteint cette perfection, comme sans doute nous en sommes bien éloignés, tendons-y du moins de toutes nos forces, si nous voulons être appelés chrétiens. Vivant ainsi, fidèles, vous pourrez prier la Vierge avec confiance qu'elle présente vos oraisons à son Fils Jésus : vous serez ses véritables enfans en Notre-Seigneur Jésus-Christ : vous l'aimerez ; elle vous aimera pour Notre-Seigneur Jésus-Christ ; elle priera pour vous au nom de son Fils Jésus-Christ ; elle vous obtiendra la jouissance parfaite de son Fils Notre-Seigneur Jésus-Christ, qui est l'unique félicité. *Amen.*

PRÉCIS D'UN SERMON

POUR

LA FÊTE DE LA NATIVITÉ DE LA SAINTE VIERGE (*a*).

Parmi tant de solennités par lesquelles la sainte Eglise rend hommage à la dignité de la très-heureuse Marie, les deux principales de toutes sont sa Nativité bienheureuse et son Assomption triomphante. La première la donne à la terre ; la seconde la donne

[1] I *Cor.*, VII, 31.
(*a*) Appartenant à la grande époque. Reproduit d'après la première édition ;

au ciel. C'est pourquoi nous honorons ces deux jours d'une dévotion particulière ; et l'estime que nous faisons d'un si grand présent, nous oblige à nous réjouir, soit que le ciel la donne à la terre, soit que la terre la rende au ciel. Mais ce dernier jour, ce jour de triomphe est plutôt la fête des anges, et la sainte Nativité est la fête des hommes : et quoique la société bienheureuse qui unit l'Eglise, qui voyage en terre, avec les citoyens immortels de la céleste Jérusalem..., néanmoins nous devons, ce semble, sentir plus de joie de la Nativité de Marie, puisque c'est véritablement notre fête. Célébrons donc... et implorons... *Ave.*

Encore que les hommes enflés par la vanité, tâchent de se séparer les uns des autres, il ne laisse pas d'être véritable que la nature les a faits égaux, en les formant tous d'une même boue. Quelque inégalité qu'il paroisse entre les conditions, il ne peut pas y avoir grande différence entre de la boue et de la boue, entre pourriture et pourriture, mortalité et mortalité. Les hommes combattent autant qu'ils peuvent cette égalité et tâchent d'emporter le dessus et la préséance par les honneurs, par les charges, par les richesses ou par le crédit ; et ces choses ont acquis tant d'estime parmi les hommes, qu'elles leur font oublier cette égalité naturelle de leur commune mortalité, et font qu'ils regardent les hommes leurs semblables comme s'ils étoient d'un autre ordre inférieur au leur. Mais la nature, pour conserver ses droits et pour dompter l'arrogance humaine, a voulu imprimer deux marques par lesquelles tous les hommes fussent contraints de reconnoître leur égalité ; l'une en la naissance et l'autre en la mort, l'une au berceau et l'autre au sépulcre, l'une au commencement et l'autre à la fin : afin que l'homme, soit qu'il regarde devant, soit qu'il se retourne en arrière, voie toujours de quoi modérer son ambition par ces marques de sa foiblesse et de son néant, et que cette infirmité du commencement et de la fin rendît le milieu plus modéré et plus équitable. *Nudus egressus sum de utero matris meæ, et nudus revertar illuc*[1]. »

---

[1] *Job.*, I, 21.
seulement on a supprimé les nombreux commentaires de Déforis, et plusieurs traductions qui sortent évidemment de sa plume.

C'est pourquoi l'Ecriture nous compare à des eaux coulantes : *Omnes quasi aqua dilabimur in terram*[1]. Comme les fleuves, quelque inégalité qu'il y ait dans leur course, sont en cela tous égaux qu'ils viennent tous d'une source petite, de quelque rocher ou de quelque motte de terre, et qu'ils perdent enfin tous leur nom et leurs eaux dans l'Océan ; là on ne distingue plus ni le Rhin ni le Danube d'avec les plus petites rivières et les plus inconnues : ainsi les hommes commencent de même ; et après avoir achevé leur course, après avoir fait comme des fleuves un peu plus de bruit les uns que les autres, ils se vont tous enfin perdre et confondre dans ce gouffre infini de la mort ou du néant, où l'on ne trouve plus ni César, ni Alexandre, ni tous ces augustes noms qui nous séparent, mais la corruption et les vers, la cendre et la pourriture qui nous égalent.

Impossibilité à la nature de se discerner dans la vie et dans la mort. La seule puissance de Dieu le peut faire, comme Maître de la nature ; il l'a fait pour Marie : en sa mort par amour, conservant son corps ; en sa naissance par les avantages qui nous y paroissent, et que j'ai à vous expliquer.

Deux choses discernent les hommes : le bien qu'ils reçoivent, et le bien qu'ils font ; le premier honore leur abondance, le second leur libéralité. Reconnoissons donc la naissance de la sainte Vierge miraculeusement discernée des autres, par les biens qu'elle y a reçus et par ceux qu'elle nous apporte.

PREMIER POINT.

Comme l'homme est composé de deux parties, il y a aussi deux sources générales de tous les biens qu'il peut recevoir en sa naissance : l'une, ce sont les parens ; et l'autre, c'est Dieu. Car nous ne recevons que nos corps par le ministère de nos parens ; mais l'ame est d'un ordre supérieur, et elle a cet avantage, qu'aucune cause naturelle ne la peut produire. Elle demande les mains de Dieu, et ne souffre pas un autre ouvrier : si bien que les causes secondes ne font que préparer la demeure à cette ame d'une origine céleste ; et après qu'elles ont disposé cette boue du corps,

[1] II *Reg.*, XIV, 14.

Dieu inspire le souffle de vie, c'est-à-dire l'ame faite à son image. pour conduire et pour animer cette masse : de là donc ces deux sources. Voyons ce que Marie tire de l'une et de l'autre.

Pour cela il faut entendre avant toutes choses quels étoient les parens de Marie. Pieux, chastes, charitables, vivant sans reproche dans la voie de Dieu. Il semble que cette sainteté s'arrête en ceux qui la possèdent, et qu'elle ne coule pas en leurs descendans : néanmoins il faut avouer que ce leur est un grand avantage. Saint Paul dit que « les enfans des fidèles sont saints[1], parce que, comme dit Tertullien, ils sont destinés à la sainteté, et par là au salut ; » *Quia sanctitati designati ac per hoc etiam saluti*[2]. Dieu favorise les enfans à cause des pères : Salomon à cause de David, les Israélites à cause d'Abraham, Isaac et Jacob. C'est un grand avantage d'être consacré à Dieu, en naissant, par des mains saintes et innocentes. Mais il y a quelque chose de singulier en la nativité de Marie. Car elle est la fille des prières de ses parens : l'union spirituelle de leurs ames a impétré la bénédiction que Dieu a donnée à la chaste union de leur mariage ; et il étoit juste que Marie fût un fruit non tant de la nature que de la grace, qu'elle vînt plutôt du ciel que de la terre et plutôt de Dieu que des hommes. Mais cela peut être commun à Marie avec beaucoup d'autres ; Samuel, saint Jean-Baptiste, etc. : à Samuel, Anne seule pria ; à saint Jean-Baptiste, Zacharie fut incrédule ; à Isaac, Sara se prit à rire. Ici concours des deux parens ; Marie commence à les sanctifier et à les unir dans la charité.

Que dirons-nous donc de particulier ? Elle tire de ses parens cette noblesse ancienne, qui la fait descendre des rois et des patriarches. La noblesse semble être un bien naturel, parce que nous l'apportons en naissant, non pas comme les richesses : il est de la nature de ceux qui sont plus précieux et plus estimés, en ce qu'on ne les peut acquérir. C'est le seul des avantages humains que le Fils de Dieu n'a pas voulu dédaigner, et c'est là ce qui la relève : car la noblesse dans les autres hommes n'est ordinairement qu'un titre inutile, qui ne sert de rien à ceux qui le portent, mais qui marque seulement la vertu de leurs ancêtres. Mais elle

---

[1] 1 *Cor.*, VII, 14. — [2] *De Anim.*, n. 39.

étoit nécessaire au Fils de Dieu, pour accomplir le mystère pour lequel il est envoyé du Père. Il falloit qu'il vînt des patriarches comme leur héritier, pour accomplir les promesses qui leur avoient été faites. Il falloit qu'il vînt des rois de Juda, afin de rendre à David la perpétuité de son trône, que tant d'oracles lui avoient promise. L'alliance sacerdotale, parce qu'il devoit être grand-prêtre.

La noblesse de Jésus vient de Marie ; mais Marie a cela de commun avec beaucoup d'autres, et nous tâchons de la distinguer. Elle a en elle le sang des rois et des patriarches avec une dignité particulière, parce qu'elle l'a pour le verser immédiatement en la personne de Jésus-Christ, et pour l'unir à celui pour lequel il a été tant de fois consacré et conservé entier et incorruptible parmi tant de désolations et une si longue suite d'années. De même que dans une fontaine tous les tuyaux contiennent la même eau ; mais le dernier par lequel elle rejaillit la contient, ce semble, d'une manière plus noble, parce qu'il la contient pour la jeter bien haut au milieu des airs et pour la verser dans le bassin de marbre ou de porphyre qu'on lui a richement orné et préparé avec tant de soin : ainsi ce sang des rois et des patriarches se rencontre dans la sainte Vierge comme dans le sacré canal d'où il doit rejaillir plus haut même que sa source, puisqu'il doit être uni à Dieu même, par où il doit être reçu en la personne du Fils de Dieu comme dans un bassin sacré, où il doit recevoir sa dernière perfection ; où étant consacré et purifié, il répandra sa pureté et sa noblesse par toute la terre et dans toute la race des enfans d'Adam : noblesse divine et spirituelle, qui au lieu d'être les enfans des hommes, nous fera devenir les enfans de Dieu.

Les biens qui viennent à Marie de la seconde source, qui est Dieu, sont l'avantage de la sanctification, qui lui est commun avec saint Jean-Baptiste, mais qui lui est aussi personnel en ce que cette grace est plus parfaite en elle que dans saint Jean : grace singulière pour Marie, comme en Jésus la grace de Chef, à cause de sa qualité singulière. La grace de l'apostolat, la grace de précurseur, celle de prophète. Les caractères particuliers de la grace de Mère de Dieu ; de quelle dignité, par l'union très-particulière. Le mystère de l'incarnation, grace inexplicable.

SECOND POINT.

Les avantages que Marie nous apporte sont l'espérance de voir bientôt Jésus-Christ, et de plus l'espérance particulière d'obtenir par l'intercession de cette Mère très-charitable de Jésus-Christ et de ses enfans.

Une nuit épouvantable avant la venue du Sauveur des ames. *Nox præcessit, dies autèm appropinquavit*[1]. Aussi l'état de l'Evangile est-il comparé à la lumière : *Ut filii lucis ambulate*[2]. Jusque-là on ne rencontroit de toutes parts que des ténèbres : ténèbres d'ignorance et d'infidélité parmi les gentils; ténèbres de figures, ombres épaisses parmi les Juifs : on ne connoissoit pas la vie ni la félicité éternelle. Jésus étoit la voie pour nous y conduire. La nuit, sans repos, parce que le repos ne se trouve qu'en Jésus-Christ : *Et ego reficiam vos*[3]. De là vient que, comme des malades à qui la nuit ne donne pas le repos et dont elle accroît le chagrin, les hommes s'écrioient : O si vous vouliez ouvrir les cieux et en descendre! *Utinàm dirumperes cœlos et descenderes*[4]! O lumière, quand vous verrons-nous, et quand viendrez-vous dissiper toutes ces ombres qui nous environnent?

Marie vient pour nous apporter un commencement de lumière : ce n'est pas encore le jour; mais le jour sortira de son chaste sein. Nous ne voyons pas encore Jésus-Christ; mais nous voyons déjà en Marie ces graces, ces vertus et ces dons qui le doivent attirer au monde. C'est le premier rayon qui commence à poindre, c'est le premier commencement du jour chrétien en la naissance de la sainte Vierge : *Sicut in die, honestè ambulemus*[5]. Bientôt, bientôt ce divin Soleil s'avancera à pas de géant, comme parle le divin Psalmiste, pour fournir sa carrière : *Exultavit ut gigas ad currendam viam*[6]; et sortant comme de son lit du sein virginal de Marie, il portera sa lumière et sa chaleur du levant jusqu'au couchant.

---

[1] *Rom.*, XIII, 12. — [2] *Ephes.*, V, 8. — [3] *Matth.*, XI, 28. — [4] *Isa.*, LXIV, 1. — [5] *Rom.*, XIII, 13. — [6] *Psal.* XVIII, 6.

Mais la bienheureuse Marie vient encore nous luire à propos contre l'obscurité du péché. Un homme et une femme nous avoient précipités dans le péché et dans la mort éternelle : Dieu veut que nous soyons délivrés; et pour cela il destine une nouvelle Eve, aussi bien qu'un nouvel Adam, afin que les deux sexes... Réjouissons-nous donc, chrétiens; nous voyons déjà paroître au monde la moitié de notre espérance, la nouvelle Eve : il viendra bientôt ce nouvel Adam, pour accomplir avec Marie la chaste et divine génération des enfans de la nouvelle alliance.

Le caractère de la grace maternelle est inexplicable : il commence dès la nativité de Marie. Le Fils éternel de Dieu n'eut pas plutôt vu au sein de son Père celle d'où il devoit prendre sa chair, qu'aussitôt il envoie son divin Esprit pour prendre possession de ce divin temple qui lui est préparé dès l'éternité, pour le consacrer de ses graces, pour le rendre digne de lui dès ce premier moment. Il est à croire que les cieux s'ouvrirent et que les anges coururent en foule pour honorer cette sainte Vierge, qui étoit choisie pour être leur Reine, et dont ils reconnurent la grandeur future par un caractère de gloire qui leur marquoit la faveur de Dieu. L'ange qui fut destiné pour sa conduite fut envoyé avec des ordres tout singuliers : quelques-uns veulent qu'il ait été d'un ordre supérieur. Mais n'entrons point dans ce secret; accourons seulement pour honorer. Ici deux écueils sont à éviter, l'impiété et la superstition.

Je sais bien, sainte Vierge, que votre grandeur n'a point empêché les bouches sacriléges des hérétiques de s'élever contre vous. Après avoir déchiré les entrailles de l'Eglise qui étoit leur mère, ils se sont attaqués à la Mère de leur Rédempteur; ils ont bien osé blasphémer contre lui, en niant votre perpétuelle virginité : et à présent que nous sommes assemblés pour admirer en vous les merveilles du Créateur, ils qualifient nos dévotions du titre d'idolâtrie : comme si vous étiez une idole sourde à nos vœux, ou si c'étoit mépriser la Divinité que de vous prier de nous la rendre propice par vos intercessions, ou bien si votre Fils se tenoit déshonoré des soumissions que nous vous rendons à cause de lui. Mais quoi que l'enfer puisse entreprendre, nous ne cesserons jamais de célébrer vos louanges ; et toutes les fois que la suite des années nous ramènera vos saintes solennités, l'Eglise catholique répandue par toute la terre s'assemblera dans les temples du Très-Haut, pour vous offrir en unité d'esprit les respects de tous les fidèles. Toujours nous vous sentirons propice à nos vœux ; et quelque part du ciel où vous puissiez être élevée par-dessus tous les chœurs des anges, nos prières pénétreront jusqu'à vous, non point par la force des cris, mais par l'ardeur de la charité.

C'est à quoi je vous exhorte, peuples chrétiens : élevons d'un commun accord nos cœurs et nos voix pour lui chanter un cantique de louanges. C'est vous qui êtes le refuge des pécheurs et la consolation des affligés. Lorsque Dieu touché des misères du genre humain, envoya son Fils au monde, ce fut dans vos entrailles qu'il opéra cet ouvrage incompréhensible. Il donna Jésus-Christ aux hommes par votre moyen, mais s'il le leur donna comme Maître et comme Sauveur, l'amour éternel qu'il avoit pour vous, lui fit concevoir bien d'autres desseins en votre faveur. Il a ordonné qu'il fût à vous en la même qualité qu'il lui appartient, que vous engendrassiez dans le temps celui qu'il engendre continuellement dans l'éternité : et pour contracter avec vous une alliance immortelle, il a voulu que vous fussiez la Mère de son Fils unique et être le Père du vôtre. O prodige ! ô abîme de charité ! qui nous donnera des conceptions assez hautes pour représenter quelles amours, quelles complaisances il a eues pour vous, depuis que vous lui touchez de si près par ce nœud inviolable de votre sainte alliance, par ce commun Fils, le gage de vos affections mutuelles, que vous vous êtes donnés amoureusement l'un à l'autre : lui, plein d'une divinité impassible ; vous, revêtue pour lui obéir d'une chair mortelle. C'est vous que le Saint-Esprit a remplie d'un germe céleste par de chastes embrassemens ; et se coulant d'une manière ineffable sur votre corps virginal, il y forma celui qui étoit l'espérance d'Israël et l'attente des nations ; qui étant entré dans vos entrailles comme une douce rosée, en sortit comme une fleur de sa tige, ou comme un jeune arbrisseau d'une terre vierge, sans laisser de façon ni d'autre de vestige de son passage, pour accomplir ainsi cette prophétie de David : « Il descendra comme une pluie et comme la rosée qui dégouttera sur la terre[1]; » et cette autre d'Isaïe : « Il s'élèvera comme une fleur et comme une racine d'une terre desséchée[2]. »

Ainsi le Verbe divin voulant racheter les hommes, emprunta de vous de quoi payer la justice de son Père; et ne voyant point au monde de source plus belle, il puisa dans vos chastes flancs ce sang qui a lavé nos iniquités. C'est vous qui nous l'avez conservé dans sa tendre enfance : vous avez gouverné celui dont la sagesse administre tout l'univers; et lorsqu'il fut arrivé à sa dernière heure, la Providence vous amena au pied de sa croix pour participer de plus près à ce sacrifice. Ce fut là que le voyant déchiré de plaies, étendant ses bras à un peuple incrédule, pleurant et gémissant pour nous comme une pauvre victime; et d'autre part levant au ciel ses mains innocentes, priant avec ardeur et surmontant par ses cris la colère de son Père, ainsi que le prêtre, vous sentîtes émouvoir vos compassions maternelles; et lui aussitôt, pour consoler vos douleurs, vous laisse en la personne de son cher disciple ses fidèles pour enfans.

O Vierge incomparable, secourez l'Eglise catholique, qui vous loue avec tant de sincérité, et abattez le pouvoir de ses ennemis. Nous ne vous demandons pas que vous armiez contre eux la colère du Tout-Puissant : non; l'Eglise ne peut avoir des sentimens si cruels. Apaisez plutôt sur eux l'ire formidable de Dieu, de peur qu'il ne venge ses temples profanés et la fureur qui leur a fait abolir, partout où ils ont passé, les marques de la piété de nos ancêtres; mais encore plus la perte de tant d'ames, qu'ils ont arrachées à l'Eglise dans son propre sein. Ah! Vierge sainte, priez Dieu qu'il touche leurs cœurs; que sa grace surmonte la dureté de ceux que leur orgueil et leurs intérêts ont abandonnés au sens réprouvé; qu'elle éclaire les simples et les ignorans, qui ont été séduits par le beau prétexte d'une feinte réformation : afin que les forces du christianisme étant réunies, nous réformions ensemble nos mœurs selon l'Evangile, et allions faire adorer par toute la terre Jésus-Christ crucifié, par qui, et en qui, et avec qui nous espérons régner éternellement dans le ciel, où nous conduise, etc.

[1] *Psal.* LXXI, 6. — [2] *Isa.*, LIII, 2.

PRÉCIS D'UN SERMON

POUR

LA FÊTE DE LA PRÉSENTATION DE LA SAINTE VIERGE (a).

Adducentur in templum regis.
On les conduira dans le temple du roi. *Psal.* XLIV, 16.

Ouvrez-vous, sanctuaire, portes éternelles; voici le temple qu'on présente au temple, le sanctuaire au sanctuaire, l'arche véritable où repose le Seigneur effectivement à l'arche figurative où il ne repose qu'en image.

Retraite perpétuelle. Adoration perpétuelle. Renouvellement perpétuel.

Retraite perpétuelle. Le monde corrompt, dissipe l'esprit et étourdit, empêche d'écouter Dieu. Silence de l'ame et de toutes les passions, et de toutes les facultés pour écouter Dieu.

Le monde vient chercher les religieuses. Ceux qui sont dans l'action viennent à ceux qui s'occupent de la contemplation, et tâchent de les attirer à leur tracas. Ainsi Marthe.

Fontaine scellée par la retraite. Eaux également corrompues, soit que la fontaine s'écoule en la mer, soit que la mer coule dans la fontaine. Ainsi soit que vous vous jetiez dans le monde, soit que le monde pénètre au dedans...

Entrée au premier point. *Egredere*, « Sors : » sortir du monde : sortir de ses sens : sortir de ses passions. Toujours Dieu nous dit : *Egredere de cognatione tuâ* [1]..., de toutes les choses qui te touchent.

Adoration perpétuelle. Complaisance à la volonté du Père. Faire sa cour à Dieu comme à son souverain. Jésus-Christ : *Ita, Pater* [2]. Au ciel : *Amen* [3]. Pour faire cette adoration, aimer. L'amour veut adorer, et il ne se satisfait pas qu'il ne vive dans une dépendance

---

[1] *Genes.*, XII, 1. — [2] *Matth.*, XI, 26. — [3] *Apocalyp.*, V, 14; VII, 12.

(a) Appartenant à la grande époque. Le manuscrit original, comme tous ceux dont nous ne parlons pas, se trouve à la bibliothèque impériale.

absolue. C'est la nature de l'amour. Le profane même ne parle que d'hommages, que d'adoration, pour nous faire voir que pour être aimé, il faut être quelque chose de plus qu'une créature.

Pour la présence perpétuelle, sans gêner l'esprit l'amour rappellera l'objet. On ne peut oublier longtemps ce qu'on aime : quand la mémoire l'oublieroit, le cœur le rappelleroit, iroit le graver de nouveau avec des caractères de flamme. Le cœur blessé se tourne toujours à celui d'où lui vient le trait. On ne dort pas même parmi le sommeil : *Ego dormio, et cor meum vigilat.* Au moindre bruit de l'Epoux, au moindre souffle de sa voix : *Vox dilecti mei,* etc.[1].

Renouvellement perpétuel. Deux infinités : le tout, le néant. Toujours croître, toujours décroître ; cela sans bornes.

PREMIER SERMON

POUR

LA FÊTE DE L'ANNONCIATION (a).

Beatus venter qui te portavit.

Bienheureuses les entrailles qui vous ont porté. *Luc.,* xi, 27.

Dans cette auguste journée, en laquelle le Père céleste avoit résolu d'associer la divine Vierge à sa génération éternelle en la

---

[1] *Cant.,* v, 2.

(a) EXORDE. — *Ibi accepit formam servi, ibi se pauperavit, ibi nos ditavit.* (S. August., *in Psal.* CI, serm. I.)

Premier point. — Satan tombé par orgueil imprime le même mouvement. *Undè cecidit, indè dejecit.* (S. August., serm. CLXIII.) Un bâtiment ruineux.

Jalousie de Dieu. En quoi nous pouvons lui être semblables. Indépendance. Désir d'indépendance en l'homme.

Nous ne pouvons ressembler à Dieu dans son indépendance. Il nous ressemble dans l'humilité.

Second point. — L'appauvrissement du Verbe fait chair nous relève.

Attendez tout comme d'un Dieu. Approchez aussi librement que si ce n'étoit qu'un homme. Cache ses attributs.

Troisième point. — *Admirabile commercium !*

Deux sortes de commerce : 1° Pour emprunter ce qui manque, com-

faisant Mère de son Fils unique, comme il savoit, chrétiens, que la fécondité de la nature n'étoit pas capable d'atteindre à un ouvrage si haut, il résolut aussi tout ensemble de lui communiquer un rayon de sa fécondité infinie. Aussitôt qu'il l'eut ainsi ordonné, cette chaste et bénite créature parut tout d'un coup environnée de son Saint-Esprit et couverte de toutes parts de l'ombre de sa vertu toute-puissante. Le Père éternel s'approche en personne, qui ayant engendré en elle ce même Fils tout-puissant qu'il engendre en lui-même devant tous les siècles, par un miracle surprenant une femme devient la Mère d'un Dieu, et celui qui est si grand et si infini, si je puis parler de la sorte, qu'il n'avoit pu jusqu'alors être contenu que dans l'immensité du sein paternel, se trouve en un instant renfermé dans ses entrailles sacrées.

Cependant comme Dieu lui-même avoit entrepris la formation de ce corps dont le Verbe devoit être revêtu, la nature et la convoitise, qui ont accoutumé de s'unir dans les conceptions ordinaires, eurent ordre de se retirer ; ou plutôt la convoitise déjà éloignée depuis fort longtemps du corps et de l'esprit de Marie, n'osa pas seulement paroître dans ce mystère de grace et de sainteté ; et pour ce qui est de la nature, qui est toujours respectueuse envers son Auteur, elle n'avoit garde de mettre la main dans un ouvrage qu'il entreprenoit d'une manière si haute ; mais s'arrêtant à considérer non sans un profond étonnement cette nouvelle manière de former et de faire naître un corps hu-

---

merce de besoins ; 2° pour se réjouir avec les ames, commerce de société.
Jésus-Christ mortel et Jésus-Christ immortel, à nous. Dons de la grace, dons de la gloire.

Prêché en 1661, aux grandes Carmélites de la rue Saint-Jacques.
D'une part ce sermon a été prêché pendant le Carême, puisque l'Annonciation tomboit en 1661 dans ce saint temps ; d'un autre côté le prédicateur interpelle des religieuses et des laïques, puisqu'il dit « mes Sœurs et mes Frères : » Or le Carême des Carmélites a seul réuni ces deux circonstances de temps et de personnes. En 1663, au Val-de-Grace, l'orateur voyoit devant sa chaire, non-seulement des religieuses et des séculiers, mais encore des gens de la Cour.
On remarquera vers la fin du premier point ces paroles : « Vous vivez, mes Sœurs, dans une conduite qui vous doit faire trouver la soumission non-seulement fructueuse, mais encore douce et désirable. » Les Carmélites du faubourg Saint-Jacques avoient alors pour supérieure Mme de Gourges, en religion Marie de Jésus, dont la prudence et la charité, l'exemple et les vertus savoient adoucir les amertumes de la pénitence et rendre léger le joug de l'obéissance.

main, elle crut que toutes ses lois alloient être à jamais renversées (a). C'est à peu près, chrétiens, ce qui s'accomplit aujourd'hui dans les entrailles de la sainte Vierge, et ce qui nous oblige de nous écrier avec cette femme de notre évangile qu'elles sont vraiment bienheureuses. Mais comme le fond d'un si grand mystère est entièrement impénétrable, je n'ose pas seulement penser à vous en donner l'explication ; et je me contenterai, chrétiens, de demander humblement à Dieu qu'il lui plaise me donner ses saintes lumières pour vous faire entendre les fruits infinis qui en reviennent à notre nature. Encore cette grace est-elle si grande, que je n'ose pas espérer de l'obtenir de moi-même.

Ce n'est plus une femme particulière, c'est toute l'Eglise catholique qui adorant aujourd'hui le Verbe divin incarné dans les entrailles de la sainte Vierge, s'écrie avec transport que ces entrailles sont bienheureuses, dans lesquelles s'est accompli (b) un si grand mystère. Je me propose de vous faire entendre, autant que ma médiocrité le pourra permettre, la force de cette parole ; et comme le bonheur de la sainte Vierge ne consiste pas seulement dans les graces qui lui sont données, mais dans celles que nous recevons par son entremise, je vous expliquerai, si Dieu le permet, le miracle qui s'est fait en elle pour notre commune félicité, afin que vous compreniez avec combien de raison ses entrailles sont appelées bienheureuses. Je suivrai dans cette matière les traces que saint Augustin nous a marquées, et je réduirai à trois chefs ce qui s'opère aujourd'hui dans la sainte Vierge. « Regardez, dit ce saint évêque, cette chaste servante de Dieu, vierge et mère tout ensemble : » *Attende ancillam illam castam, et vir-*

(a) Dans son premier projet, l'auteur avoit ainsi commencé l'exorde : Dans cette auguste journée, lorsqu'il fallut produire le corps du Sauveur dans les entrailles sacrées de Marie, la nature et la convoitise, qui se trouvent toujours dans les conceptions ordinaires, eurent ordre de se retirer pour laisser la place au divin Esprit qui avoit entrepris cet ouvrage. La convoitise, mes Sœurs, bannie depuis longtemps du corps et de l'esprit de la sainte Vierge, n'eut pas même la liberté de paroître : et pour ce qui est de la nature, elle n'avoit garde de mettre la main dans une œuvre où il travailloit d'une façon si miraculeuse ; mais s'arrêtant à considérer non sans un profond étonnement cette nouvelle manière de former un corps, elle crut que toutes ses lois alloient être pour jamais renversées.

(b) *Var.* : Consommé, — achevé.

ginem et matrem. « C'est là que le Fils de Dieu a pris la forme d'esclave, c'est là qu'il s'est appauvri, c'est là qu'il a enrichi les hommes : » *Ibi accepit formam servi..., ibi se pauperavit, ibi nos ditavit* [1]. Voilà trois choses, mes Sœurs, que cette sainte journée a vues s'accomplir dans les entrailles de la sainte Vierge, l'humiliation, l'appauvrissement, permettez-moi d'user de ce mot, la libéralité du Verbe fait chair. Il y a pris la forme d'esclave, voilà qui marque l'humiliation ; il y a pris notre pauvreté, vous voyez comme il s'est ainsi appauvri lui-même (*a*) ; il nous a communiqué ses richesses, c'est par là qu'il a exercé (*b*) sur nous sa libéralité infinie. Ce sont, mes Sœurs, les trois grands ouvrages dans lesquels saint Augustin a cru renfermer tout ce qui s'accomplit aujourd'hui (*c*).

Et en effet, si nous entendons l'ordre et l'économie du mystère, nous verrons que tout est compris dans ces trois paroles. Car pour remonter jusqu'au principe, ce Dieu qui prend une chair humaine dans le ventre sacré de Marie, ne se charge de notre nature que dans le dessein de la réparer ; et pour cela trois choses étoient nécessaires, de confondre notre orgueil, de relever notre bassesse, d'enrichir notre pauvreté. Il falloit confondre l'orgueil, qui étoit la plus grande plaie de notre nature et le plus grand obstacle à la guérison ; et pour cela est-il rien de plus efficace que de voir un Dieu rabaissé jusqu'à prendre la forme d'esclave ? Mais l'ouvrage de notre salut n'est pas encore achevé, et l'orgueil étant confondu, il faut encourager la foiblesse, de peur que notre nature (*d*) n'étant plus occupée que de son néant, n'osât pas même s'approcher de Dieu, ni même regarder le ciel ; et au lieu qu'elle se perdoit par l'orgueil, elle ne pérît encore plus par le désespoir. Pour lui donner du courage, « Dieu (*e*) se fait pauvre, dit saint Augustin [2], de peur que l'homme pauvre et misérable, étant effrayé par l'éclat et la pompe de ses richesses, n'ose pas s'approcher de lui avec sa pauvreté et sa misère : » *Accepit pau-*

---

[1] *In Psal.* CI, serm. I, n. 1. — [2] Ubi suprà.

(*a*) *Var.* : Et c'est ainsi qu'il s'est appauvri lui-même ; — et il s'est ainsi appauvri lui-même. — (*b*) Et il a exercé. — (*c*) Les trois grands ouvrages que le Fils de Dieu accomplit dans les entrailles très-pures de la sainte Vierge. — (*d*) La nature humaine. — (*e*) C'e pourquoi Dieu.

pertatem nostram, ne divitias ejus expavesceres et ad eum accedere cum tuâ paupertate non auderes.

Ayant donc ainsi relevé notre courage abattu, que reste-t-il maintenant à faire, sinon qu'il rende le bien à ceux auxquels il a déjà rendu l'espérance? Et c'est ce qu'il fait, se donnant à nous avec ses trésors et ses graces par son incarnation bienheureuse. Par où vous découvrez maintenant la suite des paroles de saint Augustin, et tout ensemble l'ordre merveilleux du mystère qui s'accomplit en la sainte Vierge. O entrailles vraiment bienheureuses, dans lesquelles la nature humaine reçoit tant de graces ! « Là un Dieu a pris la forme d'esclave, » afin de confondre notre orgueil : *Ibi accepit formam servi ;* « là un Dieu s'est revêtu de notre indigence, » afin d'encourager (*a*) notre bassesse : *ibi se pauperavit ;* « là un Dieu se donne lui-même avec tous ses biens, » afin d'enrichir (*b*) notre pauvreté : *ibi nos ditavit.* Dieu me fasse la grace, mes Sœurs, d'expliquer saintement ces trois vérités, qui feront le partage de ce discours.

PREMIER POINT.

Tous les saints Pères ont dit d'un commun accord que l'orgueil étoit le principe de notre ruine, et la raison en est évidente. Nous apprenons par les saintes Lettres que le genre humain est tombé par l'impulsion de Satan. Comme un grand bâtiment qu'on jette par terre, qui en accable un moindre sur lequel il tombe, ainsi cet esprit superbe, en tombant du ciel, est venu fondre sur nous et nous enveloppe dans sa ruine (*c*). En tombant sur nous de la sorte, il a, dit saint Augustin, imprimé en nous un mouvement semblable à celui qui le précipite lui-même : *Undè cecidit, indè dejecit*[1]. Etant donc abattu par son propre orgueil, il nous a entraînés, en nous renversant, dans le même sentiment dont il est poussé; de sorte que nous sommes superbes aussi bien que lui, et c'est le vice le plus dangereux de notre nature. Je dis le plus dangereux, parce que ce vice est celui de tous qui s'oppose le

---

[1] Serm. CLXIII, n. 8.

(*a*) *Var.* : Pour encourager. — (*b*) Pour enrichir. — (*c*) Cet esprit superbe est tombé sur nous comme un grand bâtiment qu'on jette par terre, et nous entraîne après lui dans sa ruine.

plus au remède, qui éloigne le plus la miséricorde. Car l'homme étant misérable, il se seroit rendu aisément digne de pitié (*a*), s'il n'eût été orgueilleux. Il est assez naturel d'user de clémence envers un malheureux qui se soumet; « mais est-il rien de plus indigne de compassion qu'un misérable superbe, qui joint l'arrogance (*b*) avec la foiblesse? » *Quid tam indignum misericordiâ quàm superbus miser*[1]? C'étoit l'état où nous étions, foibles et altiers tout ensemble, impuissans et audacieux. Cette présomption fermoit la porte à la clémence : ainsi, pour soulager notre misère, il falloit avant toutes choses guérir notre orgueil; pour attirer sur nous la compassion, il falloit nous apprendre l'humilité; c'est pourquoi un Dieu s'humilie dans les entrailles de la sainte Vierge, et y prend aujourd'hui la forme d'esclave : *Ibi accepit formam servi*.

C'est ici qu'il faut admirer la méthode dont Dieu s'est servi pour guérir l'arrogance humaine, et pour cela il est nécessaire de vous expliquer (*c*) la nature de cette maladie invétérée. Je suivrai les traces de saint Augustin, qui est celui des saints Pères qui l'a mieux connue. L'orgueil, dit saint Augustin, est une fausse et pernicieuse imitation de la divine grandeur : *Perversè te imitantur qui longè se à te faciunt, et extollunt se adversùm te*[2] : « Ceux qui s'élèvent contre vous, vous imitent désordonnément. » Cette parole est pleine de sens; mais une belle distinction du même saint Augustin nous en fera entendre le fond. Il y a des choses, dit-il[3], où Dieu nous permet de l'imiter, et d'autres où il le défend. Il est vrai que ce qui l'excite à la jalousie, c'est lorsque l'homme se veut faire Dieu et entreprend de lui ressembler; mais il ne s'offense pas de toute sorte de ressemblance.

Car premièrement, chrétiens, il nous a faits son image; nous portons empreints sur nous-mêmes les traits de sa face et les caractères de ses perfections. Il y a de ses attributs dans lesquels il n'est pas jaloux que nous tâchions de lui ressembler; au contraire il nous le commande. Par exemple, voyez sa miséricorde, dont il est dit dans son Ecriture « qu'elle éclate par-dessus ses autres ou-

---

[1] S. August., *De liber. Arbit.*, lib. III, n. 29. — [2] *Conf.*, lib. II, cap. vi. — [3] *In Psal.* LXX, serm. II, n. 6.

(*a*) *Var.* : Etoit certainement digne de pitié. — (*b*) L'audace. — (*c*) Il faut entendre.

vrages[1]; » il nous est ordonné de nous conformer à cet admirable modèle : *Estote misericordes, sicut et Pater vester misericors est*[2]. Dieu est patient sur les pécheurs ; et les invitant à la pénitence, il fait luire en attendant son soleil sur eux ; il veut que nous nous montrions ses enfans, en imitant cette patience à l'égard de nos ennemis : *Ut sitis filii Patris vestri*[3]. Ainsi comme il est véritable, vous pouvez l'imiter dans sa vérité ; il est juste, vous pouvez le suivre dans sa justice ; il est saint, et encore que sa sainteté semble être entièrement incommunicable, il ne se fâche pas néanmoins que vous osiez porter vos prétentions jusqu'à l'honneur de lui ressembler dans ce merveilleux attribut ; au contraire il vous le commande : *Sancti estote, quoniam ego sanctus sum*[4].

Quelle est donc cette ressemblance qui lui cause tant de jalousie ? C'est lorsque nous lui voulons ressembler dans l'honneur de l'indépendance, en prenant notre volonté pour loi souveraine, comme lui-même n'a point d'autre loi que sa volonté absolue. C'est sur ce point qu'il est chatouilleux, c'est là l'endroit délicat ; c'est alors qu'il repousse avec violence tous ceux qui veulent ainsi attenter à la majesté de son empire. Soyons des dieux, il nous le permet par l'imitation de sa sainteté, de sa justice, de sa patience, de sa miséricorde toujours bienfaisante ; quand il s'agira de puissance, tenons-nous dans les bornes d'une créature et ne portons pas nos désirs à une ressemblance si dangereuse.

Voilà, mes Sœurs, la règle immuable qui distingue ce que nous pouvons, et ce que nous ne pouvons pas imiter en Dieu. Mais, ô voies corrompues des enfans d'Adam ! ô étrange dépravation de notre cœur ! nous renversons ce bel ordre ; dans les choses où il se propose pour modèle, nous ne voulons pas l'imiter ; en celle où il veut être unique et inimitable, nous entreprenons de le contrefaire (a). Car si nous l'imitions dans sa sainteté, le Prophète se seroit-il écrié : « Sauvez-moi, Seigneur, parce qu'il n'y a plus de saints sur la terre[5] ? » Si dans sa fidélité ou dans sa

[1] *Psal.* CXLIV, 9. — [2] *Luc.*, VI, 36. — [3] *Matth.*, V, 45. — [4] *Levit.*, XIX, 2. — [5] *Psal.* XI, 2.

(a) *Var.* : Nous ne voulons pas l'imiter en ce qu'il nous est permis de le suivre, et nous entreprenons de le contrefaire dans ce que nous ne pouvons attenter sans rébellion.

justice, le prophète Michée diroit-il : « Il n'y a plus de droiture parmi les hommes ; le grand demande et le juge lui donne tout ce qui lui plaît ; il n'y a plus de foi parmi les amis, la terre n'est pleine que de tromperie [1] ? » Ainsi nous ne voulons pas imiter Dieu dans ces excellens attributs, dont il est bien aise de voir en nous une vive image. Cette souveraineté, cette indépendance où il ne nous est pas permis de prétendre, c'est à cela que (a) nous attentons, c'est ce droit sacré et inviolable que nous osons usurper (b).

« Car comme Dieu n'a personne au-dessus de lui qui le règle et qui le gouverne, nous voulons être, dit saint Augustin [2], les arbitres souverains de notre conduite, » afin qu'en secouant le joug, en rompant les rênes, en rejetant le frein du commandement qui retient notre liberté égarée, nous ne relevions point d'une autre puissance et soyons comme des dieux sur la terre. *A sæculo confregisti jugum meum ; rupisti vincula mea et dixisti : Non serviam* [3]. Par ce désir et cette fausse opinion d'indépendance, nous nous irritons contre les lois ; qui nous défend, nous incite ; comme si nous disions en notre cœur : Quoi ! on veut me commander (c). Et n'est-ce pas ce que Dieu lui-même reproche aux superbes sous l'image du roi de Tyr ? « Ton cœur s'est élevé, et tu as dit : Je suis un dieu, et tu as mis ton cœur comme le cœur d'un dieu : » *Dedisti cor tuum quasi cor dei* [4] ; tu n'as voulu ni de règle, ni de dépendance ; tu t'es rempli de toi-même, et tu t'es attribué toutes choses ; lorsque tu as vu ta fortune bien établie par ton adresse et par ton intrigue, tu n'as pas fait réflexion sur la main de Dieu, et tu as dit avec Pharaon : « Ce fleuve est à moi, » tout ce grand domaine m'appartient, c'est le fruit de mon industrie, « et je me suis fait moi-même : » *Meus est fluvius et ego feci memetipsum* [5].

Ainsi notre orgueil aveugle nous érige en de petits dieux. Eh bien, ô superbe, ô petit dieu, voici le grand Dieu vivant qui s'abaisse pour te confondre ! Un homme se fait dieu par orgueil, un

---

[1] *Mich.*, VII, 2, 3, 5. — [2] *In Psal.* LXX, serm. II, n. 6. — [3] *Jerem.*, II, 20. — [4] *Ezech.*, XXVIII, 2. — [5] *Ezech.*, XXIX, 3.

(a) *Var.* : C'est là que. — (b) Nous attribuer. — (c) *Note marg.* : Dépit contre la loi, comme si on nous faisoit grand tort.

Dieu se fait homme par humilité; l'homme s'attribue faussement la grandeur de Dieu, Dieu prend véritablement le néant de l'homme. Car considérons, chrétiens, ce qui s'accomplit en ce jour dans les entrailles bienheureuses de la sainte Vierge : là un Dieu s'épuise et s'anéantit en prenant la forme d'esclave, afin que l'esclave soit confondu, quand il veut faire le maître et le souverain. O homme, viens apprendre à t'humilier; homme, pécheur, superbe, humilié et honteux de ton orgueil même : homme, quoi de plus infirme? pécheur, quoi de plus injuste? superbe, quoi de plus insensé?

Mais voici un nouveau secret de la miséricorde divine. Elle ne veut pas seulement confondre l'orgueil, elle a assez de condescendance pour vouloir en quelque sorte le satisfaire. Car il a fallu donner quelque chose à cette passion indocile, qui ne se rend jamais tout à fait. L'homme avoit osé aspirer à l'indépendance divine. On ne peut le contenter en ce point, le trône ne se partage pas, la majesté souveraine ne peut souffrir d'égal. Mais si nous ne pouvons ressembler à Dieu dans cette souveraine indépendance, il veut nous ressembler dans l'humilité (a); l'homme ne peut devenir indépendant, un Dieu pour le contenter deviendra soumis. Sa souveraine grandeur ne souffre pas qu'il s'abaisse tant qu'il demeurera dans lui-même; cette nature infiniment abondante ne refuse pas d'aller à l'emprunt pour s'enrichir par l'humilité, « afin, dit saint Augustin, que l'homme qui méprise l'humilité, qu'il appelle simplicité et bassesse quand il la voit dans les autres hommes, ne dédaignât plus de la pratiquer en la voyant dans un Dieu : » *Ut vel sic non dedignaretur humana superbia sequi vestigia Dei*[1]. Voilà le conseil de notre Dieu pour guérir l'arrogance humaine. Il veut arracher du fond de nos cœurs cette fierté indocile qui ne veut rien voir sur sa tête; qui nous fait toujours regarder ceux qui sont soumis avec dédain, ceux qui dominent avec envie; qui ne peut souffrir aucun joug ni céder à aucunes lois, pas même à celles de Dieu. C'est pourquoi il n'y a

---

[1] *In Psal.* XXXIII, *Enar.* I, n. 4.

(a) *Var.* : Mais voici un conseil de miséricorde qui sera capable de le satisfaire. L'homme ne peut...

bassesse, il n'y a servitude où il ne descende; il s'abandonne lui-même à la volonté de son Père.

Mais pesons davantage sur cette parole. Il a pris la forme d'esclave ; il a pris la nature humaine qui l'oblige à être sujet, lui qui étoit né souverain. Il descend encore un autre degré; il a pris la forme d'esclave, parce qu'il a paru comme pécheur, qu'il s'est revêtu lui-même de la ressemblance de la chair de péché, qu'en cette qualité il a porté sur lui les marques d'esclave, par exemple la circoncision, et qu'il a mené une vie servile : *Non venit ministrari, sed ministrare*[1]. Il s'abaisse beaucoup plus bas ; il a pris la forme d'esclave, parce qu'il est non-seulement semblable au pécheur, mais qu'il est la victime publique pour tous les pécheurs. Dès le premier moment de sa conception, « en entrant au monde, dit le saint Apôtre, il s'est mis en cet état de victime : » *Ingrediens mundum, dixit : Ut facerem, Deus, voluntatem tuam*[2].

Mais peut-être qu'en se soumettant à la volonté de son Père, vous croirez qu'il veut s'exempter de dépendre de la volonté des hommes. Non, mes Frères, ne le croyez pas. Car la volonté de son Père est qu'il soit livré comme une victime à la volonté des hommes pécheurs, à la volonté de l'enfer : *Nunc potestas tenebrarum*[3]. Il n'a pas attendu la croix pour faire cet acte de soumission : *Ingrediens mundum dixit*. Marie a été l'autel où il s'est premièrement immolé (a), où s'est vu la première fois ce grand et admirable spectacle d'un Dieu soumis et obéissant jusqu'à se dévouer à la mort, jusqu'à se livrer aux pécheurs et à l'enfer même, pour faire de lui à leur volonté. Pourquoi cet abaissement ? Je vous ai déjà dit, mes Sœurs, que c'est pour confondre l'orgueil.

A la vue d'un abaissement si profond, qui pourroit refuser de se soumettre? Vous vivez, mes Sœurs, dans une conduite qui vous doit faire trouver la soumission non-seulement fructueuse, mais encore douce et désirable. Mais quand vous auriez à souffrir un autre gouvernement, de quelle obéissance pourriez-vous vous plaindre, en voyant à la volonté de quels hommes se dévoue aujourd'hui le Sauveur des ames? A celle du lâche Pilate, à celle du

---

[1] *Matth.*, xx, 28. — [2] *Hebr.*, x, 5, 7. — [3] *Luc.*, xxii, 53.

(a) *Var.* : Marie a été le temple où il a rendu à Dieu ce premier hommage.

traître Judas, à celle des Juifs et des pontifes, à celle des soldats inhumains, qui ne gardant avec lui aucune mesure, ont fait de lui ce qu'ils ont voulu. Après cet exemple de soumission, vous ne sauriez descendre assez bas; et vous devez chérir les dernières places, qui après les abaissemens du Dieu incarné, sont devenues désormais les plus honorables.

Marie entre aujourd'hui dans ses sentimens; quoique sa pureté angélique ait été un puissant attrait pour faire naître Jésus-Christ en elle, ce n'est pas néanmoins cette pureté qui a consommé le mystère; ç'a été l'humilité et l'obéissance. Si Marie n'avoit dit qu'elle étoit servante, en vain elle eût été vierge, et nous ne nous écririons pas aujourd'hui que ses entrailles sont bienheureuses. Vierges de Jésus-Christ, profitez de cette leçon, et méditez attentivement cette vérité : le dessein du Fils de Dieu n'est pas tant de faire des vierges pudiques que des servantes soumises : *Itane magnum est esse parvum, ut nisi à te qui tam magnus es fieret, disci omninò non posset? Ita planè*[1]. Mais ce n'est pas assez au Verbe fait chair d'avoir confondu l'orgueil, il faut relever l'espérance, et c'est ce qu'il va faire en s'appauvrissant; il ne confond la présomption que pour donner place à l'espérance. C'est ma seconde partie. *Ibi se pauperavit.*

SECOND POINT.

L'appauvrissement du Verbe fait chair est la principale partie du mystère, et celle par conséquent qu'il est le plus malaisé de bien faire entendre. Car, lorsque le saint Apôtre a dit que le Fils de Dieu s'est fait pauvre, il me semble, ames chrétiennes, qu'il ne suffit pas de comprendre qu'il s'est appauvri en qualité d'homme, en s'unissant à une nature dont le partage est la pauvreté, en naissant de parens obscurs, dans la lie du peuple, en vivant sur la terre (*a*) sans retraite, sans lieu de repos et sans avoir seulement un gîte assuré où il pût reposer sa tête. Cette pauvreté mystérieuse a quelque chose de plus caché, qui ne sera jamais assez

---

[1] S. August., *De sanct. Virginit.*, n. 35.

(*a*) Var. : Ce n'est pas assez de comprendre qu'il a pris la nature humaine dont le partage est la pauvreté, en vivant sur la terre.....

entendu, jusqu'à ce que nous disions que c'est la Divinité qui s'est elle-même appauvrie.

Je ne suis point trop hardi, quand je parle ainsi, et je ne fais que suivre l'Apôtre : *Exinanivit semetipsum*[1] : « Il s'est anéanti lui-même, » ou pour traduire ce mot proprement, il s'est vidé et répandu tout entier, comme un vase qui étoit plein et qu'on vide en le répandant. C'est l'idée que nous donne le divin Apôtre, et c'est dans cette effusion que consiste l'appauvrissement du Verbe fait chair. Ce dépouillement est-il véritable? Dieu a-t-il perdu quelque chose en se faisant homme? Et n'est-ce pas un article de notre foi, que la Divinité toujours immuable ne s'est ni altérée ni diminuée dans ce mélange? Comment donc le Fils de Dieu s'est-il dépouillé? Voici le secret du mystère.

On dépouille quelqu'un en deux sortes, ou quand on lui ôte la propriété, ou quand on le prive de l'usage. Car quoiqu'on laisse à un homme la propriété de son patrimoine, si on lui lie les mains pour l'usage, il est pauvre parmi les richesses dont il ne peut pas se servir. Ce principe étant supposé, il est bien aisé de comprendre l'appauvrissement du Verbe divin. Si je considère la propriété, il n'est rien de plus véritable que l'oracle du grand saint Léon, dans cette célèbre épître à saint Flavien, que comme la forme de Dieu n'a pas détruit la forme d'esclave, aussi la forme d'esclave n'a diminué en rien la forme de Dieu[2]. Ainsi la nature divine n'est dépouillée en Jésus-Christ d'aucune partie de son domaine ; de sorte que son appauvrissement, c'est qu'elle y perd l'usage de la plus grande partie de ses attributs. Mais que dis-je, de la plus grande partie! Quel de ses divins attributs voyons-nous paroître en ce Dieu enfant que le Saint-Esprit a formé dans les entrailles de la sainte Vierge? Que voyons-nous qui sente le Dieu dans les trente premières années de sa vie? Mais encore dans les trois dernières, qui sont les plus éclatantes, s'il paroît quelques rayons de sa sagesse dans sa doctrine, de sa puissance dans ses miracles, ce ne sont que des rayons affoiblis, et non pas la lumière dans son midi. La sagesse se cache sous des paraboles et sous le voile sacré de paroles simples ; et lorsque la puissance étend son bras à des

---

[1] *Philip.*, II, 7. — [2] Epist. XXIV, cap. III.

ouvrages miraculeux, comme si elle avoit peur de paroître, en même temps (*a*) elle le retire. Car la véritable grandeur de la puissance divine, c'est de paroître agir de son chef, et c'est ce que le Fils de Dieu n'a pas voulu faire. Il rapporte tout à son Père : *Ego non judico quemquam...; Pater in me manens ipse facit opera*[1]; et il semble qu'il n'agisse et qu'il ne parle que par une autorité empruntée. Ainsi la nature divine devoit être (*b*) en lui, durant les jours de sa chair, privée de l'usage de sa puissance et de ses divines perfections. C'est pourquoi, *dignus est accipere virtutem, et divinitatem, et sapientiam, et fortitudinem*[2]; comme s'il ne l'avoit pas eue auparavant, l'oserai-je dire ? comme un homme interdit par les lois, qui a la propriété (*c*) de son bien et n'en a pas la disposition. Ainsi étant interdit en vertu de cette loi suprême qui l'envoyoit sur la terre pour y être dans un état de dépouillement (*d*), il n'avoit pas l'usage de son propre bien, et il n'en reçoit (*e*) la pleine disposition qu'après qu'il est retourné au lieu de sa gloire, c'est-à-dire au sein de son Père.

Tel est l'appauvrissement du Verbe fait chair ; le Fils de Dieu s'y est engagé par sa première naissance qu'il prend d'une mère mortelle (*f*). C'est pourquoi son Père immortel (*g*), pour l'en délivrer, le ressuscite des morts ; et lui donnant de nouveau la vie, il le fait jouir de tous les droits de sa naissance éternelle : *Ego hodie genui te*[3]. O Dieu appauvri ! ô Dieu dépouillé ! je vous adore : vous méritez d'autant plus nos adorations, ô Dieu interdit !

Il pourroit sembler, chrétiens, que cette pauvreté du Verbe fait chair seroit un moyen peu sûr pour relever la bassesse de notre nature (*h*). Car est-ce une espérance (*i*) pour des malheureux, qu'un Dieu en vienne augmenter le nombre ? Est-ce une ressource à notre foiblesse, que notre Libérateur se dépouille de sa puissance ? Ne semble-t-il pas au contraire que le joug qui accable les enfans d'Adam est d'autant plus dur et inévitable, qu'un Dieu même est

---

[1] *Joan.*, VIII, 15 ; XIV, 10. — [2] *Apoc.*, V, 12. — [3] *Psal.* II, 7.

(*a*) Var. : Aussitôt. — (*b*) C'est ainsi qu'il devoit être. — (*c*) Le domaine. — (*d*) Qui l'envoyoit seulement pour être soumis et infirme. — (*e*) Et il ne le reçoit. — (*f*) Par sa première naissance de la très-pure Marie. — (*g*) C'est pourquoi son Père. — (*h*) Pour le rétablissement de notre espérance. — (*i*) Car quelle ressource.

assujetti à le supporter ? Cela seroit vrai, chrétiens, si sa pauvreté étoit forcée, s'il y étoit tombé par nécessité, et non pas descendu par miséricorde. Mais que ne devons-nous pas espérer d'un Dieu qui descend (a) pour se joindre à nous; dont l'abaissement n'est pas une chute, mais une condescendance; qui n'a pris notre pauvreté, comme il a déjà été dit, que de peur qu'étant si pauvres et si misérables, nous n'osassions approcher de lui avec notre misère et notre indigence? *Descendit ut levaret, non cecidit ut jaceret*[1]: « Il ne tombe pas pour être abattu, mais il descend pour nous relever. »

C'est ce qui fait dire à saint Augustin, que le Fils de Dieu a été porté au mystère de l'incarnation « par une bonté populaire; » *populari quâdam clementiâ*[2]. Comme un grand orateur plein de riches conceptions, pour se rendre populaire et intelligible, se rabaisse par un discours simple à la capacité des esprits communs; comme un grand environné d'un éclat superbe, qui étonne le pauvre peuple et ne lui permet pas d'approcher, quitte tout ce pompeux appareil et par une familiarité populaire vit à la mode de la multitude, dont il se propose de gagner l'esprit: ainsi la Sagesse incréée par un conseil de condescendance se rabaisse en prenant un corps et se rend sensible; ainsi la Majesté souveraine par une facilité populaire se dépouille de son éclat et de ses richesses, de son immensité et de sa puissance, pour converser librement avec les hommes. Elevez votre courage, ô enfans d'Adam : dans la dispensation de sa chair, ne croyez pas que ce soit en vain qu'il semble appréhender de paroître Dieu; il l'est, et vous pouvez attendre de lui tout ce que l'on peut espérer d'un Dieu. Mais il cache tous ses divins attributs; approchez avec la même familiarité, avec la même franchise, avec la même liberté de cœur, que si ce n'étoit qu'un homme mortel.

Voilà l'effet admirable que produit le dépouillement du Verbe incarné; de sorte que nous pouvons dire qu'il ne s'appauvrit en toute autre chose, que pour être riche en amour et abondant en miséricorde. C'est le seul de ses attributs dont il se laisse l'usage; et dans sa pauvreté mystérieuse rien n'est plus riche que son

---

[1] *In Joan.*, tract. CVII, n. 7. — [2] *Contra Acad.*, lib. III, n. 42.

(a) *Var.* : Mais nous devons tout espérer d'un Dieu qui s'abaisse.

amour, qui coule sur nous de source, qui n'a même rien en nous qui l'attire, mais qui se répand sur nous de lui-même, et se déborde par sa propre abondance : tel est l'amour de notre Dieu. *Ipse prior dilexit nos*[1] : que reste-t-il maintenant, sinon que nous lui rendions amour pour amour? Certainement le cœur est trop dur, qui non content de ne lui pas donner son amour (*a*), refuse même de le lui rendre; qui n'allant pas à Dieu le premier, ne le suit pas du moins quand il le cherche. Que si nous aimons ce divin Sauveur, observons ses commandemens, et marchons par les voies qu'il nous a marquées. Et ne disons pas en nos cœurs : Aimer ses ennemis, se haïr soi-même, ce commandement est trop haut, il n'y a pas moyen de l'atteindre; la doctrine évangélique est trop relevée, et passe de trop loin la portée des hommes.

Quiconque parle ainsi n'entend pas le mystère d'un Dieu abaissé. Ce Dieu facile, ce Dieu populaire, qui se dépouille et qui s'appauvrit pour se mettre en égalité avec nous, mettra-t-il au-dessus de nous ses préceptes? Et celui qui veut que nous atteignions à sa personne, voudra-t-il que nous ne puissions atteindre à sa doctrine? Prendre une telle pensée, c'est peu connoître un Dieu appauvri; une telle hauteur ne s'accorde pas avec une telle condescendance. Non, je ne crois plus rien d'impossible. Il n'y a vertu où je n'aspire, il n'y a sainteté où je ne prétende. Mais si vous y prétendez, il faut encore ajouter : Il n'y a passion que je ne combatte. Ah! vous commencez à ne plus entendre et à trouver la chose impossible. Un Dieu descend et vous tend la main; il n'est que d'oser (*b*) et d'entreprendre. Heureuses donc les entrailles de la sainte Vierge, où s'accomplit un si grand mystère, dans lesquelles un Dieu appauvri ouvre une si belle carrière à nos espérances! Mais laissons les espérances, mes Sœurs, et venons aux biens véritables dont il comble notre pauvreté : c'est ce qu'il faut (*c*) méditer dans la dernière partie.

---

[1] I *Joan.*, IV, 10.

(*a*) *Var.* : Qui ne voulant pas lui donner son amour. — (*b*) Il n'y a perfection où je n'aspire, il n'y a sainteté où je ne prétende; et pour parvenir à ce haut degré, il n'y a passion que je ne combatte. C'est difficile, mais ajoutons encore : Ambition, je veux t'arracher du fond de mon cœur, etc. Puisqu'un Dieu descend pour tenir ma main, il n'est que d'oser... — (*c*) Mais il fait quelque chose de

TROISIÈME POINT.

Ni dans l'ordre de la grace, ni dans l'ordre de la nature, la terre pauvre et indigente ne peut s'enrichir que par le commerce avec le ciel : dans l'ordre de la nature elle ne porte jamais de riches moissons, si le ciel ne lui envoie ses pluies, ses rosées, sa chaleur vivifiante et ses influences; et dans l'ordre de la grace, on n'y verra jamais fleurir les vertus, ni fructifier les bonnes œuvres, si elle ne reçoit avec abondance les dons du ciel, où réside la source du bien. Jugez de là, chrétiens, quelle devoit être notre pauvreté, puisque ce sacré commerce avoit été rompu depuis tant de siècles par la guerre que nous avions déclarée au Ciel; et jugez par la même raison quelles seront dorénavant nos richesses, puisqu'il se rétablit aujourd'hui par le mystère de l'incarnation. Car ce n'est pas sans raison, mes Sœurs, que l'Eglise nous expliquant ce divin mystère, l'appelle « un commerce admirable : » *O admirabile commercium!*

Voilà un commerce admirable, dans lequel il est aisé de comprendre que tout se fait pour notre avantage. Deux sortes de commerce parmi les hommes : un commerce de besoin, pour emprunter ce qui nous manque; un commerce d'amitié et de bienveillance, pour partager avec nos amis ce que nous avons (*a*). Dans l'un et l'autre de ces commerces l'on trouve de l'avantage. Dans le premier on a le plaisir d'acquérir ce qu'on n'avoit pas; dans le second, le plaisir de jouir de ce qu'on possède : plaisir qui seroit sans goût, si nul n'y avoit part avec nous.

Mais il n'en est pas ainsi de notre Dieu, qui est « suffisant à lui-même, parce qu'il trouve tout, dit saint Augustin [1], dans (*b*) la grandeur abondante de son unité : » *Sibi sufficit copiosâ... unitatis magnitudine.* Il n'a besoin de personne pour posséder tout le bien, parce qu'il le ramasse tout entier en sa propre essence; il n'a besoin de personne pour le plaisir d'en jouir, qu'il goûte par-

---

[1] *Confess.*, lib. XIII, cap. XI.

plus; après avoir relevé ma bassesse, il comble de biens ma pauvreté : c'est ce qu'il faut méditer...... — (*a*) *Var.* : Un commerce de besoin quand nous empruntons les uns des autres ce qui nous manque; un commerce d'amitié et de bienveillance, lorsque possédant ce que nous voulons, nous cherchons un fidèle ami pour en partager avec nous la joie. — (*b*) Par.

faitement en lui-même. Donc s'il entre en commerce avec les hommes, qui doute que ce ne soit pour notre avantage? Quand il semble venir à l'emprunt, c'est qu'il a dessein de nous enrichir (a); s'il recherche notre compagnie, c'est qu'il veut se donner à nous. C'est ce qu'il fait aujourd'hui dans les entrailles de la sainte Vierge (b); et saint Augustin a raison de dire : *Ibi nos ditavit :* « C'est là qu'il nous enrichit. »

Et en effet, saintes ames, considérons, je vous prie, quel commerce le Fils de Dieu y commence, ce qu'il y reçoit, et ce qu'il y donne; épanchons ici notre cœur dans la célébration de ses bienfaits. Il est venu ce charitable négociateur, il est venu trafiquer avec une nation étrangère. Dites-moi, qu'a-t-il pris de nous? Il a pris les fruits malheureux que produit cette terre ingrate : la foiblesse, la misère, la corruption. Et que nous a-t-il donné en échange? Il nous a apporté les biens véritables qui croissent en son royaume céleste, qui est son domaine et son patrimoine (c) : l'innocence, la paix, l'immortalité, l'honneur de l'adoption, l'assurance de l'héritage, la grace et la communication du Saint-Esprit. Qui ne voit que tout se fait pour notre avantage dans cet admirable trafic?

Mais voyons maintenant cet autre commerce de société et d'affection. Peut-on nier que sans sa bonté notre compagnie lui seroit à charge? Si donc il épouse la nature humaine dans les entrailles de la sainte Vierge, s'il entre dans notre alliance par le nœud sacré de ce mariage, puisqu'il n'y a pas la moindre apparence que cette société lui profite, reconnoissons plutôt qu'il veut être à nous, et enrichir notre pauvreté, non-seulement par la profusion de tous ses biens, mais encore en se donnant lui-même.

Ce n'est pas moi, chrétiens, qui tire cette conséquence; c'est le grand apôtre saint Paul, qui considérant en lui-même cette charité infinie par laquelle Dieu a aimé tellement le monde qu'il lui a donné son Fils unique, s'écrie ensuite avec transport : « Celui qui ne nous a pas épargné son Fils, mais nous l'a donné tout entier et

---

(a) *Var.*: S'il emprunte ce que nous avons, c'est dans le dessein de nous enrichir. — (b) Telles sont les lois du sacré commerce qu'il est venu rétablir par le mystère de l'Incarnation. — (c) En cette céleste patrie, qui est son naturel héritage.

par sa naissance et par sa mort, que nous pourra-t-il refuser? et ne nous donne-t-il pas en lui toutes choses? » *Quomodò non etiam cum illo omnia nobis donavit* [1]? Quand il a donné son Fils aussi cher que lui-même, son unique, son bien-aimé, ses délices, son trésor, il nous a ouvert le fond de son cœur; et après que sa divine libéralité a ainsi épanché son cœur, ne faut-il pas que tout coule sur nous par cette ouverture? (a) Que plût à Dieu faire entendre la force de cette parole! *Seipsum dabit*, dit saint Augustin [2], *quia seipsum dedit :* « Il se donnera de nouveau, parce qu'il s'est déjà donné une fois. » La libéralité des hommes est bientôt à sec. En Dieu un bienfait est une promesse, une grace, un engagement pour un nouveau don. Comme dans une chaîne d'or, un anneau en attire un autre, ainsi les bienfaits de Dieu s'entre-suivent par un enchaînement admirable. Celui qui s'est donné une fois ne laissera pas tarir la source infinie de sa divine miséricorde, et il fera encore à notre nature un nouveau présent de lui-même : *Seipsum dabit immortalibus immortalem, quia seipsum dedit mortalibus mortalem* [3]. En Jésus-Christ mortel, les dons de la grace ; en Jésus-Christ immortel, les dons de la gloire. Il s'est donné à nous comme mortel, parce que les peines qu'il a endurées ont été la source de toutes nos graces : il se donnera à nous comme immortel, parce que la clarté (b) dont il est plein sera le principe de notre gloire : *Reformabit corpus humilitatis nostræ, configuratum corpori claritatis suæ* [4].

Mais faisons en ce lieu, mes Sœurs, une réflexion sérieuse sur la grandeur incompréhensible de la sainte Vierge. Car si nous recevons tant de graces et de bonheur parce que Dieu nous donne son Fils (c), que pourrons-nous penser de Marie, à qui ce Fils est donné avec une prérogative si éminente? Si nous sommes si avantagés parce qu'il nous le donne comme Sauveur, quelle sera la gloire de cette Vierge à laquelle il l'a donné comme Fils, c'est-à-dire en la même qualité qu'il est à lui-même? *Beatus venter qui te portavit :* « Heureuses mille et mille fois les entrailles qui ont

---

[1] *Rom.*, VIII, 32. — [2] *In Psal.* XLII, n. 2. — [3] *Ibid.* — [4] *Philip.*, III, 21.

(a) *Note marg. :* Voyez 1ᵉʳ *Serm. de la Nativité de la sainte Vierge*, IIᵉ point. pag. 74 et suiv. — (b) *Var. :* La gloire. — (c) Car si le principe de notre bonheur, c'est que Dieu nous donne son Fils.

porté Jésus-Christ ! » Jésus-Christ sera donné à tout le monde ; Marie le reçoit la première, et Dieu le donne au monde par son entremise. Jésus-Christ est un bien universel ; mais Marie durant sa grossesse le possédera toute seule. Elle a cela de commun avec tous les hommes, que Jésus donnera pour elle sa vie ; mais elle a cela de singulier, qu'il l'a premièrement reçue d'elle. Elle a cela de commun, que son sang coulera sur elle pour la sanctifier ; mais elle a cela de particulier, qu'elle en est la source. C'est le privilége extraordinaire que lui donne le mystère de cette journée ; mais puisque ce mystère adorable nous donne Jésus-Christ aussi bien qu'à elle, quoique ce ne soit pas au même degré d'alliance, apprenons de cette Mère divine à recevoir saintement ce Dieu qui se donne à nous.

Jésus-Christ mortel est à nous, Jésus-Christ immortel est à nous encore. Nous avons le gage de l'un et de l'autre dans le mystère de l'Eucharistie. Il est effectivement immortel, et il porte la marque et le caractère, non-seulement de sa mortalité, mais de sa mort même : il se donne à nous en cet état, afin que nous entendions que tout ce qu'il mérite par sa mort, et tout ce qu'il possède dans son immortalité est le bien de tous ses fidèles : recevons-le dans cette pensée. La disposition nécessaire pour recevoir un Dieu qui se donne à nous, est la résolution de s'en bien servir. Car quiconque fait cette injure à la miséricorde divine de ne recevoir pas son présent, *quomodò nos effugiemus, si tantam neglexerimus salutem*[1] ? Au contraire, quelle source de gloire, quel torrent de délices, quelle abondance de dons, quelle inondation de félicité !

Le fruit de ce discours, dans ces paroles : *Utamur nostro in nostram utilitatem, de Salvatore salutem operemur*[2]. Sortons de cette prédication avec une sainte ardeur de travailler à notre salut, puisque nous recevons un Sauveur... nous sauver, etc. S'il n'y avoit point de Sauveur, je ne vous parlerois point de la sorte. S'il est à nous, mes Frères, servons-nous-en pour notre profit, et puisqu'il est le Sauveur, faisons de lui notre salut : *Utamur nostro in nostram utilitatem, de Salvatore salutem operemur.*

[1] *Hebr.*, II, 3. — [2] S. Bern., hom. III, super *Missus est*, n. 14.

SECOND SERMON

POUR

LA FÊTE DE L'ANNONCIATION (a).

Sic Deus dilexit mundum, ut Filium suum unigenitum daret.
Dieu a tant aimé le monde, qu'il a donné son Fils unique. Joan., III, 16.

Les Juifs infidèles et endurcis ont reproché autrefois à notre Sauveur « qu'étant un homme mortel, il ne craignoit pas de se faire Dieu » et de s'attribuer un nom si auguste : *Tu homo cùm sis, facis teipsum Deum*[1]. Sur quoi saint Athanase remarque[2] que les miracles visibles par lesquels il faisoit connoître sa divinité devoient leur fermer la bouche ; « et qu'au lieu de lui demander pourquoi étant homme il se faisoit Dieu, ils devoient lui demander bien plutôt pourquoi étant Dieu, il s'étoit fait homme. » Alors il leur auroit répondu : Dieu a tant aimé le monde. Ne demandez pas de raison d'une chose qui n'en peut avoir (b) ; l'amour de Dieu s'irriteroit, si l'on cherchoit autre part qu'en son propre fonds des raisons de son ouvrage ; et même je le puis dire, il est

---

[1] *Joan.*, x, 33. — [2] *Epist. de Decret. Nicæn. synod.*, n. 1.

(a) Prêché devant le roi, pendant le Carême, en 1666.
D'abord prêché devant le roi. Car l'orateur dit : « La place naturelle de l'affection, de la tendresse, de la piété, c'est le cœur d'un roi ; » et : « Que cette conquête est digne d'un roi ; » et encore : « Venez donc, ô divin Jésus...; tirez les rois ; tirez surtout, ô Jésus, notre monarque. »
En suite pendant le Carême, et parce que la sainte quarantaine embrasse presque toujours la fête de l'Annonciation, et parce que le grand orateur n'a pu la prêcher à la Cour dans un autre temps.
Enfin en 1666. Bossuet a prêché deux Carêmes à la Cour : celui de 1662 et celui de 1666. Or, dans notre discours, il ne fait entendre aucun de ces appels à la charité chrétienne, aucun de ces cris déchirans que lui arrachoient en 1662 les souffrances du peuple ; mais il parle « de l'amour faux, de l'amour trompeur, » qui commençoit en 1666 à prendre dans un cœur auguste la place « de l'amour véritable ; » il s'écrie : « O créatures, idoles honteuses, retirez-vous de ce cœur qui veut aimer Dieu par Jésus-Christ ! O ombres, fantômes, dissipez-vous en présence de la vérité !... Que je t'égorge devant Dieu, ô cœur profane, pour mettre à ta place un cœur chrétien ! »
(b) *Var.* : Ne demandez pas de raison d'un si grand oracle.

bien aise, Messieurs, qu'on n'y voie aucune raison, afin que rien n'y paroisse que ses saints et divins excès.

Par conséquent, chrétiens, ne perdons pas le temps aujourd'hui à trouver des raisons d'un si grand prodige (*a*) ; mais croyant simplement avec l'apôtre saint Jean à l'immense charité que Dieu a pour nous, honorons le mystère du Verbe incarné par un amour réciproque. La bienheureuse Marie est toute pénétrée de ce saint amour ; elle porte un Dieu dans son cœur beaucoup plus intimement que dans ses entrailles, et le Saint-Esprit survenu en elle avec une telle abondance, fait qu'elle ne respire plus que la charité. Demandons-lui tous ensemble une étincelle de ce feu sacré, en lui disant avec l'ange, *Ave*.

Il a plu à Dieu de se faire aimer : et comme il a vu la nature humaine toute de glace pour lui, toute de flamme pour d'autres objets, sachant de quel poids il est dans ce commerce d'affection de faire les premiers pas surtout à une puissance souveraine, il n'a pas dédaigné de nous prévenir ni de faire toutes les avances en nous donnant son Fils unique, qui lui-même se donne à nous pour nous attirer.

Il a plu à Dieu de se faire aimer : et parce que c'est le naturel de l'esprit humain de recevoir les lumières plus facilement par les exemples que par les préceptes, il a proposé au monde un Dieu aimant Dieu, afin que nous vissions en ce beau modèle quel est l'ordre, quelle est la mesure, quels sont les devoirs du saint amour et jusqu'où il doit porter la créature raisonnable.

Il a plu à Dieu de se faire aimer ; et comme c'étoit peu à notre foiblesse de lui montrer un grand exemple si on ne lui donnoit en même temps un grand secours, ce Jésus-Christ qui nous aime et qui nous apprend à aimer son Père, pour nous faciliter le chemin du divin amour, se présente lui-même à nous comme la voie qui nous y conduit : de sorte qu'ayant besoin de trois choses pour être réunis à Dieu, d'un attrait puissant, d'un parfait modèle et d'une voie assurée, Jésus-Christ nous offre tout, nous fait trouver tout en sa personne ; et il nous est lui seul tout ensemble

(*a*) *Var.:* D'un si grand miracle, — d'un si grand mystère.

l'attrait qui nous gagne à l'amour de Dieu, le modèle qui nous montre les règles de l'amour de Dieu, la voie pour arriver à l'amour de Dieu : c'est-à-dire si nous l'entendons, que nous devons premièrement nous donner à Dieu pour l'amour du Verbe incarné, que nous devons en second lieu nous donner à Dieu à l'exemple du Verbe incarné, que nous devons en troisième lieu nous donner à Dieu par la voie et par l'entremise du Verbe incarné. C'est tout le devoir du chrétien, c'est tout le sujet de ce discours.

PREMIER POINT.

La sagesse humaine demande souvent : Qu'est venu faire un Dieu sur la terre ? pourquoi se cacher ? pourquoi se couvrir ? pourquoi anéantir sa majesté sainte pour vivre, pour converser, pour traiter avec les mortels ? A cela je dis en un mot : c'est qu'il a dessein de se faire aimer. Que si l'on me presse encore et que l'on demande : Est-ce donc une œuvre si digne d'un Dieu que de se faire aimer de sa créature ? Ah ! c'est ici, chrétiens, que je vous demande vos attentions, pendant que je tâche de développer les mystères de l'amour divin.

Oui, c'est une œuvre très-digne d'un Dieu de se faire aimer de sa créature. Car le nom de Dieu est un nom de roi : « Roi des rois, Seigneur des seigneurs [1], » c'est le nom du Dieu des armées. Et qui ne sait qu'un roi légitime doit régner par inclination ? La crainte, l'espérance, l'inclination, peuvent assujettir le cœur ; la crainte servile nous fait un tyran, l'espérance mercenaire nous donne (a) un maître, ou comme on dit, un patron ; mais l'amour soumis par devoir et engagé par inclination, donne à notre cœur un roi légitime. C'est pourquoi David plein de son amour : « Je vous exalterai, dit-il, ô mon Dieu, mon Roi ; je bénirai votre nom aux siècles des siècles : » *Exaltabo te, Deus meus Rex ; et benedicam nomini tuo in sæculum, et in sæculum sæculi* [2]. Voyez comme son amour élève un trône à son Dieu et le fait régner sur

---

[1] *Apoc.*, XVII, 14 ; XIX, 16. — [2] *Psal.* CXLIV, 1.

(a) *Var.* : La crainte forcée donne un tyran à notre cœur, l'espérance intéressée nous donne.....

le cœur. Si donc Dieu est notre Roi, ah ! il est digne de lui de se faire aimer.

Mais laissons ce titre de Roi, qui tout grand et tout auguste qu'il est, exprime trop foiblement la majesté de notre Dieu. Parlons du titre de Dieu, et disons que le Dieu de tout l'univers ne devient notre Dieu en particulier que par l'hommage de notre amour. Pourrai-je bien ici expliquer ce que je pense? L'amour est en quelque sorte le Dieu du cœur. Dieu est le premier principe et le moteur universel de toutes les créatures. C'est l'amour aussi qui fait remuer toutes les inclinations et les ressorts du cœur les plus secrets. Il est donc, ainsi que j'ai dit, en quelque sorte le Dieu du cœur, ou plutôt il en est l'idole qui usurpe l'empire de Dieu. Mais afin d'empêcher cette usurpation, il faut qu'il se soumette lui-même à Dieu, afin que notre grand Dieu étant le Dieu de notre amour, soit en même temps le Dieu de notre cœur, et que nous lui puissions dire avec David : *Defecit caro mea et cor meum : Deus cordis mei, et pars mea, Deus, in œternum* [1]. « Ah ! mon cœur languit après vous par le saint amour ; vous êtes donc le Dieu de mon cœur, parce que vous régnez par mon amour et que vous régnez sur mon amour même. »

Entendez donc, chrétiens, quelle est la force de l'amour, et combien il est digne de Dieu de se faire aimer. C'est l'amour qui fait notre Dieu, parce que c'est lui qui donne l'empire du cœur. C'est pourquoi Dieu commande avec tant d'ardeur : « Vous aimerez le Seigneur votre Dieu de tout votre cœur, de tout votre esprit, de toutes vos forces, de toute votre puissance [2]. » Pourquoi cet empressement de se faire aimer? C'est le seul tribut qu'il demande ; et c'est la marque la plus illustre (a) de sa souveraineté, de son abondance, de sa grandeur infinie. Car qui n'a besoin de rien ne demande rien aussi, sinon d'être aimé ; et c'est une marque visible de l'essentielle pauvreté de la créature, qu'elle soit obligée par son indigence de demander à ceux qui l'aiment autre chose que leur amour même. C'est donc le caractère d'un Dieu de n'exiger de nous que le pur amour ; et ne lui offrir que ce seul présent,

[1] *Psal.* LXXII, 26. — [2] *Deut.*, VI, 5.
(a) *Var.* : Unique et essentielle.

c'est honorer sa plénitude. On ne peut rien lui donner, encore qu'on lui doive tout ; on tire de son propre cœur de quoi s'acquitter en aimant ; d'où il est aisé de comprendre que l'amour est le véritable tribut par lequel on peut reconnoître un Dieu infiniment abondant. Et ainsi ceux qui douteroient s'il est digne de Dieu de se faire aimer, pourroient douter, par même raison, s'il est digne de Dieu d'être Dieu, puisque le caractère de Dieu, c'est de n'exiger rien de sa créature, sinon qu'elle l'adore par un saint amour. « C'est dans la piété que consiste tout le culte de Dieu, et on ne l'honore, dit saint Augustin [1], qu'en l'aimant : » *Pietas cultus Dei est, nec colitur ille nisi amando.*

Après cela, chrétiens, quelqu'un peut-il s'étonner si un Dieu descend pour se faire aimer ? Qu'il se fasse homme, qu'il s'anéantisse, qu'il se couvre tout entier de chair et de sang, tout ce qui est indigne de Dieu devient digne de sa grandeur, aussitôt qu'il tend à le faire aimer. Il voit du plus haut du ciel toute la terre devenue un temple d'idoles. On élève de tous côtés autel contre autel, et on excite sa jalousie en adorant de faux dieux. Ne croyez pas que je parle de ces idoles matérielles ; les idoles dont je veux parler sont dans notre cœur. Tout ce que nous aimons désordonnément dans la créature, comme nous lui rendons par notre amour l'hommage de Dieu, nous lui donnons aussi la place de Dieu, parce que nous lui en rendons l'hommage qui est l'amour même. Comme donc ce ne peut être qu'un amour profane qui érige en nos cœurs toutes les idoles, ce ne peut être que le saint amour qui rende à Dieu ses autels et qui le fasse reconnoître en sa majesté.

S'il est ainsi, ô Dieu vivant, venez attirer les cœurs ; venez régner sur la terre, en un mot faites qu'on vous aime ; mais afin qu'on vous aime, aimez ; afin qu'on vous trouve, cherchez ; afin qu'on vous suive, prévenez. Voici un autre embarras, il s'élève une nouvelle difficulté : Qu'il soit digne de Dieu de se faire aimer, mais est-il digne de Dieu de prévenir l'amour de sa créature ? Ah ! plutôt, que pour honorer sa grandeur suprême, tous les cœurs languissent après lui, et après il se rendra lui-même à l'amour ! — Non, Messieurs, il faut qu'il commence, non-seule-

[1] S. August., epist. CXL, n. 45.

ment à cause de notre foiblesse qui ne peut s'élever à lui qu'étant attirée, mais à cause de sa grandeur, parce qu'il est de la dignité du premier Etre d'être le premier à aimer, et de prévenir les affections par une bonté surabondante.

Je l'ai appris de saint Augustin, que l'amour, pur, l'amour libéral, c'est-à-dire l'amour véritable, a je ne sais quoi de grand et de noble, qui ne veut naître que dans l'abondance et dans un cœur souverain (a). Voulez-vous savoir, dit ce grand homme, quelle est l'affection véritable? C'est, dit-il, « celle qui descend, et non celle qui remonte ; celle qui vient de miséricorde, non celle qui vient de misère; celle qui coule de source et de plénitude, non celle qui sort d'elle-même pressée par son indigence. » *Ille gratior amor est, qui non æstuat indigentiæ siccitate, sed ubertate beneficentiæ profluit*[1]. Ainsi la place naturelle de l'affection, de la tendresse et de la pitié, c'est le cœur d'un souverain. Et comme Dieu est le souverain véritable, de là vient que le cœur d'un Dieu est un cœur d'une étendue infinie, (b) toujours prêt à prévenir tous les cœurs, et plus pressé à donner par l'excès de sa miséricorde que les autres à demander par l'excès de leur misère. Tel est le cœur d'un Dieu, et tel doit être le cœur de tous ceux qui le représentent. Il ne faut pas s'étonner si un cœur si tendre et si étendu fait volontiers toutes les avances, s'il n'attend pas qu'il soit prévenu, mais si lui-même aime le premier, comme dit l'apôtre saint Jean[2], pour conserver sa dignité propre et marquer son indépendance dans la libéralité gratuite de son amour.

Voilà donc notre Souverain qui veut être aimé, et pour cela qui nous aime pour attirer notre amour. Telle est son intime disposition : voyons-en les effets sensibles. (c) Il se rabaisse et il nous élève, il se dépouille et il nous donne, il perd en quelque sorte ce qu'il est et il nous le communique. Comment perd-il ce qu'il est? Appauvrissement, etc. Il est Dieu, et il craint de le paroître. Il l'est, et vous pouvez attendre de lui tout le secours que l'on peut espérer d'un Dieu. Mais il cache tous ses divins attri-

[1] S. August., *De catechiz. rud.*, n. 7. — [2] I Joan., IV, 10.

(a) *Note marg.* : Pourquoi est fait un cœur souverain? Pour prévenir tous les cœurs par une bonté souveraine. — (b) Var.: Ainsi vous voyez que le cœur d'un Dieu, c'est un cœur d'une étendue infinie. (c) Il nous donne son Fils unique.

buts. (*a*) Approchez avec la même franchise, avec la même liberté de cœur que si ce n'étoit qu'un homme mortel. N'est-ce pas véritablement vouloir être aimé? N'est-ce pas nous prévenir par un grand amour? Saint Augustin est admirable et il avoit bien pénétré toute la sainteté de ce mystère, quand il a dit qu'un Dieu s'est fait homme « par une bonté populaire, » *populari quâdam clementiâ*[1]. Qu'est-ce qu'une bonté populaire? Elle nous paroît, chrétiens, lorsqu'un grand, sans oublier ce qu'il est, se démet par condescendance, se dépouille, non point par foiblesse, mais par une facilité généreuse; non pour laisser usurper son autorité, mais pour rendre sa bonté accessible et parce qu'il veut faire naître une liberté qui n'ôte rien du respect, si ce n'est le trouble et l'étonnement, et cette première surprise que porte un éclat trop fort (*b*) dans une ame infirme: c'est ce qu'a fait le Dieu-Homme. Il s'est rendu populaire; sa sagesse devient sensible, sa majesté tempérée, sa grandeur libre et familière.

Et que prétend-il, chrétiens, en se rabaissant de la sorte? Et pourquoi se défaire de ses foudres? Pourquoi se dépouiller de sa majesté et de tout l'appareil de sa redoutable puissance? C'est qu'il y a des conquêtes de plus d'une sorte, et toutes ne sont pas sanglantes. Un prince justement irrité se jette sur les terres de son ennemi, et se les assujettit par la force. C'est une noble conquête; mais elle coûte du sang, et une si dure nécessité doit faire gémir un cœur chrétien: ce n'est pas de celle-là que je veux parler (*c*). Sans répandre du sang, il se fait faire justice par la seule fermeté de son courage; et la renommée en vole bien loin dans les empires étrangers: c'est quelque chose encore de plus glorieux. Mais toutes les conquêtes ne se font pas sur les étrangers; il n'y a rien de plus illustre que de faire une conquête pai-

---

[1] S. August., *contra Acad.*, lib. III, n. 42.

(*a*) *Note marg.* : Sous une forme étrangère. A Moïse, *os ad os* (*Num.*, XII, 8; *Exod.*, XXXIII, 11). Comme un ami à un ami. — (*b*) *Var.* : Trop grand. — (*c*) Mais que prétend-il, chrétiens, en se rabaissant de la sorte? Un certain retour d'affection, un certain redoublement de respect. Ah! la noble prétention! il prétend conquérir ses peuples et les gagner par ce moyen. Un prince peut-il conquérir ses peuples? Plusieurs ont conquis leurs peuples rebelles, qui avoient secoué le joug; mais ce n'est pas ce que je veux dire : on peut même conquérir des peuples soumis.

sible de son propre état. Conquérir les cœurs : ce royaume caché et intérieur est d'une étendue infinie ; il y a tous les jours de nouvelles terres à gagner, de nouveaux pays à conquérir, et toujours autant de couronnes. O que cette conquête est digne d'un roi ! c'est celle de Jésus-Christ. Nous étions à lui par droit de naissance ; il nous veut encore acquérir par son saint amour. *Regnum Dei intra vos est*[1]. Cet amour lui étoit dû par sa naissance et par ses bienfaits ; il a voulu le mériter de nouveau, il a voulu engager les cœurs par des obligations particulières. *Sicut filiis dico, dilatamini et vos*[2] : *Sicut filiis*, non pas comme des esclaves, mais comme des enfans qui doivent aimer, dilatez en vous le règne de Dieu : ôtez les bornes de l'amour par l'amour de Jésus-Christ, qui n'a point donné de limites à celui qu'il a eu pour nous. Cet amour est libre, il est souverain ; il veut qu'on le laisse agir dans toute son étendue, et qui le contraint tant soit peu offense son indépendance. Il faut ou tout inonder ou se retirer tout entier. Un petit point dans le cœur. Aimez autant que le mérite un Dieu-Homme ; et pour cela, chrétiens, aimez dans toute l'étendue qu'a fait un Dieu-Homme.

SECOND POINT.

Jésus-Christ semblable à nous, afin que nous lui fussions semblables. (*a*) Si vous demandez maintenant quel est l'esprit de Jésus, il est bien aisé d'entendre que c'est l'esprit de la charité. Un Dieu n'auroit pas été aimé comme il le mérite, si un Dieu ne l'avoit aimé ; l'amour qu'on doit à un Dieu n'auroit pas eu un digne modèle, si un Dieu lui-même n'avoit été l'exemplaire (*b*). Venez donc apprendre de ce Dieu aimant dans quelle étendue et dans quel esprit il faut aimer Dieu (*c*).

L'étendue de cet amour doit être infinie. L'amour de notre exemplaire, c'est une adhérence sans bornes à la sainte volonté du Père céleste. Ma nourriture, dit-il[3], c'est de faire la volonté de mon Père et d'accomplir son ouvrage. (*d*) Il ne perd pas de vue un

---

[1] *Luc.*, XVII, 21. — [2] II *Cor.*, VI, 13. — [3] *Joan.*, IV, 34.

(*a*) *Note marg.* : Voyez IIe Carême, IIe point. — (*b*) *Var.* : Si un Dieu ne l'avoit donné.— (*c*) De quelle sorte il faut aimer Dieu.— (*d*) *Note marg.* : Aimer Dieu c'est tout son emploi : *Quæ placita sunt ei facio semper* (Joan., VIII, 29).

moment l'ordre de ses décrets éternels; à tous momens il s'y abandonne sans réserve aucune : Je fais, dit-il, toujours ce qu'il veut. Aujourd'hui, dès le moment de sa conception, il commence ce saint exercice. « En entrant au monde, dit le saint Apôtre [1], il a dit : Les holocaustes ne vous ont pas plu ; eh bien, me voici, Seigneur, et je viens pour accomplir en tout votre volonté. » En ce moment, chrétiens, toutes ses croix lui furent montrées : il vit un dédain dans le cœur de Dieu pour les sacrifices des hommes : il voit une avidité dans le cœur de Dieu d'avoir une victime digne de lui, digne de sa sainteté, digne de sa justice, capable de porter tous ses traits et tous les crimes des hommes; et qu'ensuite il alloit être la seule victime. O Dieu, quel excès de peines! et néanmoins hardiment : Me voici (a), Seigneur, je viens pour accomplir votre volonté.

Chrétien, imite ce Dieu, adore en tout les décrets du Père. Soit qu'il frappe, soit qu'il console, soit qu'il te couronne, soit qu'il te châtie, adore, embrasse sa volonté sainte. Mais en quel esprit ? Ah! voici la perfection : en l'Esprit du Dieu incarné, dans un esprit d'agrément et de complaisance. Vous savez ce que c'est que la complaisance; on ne la connoît que trop à la Cour ; mais il faut apprendre d'un Dieu quelle complaisance un Dieu mérite. En cette heure, dit l'Evangéliste, Jésus se réjouit dans le Saint-Esprit, et il dit : « Je vous loue, ô Père, Seigneur du ciel et de la terre, de ce que vous avez caché ceci aux superbes et que vous l'avez découvert aux humbles [2]. » Et il ajoute dans un saint transport : « Oui, Père, parce qu'il a plu ainsi devant vous. » Telle est la complaisance qu'exige de nous la souveraineté de notre Dieu; un accord, un consentement, un acquiescement éternel, un oui éternel, pour ainsi parler, non de notre bouche, mais de notre cœur, pour ses volontés adorables. C'est faire sa cour à Dieu, c'est l'adorer comme il le mérite que de se donner à lui de la sorte.

Que faites-vous, Esprits bienheureux, cour triomphante du Dieu

---

[1] *Hebr.*, x, 6, 7. — [2] *Luc.*, x, 21.

Aimer Dieu, c'est tout son plaisir : *Non quæro voluntatem meam, sed voluntatem ejus qui misit me.* Joan. VIII, 30.) Aimer Dieu, c'est tout son soutien : *Meus cibus est ut faciam voluntatem ejus qui misit me.* — (Joan. IV, 34). (a) *Var.* : Et néanmoins : Me voici.

des armées ? Que faites-vous devant lui et à l'entour de son trône ? Ils nous sont représentés dans l'*Apocalypse* [1], disant toujours *Amen* devant Dieu ; un *Amen* soumis et respectueux, dicté par une sainte complaisance. *Amen* dans la langue sainte, c'est-à-dire Oui ; mais un oui pressant et affirmatif, qui emporte l'acquiescement ou plutôt, pour mieux dire, le cœur tout entier. C'est ainsi qu'on aime Dieu dans le ciel : ne le ferons-nous pas sur la terre ? Eglise qui voyages en ce lieu d'exil, l'Eglise, la Jérusalem bienheureuse, ta chère sœur qui triomphe au ciel, chante à Dieu ce Oui, cet *Amen* : ne répondras-tu pas à ce divin chant (a), comme un second chœur de musique animé par la voix de Jésus-Christ même : « Oui, Père, puisqu'il a plu ainsi devant vous ? » Quoi ! nous qui sommes nés pour la joie céleste, chanterons-nous le cantique des plaisirs mortels ? C'est une langue barbare, dit saint Augustin [2], que nous apprenons dans l'exil : parlons le langage de notre patrie. En l'honneur de l'homme nouveau que le Saint-Esprit nous forme aujourd'hui, « chantons le nouveau cantique, le cantique de la nouvelle alliance : » *Cantemus Domino canticum novum* [3].

Nous sommes, dit le saint Apôtre, un commencement de la créature nouvelle de Dieu. L'accomplissement de la création, c'est la vie des bienheureux ; et c'est nous qui en sommes le commencement, *initium creaturæ ejus* [4]. Nous devons donc commencer ce qui se consommera dans la vie future ; et cet *Amen* éternel que chantent les bienheureux dans la plénitude d'un amour jouissant, nous le devons chanter avec Jésus-Christ dans l'avidité d'un saint désir : « Oui, Père, puisqu'il a plu ainsi devant vous. » *Tunc cantabit amor fruens, nunc cantat amor esuriens,* dit saint Augustin [5]. Nous le devons chanter pour nous-mêmes, nous le devons chanter pour les autres. Car écoutez parler le Dieu-Homme, modèle du saint amour : « Oui, Père, parce qu'il vous a plu… ; toutes choses me sont données par mon Père [6]. » Il ne se réjouit d'avoir tout en main, que pour donner tout à Dieu et le faire régner sans bornes.

O rois, écoutez Jésus, et apprenez de ce Roi de gloire, que vous

---

[1] *Apoc.*, VII, 12. — [2] *In Psal.* CXXXVI, n. 17. — [3] *Psal.* XCV, 1. — [4] *Jac.*, I, 18. — [5] *Serm.* CCLVI, n. 5. — [6] *Luc.*, X, 21, 22.

(a) *Var.:* A sa voix.

ne devez avoir de cœur que pour aimer et faire aimer Dieu, de vie que pour faire vivre Dieu, de puissance que pour faire régner Dieu; et enfin que toutes les choses humaines (a) ne vous ont été confiées que pour les rendre, les conserver, et pour les donner saintement à Dieu.

Mais si ce Dieu nous délaisse, mais si ce Dieu nous persécute, mais si ce Dieu nous accable, faut-il encore lui rendre cette complaisance? Oui, toujours, sans fin, sans relâche. Il est vrai, ô homme de bien, je te vois souvent délaissé; tes affaires vont en décadence; ta pauvre famille éplorée semble n'avoir plus de secours; Dieu même te livre à tes ennemis, et paroît te regarder d'un œil irrité. Ton cœur est prêt de lui dire avec David : « O Dieu, pourquoi vous êtes-vous retiré si loin? Vous me dédaignez dans l'occasion, lorsque j'ai le plus besoin de votre secours, dans l'affliction, dans l'angoisse : » *Ut quid, Domine, recessisti longè, despicis in opportunitatibus, in tribulatione*[1]? Est-il possible, ô Dieu vivant? Etes-vous de ces amis infidèles, qui abandonnent dans les disgraces, qui tournent le dos dans l'affliction? Ne le crois pas, homme juste. Cette persécution, c'est une épreuve; cet abandon, c'est un attrait; ce délaissement, c'est une grace. Imite cet Homme-Dieu, notre original et notre exemplaire, qui tout délaissé, tout abandonné, après avoir dit ces mots pour s'en plaindre avec amertume : « Pourquoi me délaissez-vous[2]? » se rejette lui-même d'un dernier effort entre ses mains qui le repoussent (b). « O Père, je remets, dit-il, mon esprit entre vos mains[1]. » Ainsi obstine-toi, chrétien, obstine-toi saintement, quoique délaissé, quoique abandonné, à te rejeter avec confiance entre les mains de ton Dieu, oui même entre ces mains qui te frappent, oui même entre ces mains qui te foudroient, oui même entre ces mains qui te repoussent pour t'attirer davantage. Si ton cœur ne te suffit pas pour faire un tel sacrifice, prends le cœur d'un Dieu incarné, d'un Dieu accablé, d'un Dieu délaissé; et de toute la force de ce cœur divin, perds-toi dans l'abîme du

---

[1] *Psal.* IX, 22. — [2] *Matth.*, XXVII, 46; *Psal.* XXI, 2, etc. — [3] *Luc.*, XXIII, 46; *Psal.* XXX, 6.

(a) *Var.* : Que tous les hommes. — (b) Entre les mains de son Père.

saint amour. Ah! cette perte, c'est ton salut et cette mort, c'est ta vie.

TROISIÈME POINT.

Ce seroit ici, chrétiens, qu'après vous avoir fait voir que l'attrait du divin amour, c'est d'aimer pour Jésus-Christ; que le modèle du divin amour, c'est d'aimer comme Jésus-Christ, il faudroit encore vous expliquer que la consommation du divin amour, c'est d'aimer en Jésus-Christ et par Jésus-Christ. Mais les deux premières parties m'ayant insensiblement emporté le temps, je n'ai que ce mot à dire.

Je voulois donc, Messieurs, vous représenter que Dieu pour rappeler toutes choses au mystère de son unité, a établi l'homme le médiateur de toute la nature visible, et Jésus-Christ Dieu-Homme seul médiateur de toute la nature humaine. Ce mystère est grand, je l'avoue, chrétiens, et mériteroit un plus long discours. Mais, quoique je ne puisse en donner une idée bien nette, j'en dirai assez, si je puis, pour faire admirer le conseil de Dieu. L'homme donc est établi le médiateur de la nature visible. Toute la nature veut honorer Dieu et adorer son principe, autant qu'elle en est capable. La créature insensible, la créature privée de raison n'a point de cœur pour l'aimer, ni d'intelligence pour le connoître : « Ainsi ne pouvant connoître, tout ce qu'elle peut, dit saint Augustin, c'est de se présenter elle-même à nous pour être du moins connue et nous faire connoître son divin Auteur : » *Quæ cùm cognoscere non possit, quasi innotescere velle videtur* [1]. Elle ne peut voir, elle se montre; elle ne peut aimer, elle nous y presse; et ce Dieu qu'elle n'entend pas, elle ne nous permet pas de l'ignorer. C'est ainsi qu'imparfaitement et à sa manière elle glorifie le Père céleste. Mais afin qu'elle consomme son adoration, l'homme doit être son médiateur : c'est à lui à prêter une voix, une intelligence, un cœur tout brûlant d'amour (a) à toute la nature visible, afin qu'elle aime en lui et par lui la beauté invisible de son Créateur. C'est pourquoi il est mis au milieu du monde,

---

[1] *De Civ. Dei*, lib. XI, cap. XXVII, n. 2.
(a) *Var.* : Consommé d'amour.

industrieux abrégé du monde, petit monde dans le grand monde, ou plutôt, dit saint Grégoire de Nazianze [1], « grand monde dans le petit monde, » parce qu'encore que selon le corps il soit renfermé dans le monde, il y a un esprit et un cœur qui est plus grand que le monde, afin que contemplant l'univers entier et le ramassant en lui-même, il l'offre, il le sanctifie, il le consacre au Dieu vivant : si bien qu'il n'est le contemplateur et le mystérieux abrégé de la nature visible, qu'afin d'être pour elle par un saint amour le prêtre et l'adorateur de la nature invisible et intellectuelle.

Mais ne nous perdons pas, chrétiens, dans ces hautes spéculations ; et disons que l'homme, ce médiateur de la nature visible, avoit lui-même besoin d'un médiateur. La nature visible ne pouvoit aimer, et pour cela elle avoit besoin d'un médiateur pour retourner à son Dieu ; la nature humaine peut bien aimer, mais elle ne peut aimer dignement. Il falloit donc lui donner un médiateur aimant Dieu comme il est aimable, adorant Dieu autant qu'il est adorable, afin qu'en lui et par lui nous puissions rendre à Dieu notre Père un hommage, un culte, une adoration, un amour digne de sa majesté. C'est, Messieurs, ce médiateur qui nous est formé aujourd'hui par le Saint-Esprit dans les entrailles de Marie. Réjouis-toi, ô nature humaine ; tu prêtes ton cœur au monde visible pour aimer son Créateur tout-puissant ; et Jésus-Christ te prête le sien, pour aimer dignement celui qui ne peut être dignement aimé que par un autre lui-même. Laissons-nous donc gagner par ce Dieu aimant, aimons comme ce Dieu aimant, aimons par ce Dieu aimant.

Que croyez-vous, chrétiens, que fait aujourd'hui la divine Vierge toute pleine de Jésus-Christ ? Elle l'offre sans cesse au Père céleste ; et après avoir épuisé son cœur, rougissant de la pauvreté de l'amour de la créature pour l'immense bonté de son Dieu, pour suppléer à ce défaut, pour compenser ce qui manque, elle offre au Père céleste toute l'immensité de l'amour et toute l'étendue du cœur d'un Dieu-Homme. Faisons ainsi, chrétiens ; unissons-nous à Jésus, aimons en Jésus, aimons par Jésus. Mais, ô Dieu,

[1] Orat. XLII, n. 15.

quelle pureté ! O Dieu, quel dégagement pour nous unir au cœur de Jésus ! O créatures, idoles honteuses, retirez-vous de ce cœur qui veut aimer Dieu par Jésus-Christ ! Ombres, fantômes, dissipez-vous en présence de la vérité ! Voici l'amour véritable qui veut entrer dans ce cœur : amour faux, amour trompeur, veux-tu tenir devant lui?

Chrétiens, rejetterez-vous l'amour d'un Dieu-Homme qui vous presse, qui veut remplir votre cœur pour unir votre cœur au sien, et faire de tous les cœurs une même victime du saint amour? Vive l'Eternel, mes Frères ! je ne puis souffrir cette indignité. Je veux arracher ce cœur de tous les plaisirs qui l'enchantent, de toutes les créatures qui le captivent. O Dieu, quelle violence d'arracher un cœur de ce qu'il aime ! Il en gémit amèrement ; mais quoique la victime se plaigne et se débatte devant les autels, il n'en faut pas moins achever le sacrifice du Dieu vivant. Que je t'égorge devant Dieu, ô cœur profane, pour mettre en ta place un cœur chrétien ! — Eh quoi ! ne me permettrez-vous pas encore un soupir, encore une complaisance ? — Nul soupir, nulle complaisance que pour Jésus-Christ et par Jésus-Christ. Et donc faudra-t-il éteindre jusqu'à cette légère étincelle ? Sans doute, puisque la flamme toute entière m'y paroît encore vivante. O dénûment d'un cœur chrétien ! pourrons-nous bien nous résoudre à ce sacrifice ? Un Dieu-Homme, un Dieu incarné, un Dieu se donnant à nous dans l'Eucharistie, en la vérité de sa chair et en la plénitude de son Esprit, le mérite bien.

Venez donc, ô divin Jésus, venez consumer ce cœur. Tirez-nous après vos parfums ; tirez les grands, tirez les petits, tirez les rois, tirez les sujets, tirez surtout, ô Jésus, le cœur de notre monarque, lequel en se donnant tout à fait à vous, ferme comme il est, constant comme il est, est capable de vous entraîner toutes choses et de vous faire régner par tout l'univers. Ainsi soit-il.

TROISIÈME SERMON

POUR

LA FÊTE DE L'ANNONCIATION (a).

Λαλοῦμεν σοφίαν Θεοῦ ἐν μυστηρίῳ, τὴν ἀποκεκρυμμένην, ἣν προώρισεν ὁ Θεὸς πρὸ τῶν αἰώνων εἰς δόξαν ἡμῶν. Ἣν οὐδεὶς τῶν ἀρχόντων τοῦ αἰῶνος τούτου ἔγνωκεν.

Vocavit nomen uxoris suæ, Heva; eo quòd mater esset cunctorum viventium.

Adam donna à sa femme le nom d'Eve, parce qu'elle étoit la mère de tous les vivans. *Genes.*, III, 20.

Benedicta tu in mulieribus.

Vous êtes bénie entre toutes les femmes. *Luc.*, I, 29.

C'est un trait merveilleux de miséricorde, que la promesse de notre salut se trouve presque aussi ancienne que la sentence de notre mort, et qu'un même jour ait été témoin de la chute de nos premiers pères et du rétablissement de leur espérance. Nous voyons en la *Genèse,* chapitre III, que Dieu en nous condamnant à la servitude, nous promet en même temps le Libérateur; en prononçant la malédiction contre nous, il prédit au serpent, qui nous a trompés, que sa tête sera brisée, c'est-à-dire que son empire sera renversé et que nous serons délivrés de sa tyrannie; les menaces et les promesses se touchent, la lumière de la faveur nous paroît (b) dans le feu même de la colère, afin que nous entendions, chrétiens, que Dieu se fâche contre nous ainsi qu'un bon père, qui dans les sentimens les plus vifs d'une juste indignation, ne peut oublier ses miséricordes ni retenir les effets de sa tendresse. Bien

---

(a) Prêché vers 1659.

Ce sermon rappelle la première époque dans plusieurs expressions, telles que celles-ci : « Si nous voulons recevoir l'assistance de ses oraisons, souffrirons-nous pas? craindrons-nous pas? » etc. D'une autre part la sobriété des citations, la juste mesure des développemens, la vérité des images, la noblesse du style et l'élévation des pensées présentent les caractères de la deuxième époque. Il faut donc admettre la date intermédiaire indiquée tout à l'heure, d'autant plus que l'écriture du manuscrit nous en fait un devoir.

(b) *Var.* : Luit.

plus, ô incomparable bonté! Adam même qui nous a perdus, et Eve qui est la source de notre misère, nous sont représentés dans les saintes Lettres comme des images vivantes des mystères qui nous sanctifient; Jésus-Christ ne dédaigne pas de s'appeler le nouvel Adam, Marie sa divine mère est la nouvelle Eve, et par un secret ineffable nous voyons notre réparation figurée même dans les auteurs de notre ruine.

C'est sans doute dans cette pensée que saint Epiphane a considéré le passage de la *Genèse* que j'ai allégué pour mon texte. Ce grand homme a remarqué doctement au livre III *des Hérésies*, que c'est après sa condamnation qu'Eve est appelée *Mère des vivans*. « Qu'est-ce à dire ceci, dit saint Epiphane? Elle n'avoit pas ce beau nom, lorsqu'elle étoit encore dans le paradis; et on commence à l'appeler Mère des vivans, après qu'elle a été condamnée à n'engendrer plus que des morts; » qui ne voit qu'il y a ici du mystère? Et c'est ce qui fait dire à ce grand évêque « qu'elle est nommée ainsi en énigme et comme figure de la sainte Vierge, qui est la vraie Mère de tous les vivans, » c'est-à-dire de tous les fidèles auxquels son enfantement a rendu la vie.

Chrétiens, enfans de Marie, je vous prêche aujourd'hui l'accomplissement d'une excellente figure. Cette haute dignité de Mère de Dieu a des grandeurs trop impénétrables, et ma vue foible et languissante ne peut soutenir un si grand éclat. Mais si les splendeurs qui vous environnent, ô Femme revêtue du soleil et couverte de la vertu du Très-Haut, nous empêchent d'arrêter la vue sur cette éminente qualité de Mère de Dieu qui vous élève si fort au-dessus de nous, du moins nous sera-t-il permis de vous regarder en la qualité de Mère des hommes, par laquelle vous condescendez à notre foiblesse; et c'est, fidèles, ce que vous verrez avec le secours de la grace. Vous verrez, dis-je, que la sainte Vierge par le mystère de cette journée est faite la Mère de tous les vivans, c'est-à-dire de tous les fidèles; et cette vérité étant supposée, nous examinerons dans la suite ce qu'exige de ses enfans cette bienheureuse et divine Mère.

PREMIER POINT.

Tertullien explique fort excellemment le dessein de notre Sauveur dans la rédemption de notre nature, lorsqu'il parle de lui en ces termes : Le diable s'étant emparé de l'homme qui étoit l'image de Dieu, « Dieu, dit-il, a regagné son image par un dessein d'émulation : » *Deus imaginem suam à diabolo captam œmulâ operatione recuperavit* [1]. Entendons quelle est cette émulation, et nous verrons que cette parole enferme une belle théologie. C'est que le diable se déclarant le rival de Dieu, a voulu s'assujettir son image ; et Dieu aussi devenu jaloux se déclarant le rival du diable, a voulu regagner son image ; et voilà jalousie contre jalousie, émulation contre émulation. Or le principal effet de l'émulation, c'est de nous inspirer un certain désir de l'emporter sur notre adversaire dans les choses où il fait son fort et où il croit avoir le plus d'avantage. C'est ainsi que nous lui faisons sentir sa foiblesse, et c'est le dessein que s'est proposé la miséricordieuse émulation du Réparateur de notre nature. Pour confondre l'audace de notre ennemi, il fait tourner à notre salut tout ce que le diable a employé à notre ruine, il renverse tous ses desseins sur sa tête, il l'accable de ses propres machines, et il imprime la marque de sa victoire partout où il voit quelque caractère de son rival impuissant. Et d'où vient cela ? C'est qu'il est jaloux et poussé d'une charitable émulation. C'est pourquoi la foi nous enseigne que si un homme nous perd, un homme nous sauve ; la mort règne dans la race d'Adam, c'est de la race d'Adam que la vie est née ; Dieu fait servir de remède à notre péché la mort qui en étoit la punition ; l'arbre nous tue, l'arbre nous guérit ; et pour accomplir toutes choses, nous voyons dans l'Eucharistie qu'un manger salutaire répare le mal qu'un manger téméraire avoit fait. L'émulation de Dieu a fait cet ouvrage.

Et si vous me demandez, chrétiens, d'où lui vient cette émulation contre sa créature impuissante, je vous répondrai en un mot qu'elle vient d'un amour extrême pour le genre humain. Pour relever notre courage abattu, il se plaît de nous faire voir toutes

[1] *De Carn. Chr.*, n. 17.

les forces de notre ennemi renversées ; et voulant nous faire sentir que nous sommes véritablement rétablis, il nous montre tous les instrumens de notre malheur miséricordieusement employés au ministère de notre salut. Telle est l'émulation du Dieu des armées. Et de là vient que nos anciens Pères voyant, par une induction si universelle, que Dieu s'est résolument attaché d'opérer notre bonheur par les mêmes choses qui ont été le principe de notre perte, ils en ont tiré cette conséquence. Si tel est le dessein de Dieu, que tout ce qui a eu part à notre ruine doive coopérer à notre salut, puisque les deux sexes sont intervenus en la désolation de notre nature, il falloit qu'ils se trouvassent en sa délivrance ; et parce que le genre humain est précipité à la damnation éternelle par un homme et par une femme, il étoit certainement convenable que Dieu prédestinât une nouvelle Eve aussi bien qu'un nouvel Adam, afin de donner à la terre au lieu de la race ancienne qui avoit été condamnée, une nouvelle postérité qui fût sanctifiée par la grace.

Mais d'autant que cette doctrine est le fondement assuré de la dévotion pour la sainte Vierge, il importe que vous sachiez quels sont les docteurs qui me l'ont apprise. Je vous nomme premièrement le grand Irénée et le grand Tertullien, et croyez que vous entendez en ces deux grands hommes les deux plus anciens auteurs ecclésiastiques. Donc le saint martyr Irénée, cet illustre évêque de Lyon, l'ornement de l'Eglise gallicane, qu'il a fondée par son sang et par sa doctrine, parle ainsi de la sainte Vierge : « Il falloit, dit-il[1], que le genre humain condamné à mort par une vierge, fût aussi délivré par une vierge. » Remarquez ces mots : *Ut genus humanum morti adstrictum per virginem, salvaretur per virginem*. Et ce célèbre prêtre de Carthage, je veux dire Tertullien : « Il étoit, dit-il[2], nécessaire que ce qui avoit été perdu par ce sexe, fût ramené au salut par le même sexe : » *Ut quod per ejusmodi sexum abierat in perditionem, per eumdem sexum redigeretur ad salutem*. Et après eux l'incomparable saint Augustin, dans le livre du *Symbole aux catéchumènes* : « Par une femme la mort, nous dit-il, et par une femme la vie ; par Eve la ruine, par Marie le salut : » *Per fœmi-*

---

[1] *Contr. Hæres.*, lib. V, cap. xix. — [2] *De Carn. Chr.*, n. 17.

nam mors, per fœminam vita; per Evam interitus, per Mariam salus ¹. Tous les autres ont parlé dans le même sens; et de là il est aisé de conclure que de même que le Sauveur prend le titre de second Adam, Marie sans difficulté est la nouvelle Eve : d'où il s'ensuit invinciblement que de même que la première Eve est la mère de tous les mortels, la seconde qui est Marie est la mère de tous les vivans selon la pensée de saint Epiphane, c'est-à-dire de tous les fidèles.

Et certainement, chrétiens, cette doctrine si sainte et si ancienne n'est pas une invention de l'esprit humain, mais un secret découvert par l'esprit de Dieu; et afin que nous en demeurions convaincus, conférons exactement Eve avec Marie dans le mystère que nous honorons aujourd'hui, et considérons en nous-mêmes cette merveilleuse émulation du Dieu des armées et les conseils impénétrables de sa providence dans la réparation de notre nature.

L'ouvrage de notre corruption commence par Eve, l'ouvrage de la réparation par Marie; la parole de mort est portée à Eve, la parole de vie à la sainte Vierge; Eve étoit vierge encore, et Marie est Vierge; Eve encore vierge avoit son époux, et Marie la Vierge des vierges avoit son époux; la malédiction est donnée à Eve, la bénédiction à Marie : « Vous êtes bénite entre toutes les femmes ²; » un ange de ténèbres s'adresse à Eve, un ange de lumière parle à Marie; l'ange de ténèbres veut élever Eve à une fausse grandeur, en lui faisant affecter la divinité : « Vous serez comme des dieux, lui dit-il ³; » l'ange de lumière établit Marie dans la véritable grandeur par une sainte société avec Dieu : « Le Seigneur est avec vous, lui dit Gabriel ⁴; » l'ange de ténèbres parlant à Eve lui inspire un dessein de rébellion : « Pourquoi est-ce que Dieu vous a commandé de ne point manger de ce fruit si beau ⁵? » l'ange de lumière parlant à Marie lui persuade l'obéissance : « Ne craignez point, Marie, lui dit-il, et, Rien n'est impossible au Seigneur ⁶. » Eve croit au serpent, et Marie à l'ange : de cette sorte, dit Tertullien ⁷, une foi pieuse efface la faute d'une téméraire crédulité,

---

¹ *De Symb. ad Catechum.*, serm. III, cap. IV. — ² *Luc.*, I, 42. — ³ *Genes.*, III, 5. — ⁴ *Luc.*, I, 28. — ⁵ *Genes.*, III, 4. — ⁶ *Luc.*, I, 30, 37. — ⁷ *De Carne Chr.*, n. 17.

et « Marie répare en croyant à Dieu ce qu'Eve a gâté en croyant au diable : » *Quod illa credendo deliquit, hæc credendo delevit.* Et pour achever le mystère, Eve séduite par le démon est contrainte de fuir devant la face de Dieu ; et Marie instruite par l'ange est rendue digne de porter Dieu : afin, dit l'ancien Irénée (écoutez les paroles de ce grand martyr), « afin que la vierge Marie fût l'avocate de la vierge Eve : » *Ut virginis Evæ virgo Maria fieret advocata*[1].

Après un rapport si exact, qui pourroit douter que Marie ne fût l'Eve de la nouvelle alliance et la mère du nouveau peuple ? Non certainement, chrétiens, ce ne sont point les hommes qui nous persuadent une vérité si constante ; c'est Dieu même qui nous convainc par l'ordre de ses conseils très-profonds, par la merveilleuse économie de tous ses desseins, par la convenance des choses si évidemment déclarée, par le rapport nécessaire de tous ses mystères.

Et je ne puis plus ici retenir les secrets mouvemens de mon cœur. Je ne puis que je ne m'écrie avec toute l'Eglise catholique : O sainte, ô incomparable Marie, nous crions, nous gémissons après vous, misérables bannis, enfans d'Eve. Car à qui auront leur recours les enfans captifs d'Eve l'exilée, sinon à la Mère des libres ? Et si telle est la doctrine des anciens Pères, si telle est la foi des martyrs, que vous soyez l'avocate d'Eve, ne prendrez-vous pas aussi la défense de sa postérité condamnée ? Si donc Eve inconsidérée nous a présenté autrefois le fruit empoisonné qui nous tue, est-il rien de plus convenable que nous recevions de vos mains le fruit de vos bénites entrailles, qui nous donne la vie éternelle ? O merveille incompréhensible des secrets de Dieu ! ô convenance de notre foi !

Mais il n'est pas temps encore de nous arrêter, il faut entrer plus profondément dans une méditation si pieuse ; il faut rechercher dans les Ecritures et dans le mystère de cette journée quelle est cette fécondité de Marie, qui lui donne tous les chrétiens pour enfans.

Pour cela nous distinguerons deux sortes de fécondité : il y a la

[1] *Cont. Hær.*, lib. V, cap. XIX.

fécondité de nature; il y a la fécondité de la charité. C'est la fécondité de nature qui donne les enfans naturels; mais ceux qui ont entendu l'apôtre saint Paul écrivant ainsi aux Galates [1] : « Mes petits enfans, que j'enfante encore jusqu'à ce que Jésus-Christ soit formé en vous, » savent bien que la charité est féconde, et c'est pourquoi saint Augustin dit souvent que la charité est une mère, *Charitas mater est* [2].

Et pour porter plus haut nos pensées, cette double fécondité, que nous voyons dans les créatures, est émanée de celle de Dieu, qui est la source de toute fécondité, et « duquel, comme dit l'Apôtre aux Éphésiens [3], toute paternité prend son origine. » La nature de Dieu est féconde et lui donne dès l'éternité son Fils naturel, égal et consubstantiel à son Père. Son amour et sa charité est féconde aussi; et c'est de là, fidèles, que nous sommes nés avec tous les enfans d'adoption. Or d'autant que la bienheureuse Marie est la mère du Fils unique de Dieu, je ne craindrai point de vous dire qu'il faut que le Père céleste ait laissé tomber sur cette Princesse quelque rayon ou quelque étincelle de sa fécondité infinie. Car vous m'avouerez qu'il est impossible qu'une créature soit mère de Dieu, si elle ne participe en quelque manière à cette divine fécondité. Et c'est ce que l'ange nous fait entendre, lorsqu'il dit que la bienheureuse Marie est couverte de la vertu du Très-Haut.

Comprenez ceci, chrétiens. Quand l'ange lui dit qu'elle enfantera : « Et comment cela, répond-elle, puisque j'ai résolu d'être vierge, » et par conséquent que je suis stérile? Sur quoi l'ange lui repartit aussitôt, « que la vertu du Très-Haut l'environneroit. » C'est-à-dire, Ne craignez point, ô Marie, que la stérilité bienheureuse que votre virginité vous apporte vous empêche de devenir mère; « la vertu du Très-Haut vous couvrira toute [4]; » la fécondité du Père éternel, de laquelle vous serez remplie, tiendra la place et fera l'effet de la fécondité humaine : « et c'est pourquoi celui que vous concevrez sera nommé le Fils du Très-Haut [5], » parce que vous le concevrez par une fécondité qui passe la nature et

---

[1] *Gal.*, IV, 19. — [2] *In Epist. Joan.*, tract. II, n. 4; *Enar. in Psal.* CXLVII, n. 14. — [3] *Ephes.*, III, 15. — [4] *Luc.*, I, 34, 35. — [5] *Ibid.*, 32.

qui est découlée de celle de Dieu. Marie participe donc en quelque manière, et autant que le peut souffrir la condition d'une créature, à la fécondité infinie de Dieu. Et de même qu'il lui a donné quelque écoulement de sa fécondité naturelle (a) afin qu'elle conçût le vrai Fils de Dieu, je dis aussi qu'il lui a fait part de la fécondité de son amour pour la rendre mère de tous les fidèles.

Saint Augustin, dans le livre *de la sainte Virginité : Carne mater capitis nostri, spiritu mater membrorum ejus ; quia cooperata est charitate ut filii Dei nascerentur in Ecclesiâ* [1]. Elle a coopéré par sa charité à la naissance des enfans de Dieu dans l'Eglise. Si bien que la chair virginale de la très-pure Marie, remplie de la fécondité du Très-Haut, a engendré Jésus-Christ son Fils naturel, qui est notre chef; et sa charité féconde a coopéré à la naissance spirituelle de tous ses membres, afin qu'il fût vrai, chrétiens, que Marie en qualité de la nouvelle Eve est la mère de tous les vivans, et unie spirituellement au nouvel Adam en la chaste et mystérieuse génération des enfans de la nouvelle alliance. Et c'est peut-être ce que veut dire saint Jean dans un beau passage de l'Apocalypse [2], où cet apôtre nous représente cette femme revêtue du soleil, qui est sans doute la sainte Vierge, selon l'interprétation de saint Augustin [3] : il nous représente, dis-je, cette femme dans les douleurs de l'enfantement : *Clamabat parturiens, et cruciabatur ut pareret* [4].

Que dirons-nous ici, chrétiens? avouerons-nous à nos hérétiques que Marie a été sujette à la malédiction de toutes les femmes, qui mettent leurs enfans au monde au milieu des gémissemens et des cris? Au contraire ne savons-nous pas qu'elle a enfanté sans douleur comme elle a conçu sans corruption? Quel est donc le sens de saint Jean, dans cet enfantement douloureux qu'il attribue à la sainte Vierge? Ne devons-nous pas entendre, fidèles, qu'il y a deux enfantemens en Marie? Elle enfante Jésus-Christ sans peine; mais elle ne nous enfante pas sans douleur, parce qu'elle nous enfante par la charité. Et qui ne sait que les empressemens

---

[1] *De sanct. Virginit.*, n. 6. — [2] *Apoc.*, XII, 1. — [3] *De Symbol. ad Catechum.*, serm. IV, cap. I. — [4] *Apoc.*, XII, 2.

(a) *Var. :* Qu'il lui a fait part de sa fécondité naturelle.

de la charité et la sainte inquiétude qui la travaille pour le salut des pécheurs, est comparée dans les Ecritures aux douleurs de l'enfantement? Ecoutez l'apôtre saint Paul : *Filioli mei, quos iterùm parturio* [1]. Tellement que nous pouvons dire que le disciple bien-aimé de notre Sauveur, qui est lui-même le premier fils de la charité de Marie, nous veut représenter en mystère l'enfantement spirituel de cette sainte mère que Jésus lui avoit donnée à la croix, afin qu'à l'exemple de ce cher disciple tous les autres pussent apprendre que par la vertu féconde de la charité, Marie est la mère de tous les fidèles.

Reconnoissons donc, chrétiens, cette sainte et divine Mère; voyons dans le mystère de cette journée quelle part lui donne en notre salut cette charité maternelle. Jésus est notre amour et notre espérance, Jésus est notre force et notre couronne, Jésus est notre vie et notre salut. Mais ce Jésus que le Père veut donner au monde pour être son salut et sa vie, il le donne par les mains de la sainte Vierge. Elle est choisie dès l'éternité pour être celle qui le donne aux hommes. Cette chair qui est ma victime tire d'elle son origine, ou emprunte de son sacré flanc le sang qui a purgé mes iniquités. Et ce n'est pas assez au Père céleste de former dans les entrailles de la sainte Vierge le trésor précieux qu'il nous communique (a) : il veut qu'elle coopère par sa volonté à l'inestimable présent qu'il nous fait. Car comme Eve a travaillé à notre ruine par une action de sa volonté, il falloit que la bienheureuse Marie coopérât de même à notre salut. C'est pourquoi Dieu lui envoie un ange; et l'incarnation de son Fils, ce grand ouvrage de sa puissance, ce mystère incompréhensible qui tient depuis tant de siècles le ciel et la terre en suspens, ce mystère, dis-je, ne s'achève qu'après le consentement de Marie, tant il a été nécessaire au monde que Marie ait désiré son salut.

Mais ne croyons pas, chrétiens, que ses premiers désirs se soient refroidis. Ah! elle est toujours la même pour nous, elle est toujours bonne, elle est toujours mère. Cet amour de notre salut vit encore en elle, et il n'est ni moins fécond, ni moins efficace, ni

---

[1] *Galat.*, IV, 19.

(a) *Var.* : Que Marie ait donné Jésus-Christ au monde.

moins nécessaire qu'il étoit alors. Car Dieu ayant une fois voulu que la volonté de la sainte Vierge coopérât efficacement à donner Jésus-Christ aux hommes, ce premier décret ne se change plus, et toujours nous recevons Jésus-Christ par l'entremise de sa charité. Pour quelle raison? C'est parce que cette charité maternelle qui fait naître, dit saint Augustin, les enfans de l'Eglise, ayant tant contribué au salut des hommes dans l'incarnation du Dieu Verbe, elle y contribuera éternellement dans toutes les opérations de la grace qui ne sont que des dépendances de ce mystère.

Donc, mes Frères, dans tous vos desseins, dans toutes vos difficultés, dans tous vos projets, recourez à la charité de Marie. Etes-vous traversés, allez à Marie; si les tempêtes des tentations se soulèvent, élevez vos cœurs à Marie. Si la colère, si l'ambition, si la convoitise vous troublent, pensez à Marie, implorez Marie [1]. Ses prières toucheront le cœur de Jésus, parce que le cœur de Jésus est un cœur de fils, sensible à la charité maternelle. Et que n'attendrons-nous point de Marie, par laquelle Jésus même s'est donné à nous? « Mais si nous voulons, nous dit saint Bernard [2], recevoir l'assistance de ses oraisons, suivons les leçons de sa vie. » Et que choisirons-nous dans sa vie? Suivons toujours les mêmes principes : entendons que notre ruine étant un ouvrage d'orgueil, le mystère qui nous répare devoit être l'œuvre de l'humilité ; et afin que nous évitions la malédiction de la rébellion orgueilleuse d'Eve, obéissons avec Marie pour être les véritables enfans de cette Mère commune de tous les fidèles. C'est ce que j'ai à vous exposer en peu de paroles pour le fruit de cet entretien.

SECOND POINT.

Oui, fidèles, il est véritable que le mystère que nous honorons est l'ouvrage de l'humilité, et il importe à l'édification de nos ames que nous méditions quelque temps cette vérité chrétienne. Considérez donc attentivement qu'encore que la toute-puissance de Dieu lui fournisse des moyens infinis d'établir sa gloire, néanmoins il ne peut la porter plus haut que par celui de l'humilité ;

---

[1] S. Bern., sup. *Missus*, hom. II, n. 17. — [2] Append. Oper. S. Bernard., in *Salve Regina*, serm. I, n. 1.

tellement que par un secret merveilleux le plus haut degré de sa gloire se trouve joint nécessairement à l'humilité, et la preuve en est bien aisée par le mystère que nous célébrons. Le plus grand ouvrage de Dieu, c'est de s'unir personnellement à la créature comme il a fait dans l'incarnation ; et sa toute-puissance qui n'a point de bornes, ne pouvoit rien faire de plus relevé que de donner au monde un Dieu-Homme. Si donc c'est là son plus grand ouvrage, c'est aussi par conséquent sa plus grande gloire. Or ce miracle si grand et si magnifique, Dieu ne le pouvoit faire qu'en se rabaissant selon ce que dit l'apôtre saint Paul, qu'il s'est anéanti en se faisant homme. Donc l'ouvrage le plus glorieux d'un Dieu tout-puissant ne pouvoit jamais être fait que par le moyen de l'humilité (a), et voyez combien est extrême l'amour que Dieu a pour cette vertu. Car ne la pouvant trouver en lui-même et en sa propre nature, il l'a cherchée dans une nature étrangère. Cette nature infiniment abondante ne refuse pas d'aller à l'emprunt, afin de s'enrichir de l'humilité. C'est pourquoi le Fils de Dieu se fait homme, afin que son Père voie en sa personne un Dieu soumis et obéissant. Et de là vient que le premier acte qu'il fit, ce fut un acte d'obéissance. Qui est-ce qui nous l'apprend? C'est l'Apôtre, qui nous assure qu'en entrant au monde Jésus-Christ parla ainsi à son Père : « Puisque les holocaustes ne vous plaisent pas, je viens au monde moi-même pour accomplir votre volonté »[1]. N'est-ce pas afin que nous entendions que ce qui tire du plus haut des cieux le Verbe de Dieu, c'est un dessein d'humilité et d'obéissance ?

Mais où est-ce qu'on verra la première fois cet auguste, cet admirable spectacle d'un Dieu soumis et obéissant (b) ? Ah ! ce sera dans les entrailles de la sainte Vierge ; ce sera le temple, ce sera l'autel, où Jésus-Christ consacrera à son Père les premiers vœux de l'obéissance. Et d'où vient, ô divin Jésus, que vous choisissiez l'humble Marie, afin d'être le temple sacré où vous rendrez à votre Père céleste les premières adorations par un acte d'humilité

[1] *Hebr.*, x, 5, 6, 7.

(a) *Var.* : Que par l'humilité. — (b) Mais, ô divin acte d'obéissance par lequel Jésus-Christ commence sa vie, nouveau sacrifice d'un Dieu soumis, en quel temple serez-vous offert au Père éternel ?

si profonde ? C'est à cause, dit-il, que ce divin temple est bâti sur l'humilité, sanctifié par l'humilité. Car l'humilité du Verbe fait chair a voulu que l'humilité préparât son temple, et il n'y a point pour lui de demeure au monde, sinon celle que l'humilité aura consacrée.

Et voulez-vous voir, chrétiens, que c'est l'humilité de Marie qui attire aujourd'hui Jésus-Christ des cieux, lisez attentivement l'Evangile. Marie ne parle que deux fois à l'ange dans l'entretien qu'il lui fait, et Dieu a voulu qu'en ces deux réponses nous vissions paroître dans un grand éclat deux vertus d'une beauté souveraine et capable de charmer le cœur de Dieu même. L'une, c'est sa pureté virginale ; l'autre, son humilité très-profonde. Gabriel aborde Marie ; il lui annonce qu'elle concevra le Fils du Très-Haut, le Roi et le Libérateur d'Israël. Qui pourroit s'imaginer, chrétiens, qu'une femme pût être troublée d'une si heureuse nouvelle ? Quelle espérance plus glorieuse lui peut-on donner ? Quelle promesse plus magnifique ? Mais quelle assurance plus grande, puisque c'est un ange qui lui parle de la part de Dieu ? Elle craint toutefois, elle hésite, peu s'en faut qu'elle ne réponde que la chose ne se peut faire : « Comment cela se fera-t-il, puisque je ne veux connoître aucun homme [1] ? » O pureté vraiment virginale, qui n'est pas seulement à l'épreuve de toutes les promesses des hommes, mais encore de toutes celles de Dieu ! Qu'attendez-vous, ô Verbe, divin amateur des ames pudiques ? Quand est-ce que vous viendrez sur la terre, (a) si cette pureté ne vous y attire ? Attendez, attendez, dit-il ; mon heure n'est pas encore arrivée. En effet l'ange répond à Marie : « Le saint-Esprit surviendra en vous [2]. » Il surviendra ? Il n'est donc pas encore venu. Voilà la première parole de la sainte Vierge, qui est celle de la pureté.

Ecoutez maintenant son autre parole : « Je suis la servante du Seigneur, qu'il me soit fait selon ta parole [3]. » Qui est-ce qui parle ici, chrétiens ? C'est l'humilité, c'est l'obéissance. Elle ne s'élève pas par sa nouvelle dignité, elle ne se laisse pas emporter à la

---

[1] *Luc.*, I, 34. — [2] *Ibid.*, 35. — [3] *Ibid.*, 38.

(a) *Note marg.* : Qu'est-ce qui vous fera venir sur la terre ?

joie, elle déclare seulement son obéissance. Et aussitôt les cieux sont ouverts, tous les torrens des graces tombent sur Marie, l'inondation du Saint-Esprit la pénètre toute ; le Verbe se revêt de son sang très-pur, et il emprunte d'elle ce sang pour le lui rendre un jour en la croix. Celui qui se donne à tous les hommes veut que Marie le possède seule neuf mois tout entiers, c'est qu'il aime converser avec les humbles. Le Père la couvre de sa vertu ; et la faisant la Mère de son Fils unique, il la tire au-dessus de toutes les créatures pour l'associer en quelque façon à sa génération éternelle ; ce Fils qu'il engendre toujours dans son sein, parce qu'il est si grand et si immense qu'il n'y a que l'infinité du sein paternel qui soit capable de le contenir, il l'engendre dans le sein de la sainte Vierge. Et comment se peut faire un si grand miracle ? C'est que l'humilité l'a rendue capable de contenir l'immensité même. Voyez donc que l'humilité est la source de toutes les graces, et qu'elle seule peut attirer Jésus-Christ en nous.

Ah ! je ne m'étonne pas, chrétiens, si Dieu paroît si fort éloigné des hommes et s'il retire de nous ses miséricordes. Ah ! c'est que l'humilité est bannie du monde. Car, fidèles, si nous étions humbles, aimerions-nous tant les honneurs du siècle, que Jésus a tellement méprisés ? Si nous étions vraiment humbles, souffririons-nous pas les injures avec patience ? et nous y sommes si délicats ! Et si nous étions vraiment humbles, voudrions-nous rabaisser les autres pour bâtir sur leur ruine notre estime propre ? Et pourquoi donc tant de médisances ? Et si nous étions vraiment humbles, craindrions-nous pas les rencontres dans lesquelles nous savons assez par une expérience funeste que notre intégrité fait toujours naufrage ? Et nous allons aux occasions du péché, nous nous jetons au milieu des périls comme si nous étions impeccables. Combien notre orgueil est grand ! Il a fallu pour le guérir l'humilité d'un Dieu, et encore l'humilité d'un Dieu ne peut nous apprendre l'humilité.

QUATRIÈME SERMON

POUR

LA FÊTE DE L'ANNONCIATION (a).

Creavit Dominus novum super terram : Fœmina circumdabit virum.

Le Seigneur a créé une nouveauté sur la terre : Une femme concevra un homme. *Jerem.*, XXXI, 22.

De ce grand et épouvantable débris où la raison humaine ayant fait naufrage, a perdu tout d'un coup toutes ses richesses et particulièrement la vérité pour laquelle Dieu l'avoit formée, il est resté dans l'esprit des hommes un désir vague et inquiet d'en découvrir quelque vestige, et c'est ce qui a fait naître dans tous les hommes un amour incroyable de la nouveauté (b). Cet amour de la nouveauté paroît au monde en plus d'une forme, exerce les esprits de plus d'une sorte. Il se contente de pousser les uns à ramasser dans un cabinet mille raretés étrangères; et les autres, qu'il

---

(a) *Exorde.* — Amant de la nouveauté, naturel dangereux. *Ave.*

Deux nouveautés : Le Souverain se fait un maître, l'Unique se donne des compagnons.

Premier point. — Premier acte du Fils de Dieu est un acte d'humilité. L'humilité en Marie attire le Fils de Dieu plus que la pureté. Preuve par l'Evangile.

Second point. — Solitude de Dieu (Tertullien).

Ce Dieu unique se fait des compagnons : *Semen Abrahæ apprehendit,* malgré l'éloignement.

Tout ce qui a contribué à notre ruine, employé à notre salut.

Ad te clamamus, exules filii Evæ.

Prêché probablement dans le Carême de 1660, aux Minimes de la place Royale.

Le style de l'ouvrage et l'écriture du manuscrit révèlent, ce me semble, la période intermédiaire qui réunit la première et la deuxième époque.

Les deux derniers sermons pour l'Annonciation se ressemblent dans un grand nombre de passages; l'auteur avoit le troisième sous les yeux, lorsqu'il écrivit le quatrième.

Déforis a mêlé ces deux ouvrages pour n'en faire qu'un, et Lebel a supprimé le second point du dernier. Nous avons suivi fidèlement, dans cette édition, les manuscrits originaux.

(b) *Var.* : Et c'est ce qui a porté ensuite dans le cœur de tous les hommes un amour incroyable de la nouveauté : — et ces grandes connoissances s'étant retirées, elles ont laissé en leur place une curiosité infinie qui ne se repait que de nouveautés.

trouve plus vifs et plus capables d'invention, il les épuise (*a*) par de grands efforts pour trouver ou quelque adresse (*b*) inconnue dans les ouvrages de l'art, ou quelque raffinement inusité dans la conduite des affaires, ou quelque secret inouï dans l'ordre de la nature (*c*); enfin pour n'entrer pas plus avant dans cette matière infinie, je me contenterai de vous dire qu'il n'est point dans le monde d'appât plus trompeur, ni d'amusement plus universel, ni de curiosité moins bornée que celle de la nouveauté (*d*). Pour guérir cette maladie qui travaille si étrangement la nature humaine, Dieu nous présente aussi dans son Ecriture des nouveautés saintes et des curiosités fructueuses, et le mystère de cette journée en est une preuve invincible. Le Prophète nous en a parlé comme d'une nouveauté surprenante : *Creavit Dominus novum super terram;* et comme il prépare nos attentions à quelque chose d'extraordinaire, il nous oblige plus que jamais à demander par la Mère le secours du Fils, et d'ailleurs c'est aujourd'hui le jour véritable d'employer envers cette Vierge la salutation angélique et de lui dire avec Gabriel, *Ave.*

Dans cet empressement universel de toutes les conditions et de tous les âges pour la gloire et pour la grandeur, il faut avouer, chrétiens, qu'une véritable modération est une nouveauté extraordinaire, et dont le monde voit si peu d'exemples (*e*), qu'il la pourroit justement compter parmi ses raretés les plus précieuses. Mais si c'est un spectacle si nouveau de voir les hommes se contenir dans leur naturelle bassesse, ce sera une nouveauté bien plus admirable de voir un Dieu se dépouiller de sa souveraine grandeur, et descendre du haut de son trône par un anéantissement volontaire. C'est, Messieurs, cette nouveauté que l'Eglise nous représente dans le mystère du Verbe fait chair, et c'est ce qui fait dire à notre Prophète : *Creavit Dominus novum super terram :* « Dieu a fait dans le monde une nouveauté, » lorsqu'il y a envoyé son Fils humilié et anéanti.

(*a*) *Var.*: Il les fatigue. — (*b*) Quelque route. — (*c*) Dans la nature. — (*d*) Je me contenterai de vous dire du désir de la nouveauté qu'il n'est point,... ni de curiosité moins bornée. — (*e*) Et qu'on voit si peu dans le monde.

Et en effet je remarque dans cet abaissement du Dieu-Homme deux choses tout à fait extraordinaires (a). Dieu est le Seigneur des seigneurs, et ne voit rien au-dessus de lui; Dieu est unique dans sa grandeur, et ne voit rien autour de lui qui l'égale. Et voici, ô nouveauté surprenante! que celui qui n'a rien au-dessus de lui se fait sujet et se donne un maître; celui que rien ne peut égaler se fait homme et se donne des compagnons. Ce Fils dans l'éternité égal à son Père, s'engage à devenir sujet de son Père; ce Fils relevé infiniment au-dessus des hommes, se met en égalité avec les hommes. Quelle nouveauté, chrétiens! et n'est-ce pas avec raison que le Prophète s'écrie que Dieu a fait une nouveauté? O Père céleste, ô hommes mortels, vous recevez aujourd'hui un honneur nouveau dont je ne puis parler sans étonnement. Père, vous n'avez jamais eu un tel sujet; hommes, vous n'avez jamais eu un tel associé (b).

Venez, mes Frères, venez tous ensemble contempler cette nouveauté que le Seigneur a créée aujourd'hui; mais en admirant ce nouveau mystère que nous annonce le saint Prophète, n'oublions pas ce qu'il y ajoute, « qu'une femme concevra un fils, » *Fœmina circumdabit virum;* et apprenant de ces paroles mystiques que la bienheureuse Marie a été appelée en société de cet ouvrage admirable, pour la comprendre dans cette fête à laquelle nous savons qu'elle a tant de part, disons que ce Dieu, qui se fait sujet, l'a choisie pour être le temple où il rend à son Père son premier hommage; et que ce Dieu, qui s'unit aux hommes, l'a choisie comme le canal par lequel il se donne à eux. Et afin de nous expliquer en termes plus clairs, considérons attentivement combien Dieu honore cette sainte Vierge, en ce que c'est en elle qu'il s'anéantit et devient soumis à son Père, c'est ce que nous dirons dans le premier point; en ce que c'est par elle qu'il se communique et entre en société avec les hommes, c'est ce que nous verrons dans le second. Et voilà en peu de paroles le partage de ce discours, pour lequel je vous demande vos attentions.

(a) *Var.* : Inouïes. — (b) Un tel compagnon.

PREMIER POINT.

C'est une vérité assez surprenante et néanmoins très-indubitable, que dans les moyens infinis que Dieu a d'établir sa gloire, le plus efficace de tous se trouve joint nécessairement avec la bassesse. Il peut renverser toute la nature, il peut faire voir sa puissance aux hommes par mille nouveaux miracles; mais par un secret merveilleux il ne peut jamais porter sa grandeur plus haut, que lorsqu'il s'abaisse et s'humilie. Voici une nouveauté bien étrange, je ne sais si tout le monde entend ma pensée; mais la preuve de ce que j'avance paroît bien évidemment dans notre mystère. Saint Thomas a très-bien prouvé (a) que le plus grand ouvrage de Dieu, c'est de s'unir personnellement à la créature comme il a fait dans l'incarnation [1]. Et sans m'arrêter à toutes ses preuves, qu'il vaut mieux laisser à l'Ecole parce qu'elles nous emporteroient ici trop de temps, il n'y a personne qui n'entende assez que Dieu, dans toute l'étendue de sa puissance, ne pouvoit rien faire de plus relevé que de donner au monde un Dieu-Homme, un Dieu incarné. *Domine, opus tuum* [2] : « C'est là, Seigneur, votre grand ouvrage; » et je ne crains point d'assurer que vous ne pouvez rien faire de plus admirable. Que si c'est là son plus grand ouvrage, c'est aussi par conséquent sa plus grande gloire. Cette conséquence est certaine, parce que Dieu ne se glorifie que dans ses ouvrages : *Gloriabitur Dominus in operibus suis* [3] : « Le Seigneur se glorifie dans ses œuvres. » Or ce miracle si grand et si magnifique, Dieu ne le pouvoit faire qu'en se rabaissant selon ce que dit l'apôtre saint Paul [4] : « Il s'est lui-même épuisé et anéanti : » *Exinanivit semetipsum*, en prenant la forme d'esclave.

Disons donc avec le Prophète : Dieu a fait une nouveauté. Quelle nouveauté a-t-il faite? Il a voulu porter sa grandeur en son plus haut point; pour cela il s'est rabaissé; il a voulu nous montrer sa gloire dans sa plus grande lumière : *Vidimus gloriam ejus;* et

---

[1] III part., quæst. I, art. 1. — [2] *Habac.*, III, 2. — [3] *Psal.* CIII, 31. — [4] *Philip.*, II, 7.

(a) *Var. :* Prouve doctement.

pour cela il s'est revêtu de notre foiblesse (a) : *Et habitavit in nobis, et vidimus gloriam ejus*[1]. Jamais il ne s'est vu plus de gloire, parce qu'il ne s'est jamais vu plus de bassesse.

Ne croyez pas, mes Frères, que je vous prêche aujourd'hui cette nouveauté, pour repaître seulement vos esprits par une méditation vaine et curieuse. Loin de cette chaire de tels sentimens ! Ce que je prétends par tous ces discours, c'est de vous faire aimer l'humilité sainte, cette vertu fondamentale du christianisme : je prétends, dis-je, vous la faire aimer en vous montrant l'amour que Dieu a pour elle. Il ne peut pas trouver l'humilité en lui-même ; car sa souveraine grandeur ne lui permet pas de s'abaisser, demeurant en sa propre nature ; il faut qu'il agisse toujours en Dieu, et par conséquent qu'il soit toujours grand. Mais ce qu'il ne peut pas trouver en lui-même, il le cherche dans une nature étrangère. Cette nature infiniment abondante ne refuse point d'aller à l'emprunt : pourquoi ? Pour s'enrichir par l'humilité. C'est ce que le Fils de Dieu vient chercher au monde ; c'est pour cette raison qu'il se fait homme, afin que son Père voie en sa personne un Dieu soumis et obéissant.

Et que ce soit là son dessein, mes Frères, vous le pouvez aisément juger par le premier acte qu'il fit en venant au monde au moment de sa bienheureuse incarnation (b). Peut-être serez-vous bien aises d'apprendre aujourd'hui quel fut le premier acte de ce Dieu-Homme, quelle fut sa première pensée et le premier mouvement de sa volonté ? Je réponds, et je ne crains point de vous assurer que ce fut un acte d'obéissance. Par où ai-je appris ce secret ? qui m'a découvert ce mystère ? C'est le grand Apôtre, c'est saint Paul lui-même dans la divine *Epître aux Hébreux* (c'est au chapitre x), où il parle ainsi du Fils de Dieu : « Entrant au monde il a dit : » *Ingrediens;* voilà, mes Frères, ce que nous cherchons, ce qu'a dit le Fils de Dieu en entrant au monde ; et par ce qu'il a dit nous savons ce qu'il pense. Donc entrant au monde il a dit : « Père, les holocaustes et les sacrifices pour le péché ne vous ont pas plu : »

---

[1] *Joan.*, I, 14.

(a) *Var. :* De notre bassesse. — (b) Par le premier acte qu'il fit aussitôt qu'il descendit du ciel en la terre.

Holocautomata pro peccato non tibi placuerunt ; « alors j'ai dit : J'irai moi même, » pourquoi ? « pour accomplir, ô Dieu, votre volonté : » *Tunc dixi : Ecce venio : in capite libri scriptum est de me, ut faciam, Deus, voluntatem tuam*[1]. N'est-ce pas nous dire en termes formels que le premier acte du Fils de Dieu c'est un acte de soumission et d'humilité, et qu'il est descendu du ciel en la terre pour pratiquer l'obéissance : *Ecce venio, ut faciam, Deus, voluntatem tuam ?*

Mais poussons encore plus loin, et voyons combien Dieu aime l'humilité. O divin acte d'obéissance par lequel Jésus-Christ commence sa vie, nouveau sacrifice d'un Dieu soumis, en quel temple serez-vous offert au Père éternel ? où est-ce qu'on verra la première fois cet auguste, cet admirable spectacle d'un Dieu humilié et obéissant ? Ah ! ce sera dans les entrailles de la sainte Vierge ; ce sera le temple, ce sera l'autel où Jésus consacrera à son Père les premiers vœux de l'obéissance. Et d'où vient, ô divin Sauveur, que vous choisissez cette Vierge (a) pour être le temple sacré où vous rendrez à votre Père céleste vos premières adorations avec une humilité si profonde ? C'est l'amour de l'humilité qui l'y oblige, c'est à cause que ce divin temple est bâti sur l'humilité, sanctifié par l'humilité. Le Verbe abaissé et humilié a voulu que l'humilité préparât son temple, et il n'y a point pour lui de demeure au monde sinon celle que l'humilité aura consacrée.

Le voulez-vous voir par l'Ecriture, renouvelez, Messieurs, vos attentions, pour y voir que l'humilité de Marie a mis la dernière disposition que le Fils de Dieu attendoit, pour établir sa demeure en ce nouveau temple. Je remarque dans l'évangile de ce jour que, dans cet admirable entretien de la sainte Vierge avec l'ange, elle ne lui parle que deux fois. Mais, ô admirables paroles ! Dieu a voulu qu'en ces deux réponses nous vissions paroître dans un grand éclat deux vertus d'une beauté souveraine et capables de charmer le cœur de Dieu même : l'une est la pureté virginale, l'autre une humilité très-profonde.

L'ange Gabriel annonce à Marie qu'elle concevra le Fils du

[1] *Hebr.*, x, 5-7.
(a) *Var.:* Ces entrailles.

Très-Haut, le Roi et le Libérateur d'Israël. Qui pourroit s'imaginer, chrétiens, qu'une femme pût être troublée d'une si heureuse nouvelle? Quelle espérance plus glorieuse lui peut-on donner? quelle promesse plus magnifique? mais quelle assurance plus grande, puisque c'est un ange qui lui parle de la part de Dieu? Et néanmoins Marie est troublée, elle craint, elle hésite, peu s'en faut qu'elle ne réponde que la chose ne se peut faire : « Comment cela se pourroit-il faire, puisque j'ai résolu de demeurer vierge (a)?» *Quomodò*[1]? Voyez, mes Frères, qu'elle s'inquiète pour sa pureté virginale. Si je conçois le Fils du Très-Haut, ce me sera à la vérité une grande gloire; mais, ô sainte virginité, que deviendrez-vous? je ne puis consentir à vous perdre. O pureté admirable, qui n'est pas seulement à l'épreuve de toutes les promesses des hommes, mais encore, et voici bien plus, de toutes les promesses de Dieu! Qu'attendez-vous, ô Verbe divin, chaste amateur des ames pudiques? Qu'est-ce qui vous fera venir sur la terre, si cette pureté ne vous y attire? Attendez, attendez, son heure n'est pas encore arrivée, et son temple n'a pas reçu sa dernière disposition.

En effet l'ange répond à Marie : « Le Saint-Esprit surviendra en vous : » *Spiritus sanctus superveniet in te*[2]. Il surviendra, dit-il; il n'étoit donc pas encore venu. Telle est (b) la première parole de la sainte Vierge, qui a été prononcée par la pureté. Ecoutez maintenant la seconde : *Ecce ancilla Domini*[3] : « Voici la servante du Seigneur, qu'il me soit fait selon ta parole. » Vous voyez (c) assez de vous-mêmes sans qu'il soit nécessaire que je vous le dise, que c'est l'humilité qui parle en ce lieu; voilà le langage (d) de l'obéissance. Marie ne s'élève pas par sa nouvelle dignité de Mère de Dieu; et sans se laisser emporter aux transports d'une joie si juste, elle déclare seulement sa soumission. Et aussitôt les cieux sont ouverts, tous les torrens des graces tombent sur Marie, l'inondation du Saint-Esprit la pénètre toute; le Verbe se fait un corps de son sang très-pur; « le Père la couvre de sa vertu : » *Virtus Altissimi obumbrabit tibi*[4]; et ce Fils qu'il en-

---

[1] *Luc.*, I, 34. — [2] *Ibid.*, 35. — [3] *Ibid.*, 38. — [4] *Ibid.*, 35.

(a) Var. : Puisque je ne veux point connoître d'homme. — (b) Voilà. — (c) Vous entendez. — (d) Vous entendez le langage.

gendre toujours dans son sein, parce qu'il est si grand, si immense, si je puis parler de la sorte, qu'il n'y a que l'infinité du sein paternel qui soit capable de le contenir, il l'engendre dans le sein de la sainte Vierge. Comment s'est pu faire un si grand miracle? C'est que l'humilité l'a rendue capable de contenir l'immensité même. C'est à cause de l'humilité, ô heureuse Vierge, que vous recevez en vous la première celui qui est destiné pour tout le monde : *Ecce Domini mei per tanta retrò·sæcula promissum, prima suscipere mereris adventum* [1]. Vous devenez le temple d'un Dieu incarné; et l'humilité qui vous a remplie lui rend cette demeure si agréable, que par une grace particulière il veut que « vous possédiez toute seule, durant l'espace de neuf mois entiers, le bien commun de tout l'univers : » *Spem terrarum, decus sæculorum, commune mundi gaudium peculiari munere sola possides* [2]. Tant il est vrai que l'humilité est la source de toutes les graces, et qu'elle seule peut attirer Jésus-Christ en nous.

Ah! je ne m'étonne pas, chrétiens, si Dieu paroît si fort éloigné des hommes, ni s'il retire de nous ses miséricordes : c'est que l'humilité est bannie du monde. Un homme humble, je l'ai déjà dit, mais il faut le redire encore, un homme retenu et modeste, c'est une rareté presque inouïe. Eh bien, néant superbe, que faut-il pour te rabaisser, si un Dieu anéanti n'y suffit pas? Il n'a rien au-dessus de lui, et il se donne un maître en se faisant homme; et toi, resserré (a) de toutes parts dans les chaînes de ta dépendance, tu ne peux prendre un esprit soumis. Mais peut-être que vous me direz : Je suis si souple, je suis si soumis, je fais ma cour si adroitement, et je sais si bien m'abaisser. Ah! ne croyez pas m'imposer par cette apparence modeste. Est-ce que je ne vois pas clairement que tu ne te soumets que par un principe d'orgueil? Est-ce que je ne lis pas dans ton cœur que tu ne t'abaisses sous ceux que l'on nomme les tout-puissans (b), tant la vanité est aveugle, qu'afin de dominer sur les autres? Il faut que l'orgueil soit enraciné bien profondément dans vos ames, puisque même vous ne pouvez vous

---

[1] Euseb., homil. II, *De Nativit. Domin.* — [2] *Ibid.*

(a) *Var.*: Accablé. — (b) Sous les grandes puissances.

humilier (a) que par un sentiment d'arrogance. Mais cette arrogance que vous nous cachez parce qu'elle nuiroit à votre fortune, s'il vient à luire sur vous un petit rayon de faveur, paroîtra bientôt dans toute sa force.

O cœur plus léger que la paille ! cette prospérité inopinée t'emporte jusqu'à ne pouvoir plus te reconnoître. Et comment as-tu si fort oublié et la boue dont tu sors peut-être, et toutes les foiblesses qui t'environnent ? Rentre, ô superbe (b) ! dans ton néant ; et apprends de la sainte Vierge à ne te pas laisser éblouir par l'éclat et par la douceur d'une grandeur nouvelle et imprévue. Cette haute dignité de Mère de Dieu ne fait que l'abaisser davantage ; mais cet abaissement fait sa gloire. Dieu ravi d'une humilité si profonde, vient lui-même s'humilier dans ses entrailles. Mais ce n'est pas encore toute sa grandeur. Si ce Dieu résolu de s'anéantir veut s'anéantir dans Marie (c), ce même Dieu qui veut se donner aux hommes leur fait ce présent par Marie. C'est ce que j'ai à vous dire dans ce second point, qui finira bientôt ce discours.

SECOND POINT.

Voici, Messieurs, une nouveauté qui n'est pas moins surprenante que la première ; et si vous avez été étonnés de voir un Souverain qui se fait sujet, je crois que vous ne le serez pas moins de voir l'Unique et l'Incomparable qui se donne des compagnons, et qui entre en société avec les hommes. *Et habitavit in nobis :* c'est le mystère de cette journée. Pour bien entendre cette nouveauté, formez-vous en votre esprit une forte idée de cette parfaite unité de Dieu, qui le rend infini, incommunicable et unique en tout ce qu'il est. Il est le seul sage, le seul bienheureux, Roi des rois, Seigneur des seigneurs, unique en sa majesté, inaccessible en son trône, incomparable en sa puissance. Les hommes n'ont point de termes assez énergiques pour parler dignement de cette unité ; et voici néanmoins, Messieurs, des paroles de Tertullien qui nous en donnent, ce me semble, une grande idée, autant que

---

(a) *Var.* : Dans ton ame, puisque même tu ne t'humilies... — (b) Malheureux ! — (c) Par Marie.

le peut permettre la foiblesse humaine. Il appelle Dieu « le souverain grand, » *Summum magnum :* « mais il n'est souverain, dit-il, qu'à cause qu'il surmonte tout le reste : » *Summum victoriâ suâ constat*[1]. « Et ainsi, ne souffrant rien qui l'égale, il laisse tellement au-dessous de soi tout ce qu'on pourroit mettre à l'égal de lui (a), qu'il se fait lui-même une solitude par la singularité de son excellence : » *Atque ex defectione æmuli solitudinem quamdam de singularitate præstantiæ suæ possidens, unicum est*[2].

Voilà une manière de parler étrange; mais cet homme accoutumé aux expressions fortes, semble chercher des termes nouveaux pour parler d'une grandeur qui n'a point d'exemple. Est-il rien de plus majestueux ni de plus auguste que cette solitude de Dieu? Pour moi, je me représente, Messieurs, cette majesté infinie toute resserrée en elle-même, cachée dans ses propres lumières, séparée de toutes choses par sa propre étendue, qui ne ressemble pas les grandeurs humaines, où il y a toujours quelque foible, où ce qui s'élève d'un côté s'abaisse de l'autre; mais qui est de tous côtés également forte et également inaccessible. Qui ne s'étonneroit donc, chrétiens, de voir cet Unique, cet Incomparable, qui sort de cette auguste solitude pour se faire des compagnons, ô nouveauté admirable! et encore quels compagnons? Des hommes mortels et pécheurs. *Non angelos apprehendit*[3] : « Il ne s'est point arrêté aux anges (b), » quoiqu'ils fussent pour ainsi dire les plus proches de son voisinage. Il est venu à pas de géant, « sautant, dit l'Ecriture [4], toutes les montagnes, » c'est-à-dire passant tous les chœurs des anges; il a cherché la nature humaine que sa mortalité avoit reléguée au plus bas étage de l'univers, et qui avoit encore ajouté l'éloignement du péché à l'inégalité de la condition : néanmoins il se l'est unie, *apprehendit*, il l'a saisie en l'ame et au corps, il s'est fait une chair semblable à la nôtre; enfin ô bonté, ô miséricorde! enfin ce Dieu en devenant homme, *ut et nos societatem habeamus cum eo*[5], est venu traiter d'égal avec

---

[1] *Advers. Marcion.*, lib. I, n. 3. — [2] *Ibid.*, n. 4. — [3] *Hebr.*, II, 16. — [4] *Cant.*, II, 8. — [5] I *Joan.*, I, 3, 6.

(a) *Var.* : Lui égaler. — (b) Il n'a point pris les anges.

nous, et cela pour nous donner le moyen de traiter d'égal avec lui : *Ex æquo agebat Deus cum homine, ut homo agere ex æquo cum Deo posset* [1]. Chrétiens, quelle nouveauté ! Qui a jamais ouï un pareil miracle ? « Quelle nation de la terre a des dieux qui s'approchent d'elle, comme notre Dieu s'approche de nous [2] ? »

Une telle condescendance mériteroit bien, chrétiens, d'occuper plus longtemps nos esprits, si le mystère de cette journée ne m'obligeoit à jeter les yeux sur la bienheureuse Marie. Vous avez vu un Dieu qui se donne à nous ; c'est un grand bonheur pour notre nature ; mais quelle gloire pour la sainte Vierge qu'il se donne à nous par son entremise ! C'est par elle qu'il entre au monde, c'est par elle qu'il lie avec nous cette société bienheureuse ; non content de l'avoir choisie pour ce ministère, il envoie un des premiers de ses anges pour lui en porter la parole, et comme pour demander son consentement. Chrétiens, quel est ce mystère ? Tâchons d'en découvrir le secret, et lisons-le dans l'ordre des décrets de Dieu, selon que Dieu nous les a révélés.

J'ai appris par son Ecriture et par le consentement unanime de tous les siècles, que dans le mystère adorable de la rédemption de notre nature, c'étoit une résolution déterminée de la Providence divine, de faire servir à notre salut tout ce qui avoit été employé à notre ruine. Ne me demandez pas ici les raisons de ce conseil admirable, qu'il seroit trop long de vous expliquer ; et contentez-vous d'entendre en un mot que par une charitable émulation Dieu a voulu détruire notre ennemi, en lui renversant sur la tête ses propres machines et le défaisant pour ainsi dire par ses propres armes.

C'est pourquoi la foi nous enseigne que si un homme nous perd, un homme nous sauve ; la mort règne dans la race d'Adam, c'est de la race d'Adam que la vie est née ; Dieu fait servir de remède à notre péché la mort qui en étoit la punition ; l'arbre nous tue, l'arbre nous guérit ; et nous voyons dans l'Eucharistie qu'un manger salutaire répare le mal qu'un manger téméraire avoit fait. Selon cette merveilleuse dispensation que Dieu a voulu marquer si visiblement dans tout l'ouvrage de notre salut, il faut conclure

[1] Tertul., *advers. Marcion.*, lib. II, n. 27. — [2] *Deut.*, IV, 7.

nécessairement que comme les deux sexes sont intervenus dans la désolation de notre nature, ils devoient aussi concourir à sa délivrance. Tertullien l'a enseigné dès les premiers siècles dans le livre de la *Chair de Jesus-Christ,* où parlant de la sainte Vierge : « Il étoit, dit-il [1], nécessaire que ce qui avoit été perdu par ce sexe fût ramené au salut par le même sexe : » *Ut quod per ejusmodi sexum abierat in perditionem, per eumdem sexum redigeretur ad salutem.* Le martyr saint Irénée l'a dit devant lui [2], le grand saint Augustin l'a dit après [3], tous les saints Pères unanimement nous ont enseigné la même doctrine ; d'où je tire cette conséquence, qu'il étoit certainement convenable que Dieu prédestinât une nouvelle Eve aussi bien qu'un nouvel Adam, afin de donner à la terre au lieu de la race ancienne qui avoit été condamnée, une nouvelle postérité qui fût sanctifiée par la grace.

Et certainement, chrétiens, si nous méditons en nous-mêmes les conseils impénétrables de la Providence dans la réparation de notre nature, et que nous conférions exactement Eve avec Marie dans le mystère de cette journée, nous serons bientôt convaincus de cette doctrine si sainte et si ancienne. Voici le rapport qu'en font les saints Pères, et je ne fais que répéter ce qu'ils en ont dit.

L'ouvrage de notre corruption commence par Eve, l'ouvrage de la réparation par Marie : la parole de mort est portée à Eve, la parole de vie à la sainte Vierge : Eve étoit vierge encore, et Marie est Vierge : Eve encore vierge avoit son époux, et Marie la Vierge des vierges a aussi le sien : la malédiction est donnée à Eve, la bénédiction à Marie : *Benedicta tu* [4] : un ange de ténèbres s'adresse à Eve, un ange de lumière parle à Marie : l'ange de ténèbres veut élever Eve à une fausse grandeur, en lui faisant affecter la divinité : « Vous serez, lui dit-il, comme des dieux [5] ; » l'ange de lumière établit Marie dans la véritable grandeur par une sainte société avec Dieu : « Le Seigneur est avec vous, lui dit Gabriel [6] ; » l'ange de ténèbres parlant à Eve lui inspire un dessein

---

[1] *De Carn. Chr.*, n. 17. — [2] *Cont. Hæres.*, lib. V, cap. xix. — [3] *De Symb. ad Catech.*, serm. iii, cap. iv. — [4] *Luc.*, i, 42. — [5] *Genes.*, iii, 5. — [6] *Luc.*, i, 28.

de rébellion : « Pourquoi est-ce que Dieu vous a commandé de ne point manger de ce fruit si beau [1]? » l'ange de lumière parlant à Marie lui persuade l'obéissance : « Ne craignez point, Marie, » lui dit-il, et, « Rien n'est impossible au Seigneur [2] : » Eve crut au serpent, et Marie à l'ange. De cette sorte, dit Tertullien [3], une foi pieuse efface la faute d'une téméraire crédulité, et « Marie répare en croyant à Dieu ce qu'Eve avoit ruiné en croyant au diable : » *Quod illa credendo deliquit, hæc credendo delevit.* Enfin pour achever le mystère, Eve séduite par le démon est contrainte de fuir devant la face de Dieu, et Marie instruite par l'ange est rendue digne de porter Dieu; Eve nous ayant présenté le fruit de mort, Marie nous présente le vrai fruit de vie, afin, dit saint Irénée (écoutez les paroles de ce grand martyr), « afin que la Vierge Marie fût l'avocate de la vierge Eve : » *Ut virginis Evæ Virgo Maria fieret advocata* [4].

Un rapport si exact n'est pas une invention de l'esprit humain. Après cela on ne peut douter que Marie ne soit l'Eve bienheureuse de la nouvelle alliance; qu'elle n'ait la même part à notre salut qu'Eve a eue à notre ruine, c'est-à-dire la seconde après Jésus-Christ; et qu'Eve étant la mère de tous les mortels, Marie ne soit la mère de tous les vivans. C'est Dieu même qui nous persuade une vérité si constante par l'ordre admirable de tous ses desseins, par la convenance (a) des choses si évidemment déclarée, par le rapport nécessaire de tous ses mystères.

Et nos frères qui nous ont quittés ne peuvent pas endurer notre dévotion pour Marie, ni que nous la croyions après Jésus-Christ la principale coopératrice de notre salut! Qu'ils détruisent donc ce rapport de tous les mystères divins; qu'ils nous disent pour quelle raison Dieu envoie son ange à Marie. Ne pouvoit-il pas faire son ouvrage en elle sans en avoir son consentement? Ne paroît-il pas plus clair que le jour que ç'a été un conseil du Père (b), qu'elle coopérât à notre salut et à l'incarnation de son Fils par son obéissance et sa charité? Et si cette charité maternelle a tant

---

[1] *Genes.*, III, 1. — [2] *Luc.*, I, 30, 37. — [3] *De Carne Christi*, n. 17. — [4] *Cont.* *Hær.*, lib. 5, cap. XIX.

(a) *Var.* : Par les convenances. — (b) De sa Providence.

opéré pour notre bonheur dans le mystère de l'incarnation, sera-t-elle devenue stérile et ne produira-t-elle plus rien en notre faveur? Ah! Messieurs, qui le pourroit croire? Et si maintenant nous attendons d'elle qu'elle nous assiste de son secours, quel crime faisons-nous de le demander? Est-ce pour cela, nos chers Frères, que vous avez rompu l'unité et abandonné la communion dans laquelle vos pères sont morts en la charité de Notre-Seigneur? Mais peut-être n'y en a-t-il pas qui nous entendent. Revenons à vous, chrétiens.

Je ne puis plus retenir les secrets mouvemens de mon cœur. Je ne puis que je ne m'écrie avec toute l'Eglise catholique : O sainte, ô incomparable Marie, nous crions, nous gémissons après vous, misérables bannis enfans d'Eve; *Ad te clamamus.* Car à qui auront leur recours les enfans captifs d'Eve l'exilée, sinon à la Mère des libres? Et si telle est la doctrine des anciens Pères, si telle est la foi des martyrs que vous soyez l'avocate d'Eve, ne prendrez-vous pas aussi la défense de sa postérité condamnée? Si donc Eve inconsidérée nous a présenté autrefois le fruit empoisonné qui nous tue, ô Marie notre protectrice, que nous recevions de vos mains le fruit de vos bénites entrailles, qui nous donne la vie éternelle! *Et Jesum,* etc. O merveille des secrets de Dieu! ô convenance de notre foi! Car c'est l'accomplissement du mystère, que nous recevions Jésus-Christ des mains de Marie; elle nous le présente pour entrer en société avec nous. Vivons comme des hommes avec qui Jésus-Christ s'est associé: *Conversabatur Deus, ut homo divinè agere doceretur*[1].

---
[1] Tertull., *advers. Marcion.*, lib. II, n. 27.

EXORDE D'UN SERMON

POUR

LA FÊTE DE L'ANNONCIATION.

At ubi venit plenitudo temporis, misit Deus Filium suum, factum ex muliere.

Quand le temps a été accompli, Dieu a envoyé son Fils, fait d'une femme. *Gal.*, IV, 4.

Comme Dieu est riche en bontés, il est magnifique en présens. Il a aimé le genre humain, et son amour libéral s'est signalé par ses dons. Mais un Dieu ne doit rien donner qui ne soit digne de lui ; c'est pourquoi il a résolu de ne nous rien donner de moins que lui-même. C'est ce qui fait voir aujourd'hui au monde cette merveille inouïe, ce miracle incompréhensible et qui étonne toute la nature, un Dieu fait homme ; et l'Apôtre nous représente cet excès d'amour par les premiers mots de mon texte : « Dieu a envoyé son Fils : » *Misit Deus Filium suum.*

Mais, Messieurs, il ne suffit pas qu'un Dieu se donne, il faut encore qu'on le reçoive ; sans quoi le don seroit inutile et le mystère imparfait. Aussi s'est-il préparé lui-même les plus pures entrailles du monde, et une Vierge incomparable le doit recevoir, non-seulement pour elle, mais pour nous tous et au nom de tout le genre humain. Tellement que pour accomplir le dessein de Dieu, il ne falloit pas seulement qu'il vînt au monde, mais il falloit encore (a) qu'il y prît naissance ; et c'est pour cela que le même Apôtre après avoir dit, comme j'ai déjà remarqué, que « Dieu nous a envoyé son Fils, (b) » ajoute pour nous faire entendre le mystère entier, qu'il a été fait d'une femme ; » *factum ex muliere.*

Voilà (c) donc en quoi consiste, si je ne me trompe, tout le mystère de ce jour sacré ; et vous en avez l'abrégé en ces deux mots : un Dieu donné, un Dieu reçu (d). Dieu se donne à nous en la personne du Verbe incarné ; tous ensemble nous le recevons en la

---

(a) *Var.* : Mais encore. — (b) Note marg. : *Misit Deus Filium suum.* — (c) *Var.* : Voici. — (d) Tout le mystère de ce jour : un Dieu donné, un Dieu reçu.

personne de la sainte Vierge, qui ne le reçoit que pour nous. Ainsi nous avons deux choses à considérer : en Jésus le présent divin (*a*), en Marie la respectueuse acceptation (*b*) ; en Jésus la bonté qui se communique, en Marie la disposition pour s'en rendre digne ; en Jésus de quelle manière Dieu se donne à nous, en Marie ce qu'il nous faut faire pour le recevoir. Et c'est à ces deux points principaux que je réduirai, pour n'être pas long, toute l'économie de ce discours.

PREMIER SERMON

POUR LA

FÊTE DE LA VISITATION DE LA SAINTE VIERGE (*c*).

Intravit in domum Zachariæ, et salutavit Elisabeth.
Marie entra en la maison de Zacharie, et salua Elisabeth. *Luc.*, I, 40.

C'est principalement aujourd'hui et dans la sainte solennité que nous célébrons, que les fidèles doivent reconnoître que le Sauveur

---

(*a*) *Var.* : Charitable. — (*b*) En Jésus le présent, en Marie l'acceptation.
(*c*) Prêché le 2 juillet 1660, devant la reine d'Angleterre, à la Visitation de Chaillot.
L'histoire justifie ces indications. Vingt-cinq années de troubles et de désastres, une guerre funeste avoit jeté pareillement la France et l'Espagne dans un abîme de maux ; des conférences habilement ménagées, des négociations prudemment conduites réconcilièrent les deux nations chrétiennes ; la paix se conclut heureusement à l'île des Faisans, dans le mois de novembre 1659 ; et le gage auguste du traité, ce fut le mariage de l'Infante avec Louis XIV. Voilà pourquoi Bossuet relève, dans le troisième point modifié de notre sermon, la paix qui donne « le repos après la guerre, » particulièrement « cette paix admirable entre les nations chrétiennes : paix si sagement ménagée, si glorieusement conclue et si saintement affermie. » Rien de plus clair : « Paix des nations chrétiennes, » entre la France et l'Espagne ; « paix si sagement ménagée » par d'habiles négociations ; « si glorieusement conclue » par les avantages qu'elle assuroit aux parties contractantes ; enfin « si saintement affermie » par l'alliance des deux Maisons souveraines devant les autels du Dieu vivant.
Autres faits. Henriette de France, fille de Henri IV, épousa Charles Stuart et devint reine d'Angleterre. Catholique sincère et dévouée, elle vit se soulever contre elle la défiance et la haine de la Réforme ; la ruse et le fanatisme des pu-

est un Dieu caché, dont la vertu agit dans les cœurs d'une manière secrète et impénétrable. Je vois quatre personnes unies dans le mystère que nous honorons : Jésus et la divine Marie, saint Jean et sa mère sainte Elisabeth ; c'est ce qui fait tout le sujet de notre évangile. Mais ce que j'y trouve de plus remarquable, c'est qu'à la réserve du Fils de Dieu toutes ces personnes sacrées y exercent visiblement quelque action particulière. Elisabeth éclairée d'en haut reconnoît la dignité de la sainte Vierge, et s'humilie profondément devant elle : *Undè hoc mihi*[1] ? Jean sent la présence de son divin Maître jusque dans le sein de sa mère, et témoigne des transports incroyables : *Exultavit infans*[2]. Cependant l'heureuse Marie admirant en elle-même de si grands effets de la toute-puissance divine, exalte de tout son cœur le saint nom de Dieu et publie sa munificence. Ainsi toutes ces personnes agissent, et il n'y a que Jésus qui semble immobile : caché dans les entrailles de la sainte Vierge, il ne fait aucun mouvement qui rende sa présence sensible ; et lui qui est l'ame de tout le mystère, paroît sans action dans tout le mystère.

Mais ne vous étonnez pas, ames chrétiennes, de ce qu'il nous tient ainsi sa vertu cachée ; il a dessein de nous faire entendre qu'il est ce Moteur invisible qui meut toutes choses sans se mou-

[1] *Luc.*, I, 43. — [2] *Ibid.*, 44.

ritains la forcèrent de prendre la fuite ; et pendant que la mer irritée menaçoit de l'ensevelir sous ses flots, les canons anglois la poursuivoient sans relâche ni merci. On ne peut décrire ici les mille péripéties qui traversèrent ses projets, ni les mille dangers qui assaillirent son existence : reine éprouvée par tous les coups du sort, « en laquelle, dit notre sermon, Dieu a montré un spectacle si surprenant de toutes les révolutions des choses humaines. » Réfugiée sur la terre de France, elle fonda le couvent de la Visitation à Chaillot, compris dans l'enceinte actuelle de Paris ; c'est là qu'elle apprit en 1649 la fin du roi son époux, condamné à mort par les séides de Cromwell. Après les plus étranges vicissitudes, « par un changement miraculeux, » son fils fut porté sur le trône d'Angleterre le 8 mai 1660 ; mais, comme le dit encore l'orateur, « cette ame vraiment royale, que ses adversités n'avoient pas abattue, ne se laissa non plus emporter à ses prospérités inopinées ;... seule elle ne changea point au milieu de tant de changemens. » La reine, toujours dévouée aux intérêts de la religion catholique, alloit retourner en Angleterre ; tous ces événemens faisoient naître les plus grandes espérances : « Après que Dieu a rétabli le trône du roi, disoit Bossuet, sa bonté disposera tellement les choses que le roi rétablira le trône de Dieu, » etc. On voit qu'ici, dans l'intention du grand prédicateur, le rétablissement du trône de Dieu, c'est le rétablissement de la vraie religion.

Nous n'avons pu retrouver les manuscrits des sermons pour la Visitation, force nous a été de les reproduire d'après les premières éditions.

voir, qui conduit tout sans montrer sa main : de sorte qu'il me sera aisé de vous convaincre que si son action toute-puissante ne nous paroît pas aujourd'hui en elle-même dans le mystère, c'est qu'elle se découvre assez dans l'action des autres, qui n'agissent et ne se remuent que par l'impression qu'il leur donne. C'est ce que vous verrez plus évidemment (*a*) dans la suite de ce discours, où devant vous entretenir des opérations de son Saint-Esprit (*b*) sur trois différentes personnes, j'ai besoin plus que jamais du secours de ce même Esprit qui les a remplies ; et je dois tâcher d'attirer ses graces par l'intercession de celle à laquelle il se communique si abondamment, qu'il se répand sur les autres par son entremise. C'est la bienheureuse Marie, que nous saluerons avec l'ange : *Ave, gratiâ*.

L'un des plus grands mystères du christianisme, c'est la sainte société que le Fils de Dieu contracte avec nous et la manière secrète dont il nous visite. Je ne parle pas, mes très-chères Sœurs, de ces communications particulières dont il honore quelquefois des ames choisies ; et je laisse à vos directeurs et aux livres spirituels de vous en instruire. Mais outre ces visites mystiques, ne savons-nous pas que le Fils de Dieu s'approche tous les jours de ses fidèles : intérieurement par son Saint-Esprit et par l'inspiration de sa grace ; au dehors par sa parole, par ses sacremens et surtout par celui de l'adorable Eucharistie ?

Il importe aux chrétiens de connoître quels sentimens ils doivent avoir lorsque Jésus-Christ vient à eux ; et il me semble qu'il lui a plu de nous l'apprendre nettement dans notre évangile. Pour bien entendre cette vérité, remarquez, s'il vous plaît, Messieurs, que le Fils de Dieu visitant les hommes imprime trois mouvemens dans leurs cœurs, et je vous prie de vous y rendre attentifs. Premièrement, sitôt qu'il approche, il nous inspire avant toutes choses une grande et auguste idée de sa majesté, qui fait que l'ame tremblante et confuse de sa naturelle bassesse, est saisie devant Dieu d'un profond respect et se juge indigne des dons de

---

(*a*) *Var.* : C'est ce que je me propose de vous faire voir plus évidemment. — (*b*) De l'Esprit de Dieu.

sa grace : tel est son premier sentimens. Mais, chrétiens, ce n'est pas assez. Car cette ame ainsi abaissée n'osera jamais s'approcher de Dieu ; elle s'en éloignera toujours par respect, en reconnoissant son peu de mérite. C'est pourquoi, par un second mouvement, il presse au dedans son ardeur fidèle de s'approcher avec confiance et de courir à lui par de saints désirs : c'est le second sentiment qu'il donne. Enfin le troisième et le plus parfait, c'est que se rendant propice à ses vœux, il fait triompher sa paix dans son cœur, comme parle le divin Apôtre : *Pax Christi exultet in cordibus vestris*[1]; et la comble d'une sainte joie par ses chastes embrassemens. Vous le savez, mes très-chères Sœurs, vous qui êtes si exercées dans les choses spirituelles, que c'est par ces degrés que Dieu s'avance, que tels sont les sentimens qu'il inspire aux ames : se juger indignes de Jésus-Christ, c'est par cette humilité qu'il les prépare ; désirer ardemment Jésus-Christ, c'est par cette ardeur qu'il les avance ; enfin posséder en paix Jésus-Christ, c'est par cette tranquillité qu'il les perfectionne. Ces trois sentimens paroissent (a) dans notre évangile nettement et distinctement, et avec un ordre admirable.

En effet ne voyez-vous pas sainte Elisabeth, qui considérant Jésus-Christ, qui l'honore de sa visite en la personne de sa sainte Mère, reconnoît humblement son indignité, en disant d'une voix si respectueuse : *Et undè hoc mihi ut veniat Mater Domini mei ad me*[2] ? « Et d'où me vient un si grand honneur, que la Mère de mon Seigneur me visite ? » D'autre part, ne voyez-vous pas que ce sont des désirs ardens, qui pressent impétueusement le saint Précurseur, lorsque tressaillant au sein de sa mère, il veut, ce semble, rompre les liens qui l'empêchent de se jeter aux pieds de son Maître, et ne peut souffrir la prison qui le sépare de sa présence : *Exultavit infans in utero ejus*[3]. Enfin n'entendez-vous pas la voix ravissante de la bienheureuse Marie, qui étant pleine de Jésus-Christ et possédant en paix ce qu'elle aime, s'épanche toute en actions de graces, et nous témoigne la joie de son cœur par son admirable cantique : *Magnificat anima mea*

---

[1] *Col.*, III, 15. — [2] *Luc.*, I, 43. — [3] *Ibid.*, 41.

(a) *Var. :* Et n'est-ce pas ce qui nous paroît.

Dominum[1] : « Mon ame exalte le Seigneur, et mon esprit se réjouit en Dieu mon Sauveur? » Ainsi je ne craindrai pas de vous assurer que j'aurai expliqué tout mon évangile, tout le mystère de cette journée, si je vous fais voir en ces trois personnes, sur lesquelles Jésus caché agit aujourd'hui, l'abaissement d'une ame qui s'en juge indigne, c'est ce que vous remarquerez en Elisabeth; le transport d'une ame qui le cherche, c'est ce que vous reconnoîtrez en saint Jean; la paix d'une ame qui le possède, c'est ce que vous admirerez en la sainte Vierge; et c'est le partage de ce discours.

PREMIER POINT.

Il est bien juste, ames chrétiennes, que la créature s'abaisse lorsque son Créateur la visite; et le premier tribut que nous lui devons quand il daigne s'approcher de nous, c'est la reconnoissance de notre bassesse. Aussi est-ce pour cela que je vous ai dit qu'aussitôt qu'il vient à nous par sa grace, le premier sentiment qu'il inspire, c'est une crainte religieuse, qui nous fait en quelque sorte retirer de lui par la considération du peu que nous sommes. Ainsi lisons-nous en *saint Luc* que saint Pierre n'a pas plutôt reconnu la divinité de Jésus-Christ par les effets miraculeux de sa puissance, qu'il se jette incontinent à ses pieds, et : « Retirez-vous, Seigneur, lui dit-il, gardez-vous bien d'approcher de moi, parce que je suis un homme pécheur : » *Exi à me, quia homo peccator sum, Domine*[2]. Ainsi ce pieux Centenier, que Jésus veut honorer d'une visite, surpris d'une telle bonté, croit ne la pouvoir reconnoître qu'en confessant aussitôt qu'il en est indigne : *Domine, non sum dignus*[3]. Ainsi pour venir à notre sujet et n'aller pas rechercher bien loin ce qui se trouve si clairement dans notre évangile, dès la première vue de Marie, dès le premier son de sa voix, sa cousine sainte Elisabeth, qui connoît la dignité de cette Vierge et contemple par la foi le Dieu qu'elle porte, s'écrie, étonnée et confuse : « D'où me vient un si grand honneur, que la Mère de mon Seigneur me visite? » *Undè hoc mihi?*

C'est, mes Sœurs, cette humilité, c'est ce sentiment de respect

---

[1] *Luc.*, I, 47. — [2] *Luc.*, V, 8. — [3] *Matth.*, VIII, 8.

que l'exemple d'Élisabeth devroit profondément graver dans nos cœurs; mais pour cela il est nécessaire que nous concevions sa pensée, et que nous pénétrions les motifs qui l'obligent à s'humilier de la sorte. J'en remarque deux principaux dans la suite de son discours, et je vous prie de les bien comprendre. « D'où me vient cet honneur, dit-elle, que la Mère de mon Seigneur me visite ? » C'est sur ces paroles qu'il faut méditer; et ce qui s'y présente d'abord à ma vue, c'est qu'Élisabeth nous témoigne que, dans la visite qu'elle reçoit, il y a quelque chose qu'elle connoît et quelque chose qu'elle n'entend pas. La Mère de mon Seigneur vient à moi : voilà ce qu'elle connoît et ce qu'elle admire; d'où vient qu'elle me fait cet honneur : c'est ce qu'elle ignore et ce qu'elle cherche. Elle voit la dignité de Marie; et dans une telle inégalité elle la regarde de loin, s'humiliant profondément devant elle (a). C'est la bienheureuse entre toutes les femmes; c'est la Mère de mon Seigneur; elle le porte dans ses bénites entrailles : *Mater Domini mei.* Puis-je lui rendre assez de soumissions?

Mais pendant qu'elle admire toutes ces grandeurs, une seconde réflexion l'oblige à redoubler ses respects. La Mère de son Dieu la prévient par une visite pleine d'amitié : elle sait bien connoître l'honneur qu'on lui fait; mais elle n'en peut pas concevoir la cause : elle cherche de tous côtés en elle-même ce qui a pu lui mériter cette grace : D'où me vient cet honneur, dit-elle, d'où me vient cette bonté surprenante? *Undè hoc mihi?* Qu'ai-je fait pour la mériter, ou quels services me l'ont attirée? *Undè hoc?* Là, mes Sœurs, ne découvrant rien qui soit digne d'un si grand bonheur, et se sentant heureusement prévenue par une miséricorde toute gratuite, elle augmente ses respects jusqu'à l'infini, et ne trouve plus autre chose à faire, sinon de présenter humblement à Jésus-Christ, qui s'approche d'elle, un cœur humilié sous sa main et une sincère confession de son impuissance.

Voilà donc deux motifs pressans qui la portent aux sentimens de l'humilité, lorsque Jésus-Christ la visite. Premièrement, c'est qu'elle n'a rien qui puisse égaler ses grandeurs; secondement, c'est qu'elle n'a rien qui puisse mériter ses bontés : motifs en effet

(a) *Var.*: S'abaissant humblement devant elle.

très-puissans, par lesquels nous devons apprendre à servir notre Dieu en crainte et à nous réjouir devant lui avec tremblement. Car quelle indigence pareille à la nôtre, puisque si nous n'avons rien par nature et n'avons rien encore par acquisition, nous n'avons aucun droit d'approcher de Dieu ni par la condition ni par le mérite? Et n'étant pas moins éloignés de sa bonté par nos crimes que de sa majesté infinie par notre bassesse, que nous reste-t-il autre chose lorsqu'il daigne nous regarder, sinon d'apprendre d'Elisabeth à révérer sa grandeur suprême par la reconnoissance de notre néant, et à honorer ses bienfaits en confessant notre indignité?

Mais afin de ne le pas faire seulement de bouche et d'avoir ce sentiment imprimé au cœur, considérons avant toutes choses ce qu'exige de nous la grandeur de Dieu; et encore que nulle éloquence ne le puisse assez exprimer, pour nous en former quelque idée, posons d'abord ce premier principe, que ce qui gagne le respect des hommes, ce sont les dignités qui tirent du pair, qui donnent un rang particulier, qui sont uniques et singulières. Voilà ce que les hommes révèrent : et ce fondement étant supposé, qui pourroit nous dire, mes Sœurs, le respect que nous devons au souverain Etre? Il est seul en tout ce qu'il est; il est le seul sage, le seul bienheureux, Roi des rois, Seigneur des seigneurs, unique en sa majesté, inaccessible en son trône, incomparable en sa puissance. De là vient que Tertullien tâchant d'exprimer magnifiquement son excellence incommunicable, dit qu'il est « le souverain grand, qui ne souffrant rien qui s'égale à lui, s'établit lui-même une solitude par la singularité de sa perfection : » *Summum magnum, ex defectione æmuli solitudinem quamdam de singularitate præstantiæ suæ possidens* [1]. Voilà une manière de parler étrange: mais cet homme accoutumé aux expressions fortes, semble chercher des termes nouveaux pour parler d'une grandeur qui n'a point d'exemple. Et surtout n'admirez-vous pas cette solitude de Dieu? *Solitudinem de singularitate præstantiæ :* solitude vraiment auguste, et qui doit inspirer de profonds respects.

[1] *Adv. Marc.*, lib. I, n. 4.

Mais cette solitude de Dieu nous donne encore, ce me semble, une belle idée. Toutes les grandeurs ont leur foible : grand en puissance, petit en courage; grand courage et petit esprit; grand esprit dans un corps infirme, qui empêche ses fonctions. Qui peut se vanter d'être grand en tout? Nous cédons et on nous cède; tout ce qui s'élève d'un côté s'abaisse de l'autre. C'est pourquoi il y a entre tous les hommes une espèce d'égalité : tellement qu'il n'y a rien de si grand, que le petit ne puisse atteindre par quelque endroit. Il n'y a que vous, ô souverain Grand, ô Dieu éternel, qui êtes singulier en toutes choses, inaccessible en toutes choses, seul en toutes choses : *Solitudinem quamdam*, etc. Vous êtes le seul auquel on peut dire : « O Seigneur, qui est semblable à vous [1], profond en vos conseils (a), terrible en vos jugemens, absolu en vos volontés, magnifique et admirable en vos œuvres [2]? » Que si vous êtes si grand, si majestueux, malheur à qui se fait grand devant vous; malheur, malheur aux têtes superbes, qui vont hautes et levées devant votre face! Vous frappez sur ces cèdres et vous les déracinez; vous touchez ces orgueilleuses montagnes et vous les faites évanouir en fumée. Heureux ceux qui vous sentant approcher par vos saintes inspirations, craignent de s'élever devant vous, de peur de vous exciter à jalousie; mais qui s'écrient aussitôt avec le Prophète : « Qu'est-ce que l'homme, ô grand Dieu, que vous vous en souvenez, ou qui sont les enfans des hommes que vous leur faites l'honneur de les visiter [3]? » Ils se cachent et votre face les illumine; ils se retirent par respect et vous les cherchez; ils se jettent à vos pieds et votre esprit pacifique repose sur eux.

Apprenez, ô enfans de Dieu, de quelle sorte il faut recevoir cette souveraine grandeur : mais pour vous humilier plus profondément, sachez que sa bonté vous prévient en tout, et que sa grace se montre grace en ce qu'elle n'est attirée par aucuns mérites. Rendez, rendez ici témoignage à sa miséricorde surabondante, vous pécheurs qu'il a convertis, vous brebis perdues qu'il a ramenées, vous autrefois enfans de ténèbres que sa grace a faits

---

[1] *Psal.* XXXIV, 10. — [2] *Exod.*, XV, 11. — [3] *Psal.* VIII, 5.

(a) *Var.* : En vos pensées.

enfans de lumière. Ne s'est-il pas souvenu de vous dans le temps que vous l'oubliiez? Ne vous a-t-il pas poursuivis, quand vous le fuyiez avec plus d'ardeur? Ne vous a-t-il pas attirés, quand vous méritiez le plus sa vengeance? Et vous, ames saintes et religieuses, qui marchez dans la voie étroite, qui vous avancez à grands pas dans le chemin de la perfection; qui vous a inspiré le mépris du monde et l'amour de la solitude? N'est-ce pas lui qui vous a choisies, et ne lui confessez-vous pas tous les jours que vous n'avez pas mérité ce choix? Je n'ignore pas cependant que vous n'amassiez des mérites : anathème à ceux qui le nient! mais tous ces mérites viennent de la grace. Si vous usez bien de la grace, il est vrai que ce bon usage en attire d'autres; mais il faut qu'elle vous prévienne, pour vous sanctifier par ce bon usage. Ne voyez-vous pas dans notre évangile que ce n'est pas Elisabeth qui vient à Marie; c'est Marie qui cherche (*a*) sainte Elisabeth; c'est Jésus qui prévient saint Jean. Quel est, mes Sœurs, ce nouveau miracle? Jean doit être son précurseur, il doit marcher devant sa face, il lui doit préparer les voies; et néanmoins nous voyons manifestement qu'il faut que Jésus-Christ le prévienne. Et qui donc ne prévient-il pas, s'il prévient même son précurseur? Que si nous sommes ainsi prévenus, de quoi pouvons-nous nous glorifier? Sera-ce peut-être du commencement? mais c'est là que la grace nous a éclairés sans que nous l'ayons mérité. Quoi? sera-ce donc du progrès? mais la grace s'étend dans toute la vie, et dans toute la vie elle est toujours grace. *Fons aquæ salientis* [1] : C'est un fleuve (*b*) qui retient durant tout son cours le nom qu'il a pris dans son origine; c'est « la grace elle-même qui mérite d'être augmentée, afin que par cet accroissement elle mérite d'arriver à sa perfection : » *Ipsa gratia meretur augeri, ut aucta mereatur perfici*, dit saint Augustin [2].

Que s'il est ainsi, chrétiens, que nous ne vivions que par grace, que nous ne subsistions que par grace : que tardons-nous à imiter sainte Elisabeth? Que ne disons-nous du fond de nos cœurs : *Undè hoc mihi?* « D'où me vient un si grand bonheur? » D'où me vient

---

[1] *Joan.*, IV, 14. — [2] Epist. CLXXXVI, n. 10.
(*a*) *Var.* : Visite. — (*b*) Elle ressemble à un fleuve.

cette faveur extraordinaire? Ah! je ne l'ai point méritée; je ne la dois, ô Seigneur, qu'à votre bonté. C'est le premier sentiment que la grace inspire, parce que son premier ouvrage c'est de se faire reconnoître grace. Confessons donc avant toutes choses que nous sommes indignes des dons de Dieu : Dieu alors nous en croira dignes, si nous avouons ne l'être pas; si nous reconnoissons qu'il ne nous doit rien, il se confessera notre débiteur. Il est allé chez le Centenier, parce qu'il se juge indigne de le recevoir. Pierre se juge indigne d'approcher de lui, il le fait le fondement de son corps mystique. Paul se trouve indigne qu'on le nomme apôtre, et il le fait le plus illustre (a) de tous ses apôtres. Jean-Baptiste s'estime indigne de lui délier ses souliers, qui est le plus vil office d'un serviteur, et il le fait son meilleur ami : *Amicus Sponsi* [1]; et cette main qu'il juge indigne des pieds du Sauveur, est élevée jusqu'à sa tête, qu'il arrose des eaux baptismales. Tant il est vrai, ames chrétiennes, que ce qui nous mérite les dons de la grace, c'est de confesser humblement que nous ne les pouvons mériter : tellement que l'humilité est l'appui de la confiance. Quiconque s'est préparé par l'humilité peut ensuite s'abandonner aux désirs ardens, dont nous allons voir les sacrés transports en la personne de saint Jean-Baptiste.

SECOND POINT.

Ce n'est pas assez à l'ame fidèle de s'humilier devant Dieu, et de s'en retirer en quelque sorte par le sentiment de sa bassesse; après ce premier mouvement, par lequel elle reconnoît son indignité, elle en doit ensuite ressentir un autre; c'est-à-dire un chaste transport, par lequel elle coure à Dieu et s'efforce de s'unir à lui. Mais est-il possible, mes Sœurs, qu'un tel désir soit raisonnable, et que des mortels comme nous puissent porter si haut leurs pensées? Il n'est pas permis d'en douter; et en voici la raison solide, prise de la nature de Dieu nécessairement bienfaisante. Je vous ai représenté sa grandeur suprême, qui éloigne de lui les créatures; il vous faut maintenant parler de sa bonté, qui leur tend la main

---

[1] *Joan.*, III, 29.
(a) *Var.* : Le plus célèbre.

et qui les invite. L'un et l'autre sont inconcevables; et comme me défiant de mes forces je me suis aidé pour la première d'une forte expression de Tertullien, je me servirai pour la seconde d'un excellent discours d'un autre docteur de l'Eglise : c'est le grand saint Grégoire de Nazianze, qui a mérité parmi les Grecs le surnom auguste de *Théologien*, à cause des hautes conceptions qu'il a de la nature divine.

Ce grand homme invite tout le monde à désirer Dieu par la considération de cette bonté infinie, qui prend tant de plaisir à se répandre; ce qu'ayant expliqué avec soin, il conclut enfin par ces mots : « Ce Dieu, dit cet excellent théologien [1], désire d'être désiré; il a soif, le pourriez-vous croire ? au milieu de son abondance. » Mais quelle est la soif de ce premier Etre? C'est que les hommes aient soif de lui : *Sitit sitiri*. Tout infini qu'il est en lui-même et plein de ses propres richesses, nous pouvons néanmoins l'obliger : et comment pouvons-nous l'obliger ? C'est en lui demandant qu'il nous oblige, parce qu'il donne plus volontiers que les autres ne reçoivent : ce sont les paroles de saint Grégoire.

Ne diriez-vous pas, chrétiens, qu'il vous représente une source vive, qui par l'abondance de (*a*) ses eaux claires et fraîches semble présenter à boire aux passans altérés ? Elle n'a pas besoin qu'on la lave de ses ordures, ni qu'on la rafraîchisse dans son ardeur; mais se contentant elle-même de sa netteté et de sa fraîcheur naturelle, elle ne demande, ce me semble, plus rien, sinon que l'on boive et que l'on vienne se laver et se rafraîchir de ses eaux. Ainsi la nature divine, toujours riche, toujours abondante, ne peut non plus croître que diminuer à cause de sa plénitude; et la seule chose qui lui manque, si l'on peut parler de la sorte, c'est qu'on vienne puiser en son sein les eaux de vie éternelle, dont elle porte en elle-même une source infinie et inépuisable. C'est pourquoi saint Grégoire a raison de dire qu'il a soif que nous ayons soif de lui, et qu'il reçoit comme un bienfait quand nous lui donnons le moyen de nous bien faire.

Cela étant ainsi, chrétiens, c'est faire injure à cette bonté que

[1] Orat. XL.

(*a*) *Var.* : Par la fécondité.

de n'avoir pas du désir pour elle. De là les transports de saint Jean dans les entrailles de sa mère. Il sent que son Maître le vient visiter, et il voudroit s'avancer pour le recevoir : c'est le saint amour qui le pousse, ce sont des désirs ardens qui le pressent. Ne voyez-vous pas, ames saintes, qu'il tâche de rompre ses liens par son mouvement impétueux? Mais s'il demande la liberté, ce n'est que pour courir au Sauveur ; et s'il ne peut plus souffrir sa prison, c'est à cause qu'elle le sépare de sa présence.

C'est donc avec beaucoup de raison que nous nous adressons à saint Jean-Baptiste pour apprendre à désirer le Sauveur des ames, puisqu'il lui doit préparer les voies. C'est à lui de nous inspirer des désirs ardens; et si vous recherchez (*a*), chrétiens, quel est le ministère du saint Précurseur, vous découvrirez aisément (*b*) qu'il est envoyé sur la terre pour faire désirer Jésus-Christ aux hommes, et que c'est en cette manière qu'il lui doit préparer ses voies. En effet il faut vous faire entendre quel est le sujet de sa mission; et il faut qu'un autre saint Jean, disciple et bien-aimé du Sauveur, vous explique la fonction de saint Jean-Baptiste. Ecoutez comme il parle dans son Evangile : « Il y eut un homme envoyé de Dieu, dont le nom étoit Jean : cet homme n'étoit point la lumière; mais il venoit sur la terre pour rendre témoignage de la lumière, » c'est-à-dire de Jésus-Christ : *Non erat ille lux, sed ut testimonium perhiberet de lumine* [1]. N'êtes-vous pas étonnées, mes Sœurs, de cette façon de parler de l'évangéliste? Jésus-Christ est la lumière, et on ne le voit pas; Jean-Baptiste n'est pas la lumière, et non-seulement on le voit, mais encore il nous découvre la lumière même. Qui vit jamais un pareil prodige? Quand est-ce que l'on a ouï dire qu'il fallût montrer la lumière aux hommes et leur dire : Voilà le soleil? N'est-ce pas la lumière qui découvre tout? N'est-ce pas elle dont le vif éclat vient ranimer toutes les couleurs, et lever le voile obscur et épais qui avoit enveloppé toute la nature? Et voici que l'Evangile nous vient enseigner que la lumière étoit au milieu de nous sans être aperçue; et ce qui est beaucoup plus étrange,

---

[1] *Joan.*, I, 8.

(*a*) *Var.* : Si vous comprenez. — (*b*) Il vous sera aisé de connoître.

que Jean, qui n'est pas la lumière, est envoyé néanmoins pour nous la montrer : *Non erat ille lux.*

Dans cet événement extraordinaire, chrétiens, n'accusons pas la lumière de ce que nos yeux infirmes ne la peuvent voir (*a*) : accusons-en notre aveuglement ; accusons la foiblesse d'une vue tremblante, qui ne peut souffrir le grand jour. C'est ce que le grand Augustin nous explique admirablement (*b*) par ces excellentes paroles : *Tam infirmi sumus, per lucernam quærimus diem* [1]. Saint Jean n'étoit qu'un petit flambeau : *Erat lucerna ardens et lucens* [2] ; et « telle est notre infirmité, qu'il nous faut un flambeau pour chercher le jour : » il nous faut Jean-Baptiste pour chercher Jésus (*c*) : *Per lucernam quærimus diem :* c'est-à-dire, mes très-chères Sœurs, qu'il falloit à nos foibles yeux une lumière douce et tempérée pour nous accoutumer au jour du midi ; et qu'il nous falloit montrer de petits rayons, pour nous faire désirer de voir le soleil, que nous avions entièrement oublié dans la longue nuit de notre ignorance. Car c'est en ceci principalement qu'étoit déplorable l'aveuglement de notre nature, et je vous prie de le bien entendre.

Nous avions premièrement perdu la lumière : « Le soleil de justice ne nous luisoit plus : » *Sol intelligentiæ non ortus est eis* [3]. Non-seulement nous l'avions perdue ; mais nous en avions même perdu le désir, et « nous aimions mieux les ténèbres : » *Dilexerunt homines magis tenebras quàm lucem* [4]. Nous en avions non-seulement perdu le désir ; mais nous nous plaisions tellement dans l'obscurité, l'ignorance de la vérité nous étoit de telle sorte passée en nature, que nous craignions de voir la lumière ; nous fuyions devant la lumière, nous haïssions même la lumière. Car « celui qui fait le mal hait la lumière : » *Qui malè agit odit lucem* [5]. D'où nous venoit cet aveuglement, ou plutôt cette haine de la clarté ? Il faut que saint Augustin nous le fasse entendre, en remarquant certain rapport de l'entendement aux yeux corporels et de la lumière spirituelle à la lumière sensible. Les yeux ont été faits pour

---

[1] *In Joan.*, tract. II, n. 8. — [2] *Joan.*, v, 35. — [3] *Sap.*, v, 6. — [4] *Joan.*, III, 19. — [5] *Ibid.*, 20.

(*a*) *Var. :* Ne la voient pas. — (*b*) Délicatement. — (*c*) Que nous cherchons le jour avec un flambeau : nous cherchons Jésus-Christ par Jean-Baptiste.

voir la lumière; et tu es faite, ame raisonnable, pour voir la vérité éternelle, qui illumine tout homme qui naît au monde. « Les yeux se nourrissent de la lumière : » *Luce quippe pascuntur oculi nostri,* dit saint Augustin[1]; et « ce qui fait voir, poursuit ce grand homme, que la lumière les nourrit et les fortifie, c'est que s'ils demeurent trop longtemps dans l'obscurité, ils deviennent foibles et malades : » *Cùm in tenebris fuerint, infirmantur.* Et cela pour quelle raison, si ce n'est, dit le même Saint, qu'ils sont privés de leur nourriture et comme fatigués par un trop long jeûne? » *Fraudati oculi cibo suo, defatigantur et debilitantur quasi quodam jejunio lucis.* D'où il arrive encore un effet étrange, c'est que si l'on continue à leur dérober cette nourriture agréable, ou vous les verrez enfin défaillir manque d'aliment; ou s'ils ne meurent pas tout à fait, ils seront du moins si débiles qu'à force de discontinuer de voir la lumière, ils n'en pourront plus supporter l'éclat; ils ne la regarderont qu'à demi, d'un œil incertain et tremblant. Ah! rendez-nous, diront-ils, notre obscurité; ôtez-nous cette lumière importune : ainsi la lumière, qui étoit leur vie, est devenue l'objet de leur aversion.

Chrétiens, ne sentons-nous pas qu'il nous en est arrivé de même? Qui ne sait que nous sommes faits pour nous nourrir de la vérité? C'est d'elle que doit vivre l'ame raisonnable : si elle quitte cette viande céleste, elle perd sa substance et sa force; elle devient languissante et exténuée; elle ne peut plus voir qu'avec peine; après, elle ne désire plus de voir; enfin elle ne hait rien tant que de voir. Ah! qu'il n'est que trop véritable, qu'il n'est que trop constant par expérience! On s'engage à des attachemens criminels, on ne cherche que les ténèbres; les fumées s'épaississent autour de l'esprit et la raison en est offusquée; celui qui est en cet état ne peut pas voir : « la lumière de ses yeux n'est plus avec lui : » *Lumen oculorum meorum et ipsum non est mecum*[2]. Voulez-vous être convaincus qu'il ne veut pas voir? Au milieu de ces ombres qui l'environnent, un sage ami s'approche de lui; il observe s'il n'y a point quelque endroit par où on lui puisse faire entrevoir le jour; mais il en détourne la vue, il ne veut point voir la lumière,

[1] *In Joan.*, tract. XIII, n. 5. — [2] *Psal.* XXXVII, 11.

qui lui découvre une erreur qu'il aime et dont il ne veut pas se désabuser : *Oculos suos statuerunt declinare in terram* [1].

C'est ainsi que sont les pécheurs, c'est ainsi qu'étoit tout le genre humain : la lumière s'étoit retirée, et avoit laissé les hommes malades dans un long oubli de la vérité. Que ferez-vous, ô divin Jésus, splendeur éternelle du Père? Montrerez-vous d'abord à nos yeux infirmes votre lumière si vive et si éclatante? Non, mes Sœurs, il ne le fait pas; il se cache encore en lui-même; mais il se réfléchit sur saint Jean. Il envoie premièrement des rayons plus foibles, pour fortifier peu à peu notre vue tremblante, et nous faire insensiblement désirer la beauté du jour. Divin Précurseur, voilà votre emploi, et vous commencerez aujourd'hui ce saint exercice (*a*).

Et en effet ne voyez-vous pas que Jésus n'agit pas? Il ne remue pas; il ne se montre pas; il ne paroît pas encore en lui-même, et il brille déjà en saint Jean (*b*). C'est pourquoi le bon Zacharie compare Jésus-Christ au soleil levant : *Visitavit nos Oriens ex alto* [2] : « L'Orient, dit-il, nous a visités. » Et comment nous a-t-il visités, puisqu'il est encore au sein de sa mère, et qu'il ne s'est pas encore découvert au monde? Il est vrai, nous dit Zacharie; mais c'est un soleil qui se lève, on ne le voit pas encore paroître, il n'est pas sorti de l'autre horizon; toutefois ne voyez-vous pas qu'il nous a déjà visités? Nous voyons déjà poindre sa lumière, luire ses rayons : en sorte qu'il éclaire déjà les montagnes, parce qu'il a déjà lui sur son Précurseur : *Visitavit nos Oriens*. Voyez comme il se réjouit de ce nouveau jour; considérez avec quel transport il adore cette lumière naissante; c'est qu'il nous veut apprendre à la désirer. Car ne semble-t-il pas qu'il nous dise par ce tressaillement

---

[1] *Psal.* XVI, 11. — [2] *Luc.*, I, 78.

(*a*) Que falloit-il faire, mes Sœurs, pour guérir ces aveugles volontaires, qui se plaisoient dans l'obscurité? Sans doute le commencement de leur guérison, c'étoit de leur faire désirer le jour : c'est l'emploi du saint Précurseur : c'est pourquoi il marche devant Jésus-Christ. Jésus-Christ envoie donc Jean-Baptiste aux hommes, afin que voyant sur ce grand prophète une réflexion de sa lumière, c'est-à-dire de sa vérité, ils fussent excités par son ministère à désirer la lumière même. C'est ce qu'a fait le saint Précurseur par ses divines prédications; c'est ce qu'il commence à faire aujourd'hui, et dès le sein de sa mère. Les célestes transports qu'il ressent nous apprennent à désirer le Sauveur du monde.
— (*b*) En la personne de saint Jean.

admirable : Que tardez-vous, mortels misérables, à courir au divin Jésus? Pourquoi fuyez-vous sa lumière, qui est la vie des cœurs, la paix des esprits, la joie unique des yeux épurés, la viande incorruptible des ames fidèles? Que n'allez-vous donc à Jésus, que ne courez-vous à Jésus? Celui qui se fait sentir au cœur d'un enfant, quels charmes aura-t-il pour les hommes faits? Il le fait tressaillir de joie jusque dans l'obscurité du sein maternel; que sera-ce donc dans son sanctuaire? et si ses premières approches causent des transports si aimables, que feront ses embrassemens?

Je ne me lasserai point de le répéter. Quoi! mes Sœurs, il ne paroît pas, il n'agit pas, il ne parle pas, et déjà sa sainte présence remplit tout de joie et de l'Esprit de Dieu! Quel bonheur! quel ravissement de recevoir de sa bouche divine les paroles de vie éternelle, d'en voir couler un fleuve d'eau vive pour rafraîchir les cœurs altérés ; de lui voir miséricordieusement chercher les pécheurs, d'entendre résonner sa voix paternelle, qui appelle à soi tous ceux qui travaillent et leur promet un si doux repos ! mais quoi, de le contempler jusque dans sa gloire, de regarder à découvert sa divine face, et rassasier ses yeux éternellement de ses beautés immortelles !

Ah! que tardons-nous, ames chrétiennes? Que n'excitons-nous nos désirs, que ne pressons-nous nos ardeurs trop lentes? Ce n'est pas seulement Jean qui sent de près ce divin Sauveur, qui désire ardemment sa sainte présence : de si loin que Jésus-Christ a été prévu, il a été désiré avec ferveur. « Mon ame, disoit David, languit après vous : quand viendrai-je, quand m'approcherai-je de la face de mon Seigneur? » *Quandò veniam et apparebo ante faciem Dei* [1]? Quelle honte, quelle indignité, si lorsqu'on soupire à lui de si loin, ceux dont il s'approche, qui le possèdent, ne s'en soucient pas! Car, mes Frères, n'est-il pas à nous, ne l'avons-nous pas sur nos saints autels? Lui-même, en sa propre substance, ne s'y donne-t-il pas à nous? S'il ne nous est pas encore donné de l'embrasser dans son trône, que ne courons-nous du moins à ses saints autels? Courons donc à cette table mystique; prenons avidement ce corps et ce sang; n'ayons de faim que pour cette

---

[1] *Psal.* XLI, 3.

viande, n'ayons de soif que pour ce breuvage. Car pour bien désirer Jésus, il ne faut désirer que lui. Désirons Jésus-Christ avec transport ; nous trouverons en lui la paix de nos ames, cette paix qu'il vous faut montrer en la bienheureuse Marie ; et c'est par où je m'en vais conclure.

TROISIÈME POINT.

Voici l'accomplissement de l'œuvre de Dieu dans les ames qu'il a choisies. Il les purifie par l'humilité ; il les enflamme par les désirs ; enfin lui-même il se donne à elles, et leur amène avec lui une paix céleste. Ce sont, mes Sœurs, les chastes délices de cette sainte et divine paix, qui réjouissent la sainte Vierge en Notre-Seigneur, et qui lui font dire d'une voix contente : « Mon ame exalte le nom du Seigneur, et mon esprit se réjouit en Dieu mon Sauveur : » *Magnificat anima mea Dominum* [1]. Certainement son ame est en paix, puisqu'elle possède Jésus-Christ. Et c'est aussi pour cette raison que ne pouvant assez expliquer cette paix inconcevable des ames pieuses, je m'adresse à la sainte Vierge ; et je vous prie d'en apprendre d'elle les incomparables douceurs, en parcourant ce sacré cantique qui ravit aujourd'hui le ciel et la terre. Mais pour en comprendre la suite, il faut vous représenter comme en raccourci les instructions qu'il contient, que nous examinerons ensuite en détail dans le peu de temps qui nous reste (a).

---

[1] *Luc.*, I, 47.

(a) *Var., depuis le commencement :* Vous avez vu, ames chrétiennes, Jésus-Christ s'approchant des hommes ; vous avez vu sainte Elisabeth qui se juge indigne de le recevoir, et vous avez vu le saint Précurseur dans l'impatience de l'embrasser. Marie a ressenti ces deux mouvemens ; mais elle est maintenant élevée plus haut. Elle a été saisie au commencement de cette crainte que l'humilité inspire ; elle a été troublée à l'abord de l'ange : elle étoit bien éloignée de croire qu'elle fût digne d'être mère, puisqu'elle s'est si humblement reconnue servante : *Ecce ancilla*. A cette crainte respectueuse ont bientôt succédé les désirs, et elle a assez souhaité Jésus-Christ. Et n'est-ce pas ce qui lui a fait dire avec tant d'ardeur : « Qu'il me soit fait selon votre parole ? » *Fiat mihi secundùm verbum tuum*. Mais maintenant qu'elle le possède, qu'elle le porte dans ses entrailles, elle s'abandonne, mes Sœurs, à des mouvemens plus divins. Cette paix qui surpasse tout entendement, dont elle jouit avec lui, la remplit d'une joie inconcevable, qui éclate enfin en ces mots : « Mon ame glorifie le Seigneur. »

Voilà donc cette paix divine, qui doit faire notre partage, et dont il faut vous entretenir. Mais comme je ne puis vous en expliquer les incomparables douceurs, apprenez-les de la sainte Vierge, en parcourant avec moi les points principaux

Pour cela, je partage ce cantique en trois. Marie nous dit avant toutes choses les faveurs que Dieu lui a faites. « Il a, dit-elle, regardé mon néant; il m'a fait de très-grandes choses, il a déployé sur moi sa puissance. » Elle parle secondement du mépris du monde, et considère sa gloire abattue : « Dieu a dissipé les superbes; Dieu a déposé les puissans : et pour punir les riches avares, il les a renvoyés les mains vides. » Enfin elle conclut son sacré cantique, en admirant la vérité de Dieu et la fidélité de ses promesses : « Il s'est souvenu de sa miséricorde, ainsi qu'il l'avoit promis à nos pères : » *Sicut locutus est ad patres nostros* [1]. Voilà trois choses qui semblent bien vagues, et n'ont pas apparemment grande liaison : néanmoins elle est admirable, et je vous prie, mes Sœurs, de le bien entendre. Car il me semble que le dessein de la sainte Vierge, c'est d'exciter les cœurs des fidèles à aimer la paix que Dieu donne. Pour leur en montrer la douceur, elle leur en découvre d'abord le principe, principe certainement admirable ; c'est le regard de Dieu sur les justes, sa bonté qui les accompagne, sa providence qui veille sur eux : *Respexit humilitatem ancillæ suæ* [2]; c'est ce qui fait naître la paix dans les saintes ames. Mais parce que l'éclat des faveurs du monde et les vaines douceurs qu'il promet, les pourroient détourner de celles de Dieu, elle leur montre secondement le monde abattu et sa gloire détruite et anéantie. Enfin comme ce renversement des grandeurs humaines et l'entière félicité des ames fidèles ne nous paroît pas en ce siècle,

---

[1] *Luc.*, I, 55. — [2] *Ibid.*, 48.

de cet admirable cantique dont la ravissante harmonie charme aujourd'hui le ciel et la terre; vous y verrez un ordre admirable.

Pour bien entendre une vérité, il faut la chercher jusque dans sa cause et la reconnoître dans ses effets : et aussi les paroles de la sainte Vierge nous vont, mes Sœurs, expliquer par ordre et la cause et les effets de cette paix céleste et divine. Voyons donc avant toutes choses quelle a été la cause de cette paix, qui réjouit son esprit en Notre-Seigneur. « C'est, dit-elle, qu'il m'a regardée, c'est qu'il a daigné arrêter les yeux sur mon néant et sur ma bassesse : » *Quia respexit humilitatem*. Entendons ceci, chrétiens : apprenons de la sainte Vierge que ce qui fait naître dans les cœurs cette paix céleste que le monde ne peut donner, c'est le regard particulier de Dieu sur les justes : *Oculi Domini super justos*. Mais afin de nous en convaincre, je vous prie d'abord de considérer ce que veut dire la paix.

Maintenant que toute l'Europe l'attend, qu'elle se réjouit dans cette espérance, que ce grand ouvrage qui se négocie, tient tous les esprits en suspens; qu'est-ce que cette paix que l'on désire?

de peur qu'elles ne se lassent d'attendre, elle affermit leur esprit dans la paix de Dieu par la certitude de ses promesses. Voilà l'ordre et l'abrégé du sacré cantique : peut-être ne paroît-il pas encore assez clair; mais j'espère bien, chrétiens, que je vous le ferai aisément entendre.

Considérons donc avant toutes choses le principe de cette paix, et comprenons-en la douceur par la cause qui la fait naître. Dites-la-nous, ô divine Vierge, dites-nous ce qui réjouit votre esprit en Dieu. « C'est, dit-elle, qu'il m'a regardée, c'est qu'il lui a plu de jeter les yeux sur la bassesse de sa servante : » *Quia respexit humilitatem ancillæ suæ.* Il nous faut entendre, mes Sœurs, ce que signifie ce regard de Dieu, et concevoir les biens qu'il enferme. Remarquez dans les Ecritures que le regard de Dieu sur les justes signifie, en quelques endroits, sa faveur et sa bienveillance; et qu'il signifie, en d'autres passages, son secours et sa protection. Dieu ouvre sur eux un œil de faveur; il les regarde comme un bon père, toujours prêt à écouter leurs demandes; c'est ce que veut dire le Roi-Prophète : *Oculi Domini super justos, et aures ejus in preces eorum*[1] : « Les yeux de Dieu sont arrêtés sur les justes, et ses oreilles sont attentives à leurs prières : » voilà le regard de faveur. Mais, mes Sœurs, le même Prophète nous expliquera dans un autre Psaume, le regard de protection : *Ecce oculi Domini super metuentes eum, et in eis qui sperant super misericordiâ ejus*[2] : « Voilà, dit-il, que les yeux de Dieu veillent continuellement sur ceux qui le craignent; » et cela pour quelle raison? *Ut eruat à morte animas eorum, et alat eos in fame*[3]. Voilà ce regard de protection par lequel Dieu veille sur les gens de bien, pour détourner les maux qui les menacent. C'est pourquoi le même David ajoute aussitôt : « Notre ame attend après le Seigneur, parce qu'il est notre protecteur et notre secours : » *Anima nostra sustinet Dominum, quoniam adjutor et protector noster est*[4]. Une ame assurée de ce double regard, que peut-elle souhaiter pour avoir la paix? C'est ce que veut dire la très-sainte Vierge, lorsqu'elle nous apprend que Dieu la regarde.

---

[1] *Psal.* XXXIII, 16. — [2] *Psal.* XXXII, 18. — [3] *Ibid.*, 19. — [4] *Ibid.*, 20.

En effet c'est elle, mes Sœurs, qui est singulièrement honorée (a) de ce double regard de la Providence : Dieu l'a regardée d'un œil de faveur, lorsqu'il l'a préférée à toutes les autres femmes : et que dis-je à toutes les femmes? mais aux anges, mais aux séraphins, et à toutes les créatures. Le regard de protection a veillé sur elle, lorsqu'il en a détourné bien loin la corruption du péché, les ardeurs de la convoitise et les malédictions communes de notre nature : c'est pourquoi elle chante avec tant de joie. Ecoutez comme elle célèbre la faveur de Dieu : *Fecit mihi magna qui potens est*[1] : il m'a, dit-elle, comblée de ses graces. Mais voyez comme elle se loue de sa protection : *Fecit potentiam in brachio suo*[2] : « Son bras a montré en moi sa puissance : » il m'a remplie de ses graces, et m'a fait de si grandes choses, que nulle créature ne les peut égaler, ni nul entendement les comprendre : *Fecit mihi magna*. Mais s'il a ouvert sur moi ses mains libérales pour combler mon ame de biens, il a pris plaisir d'étendre son bras pour en détourner tous les maux : *Fecit potentiam*. C'est donc particulièrement l'heureuse Marie qui est favorisée de ces deux regards de bienveillance et de protection : *Quia respexit humilitatem*.

Mais néanmoins, ames chrétiennes, ames saintes et religieuses, vous en êtes aussi honorées; et c'est ce qui doit mettre votre esprit en paix. Pourrai-je bien exprimer cette vérité? Sera-t-il donné à un pécheur de pouvoir parler dignement de la paix des ames innocentes? Disons, mes Sœurs, ce que nous pourrons; parlons de ces douceurs inconcevables pour en rafraîchir le goût à ceux qui les sentent, et en exciter l'appétit à ceux qui ne les ont pas expérimentées. Oui certainement, ô enfans de Dieu, il vous regarde avec bienveillance, il découvre sur vous sa face bénigne. Il montre un visage terrible, lorsqu'une conscience coupable nous reprochant l'horreur de nos crimes, fait que Dieu nous paroît en juge, avec une face irritée. Mais lorsqu'au milieu d'une bonne vie il fait naître dans les consciences une certaine sérénité, il montre alors un visage ami et tranquille, il calme tous les troubles, il dissipe

---

[1] *Luc.*, I, 49. — [2] *Ibid.*, 51.
(a) *Var.* : Je sais bien que la sainte Vierge est singulièrement honorée.

tous les nuages. Le fidèle qui espère en lui ne le regarde plus comme juge; il ne le voit plus que comme un bon père, qui l'invite doucement à soi : de sorte qu'il lui dit, plein de confiance : « O Dieu, vous êtes mon protecteur : » *Dicam Deo : Susceptor meus es* [1]; et il lui semble que Dieu lui réponde : « O ame fidèle, je suis ton salut : » *Salus tua ego sum* [2]; tellement qu'il jouit d'une pleine paix, parce qu'il est à couvert sous la main de Dieu; et de quelque côté qu'on le menace, il s'élève du fond de son cœur une voix secrète qui le fortifie et lui fait dire avec assurance : *Si Deus pro nobis, quis contra nos* [3]? « Le Seigneur est mon salut, qui craindrai-je? le Seigneur est le protecteur de ma vie, devant qui pourrois-je trembler* [4]? »

Telle est, mes Sœurs, cette paix cachée que Dieu donne à ses serviteurs; paix que le monde ne peut entendre, et qui chassée du milieu du siècle par le tumulte continuel, semble s'être retirée dans vos solitudes. Mais n'en disons rien davantage : n'entreprenons pas de persuader par nos discours ce que la seule expérience peut faire connoître; et ne pouvant vous la représenter en elle-même, finissons enfin ce discours, en vous en disant quelque effet sensible. C'est, mes Sœurs, le mépris du monde qui paroît dans la suite de notre cantique, de la fausse paix qu'il promet, des vaines douceurs qu'il fait espérer. Car cette ame appuyée sur Dieu, qui goûte les douceurs de sa sainte paix, qui a mis son refuge dans le Très-Haut, jetant ensuite les yeux sur le monde qu'elle voit bien loin à ses pieds, du haut de son refuge inébranlable, ô Dieu, qu'il lui semble petit et qu'elle le voit bien d'une autre manière que ne fait pas le commun des hommes! Mais en quel état le voit-elle? Elle voit toutes les grandeurs abattues, tous les superbes portés par terre; et dans ce grand renversement des choses humaines, rien ne lui paroît élevé que les simples et humbles de cœur. C'est pourquoi elle dit avec Marie : *Dispersit superbos* [5] : « Il a dissipé les superbes : » *Deposuit potentes* [6] : « Il a déposé les puissans : » *exaltavit humiles :* « et il a relevé ceux qui étoient à bas. »

---

[1] *Psal.* XLI, 10. — [2] *Psal.* XXXIV, 3. — [3] *Rom.*, VIII, 31. — [4] *Psal.* XXVI, 1. — [5] *Luc.*, I, 51. — [6] *Ibid.* 52.

Entrez, mes Sœurs, dans ce sentiment, qui est le sentiment véritable de la vocation religieuse; et afin de le bien entendre, représentez-vous, s'il vous plaît, cette étrange opposition de Dieu et du monde. Tout ce que Dieu élève, le monde se plaît de le rabaisser; tout ce que le monde estime, Dieu se plaît de le détruire et de le confondre : c'est pourquoi Tertullien disoit si éloquemment qu'il y avoit entre eux de l'émulation : *Est æmulatio divinæ rei et humanæ*[1]. Et en effet nous le voyons par expérience. Qui sont ceux que Dieu favorise? Ceux qui sont humbles, modestes et retenus. Qui sont ceux que le monde avance? Ceux qui sont hardis et entreprenans. (*a*) Qui sont ceux que Dieu favorise? Ceux qui sont simples et sincères. Qui sont ceux que le monde avance? Ceux qui sont fins et dissimulés. Le monde veut de la violence pour emporter ses faveurs, Dieu ne donne les siennes qu'à la retenue; et il n'est rien, ni de plus puissant (*b*) devant Dieu, ni de plus inutile selon le monde, que cette médiocrité tempérée, en laquelle la vertu consiste. Voilà donc une émulation entre Jésus-Christ et le monde : ce que l'un élève, l'autre le déprime, et ce combat durera toujours jusqu'à ce que le siècle finisse.

Et c'est pourquoi, mes Sœurs, le monde a deux faces. Il y en a qui le considèrent dans les biens présens, et il y en a qui jettent les yeux sur la dernière décision du siècle à venir. Ceux qui regardent le bien présent, ils donnent, mes Sœurs, l'avantage au monde; ils s'imaginent déjà qu'il a la victoire, parce que Dieu, qui attend son temps, le laisse jouir un moment d'une ombre de félicité; ils voient ceux qui sont dans les grandes places, ils admirent leur abondance : Voilà, disent-ils, les seuls fortunés, voilà les heureux : *Beatum dixerunt populum cui hæc sunt*[2]. C'est le cantique des enfans du monde. Juges aveugles et précipités, que n'attendez-vous la fin du combat avant d'adjuger la victoire? Viendra le revers de la main de Dieu, qui brisera comme un verre, qui fera évanouir en fumée toutes ces grandeurs que vous admirez. C'est ce que regarde la divine Vierge, et avec elle les enfans de Dieu, qui jouissent de la douceur de sa paix. Ils voient bien

---

[1] *Apolog.*, n. 50. — [2] *Psal.* CXLIII, 15.
(*a*) *Note marg.* : Ne voyez-vous pas l'émulation? — (*b*) *Var.* : De plus grand.

que le monde combat contre Dieu; mais ils savent que les forces ne sont pas égales. Ils ne se laissent pas éblouir de quelque avantage apparent que Dieu laisse remporter aux enfans du siècle: ils considèrent l'événement que la justice de Dieu leur rendra funeste. C'est pourquoi ils se rient de leur gloire; et au milieu de la pompe de leur triomphe, ils chantent déjà leur défaite. Ils ne disent pas seulement que Dieu dissipera les superbes; mais il les a, disent-ils, déjà dissipés, *Dispersit,* réduits à rien: ils ne disent pas seulement qu'il déposera les puissans; ils les voient déjà à ses pieds, tremblans et étonnés de leur chute. Et pour vous, ô riches du siècle, qui vous imaginez avoir les mains pleines, elles leur semblent vides et pauvres, parce que ce que vous tenez ne leur paroît rien; ils savent qu'il s'écoule ainsi que de l'eau: *Divites dimisit inanes.* Voilà donc toute la grandeur abattue; Dieu est triomphant et victorieux. Quelle joie à ses enfans, chrétiens, de voir ses ennemis tombés à ses pieds, et ses humbles serviteurs qui lèvent la tête! Eux que le monde méprisoit si fort, les voilà mis et établis dans les hautes places: *Exaltavit humiles;* eux que le monde croyoit indigens, Dieu les a remplis de ses biens: *Esurientes implevit bonis*[1].

O victoire du Tout-Puissant! ô paix et consolation des ames fidèles! Chantez, chantez, mes Sœurs, ce divin cantique; c'est le véritable cantique de celles qui ont méprisé le siècle: chantez la défaite du monde, l'anéantissement des grandeurs humaines, leurs richesses détruites, leur pompe évanouie en fumée. Moquez-vous de son triomphe d'un jour et de sa tranquillité imaginaire. Et vous qui courez après la fortune, qui ne trouvez rien de grand que ce qu'elle avance, ni rien de beau que ce qu'elle donne, ni rien de plaisant que ce qu'elle goûte, pourquoi vous entends-je parler de la sorte? N'êtes-vous pas les enfans de Dieu? Ne portez-vous pas la marque de son adoption, le caractère sacré du baptême? La terre, n'est-ce pas votre exil? le ciel, n'est-il pas votre patrie? Pourquoi vous entends-je admirer le monde? Si vous êtes de Jérusalem, pourquoi vous entends-je chanter le cantique de Babylone? Tout ce que vous me dites du monde, c'est un langage barbare,

[1] *Luc.,* I, 53.

que vous avez appris dans votre exil. Oubliez cette langue étrangère, parlez le langage de votre pays. Ceux que vous voyez jouir des plaisirs, ne les appelez pas les heureux, c'est le langage de l'exil : *Beatum dixerunt.* Ceux dont le Seigneur est le Dieu, voilà les véritables heureux[1] : c'est ainsi qu'on parle en votre patrie.

Consolez-vous dans cette pensée, vivez en paix dans cette pensée ; et apprenez de la sainte Vierge, pour maintenir en paix votre conscience, premièrement que le Seigneur vous regarde ; secondement, assurées sur cet appui immuable, ne vous laissez pas éblouir aux grandeurs du monde, dites qu'il est déjà abattu, regardez la gloire future ; troisièmement, si le temps vous semble trop long, regardez la fidélité de ses promesses : *Sicut locutus est.* Ce qu'il a dit à Abraham sera accompli deux mille ans après : il a envoyé son Messie ; il achèvera le reste successivement ; et enfin nous verrons un jour l'éternelle félicité, qu'il nous a promise. Amen.

TROISIÈME POINT MODIFIÉ

DU

SERMON PRÉCÉDENT.

Encore que cette paix admirable de toutes les nations chrétiennes, paix si sagement ménagée, si glorieusement conclue et si saintement affermie, soit un illustre présent du Ciel, et un gage de la bonté de Dieu envers les hommes, néanmoins ce ne sera pas cette paix dont je vous expliquerai les douceurs ; et celle dont je dois parler est beaucoup plus relevée et sans comparaison plus divine. Car je dois parler de la paix qui fait que l'âme de la sainte Vierge possédant le Fils de Dieu en elle-même, glorifie le saint nom de Dieu, et se réjouit de tout son esprit en Dieu son Sauveur. Qui ne voit que cette paix toute céleste, que Dieu donne, est infiniment au-dessus de celle que les hommes négocient ? Et néan-

---

[1] *Psal.* CXLIII, 15.

moins cette paix humaine étant un crayon et une ombre de la paix divine et spirituelle dont je dois vous entretenir, servons-nous de cette image imparfaite pour remonter jusqu'au principe original, et prendre une idée certaine de la vérité.

Je demande avant toutes choses : Que concevons-nous dans la paix, et que veut dire ce mot ? N'en recherchons pas, chrétiens, des définitions éloignées ; mais que chacun de nous s'explique à lui-même ce qu'il entend par la paix. *Paix,* premièrement signifie *repos :* dans la guerre, on s'agite et on se remue ; dans la paix, on respire et on se repose. C'est pourquoi on aime la paix, parce que la nature humaine étant presque toujours agitée, rien ne doit tant flatter son inquiétude que la douceur du repos, qui soulage son travail et relâche sa contention.

Mais en disant que la paix est un repos, l'avons-nous entièrement expliquée ? En avons-nous formé l'idée toute entière ? Il me semble, pour moi, que ce mot de *paix* a encore quelque chose de plus touchant ; et voici ce que c'est, si je ne me trompe : c'est que le repos peut être fort court, et la paix nous fait espérer une longue tranquillité. En effet n'avons-nous pas vu que lorsqu'on a publié la suspension d'armes, comme un préparatif à la paix, on a cru voir déjà quelque commencement de repos : mais ce repos n'est pas une paix, parce qu'il n'est pas permanent. Après que le traité est conclu, et que l'alliance jurée établit une concorde certaine, c'est alors que la paix est faite : de sorte que pour bien expliquer la paix et en comprendre toute l'étendue, il la faut définir un repos durable et une tranquillité permanente. Et ainsi la paix doit avoir deux choses : réjouir les cœurs par le repos et les assurer par la consistance ; c'est ce que la paix nous fait espérer, et c'est pourquoi nous l'aimons ; c'est ce que la paix de ce monde ne nous donne pas, c'est pourquoi nous devons soupirer sans cesse après une paix plus divine.

Marie nous la représente dans son cantique : elle nous montre le repos et la consistance établie sur un fondement inébranlable. Quel est ce fondement, chrétiens? Ecoutez la divine Vierge : « Mon ame glorifie le Seigneur, et mon esprit se réjouit en Dieu mon Sauveur. » Mais quelle est la cause de cette joie, et d'où vient ce ravissement? C'est, dit-elle, que « Dieu a jeté les yeux sur la bassesse de sa servante : » *Quia respexit humilitatem ancillæ suæ.* Arrêtons-nous là, chrétiens; et ne cherchons pas plus loin le principe de cette paix, qui réjouit son ame en Notre-Seigneur. Ce qui produit cette paix divine, c'est le regard de Dieu sur les justes; sa bonté qui les accompagne, sa providence qui veille sur eux, c'est ce qui leur donne le repos et la consistance.

Et afin de le bien comprendre, remarquez avec moi dans les Ecritures deux regards de Dieu sur les gens de bien : un regard de faveur et de bienveillance, c'est ce qui les met en repos; un regard de conduite et de protection, c'est ce qui rend leur repos durable. Dieu ouvre sur les justes un œil de faveur ; il les regarde comme un bon père, toujours prêt à écouter leurs demandes. Le Roi-Prophète l'exprime en ces mots : *Oculi Domini super justos, et aures ejus in preces eorum*[1] *:* « Les yeux de Dieu sont sur les justes, et ses oreilles sont attentives à leurs prières. » O justes, reposez-vous en celui dont la faveur et la bienveillance se déclarent envers vous si ouvertement. Mais ce repos sera-t-il durable ? N'y aura-t-il rien qui le trouble et rejette vos ames dans l'agitation? Non, ne craignez rien, ô enfans de Dieu : car outre ce regard de bienveillance, il y a un regard de protection, qui prend garde aux maux qui vous menacent. « Voilà, dit le même David, que les yeux de Dieu veillent continuellement sur ceux qui le craignent, et qui établissent leur espérance sur sa miséricorde : » et pourquoi ? « Pour délivrer leurs ames de la mort, et les nourrir dans la faim. » Voyez le regard de protection par lequel Dieu veille sur les gens de bien, et empêche que le mal ne les approche. C'est pourquoi il ajoute aussitôt après : « Notre ame attend le Seigneur, parce qu'il est notre protecteur et notre secours : » *Anima nostra sustinet Dominum, quia adjutor et protector noster est*[2]. Une ame ainsi regardée de Dieu, que peut-elle désirer pour avoir la paix ?

C'est pourquoi l'heureuse Marie, toute pleine de cette paix admirable, ne s'occupe plus qu'à louer son Dieu dans les marques de sa faveur, dans les assurances de sa protection. « Le Tout-Puissant, dit-elle, a fait en moi de grandes choses : » *Fecit mihi*

[1] *Psal.* XXXIII, 16. — [2] *Psal.* XXXII, 18. — [3] *Ibid.*, 20.

magna qui potens est; c'est ce qui explique la faveur : *Fecit potentiam in brachio suo;* c'est ce qui regarde la protection. Il a fait en moi de grandes choses, par le témoignage de sa faveur et l'inondation de ses graces. Mais s'il a ouvert sur moi ses mains libérales pour combler mon ame de biens, il a pris plaisir d'étendre son bras pour en détourner tous les maux : *Fecit potentiam in brachio suo.*

Ames saintes et religieuses, ce n'est pas seulement la divine Vierge qui est honorée de ces deux regards : tous les fidèles serviteurs de Dieu se réjouissent ensemble dans sa maison, à la lumière de sa faveur et sous l'ombre de sa protection toute-puissante : *Sub umbrâ alarum tuarum protege nos*[1]. C'est pourquoi la paix de Dieu triomphe en leurs cœurs, comme dit l'apôtre saint Paul[2]; et la marque de cette paix, c'est que le monde ne les touche plus. Car en effet, cette ame, appuyée sur Dieu, qui a mis, comme dit David, son refuge dans le Très-Haut : *Altissimum posuisti refugium tuum*[3], jetant ensuite les yeux sur le monde qu'elle voit bien loin à ses pieds, ô Dieu, qu'il lui semble petit du haut de ce refuge inébranlable, et qu'elle le voit bien d'une autre manière que ne fait pas le commun des hommes! Elle voit toutes les grandeurs abattues, tous les superbes portés par terre; et dans ce grand renversement des choses humaines, rien ne lui paroît élevé que les simples et humbles de cœur. C'est pourquoi elle dit avec Marie : *Dispersit superbos :* « Dieu a dissipé les superbes : » *deposuit potentes :* « il a déposé les puissans : » *et exaltavit humiles :* « et il a relevé ceux qui étoient à bas. »

Voici un effet admirable de cette paix dont je parle, et il ne le faut point passer sous silence. A ce que je vois, chrétiens, ce n'est pas ici une paix commune : Dieu veut qu'elle soit accompagnée de l'appareil d'un grand triomphe; et s'il donne la paix à ses serviteurs, ce n'est pas en faisant leur accord avec leur ennemi abattu. Car en effet, quel est l'ennemi de Dieu, et par conséquent de ses serviteurs, des enfans de Dieu? Vous ne l'ignorez pas, mes très-chères Sœurs, vous savez que c'est le monde et ses pompes. Tout ce que Dieu élève, le monde se plaît de le rabaisser;

---

[1] *Psal.* XVI, 8. — [2] *Colos.*, III, 15. — [3] *Psal.* XC, 9.

tout ce que le monde estime, Dieu se plaît de le détruire et de le confondre : c'est pourquoi Tertullien disoit si éloquemment qu'il y avoit entre eux de l'émulation : *Est œmulatio divinæ rei et humanæ* [1]. Que signifie, mes Sœurs, cette émulation, si ce n'est que Dieu et le monde se contrarient éternellement, comme par un dessein prémédité? Qui sont ceux que Dieu favorise? Ceux qui sont modestes et retenus. Qui sont ceux que le monde avance? Ceux qui sont hardis et entreprenans. Qui sont ceux que Dieu favorise? Ceux qui sont simples et sincères. Qui sont ceux que le monde avance? Ceux qui sont fins et dissimulés. Le monde veut de la violence pour emporter ses faveurs; Dieu ne donne les siennes qu'à la retenue. L'un demande un cœur ferme, droit et inflexible; l'autre a besoin de tours subtils, souples et accommodans; et il n'est rien, ni de plus puissant selon Dieu, ni de plus inutile selon le monde, que cette médiocrité tempérée en laquelle la vertu consiste.

Voilà donc une émulation nécessaire de Jésus-Christ et de ses fidèles contre le monde et ses sectateurs; et cette guerre durera toujours, jusqu'à ce que le siècle finisse. C'est pourquoi le monde a deux faces, et il y a sur la terre deux sortes de paix. Il y a la paix des pécheurs : *Pacem peccatorum videns* [2]; il y a la paix de Dieu et de ses enfans, « qui surpasse toute intelligence : » *Pax Dei quæ exsuperat omnem sensum* [3]. Chacun croit jouir de la paix, parce que chacun croit avoir gagné la victoire. D'où vient cette diversité, et comment arrive-t-il que deux ennemis croient sortir victorieux d'un même combat? C'est que les uns regardent les biens présens, et les autres jettent les yeux sur la dernière décision du siècle à venir. Ceux qui considèrent les biens présens, donnent précipitamment l'avantage au monde : ils s'imaginent qu'il a la victoire, parce que Dieu, qui attend son heure, le laisse jouir pour un temps d'une ombre trompeuse de félicité; ils voient ceux qui sont dans les grandes places, ils admirent leurs délices et leur abondance : Voilà, s'écrient-ils, les seuls fortunés : *Beatum dixerunt populum cui hæc sunt* [4]; c'est le cantique des enfans du monde.

---

[1] *Apolog.*, n. 50. — [2] *Psal.* LXXII, 3. — [3] *Philip.*, IV, 7. — [4] *Psal.* CXLIII, 15.

Juges aveugles et précipités, que n'attendez-vous la fin du combat avant que d'adjuger la victoire? Viendra le revers de la main de Dieu, qui brisera comme un verre toute cette grandeur que vous admirez et qui vous éblouit. C'est à quoi regarde la divine Vierge, et avec elle les enfans de Dieu, qui jouissent de la douceur de sa paix. Ils voient bien que le monde combat contre Dieu; mais ils savent que les forces ne sont pas égales. Ils ne se laissent pas éblouir de quelque avantage apparent que Dieu abandonne et laisse remporter aux enfans du siècle : ils considèrent l'événement, que sa justice enfin leur rendra funeste. C'est pourquoi ils se rient de leur gloire; et au milieu de la pompe de leur triomphe, ils chantent déjà leur défaite. Ils ne disent pas seulement que Dieu dissipera les superbes, mais qu'il les a déjà dissipés : *Dispersit superbos :* ils ne disent pas seulement que Dieu renversera les puissans du monde; ils les voient déjà à ses pieds, tremblans et étonnés de leur chute. Et pour vous, ô riches du siècle, qui vous imaginez être pleins, serrez vos trésors tant qu'il vous plaira, ils ne laissent pas de vous reprocher que vos mains sont vides, parce que ce que vous tenez ne leur paroît rien : ils savent qu'il s'écoule à travers les doigts ainsi que de l'eau, sans que vous puissiez le retenir : *Divites dimisit inanes.* Et d'autre part, chrétiens, pendant que les ennemis de Dieu tombent à ses pieds, ses humbles serviteurs lèvent la tête; eux que le monde méprisoit si fort, les voilà établis dans les grandes places : *Exaltavit humiles;* eux que le monde croyoit indigens, Dieu les a remplis de ses biens : *Esurientes implevit bonis.* Telle est la victoire du Tout-Puissant; et le fruit de cette victoire, c'est la paix qu'il donne à ses serviteurs par la défaite infaillible de leurs ennemis.

Chantez cette victoire, mes très-chères Sœurs; entonnez avec Marie ce divin cantique : publiez la défaite du monde; chantez ses richesses dissipées, son éclat terni, sa pompe abattue, sa gloire évanouie en fumée; moquez-vous de son triomphe d'un jour et de sa tranquillité imaginaire. O aveuglement déplorable de ceux qui courent après la fortune, qui ne trouvent rien de grand que ce qu'elle élève, ni rien de beau que ce qu'elle pare, ni rien de plaisant que ce qu'elle donne ! Vous laissez ces sentimens aux enfans du siècle : mais vous, ô filles de Jérusalem, saintes héritières du ciel, vous parlez le langage de votre patrie. Quoique le monde étale avec pompe ses grandeurs et ses vanités, vous ne vous couronnez pas de ses fleurs, qui seront en un moment desséchées ; et pendant qu'il brille par un vain éclat, vous reconnoissez son foible dans son inconstance.

Madame, Votre Majesté a ces sentimens imprimés bien avant au fond de son ame, et l'exemple de sa constance en a fait des leçons à toute la terre. Le monde n'est plus capable de vous tromper ; et cette ame vraiment royale, que ses adversités n'ont pas abattue, ne se laissera non plus emporter à ses prospérités inopinées. Grande et auguste Reine, en laquelle Dieu a montré à nos jours un spectacle si surprenant de toutes les révolutions des choses humaines, et qui seule n'êtes point changée au milieu de tant de changemens, admirez éternellement ses secrets conseils et sa conduite impénétrable. Ceux qui raisonnent des rois et de leurs Etats selon les lois de la politique, chercheront des causes humaines de ce changement miraculeux : ils diront à Votre Majesté qu'on peut être surpris pour un temps, mais qu'enfin on a horreur des mauvais exemples ; que la tyrannie tombe d'elle-même, pendant que l'autorité légitime se rétablit presque sans secours par le seul besoin qu'on a d'elle comme d'une pièce nécessaire ; et qu'une longue et funeste épreuve ayant appris aux peuples cette vérité, ce trône injustement abattu s'affermit par sa propre chute.

Mais Votre Majesté est trop éclairée pour ne porter pas son esprit plus haut. Dieu se montre trop visiblement dans ces conjonctures imprévues ; et comme il n'y a que sa seule main qui ait pu calmer la tempête, il faut encore cette même main pour empêcher les flots de se soulever. Il le fera, Madame, nous l'espérons : et si nos vœux sont exaucés, peut-être arrivera-t-il.... car qui sait les secrets de la Providence ? après que Dieu a rétabli le trône du roi, sa bonté disposera tellement les choses que le roi rétablira le trône de Dieu. Mais cette affaire, Madame, se doit traiter avec Dieu, non avec les hommes, par des prières et des vœux, non par des conseils ni par des maximes humaines. Il n'y a que sa sagesse profonde qui connoisse le terme préfix, qui a été ordonné avant tous les temps aux malheureux progrès de l'erreur et aux souffrances de son Eglise. C'est à nous d'attendre avec patience l'accomplissement de son œuvre et d'en avancer l'exécution, autant qu'il est permis à des mortels, par des prières ardentes. Votre Majesté, Madame, ne cessera jamais d'en répandre ; et quoi qu'il arrive ici-bas, Dieu lui en rendra dans le ciel une récompense éternelle. C'est le bien que je lui souhaite, et à toute cette audience.

ENTRETIEN FAMILIER

POUR

LA FÊTE DE LA VISITATION DE LA SAINTE VIERGE (a).

Je ne m'étonne pas si votre fondateur, cet homme si éclairé, cet homme si pénétré des salutaires lumières de l'Evangile, vous a choisies pour honorer cette fête, si remplie de mystères d'ineffable suavité et d'une charité immense. Mais qui n'admireroit, par-dessus toutes choses, les grands exemples qui s'offrent à nous dans ce mystère, d'une inexplicable instruction si profitable, non-seulement pour les personnes cachées dans la solitude, mais propre pour vous, pour moi, pour tous les fidèles ? Pour les justes, c'est leur consolation ; pour les pécheurs, c'est l'attrait qui les excite à faire pénitence. Qui n'admirera premièrement Elisabeth qui s'abaisse ? « D'où me vient ce bonheur [1] ? » Mais voyez

[1] *Luc.*, I, 43.
(a) Instruction faite à la Visitation de Meaux, vers 1685.
À la Visitation de Meaux : car, d'un côté, le zélé pasteur parle manifestement à ses ouailles, à ses « chères filles » en Jésus-Christ ; d'autre part, il dit dès la première ligne : « Je ne m'étonne pas si votre fondateur, cet homme si éclairé..., vous a choisies pour honorer cette fête, » c'est-à-dire la visitation.
Vers 1685 : le style de l'ouvrage, à la fois abondant et concis, vigoureux et tendre, plein de force et d'onction, nous semble annoncer la première période de la troisième époque.
Le lecteur reconnoîtra, dans ce discours, les idées fondamentales du sermon précédent.

un effet plus surprenant : Jean, qui n'est pas né, montre par son tressaillement sa joie à l'approche de son Sauveur ; et Marie possédée de l'Esprit de Dieu, chante ce divin cantique : « Mon ame glorifie le Seigneur [1]. »

Au milieu de tant de merveilles, de tant de miracles, je ne vois que Jésus qui n'agit pas, que Jésus dans le silence. Les mères s'abaissent et prophétisent ; Jean tressaille ; il n'y a que Jésus qui paroît sans action, et c'est Jésus qui est l'ame de tout ce mystère. Il ne fait aucune démonstration de sa présence : lui, le Moteur invisible de toutes choses, paroît immobile ; il se tient dans le secret, lui qui développe et découvre tout ce qui est caché et enveloppé. Nous voyons souvent cette grande merveille, et nous ressentons ses bienfaits ; mais il cache la main qui les donne. A la faveur de cette nouvelle lumière, je découvre ce que dit le Prophète : « Vraiment vous êtes un Dieu caché, un Dieu sauveur [1], » un Dieu qui s'est humilié, un Dieu qui s'est épuisé lui-même dans ses abaissemens, un Dieu abaissé dans un profond néant.

Mais pénétrons dans ce mystère ineffable, où Jésus paroît sans action. Que ce repos de Jésus est une grande et merveilleuse action ! Le grand mystère du christianisme, c'est de comprendre la secrète opération de Dieu dans les ames. Dieu est descendu du ciel en terre pour se communiquer aux hommes, soit par la participation de ses mystères, soit en se donnant à eux par la communion. Il veut se donner à nous, et que nous nous donnions à lui. Il opère dans les cœurs de certains mouvemens pour les attirer à lui, un entretien secret qui les élève à la plus intime communication ; mais c'est dans la solitude que l'ame ressent ses divines approches. Que doit faire une ame dont Dieu s'approche par sa grace et ses fréquentes visites ? Elle doit apporter trois dispositions : un saint abaissement, une humilité profonde, une sainte frayeur. Abaissement, humilité, frayeur : voilà la première disposition ; la seconde, c'est un transport divin, un transport admirable : elle s'éloigne par humilité et s'approche par désir ; la troisième, c'est une joie céleste en son Salutaire, qu'elle a le bonheur de posséder.

[1] *Luc.*, I, 47. — [2] *Isai.*, XLV, 15.

Je m'assure que vous prévenez déjà mes pensées, et que vous considérez ces saintes dispositions dans les trois personnes qui ont part à ce mystère; vous voyez Elisabeth qui s'abaisse : « D'où me vient ce bonheur ? » Jean qui se transporte : « L'enfant a tressailli [1]; » Marie qui s'élève et se repose en Dieu : « Mon ame magnific le Seigneur. » Voilà les trois secrets de ce mystère. L'anéantissement d'Elisabeth qui s'abaisse à l'approche de son Dieu; le transport divin de Jean qui le cherche; et la paix de la Vierge qui le possède. L'approche de Dieu produit l'abaissement de l'ame, le transport dans celle qui le cherche, la paix dans celle qui le possède. C'est le sujet de cet entretien familier.

Ténèbres qu'il vient illuminer, néant qu'il vient remplir, que dois-tu faire quand Dieu approche ? A l'approche d'une telle grandeur, néant, que dois-tu faire ? Tu dois t'abaisser. Abaissez-vous, néant. Et toi, pécheur, que dois-tu faire ? Pécheur, tu dois t'éloigner : une sainte frayeur te doit saisir, puisque le péché a plus d'opposition à la sainteté de Dieu que le néant à sa grandeur. Grandeur que rien ne peut égaler, sainteté qui ne peut être comprise : deux perfections en Dieu, qui nous doivent faire entrer dans des sentimens d'une humilité profonde.

Voyez les prophètes, quand l'Esprit de Dieu étoit sur eux, combien ils étoient épouvantés. Jérémie saisi d'effroi tremble et se confond [2], en sorte que ses os sembloient se disloquer et prêts à se dissoudre. Ezéchiel, au travers des ailes des chérubins, voit je ne sais quoi de merveilleux; il s'étonne, il se pâme, il tombe sur sa face [3]. Mais ce qui doit nous jeter dans l'étonnement aux approches de notre Dieu, c'est qu'il vient à un néant, et à un néant, qui lui est opposé par le péché. Aussi saint Pierre, pénétré de cette vue, dit-il à Jésus-Christ : « Retirez-vous de moi, car je suis un pécheur [4]. » Et le Centenier : « Seigneur, je ne suis pas digne: une parole, une parole de votre part [5]. »

Où sont ces téméraires, qui n'ont point de honte de faire entrer Jésus-Christ dans une bouche sacrilége ? Vous les voyez qui traitent avec Dieu, soit dans le secret de leur cœur, soit qu'ils re-

---

[1] *Luc.*, I, 44. — [2] *Jerem.*, XXIII, 9. — [3] *Ezech.*, II, 1. — [4] *Luc.*, V, 8. — *Matth.*, VIII, 8.

çoivent la viande sacrée, sans tremblement et sans crainte. Ce sont des profanes, qui ne méritent pas d'être au nombre des fidèles et qui veulent goûter le pain des anges, le pain des saints! Mais vous, ames saintes et tremblantes, venez et goûtez que le Seigneur est doux, venez dans un profond abaissement; et saisies d'admiration, vous devez dire : « D'où me vient ce bonheur ? » Car vous ne sauriez, sans l'aveuglement le plus déplorable, vous persuader que vous l'avez mérité; et pour peu que vous vous rendiez justice, combien n'êtes-vous pas forcées de vous en reconnoître indignes ?

En effet si je pouvois pénétrer le secret des cœurs de ceux qui composent cet auditoire, que d'orgueil secret sous l'apparence d'humilité, que de jalousie sous des complimens d'amitié et de complaisance ! Voyons même les ames les plus parfaites ; il ne m'appartient pas de les sonder, mais qu'elles parlent elles-mêmes : elles avoueront qu'elles ont toujours en elles la racine du péché, dont il faut arracher jusqu'à la moindre fibre qui s'oppose à la grace; grace qui nous prévient toujours, et qui ne trouve rien en nous qui l'attire que notre extrême misère.

Il n'y a en l'ame que misère; misère en son origine, misère dans toute la suite de la vie; misère profonde, misère extrême : mais la misère est l'objet et le but de la miséricorde. Dieu veut une misère toute pure, pour faire voir une miséricorde entière. Ce n'est pas qu'il n'y ait un vrai mérite dans les justes; et c'est une erreur intolérable dans les hérétiques de ce temps, d'avoir osé avancer que la grace ne servoit que d'un voile pour couvrir l'iniquité. Les misérables ! ils n'ont jamais goûté ses attraits ; je ne m'en étonne pas : ce n'est pas elle qui les meut et les conduit ; ils n'agissent que par hypocrisie et par passion.

Mais quoiqu'il y ait des mérites dans les justes, la grace n'en est pas moins grace, parce que leurs mérites sont le fruit de son opération dans leurs cœurs. La grace tire son nom de son origine : semblable à ces grandes rivières qui pour se répandre en différens ruisseaux, ne perdent point leur nom. La grace prévient les justes pour les faire mériter; mais elle récompense après, par justice, le mérite qu'elle leur a fait acquérir. C'est une grace qui nous défend, c'est une grace qui nous prévient; elle nous justifie par miséricorde et nous récompense par justice, comme les paroles de saint Paul nous l'attestent : « J'attends, dit-il, la couronne de justice que Dieu, comme juste juge, me rendra [1]. » Mais, dit saint Augustin [2], Dieu ne seroit pas juste juge, s'il n'avoit été auparavant un père miséricordieux.

Voilà, mes chères Filles, le fondement de votre abaissement devant Dieu. S'il vous a retirées du monde, *undè hoc?* Si vous avez eu des tentations durant votre noviciat, et que vous les ayez surmontées, *undè hoc?* Si dans la suite vous vous êtes élevées au-dessus des dégoûts et des difficultés de la vie spirituelle, *undè hoc?* S'il a plu à Dieu de vous gratifier de quelque grace extraordinaire, *undè hoc?*

Mais disons en passant, que c'est par Marie que la grace nous est distribuée, pour combattre l'opinion de ceux qui nous blâment d'honorer la Vierge comme Mère de Dieu. Ils voudroient établir une secrète jalousie entre Dieu et la créature, à cause de l'honneur que nous rendons aux Saints. Gens peu versés dans l'Ecriture, esprits grossiers et pesans dans leur prétendue subtilité, qu'ils écoutent sainte Elisabeth. Elle ne dit pas : D'où me vient ce bonheur que mon Seigneur vienne à moi, mais que la Mère de mon Seigneur vienne à moi ? « Sitôt, dit-elle, que la voix de votre salutation est venue à mes oreilles, l'enfant que je porte a tressailli [3]. » Ainsi Marie contribue aux opérations de la grace dans nos cœurs; et loin de faire injure à la grace en attribuant cette prérogative à Marie, c'est au contraire honorer la grace, parce que c'est d'elle que la Vierge tire toute son excellence.

Nous avons dit que la première disposition d'une ame qui veut approcher de son Dieu, c'est l'anéantissement : mais ce n'est pas assez que l'ame soit abaissée; car si elle est éternellement abaissée, comment se transportera-t-elle vers Dieu ? Jean ne sent pas plutôt le Sauveur qu'animé de ces dispositions, il fait effort pour rompre les liens qui le retiennent et courir à lui : il voudroit déjà remplir ses fonctions de Précurseur; mais il est prévenu. Jésus a prévenu son Précurseur. Ne laissons pas passer ceci sans instruc-

---

[1] II *Tim.*, IV, 8. — [2] *De Grat. et lib. Arbit.*, n. 14. — [3] *Luc.*, I, 44.

tion. Dieu, source de tout bien, grand, immense, inaccessible, demande de se communiquer. Dieu se donne, Dieu se développe avec une libéralité immense : c'est, mes Filles, une vérité bien douce et bien consolante. Dieu désire d'être désiré; il a soif que l'on ait soif de lui. Dieu, qui ne désire rien et n'a besoin de rien, désire cependant d'être désiré. Il en est comme d'une belle fontaine, qui coule dans une plaine : elle est claire, elle est fraîche, elle est pure : elle ne désire pas d'être rafraîchie ; mais si elle désire quelque chose, c'est sans doute de désaltérer les passans.

Ainsi il ne nous est pas permis, malgré notre indignité, de nous reposer en nous-mêmes; il faut courir avec transport; il faut venir se plonger dans ces sources d'eau vive. Il n'y a point d'humilité qui empêche de désirer le Sauveur, et heureux celui qui soupire après lui, car c'est celui-là à qui Jésus-Christ se donne tout entier. Le Centurion s'abaissa aux pieds des apôtres [1]; mais il désira, et par là il mérita que le Saint-Esprit prévînt l'imposition des mains des apôtres. Saint Jean interrogé de ce qu'il est, s'il est le Christ, s'il est prophète, ne dit point ce qu'il est ; mais il dit ce qu'il n'est pas : « Je ne suis qu'une voix, un son qui frappe l'air [2], » qui n'a rien de considérable que de dire la vérité. Il s'estime indigne de délier la courroie des souliers de Jésus-Christ; et plein d'ardeur pour son Maître, il a mérité d'élever sa main sur celui au-dessous duquel il s'étoit abaissé.

Mais considérons les caractères de la mission de saint Jean. La grace du saint Précurseur, c'est une grace de lumière ; c'est une lumière qui veut rendre témoignage à la lumière : la lumière découvre la lumière. Ah! c'est un petit flambeau qui découvre un grand flambeau. Le soleil se montre de lui-même, il n'a point de précurseur qui dise: Voilà le soleil; mais les hommes avoient besoin qu'on les préparât à l'éclat du grand jour, qui devoit bientôt briller en Jésus-Christ.

Le monde étoit dans de profondes ténèbres, semblable à ceux qui sont dans un cachot; quand ils en sortent, ils sont éblouis de la lumière, ils se détournent de la lumière, il se cachent à la lumière. Ainsi les pécheurs emportés par la violence de leurs pas-

[1] *Act.*, 25, X, 44. — [2] *Matth.*, III, 3.

sions, se précipitent dans les épaisses ténèbres du péché, et ne peuvent ensuite souffrir la lumière qu'on leur présente pour dissiper leur aveuglement. Vous dites à cet homme colère, à ce vindicatif, qu'en satisfaisant son ressentiment, il va tomber dans un funeste esclavage dont il ne pourra se retirer : mais il ne veut point de lumière ; il méprise la lumière, il la hait, et n'aime que l'obscurité qui lui cache ses désordres.

Telle est donc l'infirmité de notre raison, qu'elle ne peut soutenir l'éclat de la lumière qui éblouit nos foibles yeux : il faut une moindre lumière pour nous découvrir la grande, un petit flambeau pour nous montrer le grand flambeau. Le propre de saint Jean, c'est de découvrir et faire désirer Jésus-Christ ; c'est pourquoi le prophète Zacharie l'appelle son horizon. L'orient qui paroît sur nos montagnes, c'est le signe, c'est l'avant-courrier du soleil, c'est ce qui nous annonce le lever du soleil. Saint Jean, comme une belle aurore, a devancé le soleil, « cet Orient d'en haut, *Oriens ex alto,* qui vient pour éclairer ceux qui sont dans les ténèbres et dans l'ombre de la mort, et pour conduire nos pas dans le chemin de la paix [1] » et l'observance de la loi.

Mais pour profiter de la lumière qui luit sur nous, disons avec David : « Je chercherai, j'approfondirai, » *Scrutabor* [2] ; j'approfondirai votre loi. Entrons avec sincérité dans cette étude : travaillons sérieusement à connoître toute l'étendue de nos obligations ; et gardons-nous de vouloir nous dissimuler celles qui ne s'accorderoient pas avec nos cupidités. Ne cherchons pas à les restreindre, ou à les régler sur nos désirs : songeons plutôt à connoître, à la lumière de cette loi si pure, tous les vices de notre cœur, et à réformer sur ses préceptes tout ce qu'elle condamne dans nos dispositions et dans nos œuvres, en pratiquant soigneusement tout ce qu'elle nous commande.

O quand une ame vient à s'examiner aux yeux de Dieu, en approfondissant dans ses commandemens, en sondant, en pénétrant la perfection qui y est cachée, qu'elle s'en trouve éloignée ! Si j'approfondis votre loi, je vois, ô mon Dieu, que tout ce que je fais, jusqu'aux meilleures actions, est infiniment éloigné de la

[1] *Luc.,* I, 78, 79. — [2] *Psal.* CXVIII, 34.

perfection qu'elle renferme, parce que je n'approfondis pas, parce que je ne pratique que la surface des préceptes. C'est donc en approfondissant la loi de son Dieu que l'ame découvre le fond de sa corruption, et voit tant de taches dans ses œuvres qu'elle n'en trouve pas une qui ne soit remplie de défauts. Ainsi les lumières de la loi éclairant une ame, elle commence à entrer en de salutaires ténèbres, où Dieu s'unit à elle, et le possédant elle ne peut contenir sa joie.

Dès lors il suivra ce que je ne puis expliquer, et ce qui me surpasse. Parlez, Marie ; c'est à vous à nous faire connoître vos sentimens : possédant votre Dieu, quels ont été vos transports, vos joies, vos jubilations, votre exultation, votre paix, votre triomphe ? Elle prononce un divin cantique, qui est la gloire des humbles et la confusion des superbes. Que votre ame éprouve cet excès de joie que ressentoit Marie en glorifiant son Dieu, en exaltant ses miséricordes.

Mais que veut dire, *exalter Dieu ?* Exalter Dieu, mes Filles, c'est agrandir Dieu. Pour vous le faire entendre, mon cœur veut enfanter quelque chose de si grand, que je crains de faire un effort inutile ; mais peut-être vous ferai-je concevoir ma pensée. Exalter Dieu, c'est le mettre au-dessus de tout ce que nous en pouvons penser, au-dessus de toute grandeur. Si vous pensez que Dieu est infini, éternel, immense, mettez-le encore au-dessus ; élevez-le au-dessus de l'élévation ; exaltez-le au-dessus de l'exaltation. Enfin quelque haute idée que vous en puissiez former, mettez-le toujours au-dessus : voilà ce que c'est que d'exalter Dieu.

Mais quelle est la cause de l'exultation de Marie ? quel en est le sujet ? La première cause de son exultation, c'est «qu'il a regardé la bassesse de sa servante. » Elle ne dit pas sa servante, mais *la bassesse de sa servante;* tant elle est pénétrée de son néant. Il y a en Dieu un regard de bonté et de miséricorde, qui est celui qu'il arrête sur les ames pénitentes, pour les consoler et les encourager à revenir à lui. Mais il y a aussi en Dieu pour le juste un regard de faveur et de bienveillance, un regard de défense et de protection, ah ! un regard de la sérénité de sa face, dont la beauté jamais ne se ternit. Il est écrit que le regard du

Roi a quelque chose d'heureux et de divin[1]. Quelle impression doit donc faire sur le cœur des justes ce regard de Dieu, si amoureux, si tendre, dont il est écrit : « Voici les yeux du Seigneur, qui se reposent sur les justes[2]. ? » C'est là ce regard de Dieu qui transporte Marie de joie et d'admiration.

La deuxième cause de l'exultation de Marie, c'est le triomphe de Dieu sur le monde, c'est la victoire qu'il a remportée sur lui. Ce monde a quelque chose d'éclatant, qui surprend et qui trompe ceux qui s'en laissent éblouir : sa lumière foible éblouit les foibles. Marie à la lueur de cette lumière qui l'éclaire, a découvert la vanité, le faux éclat, le faste de cette pompe vaine. Elle n'a pas regardé le triomphe de Dieu sur le monde, comme devant arriver; mais comme étant déjà fait : *Deposuit.* Elle l'a vu abattu; elle l'a vu renversé, et Dieu victorieux : *Deposuit :* « Il les a mis à bas. » Le monde n'est pas entièrement vaincu; il triomphe. Le monde à présent triomphe, il se moque des simples, mais Dieu le renversera, et Marie considère ce triomphe comme accompli : *Deposuit, deposuit.* Elle ne dit pas : Il les renversera, il les brisera; mais *Deposuit.* C'en est fait, il est renversé, il est brisé, il est à bas.

En effet sur qui Dieu arrête-t-il ses regards? Qui est-ce qu'il exalte? Ce n'est pas ces superbes du monde. Sur qui donc Dieu arrête-t-il ses regards? Qui est-ce qu'il exalte? Une ame humble, inconnue des autres, qui passe toute sa vie dans un coin d'un monastère, sans se plaindre de personne, se plaignant toujours d'elle-même; c'est cette ame que Dieu exalte : *Exaltavit humiles.* Mais pour cette puissance du monde, dès que Dieu s'est fait homme, s'est fait serviteur; dès que l'innocent s'est fait pécheur en prenant sur lui nos offenses, il l'a mise à bas. Voilà la joie de Marie; et c'est l'accomplissement des promesses qui nous sont faites, et la troisième cause de son exultation.

Les promesses de Dieu valent mieux que les dons du monde : ce que Dieu promet est meilleur que ce que le monde donne. Soutenons-nous donc par ses promesses; relevons nos courages et nos cœurs, et nous réjouissons comme si nous en voyions déjà l'accomplissement. Ne disons point qu'il est longtemps. « S'il

---

[1] *Prov.*, XVI, 14. — [2] *Psal.* XXXIII, 16.

tarde, dit le Prophète, il ne laissera pas que de venir¹. » Abraham, en la personne duquel les promesses ont été données, s'en est réjoui deux mille ans avant qu'elles fussent accomplies : « Il a vu le jour du Seigneur ; il s'en est réjoui ². » Laissons-nous donc gagner à ces promesses. Jésus est à la porte ; il n'y a plus qu'une petite muraille entre lui et nous, qui est cette vie mortelle.

SECOND SERMON

POUR LA

FÊTE DE LA VISITATION DE LA SAINTE VIERGE (a).

Intravit Maria in domum Zachariæ, et salutavit Elisabeth.

Marie étant entrée dans la maison de Zacharie, elle salua Elisabeth.
Luc., I, 40.

Jésus-Christ, Messieurs, étant envoyé pour être la lumière du monde, aussitôt qu'il y eut fait sa première entrée, aussitôt il commença d'enseigner les hommes. Encore que vous le voyiez au-

---

¹ *Habac.*, II, 3. — ² *Joan.*, VIII, 56.

(a) Prêché à Paris, dans la maison de Saint-Lazare, le 2 juillet 1657.
On sait que Bossuet, lié avec Vincent de Paul par les nœuds d'une sainte estime et d'une confiance réciproque, annonça souvent la parole divine dans l'établissement formé par l'apôtre de la charité. C'est là qu'il prêcha, si je ne me trompe, le second sermon pour la fête de la Visitation. Evidemment il paroît devant une réunion de prêtres. Car il dit, dans l'exorde de son discours : « Exerçons nos entendemens dans le champ des Ecritures sacrées, c'est là notre véritable exercice ; » et plus expressément encore : « Il paroîtra que de toutes les solennités par lesquelles nous honorons la très-sainte Vierge, celle-ci étoit une des plus dignes d'être choisie singulièrement pour la congrégation des prêtres. »
D'un autre côté Bossuet, venu de Metz, fit un long séjour et prêcha plusieurs fois dans la capitale en 1657. Des indices manifestes nous commandent de rapprocher notre sermon de cette date ; sans entrer dans d'autres considérations, voici trois passages qui révèlent des souvenirs récents de l'Ecole : « Si nous vieillissons selon l'homme animal, l'Eglise dont nous faisons partie selon l'homme spirituel ne vieillit jamais ; » ensuite : « La philosophie dit que les jeunes gens sont naturellement enivrés ; » enfin : « Si l'Eglise est un ciel, on peut dire que les prêtres sont comme le premier mobile, ou plutôt comme les intelligences qui meuvent ce ciel et qui ne reçoivent leurs mouvemens que de Dieu. » On voit

jourd'hui dans les entrailles de sa sainte Mère sans parole, ce semble, et sans action, ne vous persuadez pas qu'il se taise. Etant la Parole du Père éternel, non-seulement tout ce qu'il fait et tout ce qu'il souffre, mais encore tout ce qu'il est parle, et d'une manière très-intelligible, à ceux qui ont comme vous l'esprit exercé dans la connoissance (a) des divins mystères. Je vous prie, mes Frères, de jeter les yeux sur cette belle structure de l'univers. Y a-t-il aucune partie où il ne paroisse de l'art et de la raison? Combien la disposition en est-elle sage! combien l'harmonie (b) en est-elle juste! comme toutes choses y sont mesurées! quel ordre et quelle conduite y règne partout! D'où vient cette beauté, et d'où vient cet ordre dans cette grande machine du monde? C'est à cause qu'elle a été faite par le Fils de Dieu, qui étant né de l'intelligence du Père comme sa Parole et son Verbe, est lui-même tout raison, tout sagesse, tout entendement. De là vient, Messieurs, que cet univers est un ouvrage si bien entendu, un ouvrage de raison et d'intelligence, parce qu'il est tiré sur une idée infiniment belle, qu'il vient d'une science très-accomplie et de cette Raison souveraine qui est tout ensemble et le Verbe et le Fils de Dieu, « par qui toutes choses ont été faites, » par qui elles seront toujours gouvernées.

Mais si le monde fait reluire de toutes parts tant d'art, tant de raison, tant d'intelligence parce qu'il a été fait par le Fils de Dieu : quels trésors de sagesse seront enfermés en ce chef-d'œuvre incompréhensible de l'humanité qui lui est unie, où Dieu a recueilli toutes les merveilles de sa puissance! S'il fait paroître tant de sagesse dans l'ouvrage qu'il a produit hors de lui-même, combien en aura-t-il fait éclater dans l'ouvrage qu'il a produit afin de se l'unir à lui-même, je veux dire dans l'humanité, qu'il s'est rendue propre par cette union si intime? Et si nous apprenons des Lettres sacrées que ce monde publie la gloire de Dieu par un langage

que l'image du jeune orateur est empruntée à cette philosophie qu'a *baptisée* l'ange de l'Ecole, à la philosophie d'Aristote.

On a retranché dans cette édition plusieurs *crochets*, c'est-à-dire plusieurs commentaires, c'est-à-dire plusieurs interpolations de Déforis. Le lecteur verra que le discours, sans rien perdre de sa clarté, marche d'un pas plus libre et plus rapide.

(a) *Var. :* Dans la contemplation. — (b) L'économie.

qui se fait entendre jusqu'aux peuples les plus barbares[1], à plus forte raison doit-on dire que tout ce qui se fait en Jésus est plein de sagesse ; qu'il parle hautement et divinement, même lorsqu'il semble le plus qu'il se taise ; qu'il nous enseigne avant que de naître ; et que le ventre de sa sainte Mère n'est pas seulement le sanctuaire de ce Dieu fait homme, ni le lit chaste et virginal où il consomme son mariage avec l'humanité son épouse, mais encore que c'est une chaire où ce docteur céleste commence à prêcher les saintes vérités de son Evangile. Saint Jean l'entend, et il saute d'aise; et cette éloquence muette va émouvoir le cœur d'un enfant jusque dans le sein de sa mère. Rendons-nous attentifs, Messieurs, à cette prédication de Jésus qui ne frappe point les oreilles, mais qui parle si fortement aux esprits : écoutons ce que le Sauveur nous veut dire, et considérons dans cette pensée le mystère que nous honorons.

Encore qu'il pourroit peut-être sembler que l'Evangile et la Loi soient bien éloignés, toutefois vous savez, Messieurs, qu'il n'y a rien qui soit mieux uni, et que Jésus-Christ n'est venu au monde que pour accomplir la loi et les prophéties par les vérités de son Evangile. C'est ce qui fait dire à Tertullien : *O Christum in novis veterem*[2] ! « O que Jésus-Christ est ancien dans sa nouveauté ! » Et de là vient que ce grand homme l'appelle en un autre endroit[3] l'Illuminateur des antiquités, parce qu'il n'y a dans la loi ni point ni virgule, si je puis parler de la sorte, qui ne trouve son vrai sens en Jésus-Christ seul ; et que Jésus-Christ n'a jamais fait un seul pas que pour accomplir exactement, et de point en point, ce qui étoit écrit de lui dans la loi. Ainsi quelque différence qui nous y paroisse, Moïse et Jésus-Christ se touchent de près, la Synagogue et l'Eglise se tendent les mains : et je considère aujourd'hui dans la visite que rend Marie à Elisabeth et dans leurs embrassemens mutuels, l'Evangile qui baise la Loi, l'Eglise qui embrasse la Synagogue. Voilà l'ame, voilà le sens de la mystérieuse variété de ce grand spectacle, de Jésus-Christ allant à saint Jean, de Marie visitant sainte Elisabeth, d'un enfant qui saute de joie, de sa mère qui prophétise, d'une Vierge qui éclate en actions de graces. Vous

---

[1] *Psal.* XVIII, 1 et seq. — [2] *Advers. Marcion.*, lib. IV, n. 21. — [3] *Ibid.*, n. 40.

verrez que toutes les circonstances de l'histoire de notre Evangile conviennent si bien et si justement à la vérité que je vous propose, que vous admirerez sans doute avec moi la conduite impénétrable de l'Esprit de Dieu dans la dispensation des mystères.

Entrons donc, Messieurs, en cette matière avec le secours de la grace ; étalons les richesses des secrets célestes ; exerçons (a) nos entendemens dans le champ des Ecritures sacrées ; c'est là notre véritable exercice. Considérons premièrement les raisons pour lesquelles Elisabeth tient la place de la Synagogue, et Marie celle de l'Eglise ; après cela nous verrons, dans les sincères embrassemens de ces charitables cousines, la loi ancienne et la loi nouvelle qui vont à la rencontre l'une de l'autre. Et c'est le sujet de cette méditation, en laquelle nous trouverons des instructions salutaires, pour comprendre la dignité et tous les devoirs de notre ordre : si bien qu'il paroîtra manifestement que de toutes les solennités par lesquelles nous honorons la très-sainte Vierge, celle-ci étoit une des plus dignes d'être choisie singulièrement par la congrégation des prêtres.

PREMIER POINT.

La première chose que je remarque dans le tableau que je vous présente, de l'Evangile embrassant la Loi, de Marie saluant sainte Elisabeth, c'est l'âge bien différent de ces deux cousines. L'Evangile nous montre sainte Elisabeth dans une extrême vieillesse, et la divine Marie dans la fleur de l'âge ; et je vois en la vieillesse d'Elisabeth la mourante caducité de la Loi, et dans la jeunesse de la sainte Vierge l'éternelle nouveauté de l'Eglise. La jeunesse de l'Eglise est telle, Messieurs, que le temps n'est pas capable de l'altérer, ni de s'acquérir aucun droit sur elle. Les choses éternelles ont cela de propre, qu'elles ne vieillissent jamais ; au contraire ce qui doit périr ne cesse jamais de tendre à sa fin, et par conséquent il vieillit toujours. C'est pourquoi l'Apôtre, parlant de la loi : « Ce qui vieillit, dit-il, est presque aboli [1]. » Ainsi la Synagogue vieillissoit toujours, parce quelle devoit être un jour abolie. L'Eglise

---

[1] *Hebr.*, VIII, 13.

(a) *Var.:* Apprenons à exercer.

chrétienne ne vieillit jamais, parce qu'elle doit durer éternellement. Car, Messieurs, vous n'ignorez pas que comme l'Eglise remplit tous les lieux, elle doit aussi remplir tous les temps. La fin du monde ne limitera point sa durée : alors elle cessera d'être sur la terre ; mais elle commencera de régner au ciel : elle ne sera pas éteinte ; mais elle sera transférée en un lieu de gloire, où elle demeurera toujours florissante dans une perpétuelle jeunesse. Et d'où vient cette jeunesse éternelle ? C'est que l'éternité n'aura qu'un seul jour, parce que dans l'éternité rien ne passe ; ce n'est qu'une présence continuée, une présence qui ne coule point. Saint Jean le représente excellemment dans l'*Apocalypse* : « Ils n'auront point, dit-il, besoin de soleil, parce que le Seigneur Dieu sera leur lumière ; et ils régneront aux siècles des siècles [1]. » Remarquez, s'il vous plaît, cette conséquence : le Seigneur Dieu sera leur lumière, et ils régneront aux siècles des siècles. Pourquoi les choses d'ici-bas périssent-elles, sinon parce qu'elles sont sujettes au temps, qui se perd toujours, et qui entraîne avec soi ainsi qu'un torrent tout ce qui lui est attaché, tout ce qui est dans sa dépendance ? Le soleil, qui nous éclaire, fait en même temps et défait les jours ; il fait tout ensemble et défait le temps, par la rapidité de son mouvement. Mais le soleil qui éclairera le siècle futur, ce sera Dieu même. Ce Soleil ne porte pas sa lumière d'un lieu à un autre par la rapidité de sa course : il est tout à tous ; il est éternellement devant tous ; il éclaire toujours et demeure toujours immobile. C'est pourquoi, comme nous disions, l'éternité n'aura qu'un seul jour, et ce jour n'aura ni couchant ni aucune différence d'heures : et l'Eglise des prédestinés, qui n'aura point d'autre Soleil que son Dieu, fixée immuablement dans l'éternité, sera toujours dans la nouveauté. O beau jour, et ô jour unique de l'éternité bienheureuse, quand verrons-nous ta sainte lumière, qui ne sera cachée par aucune nuit, qui ne sera obscurcie par aucun nuage ? O sainte Sion, où toutes choses sont stables et éternellement permanentes, qui nous a précipités sur ces eaux courantes, dans ce flux et reflux des choses humaines ?

Mais, chrétiens, réjouissons-nous : si nous vieillissons dans ce

[1] *Apoc.*, XXII, 5.

monde selon notre homme animal, l'Eglise dont nous faisons partie selon l'homme spirituel ne vieillit jamais, parce qu'au lieu de tendre à sa fin à la manière des choses mortelles, elle tend à cette jeunesse éternelle de la bienheureuse immortalité. C'est donc avec beaucoup de raison qu'Elisabeth vieille représente la Synagogue prête à tomber; et Marie dans la fleur de l'âge, l'Eglise de Jésus-Christ toujours jeune, toujours forte, toujours vigoureuse. Donc, mes Frères, puisque l'esprit du christianisme est un esprit de jeunesse et de nouveauté, « purifions-nous du vieux levain [1], » comme dit l'Apôtre; que notre zèle ne vieillisse pas, qu'il soit toujours jeune et toujours fervent.

La philosophie dit que les jeunes gens sont comme naturellement enivrés, parce que leur sang chaud et bouillant est semblable en quelque sorte à un vin fumeux et plein d'esprits, qui les rend toujours ardens, toujours animés dans la poursuite de leurs entreprises. Si nous voulons vivre, Messieurs, selon cette jeunesse spirituelle de la loi de grace, il faut être toujours fervens, toujours intérieurement enivrés de ce vin de la nouvelle alliance, que Jésus-Christ promet aux fidèles dans le royaume de Dieu son Père, c'est-à-dire dans son Eglise. C'est le Sauveur Jésus-Christ lui-même qui compare à un vin nouveau l'esprit de la loi nouvelle; et c'est afin que nous entendions que de même que le vin nouveau chasse tout ce qui lui est étranger et se purge lui-même par sa propre force, ainsi nous devons conserver cet esprit nouveau du christianisme dans sa force et dans sa ferveur, afin qu'il chasse toutes nos ordures, et qu'il éloigne cette froideur paresseuse qui nous rend lents et comme engourdis dans les œuvres de piété.

Mais cette sainte et divine ardeur qui est le vrai esprit du christianisme, doit se trouver particulièrement dans notre ordre, et nous la devons tous les jours apprendre du sacrifice que nous célébrons. L'Apôtre dans la divine *Epître aux Hébreux*, jugeant de la loi par le sacerdoce, conclut que « la loi de Moïse doit être abolie, parce que son sacerdoce devoit passer : » *Translato enim sacerdotio, necesse est ut et legis translatio fiat* [2]. En effet quelles étoient les victimes de ces anciens sacrificateurs? C'étoient des ani-

---

[1] I *Cor.*, V, 7. — [2] *Hebr.*, VII, 12.

maux égorgés ; tout y sentoit la corruption et la mort : dignes victimes, dignes sacrifices d'une loi vieille et mourante. Mais il n'en est pas de la sorte du sacrifice de la nouvelle alliance. Notre victime est morte une fois ; mais elle est ressuscitée pour ne mourir plus. L'hostie que nous présentons est vivante : le sang du Nouveau Testament, que nous répandons mystiquement sur ces saints autels, n'est pas le sang d'une victime morte ; c'est un sang tout vif et tout chaud, si je puis parler de la sorte : tellement que nous devrions être toujours fervens, nous qui offrons au Père éternel une victime toujours nouvelle, et un sang qui ne souffre point de froideur. Ni le temps, ni l'accoutumance, qui ralentissent ordinairement la ferveur des hommes, ne devroient point diminuer la nôtre, parce que notre victime, qui ne change point, veut toujours trouver en nous une même ardeur. Cependant nous vieillissons tous les jours, quand notre première ferveur se perd ; au lieu que nous devrions toujours être jeunes, parce que le caractère que nous portons nous oblige d'être les membres les plus fervens du corps de l'Eglise, qui est toujours jeune, et qui pour cette raison nous est figurée de la jeunesse dans la sainte Vierge.

Et non-seulement l'âge de Marie nous représente la sainte Eglise, mais encore son état de perpétuelle virginité. Je sais que le mariage est sacré, et que « son lien est très-honorable en tout et partout : » *Honorabile connubium in omnibus* [1]. Mais si nous le comparons à la sainte virginité, il faut nécessairement avouer que le mariage sent la nature, et que la virginité sent la grace. Et si nous considérons attentivement ce que dit l'Apôtre de la virginité et du mariage, nous y trouverons une peinture parfaite de la Synagogue et de l'Eglise chrétienne. « L'une est toute occupée du soin des choses du monde : » *Cogitat quæ sunt mundi* [2]; c'est le but de la Synagogue, qui a pour partage la rosée du ciel et la graisse de la terre : *De rore cœli et de pinguedine terræ* [3] : elle n'a que des promesses terrestres, cette terre coulante de lait et de miel. Mais que fait la virginité ? « Elle est uniquement occupée du soin des choses du Seigneur : » *Cogitat quæ Domini sunt* [4]. C'est le but de la sainte Eglise, « qui ne considère point les choses visibles, mais les invi-

---

[1] *Hebr.*, XIII, 4. — [2] *I Cor.*, VII, 34. — [3] *Gen.*, XXVII, 28. — [4] *I Cor.*, VII, 34.

sibles : » *Non contemplantibus nobis quæ videntur, sed quæ non videntur* [1]. C'est, Messieurs, cet unique objet que se doivent proposer les prêtres, qui par l'éminence du sacerdoce font la partie la plus relevée et la plus céleste de la sainte Eglise. Si l'Eglise est un ciel, on peut dire que les prêtres sont comme le premier mobile, ou plutôt comme les intelligences qui meuvent ce ciel, et qui ne reçoivent leurs mouvemens que de Dieu : aussi sont-ils appelés *des anges* [2].

Mais continuons de vous faire voir la figure de l'Eglise dans la sainte Vierge, et celle de la Synagogue dans Elisabeth. Vous savez que cette Vierge très-pure étoit mariée, et c'est par ce divin mariage qu'elle nous représente encore mieux l'Eglise. Car j'apprends de saint Augustin [3] que le mariage de Joseph avec Marie, n'étant point lié par les sentimens de la chair, n'avoit point d'autre nœud de son union que la foi mutuelle qu'ils s'étoient donnée ; et c'est là aussi ce qui joint l'Eglise avec Jésus-Christ son Epoux. La foi de Jésus est engagée à l'Eglise, celle de l'Eglise à Jésus : *Sponsabo te mihi in fide* [4] : « Je vous rendrai mon épouse par une inviolable fidélité, » par une fidélité réciproque : *Fide pudicitiæ conjugalis* [5].

Mais ce que je trouve très-remarquable, c'est qu'Elisabeth vivant avec son mari, l'Ecriture la nomme stérile; Marie au contraire fait profession d'une perpétuelle virginité; et la même Ecriture, qui ne ment jamais, la fait voir féconde. Voyez la stérilité de la Synagogue, qui d'elle-même ne peut engendrer des enfans au ciel; et la divine fécondité de l'Eglise, de laquelle il est écrit : *Lætare, sterilis, quæ non paris* [6]. Toutefois, Messieurs, la stérile enfante ; Elisabeth a un fils aussi bien que la sainte Vierge. Aussi la Synagogue a-t-elle enfanté, mais des figures et des prophéties. Elisabeth a conçu, mais un Précurseur à Jésus, une voix qui prépare les chemins : Marie enfante la Vérité même.

Et admirez ici, chrétiens, la dignité de la Vierge, aussi bien que celle de la sainte Eglise, par le rapport qu'elles ont ensemble. Dieu engendre son Fils dans l'éternité par une génération inef-

---

[1] II *Cor.*, IV, 18. [2] *Apoc.*, II, 1 et seq. — [3] *Contra Julian.*, lib. V, cap. XII, n. 48. — [4] *Osee*, II, 20. — [5] S. August., *de Bono viduit.*, n. 5. — [6] *Galat.*, IV, 27.

fable, autant éloignée de la chair et du sang que la vie de Dieu est éloignée de la vie mortelle. Ce Fils unique, engendré dans l'éternité, doit être engendré dans le temps. Sera-ce d'une manière charnelle? Loin de nous cette pensée sacrilége : il faut que sa génération dans le temps soit une image très-pure de sa chaste génération dans l'éternité. Il n'appartenoit qu'au Père éternel de rendre Marie féconde de son propre Fils; puisque ce Fils lui devoit être commun avec Dieu, il falloit que Dieu fît passer en elle sa propre fécondité; engendrer le Fils de Dieu ne devoit pas être un effet d'une fécondité naturelle, il falloit une fécondité divine. O incroyable dignité de Marie!

Mais l'Eglise, le croiriez-vous? entre en partage de cette gloire. Il y a une double fécondité en Dieu : celle de la nature et celle de la charité, qui fait des enfans adoptifs; la première est communiquée à Marie, la seconde est communiquée à l'Eglise. Et c'est, Messieurs, l'honneur de notre ordre, parce que nous sommes établis ministres de cette mystérieuse génération des enfans de la nouvelle alliance. C'est notre honneur; mais c'est notre crainte : l'une et l'autre génération demande une pureté angélique; l'une et l'autre produit le Fils de Dieu. Notre mauvaise vie n'empêche pas que la grace ne passe par nos mains au peuple fidèle. Les mystères que nous traitons sont si saints, qu'ils ne peuvent perdre leur vertu même dans des mains sacriléges; mais la condamnation demeure sur nous : comme celui qui viole le sacré baptême, quoi qu'il fasse, il ne le peut perdre. Ce caractère imprimé par le Saint-Esprit, ne peut être effacé par les mains des hommes : « il pare le soldat et convainc le déserteur : » *Ornat militem, convincit desertorem*[1]. Ainsi les mystères que nous traitons ne perdent pas leur force dans les mains des prêtres, quoique ces mains soient souvent impures. Mais comme des mystères profanés portent toujours quelque malédiction avec eux, n'étant pas juste qu'elle passe au peuple, elle s'accumule sur le ministre; comme la paix retourne à nous, quand on ne la reçoit pas : autant qu'il est en nous, nous les maudissons; autant qu'il est en nous, nous leur donnons des mystères vides de graces, mais des mystères

[1] S. August., *in Psal.* XXXIX, n. 1.

pleins de malédictions, parce que nous les leur donnons profanés.

Evitons cette condamnation; donnons au Saint-Esprit des organes purs : ne contraignons point cet Esprit sacré de se servir de mains sacriléges; autrement, il se vengera. Il se servira de nous, puisqu'il l'a dit, pour la sanctification des autres, tout indignes que nous soyons d'un tel ministère; mais autant de bénédictions que nous donnerons sur le peuple, autant de malédictions contre nous. Imitons la pureté de Marie, qui nous représente si bien celle de l'Eglise, dont nous avons l'honneur d'être les ministres.

SECOND POINT.

Il me reste maintenant à vous proposer la partie la plus mystérieuse de notre Evangile. Vous avez déjà vu que la loi est figurée dans Elisabeth, l'Eglise chrétienne en la sainte Vierge : il faut maintenant qu'elles se rencontrent. Déjà vous voyez qu'elles sont cousines, pour montrer que la loi ancienne et la loi nouvelle se touchent de près, qu'elles sont parentes, qu'elles viennent toutes deux de race céleste. Mais ce n'est pas assez qu'elles soient parentes, il faut encore qu'elles s'embrassent : et quand Jésus a accompli les prophéties, quand il a été immolé, en lui la loi ancienne et la loi nouvelle ne se sont-elles pas embrassées? Et voyez cela très-clairement en la personne de saint Jean-Baptiste. Saint Jean, dit saint Augustin [1], est comme le point du jour, qui n'est ni la nuit ni le jour, mais qui fait la liaison de l'un et de l'autre. Il joint la Synagogue à l'Eglise : il est comme l'envoyé de la Synagogue à Jésus, afin de reconnaître le Libérateur. Il est aussi l'envoyé de Dieu, pour montrer Jésus à la Synagogue. Jésus a tendu les mains à Jean, quand il a reçu son baptême : Jean a tendu les mains à Jésus, quand il a dit : *Ecce Agnus Dei* [2]; c'est pourquoi Jésus vient à Jean, et Marie à Elisabeth. Il prévient : le propre de la grâce est de prévenir.

La grace ne nous est pas donnée à cause que nous avons fait de bonnes œuvres; mais afin que nous les fassions : elle est tellement accordée à nos bons désirs, qu'elle prévient même nos bons

---

[1] *In Joan.*, tract. II, serm. CCXCIII. — [2] *Joan.*, I, 29.

désirs. La grace s'étend dans toute la vie ; et dans tout le cours de la vie, elle est toujours grace. Le bon usage de la grace en attire d'autres ; mais ce ne laisse pas d'être toujours grace : *Gratiam pro gratiâ* [1]. Ce ruisseau retient toujours dans son cours le beau nom qu'il a pris dans son origine : *Ipsa gratia meretur augeri, ut aucta mereatur perfici* [2]. Mais jamais elle ne se montre mieux ce qu'elle est, c'est-à-dire grace, que lorsqu'elle vient à nous sans être appelée : c'est pourquoi Marie prévient sainte Elisabeth, et Jésus prévient Jean-Baptiste.

Voyez comment Jésus prévient son Précurseur même : il faut aussi qu'il nous prévienne dans la grace du sacerdoce. Il y en a qui préviennent Jésus-Christ : ce sont ceux qui viennent sans être appelés. Jésus-Christ a été appelé par son Père ; Jean étoit choisi pour son Précurseur, néanmoins il le prévient. La marque que nous sommes appelés, c'est le zèle du salut des ames. Jésus vient à Jean, le libérateur au captif : Jésus visite Jean, parce qu'il faut que le médecin aille visiter son malade ; mais Jésus est dans le sein, et Jean dans le sein : ne semble-t-il pas que le médecin soit aussi infirme que le malade ? Jésus a pris nos infirmités, afin d'y apporter le remède. C'est le devoir des prêtres de se rendre foibles avec les foibles pour les guérir : *Quis infirmatur et ego non infirmor ?* « Qui est foible, disoit l'Apôtre, sans que je m'affoiblisse avec lui ? Qui est scandalisé sans que je brûle ? » *Quis scandalizatur, et ego non uror* [3] ? » Voulez-vous savoir, demande saint Augustin, jusqu'où l'Apôtre est descendu pour se rendre foible avec les foibles ? Il s'est abaissé jusqu'à donner du lait aux petits enfans [4]. Ecoutez-le lui-même dire aux Thessaloniciens : « Je me suis conduit parmi vous avec une douceur d'enfant, comme une nourrice qui a soin de ses enfans [5]. » Et en effet nous voyons les nourrices et les mères s'abaisser, pour se mettre à la portée de leurs petits enfans : et si, par exemple, elles savent parler latin, elles appetissent les paroles et rompent en quelque sorte leur langue, afin de faire d'une langue diserte un amusement d'enfant. Ainsi un père éloquent, qui a un fils encore dans l'enfance, lors-

---

[1] *Joan.* 1, 16. [2] S. August., *Ad Paul.*, *Epist.* CLXXXVI, n. 10. — [3] II *Cor.*, XI, 29. — [4] I *Cor.*, III, 2. — [5] I *Thess.*, II, 7.

qu'il rentre dans sa maison, il dépose cette éloquence qui l'avoit fait admirer dans le barreau, pour prendre avec son fils un langage enfantin. *Quære quò descenderit. Usque ad lac parvulis dandum.* « *Factus sum parvulus in medio vestrûm, tanquam si nutrix foveat filios suos.* » *Videmus enim et nutrices et matres descendere ad parvulos : et si norunt latina verba dicere, decurtant illa, et quassant quodam modo linguam suam, ut possint de linguâ disertâ fieri blandîmenta puerilia...... Et disertus aliquis pater..... si habeat parvulum filium, cùm ad domum redierit, seponit forensem eloquentiam quò ascenderat, et linguâ puerili descendit ad parvulum* [1].

Mais revenons à Marie et à Elisabeth : elles s'embrassent; elles se saluent. La Loi honore l'Evangile, en le prédisant : l'Evangile honore la Loi, en l'accomplissant; c'est le mutuel salut qu'ils se donnent. Ecoutons maintenant leurs saints entretiens. *Benedicta tu in mulieribus* [2]. « Vous êtes bénite entre toutes les femmes. » O Eglise! ô société des fidèles! ô assemblée chérie entre toutes les sociétés de la terre! vous êtes singulièrement bénite, parce que vous êtes uniquement choisie : *Una est columba mea, perfecta mea* [3] : « Une seule est ma colombe et ma parfaite amie. » *Beáta es tu quæ credidisti* [4] : « Vous êtes bienheureuse d'avoir cru, » dit Elisabeth à Marie; et avec raison, puisque la foi est la source de toutes les graces : « car le juste vit de la foi : » *Justus autem meus ex fide vivit* [5]. *Perficientur ea quæ dicta sunt tibi à Domino* [6]. « Tout ce qui vous a été dit de la part du Seigneur sera accompli. » Tout s'accomplira; voilà la vie chrétienne. Les chrétiens sont enfans de promesse, enfans d'espérance; voilà le témoignage que la Synagogue rend à l'Eglise. L'Eglise ne désavoue pas ses dons ni ses avantages; au contraire elle reconnoît que « le Tout-Puissant a fait en elle de grandes choses : » *Fecit mihi magna qui potens est.* Mais elle rend la louange à Dieu : *Magnificat anima mea Dominum* [7] : « Mon ame glorifie le Seigneur. » Ainsi dans cette aimable rencontre de la Synagogue avec l'Eglise, pendant que la Synagogue selon son devoir rend un fidèle témoi-

---

[1] S. August., *in Joan.*, tract. VII, n. 22. — [2] *Luc.*, I, 42. — [3] *Cant.*, VI, 8. — [4] *Luc.*, I, 45. — [5] *Hebr.*, X, 38. — [6] *Luc.*, I, 45. — [7] *Ibid.*, 46.

gnage à l'Eglise, l'Eglise de son côté rend témoignage à la miséricorde divine, afin que nous apprenions, chrétiens, que le vrai sacrifice de la nouvelle loi, c'est le sacrifice d'actions de graces. « Aussi nous avertit-on, dans la célébration des saints mystères, de rendre graces au Seigneur notre Dieu : » *In isto verissimo sacrificio agere gratias admonemur Domino Deo, ut agnoscamus gratiarum actionem proprium esse Novi Testamenti sacrificium.*

Il faut donc confesser que nous sommes un ouvrage de miséricorde ; notre sacrifice est un sacrifice d'Eucharistie. C'est le sacrifice que Jean offre ; en sautant de joie, il rend graces au Libérateur. S'il fait tressaillir Jean, qui ne le voit pas, qui ne le touche pas, qui ne l'entend pas, où il n'agit que par sa présence seule ; que sera-ce dans le ciel, où il se montrera à découvert, face à face ? Jean est dans les entrailles de sa mère, et il sent Jésus qui est aussi dans le sein de la sienne. Jésus entre dans nos entrailles, et à peine le sentons-nous.....

PREMIER SERMON

POUR LA

FÊTE DE LA PURIFICATION DE LA SAINTE VIERGE (a).

Tulerunt Jesum in Jerusalem, ut sisterent eum Domino.
Ils portèrent Jésus à Jérusalem, pour le présenter au Seigneur. *Luc*, II, 22.

Quoique le crucifiement de Jésus-Christ n'ait paru publiquement que sur le Calvaire, Jésus-Christ n'a jamais été sans avancer l'œuvre de notre salut. Ce Roi a toujours pensé au bien de ses

---

(a) *Exorde.* — Il faut apprendre à s'offrir avec Jésus-Christ qui s'offre. C'est pourquoi tous ceux qui lui appartiennent s'offrent : Siméon veut mourir ; Anne se consume par veilles et abstinences ; Marie offre Jésus, s'offre en lui, elle est comme sous le couteau du sacrificateur : *Tuam ipsius animam pertransibit gladius* (Luc., II, 35).
Trois sacrifices : Siméon immole l'amour de la vie, Anne le repos des sens,

peuples, ce céleste Médecin a toujours eu l'esprit occupé des besoins et des foiblesses de ses malades; et comme telle étoit la loi que ni ses peuples ne pouvoient être soulagés, ni ses malades

et c'est le sacrifice de la pénitence; Marie la liberté de l'esprit, et c'est le sacrifice de l'obéissance.

Premier point. Sentimens du chrétien sur la vie et sur la mort. *Responsum.* Qu'avoit-il demandé? Sans doute la mort. Il lui avoit été répondu : Jusqu'à ce que le Messie vienne, on vous diffère; après qu'il est venu, *Nunc dimittis.*

On ne doit désirer d'être sur la terre que lorsque Jésus-Christ y étoit. Maintenant, *Quæ sursùm sunt quærite* (Coloss., III, 2).

Douceur d'être avec ce qu'on aime, *Quocumque perveneris, pergam; quæ te terra morientem acceperit, et ego pariter morabor* (*Ruth*, I, 16, 17). Unis dans la sépulture, les os semblent reposer plus doucement, et les cendres mêmes être plus tranquilles : combien plus d'aller immortels à Jésus-Christ immortel, non dans la terre des morts, mais dans la terre des vivans, etc.

Second point. — Combat du corps et de l'esprit : *Caro concupiscit*; saint Grégoire de Nazianze : ἐχθρὸς εὐμενής φίλος ἐπίβουλος. — *Futurus erat in corpore spiritualis, factus est in mente carnalis* (S. Augustin).

La raison, ministre des sens, emploie toute son industrie ou à raffiner le goût pour irriter l'appétit, ou à assaisonner les objets pour empêcher le dégoût. Venez, sainte pénitence, sacrifier à Dieu le repos des sens. Anne. Pénitence prépare à la mort (*Voyez Panégyrique de saint François de Paule*, 1er point).

Troisième point. — Volonté de Dieu se fait connoître en deux sortes : commandement, règle ce qu'il faut faire; événemens, ce qu'il faut souffrir. L'un libre, l'autre inévitable. L'on s'oppose au premier par la rébellion ouverte; quoique l'on ne puisse s'opposer à l'autre, on murmure. L'audace humaine s'imagine faire quelque chose de libre, quand ne pouvant résister, elle murmure néanmoins et fait la mutine et l'opiniâtre.

Obéissance à la loi. Deux sortes de commandemens, de père et de maître : de père, pour rendre meilleur; de maître, pour exercer son empire et faire sentir aux esclaves leur servilité. La loi ancienne, presque toute ainsi. C'est pourquoi elle est appelée joug insupportable, loi des esclaves. Pourquoi joug, vu que les préceptes du premier genre sont multipliés dans l'Evangile? C'est que ce sont préceptes qui ne sont pas donnés pour peser sur les épaules, mais pour porter à la perfection. Le précepte de la purification est l'un des plus serviles de tous. Marie sembloit être formellement exceptée. Où sont ceux qui cherchent de vains prétextes pour s'exempter de l'obligation de la loi, qui s'étant fait une loi eux-mêmes de faire mille dépenses superflues, s'imaginent être exempts par là de l'obligation de faire l'aumône?

Marie subit la volonté de Dieu en souffrant (*Voyez Sermon de la Compassion*, IIe point, sur ces paroles : *Tuum ipsius animam*).

Prêché le 2 février 1662, au Louvre, devant le Roi.

La *Gazette de France* nomme les orateurs qui ont prêché de 1662 à 1669, devant le Roi, le jour de la Purification : Bossuet en 1662, l'évêque de Dax en 1663, dom Cosme en 1664, le P. Cueillans en 1665, Bossuet en 1666, Mascaron en 1667, le même en 1669. — En 1668 Louis XIV faisoit, dans les premiers jours de février, la conquête de la Franche-Comté.

Le sermon qu'on va lire est le premier que Bossuet prêcha devant la Cour. En 1662, Louis XIV avoit vingt-trois ans, et la mort d'un ministre tout-puissant venoit de remettre entre ses mains les rênes du royaume. On verra dans le

guéris, que par sa croix, par ses clous et par ses blessures, il a toujours porté devant Dieu toute l'horreur de sa passion. Nulle paix, nul repos pour Jésus-Christ; travail, accablement, mort toujours présente : mais travail enfantant les hommes, accablement réparant nos chutes et mort nous donnant la vie.

Nous apprenons de saint Paul que Jésus-Christ faisant son entrée au monde, s'étoit offert à son Père pour être la victime du genre humain. Mais ce qu'il avoit fait dans le secret dès le premier moment de sa vie, il le déclare aujourd'hui par une cérémonie solennelle, en se présentant à Dieu devant ses autels : de sorte que si nous savons pénétrer ce qui se passe en cette journée, nous verrons des yeux de la foi Jésus-Christ qui se présente dès sa tendre enfance aux yeux de son Père pour lui demander sa croix; et le Père qui prévenant la fureur des Juifs, la met déjà de ses propres mains sur ses tendres épaules. Nous verrons le Fils unique et bien-aimé qui prie son Père et son Dieu qu'il lui fasse porter tous nos crimes, et le Père en même temps qui les lui applique par une opération tellement intime (*a*), que Jésus, l'innocent Jésus paroît tout à coup revêtu devant Dieu de tous nos péchés, et par une suite nécessaire pressé de toute la rigueur de ses jugemens, pénétré de tous les traits de sa justice, accablé de tout le poids de sa vengeance. Voilà, Messieurs, l'état véritable dans lequel le Sauveur Jésus s'offre pour nous en ce jour : c'est de là qu'il nous faut tirer quelque instruction importante pour la conduite de notre vie. Mais

---

deuxième point de notre discours, avec quelle sollicitude et quelle prudence tout à la fois le zélé prédicateur s'efforçoit de le prémunir contre les séductions qui alloient l'assaillir de toutes parts.

Jean Loret parle ainsi dans la *Muse historique*, 4 février 1662, du premier *Sermon pour la Purification* :

Leurs Majestés, l'après-dînée	Dont certes la doctrine exquise
D'icelle très-sainte journée	Est digne de servir l'Eglise;
Ouirent un jeune docteur,	Et le destin qui dans ses mains
Admirable prédicateur,	Tient la fortune des humains,
Et qui dès son enfance	Seroit envers lui trop féroce
Prêchoit avec tant d'éloquence,	S'il n'avoit un jour mitre et crosse.
Qu'il s'acquit partout grand renom.	On voit peu de gens aujourd'hui
L'abbé Bossuet, c'est son nom,	Le mériter si bien que lui.

Les manuscrits originaux des sermons pour la Purification, se trouvent à bibliothèque impériale.

(*a*) *Var.* : Si intime, — si puissante.

la sainte Vierge ayant tant de part dans ce mystère admirable, gardons-nous bien d'y entrer sans implorer son secours par les paroles de l'ange, *Ave*.

« C'est un discours véritable, dit le saint Apôtre [1], et digne d'être reçu en toute humilité et respect, que Jésus-Christ est venu au monde pour délivrer les pécheurs; » et que, pour être le Sauveur du genre humain, il en a voulu être la victime. Mais l'unité de son corps mystique fait que le chef s'étant immolé, tous les membres doivent être aussi des hosties vivantes; ce qui fait dire à saint Augustin [2] que l'Eglise catholique apprend tous les jours dans le sacrifice qu'elle offre, qu'elle doit aussi s'offrir elle-même avec Jésus-Christ qui est sa victime, parce qu'il a (a) tellement disposé les choses, que nul ne peut avoir part à son sacrifice, s'il ne se consacre en lui et par lui pour être un sacrifice agréable.

Comme cette vérité est très-importante, et comprend le fondement principal du culte que les fidèles doivent rendre à Dieu dans le Nouveau Testament, il a plu aussi à notre Sauveur de nous en donner une belle preuve dès le commencement de sa vie. Car, chrétiens, n'admirez-vous pas dans la solennité de ce jour que tous ceux qui paroissent dans notre évangile, nous y sont représentés par le Saint-Esprit dans un état d'immolation. Siméon, ce vénérable vieillard, désire d'être déchargé de ce corps mortel; Anne, victime de la pénitence, paroît toute exténuée par ses abstinences et par ses veilles; mais surtout la bienheureuse Marie apprenant du bon Siméon qu'un glaive tranchant percera son ame, ne semble-t-elle pas être déjà sous le couteau du sacrificateur, et comme elle se soumet en tout aux ordres et aux lois de Dieu avec une obéissance profonde, n'entre-t-elle pas aussi dans la véritable disposition d'une victime immolée? Quelle est la cause, Messieurs, que tant de personnes concourent à se dévouer à Dieu comme des hosties, si ce n'est que son Fils unique, pontife et hostie tout ensemble de la nouvelle alliance, commençant en cette journée à s'offrir lui-même à son Père, il attire tous ses fidèles à

---

[1] I *Tim.*, I, 15. — [2] *De Civ. Dei*, lib. X, cap. xx.
(a) *Var.:* Parce que ce divin Sauveur a.

son sentiment et répand, si je puis parler de la sorte, cet esprit d'immolation sur tous ceux qui ont part à son mystère?

C'est donc l'esprit de ce mystère et c'est le dessein de notre évangile, de faire entendre aux fidèles qu'ils doivent se sacrifier avec Jésus-Christ. Mais il faut qu'ils apprennent de la suite du même mystère et de la doctrine du même évangile, par quel genre de sacrifice ils pourront se rendre agréables. C'est pourquoi Dieu agit en telle manière dans ces trois personnes sacrées qui paroissent aujourd'hui dans le temple avec le Sauveur, que faisant toutes pour ainsi dire leur oblation à part, nous pouvons recevoir de chacune d'elles une instruction particulière. Car comme notre amour-propre nous fait appréhender ces trois choses comme les plus grands de tous les maux: la mort, la douleur, la contrainte, pour nous inspirer des pensées plus fortes, Siméon détaché du siècle présent immole l'amour de la vie; Anne pénitente et mortifiée détruit devant Dieu le repos des sens ; et Marie soumise et obéissante sacrifie la liberté de l'esprit (a). Par où nous devons apprendre à nous immoler avec Jésus-Christ par trois genres de sacrifice: par un sacrifice de détachement, en méprisant notre vie; par un sacrifice de pénitence, en mortifiant nos appétits sensuels; par un sacrifice de soumission, en captivant notre volonté: et c'est le sujet de ce discours.

PREMIER POINT.

Quoique l'horreur de la mort soit le sentiment universel de toutes les créatures vivantes (b), il est aisé de reconnoître que l'homme est celui des animaux qui sent le plus fortement cette répugnance ; et encore que je veuille bien avouer que ce qui nous rend plus timides (c), c'est que notre raison prévoyante ne nous permet pas d'ignorer ce que nous avons sujet de craindre, il ne

---

(a) *Var.*: Il faut apprendre à s'offrir avec Jésus-Christ qui s'offre; c'est pourquoi tous ceux qui lui appartiennent s'offrent. Siméon veut mourir; Anne se consume par veilles et abstinences ; Marie offre Jésus-Christ, s'offre en lui et elle est comme sous le couteau du sacrificateur : *Tuam ipsius animam pertransibit gladius*. Trois sacrifices : Siméon immole l'amour de la vie, c'est le sacrifice de la charité; Anne, le repos des sens, c'est le sacrifice de la pénitence; Marie, la liberté de l'esprit, et c'est le sacrifice de l'obéissance. — (b) Tout ce qui vit et qui respire. — (c) Appréhensifs.

laisse pas d'être indubitable que cette aversion prodigieuse que nous avons pour la mort vient d'une cause plus relevée (*a*). En effet il faut penser, chrétiens, que nous étions nés pour ne mourir pas ; et si notre crime nous a séparés de cette source de vie immortelle, il n'a pas tellement rompu les canaux par lesquels elle couloit avec abondance, qu'il n'en soit tombé sur nous quelque goutte, qui nourrissant en nos cœurs cet amour de notre première immortalité, fait que nous haïssons d'autant plus la mort, qu'elle est plus contraire à notre nature. « Car si elle répugne de telle sorte à tous les autres animaux qui sont engendrés pour mourir, combien plus est-elle contraire à l'homme, ce noble animal, qui (*b*) a été créé si heureusement que s'il avoit voulu vivre sans péché, il eût pu vivre sans fin ? » Il ne faut donc pas s'étonner si le désir de la vie est si fort enraciné dans les hommes, ni si j'appelle par excellence sacrifice de détachement celui qui détruit en nous cet amour qui fait notre attache la plus intime (*c*).

Mais de là nous devons conclure que pour nous donner le courage d'offrir à Dieu un tel sacrifice, nous avions besoin d'un grand exemple. Car il ne suffit pas de montrer à l'homme, ni la loi universelle de la nature, ni cette commune nécessité à laquelle est assujetti tout ce qui respire. Comme il a été établi par son Créateur pour une condition (*d*) plus heureuse, ce qui se fait dans les autres n'a point de conséquence pour lui et n'adoucit point ses disgraces. Voici donc le conseil de Dieu pour nous détacher de la vie ; conseil certainement admirable et digne de sa sagesse. Il envoie son Fils unique, immortel par sa nature aussi bien que lui, revêtu par sa charité d'une chair mortelle, qui mourant volontairement quoique juste, apprend le devoir à ceux qui meurent nécessairement comme coupables, et qui désarmant notre mort par la sienne, « délivre, dit saint Paul, de la servitude ceux que la crainte de mourir tenoit dans une éternelle sujétion (*e*) : » *Ut liberaret eos qui timore mortis per totam vitam obnoxii erant servituti*[2].

Voici, Messieurs, un grand mystère, voici une conduite surpre-

---

[1] S. August., serm. CLXXII, n. 1. — [2] *Hebr.*, II, 15.

(*a*) *Var.* : Plus haute. — (*b*) Lequel. — (*c*) Notre inclination la plus inhérente. — (*d*) Comme il a été formé par son Créateur dans une condition, — avec une condition. — (*e*) Tenoit éternellement dans la sujétion.

nante, et un ordre de médecine bien nouveau. Pour nous guérir de la crainte de la mort, on fait mourir notre Médecin. Cette méthode paroît sans raison ; mais si nous savons entendre (*a*) l'état du malade et la nature de la maladie, nous verrons que c'étoit le remède propre et s'il m'est permis de parler ainsi, le spécifique infaillible.

Donc, mes Frères, notre maladie c'est que nous redoutons tellement la mort, que nous la craignons même plus que le péché ; ou plutôt que nous aimons le péché, pendant que nous avons la mort en horreur. Voilà, dit saint Augustin[1], un désordre étrange, un extrême dérèglement, que nous courions au péché que nous pouvons fuir si nous le voulons, et que nous travaillions avec tant de soin d'échapper des mains de la mort dont les coups (*b*) sont inévitables. Aveuglement de l'homme, qui choisit toujours le pire et qui veut toujours l'impossible !

Et toutefois, chrétiens, si nous savons pénétrer les choses, cette mort qui nous paroît si cruelle, suffira pour nous faire comprendre combien le péché est plus redoutable. Car si c'est un si grand malheur que le corps ait perdu son ame, combien plus que l'ame ait perdu son Dieu ? Et si nos sens sont saisis d'horreur en voyant ce corps abattu par terre sans force et sans mouvement, combien est-il plus horrible de contempler l'ame raisonnable, cadavre spirituel et tombeau vivant d'elle-même, qui étant séparée de Dieu par le péché, n'a plus de vie ni de sentiment que pour rendre sa mort éternelle ? Comment une telle mort n'est-elle pas capable de nous effrayer ? Mais voici ce qui nous abuse. Quoique le péché soit le plus grand mal, la mort toutefois nous répugne plus, parce qu'elle est la peine forcée de notre dépravation volontaire. Car c'est, dit saint Augustin, un ordre immuable de la justice divine que le mal que nous choisissons soit puni par un mal que nous haïssons : de sorte que ç'a été une loi très-juste qu'étant allés au péché par notre choix, la mort nous suivît contre notre gré, et que « notre ame ayant bien voulu abandonner Dieu, par une juste punition elle ait été contrainte de quitter son corps (*c*) : »

---

[1] *In Joan.*, tract. XLIX, n. 2.

(*a*) *Var.* : Comprendre. — (*b*) Les atteintes. — (*c*) Et que notre ame fût con-

Spiritus, quia volens deseruit Deum, deserat corpus invitus [1]. Ainsi, en consentant au péché, nous nous sommes assujettis à la mort : parce que nous avons choisi le premier pour notre roi, l'autre est devenu notre tyran. Je veux dire qu'ayant rendu au péché une obéissance volontaire comme à un prince légitime, nous sommes contraints de gémir sous les dures lois de la mort comme d'un violent usurpateur. Et c'est ce qui nous impose. La mort qui n'est que l'effet nous semble terrible, parce qu'elle domine par force ; et le péché qui est la cause nous paroît aimable, parce qu'il ne règne que par notre choix ; au lieu qu'il falloit entendre par le mal que nous souffrons malgré nous, combien est grand celui que nous avons commis volontairement. (*a*)

Vous reconnoissez, chrétiens, l'extrémité de la maladie (*b*), et il est temps maintenant de considérer le remède. O remède vraiment efficace et cure vraiment heureuse ! Car puisque c'étoit notre mal de ne craindre pas le péché parce qu'il est volontaire, et de n'appréhender que la mort à cause qu'elle est forcée, qu'y avoit-il de plus convenable que de contempler le Fils de Dieu, qui ne pouvant jamais vouloir le péché, nous montre combien il est exécrable ; qui embrassant la mort avec joie, nous fait voir qu'elle n'est point si terrible ; mais qui enfin ayant voulu endurer la mort pour expier le péché, enseigne assez clairement à tous ceux qui veulent entendre qu'il n'y a point à faire de comparaison, que le péché seul est à craindre comme le vrai mal, et que la mort ne l'est plus puisque même elle a pu servir de remède. (*c*) C'est pour commencer ce mystère que Jésus entre aujourd'hui dans le temple, non pour s'y faire voir avec majesté comme le Dieu qu'on y adore, mais pour se mettre en la place de toutes les victimes qu'on y sacrifie : tellement qu'il n'y reçoit pas encore le coup de la mort, mais il l'accepte, mais il s'y prépare, mais il s'y dévoue. Et c'est tout le mystère de cette journée. (*d*)

[1] *De Trinit.*, lib. IV, n. 16.

trainte de quitter son corps par une juste punition de ce qu'elle avoit bien voulu abandonner Dieu. — (*a*) *Note marg.* : Et nous ne voulons pas entendre que notre grand mal, c'est toujours celui que nous nous faisons. — (*b*) *Var.* : Notre maladie. — (*c*) *Note marg.* : Paroissez donc, il est temps, ô le Désiré des nations, divin Auteur de la vie, glorieux Triomphateur de la mort, et venez vous offrir pour tout votre peuple. — (*d*) Ne craignons donc plus la mort, chrétiens, après

Ah! je ne m'étonne pas si le bon Siméon ne craint plus la mort, et s'il la défie hardiment par ces paroles : *Nunc dimittis*[1]. On doit craindre la mort avant que l'on ait vu le Sauveur. On doit craindre la mort avant que le péché soit expié, parce qu'elle conduit les pécheurs à une mort éternelle. Avant le Sauveur on ne peut mourir qu'avec trouble. Maintenant que j'ai vu le Médiateur, qui expie le péché par sa mort, ah! je puis, dit Siméon, m'en aller en paix : en paix, parce que mon Sauveur vaincra le péché et qu'il ne peut plus damner ceux qui croient ; en paix, parce qu'on lui verra bientôt désarmer la mort et qu'elle ne peut plus troubler ceux qui espèrent ; en paix, parce qu'un Dieu devenu victime va pacifier le ciel et la terre et que le sang qu'il est tout prêt à répandre nous ouvrira l'entrée des lieux saints.

Que tardons-nous, chrétiens, à immoler notre vie avec Siméon ? Il pouvoit, ce semble, désirer de vivre, puisque Jésus-Christ étoit sur la terre : mais il s'estime si heureux d'avoir vu Jésus, qu'il ne veut plus voir autre chose ; et il aime mieux l'aller attendre avec espérance que de demeurer en ce monde où il l'auroit vu véritablement, mais où il auroit vu avec lui quelque autre spectacle que ses yeux ne pouvoient plus souffrir désormais. Nous donc qui ne voyons que les vanités, dont les yeux sont profanés tous les jours par tant d'indignes objets, combien devons-nous désirer le royaume de Jésus-Christ, où nous le verrons à découvert, où nous le contemplerons dans sa gloire, où nous ne verrons que lui, parce qu'il y sera tout à tous, illuminant tous les esprits par les rayons de sa face et pénétrant tous les cœurs par les traits de sa bonté infinie (*a*) ?

Songez quelle douceur (*b*) sentent ceux qui s'aiment d'une amitié forte, quand ils se trouvent ensemble. On ne peut écouter sans

[1] *Luc.*, II, 29.

qu'un Dieu veut bien la souffrir pour nous, mais avec cette différence bienheureuse qui fait l'espérance de tous les fidèles, qu'il y est allé par l'innocence, au lieu que nous y tombons par le crime; et c'est pourquoi, dit saint Augustin, « notre mort n'est que la peine du péché, et la sienne est le sacrifice qui l'expie : » *Nos per peccatum ad mortem venimus, ille per justitiam : et ideò cùm sit mors nostra pœna peccati, mors illius facta est hostia pro peccato* (De Trin., lib. IV, n. 15). — (*a*) *Var.* : Où nous le verrons dans sa gloire, où nous le verrons à découvert, où nous ne verrons que lui, parce qu'il sera tout à tous, comme dit l'Apôtre. — (*b*) Quel ravissement.

larmes ces tendres paroles de Ruth à Noémi sa belle-mère, qui lui persuadoit de se retirer. « Non, non, ne croyez pas que je vous quitte; partout où vous irez, je veux vous y suivre; partout où vous demeurerez, j'ai résolu de m'y établir. Votre peuple sera mon peuple, votre Dieu sera mon Dieu. Ah! je le prends à témoin, que la seule mort est capable de nous séparer : encore veux-je mourir dans la même terre où vos restes seront déposés, et c'est là que je choisis le lieu de ma sépulture : » *Quæ te terra morientem acceperit, in eâ moriar, ibique locum inveniam sepulturæ* ¹. Quoi! la force d'une amitié naturelle produit une liaison si parfaite et fait même que les amis étant unis dans la sépulture, leurs os semblent reposer plus doucement et les cendres mêmes être plus tranquilles, quel sera donc ce repos d'aller immortels à Jésus-Christ immortel, d'être avec ce divin Sauveur, non dans les ombres de la mort, ni dans la terre des morts, mais dans la terre des vivans et dans la lumière de vie?

Après cela, chrétiens, serons-nous toujours enchantés de l'amour de cette vie périssable? C'est vainement, dit saint Augustin, que vous paroissez passionnés pour elle. « Cette maîtresse infidèle vous crie tous les jours : Je suis laide et désagréable, et vous l'aimez (a) avec ardeur; elle vous crie : Je vous suis rude et cruelle, et vous l'embrassez avec tendresse; elle vous crie : Je suis changeante et volage, et vous vous y attachez (b). Elle est sincère en ce point, qu'elle vous avoue franchement qu'elle ne sera pas longtemps avec vous, et que bientôt elle vous manquera comme un faux ami au milieu de vos entreprises; et vous faites fondement sur elle, comme si elle étoit bien sûre et fidèle à ceux qui s'y fient. (c) » Mortels, désabusez-vous, vous qui ne cessez de vous tourmenter (d) et qui faites tant de choses pour mourir plus tard. « Songez plutôt, dit saint Augustin, à entreprendre quelque chose de considérable pour ne mourir jamais : » *Qui tanta agis, ut*

---

¹ *Ruth*, I, 16, 17.

(a) *Var.* Et vous la chérissez. — (b) Et vous l'aimez avec attache. — (c) Note marg. : *Clamat tibi : Fœda sum, et tu amas? Clamat : Dura sum, et tu amplecteris? Clamat : Volatica sum, et tu sequi conaris? Ecce respondet tibi amata tua: Non tecum stabo* (S. August., serm. CCCII, n. 6). — (d) *Var.* : Vous qui vous tourmentez.

paulò seriùs moriaris, age aliquid, ut nunquàm moriaris [1].

Cessons donc de nous laisser tromper plus longtemps à cette amie inconstante, qui ne nous peut cacher elle-même ses foiblesses insupportables. Mais comme les voluptés s'opposent à cette rupture et que pour empêcher ce dégoût, elles nous promettent de tempérer les amertumes de cette vie par leurs flatteuses douceurs, faisons un second sacrifice, et immolons à Dieu l'amour des plaisirs avec Anne la prophétesse.

SECOND POINT.

C'est un précepte du Sage de s'abstenir des eaux étrangères. « Buvez, dit-il, de votre puits et prenez l'eau dans votre fontaine (a) : » *Bibe aquam de cisternâ tuâ et fluenta putei tui* [2]. Cette parole simple mais mystérieuse s'adresse, si je ne me trompe, à l'ame raisonnable faite à l'image de Dieu. Elle boit d'une eau étrangère, lorsqu'elle va puiser le plaisir dans les objets de ses sens; et le Sage lui veut faire entendre qu'elle ne doit pas sortir d'elle-même, ni aller détourner de quelque montagne écartée les eaux, puisqu'elle a en son propre fonds une source immortelle et inépuisable (b).

Il faut donc entendre, Messieurs, cette belle et sage pensée. La source du véritable plaisir, qui fortifie le cœur de l'homme, qui l'anime dans ses desseins et le console dans ses disgraces, ne doit pas être cherchée hors de nous, ni attirée en notre ame par le ministère des sens; mais elle doit jaillir au dedans du cœur toujours pleine, toujours abondante. Et la raison, chrétiens, se prend de la nature de l'ame, qui ayant sans doute ses sentimens propres, a aussi par conséquent ses plaisirs à part; et qui étant seule capable de se réunir à l'origine du bien et à la bonté primitive qui n'est autre chose que Dieu, ouvre en elle-même en s'y appliquant une source toujours féconde de plaisirs réels, lesquels certes quiconque a goûtés, il ne peut presque plus goûter autre chose, tant le goût en est délicat, tant la douceur en est ravissante.

[1] Serm. cccii, n. 4. — [2] *Prov.*, v, 15.
(a) *Var.* : Buvez, dit-il, de l'eau de votre puits et prenez-la dans votre fontaine — (b) Ni détourner de bien loin les eaux, puisqu'elle a en son propre fonds une fontaine immortelle et inépuisable.

D'où vient donc que le sentiment de ces plaisirs immortels est si fort éteint dans les hommes? Qui a corrompu, qui a détourné, qui a mis à sec cette belle source (a)? D'où vient que notre ame ne sent presque plus par les facultés qui lui sont propres, par la raison, par l'intelligence, et que rien ne la touche ni ne la délecte que ce que ses sens lui présentent? Et en effet, chrétiens, chose étrange, mais trop véritable, quoique ce soit à l'esprit à connoître la vérité, ce qui ne se connoît que par l'esprit nous paroît un songe. Nous voulons voir, nous voulons sentir, nous voulons toucher. Si nous écoutions la raison, si elle avoit en nous quelque autorité, avec quelle clarté nous feroit-elle connoître (b) que ce qui est dans la matière n'a qu'une ombre d'être qui se dissipe, et que rien ne subsiste véritablement, effectivement, que ce qui est dégagé de ce principe de mort? Et nous sommes au contraire si aveugles et si malheureux, que ce qui est immatériel nous semble une ombre, un fantôme; ce qui n'a point de corps une illusion, ce qui est invisible une pure idée, une invention agréable. O Dieu, quel est ce désordre! et comment avons-nous perdu le premier honneur de notre nature en nous ravillissant (c) à la ressemblance des animaux muets et déraisonnables? N'en cherchons point d'autre cause : nous nous sommes attiré nous-mêmes un si grand malheur : nous avons voulu goûter les plaisirs sensibles, nous avons perdu tout le goût des plaisirs célestes; et il est arrivé, dit saint Augustin, par un grand et terrible changement, que « l'homme, qui devoit être spirituel même dans la chair, devient tout charnel même dans l'esprit : » *Qui..... futurus fuerat etiam carne spiritalis, factus est etiam mente carnalis* [1].

Méditons un peu cette vérité, et confondons-nous devant notre Dieu dans la connoissance de nos foiblesses. Oui, créature chérie, homme que Dieu a fait à sa ressemblance, tu devois être spirituel même dans le corps, parce que ce corps que Dieu t'a donné devoit être régi par l'esprit; et qui ne sait que celui qui est régi, participe en quelque sorte à la qualité du principe qui le meut et

---

[1] *De Civit. Dei*, lib. XIV, cap. XV.

(a) *Var.* : Qui a détourné cette belle source. — (b) Nous montreroit-elle. — (c) En nous rangeant.

qui le gouverne par l'impression qu'il en reçoit? Mais, ô changement déplorable! la chair a pris le régime, et l'ame est devenue toute corporelle. Car qui ne voit par expérience que la raison, ministre des sens et appliquée toute entière à les servir, emploie toute son industrie à raffiner leur goût, à irriter leur appétit, à leur assaisonner leurs objets, et ne se peut déprendre elle-même de ces pensées sensuelles?

Ce n'est pas que nous ne fassions quelques efforts, et qu'il n'y ait de certains momens dans lesquels à la faveur d'un léger dégoût il nous semble que nous allons rompre avec les plaisirs. Mais disons ici la vérité, nous ne rompons pas de bonne foi (*a*). Apprenons, Messieurs, à nous connoître. Il est de certains dégoûts qui naissent d'attache profonde; il est de certains dégoûts qui ne vont pas à rejeter les viandes, mais à les demander mieux préparées. O raison, tu crois être libre dans ces petits momens de relâche (*b*), où il semble que la passion se repose; tu murmures cependant contre les plaisirs déréglés, tu loues la vertu et l'honnêteté, la modération et la tempérance; mais la moindre caresse des sens, ce qui montre trop clairement combien notre engagement est intime, te fait bientôt revenir à eux et dissipe (*c*) ces beaux sentimens que l'amour de la vertu avoit réveillés : *Redactus sum in nihilum; abstulisti quasi ventus desiderium meum, et velut nubes pertransiit salus mea* [1] : « Tous mes bons desseins s'en vont en fumée, les pensées de mon salut ont passé en mon esprit comme un nuage, et ces grandes résolutions ont été le jouet des vents. »

Telle est la maladie (*d*) de notre nature ; mais maintenant, Messieurs, voici le remède ; voici le Sauveur Jésus, nouvel homme et nouvel Adam, qui vient détacher en nous l'amour des plaisirs sensibles. Que si l'amour des plaisirs est si fort inhérent à nos entrailles, il faut un remède fort, un remède violent pour le détacher. C'est pourquoi ce nouvel Adam ne s'approche pas comme le premier d'un arbre fleuri et délectable, mais d'un arbre terrible et rigoureux. Il est venu à cet arbre, non pour y voir un objet

---

[1] *Job*, xxx, 15.

(*a*) *Var.* : Jamais nous ne rompons de bonne foi. — (*b*) Dans ces petits intervalles. — (*c*) Et dissipe trop tôt. — (*d*) Le mal.

« plaisant à la vue, et y cueillir (*a*) un fruit agréable au goût : »
Bonum ad vescendum, et pulchrum oculis, aspectuque delectabile [1]; mais pour n'y voir que de l'horreur et n'y goûter que de l'amertume (*b*), afin que ses clous, ses épines, ses blessures et ses douleurs fissent une sainte violence aux flatteries de nos sens et à l'attache trop passionnée de notre ame.

Ce qu'il accomplit sur la croix, il le commence aujourd'hui dans le temple. Considérez cet enfant si doux, si aimable, dont le regard et le souris attendrit tous ceux qui le voient ; à combien de plaies, à combien d'injures, à combien de travaux il se consacre : *Hic positus est in ruinam et in resurrectionem multorum, et in signum cui contradicetur* [2] : « Il est mis pour être en butte, dit le saint vieillard, à toute sorte de contradictions. » Aussitôt qu'il commencera de paroître au monde, on empoisonnera toutes ses pensées, on tournera à contre-sens toutes ses paroles. Ah ! qu'il souffrira de maux et qu'il sera contredit ! contredit dans tous ses enseignemens, dans tous ses miracles, dans ses paroles les plus douces, dans ses actions les plus innocentes, par les princes, par les pontifes, par les citoyens, par les étrangers, par ses amis, par ses ennemis, par ses envieux et par ses disciples. A quoi êtes-vous né, petit Enfant, et quelles misères vous sont réservées ! Mais vous les souffrez déjà par impression ; et votre Prophète a raison de vous appeler « l'homme de douleurs, l'homme savant en infirmités : » *Virum dolorum et scientem infirmitatem* [3], parce que si vous savez tout par votre science divine, par votre expérience particulière vous ne saurez que les maux, vous ne connoîtrez que les douleurs (*c*) : *Virum dolorum*.

Mais ce Dieu, qui se dévoue aux douleurs pour l'amour de nous demande aussi, chrétiens, que nous lui sacrifiions l'amour des plaisirs. Car il faut appliquer à notre mal le remède qu'il nous présente. Et c'est pourquoi dans le même temps qu'il s'offre pour notre salut à toutes sortes de peines, il fait paroître à nos yeux cette veuve si mortifiée, qui nous apprend l'application de ce re-

---

[1] *Genes.*, III, 6. — [2] *Luc.*, II, 34. — [3] *Isai.*, LIII, 3.

(*b*) *Var.* : Et y manger. — (*b*) Mais pour y voir tout ce qui est amer. — (*c*) Les peines.

mède admirable. La voyez-vous, chrétiens, cette Anne si renommée, cette perpétuelle pénitente exténuée par ses veilles et consumée par ses jeûnes? Elle est indignée contre ses sens, parce qu'ils tâchent de corrompre par leur mélange la source des plaisirs spirituels; elle veut aussi troubler à son tour ces sens gâtés par la convoitise, source des plaisirs déréglés. Et parce que l'esprit affoibli ne peut plus surmonter les fausses douceurs par le seul amour des plaisirs célestes, elle appelle la douleur à son secours, elle emploie les jeûnes, les austérités, les mortifications de la pénitence pour étourdir en elle tout le sentiment des plaisirs mortels après lesquels soupire notre esprit malade. Si nous n'avons pas le courage de les attaquer avec elle jusqu'au principe, modérons-en du moins les excès damnables; marchons avec retenue dans un chemin si glissant; prenons garde qu'en ne pensant qu'à nous relâcher, nous n'allions à l'emportement; fuyons les rencontres dangereuses, et ne présumons pas de nos forces, parce que, comme dit saint Ambroise, on ne soutient (a) pas longtemps sa vigueur quand il la faut employer contre soi-même : *Causam peccati fuge, nemo enim diù fortis est contra seipsum*[1].

Et ne nous persuadons pas que nous vivions sans plaisir, pour le transporter (b) du corps à l'esprit, de la partie terrestre et mortelle à la partie divine et incorruptible. C'est là au contraire, dit Tertullien, qu'il se forme une volupté toute céleste du mépris des voluptés sensuelles (c) : *Quæ major voluptas, quàm fastidium ipsius voluptatis*[2]? Qui nous donnera, chrétiens, que nous sachions goûter ce plaisir sublime, plaisir toujours égal, toujours uniforme, qui naît non du trouble de l'ame, mais de sa paix; non de sa maladie, mais de sa santé; non de ses passions, mais de son devoir; non de la ferveur inquiète et toujours changeante de ses désirs, mais de la rectitude immuable de sa conscience? Que ce plaisir est délicat! qu'il est généreux! qu'il est digne d'un

---

[1] *Apol.* II *David.*, cap. III, n. 12. — [2] *De Spect.*, n. 29.

(a) *Var.* : Nous n'allions à l'emportement; gardons-nous de présumer de nos forces et croyons, dit saint Ambroise, qu'on ne soutient..... — (b) Pour le vouloir transporter, — pour entreprendre de le transporter. — (c) Déréglées, — criminelles.

grand courage, et qu'il est digne principalement de ceux qui sont nés pour commander! Car si c'est quelque chose de si agréable d'imprimer le respect par ses regards, et de porter dans les yeux et sur le visage un caractère d'autorité, combien plus de conserver à la raison cet air de commandement avec lequel elle est née; cette majesté intérieure qui modère les passions, qui tient les sens dans le devoir, qui calme par son aspect tous les mouvemens séditieux, qui rend l'homme maître en lui-même! Mais pour être maître en soi-même, il faut être soumis à Dieu. C'est ma troisième partie.

TROISIÈME POINT.

La sainte et immuable volonté de Dieu à laquelle nous devons l'hommage d'une dépendance absolue, se déclare à nous en deux manières, et Dieu nous fait connoître ce qu'il veut de nous, et par les commandemens qu'il nous fait et par les événemens qu'il nous envoie. (*a*) Car comme il est tout ensemble et la règle immuable de l'équité et le principe universel de tout être, il s'ensuit nécessairement que rien n'est juste (*b*) que ce qu'il veut, et que rien n'arrive (*c*) que ce qu'il ordonne; de sorte que les préceptes qui prescrivent tout ce qu'il faut faire et l'ordre des événemens qui comprend tout ce qui arrive, reconnoissent également pour première cause sa volonté souveraine.

C'est donc, Messieurs, en ces deux manières que Dieu règle nos volontés par la sienne, parce qu'y ayant deux choses à régler en nous, ce que nous avons à pratiquer et ce que nous avons à souffrir, il propose dans ses préceptes ce qu'il lui plaît qu'on pratique, il dispose par les événemens ce qu'il veut que l'on endure, et ainsi par ces deux moyens il nous range parfaitement sous sa dépendance. Mais notre liberté (*d*) toujours rebelle s'oppose sans cesse

---

(*a*) *Note marg.*: Deux sortes de commandemens, de père et de maître : de père, pour rendre meilleurs; de maître, pour exercer son empire et faire sentir aux esclaves leur servilité. La loi ancienne, presque toute ainsi; c'est pourquoi elle est appelée *joug insupportable*, *loi d'esclaves*. Pourquoi *joug*, vu que les préceptes du premier genre sont multipliés dans l'Évangile? C'est que ce sont des préceptes qui ne sont pas donnés pour peser sur les épaules, mais pour porter à la perfection. — (*b*) *Var.*: Rien ne peut être juste. — (*c*) Rien ne peut arriver. — (*d*) Notre volonté.

à Dieu et combat directement ces deux volontés; celle qui règle nos mœurs en secouant ouvertement le joug de sa loi; celle qui conduit les événemens en s'abandonnant aux murmures, aux plaintes, à l'impatience dans les accidens fâcheux de la vie. Et pourquoi ces murmures inutiles dans des choses résolues et inévitables, si ce n'est que l'audace humaine, toujours ennemie de la dépendance, s'imagine faire quelque chose de libre, quand ne pouvant éluder l'effet, elle blâme du moins la disposition, et que ne pouvant être la maîtresse, elle fait la mutine et l'opiniâtre?

Prenons, mes Frères, d'autres sentimens; considérons aujourd'hui le Sauveur pratiquant la Loi, le Sauveur abandonnant à son Père toute la conduite de sa vie; et à l'exemple de ce Fils unique nous qui sommes aussi les enfans de Dieu, nés pour obéir à ses volontés, adorons (a) dans ses préceptes les règles immuables de sa justice; regardons (b) dans les événemens les effets visibles de sa toute-puissance; apprenons dans ceux-là (c) ce qu'il veut que nous pratiquions avec fidélité, et reconnoissons dans ceux-ci (d) ce qu'il veut que nous endurions avec patience.

Et pour ôter tout prétexte à notre rébellion, toute excuse à notre lâcheté, toute couleur à notre indulgence, la bienheureuse Marie, toujours humble et obéissante, recevant cet exemple de son cher Fils, le donne aussi publiquement à tous les fidèles. Elle porte (e) le joug d'une loi servile de laquelle, comme nous apprend la théologie, elle étoit formellement exceptée; et quoiqu'elle soit plus pure et plus éclatante que les rayons du soleil, elle vient se purifier dans le temple. (f) Mais le temps ne me permet pas de vous décrire plus amplement cette obéissance. Voici le grand sacrifice; c'est ici qu'il nous faut apprendre à soumettre à Dieu tout l'ordre de notre vie, toute la conduite de nos affaires, toutes les inégalités de notre fortune. Voici un spectacle digne de vos yeux et digne de l'admiration de toute la terre.

« Cet enfant, dit Siméon à la sainte Vierge, est établi pour la ruine et pour la résurrection de plusieurs. Il est posé comme un

---

(a) *Var.* : Regardons. — (b) Remarquons. — (c) Dans les uns.— (d) Dans les autres. — (e) Elle subit.— (f) *Note marg.* : Après cela, chrétiens, quelle excuse pourrons-nous trouver pour nous exempter de la loi de Dieu, et pour colorer nos rébellions ?

signe auquel on contredira et votre ame sera percée d'un glaive. » Paroles effroyables pour une mère ! je vous prie, Messieurs, de les bien entendre. Il est vrai que ce bon vieillard ne lui propose rien en particulier de tous les travaux de son Fils, mais ne vous persuadez pas que ce soit pour épargner sa douleur : au contraire c'est ce qui la porte au dernier excès (*a*), en ce que ne lui disant rien en particulier, il lui laisse à appréhender toutes choses. Car est-il rien de plus rude et de plus affreux que cette cruelle suspension d'une ame menacée d'un mal extrême, sans qu'on lui explique ce que c'est (*b*) ? C'est là que cette pauvre ame confuse, étonnée, pressée et attaquée de toutes parts, qui ne voit de toutes parts que des glaives pendans sur sa tête, qui ne sait de quel côté elle se doit mettre en garde, meurt en un moment de mille morts. C'est là que la crainte toujours ingénieuse pour se tourmenter elle-même (*c*), ne pouvant savoir sa destinée ni le mal qu'on lui prépare, va parcourant tous les maux pour faire son supplice de tous : si bien qu'elle souffre toute la douleur que donne une prévoyance assurée, avec toute cette inquiétude importune, toute l'angoisse et l'anxiété qu'apporte une juste frayeur qui doute encore et ne sait à quoi se résoudre (*d*). Dans cette cruelle incertitude, c'est une espèce de repos que de savoir de quel coup il faudra mourir ; et saint Augustin a raison de dire « qu'il est moins dur sans comparaison de souffrir une seule mort que de les appréhender toutes : » *Longè satiùs est unam perferre moriendo quàm omnes timere vivendo*[1]. Tel est l'état de la sainte Vierge, et c'est ainsi qu'on la traite. O Dieu ! qu'on ménage peu sa douleur ! Pourquoi la frappez-vous de tant d'endroits ? Ou ne lui dites rien de son mal pour ne la tourmenter point par la prévoyance, ou dites-lui tout son mal pour lui en ôter du moins la surprise. Chrétiens, il n'en sera pas de la sorte. On lui annoncera son mal de bonne heure, afin qu'elle le sente longtemps ; on ne lui dira pas ce que c'est, de peur d'ôter (*e*) à la douleur la secousse violente que la surprise y ajoute. Ce qu'elle a ouï confusément du

---

[1] *De Civ. Dei*, lib. I, cap. xi.

(*a*) Var. : A l'extrémité. — (*b*) Menacée de quelque grand mal et qui ne peut savoir ce que c'est. — (*c*) Pour nous tourmenter. — (*d*) Qu'apporte une crainte douteuse, — une crainte toujours tremblante. — (*e*) Pour ne pas ôter.

bon Siméon, ce qui a déjà déchiré le cœur et ému toutes les entrailles de cette mère ; elle le verra sur la croix plus horrible, plus épouvantable, qu'elle n'avoit pu se l'imaginer. O prévoyance, ô surprise, ô ciel, ô terre, ô nature ! étonnez-vous de cette constance. Ce qu'on lui prédit lui fait tout craindre ; ce qu'on exécute lui fait tout sentir (a) ; voyez cependant sa tranquillité par le miracle de son silence. Là elle ne demande point : Qu'arrivera-t-il ? ici elle ne se plaint point de ce qu'elle voit. Sa crainte n'est point curieuse, sa douleur n'est pas impatiente. Ni elle ne s'informe de l'avenir, ni elle ne se plaint du mal (b) présent ; et elle nous apprend par cet exemple les deux actes de résignation par lesquels nous nous devons immoler à Dieu : se préparer de loin à tout ce qu'il veut, se soumettre (c) humblement à tout ce qu'il fait. (d)

Après cela, chrétiens, qu'est-il nécessaire que je vous exhorte à offrir à Dieu ce grand sacrifice ? Marie vous parle assez fortement ; c'est elle qui vous invite à ne sortir point de ce lieu sans avoir consacré à Dieu ce que vous avez de plus cher. Est-ce un époux, est-ce un fils, et seroit-ce quelque chose de plus grand et de plus précieux qu'un royaume, ne craignez point de l'offrir à Dieu. Vous ne le perdrez pas en le remettant entre ses mains. Il le conservera au contraire avec une bonté d'autant plus soigneuse, que vous le lui aurez déposé avec une plus entière confiance : *Tutiùs habitura quem Domino commendasset*[1].

C'est la grande obligation du chrétien, de s'abandonner tout entier à la sainte volonté de Dieu ; et plus on est indépendant, plus on doit être à cet égard dans la dépendance. C'est la loi de tous les empires, que ceux qui ont cet honneur de recevoir quelque éclat de la majesté du prince, ou qui ont quelque partie

---

[1] S. Paulin., *Ep. ad Sever.*, n. 9.

(a) *Var.* : Lui fait tout voir. — (b) De l'état. — (c) Se résoudre. — (d) *Note marg.*: On pèche principalement en deux manières à l'égard de soi-même : par des discours de vanité en publiant ce qu'il faut taire ; par des discours de curiosité, en s'enquérant de ce qu'il ne faut pas savoir. La sainte Vierge le jour de la Purification... Il ne falloit point qu'elle dît rien de son Fils, elle s'en tait ; Siméon lui prédit de grands maux sans lui dire quoi, elle ne s'en enquiert pas. Elle montre son humilité doublement, en se taisant sur ses avantages et en se reposant sur Dieu de sa conduite.

de son autorité entre leurs mains, lui doivent une obéissance plus ponctuelle et une fidélité plus attentive à leur devoir, parce qu'étant les instrumens principaux de la domination souveraine, ils doivent s'unir plus étroitement à la cause qui les applique. Si cette maxime est certaine dans les empires du monde et selon la politique (*a*) de la terre, elle l'est beaucoup plus encore dans la politique du ciel et dans l'empire de Dieu; si bien que les souverains, qu'il a commis pour régir ses peuples, doivent être liés immuablement aux dispositions de sa providence plus que le reste des hommes. Il n'est pas expédient à l'homme de ne voir rien au-dessus de soi ; un prompt égarement suit cette pensée, et la condition de la créature ne porte pas cette indépendance. Ceux donc qui ne découvrent rien sur la terre qui puisse leur faire loi, doivent être d'autant plus préparés à la recevoir d'en haut. S'ils font la volonté de Dieu, je ne craindrai point de le dire, non-seulement leurs sujets, mais Dieu même s'étudiera à faire la leur; car il a dit par son Prophète « qu'il fera la volonté de ceux qui le craignent : » *Voluntatem timentium se faciet*[1].

Sire, Votre Majesté rendra compte à Dieu de toutes les prospérités de son règne, si vous n'êtes aussi fidèle à faire ses volontés, comme il est soigneux d'accomplir les vôtres. Plus la volonté des rois est absolue, plus elle doit être soumise, parce que Dieu, qui régit le monde par eux, prend un soin plus particulier de leur conduite et de la fortune de leurs États. Rien de plus dangereux à la volonté d'une créature que de penser trop qu'elle est souveraine : elle n'est pas née pour se régler elle-même, elle se doit regarder dans un ordre supérieur. Que si Votre Majesté regarde ses peuples avec amour comme les peuples de Dieu, sa couronne comme un présent de sa providence, son sceptre comme l'instrument de ses volontés, Dieu bénira votre règne; Dieu affermira votre trône comme celui de David et de Salomon ; Dieu fera passer Votre Majesté d'un règne à un règne, d'un trône à un trône, mais trône bien plus auguste et règne bien plus glorieux, qui est celui de l'éternité que je vous souhaite, au nom du Père, etc.

[1] *Psal.* CXLIV, 19.
(*a*) *Var.* : Et dans la politique.

SECOND EXORDE DU PREMIER SERMON

POUR

LA FÊTE DE LA PURIFICATION DE LA SAINTE VIERGE (a).

Le crucifiement de Jésus-Christ a paru publiquement sur le Calvaire (b), mais il y avoit déjà longtemps que le mystère en avoit été commencé et se continuoit invisiblement. Jésus-Christ n'a jamais été sans sa croix, parce qu'il n'a jamais été sans avancer l'œuvre (c) de notre salut. Ce Roi a toujours pensé (d) au bien de ses peuples; ce Médecin a l'esprit toujours occupé des besoins et des foiblesses de ses malades; et comme ni ses peuples ne peuvent être soulagés ni ses malades guéris, que par sa croix, par ses clous et par ses blessures, il a toujours porté devant Dieu tout l'attirail et toute l'horreur de sa passion douloureuse. Nulle paix, nul repos pour Jésus-Christ; travail, accablement, mort toujours présente : mais travail enfantant les hommes, accablement réparant nos chutes, et mort nous donnant la vie.

Pour dire quelque chose de plus haut, nous apprenons de l'Apôtre [1] que Jésus-Christ en venant au monde s'étoit offert à son Père pour être la victime du genre humain. Mais ce qu'il avoit fait dans le secret dès le premier moment de sa vie, il le déclare aujourd'hui par une cérémonie publique en se présentant à Dieu devant ses autels; de sorte que si nous savons pénétrer ce qui se passe en cette journée, nous verrons des yeux de la foi Jésus-Christ demandant sa croix au Père éternel, et le Père qui, prévenant la fureur des Juifs, la lui met déjà sur les épaules. Nous verrons le Fils unique et bien-aimé qui prie son Père et son Dieu qu'il puisse porter tous nos crimes, et le Père en même temps

---

[1] *Hebr.*, x, 5.

(a) On verra que cet exorde est la première rédaction de celui qu'on a lu dans le sermon. Toutes les éditions, même celles qui paroissent en ce moment, mêlent et brouillent ces deux compositions pour n'en faire qu'une.

(b) *Var.* : A paru à tout le monde sur le Calvaire, — a paru sur le Calvaire à la vue du monde. — (c) L'ouvrage. — (d) A pensé sans relâche.

qui les lui applique si intimement, que le Fils de Dieu paroît tout à coup revêtu devant Dieu de tous nos péchés, et par une suite nécessaire investi de toute la rigueur de ses jugemens, percé de tous les traits de sa justice, accablé de tout le poids de ses vengeances. Voilà, Messieurs, l'état véritable dans lequel le Sauveur Jésus s'offre pour nous en ce jour. C'est de là qu'il nous faut tirer quelque instruction importante pour la conduite de notre vie. Mais la sainte Vierge ayant tant de part dans ce mystère admirable, gardons-nous bien d'y entrer sans implorer son secours par les paroles de l'ange. *Ave.*

SECOND SERMON

POUR LA

FÊTE DE LA PURIFICATION DE LA SAINTE VIERGE (a).

Postquàm impleti sunt dies purgationis ejus secundùm legem Moysi, tulerunt illum in Jerusalem, ut sisterent eum Domino, sicut scriptum est in lege Domini.

Le temps de la purification de Marie étant accompli selon la loi de Moïse, ils portèrent l'Enfant à Jérusalem, pour le présenter au Seigneur ainsi qu'il est écrit en la loi de Dieu. *Luc.*, II, 22, 23.

Un grand empereur [1] a prononcé qu'il n'y a rien de plus royal ni de plus majestueux qu'un prince qui se reconnoît soumis aux

---

[1] Théodose, L. *Digna, Cod. Justin.*, lib. I, titul. XIV, leg. IV.

(a) Prêché en 1666, à Saint-Germain-en-Laye, devant le Roi.
C'est au Louvre que Bossuet devoit prêcher le Carême de 1666; car la liste des prédicateurs nommés pour toutes les églises de Paris renferme ces mots : « Au château royal du Louvre, devant leurs Majestés, M. l'abbé Bossuet. » Un triste événement changea cette disposition : la reine mère, Anne d'Autriche mourut le 20 janvier; et la Cour quitta le Louvre pour se rendre à Versailles d'abord, puis à Saint-Germain.
Bossuet avoit déjà prêché le sermon qu'on va lire; il y joignit une nouvelle conclusion, pour l'approprier aux lugubres circonstances qui remplissoient la Cour de deuil et d'affliction.
Cette célèbre conclusion nous fait entendre comme un prélude des Oraisons Funèbres. Après avoir relevé les vertus de la reine défunte, la sagesse qu'elle

lois, c'est-à-dire à la raison même; et certes le genre humain ne peut rien voir de plus beau que la justice dans le trône; et on ne peut rien penser de plus grand ni de plus auguste que cette noble alliance de la puissance et de la raison, qui fait concourir heureusement à l'observance des lois et l'autorité et l'exemple.

Que si c'est un beau spectacle qu'un prince obéissant à la loi, combien est plus admirable celui d'un Dieu qui s'y soumet! Et pouvons-nous mieux comprendre ce que nous devons aux lois, qu'en voyant dans le mystère de cette journée un Dieu fait homme s'y assujettir, pour donner à tout l'univers l'exemple d'obéissance? Merveilleuse conduite de Dieu! Jésus-Christ venoit abolir la loi de Moïse par une loi plus parfaite; néanmoins tant qu'elle subsiste, il révère si fort le nom et l'autorité de la loi, qu'il l'observe ponctuellement et la fait observer à sa sainte Mère. Combien plus devons-nous garder les sacrés préceptes de l'Evangile éternel qu'il est venu établir, plus encore par son sang que par sa doctrine?

Je ne pense pas, chrétiens, pouvoir rien faire de plus convenable à la fête que nous célébrons, que de vous montrer aujourd'hui combien nous devons dépendre de Dieu et de ses ordres suprêmes; et je croirai pouvoir vous persuader une obéissance si

montra pendant sa glorieuse régence, le courage qu'elle déploya dans les troubles civils, la charité qui lui faisoit trouver des secours pour toutes les infortunes, l'orateur venant à la fin de sa vie « trop courte, trop tôt précipitée : » — « Oh! que nous ne sommes rien! » s'écrie-t-il.

Le ministre de Dieu continue : « Que sert d'avoir sur le visage tant de santé et tant de vie, si cependant la corruption règne au dedans? » La reine, « d'une forte constitution, qu'on ne voyoit pas vieillir, » mourut d'un cancer au milieu de vives douleurs, mais avec une patience héroïque et dans le calme d'une angélique résignation.

Parlant ensuite des astrologues et des devins : « Que je me ris, dit-il, de la vanité de ces faiseurs de pronostics qui menacent qui il leur plaît! » Le roi avoit déclaré la guerre à l'Angleterre, et deux comètes étoient venues coup sur coup effrayer les regards étonnés : aussitôt les astrologues d'Angleterre et ceux de France consultèrent les deux célestes messagères, et leur firent démentir au delà de la Manche ce qu'elles affirmoient en deçà.

Enfin méprisant la prudence humaine pour n'obéir qu'à l'amour du pays, dans le temps même où Louis XIV se préparoit à reprendre les armes, il déplora les calamités du terrible fléau qui désole des royaumes entiers; il dit : « Quand deux grands peuples se font la guerre, Dieu veut assurément se venger de l'un, et souvent de tous les deux..... »

Les précédens éditeurs avoient mêlé le commencement de la seconde conclusion avec la première.

nécessaire, pourvu que la sainte Vierge qui nous en donne l'exemple nous accorde aussi son secours, que nous lui allons demander par les paroles de l'ange. *Ave.*

Parmi tant de lois différentes auxquelles notre nature est assujettie, si nous voulons établir une conduite réglée, nous devons reconnoître avant toutes choses qu'il y a une loi qui nous dirige, une loi qui nous entraîne et une loi qui nous tente et qui nous séduit. Nous voyons dans les Ecritures et dans les commandemens divins la loi de justice qui nous dirige. Nous éprouvons tous les jours dans le cours de nos affaires, dans leurs conjonctures inévitables, dans toutes les suites malheureuses de notre mortalité, une loi comme fatale de la nécessité qui nous entraîne. Enfin nous ressentons en nous-mêmes et dans nos membres mortels un attrait puissant et impérieux qui séduit nos sens et notre raison, et cet attrait qui nous pousse au mal avec tant de force, est appelé par l'Apôtre « la loi de péché [1], » qui est une continuelle tentation à la fragilité humaine.

Ces trois différentes lois nous obligent aussi, chrétiens, à trois pratiques différentes. Car pour nous rendre fidèles à notre vocation et à la grace du christianisme, il faut nous laisser conduire au commandement qui nous dirige, nous élever par courage au-dessus des nécessités qui nous accablent, enfin résister (a) avec vigueur aux attraits des sens qui nous trompent. C'est ce qui nous est montré clairement dans l'évangile que nous traitons et dans le mystère de cette journée. Jésus-Christ et la sainte Vierge, Siméon ce vénérable vieillard et Anne cette sainte veuve, semblent ne paroître en ce jour que pour donner aux fidèles toutes les instructions nécessaires au sujet de ces trois lois que j'ai rapportées. Le Sauveur et sa sainte Mère se soumettent aux commandemens que Dieu a donnés à son peuple. Siméon, vieillard courageux et détaché de la vie, en subissant sans se troubler la loi de la mort, se met au-dessus des nécessités qui accablent notre nature, et nous apprend à les regarder comme des lois souveraines auxquelles

---

[1] *Rom.*, VII, 23.

(a) *Var.* : Qui nous accablent, résister.

nous devons nous accommoder. Enfin Anne pénitente et mortifiée nous fait voir dans ses sens domptés la loi du péché vaincue. Exemples puissans et mémorables, qui me donnent occasion de vous faire voir aujourd'hui combien nous devons être soumis à la loi de la vérité qui nous règle, quel usage nous devons faire de la loi de la nécessité qui nous entraîne, comment nous devons résister à l'attrait du mal qui nous tente et à la loi du péché qui nous tyrannise.

PREMIER POINT.

Le nom de liberté est le plus agréable et le plus doux, mais tout ensemble le plus décevant et le plus trompeur de tous ceux qui ont quelque usage dans la vie humaine. Les troubles, les séditions, le mépris des lois ont toujours ou leur cause ou leur prétexte dans l'amour de la liberté. Il n'y a aucun bien de la nature dont les hommes abusent davantage que de leur liberté (a), ni rien qu'ils connoissent moins que la franchise, encore qu'ils la désirent avec tant d'ardeur. J'entreprends de vous faire voir que nous perdons notre liberté en la voulant trop étendre; que nous ne savons pas la conserver, si nous ne savons aussi lui donner des bornes; et enfin que la liberté véritable, c'est d'être soumis aux lois.

Quand je vous parle, Messieurs, de la liberté véritable, vous devez entendre par là qu'il y en a aussi une fausse (b); et c'est ce qui paroît clairement dans ces paroles du Sauveur : *Si vos Filius liberaverit, tunc verè liberi eritis*[1] *:* « Vous serez vraiment libres, dit-il, quand je vous aurai affranchis. » Quand il dit que nous serons vraiment libres (c), il a dessein de nous faire entendre qu'il y a une liberté qui n'est qu'apparente (d); et il veut que nous aspirions, non à toute sorte de franchise, mais à la franchise véritable, à la liberté digne de ce nom, c'est-à-dire à celle qui nous est donnée par sa grace et par sa doctrine : *Tunc verè liberi eritis*.

C'est pourquoi nous ne devons pas nous laisser surprendre par

[1] *Joan.*, VIII, 36.
(a) *Var.* : Dont les hommes abusent davantage qu'ils font de leur liberté. — (b) Apparente. — (c) Qu'est-ce à dire : Nous serons vraiment libres? Il a dessein. — (d) Qui n'est qu'une liberté apparente.

le nom ni par l'apparence de la liberté. Il faut ici nous rendre attentifs à démêler le vrai d'avec le faux ; et pour le faire nettement et distinctement, je remarquerai, chrétiens, trois espèces de libertés que nous pouvons nous figurer dans les créatures. La première, c'est la liberté des animaux ; la seconde, c'est la liberté des rebelles ; la troisième, c'est la liberté des sujets et des enfans. Les animaux semblent (*a*) être libres, parce qu'on ne leur prescrit aucune loi ; les rebelles s'imaginent l'être, parce qu'ils secouent le joug des lois ; les sujets et les enfans de Dieu le sont en effet, parce qu'ils se soumettent humblement à la sainte autorité des lois. Telle est la liberté véritable, et il nous sera aisé de l'établir solidement par la destruction des deux autres.

Et premièrement, chrétiens, pour ce qui regarde cette liberté dont jouissent les animaux, j'ai honte de l'appeler de la sorte et de ravilir (*b*) jusque-là un si beau nom. Il est vrai qu'ils n'ont pas de lois qui répriment leurs appétits ou dirigent leurs mouvemens, mais c'est qu'ils n'ont pas d'intelligence qui les rende capables d'être gouvernés par la sage direction des lois. Ils vont où les pousse un instinct aveugle, sans conduite et sans jugement ; et appellerons-nous liberté un emportement (*c*) brute et indocile, incapable de raison et de discipline ? A Dieu ne plaise, ô enfans d'Adam, ô créatures raisonnables que Dieu a formées à son image, à Dieu ne plaise, encore une fois, qu'une telle liberté vous agrée, et que vous consentiez (*d*) jamais d'être libres d'une manière si basse ! Et toutefois, chrétiens, qu'entendons-nous (*e*) tous les jours dans la bouche des hommes du monde ? Ne sont-ce pas eux qui trouvent toutes les lois importunes, et qui voudroient les voir abolies, pour n'en recevoir que d'eux-mêmes et de leurs désirs déréglés ? Peu s'en faut que nous n'enviions aux animaux leur liberté et que nous ne célébrions hautement le bonheur des bêtes sauvages, de ce qu'elles n'ont dans leurs désirs d'autres lois que leurs désirs mêmes : tant nous avons ravili l'honneur de notre nature !

Mais au contraire, Messieurs, le docte Tertullien en avoit bien compris la dignité, lorsqu'il a prononcé cette sentence, au IIe livre

---

(*a*) *Var.* : Paroissent. — (*b*) Ravaler. — (*c*) Un mouvement. — (*d*) Vous souhaitiez. — (*e*) Qu'entends-je ?

contre Marcion, qui est en vérité un chef-d'œuvre de doctrine et d'éloquence. « Il a fallu, nous dit-il, que Dieu donnât des lois à l'homme, non pour le priver de sa liberté, mais pour lui témoigner de l'estime : » *Lex adjecta homini, ne non tam liber quàm abjectus videretur.* Et certes (*a*) cette liberté de vivre sans lois eût été injurieuse à notre nature ; Dieu eût témoigné qu'il méprisoit l'homme, s'il n'eût pas daigné le conduire et lui prescrire l'ordre de sa vie ; il l'eût traité comme les animaux auxquels il ne permet de vivre sans lois que par le peu d'état qu'il en fait, et qu'il ne laisse libres de cette manière, dit le même Tertullien, que par mépris : *Neque erat æquandus homo cæteris animalibus, solutis à Deo et ex fastidio liberis* [1].

Quand donc les hommes se plaignent des lois qui leur ont été imposées (*b*), quand ils voudroient qu'on les laissât errer sans ordre et sans règle au gré de leurs désirs aveugles, « ils n'entendent pas, dit le saint Psalmiste, quel est l'honneur et la dignité de la nature raisonnable (*c*), puisqu'ils veulent qu'on les compare et qu'on les mette en égalité avec les animaux brutes, privés de raison (*d*) : » *Homo, cùm in honore esset, non intellexit, comparatus est jumentis insipientibus* [2]. Et c'est ce prodigieux aveuglement que leur reproche avec raison un ami de Job, en ces termes (*e*) : *Vir vanus in superbiam erigitur, et tanquàm pullum onagri se liberum natum putat* [3] : « L'homme vain et déraisonnable s'emporte par une fierté insensée (*f*), et s'imagine être né libre à la manière d'un animal fougueux et indompté. » En effet, quels sont vos sentimens, ô pécheurs aveugles, lorsque vous suivez pour toute règle votre humeur, votre passion, votre colère, votre plaisir, votre fantaisie égarée ; lorsque vous ne faites que secouer le mors et regimber contre toutes les lois, sans vouloir souffrir ni qu'on vous retienne, ni qu'on vous enseigne, ni qu'on vous conduise ? N'est-ce pas sans doute que (*g*) vous vous imagi-

[1] Lib. II *adv. Marcion.,* n. 4. — [2] *Psal.* XLVIII, 21. — [3] *Job,* XI, 12.

(*a*) *Var. :* En effet. — (*b*) Données. — (*c*) De leur nature. — (*d*) Qu'on les traite d'égal avec les animaux brutes, insensés. — (*e*) Que leur reprochoit le *Livre de Job* en ces termes ; — que leur reproche le saint homme Job quand il a dit ces paroles. — (*f*) Par un orgueil insensé ; — s'emporte furieux. — (*g*) N'est-ce pas que.

nez être nés libres, non à la manière des hommes, mais à celle des animaux, et encore les plus indomptés et les plus fougueux (*sicut pullum onagri*) qui n'endurent ni aucun joug, ni aucun frein, ni enfin aucun conducteur? O hommes, ce n'est pas ainsi que vous devez vous considérer. Vous êtes nés libres, je le confesse : mais certes votre liberté ne doit pas être abandonnée à elle-même; autrement vous la verriez dégénérer en un égarement énorme. Il faut vous donner des lois, parce que vous êtes capables de raison, et dignes d'être gouvernés par une conduite réglée : *Constitue, Domine, legislatorem super eos, ut sciant gentes quoniam homines sunt* [1] : « O Seigneur, envoyez un législateur à votre peuple (a); » donnez-lui premièrement un Moïse, qui leur apprenne leurs premiers élémens et conduise leur enfance ; donnez-leur ensuite un Jésus-Christ, qui les enseigne dans l'âge plus mûr, et les mène à la perfection; « et ainsi vous ferez connoître que vous les traitez comme des hommes, » c'est-à-dire comme des créatures que vous avez formées à votre image et dont vous voulez aussi former les mœurs selon les lois de votre vérité éternelle (b).

Que s'il est juste et nécessaire que Dieu nous donne des lois, confessez qu'il ne l'est pas moins que notre volonté s'y soumette. C'est pour cela que la sainte Vierge nous montre aujourd'hui un si grand exemple d'une parfaite obéissance. Plus pure que les rayons du soleil, elle se soumet à la loi de la purification. Le Sauveur lui-même est porté au temple, parce que la loi le commande ; et le Fils ne dédaigne pas d'être assujetti à la loi qui a été établie pour les serviteurs (c). A cet exemple, Messieurs, n'aimons notre liberté que pour la soumettre à Dieu, et ne nous persuadons pas que ses saintes lois nous la ravissent. Ce n'est pas s'opposer à un fleuve, ni à la liberté de son cours, que de relever ses bords de part et d'autre, de peur qu'il ne se déborde (d) et ne perde ses eaux dans la campagne ; au contraire c'est lui donner le

---

[1] *Psal.*, IX, 21.

(a) *Var.* : Envoyez-leur un législateur. — (b) Et que vous voulez aussi rendre conforme par vos saintes lois à votre vérité éternelle. — (c) De se soumettre à la loi qu'il a établie pour les serviteurs. — (d) Pour empêcher qu'il ne se déborde.

moyen de couler plus doucement dans son lit, et de suivre plus certainement son cours naturel. Ainsi ce n'est pas perdre la liberté que de lui imposer des lois, de lui donner des bornes deçà et delà pour empêcher qu'elle ne s'égare; c'est l'adresser plus assurément à la voie qu'elle doit tenir. Par une telle précaution, on ne la gêne pas, mais on la conduit; on ne la force pas, mais on la dirige. Ceux-là la perdent, ceux-là la détruisent qui détournent son cours naturel, c'est-à-dire sa tendance au souverain bien.

Ainsi la liberté véritable, c'est de dépendre de Dieu. Car qui ne voit que refuser son obéissance à l'autorité légitime de la loi de Dieu, ce n'est pas liberté, mais rébellion; ce n'est pas franchise, mais insolence? Ouvrons les yeux, chrétiens, et comprenons quelle est notre liberté. La liberté nous est donnée, non pour secouer le joug, mais pour le porter avec honneur (a) en le portant volontairement. La liberté nous est donnée, non pour avoir la licence de faire le mal, mais afin qu'il nous tourne à gloire de faire le bien; non (b) pour dénier à Dieu nos services, mais afin qu'il puisse nous en savoir gré. Nous sommes sous la puissance de Dieu beaucoup plus sans comparaison, que la loi ne met les enfans sous la puissance paternelle. S'il nous a, dit Tertullien [1], comme émancipés en nous donnant notre liberté et la disposition de notre choix, ce n'est pas pour nous rendre (c) indépendans, mais afin que notre soumission (d) fût volontaire, afin que nous lui rendissions par choix ce que nous lui devons par obligation; et qu'ainsi nos devoirs (e) tinssent lieu d'offrande, et que nos services (f) fussent aussi des mérites. C'est pour cela, chrétiens, que la liberté nous étoit donnée.

Mais combien abusons-nous de ce don du ciel, et qu'un grand Pape a raison de dire que « l'homme est étrangement déçu par sa propre liberté : » *Sud in æternum libertate deceptus* [2]! Qu'est-ce à dire, que l'homme est déçu par sa liberté? c'est qu'il n'a pas su

---

[1] *Adv. Marcion.*, lib. II, n. 6. — [2] Innocent. I, Ep. xxiv *ad Conc. Carth.* Labb., tom. II, col. 1285.

(a) *Var.* : Noblement. — (b) Ni. — (c) Il nous a, dit Tertullien, comme émancipés en nous donnant notre liberté à la disposition de notre choix, non pour nous rendre... — (d) Notre dépendance. — (e) Nos hommages. — (f) Et que les services que notre devoir exige de nous.

distinguer entre la liberté et l'indépendance ; et il n'a pas vu que pour être libre, il n'étoit pas souverain. L'homme est libre comme un sujet sous un prince légitime, et comme un fils sous la direction (*a*) de l'autorité paternelle. Il a voulu être libre jusqu'à oublier sa condition et perdre entièrement le respect. C'est la liberté d'un rebelle, et non la liberté d'un enfant soumis et d'un fidèle sujet. Mais la souveraine puissance de celui contre lequel il se soulève, ne permet pas à ce rebelle de jouir longtemps de sa liberté licencieuse. Car écoutez ce beau mot de saint Augustin : « Autrefois, dit ce grand homme, j'ai voulu être libre de cette manière ; j'ai contenté mes désirs, j'ai suivi mes passions insensées ; mais, hélas ! ô liberté malheureuse ! en faisant ce que je voulois, j'arrivois où je ne voulois pas : » *Volens quò nollem perveneram*[1]. Voilà en peu de mots, Messieurs, la commune destinée de tous les pécheurs (*b*).

En effet, considérez (*c*) cet homme trop libre dont je vous parlois tout à l'heure, qui ne refuse rien à ses passions, ni même à ses fantaisies ; il transgresse toutes les lois, il aime, il hait, il se venge suivant qu'il est poussé par son humeur (*d*) et laisse aller son cœur à l'abandon partout où le plaisir l'attire. Il croit respirer un air plus libre en promenant deçà et delà ses désirs vagues et incertains ; et il appelle liberté son égarement, à la manière des enfans qui s'imaginent être libres, lorsque s'étant échappés de la maison paternelle, ils courent sans savoir où ils vont. Telle est la liberté de l'homme pécheur : il est libre, à son avis ; il fait ce qu'il veut ; mais que cette fausse liberté le trompe, puisqu'en faisant ce qu'il veut, aveugle et malheureux qu'il est, il s'engage à ce qu'il veut le moins ! Car, Messieurs, dans un empire réglé et autant absolu qu'est celui de Dieu (*e*), l'autorité n'est pas sans force et les lois ne sont pas désarmées. Quiconque méprise leurs réglemens est assujetti à leurs peines ; et ainsi ce rebelle inconsidéré qui éprouve sa liberté contre Dieu et l'exerce insolemment par

---

[1] *Confes.*, lib. VIII, cap. v.

(*a*) *Var.* : La dépendance. — (*b*) Voilà en ce peu de mots, Messieurs ; — vous y voyez, Messieurs, toute la destinée des pécheurs. — (*c*) Considérez. — (*d*) Par ses désirs. — (*e*) Dans un empire réglé, — dans un empire absolu tel qu'est sans doute celui de Dieu.

le mépris de toutes ses lois (a), pendant qu'il fait ce qu'il veut, attire sur lui nécessairement ce qu'il doit le plus avoir en horreur, la damnation, la mort éternelle, la juste et impitoyable vengeance d'un Tout-Puissant méprisé. Cesse donc, ô sujet rebelle et téméraire prévaricateur de la loi de Dieu ! cesse de nous vanter désormais ta liberté malheureuse, que tu ne peux pas soutenir contre le Souverain que tu offenses ; et reconnois au contraire que tu forges toi-même tes fers par l'usage de ta liberté dissolue, que tu mets un poids de fer sur ta tête que tu ne peux plus secouer, et qu'enfin tu seras réduit (b) à une servitude éternelle, en voulant étendre trop loin les folles prétentions de ta vaine et ridicule indépendance (c).

Par conséquent, chrétiens, vivons dépendans de Dieu ; et croyons que si nous osons mépriser ses lois, notre audace ne sera pas impunie. Car si l'Apôtre a raison de dire que nous devons craindre le prince et le magistrat, « parce que ce n'est pas en vain qu'il porte l'épée, » *non enim sine causâ gladium portat* [1], combien plus devons-nous penser que ce n'est pas en vain que Dieu est juste, que ce n'est pas en vain qu'il est tout-puissant, que ce n'est pas en vain qu'il lance la foudre (d) ni qu'il fait gronder son tonnerre ! Nous avons ici l'honneur de parler devant les puissances souveraines. Apprenons notre devoir envers Dieu par celui que nous rendons à ses images. Qui de nous ne fait pas sa loi de la volonté du prince ? Ne mettons-nous pas notre gloire à lui obéir (e), à prévenir même ses commandemens, à exposer notre vie pour son service ? Qu'avons-nous de plus précieux que les occasions favorables de signaler notre obéissance ? Tous ces sentimens sont très-justes, tous ces devoirs légitimes. Le prince n'a que Dieu au-dessus de soi, après Dieu il est le premier (f), il a en main sa puissance, il exerce sur nous son autorité. Mais enfin il n'est pas juste que le sujet de Dieu soit mieux obéi que Dieu même, et la seconde majesté mieux servie et plus révérée que la première. Il est vrai que quiconque offense le prince, ne le

---

[1] *Rom.*, XIII, 4.

(a) *Var.* : Malheureusement par le mépris de ses saintes et terribles lois. — (b) Tu t'engages. — (c) De ta vaine et chimérique indépendance. — (d) Le foudre. — (e) Qui de nous ne met pas sa gloire à lui obéir ?.... — (f) Le second.

fait pas impunément. Le prince a le glaive en main pour se faire craindre; on ne lui résiste pas. Il découvre, dit Salomon, les plus secrètes intrigues (a); « les oiseaux du ciel lui rapportent tout[1]; » et vous diriez qu'il devine, tant il est malaisé de lui rien cacher (b) : *Divinatio in labiis regis, in judicio non errabit os ejus*, dit le même Salomon[2]. Après, il étend ses bras, et il déterre ses ennemis du fond des abîmes où ils cherchoient contre lui un vain asile; sa présence les déconcerte, son autorité les accable. Que si dans cette foiblesse de notre mortalité, nous y voyons subsister une force si redoutable, combien plus devons-nous trembler devant la souveraine majesté du Dieu vivant et éternel? Car enfin la plus grande puissance qui soit dans le monde peut-elle après tout s'étendre plus loin que d'ôter la vie à un homme? Eh! Messieurs, est-ce donc un si grand effort que de faire mourir un mortel, et de hâter (c) de quelques momens une vie qui se précipite d'elle-même? Si donc (d) nous craignons celui qui ayant fait mourir le corps, a épuisé son pouvoir et mis à bout sa vengeance par son propre usage, « combien plus, dit le Sauveur[3], doit-on redouter celui qui peut envoyer et l'ame et le corps dans une gêne éternelle? »

Cependant, ô aveuglement! non-seulement nous lui résistons, mais encore nous prenons plaisir à lui résister. Etrange dépravation, et révolte insupportable contre Dieu! ses lois, qui sont posées pour servir de bornes à nos désirs déréglés, les excitent (e) et les fortifient. N'est-il pas vrai, chrétiens? moins une chose est permise, plus elle a d'attraits : le devoir est une espèce de supplice; ce qui plaît par raison ne plaît presque pas; ce qui est dérobé à la loi nous semble plus doux; les viandes défendues nous paroîtront (f) plus délicieuses durant le temps de pénitence, la défense est un nouvel assaisonnement qui en relève le goût. *Fallit peccatum fallaci dulcedine...; cùm tantò magis libet quantò*

[1] *Eccle.*, x, 20. — [2] *Prov.*, xvi, 10. — [3] *Matth.*, x, 28.

(a) *Var.* : Menées. — (b) D'échapper ses yeux. — (c) Car quelque grande que soit la puissance humaine, elle ne s'étend pas plus loin que d'ôter la vie à un homme, c'est-à-dire de faire mourir un mortel et de hâter..... — (d) Que si donc. — (e) Les aiguisent, — les irritent, — les augmentent. — (f) Nous paroissent.

minùs licet [1]. Il semble que nous nous irritions contre la loi, de ce qu'elle contrarie nos désirs, et que nous prenions plaisir à notre tour à la contrarier par une espèce de dépit : tellement que nous vouloir contenir par la discipline, c'est nous faire déborder avec plus d'excès, et précipiter plus violemment notre liberté indocile et impatiente. C'est ce qui fait dire à l'Apôtre que « le péché prend occasion du précepte pour nous tromper, » c'est-à-dire pour nous tenter davantage et plus dangereusement : *Peccatum, occasione acceptâ per mandatum, seduxit me* [2]. O Dieu, quel est donc notre égarement, et combien est éloignée l'arrogance humaine de l'obéissance qui vous est due, puisque même l'autorité de votre précepte nous est une tentation pour le violer !

Paroissez, ô très-sainte Vierge ; paroissez, ô divin Jésus, et fléchissez par votre exemple nos cœurs indomptables. Qui peut être exempt d'obéir, puisqu'un Dieu même se soumet? Quel prétexte (a) pouvons-nous trouver pour nous dispenser de la loi, après que la Vierge même se purifie, et ne croit point être excusée par sa pureté angélique d'une observance qui lui est si peu nécessaire ? Si la loi qui a été donnée par l'entremise du serviteur, je veux dire de Moïse, demande une telle exactitude, combien ponctuellement devons-nous garder celle qui nous a été apportée par le Fils (b) ! Après ces raisons, après ces exemples, notre lâcheté n'a plus d'excuse, et notre rébellion n'a plus de prétexte. Baissons humblement la tête ; et non contens de nous disposer à faire ce que Dieu veut, consentons, chrétiens, qu'il fasse de nous ce qu'il lui plaira. C'est ce que j'ai à vous proposer dans ma seconde partie, que je joindrai, pour abréger, avec la troisième dans une même suite de raisonnement ; et je les établirai toutes deux par les mêmes preuves.

SECOND ET TROISIÈME POINT.

Parmi les choses que Dieu veut de nous, il faut remarquer, Messieurs, cette différence, qu'il y en a quelques-unes dont il veut

---

[1] Aug., *De div. quæst. ad Simplic.*, lib. I. — [2] *Rom.*, VII, 11.

(a) *Var.* : Quelle excuse. — (b) Si la loi qui a été donnée par le ministère de Moïse, qui n'étoit que le serviteur, demande une telle exactitude, combien ponctuellement devons-nous garder celle que le Fils lui-même nous a établie !

que l'exécution dépende de notre choix, et aussi qu'il y en a d'autres où, sans aucun égard à nos volontés, il agit lui-même souverainement par sa puissance absolue. Par exemple, Dieu veut que nous soyons justes, que nous soyons droits, modérés dans nos désirs, sincères dans nos paroles, équitables dans nos actions, prompts à pardonner les injures et incapables d'en faire à personne. Mais dans ces choses qu'il veut de nous et dans les autres semblables qui comprennent la pratique de ses saintes lois, il ne force point notre liberté. Il est vrai que si nous sommes désobéissans, nous ne pouvons empêcher qu'il ne nous punisse ; mais toutefois il est en nous de n'obéir pas : Dieu met entre nos mains la vie et la mort, et nous laisse le choix de l'une et de l'autre. C'est ainsi qu'il demande à l'homme l'obéissance aux préceptes, comme un effet de son choix et de sa propre détermination. Mais il n'en est pas de la sorte des événemens divers qui décident de notre fortune et de notre vie. Il en ordonne le cours par de secrètes dispositions de sa providence éternelle, qui passent notre pouvoir, et même ordinairement notre prévoyance; si bien qu'il n'y a aucune puissance capable d'en arrêter l'exécution, conformément à cette parole d'Isaïe : « Mes pensées ne sont pas vos pensées; autant que le ciel est éloigné de la terre, autant mes pensées sont-elles au-dessus des vôtres[1] ; » et encore cet autre oracle du même prophète : « Toutes mes volontés seront accomplies, et tous mes desseins auront leur effet, dit le Seigneur tout-puissant : » *Consilium meum stabit, et omnis voluntas mea fiet*[2].

Quand je considère la cause de cette diversité, je trouve que Dieu étant notre souverain, il n'est pas juste, Messieurs, qu'il laisse tout à notre disposition, ni qu'il nous rende maîtres absolus de ce qui nous touche et de nous-mêmes. Il est juste au contraire que l'homme ressente qu'il y a une force majeure à laquelle il faut céder. C'est pourquoi, s'il y a des choses qu'il veut que nous fassions par choix, il veut aussi qu'il y en ait d'autres que nous souffrions par nécessité. Pour cela (a) les choses humaines sont disposées de manière qu'il n'y a rien sur la terre ni de si bien concerté par la prudence,

---

[1] *Isaï.*, LV, 8, 9. — [2] *Ibid.*, XLVI, 10.
(a) *Var.* : En effet.

ni de si bien affermi par le pouvoir, qui ne soit souvent troublé et embarrassé par des événemens bizarres qui se jettent à la traverse; et cette puissance souveraine qui régit le monde ne permet pas qu'il y ait un homme vivant, si grand et si puissant qu'il soit, qui puisse disposer à son gré de sa fortune et de ses affaires, et bien moins de sa santé et de sa vie (a). C'est ainsi qu'il a plu à Dieu que l'homme ressentît par expérience cette force majeure dont j'ai parlé; force divine et inévitable (b), qui se relâche quand elle veut et s'accommode quelquefois à nos volontés, mais qui sait aussi se roidir quand il lui plaît avec une telle fermeté, qu'elle entraîne tout avec elle, et nous fait servir malgré nous à une conduite supérieure qui surpasse de bien loin toutes nos pensées.

C'est donc pour cette raison que cet arbitre souverain de notre sort a comme partagé notre vie entre les choses qui sont en notre pouvoir et celles où il ne consulte que son bon plaisir, afin que nous ressentions non-seulement notre liberté, mais encore notre dépendance. Il ne veut pas que nous soyons les maîtres de tout, afin que nous apprenions que nous ne le sommes de rien qu'autant qu'il lui plaît, et que nous craignions d'abuser (c) de la liberté et du pouvoir qu'il nous donne. Il veut que nous entendions que s'il nous invite par la douceur, ce n'est pas qu'il ne sache bien nous faire fléchir par la force; et par là il nous accoutume à redouter sa force invincible (d), lors même qu'il ne nous témoigne que de la douceur. C'est lui qui mêle (e) toute notre vie d'événemens qui nous fâchent, qui contrarie notre volonté qui s'attache trop à elle-même et qui étend sa liberté jusqu'à la licence, afin de nous soumettre tout à fait à lui et de nous élever en nous domptant à la véritable sagesse.

Car il est certain, chrétiens, que de savoir résister à ses propres volontés, c'est l'effet le plus assuré d'une raison consommée ; et ce qui prouve évidemment cette vérité, c'est que l'âge le moins capable de raison, est aussi le moins capable de se modérer et de se vaincre. Considérez les enfans. Certainement si leurs volontés

---

(a) *Var.* : Qui puisse régler à sa volonté sa fortune et ses affaires, et bien moins sa santé et sa vie. — (b) Invincible. — (c) Et que nous prenions garde à n'abuser pas. — (d) A craindre sa force suprême. — (e) Enfin il mêle.

étoient aussi durables qu'elles sont ardentes, il n'y auroit pas moyen de les apaiser. Combien veulent-ils violemment tout ce qu'ils veulent, sans peser aucune raison? Ils ne considèrent pas si ce qu'ils recherchent (a) leur est nuisible; il ne leur importe pas si cet acier coupe, c'est assez qu'il brille à leurs yeux et ils ne songent qu'à se satisfaire. Ils ne regardent plus si ce qu'ils demandent est à autrui; il suffit qu'il leur plaise pour le désirer et ils s'imaginent que tout est à eux. Que si vous leur résistez, vous voyez au même moment et tout leur visage en feu, et tout leur petit corps en action, et toute leur force éclater en un cri perçant qui témoigne leur impatience. D'où vient cette ardeur violente et cette force pour ainsi dire de leurs désirs, sinon de la foiblesse et de l'imbécillité de leur raison?

Mais s'il est ainsi, chrétiens, ô Dieu, qu'il y a d'enfans à cheveux gris, et qu'il y a d'enfans dans le monde, puisque nous n'y voyons autre chose que des hommes foibles en raison et impétueux en désirs! Quelle raison a cet avare qui veut avoir nécessairement ce qui l'accommode, sans autre droit que son intérêt? Quelle raison a cet adultère tant de fois maudit par la loi de Dieu, qui entreprend sur la femme de son prochain sans autre titre que sa convoitise? Ne ressemblent-ils pas à des enfans, qui croient que leur volonté leur est une raison suffisante pour s'approprier ce qu'ils veulent? Mais il y a cette différence, que la nature en lâchant la bride aux violentes inclinations des enfans, leur a donné pour frein (b) leur propre foiblesse; au lieu que les désirs de l'âge plus avancé (c), encore plus impétueux, n'ayant point de semblables digues (d), se débordent aussi sans mesure, si la raison ne les resserre et ne les restreint. Concluons donc, chrétiens, que la véritable raison et la véritable sagesse, c'est de savoir se modérer. Oui sans doute, on sort de l'enfance et l'on devient raisonnable à mesure qu'on sait dompter ce qu'il y a en soi de trop violent. Celui-là est un homme fait et un véritable sage qui, comme dit le docte Synésius, ne se fait pas une obligation du soin de contenter (e) ses désirs, mais qui sait régler ses désirs suivant ses obligations; et qui sa-

---

(a) *Var.* : Demandent. — (b) Pour bornes. — (c) De l'âge plus vieux. — d) Bornes,— limites. — (e) Une obligation de contenter.

chant peser mûrement combien la nature est féconde en mauvaises inclinations, retranche deçà et delà comme un jardinier soigneux tout ce qui est gâté et superflu, afin de ne laisser croître que ce qui est capable de porter les fruits d'une véritable sagesse.

Mais les arbres ne se plaignent pas quand on les coupe pour retrancher et diminuer l'excès de leurs branches, et la volonté réclame quand on retranche ses désirs. C'est pourquoi il est malaisé que nous nous fassions nous-mêmes cette violence. Tout le monde n'a pas le courage de cette Anne la prophétesse, de cette sainte veuve de notre évangile, pour faire effort contre soi-même, et mortifier par ses jeûnes et par ses austérités cette loi de péché qui vit en nos sens. C'est aussi pour cela, Messieurs, que Dieu vient à notre secours. La source de tous nos désordres, c'est que nous sommes trop attachés à nos volontés; nous ne savons pas nous contredire; et nous trouvons plus facile de résister à Dieu qu'à nous-mêmes. Il faut nous arracher avec violence cette attache à notre volonté propre, qui fait tout notre malheur et tout notre crime. Mais comment aurons-nous le courage de toucher nous-mêmes et d'appliquer de nos propres mains le fer et le feu à une partie si tendre (a) et si délicate? Je vois bien, dit ce malade, mon bras gangrené, et je sais qu'il n'y a de salut pour moi qu'en le séparant du corps; mais je ne puis pas le couper moi-même; un chirurgien expert me rend cet office, triste à la vérité, mais nécessaire. Ainsi je vois bien que je suis perdu, si je ne retranche cette attache à ma volonté, qui fait vivre en moi tous les mauvais désirs qui me damnent: je le confesse, je le reconnois; mais je n'ai la résolution ni la force d'armer mon bras contre moi-même (b). C'est Dieu qui entreprend de me traiter. C'est lui qui m'envoie par sa providence ces rencontres épineuses, ces accidens importuns, ces contrariétés (c) imprévues et insupportables, parce qu'il veut abattre et dompter ma volonté trop licencieuse que je n'ai pas le courage (d) d'attaquer moi-même. Il la lie, il la serre, de peur qu'elle ne résiste au coup salutaire qu'il lui veut donner pour

---

(a) *Var.* : Si sensible. — (b) De m'armer contre moi-même, — d'armer ma main contre moi-même; — mais la résolution me manque d'entreprendre ainsi contre moi-même. — (c) Ces difficultés. — (d) La force.

la guérir (a). Enfin il frappe où je suis sensible, il coupe et enfonce bien avant dans le vif, afin qu'étant pressé sous sa main suprême et sous les ordres inévitables de sa volonté, je sois enfin obligé de me détacher de la mienne : et c'est là ma guérison, c'est là ma vie.

Si vous savez entendre, ô mortels ! comme vous êtes composés et combien vous abondez en humeurs peccantes, vous comprendrez aisément que cette conduite vous est nécessaire. Il faut ici vous représenter en peu de paroles l'état misérable de notre nature. Nous avons deux sortes de maux. Il y a des maux qui nous affligent ; et, chrétiens, qui le pourroit croire ? il y a des maux qui nous plaisent. Etrange distinction, mais néanmoins véritable ! « Il y a des maux, dit saint Augustin, que la patience supporte ; » ce sont les maux qui nous affligent : et « il y en a d'autres, dit le même Saint, que la tempérance modère, » ce sont les maux qui nous plaisent : *Alia quæ per patientiam ferimus, alia quæ per temperantiam refrenamus*[1]. O pauvre et désastreuse humanité, à combien de maux es-tu exposée ! Nous sommes donnés en proie à mille cruelles infirmités ; tout nous altère, tout nous incommode, tout nous tue ; et vous diriez que quelque puissance ennemie ait soulevé contre nous toute la nature, tant il semble qu'elle prend plaisir à nous outrager de toutes parts. Mais encore ne sont-ce pas là nos plus grands malheurs. Notre avarice, notre ambition, nos autres passions insensées et insatiables sont des maux et de très-grands maux ; mais ce sont des maux qui nous plaisent, parce que ce sont des maux qui nous flattent. O Dieu ! où en sommes-nous et quelle vie est la nôtre, si nous sommes également persécutés de ce qui nous plaît et de ce qui nous afflige ! « Malheureux homme que je suis ! qui me délivrera de ce corps mortel ? » *Infelix ego homo !* Ecoute, homme misérable : « Ce sera la grace de Dieu par Jésus-Christ Notre-Seigneur : » *Gratia Dei per Jesum Christum Dominum nostrum*[2]. Il est vrai que tu éprouves deux sortes de maux ; mais Dieu a disposé par sa providence que les uns servissent de remède aux autres, je veux dire que les maux

---

[1] S. August., *Contra Julian.*, lib. V, cap. v, n. 22. — [2] *Rom.*, VII, 24, 25.

(a) *Var.* : Qu'il me veut donner pour me guérir.

qui fâchent servent pour modérer ceux qui plaisent, ce qui est forcé pour dompter ce qui est trop libre, ce qui survient du dehors pour abattre ce qui se soulève et se révolte au dedans, enfin les douleurs cuisantes pour corriger les excès de tant de passions immodérées, et les afflictions de la vie pour nous dégoûter des vaines douceurs et étourdir le sentiment trop vif des plaisirs (a).

Il est vrai, la nature souffre dans un traitement qui lui est si rude ; mais ne nous plaignons pas de cette conduite. Cette peine, c'est un remède ; cette rigueur qu'on nous tient, c'est un régime. C'est ainsi qu'il faut vous traiter, ô enfans de Dieu, jusqu'à ce que votre santé soit parfaite, et que cette loi de péché qui règne en vos corps mortels soit entièrement abolie. Il importe que vous ayez des maux à souffrir, tant que vous en aurez à corriger. Il importe que vous ayez des maux à souffrir, tant que vous serez au milieu des biens dans lesquels il est dangereux de se plaire trop. Ces contrariétés qui vous arrivent vous sont envoyées pour être des bornes à votre liberté qui s'égare, et un frein à vos passions qui s'emportent. C'est pourquoi Dieu, qui sait qu'il vous est utile que vos désirs soient contrariés, a tellement disposé et la nature et le monde, qu'il en sort de toutes parts des obstacles invincibles à nos desseins. C'est pour cela que la nature a tant d'infirmités, les affaires tant d'épines, les hommes tant d'injustices, leurs humeurs tant d'importunes inégalités, le monde tant d'embarras, sa faveur tant de vanité, ses rebuts tant d'amertumes, ses engagemens les plus doux tant de captivités déplorables. Nous sommes attaqués à droite et à gauche par mille différentes oppositions, afin que notre volonté, qui n'est que trop libre, apprenne enfin à se réduire (b), et que l'homme ainsi exercé, pressé et fatigué de toutes parts, se retourne enfin du côté du Seigneur son Dieu et lui crie du fond de son cœur : O Seigneur, vous êtes le Maître et le Souverain, et après tout il est juste que votre créature vous serve et vous obéisse.

Que si nous nous soumettons à la sainte volonté de Dieu, nous y trouverons la paix de nos ames et rien ne sera capable de nous émouvoir. Voyez la sainte Vierge. Siméon lui prédit des maux infinis et lui annonce des douleurs immenses : « Votre ame, lui

(a) *Var.* : Des plaisirs mortels. — (b) S'abaisse sous la main de Dieu.

dit-il, ô mère, sera percée d'un glaive; et ce Fils, toute votre joie et tout votre amour, sera mis en butte aux contradictions des hommes, *in signum cui contradicetur*[1] ; c'est-à-dire, si nous l'entendons, qu'il se fera contre lui des complots (a) et des conjurations terribles, et que toute la puissance, toute la fureur, toute la malice du monde se réunira pour concourir à sa perte.

Telle est la prédiction de ce saint vieillard, d'autant plus dure et insupportable, que Siméon ne marquant rien en particulier à cette Mère affligée, lui laisse à imaginer et à craindre tout ce qu'il y a de plus extrême et de plus affreux (b). En effet je ne conçois rien de plus effroyable que cette cruelle suspension d'une ame menacée de quelque grand mal, sans qu'elle sache (c) seulement de quel côté elle doit se mettre en garde. Alors cette ame étonnée et éperdue, ne sachant où se tourner, va chercher et parcourir tous les maux pour en faire son supplice et ne donne aucune borne ni à ses craintes, ni à ses peines. Dans cette cruelle incertitude, avouez que c'est une espèce de consolation de savoir de quel coup il faudra mourir; et que saint Augustin a raison de dire « qu'il vaut mieux sans comparaison endurer une seule mort que de les appréhender toutes : » *Satius est unam perpeti moriendo quàm omnes timere vivendo*[2]. Toutefois Marie ne réplique pas au vénérable vieillard qui lui prédit (d) tant d'afflictions et de traverses; elle écoute en silence et sans émotion ses terribles prophéties; elle ne lui demande curieusement ni le temps, ni la qualité, ni la fin et l'événement de ces funestes aventures dont il la menace. Il lui suffit que tout est régi par des raisons éternelles auxquelles elle se soumet; et c'est pourquoi ni le présent ne la trouble, ni l'avenir ne l'inquiète. Ainsi si nous abandonnons toute notre vie à cette haute sagesse qui régit si bien toutes choses, nous serons toujours fermes et inébranlables. Il n'y aura point pour nous de nécessités fâcheuses, ni de contrariétés embarrassantes; nous ressemblerons au bon Siméon; ni la vie n'aura rien qui nous attache, ni la mort toute odieuse qu'elle est n'aura rien

---

[1] *Luc.*, II, 34, 35. — [2] *De Civ. Dei*, lib. I, cap. XI.

(a) *Var.* : Des émotions. — (b) Tout ce qu'il y a de plus rude et de plus extrême. — (c) Sans savoir. — (d) Prophétise.

qui nous incommode. Nous attendrons avec lui humblement et tranquillement la réponse du Saint-Esprit et l'ordre de la Providence éternelle pour décider du jour de notre départ; et quand nous aurons accompli ce que Dieu veut que nous fassions sur la terre, nous serons prêts à dire à toute heure à l'imitation de ce saint vieillard : « Seigneur, laissez maintenant mourir en paix votre serviteur (a) : » *Nunc dimittis, Dómine, servum tuum in pace.*

Mais, mes Frères, imitons en tout ce saint homme; ne sortons point de ce monde avant que Jésus (b) nous ait paru, et que nous puissions dire avec lui : « Mes yeux ont vu le Sauveur : » *Quia viderunt oculi mei Salutare tuum.* Je sais qu'il est venu, ce divin Sauveur, sur la terre, « celui que Dieu avoit destiné pour être exposé en vue à tous les peuples de l'univers, » *quod parasti ante faciem omnium populorum.* On l'a vue, cette « lumière éclatante qui devoit éclairer toutes les nations, et remplir de biens et de gloire (c) son peuple d'Israël : » *Lumen ad revelationem gentium, et gloriam plebis tuæ Israel* [1]. Enfin ce Sauveur tant de fois promis a contenté (d) l'attente de tout l'univers; il a accompli les prophéties, il a renversé les idoles, il a délivré les captifs, il a réconcilié les pécheurs, il a converti les peuples. Mais, mes Frères, ce n'est pas assez (e); ce Sauveur n'est pas encore venu pour nous, puisqu'il ne règne pas encore sur tous nos désirs : il n'est pas notre conducteur ni notre lumière, puisque nous ne marchons pas dans les voies qu'il nous a montrées. Non, « ni nous n'avons vu sa face, ni nous n'avons écouté sa voix, ni nous n'avons pas sa parole (f) demeurante en nous, » puisque nous n'obéissons pas à ses préceptes. (g) Car écoutez ce que dit son disciple bien-aimé : « Celui qui dit qu'il le connoît et ne garde pas ses commandemens, c'est un menteur, et la vérité n'est point en lui : » *Qui dicit se nosse eum, et mandata ejus non custodit, mendax est, et*

---

[1] *Luc.*, II, 29-32.

(a) *Var.* : Dormir votre serviteur en paix. — (b) Le Sauveur. — (c) Combler de gloire. — (d) Rempli, — satisfait. — (e) Avec tout cela. — (f) Non, nous n'avons jamais vu sa face, nous n'avons jamais écouté sa voix, et nous n'avons pas sa parole..... — (g) Note marg. : *Neque vocem ejus unquàm audistis, neque speciem ejus vidistis, et verbum ejus non habetis in vobis manens* (Joan., v, 37, 38).

*in hoc veritas non est*¹. Après cela, chrétiens, qui de nous peut se vanter de le connoître? Qu'avons-nous donné à son Evangile? quels vices avons-nous corrigés? quelles passions avons-nous domptées? quel usage avons-nous fait des biens et des maux de la vie? Quand Dieu a diminué (*a*) nos richesses, avons-nous songé en même temps à modérer notre luxe? Quand la fortune nous a trompés, avons-nous tourné notre cœur aux biens qui ne sont point de son ressort ni de son empire? Au contraire n'avons-nous pas été de ceux dont il est écrit : *Dissipati sunt nec compuncti*²? « Nous avons été affligés, sans être touchés de componction; » serviteurs opiniâtres et incorrigibles (*b*), qui nous sommes mutinés, même sous la verge; repris et non corrigés (*c*), abattus et non humiliés, châtiés (*d*) sévèrement et non convertis. Après cela, si nous osons dire que nous avons connu Jésus-Christ, que nous avons vu le Sauveur que Dieu nous avoit promis, le Saint-Esprit nous appellera des menteurs, et nous dira par la bouche de saint Jean que la vérité n'est pas en nous.

Craignons donc, chrétiens, craignons de mourir. Car nous n'avons pas vu Jésus-Christ, nous n'avons pas encore tenu le Sauveur entre nos bras, nous n'avons encore embrassé ni sa personne ni ses préceptes, ni ses vérités, ni les saints enseignemens de son Evangile. Malheur à ceux qui mourront avant que Jésus-Christ ait régné sur eux (*e*) ! O que la mort leur sera fâcheuse (*f*) ! ô que ses approches leur seront terribles (*g*) ! ô que ses suites leur seront funestes et insupportables (*h*) ! En ce jour, toute leur gloire (*i*) sera dissipée; en ce jour, tous leurs grands projets seront ruinés; « en ce jour, périront, dit le Psalmiste, toutes leurs hautes pensées : » *In illâ die peribunt omnes cogitationes eorum*³ ; en ce jour, commenceront leurs supplices; en ce jour, s'allumeront pour eux des feux éternels; en ce jour, la fureur (*j*) et le désespoir s'empareront de leur ame, et ce ver qui ne meurt point enfoncera dans leur cœur ses dents dévorantes (*k*) sans jamais lâcher prise.

---

¹ *Joan.*, II, 4. — ² *Psal.* XXXIV, 16. — ³ *Psal.* CXLV, 4.

(*a*) *Var.* : Retranché. — (*b*) Serviteurs rebelles. — (*c*) Châtiés et non confondus. — (*d*) Repris. — (*e*) Sans avoir eu ce bonheur. — (*f*) Terrible. — (*g*) Funestes. (*h*) Leur seront insupportables. — (*i*) Leur grandeur. — (*j*) La rage. — (*k*) Ses dents venimeuses, — ses dents perçantes et envenimées, — sa dent pénétrante.

Ah! mes Frères, allons au temple avec Siméon, prenons Jésus entre nos bras, donnons-lui un baiser religieux (*a*), embrassons-le de tout notre cœur. Un homme de bien ne sera pas étonné dans les approches de la mort : son ame ne tient presque plus à rien; elle est déjà comme détachée de ce corps mortel; autant qu'il a dompté de passions, autant a-t-il rompu de liens; l'usage de la pénitence et de la sainte mortification l'a déjà comme désaccoutumé de son corps et de ses sens; et quand il verra arriver la mort, il lui tendra de bon cœur les bras, il lui montrera lui-même l'endroit où il faut qu'elle frappe son dernier coup. O mort! lui dira-t-il, je ne te nommerai ni cruelle ni inexorable : tu ne m'ôteras aucun des biens que j'aime, tu me délivreras de ce corps mortel. O mort! je t'en remercie : il y a déjà tant d'années que je travaille moi-même à m'en détacher et à secouer ce fardeau. Tu ne troubles donc pas mes desseins, mais tu les accomplis. Tu n'interromps pas mon ouvrage, mais plutôt tu y vas mettre la dernière main (*b*). Achève donc, ô mort favorable! et rends-moi bientôt à mon maître : *Nunc dimittis.* Que ne devons-nous pas faire pour mourir en cette paix? O que nous puissions mourir de la mort des justes, pour y trouver le repos que tous les plaisirs de la vie ne peuvent pas nous donner; et afin que fermant les yeux à tout ce qui se passe, nous commencions à les ouvrir à tout ce qui demeure, et que nous le possédions éternellement avec le Père, le Fils et le Saint-Esprit.

AUTRE CONCLUSION DU SECOND SERMON

POUR LA

FÊTE DE LA PURIFICATION DE LA SAINTE VIERGE.

Que si nous nous soumettons à la sainte volonté de Dieu, nous y trouverons la paix de nos ames et rien ne sera capable de nous

---

(*a*) *Var.:* Un sacré baiser. — (*b*) Tu ne rompras donc pas mes desseins, mais tu les achèveras; tu ne renverseras pas mon ouvrage, mais plutôt tu y mettras la dernière main.

émouvoir. Voyez la très-sainte Vierge. Siméon lui prédit des maux infinis et lui annonce des douleurs immenses. Votre ame, lui dit-il, ô Mère affligée, sera percée d'un glaive tranchant; et ce Fils, toute votre joie et tout votre amour, sera posé comme un signe auquel on contredira, *in signum cui contradicetur* [1]; c'est-à-dire, si nous l'entendons, qu'on fera contre lui des ligues horribles, que toutes les puissances du monde sembleront se réunir pour concourir à sa perte.

C'est ce qu'on prédit à la Vierge sainte, et elle écoute en silence et sans émotion ces terribles prophéties. Elle sait que tout est régi par des raisons éternelles auxquelles elle se soumet; et c'est pourquoi ni le présent ne la trouble, ni l'avenir ne l'inquiète. Ainsi si nous abandonnons toute notre vie à cette sagesse suprême qui gouverne si bien toutes choses, nous serons toujours fermes et inébranlables. Il n'y aura point pour nous de nécessités fâcheuses, ni de contrariétés embarrassantes; nous ressemblerons au bon Siméon; ni la vie n'aura rien qui nous attache, ni la mort toute odieuse qu'elle est n'aura rien qui nous épouvante; et quand nous aurons accompli ce que Dieu veut que nous fassions sur la terre, nous serons prêts à dire à l'imitation de ce saint vieillard : Seigneur, laissez maintenant mourir votre serviteur en paix : *Nunc dimittis*.

Hélas! quel objet funeste, mais quel exemple admirable se présente ici à mon esprit! Me sera-t-il permis en ce lieu de toucher à des plaies encore toutes récentes, et de renouveler les justes douleurs des premières personnes du monde? Grande et auguste reine, que le ciel vient d'enlever à la terre, et qui causez à tout l'univers un deuil si grand et si véritable, ce sont ces fortes pensées, c'est cette attache immuable à la souveraine volonté de Dieu qui nous a fait voir ce miracle et d'égalité dans votre vie, et de constance inimitable dans votre mort. Quels troubles, quels mouvemens, quels accidens imprévus ont jamais été capables de l'ébranler, ni d'étonner sa grande ame? Ne craignons pas de jeter un moment la vue sur nos dissensions passées, puisque la fermeté inébranlable de cette princesse a tellement soutenu l'effort de cette

---

[1] *Luc.*, II, 35.

tempête, que nous pouvons maintenant nous en souvenir sans crainte. Quand il plut à Dieu de changer en tant de maux les longues prospérités de sa sage et glorieuse régence, fut-elle abattue par ce changement? Au contraire, ne la vit-on pas toujours ferme, toujours invincible, fléchissant quelquefois par prudence, mais incapable de rien relâcher des grands intérêts de l'Etat et attachée immuablement à conserver le sacré dépôt de l'autorité royale, unique appui du repos public, qu'elle a remise enfin toute entière entre les mains victorieuses d'un fils qui sait la maintenir avec tant de force? C'est sa foi, c'est sa piété, c'est son abandon aux ordres de Dieu qui animoit son courage; et c'est cette même foi et ce même abandon à la Providence qui la soutenant toujours malgré ses douleurs cruelles jusque entre les bras de la mort, lui a si bien conservé parmi les sanglots de tout le monde et parmi les cris déplorables de ses chers et illustres enfans cette force, cette constance, cette égalité qui n'a pas moins étonné qu'attendri tous les spectateurs.

O vie illustre! ô vie glorieuse et éternellement mémorable! mais ô vie trop courte, trop tôt précipitée! Quoi donc! nous ne verrons plus que dans une reine ce noble amas de vertus que nous admirions en deux! quoi! cette bonté, quoi! cette clémence, quoi! tant de douceur parmi tant de majesté! quoi! ce cœur si grand et vraiment royal, ces charités infinies, ces tendres compassions pour les misères publiques et particulières, enfin toutes les autres rares et incomparables qualités de la grande Anne d'Autriche ne seront plus qu'un exemple et un ornement de l'histoire! Qui nous a sitôt enlevé cette reine que nous ne voyions point vieillir, et que les années ne changeoient pas? Comment cette merveilleuse constitution est-elle devenue si soudainement la proie de la mort? D'où est sorti ce venin? En quelle partie de ce corps si bien composé étoit caché le foyer de cette humeur malfaisante, dont l'opiniâtre malignité a triomphé des soins et de l'art et des vœux de tout le monde? O que nous ne sommes rien! ô que la force et l'embonpoint ne sont que des noms trompeurs? Car que sert d'avoir sur le visage tant de santé et tant de vie, si cependant la corruption nous gagne au dedans, si elle attend pour ainsi dire à se déclarer qu'elle se soit emparée du principe de la vie; si s'étant rendue invincible, elle sort enfin tout à coup avec furie de ses embûches secrètes et impénétrables pour achever de nous accabler? C'est ainsi que nous avons perdu cette grande reine qui devoit illustrer ce siècle entier ; et maintenant étant arrivée au séjour de l'éternité, elle n'est plus suivie que de ses œuvres, et de toute cette grandeur, il ne lui en reste qu'un plus grand compte.

Et nunc reges, intelligite, erudimini qui judicatis terram[1] : « Ouvrez les yeux, arbitres du monde; entendez, juges de la terre. » Celui qui est le maître de votre vie, l'est-il moins de votre grandeur? Celui qui dispose de votre personne, dispose-t-il moins de votre fortune? Et si ces têtes illustres sont si fort sujettes, nous, foibles particuliers, que pensons-nous faire, et combien devons-nous être sous la main de Dieu et dépendans de ses ordres? Car sur quoi se peut assurer notre prudence tremblante? Que tenons-nous de certain? quel fondement a notre vie? quel appui a notre fortune? Et quand tout l'état présent seroit tranquille, qui nous garantira l'avenir? Seront-ce les devins et les astrologues? Que je me ris de la vanité de ces faiseurs de pronostics, qui menacent qui il leur plaît, et nous font à leur gré des années fatales! Esprits turbulens et inquiets, amoureux des changemens et des nouveautés, qui ne trouvant rien à remuer dans la terre, semblent vouloir nouer avec les astres des intelligences secrètes pour troubler et agiter le monde. Moquons-nous de ces vanités. Je veux qu'un homme de bien pense toujours favorablement de la fortune publique, et du moins n'avons-nous pas à craindre les astres. Non, non, le bonheur et le malheur de la vie humaine n'est pas envoyé à l'aveugle par des influences naturelles, mais dispensé avec choix par les ordres d'une sagesse et d'une justice cachée, qui punit comme il lui plaît les péchés des hommes. Ne craignons donc pas les astres; mais, mes Frères, craignons nos péchés. Croyons que le grand pape saint Grégoire parloit à nous quand il a dit ces belles paroles : *Crimina nostra barbaricis viribus sociamus, et culpa nostra hostiles gladios acuit, quæ reipublicæ vires gravat*[2] : Ne voyez-vous pas, dit-il, que l'Etat gémit sous le poids

---

[1] *Psal.* II, 10. — [2] *Lib.* V, Epist. XX, *ad Mauric.*

de nos péchés; et que joignant nos crimes aux forces des ennemis, c'est nous seuls peut-être qui allons faire pencher la balance ? Quand deux grands peuples se font la guerre, Dieu veut assurément se venger de l'un, et souvent de tous les deux; mais de savoir par où il veut commencer, c'est ce qui passe de bien loin la portée des hommes. Nous savons qu'il a souvent commencé par les étrangers et aussi il est écrit que souvent « le jugement commence par sa maison : » *Tempus est ut judicium incipiat à domo Dei* [1]. Celui qui réussit le premier n'est pas plus en sûreté que l'autre, parce que son tour viendra au temps ordonné. Dieu châtie les uns par les autres, et il châtie ordinairement ceux par lesquels il châtie les autres. Nabuchodonosor est son serviteur pour exercer ses vengeances; le même est son ennemi pour recevoir les coups de sa justice. Prenons donc garde, mes Frères, de ne mettre pas Dieu contre nous; et infidèles à notre patrie et à notre prince, ne nous joignons pas à nos ennemis et ne les fortifions pas par nos crimes. Faisons la volonté de Dieu, et après il fera la nôtre; il nous protégera dans le temps et nous couronnera dans l'éternité, où nous conduise, etc.

[1] I *Petr.*, IV, 17.

TROISIÈME SERMON

POUR LA

FÊTE DE LA PURIFICATION DE LA SAINTE VIERGE (*a*).

Postquàm impleti sunt dies purgationis ejus secundùm legem Moysi, tulerunt illum in Jerusalem, ut sisterent eum Domino, sicut scriptum est in lege Domini, et ut offerrent secundùm consuetudinem legis pro eo par turturum aut duos pullos columbarum.

Le temps de sa purification étant accompli selon la loi de Moïse, ils le portèrent à Jérusalem pour le présenter au Seigneur, selon qu'il est écrit dans la loi du Seigneur;... et pour donner ce qui devoit être offert en sacrifice selon la loi du Seigneur, deux tourterelles ou deux petits de colombes. *Luc*, II, 22, 24.

Ce que nous appelons la purification de la sainte Vierge enferme sous un nom commun trois cérémonies différentes de la loi ancienne, que le Fils de Dieu a voulu subir aujourd'hui ou en sa personne ou en celle de sa sainte Mère, non sans quelque profond conseil de la Providence divine. Elles sont toutes trois très-manifestement distinguées dans notre évangile, comme vous l'aurez pu observer dans le texte que j'ai rapporté exprès tout entier. Or afin de vous dire en quoi consistoient ces cérémonies, il faut remarquer que selon la loi toutes les femmes accouchées étoient réputées immondes : d'où vient que Dieu leur ordonnoit deux choses. Premièrement il les obligeoit de se tenir quelque temps retirées et du sanctuaire et même de la conversation des hommes. Puis ce temps étant expiré, elles se venoient présenter à la porte du tabernacle, afin d'être purgées par un certain genre de sacrifice ordonné spécialement pour cela. Cette retraite et ce sacrifice sont les deux

---

(*a*) Prêché vers 1658, à Metz, dans la maison des *Nouvelles Converties*.
Plusieurs indications montrent dans ce sermon l'époque de Metz : la prolixité des détails, les longues explications des cérémonies mosaïques, le récit, qui rappelle le P. Lingende, des aigles et des essaims d'abeilles; ensuite plusieurs locutions telles que celles-ci : « Être purgé par un certain genre de sacrifice, la loi est couchée en ces termes, ses membres cassés, ce bon homme, est-ce point? »

premières cérémonies, ou plutôt ce sont deux parties de la même cérémonie, lesquelles l'une et l'autre ne regardoient principalement que la mère et se faisoient pour tous les enfans nouvellement nés, de quelque sexe et condition qu'ils pussent être, ainsi qu'il est écrit dans le xiie chapitre du *Lévitique*. Quant à la troisième cérémonie, elle ne s'observoit que pour les mâles, et parmi les mâles n'étoit que pour les aînés, que les parens étoient obligés de venir présenter à Dieu devant ses autels, et ensuite les rachetoient par quelque somme d'argent, témoignant par là que tous leurs aînés étoient singulièrement du domaine de Dieu et qu'ils ne les retenoient que par une espèce d'engagement. C'est ce que Dieu commande à son peuple en l'*Exode*, chapitre xiie. Dans ces trois cérémonies consiste à mon avis tout le mystère de cette fête; ce qui m'a fait résoudre de vous les expliquer (*a*) familièrement dans le même ordre que je les ai rapportées. J'espère que le récit d'une histoire si mémorable, telle qu'est celle qui nous est aujourd'hui représentée dans notre évangile, jointe à quelques brièves réflexions que je tâcherai d'y ajouter avec l'assistance divine, fournira un pieux entretien à vos dévotions; et je pense en vérité, mes très-chères Sœurs, qu'il seroit difficile de proposer à votre foi un plus beau spectacle.

PREMIER POINT.

Et pour commencer, j'avance deux choses très-assurées. La première que la loi de la purification présupposoit que la femme eût conçu à la façon ordinaire, parce qu'elle est couchée en ces termes: *Mulier si suscepto semine pepererit masculum*[1] : où il est clair que le législateur a voulu toucher la source de la corruption qui se trouve dans les enfantemens ordinaires; autrement ce mot, *suscepto semine*, seroit inutile et ne rendroit aucun sens. La loi donc de la purification parloit de celles qui enfantent selon les ordres communs de la nature. Je dis en second lieu que la raison de la loi étant telle que nous la venons de dire après les saints Pères, elle ne regardoit en aucune façon la très-heureuse Marie, ne s'é-

---

[1] *Levit.*, xii, 2.
(*a*) *Var.* : Exposer.

tant rien passé en elle dont son intégrité pût rougir. Vous le savez, mes très-chères Sœurs, que son Fils bien-aimé étant descendu dans ses entrailles très-chastes tout ainsi qu'une douce rosée, il en étoit sorti comme une fleur de sa tige, sans laisser de façon ni d'autre aucun vestige de son passage. D'où je conclus que si elle étoit obligée à la loi de la purification, c'étoit seulement à cause de la coutume et de l'ordre qui ne doit point être changé pour une rencontre particulière. Et en effet le cas étoit si fort extraordinaire, qu'il sembloit n'être pas suffisant pour apporter une exception à une loi générale.

Or ce n'est pas mon dessein d'examiner ici cette question, mais seulement de vous faire admirer la vertu de la sainte Vierge, en ce que sachant très-bien l'opinion que l'on auroit d'elle, et qu'il n'y auroit personne qui s'imaginât qu'elle eût ni conçu ni enfanté autrement que les autres mères, elle ne s'est point avisée de découvrir à personne le secret mystère de sa grossesse; au contraire elle a bien le courage de confirmer un sentiment si préjudiciable à sa virginité, subissant sans se déclarer une loi qui, comme nous l'avons dit, en présupposoit la perte. Et je prétends que ce silence est une marque certaine d'une retenue extraordinaire et d'une modestie incomparable. Qu'ainsi ne soit, vous savez que celles de son sexe qui sont soigneuses de garder leur virginité, mettent leur point d'honneur à faire connoître qu'elle est entière et sans tache; et quelquefois c'est la seule chose en laquelle elles avoueront franchement qu'elles recherchent la réputation. Cela étant ainsi, je vous prie de considérer que vous ne persuaderez jamais à un gentilhomme qui se pique d'honneur, de faire quelque action dont on puisse soupçonner en lui de la lâcheté. Or il est certain qu'une vierge est touchée beaucoup plus au vif, lorsque quelque rencontre l'oblige à donner sujet de croire qu'elle ait perdu sa virginité, pour laquelle elle a un sentiment délicat au dernier point. Ce qui me fait admirer la vertu de la sainte Vierge, qui ne craint pas d'observer une cérémonie qui sembloit si injurieuse à sa très-pure virginité; qui ayant moins besoin d'être purifiée que les rayons du soleil, obéit comme les autres à la loi de la purification, et offre avec tant de simplicité le sacrifice pour le péché, c'est-à-dire pour les immondices légales qu'elle n'avoit nullement contractées ; et qui par cette obéissance confirme la créance commune qu'elle avoit conçu comme les autres femmes, bien loin de désabuser le monde dans une rencontre qui sembloit si pressante, et de faire connoître aux hommes ce qui s'étoit accompli en elle par l'opération de l'Esprit de Dieu.

Certes il faut l'avouer, mes très-chères Sœurs, cela est du tout admirable ; surtout la très-heureuse Vierge ayant de son côté, si elle eût voulu se découvrir, premièrement la vérité qui est si forte, et après l'innocence de ses mœurs qui n'appréhendoit aucune recherche ; puis sa grande sincérité à laquelle les gens de bien eussent eu peine de refuser leur créance, et enfin un témoignage irréprochable en la personne de son mari, qui avec sa bonté et naïveté ordinaire eût dit qu'il étoit vrai que sa femme étoit très-chaste et qu'il en avoit été averti de la part de Dieu. Et cependant nous ne lisons pas qu'elle en ait jamais parlé ; au contraire nous voyons son grand silence expressément remarqué dans les saintes Lettres. Une seule fois seulement sa joie éclata, lorsque sollicitée par la prophétie de la bonne Elisabeth sa cousine qui la proclamoit bienheureuse, elle lui déchargea son cœur et se sentant obligée de rendre hautement ses actions de graces à la divine bonté, elle chante dans l'épanchement de son ame que « le Tout-Puissant a fait en elle des choses très-grandes [1]. » Partout ailleurs elle écoute, elle remarque, elle médite, elle repasse en son cœur, mais elle ne parle jamais.

Ce qui me surprend davantage, c'est qu'elle seule garde le silence, pendant que tous les autres s'occupent à parler de son Fils. Que ne dit pas aujourd'hui le bon Siméon, et à qui ne donneroit-il pas envie d'exprimer toutes ses pensées touchant cet aimable enfant, qui fait aujourd'hui toute sa joie, toute son espérance, tout son entretien ? Marie se contente d'admirer à part soi les choses extraordinaires qui se disoient de son Fils, ainsi que l'Evangéliste le remarque fort expressément. Non pas qu'elle en fût surprise, comme si elle eût ignoré quel il devoit être, elle à qui l'ange

[1] *Luc.*, I, 49.

avoit dit si nettement qu'il seroit appelé le Fils du Très-Haut et qu'il siégeroit à jamais sur le trône de David son père. Et certes vous jugez bien qu'il n'est pas croyable qu'elle ait oublié les paroles de l'ange, elle dont il est écrit qu'elle retenoit si soigneusement celles des bergers. Et quand il n'y auroit eu que la manière admirable par laquelle elle l'avoit conçu, car du moins ne lui peut-on pas dénier cette connoissance, le moyen de s'en taire à moins que d'avoir la vertu et la retenue de Marie ?

Mais certes il falloit qu'elle se fît voir par ses actions si soumises, la Mère de celui qui après sa glorieuse transfiguration dit à ses disciples : « Gardez-vous bien de parler de ce que vous venez de voir, jusqu'à ce que le Fils de l'homme soit ressuscité [1]. » Et il y a dans son Evangile beaucoup d'autres paroles qui sont dites en ce même sens, par lesquelles nous connoissons que le Fils de Dieu, qui a daigné témoigner quelque sorte d'impatience pour l'ignominie de sa croix : « J'ai, dit-il, à être baptisé d'un baptême, et comment suis-je pressé en moi-même jusqu'à ce qu'il soit accompli [2]. ! Lui donc qui a témoigné quelque sorte d'impatience pour l'ignominie de sa croix, n'a jamais fait le moindre désir de la manifestation de son nom, attendant le temps préfix marqué précisément par la Providence divine. C'étoit lui, c'étoit lui, chères Sœurs, qui donnoit ce sentiment à sa sainte Mère, afin de faire voir qu'elle étoit animée de son même Esprit. Ainsi elle jouit seule avec Dieu d'une si grande joie, sans la partager qu'avec ceux à qui il plaît au Saint-Esprit de la révéler. Elle attend que Dieu découvre cette merveille lorsqu'il sera expédient pour la gloire de son saint nom. Elle est vierge, Dieu le sait, Jésus son cher Fils le sait, ce lui est assez. O silence ! ô retenue ! ô ame parfaitement satisfaite de Dieu seul et du témoignage de sa conscience ! Une mère si éclairée, se contenter d'être au nombre des écoutans au sujet de son Fils unique, ne parler pas même des choses où sa virginité qui lui est si chère semble intéressée, laisser croire au monde tout ce qu'il voudra et tout ce que Dieu permettra qu'il croie, cacher une si grande gloire et modérer ses paroles dans une joie qui devoit être si excessive ! Sauveur Jésus, Dieu caché, qui

---

[1] *Matth.*, XVII, 9. — [2] *Luc.*, XII, 50.

ne faites paroître à nos yeux que votre foiblesse, qui avez inspiré cette humilité si profonde à la bienheureuse Marie votre Mère, faites-nous goûter vos douceurs en simplicité; vous seul contentez nos désirs, vous seul soyez suffisant à nos ames.

SECOND POINT.

La seconde cérémonie consistoit en un certain genre de sacrifice, comme je vous le rapportois au commencement de ce discours. Or Dieu avoit ordonné en cette rencontre différentes sortes de victimes, qui pouvoient être offertes légitimement. « On offrira, dit-il, un agneau d'un an avec une tourterelle ou un pigeonneau. Que si vous ne pouvez offrir un agneau, ajoute le Seigneur, si vous n'en avez pas le moyen, vous offrirez deux pigeonneaux ou une paire de tourterelles [1]. » Par où vous voyez que l'on pouvoit suppléer au défaut de l'agneau par les pigeonneaux ou la tourterelle; et cela se faisoit ordinairement par les pauvres, pour lesquels la loi semble avoir donné ce choix des victimes. Les pigeonneaux et les tourterelles, c'étoit le sacrifice des pauvres. Maintenant souffrez que je vous demande quelle victime vous pensez que l'on ait offerte pour le Roi du ciel. Ecoutez, je vous prie, l'évangéliste saint Luc : « Ils offrirent pour lui, dit-il, une paire de tourterelles, ou deux pigeonneaux. » Une paire de tourterelles, ou deux pigeonneaux : mais lequel des deux, saint Evangéliste? Pourquoi cette alternative? Est-ce ainsi que vous racontez une chose faite? Pénétrons, s'il vous plaît, son dessein. Tout ceci n'est pas sans mystère. Certes l'intention de l'Evangéliste n'est pas de nous rapporter précisément laquelle victime en particulier a été offerte, puisqu'il nous donne cette alternative : deux pigeonneaux ou une paire de tourterelles. Ce n'est pas aussi son dessein de faire une énumération de toutes les choses qui pouvoient être offertes en cette cérémonie selon les termes de la loi de Dieu, puisqu'il ne parle point de l'agneau. Quelle peut donc être sa pensée? Est-ce point qu'il nous veut faire entendre que c'eût été hors de propos que l'on eût offert un agneau en ce même temps où l'on apportoit dans le temple le vrai Agneau de Dieu

[1] *Levit.*, xii, 6, 8.

qui venoit effacer les péchés du monde? Ou bien n'est-ce pas plutôt que l'Evangéliste nous fait entendre, qu'il n'est pas nécessaire que nous sachions quelle a été précisément la victime offerte pour notre Sauveur, pourvu que nous connoissions que le sacrifice, quel qu'il ait été, étoit le sacrifice des pauvres : *Par turturum, aut duos pullos columbarum*[1] ?

Chères Sœurs, qui poussées de l'Esprit de Dieu avez généreusement renoncé à tous les biens et même à toutes les espérances du monde, réjouissez-vous en Notre-Seigneur. Jamais y eut-il homme plus pauvre que le Sauveur? Son père gagnoit sa vie par le travail de ses mains et par l'exercice d'un art mécanique. Luimême il n'avoit rien en ce monde, pas même une pauvre retraite, ni de quoi appuyer sa tête. Certes les historiens remarquent que souvent, à la nativité des grands personnages, il s'est vu des choses qui ont servi de présages de ce qu'ils devoient être pendant la vie. Ne nous rapporte-t-on pas qu'on a vu fondre des aigles ou sur la chambre ou sur le berceau de ceux qui devoient être un jour empereurs? Et on raconte de saint Ambroise et de quelques autres qu'un essaim d'abeilles s'étoit reposé innocemment sur leurs lèvres, pour signifier la douceur de leur éloquence. O épouses de Jésus-Christ, dans ces dernières fêtes que nous avons célébrées, que nous avons vu de présages de l'extrême pauvreté dans laquelle Jésus devoit vivre! Quel est l'enfant si misérable dont les parens n'aient pas du moins quelque chétive demeure, où ils puissent le mettre à couvert des injures de l'air au moment qu'il vient au monde? Jésus rebuté de tout le monde, est plutôt, ce semble, exposé que né dans une étable. Ainsi il naquit, ainsi il vécut, ainsi il mourut. Il a choisi le genre de mort où on est le plus dépouillé, et nu qu'il étoit à la croix il voyoit ces avares et impitoyables soldats qui partageoient ses vêtemens et jouoient à trois dés jusqu'à sa tunique mystérieuse. Ne fut-il pas enterré dans un sépulcre emprunté? Et les draps dans lesquels son saint corps fut enseveli, les parfums desquels il fut embaumé, furent les dernières aumônes de ses amis. De sorte que pour ne se point démentir dans cette action, qui étoit comme vous le verrez tout

[1] *Luc.*, II, 24.

à l'heure une représentation de sa mort, il veut que l'on offre pour lui le sacrifice des pauvres, une paire de pigeonneaux ou deux tourterelles. O Roi de gloire, « qui étant si riche par la condition de votre nature, vous êtes fait pauvre pour l'amour de nous afin de nous enrichir par votre abondance [1], » inspirez dans nos cœurs un généreux mépris de toutes ces choses que les mortels aveugles appellent des biens, et faites-nous trouver dans le ciel cet unique et inépuisable trésor que vous nous avez acquis au prix de votre sang par votre ineffable miséricorde.

Nous lisons deux raisons dans l'*Exode*, pour lesquelles Dieu ordonnoit que les premiers-nés lui fussent offerts. De ces deux raisons je prendrai seulement celle qui sera la plus convenable au mystère que nous traitons, à laquelle je vous prie de vous rendre un peu attentifs. Dieu pour faire voir qu'il étoit le maître de toutes choses, avoit accoutumé d'en exiger les prémices comme une espèce de tribut et de redevance. Ainsi voyons-nous que les prémices des fruits lui sont offertes en témoignage que nous ne les avons que de sa seule munificence. Pour cela il demandoit tout ce qui naissoit le premier, tant parmi les hommes que parmi les animaux, se déclarant maître de tout. D'où vient qu'après ces mots par lesquels il ordonne, en l'*Exode*, chapitre XIII, que tous les premiers-nés lui soient consacrés : *Sanctifica mihi omne primogenitum,... tam in hominibus quàm in jumentis* [2], il ajoute incontinent la raison : Car tout est à moi. « Sanctifiez-moi, dit-il, tous les premiers-nés tant parmi les hommes que parmi les animaux ; car tout est à moi, » *mea sunt enim omnia*. Et il exigeoit ce tribut particulièrement à l'égard des hommes, pour se faire reconnoître le chef de toutes les familles d'Israël et afin qu'en la personne des aînés qui représentent la tige de la maison, tous les autres enfans fussent dévoués à son service. De sorte que par cette offrande les aînés étoient séparés des choses communes et profanes, et passoient au rang des saintes et des consacrées. C'est pourquoi la loi est prononcée en ces termes : *Separabis omne primogenitum Domino* [3] : « Vous séparerez tous les premiers-nés au Seigneur. »

[1] II *Cor.*, VIII, 9. — [2] *Exod.*, XIII, 2. — [3] *Ibid.*, 12.

Et c'est en ce lieu où je puis me servir des paroles du grave Tertullien, et appeler avec lui le Sauveur Jésus l'Illuminateur des antiquités [1], qui n'ont été établies que pour signifier ses mystères. Car quel autre est plus sanctifié au Seigneur que le Fils de Dieu, dont la Mère a été remplie de la vertu du Très-Haut? D'où l'ange concluoit que « ce qui naîtroit d'elle seroit saint [2]. » Et voici qu'étant « le premier-né de toutes les créatures, » ainsi que l'appelle saint Paul [3], et étant de plus les prémices du genre humain, on le vient aujourd'hui offrir à Dieu devant ses autels, pour protester qu'en lui seul nous sommes tous sanctifiés et renouvelés, et que par lui seul nous appartenons au Père éternel, et avons accès à l'autel de sa miséricorde. Ce qui lui fait dire à lui-même: *Ego pro eis sanctifico meipsum* [4]: « Mon Père, je me consacre pour eux, » afin d'accomplir cette prophétie qui avoit promis à nos pères, que « en lui toutes les nations seroient bénites [5], » c'est-à-dire sanctifiées et consacrées à la Majesté divine. Telles sont les prérogatives de son droit d'aînesse, telles sont les obligations que nous avons à ce pieux aîné, c'est-à-dire au Sauveur Jésus, qui s'est immolé pour l'amour de nous.

Et à ce propos je vous prie de considérer les paroles que l'Apôtre fait dire à Notre-Seigneur *aux Hébreux*, chapitre x; elles sont tirées du psaume xxxix, dont voici les propres termes cités par l'Apôtre: *Holocautomata pro peccato non tibi placuerunt; tunc dixi: Ecce venio* [6]. « Les holocaustes et les sacrifices pour le péché ne vous ont pas plu, ô mon Père; alors je me suis offert, j'ai dit: J'irai moi-même, afin d'exécuter votre volonté; » c'est-à-dire, comme l'entend l'Apôtre, l'ouvrage de notre salut. Ne vous semble-t-il pas, chères Sœurs, que ces paroles ne sont faites que pour cette cérémonie? Saint Paul les fait dire à Notre-Seigneur en entrant au monde: *Ingrediens mundum dixit* [7]. Or le Fils de Dieu n'avoit que six semaines, lorsqu'on le vint offrir à Dieu dans son temple, de sorte qu'il ne faisoit à proprement parler que d'entrer au monde. Et selon cette doctrine, je me représente aujourd'hui le Sauveur Jésus, à même temps qu'on l'offre au

---

[1] *Adv. Marcion.*, lib. IV, n. 40. — [2] *Luc.*, I, 35. — [3] *Colos.*, I, 15. — [4] *Joan.*, XVII, 19. — [5] *Genes.*, XXII, 18. — [6] *Hebr.*, X, 6, 7. — [7] *Ibid.*, 5.

Père éternel, prendre déjà la place de toutes les victimes anciennes, afin de nous consommer à jamais par l'unité de son sacrifice. Tellement que cette cérémonie étoit comme un préparatif de sa passion. Jésus-Christ dans sa tendre enfance méditoit le dessein laborieux de notre rédemption, et déjà par avance se destinoit à la croix. Si je me suis bien fait entendre, mes très-chères Sœurs, vous avez vu un rapport merveilleux des anciennes cérémonies que le Fils de Dieu subit aujourd'hui avec les mystères de notre salut.

Mais après avoir vu les sentimens de notre Sauveur dans cette mystérieuse journée, si vous aviez peut-être une sainte curiosité de savoir de quoi s'entretenoit la bienheureuse Marie, je tâcherai de vous en donner quelque éclaircissement par une considération très-solide. Toutes les cérémonies des Juifs leur étoient données en figures de ce qui se devoit accomplir en Notre-Seigneur; et bien qu'elles fussent différentes les unes des autres, toutefois elles ne contenoient qu'un seul Jésus-Christ. Ceux qui étoient grossiers et charnels n'en considéroient que l'extérieur sans en pénétrer le sens. Mais les spirituels et les éclairés, au travers des ombres et des figures externes, contemploient intérieurement par une lumière céleste les mystères du Sauveur Jésus. Par exemple dans la manne ils se nourrissoient de la parole éternelle du Père, faite chair pour l'amour de nous, vrai pain des anges et des hommes; et leur foi leur faisoit voir dans leurs sacrifices sanglans la mort violente du Fils de Dieu pour l'expiation de nos crimes. Que si les Juifs éclairés entendoient en un sens spirituel ce qu'ils célébroient corporellement, à plus forte raison la très-heureuse Marie ayant le Sauveur entre ses bras et l'offrant de ses propres mains au Père éternel, faisoit cette cérémonie en esprit, c'est-à-dire joignoit son intention à ce que représentoit la figure externe, c'est-à-dire l'oblation sainte du Sauveur pour tout le genre humain racheté miséricordieusement par sa mort, ainsi que je vous le représentois tout à l'heure. Ce qui me fait dire, et ce n'est point une méditation creuse et imaginaire, que de même que la sainte Vierge au jour de l'Annonciation donna son consentement à l'incarnation du Messie, qui étoit le sujet de l'ambassade de l'ange, de même elle ratifia pour ainsi dire en ce jour le traité de sa passion, puisque ce jour en étoit une figure et comme un premier préparatif. Et ce qui confirme cette pensée, ce sont les paroles de Siméon. Car comme en cette sainte journée son esprit devoit être occupé de la passion de son Fils, pour cela il est arrivé non sans un ordre secret de la Providence, que Siméon, après avoir dit en fort peu de mots tant de choses de Notre-Seigneur, adressant la parole à sa sainte Mère, ne l'entretient que des étranges contradictions dont son Fils sera traversé et des douleurs amères dont son ame sera percée à cause de lui. « Celui-ci, dit-il [1], est établi comme un signe auquel on contredira et votre ame, ô Mère, sera percée d'un glaive. » Où vous devez remarquer la résignation la plus parfaite à la volonté divine, dont jamais vous ayez ouï parler. Car la sainte Vierge entendant une prophétie si lugubre et en cela plus terrible que n'énonçant rien en particulier, elle laissoit appréhender toutes choses, elle ne s'informe point quels seront donc ces accidens si étranges que ce bon vieillard lui prédit; mais s'étant une bonne fois abandonnée entre les mains de Dieu, elle se soumet de bon cœur sans s'en enquérir, à ce qu'il lui plaira ordonner de son Fils et d'elle. Voilà comme la sainte Vierge unissant son intention à celle de son cher Fils, se dévouoit avec lui à la Majesté divine.

C'est ici, c'est ici, chrétiens, à propos de cette offrande parfaite, que je vous veux sommer de votre parole et vous faire souvenir de ce que vous avez fait devant ces autels. Lorsque vous avez été agrégés à la confrérie, n'avez-vous pas protesté solennellement que vous réformeriez votre vie? Or en vain faisons-nous de si magnifiques promesses, en vain nous mettons-nous sous la protection de Marie, en vain la prenons-nous pour notre exemplaire, en vain nous assemblons-nous pour écouter la parole de Dieu, si on voit toujours les mêmes déréglemens dans nos mœurs. C'est pourquoi aujourd'hui que la très-innocente Marie présente son Fils à Dieu, qu'elle se dédie elle-même à sa Majesté, servons-nous d'une occasion si favorable; et renouvelant tout ce que nous avons jamais fait de bonnes résolutions, dévouons-nous pour toujours

---

[1] *Luc.*, II, 34.

au service de Dieu notre Père. Mais je ne m'aperçois pas que ce discours est trop long, et que je dois quelques paroles d'exhortation à ceux qui, invités par la solennité de demain, désirent participer à nos redoutables mystères.

Chrétiens, si vous désirez faire une sainte communion, tel qu'étoit Siméon lorsqu'il embrassa Notre-Seigneur dans le temple, tels devez-vous être approchant de la sainte table. Ce bon homme avoit une telle passion pour notre Sauveur, qu'il ne pensoit jour et nuit à autre chose qu'à lui; et bien qu'il ne fût pas encore venu au monde, comme sa foi le lui montroit dans les prophéties, il attachoit toutes ses affections à ce doux objet. Ce violent amour produisoit en lui deux mouvemens très-puissans. L'un étoit un ardent désir de voir bientôt luire au monde la consolation d'Israël; et l'autre, une ferme espérance que toutes choses seroient rétablies par son arrivée : *Expectabat redemptionem Israel* [1]. Le saint vieillard soupiroit donc sans cesse après le Sauveur; et parmi la véhémence de ses désirs, l'Esprit de Dieu, qui les lui avoit inspirés, lui fit concevoir en son ame une certaine créance qu'il ne mourroit point sans le voir. Depuis ce temps-là chaque jour redoubloit ses saintes ardeurs; et peut-être n'y avoit-il plus que son amour et son espérance qui soutînt ses membres cassés et qui animât sa décrépite vieillesse. Tels devez-vous être, si vous voulez dignement recevoir le sacrement adorable. Soyez embrasés d'un tendre et ardent amour pour le Fils de Dieu, qui vous fasse établir en lui toute l'espérance de votre cœur; que votre ame soit enflammée d'une sainte avidité de vous rassasier de cette viande céleste, que le Père éternel nous a préparée en son Fils. Car y a-t-il chose au monde plus désirable que de jouir du corps et du sang de Notre-Seigneur et du prix de notre salut, que de communiquer à sa passion, que de tirer de sa sainte chair autrefois pour nous déchirée une nourriture solide par la méditation de sa mort, que de recevoir par l'attouchement de cette chair vivifiante et l'abondance du Saint-Esprit et les semences d'immortalité, que d'être transformés en lui par un miracle d'amour? Poussés de cet aimable désir, venez en esprit dans le temple ainsi que le

[1] *Luc.*, II, 25.

bon Siméon : *Et venit in Spiritu in templum* [1]. Que ce ne soit ni par coutume, ni pour tromper le monde par quelques froides grimaces ; mais venez comme le malade au remède, comme le mort à la vie, comme un amant passionné à l'objet de ses affections ; venez boire à longs traits et avec une soif ardente cette eau admirable qui jaillit à la vie éternelle. Et lorsqu'on vous présentera ce pain céleste, goûtez à part vous combien le Sauveur est doux ; qu'un extrême transport d'amour vous faisant oublier de vous-même, vous attache et vous colle au Seigneur Jésus. C'est là où il faut savourer cette viande délicieuse en silence et en repos. Regardez le bon Siméon ; comme l'Evangéliste nous distingue ses actions, et comme il sait saintement ménager sa joie. Il le prend entre ses bras, dit saint Luc ; il bénit Dieu, et enfin il éclate en action de graces : *Suscepit eum in ulnas suas, et benedixit Deum, et ait* [2]. Mais devant que de parler, que de regards amoureux ! que d'ardens baisers ! quelle abondance de larmes ! Il faut donc, avant toutes choses (a), que votre ame se fonde en joie ; jouissez du baiser du Sauveur, c'est le même que Siméon embrassa ; et s'il se cache à vos yeux, il se montre à votre foi. Et le même qui a dit à ses disciples : Bienheureux les yeux qui voient ce que vous voyez [3] ! a dit aussi pour notre consolation : Bienheureux ceux qui croient et qui ne voient point [4] ! Après, que votre ame s'épanouisse et se décharge à la bonne heure en hymnes et en cantiques, que tous vos sens disent : O Seigneur, qui est semblable à vous [5] ? et que ce sentiment pénètre jusqu'à la moelle de vos os. Ensuite, entrez à l'exemple de notre vieillard dans un dégoût de la vie et de ses plaisirs, épris des charmes incompréhensibles d'une parfaite beauté : Envoyez-moi maintenant en paix, ô Seigneur ! *Nunc dimittis servum tuum in pace* [6].

Que vous dirai-je de cette divine paix que le monde ne peut entendre, et qui est le propre effet de ce sacrement ? Qui ne voit que la paix est le fruit de la charité, qui lie et tempère, et adoucit les esprits ? Or n'est-ce pas ici le mystère de charité ? Car par le

---

[1] *Luc.*, II, 27. — [2] *Ibid.*, 28. — [3] *Luc.*, X, 23. — [4] *Joan.*, XX, 29. — [5] *Psal.* XXXIV, 10. — [6] *Luc.*, II, 29.

(a) *Var.* : Auparavant.

moyen de la sainte chair de Jésus nous nous unissons à la divinité qui en est inséparable, et notre société est avec Dieu et avec son Fils dans l'unité de l'Esprit [1]. Ayant donc la paix avec Dieu, quel calme et quelle aimable tranquillité dans nos ames! C'est pourquoi songeons, chrétiens, en quelle société nous avons été appelés. Pensons que nos corps sont devenus et les membres de Jésus-Christ et les temples du Saint-Esprit. Ne les abandonnons point à nos passions brutales, qui comme des soldats aveugles et téméraires profanent les choses sacrées; mais conservons en pureté ces vaisseaux fragiles dans lesquels nous avons notre trésor [2]. Ne parlons désormais que Jésus, ne songeons que Jésus, ne méditons que Jésus; Jésus soit notre joie, nos délices, notre nourriture, notre amour, notre conseil, notre espérance en ce monde et notre couronne en l'autre. Sauveur Jésus, en qui nous sommes bénis de toutes sortes de bénédictions spirituelles, lorsque vous verrez demain vos enfans, surtout ceux qui sont associés à cette confrérie pour la gloire de votre nom, lors, dis-je, que vous les verrez rangés devant votre table (*a*) attendant la nourriture céleste à laquelle vous les invitez, daignez leur donner votre sainte bénédiction par l'intercession de la bienheureuse vierge Marie. *Amen.*

[1] I *Joan.*, I, 3. — [2] I *Thess.*, IV, 4; II *Cor.*, IV, 7.
(*a*) *Var. :* A votre table.

PREMIER SERMON

POUR

LA FÊTE DE L'ASSOMPTION DE LA SAINTE VIERGE (a).

Quæ est ista quæ ascendit de deserto, deliciis affluens, innixa super dilectum suum ?

Qui est celle-ci qui s'élève du désert, pleine de délices, appuyée sur son bien-aimé? *Cant.,* VIII, 5.

Il y a un enchaînement admirable entre les mystères du christianisme, et celui que nous célébrons a une liaison particulière (*b*) avec l'incarnation du Verbe éternel. Car si la divine Marie a reçu autrefois le Sauveur Jésus, il est juste que le Sauveur reçoive à son tour l'heureuse Marie; et n'ayant pas dédaigné de descendre à elle, il doit ensuite l'élever à soi pour la faire entrer dans sa gloire. Il ne faut donc pas s'étonner, mes Sœurs, si la bienheu-

---

(*a*) Nécessité de mourir par la loi de la nature, et par la loi de la grace qui ordonne qu'on subisse la mort pour quitter la mortalité.
  Amour de Marie pour Jésus-Christ, comme Fils, comme Dieu. Description de cet amour (*Amed. Lausan*). *Abyssus abyssum invocat.* Source de cet amour.
  Mort de Marie par amour. Enlevée sur une nuée de saints désirs.
  Convoitises éteintes en la sainte Vierge.
  Notre chair doit être corrompue pour être renouvelée comme un bâtiment irrégulier.
  Jésus-Christ a pris racine en Marie. La résurrection anticipée. Arbre hâtif.
  Humilité. Elle s'enrichit en s'appauvrissant. *Nihil habentes et omnia possidentes* (II Cor., VII, 10).
  Dépouillement de Marie. Marie perd son Fils, comment? Saint Paulin.

  Prêché aux grandes Carmélites de la rue Saint-Jacques, en 1661.
  Aux Carmélites, Bossuet ne parloit qu'à des religieuses, et voilà pourquoi il emploie seulement dans notre sermon l'appellation *mes Sœurs*. Dans les autres monastères il voyoit autour de sa chaire, non-seulement des personnes du cloître, mais aussi des gens du monde; alors il disoit, en s'adressant à ses auditeurs, *mes Sœurs* et *Messieurs*.
  On sait que Bossuet avoit prêché la même année, en 1661, le Carême aux Carmélites.
  Le manuscrit original se trouve à la bibliothèque du séminaire de Meaux.
  (*b*) *Var.:* A un rapport nécessaire.

reuse Marie ressuscite avec tant d'éclat, ni si elle triomphe avec tant de pompe. Jésus à qui cette Vierge a donné la vie, la lui rend aujourd'hui par reconnoissance; et comme il appartient à un Dieu de se montrer toujours le plus magnifique, quoiqu'il n'ait reçu qu'une vie mortelle (a), il est digne de sa grandeur de lui en donner en échange une glorieuse. Ainsi ces deux mystères sont liés ensemble; et afin qu'il y ait un plus grand rapport, les anges interviennent dans l'un et dans l'autre, et se réjouissent aujourd'hui avec Marie de voir une si belle suite du mystère qu'ils ont annoncé. Joignons-nous, mes très-chères Sœurs, à cette pompe sacrée : mêlons nos voix à celles des anges pour louer la divine Vierge; et de peur de ravilir leurs divins cantiques par des paroles humaines, faisons retentir jusqu'au ciel celles qu'un ange même en a apportées : *Ave, Maria* (b).

Le ciel, aussi bien que la terre, a ses solennités (c) et ses triomphes, ses cérémonies et ses jours d'entrée, ses magnificences et ses spectacles (d) : ou plutôt la terre usurpe ces noms pour donner quelque éclat à ses vaines pompes; mais les choses ne s'en trouvent véritablement dans toute leur force que dans les fêtes augustes de notre céleste patrie, la sainte et triomphante Jérusalem. Parmi ces solennités glorieuses qui ont réjoui les saints anges et tous les esprits bienheureux, vous n'ignorez pas, mes Sœurs, que celle que nous célébrons est l'une des plus illustres (e); et que sans doute l'exaltation de la sainte Vierge dans le trône que son Fils lui destine (f) doit faire l'un des plus beaux jours de l'éternité, si toutefois nous pouvons distinguer des jours dans cette éternité toujours permanente.

Pour vous expliquer les magnificences de cette célèbre entrée, je pourrois vous représenter le concours, les acclamations, les

---

(a) *Var.* : Ayant reçu seulement une vie mortelle. — (b) Les anges interviennent dans l'un et dans l'autre, et se réjouissent avec Marie de voir une si belle suite du mystère qu'ils ont annoncé. Que reste-t-il maintenant sinon que pour achever cette ressemblance, nous nous unissions tous ensemble pour faire retentir le même salut qui fut ouï la première fois lorsque le Fils de Dieu s'incarna, et que nous disions à Marie : *Ave.* — (c) Ses fêtes. — (d) Ces grandeurs. — (e) Vous n'ignorez pas, saintes ames, que nous célébrons l'une des plus illustres. — (f) Lui a préparé.

cantiques de réjouissance de tous les ordres des anges et de toute la Cour céleste ; je pourrois encore m'élever plus haut, et vous faire voir la divine Vierge présentée par son divin Fils devant le trône du Père, pour y recevoir de sa main une couronne de gloire immortelle : spectacle vraiment auguste et qui ravit en admiration le ciel et la terre. Mais tout ce divin appareil passe de trop loin nos intelligences ; et d'ailleurs comme le ministère que j'exerce m'oblige, en vous étalant des grandeurs, de vous chercher aussi des exemples (a), je me propose, mes Sœurs, de vous faire paroître l'heureuse Marie suivie seulement de ses vertus et toute resplendissante d'une suite si glorieuse. En effet, les vertus de cette Princesse, c'est ce qu'il y a de plus digne d'être regardé dans son entrée. Ses vertus en ont fait les préparatifs, ses vertus en font tout l'éclat, ses vertus en font la perfection. C'est ce que ce discours vous fera connoître ; et afin que vous voyiez les choses plus distinctement, voici l'ordre que je me propose.

Pour faire entrer Marie dans sa gloire, il falloit la dépouiller avant toutes choses de cette misérable mortalité comme d'un habit étranger ; ensuite il a fallu parer son corps et son ame de l'immortalité glorieuse comme d'un manteau royal et d'une robe triomphante ; enfin dans ce superbe appareil, il la falloit placer dans son trône, au-dessus des chérubins et des séraphins, et de toutes les créatures. C'est tout le mystère de cette journée, et je trouve que trois vertus de cette Princesse ont accompli tout ce grand ouvrage : s'il faut la tirer de ce corps de mort, l'amour divin fera cet office. La sainte virginité, toute pure et toute éclatante, est capable de répandre jusque sur sa chair la lumière d'immortalité, ainsi qu'une robe céleste : et après que ces deux vertus auront fait en cette sorte les préparatifs de cette entrée magnifique (b), l'humilité toute-puissante achèvera la cérémonie en la plaçant dans son trône, pour y être révérée éternellement (c) par les hommes et par les anges. C'est ce que je tâcherai de vous faire voir dans la suite de ce discours avec le secours de la grace.

(a) *Var.* : M'oblige, non-seulement à vous étaler des grandeurs, mais encore à vous chercher des exemples. — (b) Glorieuse, – triomphante. — (c) Où elle sera révérée éternellement.

PREMIER POINT.

Et la nature et la grace concourent à établir immuablement la nécessité de mourir. C'est une loi de la nature, que tout ce qui est mortel doit le tribut à la mort ; et la grace n'a pas exempté les hommes de cette commune nécessité (a), parce que le Fils de Dieu s'étant proposé de ruiner la mort par la mort même, il a posé cette loi qu'il faut passer par ses mains pour en échapper, qu'il faut entrer au tombeau pour en renaître, et enfin qu'il faut mourir une fois pour dépouiller entièrement la mortalité. Ainsi cette pompe sacrée, que je dois aujourd'hui vous représenter, a dû prendre son commencement (b) dans le trépas de la sainte Vierge. Et c'est une partie nécessaire du triomphe de cette Reine (c), de subir la loi de la mort pour laisser entre ses bras et dans son sein même tout ce qu'elle avoit de mortel.

Mais ne nous persuadons pas qu'en subissant cette loi commune, elle ait dû aussi la subir d'une façon (d) ordinaire. Tout est surnaturel en Marie : un miracle lui a donné Jésus-Christ, un miracle lui doit rendre ce Fils bien-aimé ; et sa vie, pleine de merveilles, a dû enfin être terminée par une mort toute divine. Mais quel sera le principe de cette mort admirable et surnaturelle ? Chrétiens, ce sera l'amour maternel, l'amour divin fera cet ouvrage : c'est lui qui enlèvera l'ame de Marie et qui rompant les liens du corps, qui l'empêchent de joindre son Fils Jésus, réunira dans le ciel ce qui ne peut aussi bien être séparé sans une extrême violence. Pour bien entendre un si grand mystère, il nous faut concevoir avant toutes choses, selon notre médiocrité, quelle est la nature de l'amour de la sainte Vierge, quelle est sa cause, quels sont ses transports, de quels traits il se sert et quelles blessures il imprime au cœur.

Un saint évêque (e) nous a donné une grande idée de cet amour maternel, lorsqu'il (f) a dit ces beaux mots : « Pour former l'amour de Marie, deux amours se sont jointes en un : » *Duæ dilec-*

(a) *Var.* : De cette dure obligation. — (b) A dû commencer par. — (c) De son triomphe. — (d) De la façon. — (e) Note marg. : *Amedens Lausanensis*. — (f) Nous en a donné une grande idée, lorsqu'il...

tiones in unam convenerant, et ex duobus amoribus factus est amor unus. Je vous prie, quel est ce mystère, et que veut dire l'enchaînement de ces deux amours? Il l'explique par les paroles suivantes : « C'est, dit-il, que la sainte Vierge rendoit à son Fils l'amour qu'elle devoit à un Dieu, et qu'elle rendoit aussi à son Dieu l'amour qu'elle devoit à un fils : » *Cùm Virgo mater Filio divinitatis amorem infunderet, et in Deo amorem nato exhiberet* [1]. Si vous entendez ces paroles, vous verrez qu'on ne pouvoit rien penser de plus grand, ni de plus fort, ni de plus sublime, pour exprimer l'amour de la sainte Vierge. Car ce saint évêque veut dire que la nature et la grace concourent ensemble, pour faire dans le cœur de Marie des impressions plus profondes. Il n'est rien de plus fort ni de plus pressant que l'amour que la nature donne pour un fils, et que celui que la grace donne pour un Dieu. Ces deux amours sont deux abîmes, dont l'on ne peut pénétrer le fond, ni comprendre toute l'étendue. Mais ici nous pouvons dire avec le Psalmiste : *Abyssus abyssum invocat* [2] : « Un abîme appelle un autre abîme, » puisque pour former l'amour de la sainte Vierge, il a fallu y mêler ensemble tout ce que la nature a de plus tendre, et la grace de plus efficace. La nature a dû s'y trouver, parce que cet amour embrassoit un fils; la grace a dû y agir, parce que cet amour regardoit un Dieu : *Abyssus*. Mais ce qui passe l'imagination, c'est que la nature et la grace ordinaire n'y suffisent pas, parce qu'il n'appartient pas à la nature de trouver un fils dans un Dieu, et que la grace, du moins ordinaire, ne peut faire aimer un Dieu dans un Fils. Il faut donc nécessairement s'élever plus haut.

Permettez-moi, chrétiens, de porter aujourd'hui mes pensées au-dessus de la nature et de la grace, et de chercher la source de cet amour dans le sein même du Père éternel. Je m'y sens obligé par cette raison, c'est que le divin Fils dont Marie est Mère lui est commun avec Dieu. « Ce qui naîtra de vous, lui dit l'ange, sera appelé Fils de Dieu [3]. » Ainsi elle est unie avec Dieu le Père, en devenant la Mère de son Fils unique, « qui ne lui est commun

---

[1] *De Laudib. B. Virg.*, homil. v, *Biblioth. PP.*, tom. XX, p. 1272. — [2] *Psal.* XLI, 8. — [3] *Luc.*, I, 35.

qu'avec le Père éternel dans la manière dont elle l'engendre : » *Cum eo solo tibi est generatio ista communis* [1].

Mais montons encore plus haut, voyons d'où lui vient cet honneur et comment elle a engendré le vrai Fils de Dieu. Vous jugez aisément, mes Sœurs, que ce n'est pas par sa fécondité naturelle, qui ne pouvoit engendrer qu'un homme; si bien que pour la rendre capable d'engendrer un Dieu, il a fallu, dit l'Evangéliste, que le Très-Haut la couvrît de sa vertu, c'est-à-dire qu'il étendît sur elle sa fécondité : *Virtus Altissimi obumbrabit tibi* [2]. C'est en cette sorte, mes Sœurs, que Marie est associée à la génération éternelle.

Mais ce Dieu, qui a bien voulu lui donner son Fils, lui communiquer sa vertu, répandre sur elle sa fécondité, pour achever son ouvrage, a dû aussi faire couler dans son chaste sein quelque rayon ou quelque étincelle de l'amour qu'il a pour ce Fils unique, qui est la splendeur de sa gloire et la vive image de sa substance. C'est de là qu'est né l'amour de Marie : il s'est fait une effusion du cœur de Dieu dans le sien; et l'amour qu'elle a pour son Fils, lui est donné de la même source qui lui a donné son Fils même. Après cette mystérieuse communication, que direz-vous, ô raison humaine? Prétendrez-vous pouvoir comprendre l'union de Marie avec Jésus-Christ (a)? Car elle tient quelque chose de cette parfaite unité qui est entre le Père et le Fils. N'entreprenez pas non plus d'expliquer quel est cet amour maternel, qui vient d'une source si haute, et qui n'est qu'un écoulement de l'amour du Père pour son Fils unique (b). Que si vous n'êtes pas capable d'entendre ni sa force ni sa véhémence, croirez-vous pouvoir vous représenter et ses mouvemens et ses transports? Chrétiens, il n'est pas possible; et tout ce que nous pouvons entendre, c'est qu'il n'y eut jamais de si grand effort que celui que faisoit (c) Marie pour se réunir à Jésus, ni jamais de violence pareille à celle que souffroit son cœur dans cette désunion.

[1] S. Bern., serm. 11, *in Annunt. B. Mar.* — [2] *Luc.*, I, 35.

(a) *Var.* : Entreprendrez-vous de comprendre l'union; — ne pensez pas, — ne prétendez pas, — n'entreprenez pas de comprendre... — (b) Car c'est un écoulement de l'amour du Père pour son Fils unique; — car ce n'est autre chose qu'un écoulement de l'amour. — (c) Jamais d'effort pareil à celui que faisoit.

Après la triomphante ascension du Sauveur Jésus et la descente tant promise et tant désirée de l'Esprit de Dieu, vous n'ignorez pas que la très-heureuse Marie demeura encore assez longtemps sur la terre. De vous dire quelles étoient ses occupations et quels ses mérites pendant son pèlerinage, je n'estime pas que ce soit une chose que les hommes doivent entreprendre. Si aimer Jésus, si être aimé de Jésus, ce sont deux choses qui attirent les divines bénédictions sur les ames, quel abîme de graces n'avoit point pour ainsi dire inondé celle de Marie? Qui pourroit décrire l'impétuosité de cet amour mutuel, à laquelle concouroit tout ce que la nature a de tendre, tout ce que la grace a d'efficace? Jésus ne se lassoit jamais de se voir aimé de sa Mère, cette sainte Mère ne croyoit jamais avoir assez d'amour pour cet Unique et ce Bienaimé; elle ne demandoit autre grace à son Fils sinon de l'aimer, et cela même attiroit sur elle de nouvelles graces.

Il est certain, chrétiens, nous pouvons bien avoir quelque idée grossière de tous ces miracles; mais de concevoir quelle étoit l'ardeur, quelle la véhémence de ces torrens de flammes, qui de Jésus alloient déborder sur Marie et de Marie retournoient continuellement à Jésus, croyez-moi, les séraphins, tout brûlans qu'ils sont, ne le peuvent faire. Mesurez, si vous pouvez, à son amour la sainte impatience qu'elle avoit d'être réunie à son Fils. Parce que le Fils de Dieu ne désiroit rien tant que ce baptême sanglant [1] qui devoit laver nos iniquités, il se sentoit pressé en soi-même d'une manière incroyable, jusqu'à ce qu'il fût accompli. Quoi! il auroit eu une telle impatience de mourir pour nous, et sa Mère n'en auroit point eu de vivre avec lui! Si le grand Apôtre saint Paul [2] veut rompre incontinent les liens du corps pour aller chercher son Maître à la droite de son Père (a), quelle devoit être l'émotion du sang maternel? Le jeune Tobie, pour une absence d'un an, perce le cœur de sa mère d'inconsolables douleurs. Quelle différence entre Jésus et Tobie! et quels regrets la Vierge..... Quoi! disoit-elle, quand elle voyoit quelque fidèle partir de ce monde,

---

[1] *Luc.*, xii, 50. — [2] *Phil.*, i, 21, 23.

(a) *Var.* : Ne se peut tenir en son corps et soupire avec un si grand empressement après son bon Maître.

par exemple saint Etienne et ainsi des autres; quoi! mon Fils, à quoi me reservez-vous désormais, et pourquoi me laissez-vous ici la dernière? S'il ne faut que du sang pour m'ouvrir les portes du ciel, vous qui avez voulu que votre corps fût formé du mien, vous savez bien qu'il est prêt à être répandu pour votre service. J'ai vu dans le temple ce saint vieillard Siméon, après vous avoir amoureusement embrassé, ne demander autre chose que de quitter bientôt cette vie, tant il est doux de jouir même un moment de votre présence! Et moi je ne souhaiterois point de mourir bientôt, pour vous aller embrasser au saint trône de votre gloire? Après m'avoir amenée au pied de votre croix pour vous voir mourir, comment me refusez-vous si longtemps de vous voir régner? Laissez, laissez seulement agir mon amour; il aura bientôt désuni mon ame de ce corps mortel, pour me transporter à vous, en qui seul je vis.

Si vous m'en croyez, ames saintes, vous ne travaillerez pas vos esprits à chercher d'autre cause de sa mort. Cet amour étant si ardent, si fort et si enflammé il ne poussoit pas un seul soupir qui ne dût rompre tous les liens de ce corps mortel (*a*); il ne formoit pas un regret qui ne dût en troubler toute l'harmonie (*b*); il n'envoyoit pas un désir au ciel qui ne dût tirer avec soi l'ame de Marie. Ah! je vous ai dit, chrétiens, que la mort de Marie est miraculeuse, je change maintenant de discours; tellement que la mort n'est pas le miracle, c'en est plutôt la cessation : le miracle continuel, c'étoit que Marie pût vivre séparée de son bien-aimé.

Mais pourrai-je vous dire comment a fini ce miracle, et de quelle sorte il est arrivé que l'amour ait donné le coup de la mort? Est-ce quelque désir plus enflammé, est-ce quelque mouvement plus actif, est-ce quelque transport plus violent (*c*), qui est venu détacher cette ame? S'il m'est permis, chrétiens, de vous dire ce que je pense, j'attribue ce dernier effet, non point à des mouvemens extraordinaires, mais à la seule perfection de l'amour de la sainte Vierge. Car comme ce divin amour régnoit dans son cœur sans aucun obstacle et occupoit toutes ses pensées, il alloit de jour en

---

(*a*) *Var.* : Les liens qui retiennent l'ame. — (*b*) En déconcerter toute l'harmonie; — en rompre tous les accords. — (*c*) **Plus efficace.**

jour s'augmentant par son action, se perfectionnant par ses désirs, se multipliant par soi-même; de sorte qu'il vint enfin, s'étendant toujours, à une telle perfection, que la terre n'étoit plus capable de le contenir. Va, mon fils, disoit ce roi grec; étends bien loin tes conquêtes (*a*) : mon royaume est trop petit pour te renfermer. O amour de la sainte Vierge, ta perfection est trop éminente; tu ne peux plus tenir dans un corps mortel; ton feu pousse des flammes trop vives (*b*), pour être couvert sous cette cendre. Va briller dans l'éternité; va brûler devant la face de Dieu; va t'étendre (*c*) dans son sein immense, qui seul est capable de te contenir. Alors (*d*) la divine Vierge rendit, sans peine et sans violence, sa sainte et bienheureuse ame (*e*) entre les mains de son Fils. Il ne fut pas nécessaire que son amour s'efforçât par des mouvemens extraordinaires. Comme la plus légère (*f*) secousse détache de l'arbre un fruit déjà mûr, comme une flamme s'élève et vole d'elle-même au lieu de son centre (*g*) : ainsi fut cueillie cette ame bénite pour être tout d'un coup transportée au ciel, ainsi mourut la divine Vierge par un élan de l'amour divin et son ame fut portée au ciel sur une nuée de désirs sacrés (*h*). Et c'est ce qui fait dire aux saints anges : « Qui est celle-ci, qui s'élève comme la fumée odoriférante d'une composition de myrrhe et d'encens ? » *Quæ est ista, quæ ascendit sicut virgula fumi ex aromatibus myrrhæ et thuris* [1] ? Belle et excellente comparaison, qui nous explique admirablement la manière de cette mort heureuse et tranquille. Cette fumée odoriférante (*i*), que nous voyons s'élever d'une composition de parfums, n'en est pas arrachée par force, ni poussée dehors avec violence ; une chaleur douce et tempérée la détache délicatement et la tourne en une vapeur subtile, qui s'élève comme d'elle-même. C'est ainsi que l'ame de la sainte Vierge a été séparée du corps : on n'en a pas ébranlé tous les fondemens par une secousse violente ; une divine chaleur l'a détachée doucement du

---

[1] *Cant.*, III, 6.

(*a*) *Var.* : *Explic.* : Philippe à Alexandre. — (*b*) Pousse trop de flammes. — (*c*) Te perdre. — (*d*) En ce moment. — (*e*) Son ame. — (*f*) La moindre. — (*g*) *Explic.* : Le centre de la flamme, d'après l'ancienne physique, ce sont les régions supérieures. — (*h*) De saints désirs ont été ses ailes, et elle a été portée jusqu'au sein de Dieu. — (*i*) Agréable, — délicate.

corps et l'a élevée à son bien-aimé sur une nuée de saints désirs.

Apprenons de là, chrétiens, à désirer Jésus-Christ, puisqu'il est infiniment désirable. Mais qui vous désire, ô Jésus ? Pourrai-je bien trouver dans cette audience un cœur qui soupire après vous, et à qui ce corps soit à charge ? Mes Sœurs, ces chastes désirs se trouvent rarement dans le monde ; et une marque bien évidente qu'on désire peu Jésus-Christ, c'est le repos que l'on sent dans la jouissance des biens de la terre. Lorsque la fortune vous rit, et que vous avez tout ensemble les richesses pour fournir aux plaisirs (a), et la santé pour les goûter à votre aise, en vérité, chrétiens, souhaitez-vous un autre paradis ? vous imaginez-vous un autre bonheur ? Si vous laissez parler votre cœur, il vous dira qu'il se trouve bien et qu'il se contente d'une telle vie. Dans cette disposition, je ne crains pas de vous assurer que vous n'êtes pas chrétiens ; et si vous voulez mériter ce titre, savez-vous ce qu'il vous faut faire ? Il faut que vous croyiez que tout vous manque, lorsque le monde croit que tout vous abonde ; il faut que vous gémissiez parmi tout ce qui plaît à la nature, et que vous n'espériez jamais de repos que lorsque vous serez avec Jésus-Christ. Autrement, voici un beau mot de saint Augustin[1] : « Si vous ne gémissez pas comme voyageurs, vous ne vous réjouirez pas comme citoyens : » *Qui non gemit peregrinus, non gaudebit civis.* C'est-à-dire que vous ne serez jamais habitans du ciel, parce que vous avez voulu l'être de la terre ; refusant le travail du voyage, vous n'aurez pas le repos de la patrie, et vous arrêtant où il faut marcher, vous n'arriverez pas où il faut parvenir. C'est pourquoi Marie a toujours gémi en se souvenant de Sion ; son cœur n'avoit point de paix, éloigné de son bien-aimé. Enfin ses désirs l'ont conduite à lui, en lui donnant une heureuse mort ; mais elle ne demeurera pas longtemps dans son ombre, et la sainte virginité attirera bientôt sur son corps une influence de vie ; c'est le second point de ce discours.

[1] *In Psal.* CXLVIII, n. 4.
(a) *Var.* : Pour vous donner les plaisirs.

SECOND POINT.

Le corps sacré de Marie, le trône de la chasteté, le temple de la sagesse incarnée, l'organe du Saint-Esprit et le siége de la vertu du Très-Haut n'a pas dû demeurer dans le tombeau ; et le triomphe de Marie seroit imparfait, s'il s'accomplissoit sans sa sainte chair (a), qui a été comme la source de sa gloire. Venez donc, vierges de Jésus-Christ (b), chastes épouses du Sauveur des ames, venez admirer les beautés de cette chair virginale, et contempler trois merveilles que la sainte virginité opère sur elle. La sainte virginité la préserve de corruption : et ainsi elle lui conserve l'être ; la sainte virginité lui attire une influence céleste, qui la fait ressusciter avant le temps : ainsi elle lui rend la vie ; la sainte virginité répand sur elle de toutes parts une lumière divine : et ainsi elle lui donne la gloire. C'est ce qu'il nous faut expliquer par ordre.

Je dis donc avant toutes choses que la sainte virginité est comme un baume divin, qui préserve de corruption le corps de Marie ; et vous en serez convaincues, si vous méditez attentivement quelle a été la perfection de sa pureté virginale. Pour nous en former quelque idée, posons d'abord ce principe, que Jésus-Christ notre Sauveur étant uni si étroitement selon la chair à la sainte Vierge, cette union si particulière a dû nécessairement être accompagnée d'une entière conformité. Jésus a cherché son semblable ; et c'est pourquoi cet Epoux des vierges a voulu avoir une Mère vierge, afin d'établir cette ressemblance comme le fondement de cette union. Cette vérité étant supposée, vous jugez bien, ames chrétiennes, qu'il ne faut rien penser de commun de la pureté de Marie. Non, jamais vous ne vous en formerez une juste idée ; jamais vous n'en comprendrez la perfection, jusqu'à ce que vous ayez entendu qu'elle a opéré dans cette Vierge-Mère une parfaite intégrité d'esprit et de corps. Et c'est ce qui a fait dire au grand saint Thomas (c), qu'une grace extraordinaire a répandu sur elle avec abondance une céleste rosée, qui a non-seulement tempéré

(a) *Var.*: Si elle étoit dépouillée de sa sainte chair. — (b) Vierges saintes de Jésus-Christ. — (c) Aux théologiens.

comme dans les autres élus, mais éteint tout le feu de la convoitise¹; c'est-à-dire, non-seulement les mauvaises œuvres, qui sont comme l'embrasement qu'elle excite; non-seulement les mauvais désirs, qui sont comme la flamme qu'elle pousse; et les mauvaises inclinations, qui sont comme l'ardeur qu'elle entretient; mais encore le brasier et le foyer même, comme parle la théologie, *fomes peccati*; c'est-à-dire selon son langage, la racine la plus profonde et la cause la plus intime du mal. Après cela, chrétiens, comment la chair de la sainte Vierge auroit-elle été corrompue, à laquelle la virginité d'esprit et de corps, et cette parfaite conformité avec Jésus-Christ a ôté, avec le foyer de la convoitise, tout le principe de corruption.

Car ne vous persuadez pas que nous devions considérer la corruption, selon les raisonnemens de la médecine, comme une suite naturelle (a) de la composition et du mélange. Il faut élever plus haut nos pensées, et croire selon les principes du christianisme que ce qui engage la chair à la nécessité d'être corrompue, c'est qu'elle est un attrait au mal, une source de mauvais désirs, enfin « une chair de péché, » comme parle l'apôtre saint Paul² : *caro peccati*. Une telle chair doit être détruite, je dis même dans les élus, parce qu'en cet état de chair de péché, elle ne mérite pas d'être réunie à une ame bienheureuse, ni d'entrer dans le royaume de Dieu : *Caro et sanguis regnum Dei non possidebunt*³. Il faut donc qu'elle change sa première forme afin d'être renouvelée, et qu'elle perde tout son premier être pour en recevoir un second de la main de Dieu. Comme un vieux bâtiment irrégulier qu'on laisse tomber pièce à pièce afin de le dresser de nouveau dans un plus bel ordre d'architecture, il en est de même de cette chair toute déréglée par la convoitise. Dieu la laisse tomber en ruine, afin de la refaire à sa mode et selon le premier plan de sa création. C'est ainsi qu'il faut raisonner de la corruption de la chair, selon les principes de l'Evangile; c'est de là que nous apprenons qu'il faut que notre chair soit réduite en poudre, parce qu'elle a servi au péché; et de

---

¹ III part., quæst. XXVII, art. 3. — ² *Rom.*, VIII, 3. — ³ I *Cor.*, XV, 50.

(a) *Var.* : Nécessaire.

là aussi nous devons entendre que celle de Marie étant toute pure, elle doit par conséquent être incorruptible.

C'est aussi pour la même cause qu'elle a dû recevoir l'immortalité par une résurrection anticipée. Car encore que Dieu ait marqué un terme commun à la résurrection de tous les morts, il y a des raisons particulières qui peuvent l'obliger d'avancer le temps en faveur de la sainte Vierge. Le soleil ne produit les fruits que dans leur saison ; mais nous voyons des terres si bien cultivées, qu'elles attirent une action plus efficace et plus prompte. Il y a aussi des arbres hâtifs dans le jardin de notre Epoux ; et la sainte chair de Marie est une matière trop bien préparée, pour attendre le terme ordinaire à produire des fruits d'immortalité. Sa pureté virginale lui attire une influence particulière ; sa conformité avec Jésus-Christ la dispose à recevoir un effet plus prompt de sa vertu vivifiante. Et certainement, chrétiens, elle peut bien attirer sa vertu, puisqu'elle l'a attiré lui-même. Il est venu en cette chair, charmé par sa pureté ; il a aimé cette chair jusqu'à s'y renfermer durant neuf mois, jusqu'à s'incorporer avec elle, « jusqu'à prendre racine en elle, » comme parle Tertullien : *In utero radicem egit*[1]. Il ne laissera donc pas dans le tombeau cette chair qu'il a tant aimée, mais il la transportera dans le ciel ornée d'une gloire immortelle.

La sainte virginité servira encore à Marie pour lui donner cet habit de gloire, et en voici la raison. Jésus-Christ nous représente, dans son Evangile, la gloire des corps ressuscités par cette belle parole : « Ils seront comme les anges de Dieu : » *Erunt sicut angeli Dei*[2]. Et c'est pour cela que Tertullien, parlant de la chair ressuscitée, l'appelle « une chair angélisée : » *Angelificata caro*[3]. Or de toutes les vertus chrétiennes, celle qui peut le mieux produire un si bel effet, c'est la sainte virginité. C'est elle qui fait des anges sur la terre ; c'est elle dont saint Augustin a dit ce beau mot : *Habet aliquid jam non carnis in carne*[4] : « Elle a au milieu de la chair quelque chose qui n'est pas de la chair, » et qui tient de l'ange plutôt que de l'homme. Celle qui fait des anges dès cette

---

[1] *De Carne Christi*, n. 21. — [2] *Matth.*, XXII, 30. — [3] *De Resur. carn.*, n. 26. — [4] *De sanctâ Virginit.*, n. 12.

vie, en pourra bien faire en la vie future; et ainsi j'ai eu raison de vous assurer qu'elle a une vertu particulière, pour contribuer dans les derniers temps à la gloire des corps ressuscités. Jugez par là, chrétiens, de quel éclat, de quelle lumière sera environné celui de Marie, qui surpasse par sa pureté les séraphins mêmes. Aussi l'Ecriture sainte cherche-t-elle des expressions extraordinaires, afin de nous représenter un si grand éclat. Pour nous en tracer quelque image, à peine trouve-t-elle dans le monde assez de rayons; il a fallu ramasser tout ce qu'il y a de lumineux dans la nature (a). Elle a mis la lune à ses pieds, les étoiles autour de sa tête. Au reste, le soleil la pénètre toute et l'environne de ses rayons (b): *Mulier amicta sole* [1], tant il a fallu de gloire et d'éclat pour orner ce corps virginal!

Vierges de Jésus-Christ, réjouissez-vous à ce beau spectacle; songez à quels honneurs la sainte virginité prépare vos corps. Elle les purifie, elle les consacre, elle y éteint la concupiscence, elle y mortifie les mauvais désirs; et par tant de saintes préparations, elle dispose cette chair mortelle à une lumière incorruptible. Apprenez donc, mes très-chères Sœurs, à estimer ce sacré trésor, que vous portez dans des vaisseaux de terre: *Habemus autem thesaurum istum in vasis fictilibus*[2]. Renouvelez-vous tous les jours par l'amour de la pureté, ne souffrez pas qu'elle soit souillée par la moindre attache du corps; et si vous êtes jalouses de la pureté de la chair, soyez-les encore beaucoup davantage de la pureté de l'esprit. Par ce moyen (c) vous serez les dignes compagnes de la bienheureuse Marie; et portant ses glorieuses livrées, vous suivrez de plus près son char de triomphe, dans lequel elle va monter à son trône. Avancez-vous donc pour la suivre; elle se prépare à marcher, et elle va monter au ciel qui l'attend. Les préparatifs sont achevés, l'amour divin a fait son office, et lui a ôté sa robe mortelle; la sainte virginité lui a mis son habit royal; je vois l'humilité qui lui tend la main et qui s'avance pour la placer dans son trône. C'est ce qui doit finir la cérémonie, et faire le dernier point de ce discours.

[1] *Apoc.*, XII, 2. — [2] II *Cor.*, IV, 7.
(a) Dans le ciel. — (b) De sa lumière. — (c) Ainsi.

TROISIÈME POINT.

Puisque c'est l'humilité seule qui a fait le triomphe de Jésus-Christ, il faut qu'elle fasse aussi celui de Marie; et sa gloire ne lui plairoit pas, si elle y entroit par une autre voie que par celle que son Fils a voulu choisir. Elle s'élève donc par l'humilité, et voici en quelle manière. Vous n'ignorez pas, chrétiens, que le propre de l'humilité, c'est de s'appauvrir elle-même si je puis parler de la sorte, et de se dépouiller de ses avantages. Mais aussi, par un retour merveilleux, elle s'enrichit en se dépouillant, parce qu'elle s'assure tout ce qu'elle s'ôte; et rien ne lui convient mieux que cette belle parole de saint Paul (a) : *Tanquam nihil habentes et omnia possidentes* [1], « qu'elle n'a rien et possède tout. » Je pourrois établir cette vérité sur une doctrine solide et évangélique; mais il est plus convenable à cette journée et à l'ordre de mon discours, de vous en montrer la pratique par l'exemple de la sainte Vierge.

Elle possédoit trois biens précieux : une haute dignité, une pureté admirable de corps et d'esprit (b); et ce qui est au-dessus de tous les trésors, elle possédoit Jésus-Christ. Elle avoit un Fils bien-aimé, « dans lequel, dit le saint Apôtre, habitoit toute plénitude : » *In ipso placuit omnem plenitudinem inhabitare* [2]. Voilà une créature distinguée excellemment de toutes les autres; mais son humilité très-profonde la dépouillera en quelque façon de ces merveilleux avantages. Elle qui est élevée au-dessus de tous par la dignité de Mère de Dieu, se range dans le commun par la qualité de servante. Elle qui est séparée de tous par sa pureté immaculée, se mêle parmi les pécheurs en se purifiant avec les autres. Voyez qu'elle se dépouille, en s'humiliant, de l'honneur de sa qualité et de la prérogative de son innocence. Mais voici quelque chose de plus; elle perd jusqu'à son Fils sur le Calvaire; et je ne dis pas seulement qu'elle perd son Fils parce qu'elle le voit mourir d'une mort cruelle, mais elle le perd ce Fils bien-aimé parce qu'il

---

[1] II *Cor.*, VI, 10. — [2] *Coloss.*, I, 19.

(a) *Var.* : Et nous lui pouvons appliquer cette belle parole de saint Paul. — (b) D'esprit et de corps.

cesse en quelque sorte d'être son Fils, et qu'il lui en substitue un autre en sa place : « Femme, lui dit-il, voilà votre fils [1]. »

Méditez ceci, chrétiens ; et encore que cette pensée semble peut-être un peu extraordinaire, vous verrez néanmoins qu'elle est bien fondée. Il semble que le Sauveur ne la connoît plus pour sa Mère ; il l'appelle femme, et non pas sa Mère : « Femme, lui dit-il, voilà votre fils. » Il ne parle pas ainsi sans mystère : il est dans un état d'humiliation, et il faut que sa sainte Mère y soit avec lui. Jésus a un Dieu pour son Père, et Marie un Dieu pour son Fils. Ce divin Sauveur a perdu son Père, et il ne l'appelle plus que son Dieu. Il faut que Marie perde aussi son Fils : il ne l'appelle que du nom de *femme* (a), et il ne lui donne point le nom de *sa Mère*. Mais ce qui est le plus humiliant pour la sainte Vierge, c'est qu'il lui donne un autre fils, comme si désormais il cessoit de l'être et comme s'il rompoit le nœud d'une si sainte alliance : « Voilà, dit-il, votre fils : » *Ecce filius tuus*. Et en voici la raison. Durant les jours de sa chair, c'est-à-dire pendant le temps de sa vie mortelle, il rendoit à sa sainte Mère les devoirs et les services d'un fils ; il étoit sa consolation et l'unique appui de sa vieillesse. Maintenant qu'il va entrer dans sa gloire, il prendra des sentimens plus dignes d'un Dieu, et c'est pourquoi il laisse à un autre les devoirs de la piété naturelle. Je ne le dis pas de moi-même, et j'ai appris ce mystère du grand saint Paulin : *Jam Salvator ab humanâ fragilitate, quâ erat natus ex fœminâ, per crucis mortem demigrans in æternitatem Dei, delegat homini jura pietatis humanæ* [2] : « Jésus étant prêt de passer de la fragilité humaine, par laquelle il étoit né d'une femme, à la gloire et à l'éternité de son Père, que fait-il ? *Delegat ;* il donne saint Jean pour fils à Marie, et il laisse à un homme mortel les sentimens de la piété humaine. »

Voilà donc Marie qui n'a plus son Fils ; Jésus son Fils bien-aimé a cédé ses droits à saint Jean (b), et elle passe en ce triste état une longue suite d'années. Elle se plaint au divin Sauveur : O

---

[1] *Joan.*, XIX, 26. — [2] *Ad August.*, epist. III, n. 17.

(a) *Var.* : C'est pourquoi il l'appelle *femme*. — (b) L'a laissée entre les mains de saint Jean.

Jésus ma consolation, pourquoi me laissez-vous si longtemps? Jésus ne l'écoute pas, et la laisse entre les mains de saint Jean. Qu'elle vive avec saint Jean, qu'elle se console avec saint Jean; c'est le fils que Jésus lui donne. C'est votre fils, lui dit-il; consolez-vous avec lui. Chrétiens, quel est cet échange? *O commutationem!* s'écrie saint Bernard [1]; on lui donne Jean pour Jésus, le serviteur pour le maître, le fils de Zébédée pour le Fils de Dieu. Il plaît à son Fils de l'humilier; saint Jean prend la liberté de la reconnoître pour mère : elle accepte humblement l'échange; et cet amour maternel, accoutumé à un Dieu, ne refuse pas de se rabaisser jusqu'à se terminer à un homme. Oui, dit-elle, je veux bien cet homme, et je ne méritois pas d'être la Mère d'un Dieu, tant son humilité est profonde, tant sa soumission est admirable.

Reprenons tout ceci, Messieurs; et rassemblons maintenant en un tous ces actes d'humilité de la sainte Vierge. Sa dignité ne paroît plus, elle la couvre sous l'ombre de la servitude. Sa pureté se retire, cachée sous les marques du péché. Elle quitte jusqu'à son Fils, et elle consent par humilité d'en avoir un autre. Ainsi vous voyez qu'elle a tout perdu, et que son humilité l'a entièrement dépouillée : *Tanquam nihil habentes.* Mais voyons la suite, mes Sœurs, et vous verrez que cette humilité qui la dépouille lui rend tout avec avantage : *Et omnia possidentes.*

O Mère de Jésus-Christ, parce que vous vous êtes appelée *servante,* aujourd'hui l'humilité vous prépare un trône : Montez en cette place éminente, et recevez l'empire absolu sur toutes les créatures. O Vierge toute sainte et toute innocente, plus pure que les rayons du soleil, vous avez voulu vous purifier et vous mêler parmi les pécheurs; votre humilité vous va relever : vous serez l'avocate de tous les pécheurs; vous serez leur second refuge et leur principale espérance après Jésus-Christ : *Refugium peccatorum.* Enfin vous aviez perdu votre Fils; il sembloit qu'il vous eût quittée, vous laissant gémir si longtemps dans cette terre étrangère. Parce que vous avez subi avec patience une telle humiliation, ce Fils veut rentrer dans ses droits, qu'il n'avoit cédés à Jean que pour peu de temps. Je le vois, il vous tend les bras, et toute

---

[1] *Serm. Dom. infr. Oct. Assumpt.,* n. 15.

la Cour céleste vous admire, ô heureuse Vierge, montant au ciel pleine de délices et appuyée sur ce bien-aimé : *Innixa super dilectum suum* [1].

Certes, divine Vierge, vous êtes véritablement appuyée sur ce bien-aimé : c'est de lui que vous tirez toute votre gloire, sa miséricorde est le fondement de tous vos mérites. Cieux, s'il est vrai que par vos immuables accords vous entreteniez l'harmonie de cet univers, entonnez sur un chant nouveau un cantique de louanges : les Vertus célestes, qui règlent vos mouvemens, vous invitent à donner quelque marque de réjouissance. Pour moi, s'il est permis de mêler nos conceptions à des secrets si augustes, je m'imagine que Moïse ne put s'empêcher, voyant cette Reine, de répéter cette belle prophétie qu'il nous a laissée dans ses Livres : « Il sortira une étoile de Jacob, et une branche s'élèvera d'Israël [2]. » Isaïe, enivré de l'esprit de Dieu, chanta dans un ravissement incompréhensible : « Voici cette Vierge qui devoit concevoir et enfanter un Fils [3]. » Ezéchiel reconnut cette porte close [4] par laquelle personne n'est jamais entré ni sorti, parce que c'est par elle que le Seigneur des batailles a fait son entrée. Et au milieu d'eux, le prophète royal David animoit une lyre céleste par cet admirable cantique [5] : « Je vois à votre droite, ô mon Prince, une Reine en habillement d'or enrichi d'une merveilleuse variété. Toute la gloire de cette Fille de roi est intérieure, elle est néanmoins parée d'une broderie toute divine. Les vierges après elle se présenteront à mon Roi ; on les lui amènera dans son temple avec une sainte allégresse. » Cependant la Vierge elle-même tenoit les esprits bienheureux dans un respectueux silence, tirant encore une fois du fond de son cœur ces excellentes paroles : « Mon ame exalte le Seigneur de tout son pouvoir, et mon esprit est saisi d'une joie infinie en Dieu mon Sauveur, parce qu'il a regardé le néant de sa servante ; et voici que toutes les générations m'estimeront bienheureuse [6]. » Voilà, mes très-chères Sœurs, quelle est l'entrée de la sainte Vierge : la cérémonie est conclue, toute cette pompe sacrée est finie. Marie est placée dans son trône,

---

[1] *Cant.*, VIII, 5. — [2] *Num.*, XXIV, 17. — [3] *Isaï.*, VII, 14. — [4] *Ezech.*, XLIV, 2.— [5] *Psal.* XLIV, 10, 14-16.— [6] *Luc.*, I, 46.

entre les bras de son Fils, dans ce midi éternel, comme parle le grand saint Bernard; et la sainte humilité a fait cet ouvrage.

Que reste-t-il maintenant, sinon que nous rendions nos respects à cette auguste Souveraine, et que la voyant si près de son Fils, nous la priions de nous assister par ses intercessions toutes-puissantes? C'est à elle, dit le dévot saint Bernard, qu'il appartient véritablement de parler au cœur de Jésus : *Quis tam idoneus ut loquatur ad cor Domini nostri Jesu Christi, ut tu felix Maria* [1] *?* Elle y a une fidèle correspondance; je veux dire l'amour filial, qui viendra recevoir l'amour maternel et accomplira ses désirs. Qu'elle parle donc pour nous à ce cœur, et qu'elle nous obtienne par ses prières le don de l'humilité.

O sainte, ô bienheureuse Marie, puisque vous êtes avec Jésus-Christ, jouissant dans ce midi éternel avec une pleine allégresse de sa sainte et bienheureuse familiarité, parlez pour nous à son cœur; parlez, car votre Fils vous écoute. Nous ne vous demandons pas les grandeurs humaines : impétrez-nous seulement cette humilité, par laquelle vous avez été couronnée; impétrez-la à ces saintes filles et à toute cette audience; et faites, ô Vierge sacrée, que tous ceux qui ont célébré votre Assomption glorieuse entrent profondément dans cette pensée, qu'il n'y a aucune grandeur qui ne soit appuyée sur l'humilité; que c'est elle seule qui fait les triomphes et qui distribue les couronnes; et qu'enfin il n'est rien de plus véritable que cette parole de l'Evangile, que « celui qui s'abaisse durant cette vie sera exalté à jamais dans la félicité éternelle, » où nous conduise le Père, le Fils et le Saint-Esprit. *Amen.*

---

[1] *Ad Beat. Virg., Serm. Panegyr.*, n. 7, int. Oper. S. Bernard.

SECOND SERMON

POUR

LA FÊTE DE L'ASSOMPTION DE LA SAINTE VIERGE (a).

Dilectus meus mihi, et ego illi.

Mon bien-aimé est à moi, et moi je suis à lui. *Cant.*, II, 16.

En cette sainte journée et durant toute cette octave, on n'entendra résonner dans toute l'Eglise que les paroles du sacré Cantique. Tout retentira des douceurs et des caresses réciproques de l'Epoux et de l'Epouse : on verra celle-ci parcourir tous les jardins et tous les parterres, et ramasser toutes les fleurs et tous les fruits pour faire des bouquets et des présens à son bien-aimé ; et le bien-aimé réciproquement chercher tout ce qu'il y a de plus

---

(a) Prêché au Val-de-Grace, en 1663, devant la reine mère.

L'orateur dit, en s'adressant à son auditoire, *mes Sœurs, chères ames*, et aussi *Messieurs*. Or Bossuet n'employoit guère cette double appellation qu'au Val-de-Grace.

D'un autre côté, la *Gazette de France* nous apprend qu'en 1663 la reine Anne d'Autriche, relevant de maladie, passa les fêtes de l'Assomption au Val-de-Grace, et qu'elle y entendit « un beau sermon de l'abbé Bossuet. » Eh bien, dans la péroraison de notre sermon, l'orateur, parlant de la sainte Vierge, dit : « Qu'elle mette bientôt le comble à la joie de toute la France par le parfait rétablissement de cette reine auguste et pieuse, qui nous honore de son audience. »

Nous voyons pareillement, dans la *Muse historique*, que la reine Anne se trouvoit au Val-de-Grace en 1663, pendant les fêtes de l'Assomption ; « le roi, la reine, les grands et les grandes de la Cour » la visitèrent dans cette maison religieuse ;

Et Monsieur l'abbé Bossuet,	Y prêcha, dit-on, devant elle,
Qui tant de rares choses sait,	Avec une grande érudition,
Et dont l'ame est candide et belle,	Le saint jour de l'Assomption.

Autre remarque. Louis XIII, longtemps sans enfants, conjura la sainte Vierge, par un vœu, de lui obtenir un fils pour le remplacer sur le trône de France. Son vœu s'étant accompli par la naissance de Louis XIV, il consacra le royaume à la Reine suprême, et décréta qu'on feroit à Notre-Dame de Paris, chaque année, une procession pour perpétuer le souvenir du bienfait qui lui avoit été accordé. De là ces paroles du prédicateur : « Qu'elle protége du plus haut des cieux ce royaume très-chrétien, qu'un roi juste et pieux lui a consacré. »

Enfin le second sermon pour l'Assomption est reproduit d'après les anciennes éditions.

riche et de plus agréable dans la nature, pour représenter les beautés et les charmes de sa bien-aimée. En un mot, on n'entendra pendant ces jours que la céleste mélodie du *Cantique des Cantiques ;* et par là l'Eglise veut que nous concevions que le mystère de cette journée est le mystère du saint amour. Suivons ses intentions; parlons aujourd'hui, mes Frères, des délices, des chastes impatiences et des douceurs ravissantes (a) de l'amour divin, et contemplons-en les effets en la divine Marie.

Trois choses considérables me paroissent principalement devoir nous occuper dans ce discours : la vie de la sainte Vierge, la mort de la sainte Vierge, le triomphe de la sainte Vierge; et j'ai dessein de vous faire voir, et que c'est l'amour qui la faisoit vivre, et que c'est l'amour qui l'a fait mourir, et que c'est aussi l'amour qui a fait la gloire de son triomphe. Comment peut-on comprendre que l'amour seul opère de si grands effets, et des effets si contraires ? Si c'est l'amour qui donne la vie, peut-il après cela donner la mort? L'amour a une force qui fait vivre; l'amour a des langueurs qui font défaillir. Regardez cette force que l'amour inspire, qui excite, qui anime, qui soutient le cœur : vous verrez facilement que l'amour fait vivre. Regardez les foiblesses, les défaillances, et les langueurs de l'amour : et vous n'aurez pas de peine à comprendre que l'amour peut faire mourir. Mais comment peut-il ensuite faire triompher? C'est qu'outre sa force qui anime et sa foiblesse qui tue, il a ses grandeurs, ses sublimités, ses élévations, ses magnificences : et tout cela ne suffit-il pas pour la pompe d'un triomphe? Entrons donc maintenant en notre sujet ; et faisons voir par ordre la force du saint amour, qui a donné la vie à la sainte Vierge; les impatiences défaillantes du saint amour, qui lui ont donné la mort; les sublimités du saint amour, qui ont fait la majesté de son triomphe. C'est le sujet de ce discours.

PREMIER POINT.

Comme je ne ferai autre chose dans cet entretien que de vous parler des mystères de l'amour, je me sens obligé d'abord de vous avertir que vous devez soigneusement éloigner de vos esprits

(a) *Var. :* Admirables.

toutes les idées (a) de l'amour profane. Et pour contribuer ce que je puis à les bannir de mon auditoire, je vous prie au nom de celle qui n'eût pas voulu être mère si elle n'eût pu en même temps être vierge, de ne penser qu'à l'amour chaste par lequel l'ame s'efforce de se réunir à son Auteur. Pour cela imprimez dans vos cœurs cette vérité fondamentale, que l'amour dans son origine n'est dû qu'à Dieu seul, et que c'est un vol sacrilége de le consacrer à un autre qu'à lui. (b)

Et nous en serons convaincus, si peu que nous voulions considérer ce que nous entendons par le nom d'*amour*. Car qu'est-ce que nous entendons par le nom d'*amour*, sinon une puissance souveraine, une force impérieuse qui est en nous pour nous tirer hors de nous, un je ne sais quoi qui dompte et captive nos cœurs sous la puissance d'un autre, qui nous fait dépendre d'autrui et nous fait aimer notre dépendance? Et n'est-ce pas par une telle inclination que nous devons honorer celui à qui appartient naturellement tout empire et tout droit de souveraineté sur les cœurs? C'est pourquoi lui-même voulant nous prescrire le culte que nous

(a) *Var.* : Les pensées. — (b) *Note marg.* : Il faut donc savoir, mes Frères, que toutes les créatures sortant du sein de Dieu par sa puissance, il y en a quelques-unes qu'il rappelle à soi-même par sa bonté, et ce sont les créatures raisonnables. Etant donc créées de la main de Dieu pour retourner à lui comme à leur principe, Dieu a mis quelque chose en elles pour leur donner le moyen de retourner à leur source et se réunir à leur Auteur; et cela, Messieurs, c'est l'amour, esprit de retour à Dieu. C'est pourquoi il a posé ce premier précepte : *Diliges Dominum Deum tuum* (*Deut.*, VI, 5); par où nous devons entendre que le premier et véritable tribut de la créature raisonnable pour reconnoître son Créateur et l'unique moyen qui lui est donné pour se réunir à lui, c'est l'amour. Ainsi l'amour véritable, c'est celui qu'on doit à Dieu ; et lorsque l'Ecriture divine et les auteurs ecclésiastiques se servent de l'amour profane pour exprimer les effets de l'amour divin, ce n'est pas que l'amour divin se règle sur l'amour profane, mais c'est au contraire que l'amour profane imite les propriétés de l'amour divin. Car l'amour divin, c'est l'unique et le véritable amour, et l'amour profane n'en est qu'un égarement. Un cœur possédé de l'amour profane n'est autre chose qu'un cœur égaré, qui donne à la créature ce qui n'est dû qu'au Créateur. Lors donc que l'Ecriture sainte se sert de l'amour profane pour exprimer les transports et les propriétés du saint amour, c'est qu'elle veut rappeler l'amour dévoyé au principe d'où il s'égare, et nous faire voir même dans son égarement les traces de la droite voie. C'est donc en cet esprit que je vous parlerai de l'amour, où si vous découvrez quelque chose que l'amour profane ait usurpé, regardez cela comme un vol qui est fait au saint amour, et apprenez à ôter à la créature et à rendre au Créateur ce qui lui est dû. Cette doctrine étant supposée pour servir d'éclaircissement à tout ce discours, parlons maintenant de l'amour de la sainte Vierge, et tâchons d'exprimer sa force.

lui devons, il ne nous demande qu'un amour sans bornes (a) : « Tu aimeras, dit-il, le Seigneur ton Dieu de toute ta force [1] ; » afin que nous entendions que l'amour seul est la source de l'adoration légitime que doit la créature à son Créateur, et le véritable tribut par lequel elle le doit reconnoître.

En effet il est très-certain que tout amour véritable tend à adorer. S'il est quelquefois impérieux, c'est pour se rejeter plus avant dans la sujétion : il ne se satisfait pas lui-même, s'il ne vit dans une dépendance absolue. C'est la nature de l'amour ; et le profane même ne parle que d'adoration, que d'hommages, que de dépendance : par où nous devrions entendre, si nous étions encore capables de nous entendre nous-mêmes, que pour mériter d'être aimé parfaitement, il faut être quelque chose de plus qu'une créature. Cette sainte doctrine, si nécessaire, étant supposée pour servir et de fondement et d'éclaircissement à tout ce discours, parlons maintenant sans crainte et à bouche ouverte de la force et des effets de l'amour, et voyons avant toutes choses quel étoit celui de la sainte Vierge.

Il est né de l'admirable concours de la grace et de la nature, et il a emprunté de l'une et de l'autre ce que l'une et l'autre ont de plus pressant. Ainsi il y avoit une liaison tout à fait singulière entre Jésus et Marie : *Dilectus meus mihi, et ego illi* : « Mon bien-aimé est à moi, et je suis à lui. » Ils sont l'un à l'autre d'une façon incommunicable : il est à elle comme Sauveur ; cela est commun : mais il est à elle comme Fils ; à elle, comme il est au Père céleste. C'est un mystère incommunicable : *Dilectus meus mihi* : il est Fils unique ; *et ego illi* : il n'a que moi sur la terre ; il n'a point de père.

Cet amour étant donc si fort et faisant une liaison si intime entre ces deux cœurs, Marie devoit mourir quand elle vit expirer son Fils ; elle devoit mourir autant de fois qu'elle vivoit de momens. Car elle le voyoit toujours mourant, toujours expirant, toujours lui disant le dernier adieu, toujours dans les mystères de sa mort et de sa sépulture. « Son bien-aimé étoit ainsi pour elle

---

[1] *Deut.*, VI, 5.

(a) *Var.* : Que notre amour.

comme un bouquet de myrrhe : » *Fasciculus myrrhœ, dilectus meus mihi* [1] ; et la douleur que lui causoit son amour, devoit à chaque instant lui donner la mort. C'est pourquoi l'Ecriture toujours forte dans la simplicité de ses expressions, compare cette douleur à un glaive tranchant et pénétrant : *Tuam animam gladius pertransibit* [2] : « Votre ame sera percée comme par une épée. » D'où vient donc qu'elle n'est pas morte étant percée de ce glaive? C'est que l'amour la faisoit vivre.

C'est la propriété de l'amour de donner au cœur une vie nouvelle, qui est toute pour l'objet aimé : naturellement le cœur vit pour soi. Est-il frappé de l'amour, il commence une vie nouvelle pour l'objet qu'il aime. Voyez la divine Epouse; elle ne pense qu'à son Epoux, elle n'est occupée que de son Epoux. Nuit et jour il lui est présent et même pendant le sommeil elle veille à lui : *Ego dormio et cor meum vigilat* [3]. Si bien qu'ayant même pendant son sommeil une certaine attention sur lui, toujours vivante et toujours veillante, au premier bruit de son approche, au premier son de sa voix, elle s'écrie aussitôt toute transportée : « J'entends la voix de mon bien-aimé : » *Vox dilecti mei* [4]. Elle s'étoit mise en son lit pour y goûter du repos; la vie de l'amour ne le permet pas. Elle cherche en son lit; et ne trouvant pas son bien-aimé, elle n'y peut plus demeurer : elle se lève; elle court; elle se fatigue; elle tourne de tous côtés troublée, inquiète, incapable de s'arrêter jusqu'à ce qu'elle le rencontre. Elle veut que toutes les créatures lui en parlent; elle veut que toutes les créatures se taisent. Elle veut en parler; elle ne peut souffrir ce qui s'en dit, ni ce qu'elle en dit elle-même; et l'amour, qui la fait parler, lui rend insupportable tout ce qu'elle dit, comme indigne de son bien-aimé.

C'est ainsi que vivoit la divine Vierge par la force et le transport de son amour. Son état étoit une douleur mortelle, une douleur tuante et crucifiante; et au milieu de cette douleur, je ne sais quoi de vivifiant, par le moyen de l'amour (a). Elle avoit toujours de-

---

[1] *Cant.*, I, 12. — [2] *Luc.*, II, 35. — [3] *Cant.*, V, 2. — [4] *Ibid.*

(a) *Var.* : Etant toujours dans un état de mort par sa douleur maternelle, elle ne vivoit que d'amour. Mais pourquoi cet amour ne tranchoit-il pas plutôt cette vie mortelle, pour la faire vivre dans la jouissance paisible ? C'est qu'il falloit qu'elle vécût pour souffrir. Voyez donc le miracle du saint amour : 'amour

vant les yeux Jésus-Christ crucifié. Car si l'efficace de la foi est telle, que saint Paul a bien pu écrire aux Galates [1] que Jésus-Christ avoit été crucifié à leurs yeux, combien plus la divine Vierge voyoit-elle toujours présent son Fils meurtri et ensanglanté, et cruellement déchiré par tant de plaies ? Etant donc toujours pénétrée de la croix et des souffrances de Jésus-Christ, elle menoit une vie et de douleur et de mort, et pouvoit dire avec l'Apôtre : « Je meurs tous les jours [2]. » Mais l'amour venoit au secours et soutenoit sa vie languissante. Un désir vigoureux de se conformer aux volontés de son bien-aimé soutenoit ses langueurs et ses défaillances ; et Jésus-Christ seul vivoit en elle, parce qu'elle ne vivoit que de son amour.

Les martyrs étoient animés par l'avidité de souffrir, qui excitant leur courage, soutenoit leurs forces et en même temps prolongeoit leur vie. Pour être conforme à la vie crucifiée de Jésus-Christ, Marie ayant toujours Jésus-Christ crucifié devant les yeux, elle ne vivoit que d'une vie de douleur ; et l'amour soutenoit cette douleur par l'avidité de se conformer à Jésus-Christ, d'être percée de ses clous, d'être attachée à sa croix. Marie ne vivoit que pour souffrir : *Fulcite me floribus, stipate me malis, quia amore langueo* [3] : « Soutenez-moi avec des fleurs, fortifiez-moi avec des fruits. » Son amour languissant et défaillant toujours par la douleur, cherchoit du soutien. Quel soutien ? Des fleurs et des fruits ; mais c'étoient des fleurs du Calvaire, mais c'étoient des fruits de la croix. Les fleurs du Calvaire, sont des épines ; les fruits de la croix, ce sont des peines. C'est le soutien que cherche l'amour languissant de Marie : *Fulcite me floribus, stipate me malis*. L'amour d'un Jésus crucifié la fait vivre de cette vie : toujours elle voyoit Jésus-Christ dans les agonies de sa croix ; toujours elle avoit non tant les oreilles que le fond de l'ame percé de ce dernier cri de son bien-aimé expirant : cri vraiment terrible et capable d'arracher le cœur.

Une autre vie de cet amour, c'est de nous faire vivre pour les ames. Marie consommoit par ses souffrances intimes ce qui man-

---

[1] *Gal.*, III, 1. — [2] I *Cor.*, XV, 31. — [3] *Cant.*, II, 5.

faisoit naître sa douleur, et cette douleur devoit lui donner la mort ; et l'amour venoit au secours pour la faire vivre, afin de faire aussi vivre sa douleur.

quoit à la passion de son Fils. Il semble qu'il avoit voulu la laisser au monde après lui pour consoler son Eglise, son Epouse veuve et désolée, durant les premiers efforts de son affliction récente. (a) *Vox turturis audita est in terrâ nostrâ: Revertere, revertere* [1]: « Revenez, revenez, mon bien-aimé. » C'est le gémissement de l'Eglise, qui rappelle son cher Epoux qu'elle n'a possédé qu'un moment. « La nouvelle Epouse, dit saint Bernard, se voyant abandonnée et privée de son unique espérance, autant elle étoit affligée de l'absence de son Epoux, autant devoit-elle avoir d'empressement pour solliciter son retour. Son amour et son besoin étoient pour elle deux raisons pressantes d'avertir son bien-aimé, qu'elle n'avoit pu empêcher d'aller où il étoit d'abord, de hâter au moins l'avénement qu'il lui avoit promis, en se séparant d'elle. Si elle désire et demande qu'il imite dans son retour les bêtes les plus agiles dans leur course, c'est une marque de l'ardeur de ses désirs, qui ne trouvent rien d'assez prompt et qui ne peuvent souffrir le moindre retardement [2]. »

O le cruel, s'écrie-t-elle, ô l'impitoyable! combien de siècles s'est-il fait attendre, combien désirer? Venez, venez. La Synagogue ne l'avoit pas vu: mais l'Eglise l'a vu, l'a ouï, l'a touché; et il s'en est allé tout à coup, ô la cruauté! Elle avoit tout quitté pour lui dire avec l'apôtre saint Pierre: « J'ai tout quitté pour vous suivre [3]; » et il l'avoit épousée, prenant sa pauvreté et son dépouillement pour sa dot. Aussitôt après l'avoir épousée, il meurt; et s'il ressuscite, c'est pour retourner d'où il est venu; et il laisse sa chaste épouse sur la terre, jeune, veuve, désolée, qui demeure sans soutien.

Marie donnée pour l'unique consolation de tous les fidèles sur la terre (b): Elle voyoit son Fils dans tous ses membres: sa compassion étoit une prière pour tous ceux qui souffroient; son cœur,

---

[1] *Cant.*, II, 12, 17. — [2] S. Bern., *in Cantic.*, serm. LXXIII, n. 3. — [3] *Matth.*, XIX, 27.

(a) *Note marg.*: Amour de l'Eglise pour Jésus-Christ; nouvelle Epouse que son Epoux quitte aussitôt pour retourner à son Père, et la laisse comme une veuve désolée, qui fait qu'elle crie toujours: *Revertere, revertere*. —
(b) *Var.*: Ses souffrances étoient l'un des soutiens de l'Eglise. Elle animoit les martyrs, les apôtres, les vierges; elle étoit la vie de tout le corps de l'Eglise. Elle vivoit pour achever la couronne de son Fils. Car les ames sont sa joie et sa

dans le cœur de tous ceux qui gémissoient, pour leur aider à crier miséricorde; dans les plaies de tous les blessés, pour leur aider à crier soulagement; dans tous les cœurs charitables, pour les presser de courir au soulagement, au soutien, à la consolation des nécessiteux et des affligés; dans tous les apôtres, pour annoncer l'Evangile; dans tous les martyrs, pour le sceller de leur sang; enfin généralement dans tous les fidèles, pour en observer les préceptes, en écouter les conseils, en imiter les exemples.

Le soutien dans cet état, la communion. Car ne pouvant l'embrasser en sa vérité toute nue, elle l'embrasse dans la vérité de son sacrement. *Sub umbrâ illius quem desideraveram sedi, et fructus ejus dulcis gutturi meo :* « Je me suis reposé sous l'ombre de celui que j'avois tant désiré, et son fruit est doux à ma bouche. » « Son ombre, dit saint Bernard, c'est sa chair; son ombre, c'est la foi. Marie a été mise à couvert sous l'ombre de la chair de son propre Fils; et moi je le suis à l'ombre de la foi du Seigneur. Et comment sa chair ne me couvriroit-elle pas aussi, puisque je la mange dans les saints mystères? L'Epouse désire avec raison d'être couverte de l'ombre de celui dont elle doit recevoir, en même temps, le rafraîchissement et la nourriture. Les autres arbres des forêts, quoiqu'ils consolent par leur ombre, ne donnent cependant point la nourriture qui fait le soutien de la vie, et ne produisent point ces fruits perpétuels de salut. Un seul, auteur de la vie, peut dire à l'Epouse : Je suis ton salut. Aussi désire-t-elle spécialement d'être à couvert sous l'ombre du Christ, parce que lui seul, non-seulement rafraîchit de l'ardeur des vices, mais remplit encore le cœur de l'amour des vertus [1]. »

Puisque nous pouvons jouir de la lumière, reposons-nous à l'ombre; mais cherchons quelque arbre qui puisse nous donner non-seulement de l'ombre, mais du fruit; non-seulement du rafraîchissement, mais de la nourriture. Il n'y a que Jésus-Christ

---

[1] S. Bernard., *in Cantic.*, Serm. XLVIII, n. 2.

couronne : *Gaudium meum et corona mea.* C'est le diadème dont le vrai Salomon a été couronné par sa mère au jour de ses noces : *Videte regem Salomonem in diademate, quo coronavit eum mater sua.* Ayons donc l'ardeur de souffrir, et l'ardeur de gagner les âmes par nos travaux et par nos souffrances. Marie a vécu de cet amour, et ensuite aussi elle en est morte : c'est mon second point.

goûté dans la communion. Reposons donc sous son ombre notre amour languissant et fatigué de ne voir pas encore la lumière, de n'embrasser pas encore la vérité même : c'est là notre unique soutien. Mais, ô soutien accablant! la communion irrite l'amour plutôt qu'elle ne l'assouvit. O Marie, il faut mourir ; votre amour est venu à un point qu'il n'y a plus que l'immensité du sein de Dieu qui le puisse contenir.

SECOND POINT.

L'amour profane est toujours plaintif ; il dit toujours qu'il languit et qu'il se meurt. Mais ce n'est pas sur ce fondement que j'ai à vous faire voir que l'amour peut donner la mort : je veux établir cette vérité sur une propriété de l'amour divin. Je dis donc que l'amour divin emporte avec soi un dépouillement et une solitude effroyable, que la nature n'est pas capable de porter ; une si horrible destruction de l'homme tout entier (*a*) et un anéantissement si profond de tout le créé en nous-mêmes, que tous les sens en sont accablés. Car il faut se dénuer tellement de tout pour aller à Dieu, qu'il n'y ait plus rien qui retienne : et la racine profonde d'une telle séparation, c'est cette effroyable jalousie d'un Dieu qui veut être seul dans une ame, et ne peut souffrir que lui-même dans un cœur qu'il veut aimer ; tant il est exact et incompatible.

Vous pouvez voir (*b*), chères ames, la délicatesse de sa jalousie dans l'évangile de ce jour. Si Marthe s'occupe et s'empresse, c'est pour lui et pour son service ; cependant il en est jaloux, parce qu'elle s'occupe de ce qui est pour lui, au lieu de s'occuper totalement et uniquement de lui, comme faisoit Madeleine. « Marthe, Marthe, dit-il, tu es empressée et tu te troubles dans la multitude ; et il n'y a qu'une seule chose qui soit nécessaire[1]. » De là donc nous pouvons comprendre cette solitude effroyable que demande un Dieu jaloux. Il veut qu'on détruise, qu'on ravage, qu'on anéantisse tout ce qui n'est pas lui ; et pour ce qui est de lui-même, il se cache cependant et ne donne presque point de prise sur lui-même : tellement que l'ame d'un côté détachée de tout, et de

---

[1] *Luc.*, x, 41, 42.

a) *Var.* : Une séparation si étrange à la nature. — (*b*) Voyez.

l'autre ne trouvant pas de moyen de posséder Dieu effectivement, tombe dans des foiblesses, dans des langueurs, dans des défaillances inconcevables ; et lorsque l'amour est dans sa perfection, la défaillance va jusqu'à la mort, et la rigueur jusqu'à perdre l'être. Cet esprit de destruction et d'anéantissement est un effet de la croix.

Il réduit tout à une unité si simple, si souveraine, si imperceptible, que toute la nature en est étonnée. Ecoutez vous-même parler votre cœur : quand on lui dit qu'il ne faut plus désormais désirer que Dieu, il se sent comme jeté tout à coup dans une solitude affreuse, dans un désert effroyable, comme arraché de tout ce qu'il aime. Car n'avoir plus que Dieu seul !... Que ferons-nous donc ? Que penserons-nous ? Quel objet, quel plaisir, quelle occupation ? Cette unité si simple nous semble une mort, parce que nous n'y voyons plus ces délices, cette variété qui charme les sens, ces égaremens agréables, où ils semblent se promener avec liberté, ni enfin toutes ces autres choses sans lesquelles on ne trouve pas la vie supportable.

Mais voici ce qui donne le coup de la mort : c'est que le cœur étant ainsi dépouillé de tout amour superflu, est attiré au seul nécessaire avec une force incroyable ; et ne le trouvant pas, il se meurt d'ennui. « L'homme insensé n'entend pas ces choses et le sensuel ne les conçoit pas ; mais aussi parlons-nous de la sagesse entre les parfaits, et nous expliquons aux spirituels les mystères de l'esprit [1]. » Je dis donc que l'ame étant dégagée des empressemens superflus, est poussée et tirée à Dieu avec une force infinie, et c'est ce qui lui donne le coup de la mort. Car d'un côté elle est arrachée à tous les objets sensibles ; et d'ailleurs l'objet qu'elle cherche est tellement simple et inaccessible, qu'elle n'en peut aborder. Elle ne le voit que par la foi, c'est-à-dire qu'elle ne le voit pas ; elle ne l'embrasse qu'au milieu des ombres et à travers des nuages, c'est-à-dire qu'elle ne trouve aucune prise. C'est là que l'amour frustré se tourne contre soi-même, et se devient lui-même insupportable. Le corps l'empêche ; l'ame l'empêche ; il s'empêche et s'embarrasse lui-même ; il ne sait ni que faire ni que devenir.

[1] 1 *Cor.*, II, 6, 13, 14.

O union de deux cœurs, qui ne veulent plus être qu'un! O cœurs soupirans après l'unité, ce n'est pas en vous-mêmes que vous la pouvez trouver! Venez, ô centre des cœurs, ô source d'unité, ô unité même; mais venez, ô unité, avec votre simplicité plus souveraine et plus détruisante que tous les foudres et tous les tourmens dont votre puissance s'arme. Venez et ravagez tout, en rappelant tout à vous, en anéantissant tout en vous, afin que vous seule soyez, et viviez, et régniez sur les cœurs unis, dont l'unité est votre trône, votre temple, votre autel, et comme le corps que vous animez.

Que faites-vous, ô Jésus-Christ, Dieu anéanti? A quoi vous servent vos clous, vos épines et votre croix, à quoi votre mort et votre sépulture? N'est-ce pas pour détruire, pour crucifier, pour ensevelir en vous et avec vous toutes choses? Vous n'avez plus que faire pour vous de tout cet appareil de votre supplice, ni de tout cet attirail de mort. Votre Eglise et vos Epouses, les ames que vous avez rachetées vous demandent ces instrumens funestes et salutaires: salutaires parce qu'ils sont funestes, et funestes parce qu'ils devoient être salutaires: elles ont, dis-je, besoin de ces instrumens qui ne vous servent plus de rien, et dont vous n'avez plus besoin que pour les membres de votre corps mystique.

Donnez, Epoux de sang, donnez à vos Epouses, les ames baptisées qui ne font toutes ensemble qu'une seule Epouse dans l'unité de votre Eglise; donnez-leur ces armes ravageantes et détruisantes, afin qu'elles vous épousent par le mystère de votre croix et que leur pauvreté, leur dépouillement, leur anéantissement total soient la dot qu'elles vous apportent. Car vous êtes riche en vous-même, et votre richesse dans la créature, c'est la pauvreté et le néant de la créature. O détruisez donc, anéantissez les ames que vous avez rachetées; anéantissez-les par le mystère de votre croix, afin de les rendre dignes d'être anéanties par le mystère de votre gloire, lorsque Dieu, qui est maintenant en vous, se réconciliant toutes choses, sera en vous consommant très-parfaitement en un toutes choses.

Voilà le mystère d'unité après lequel soupirent toutes les ames exilées, qui s'affligent démesurément sur les fleuves de Babylone, en se souvenant de Sion. Mystère d'unité, qui s'opère et s'avance de jour en jour par un martyre inexplicable, et qui se consommera par une paix qui sera Dieu même. O quel renversement! ô quelle violence! ô que le travail de cet enfantement est horrible! Car Dieu ne délie pas; il arrache : il ne plie pas; mais il rompt : il ne sépare pas tant qu'il brise et ravage tout. Quand sera-ce, ô Jésus-Christ, que vous détruirez tout à fait ce qui nous détruit? Ah! que vous êtes cruel!

Mais que dis-je ici, chrétiens? Que ceux-là vous représentent quels sont ces efforts, qui les ont expérimentés. Pour moi, je n'oserois en parler ni les approfondir davantage; et j'en ai dit seulement ce mot, pour vous donner quelque idée de l'amour de la sainte Vierge durant les jours de son exil et la captivité de sa vie mortelle. Non, non, les séraphins mêmes ne peuvent entendre, ni dignement expliquer avec quelle rapidité Marie étoit attirée à son bien-aimé, ni quelle violence enduroit son cœur dans cette séparation. Si jamais il y a eu une ame pénétrée de la croix, et ensuite de cet esprit de destruction chrétienne, c'est la divine Marie. Elle étoit donc toujours défaillante et toujours mourante, appelant toujours son bien-aimé avec une angoisse mortelle, et lui disant comme l'Epouse : « Retournez, mon bien-aimé, et soyez semblable à un chevreuil et à un faon de cerf : » *Revertere; similis esto, dilecte mi, capreæ hinnuloque cervorum* [1]. C'est en vain que son Fils lui dit : « Encore un peu, encore un peu; un peu, et vous ne me verrez plus; un peu, et vous me verrez [2]. » Car que dites-vous, ô Jésus-Christ? songez-vous que vous parlez à un cœur qui aime? Et vous comptez pour peu tant d'années d'une privation si horrible? Et lorsqu'on vous aime bien, les momens sont autant d'éternités : car vous êtes l'éternité même; et on ne compte plus les momens, quand on sait qu'à chaque moment on perd l'éternité toute entière. Et cependant vous dites : « Encore un peu. » Ce n'est pas là consoler, c'est plutôt outrager l'amour; c'est insulter à ses douleurs, c'est se rire de ses impatiences et de ses excès intolérables.

Si vous m'en croyez, saintes ames, vous ne chercherez point

[1] *Cant.*, II, 17. — [2] *Joan.*, XVI, 16.

d'autres causes de la mort de la sainte Vierge. Son amour étant si ardent, si fort et si enflammé, il ne poussoit pas un soupir qui ne dût rompre tous les liens de ce corps mortel; il ne formoit pas un regret qui n'en dût dissoudre toute l'harmonie (a); il n'envoyoit pas un désir au ciel qui ne dût tirer après soi l'ame toute entière. Je vous ai dit, chrétiens, que sa mort est miraculeuse; je suis contraint de changer d'avis : la mort n'est pas le miracle, c'en est plutôt la cessation. Le miracle continuel, c'étoit que Marie pût vivre séparée de son bien-aimé. Elle vivoit néanmoins, parce que tel étoit le conseil de Dieu, qu'elle fût (b) conforme à Jésus-Christ crucifié par le martyre insupportable d'une longue vie, autant pénible pour elle que nécessaire à l'Eglise. Mais comme le divin amour régnoit en son cœur sans aucun obstacle, il alloit de jour en jour s'augmentant sans cesse par son exercice et s'accroissant par lui-même : de sorte qu'il vint enfin s'étendant toujours à une telle perfection, que la terre n'étoit pas capable de le contenir. Ainsi point d'autre cause de la mort de Marie, que la vivacité de son amour.

Sauveur Jésus, allumez votre amour dans nos cœurs par une semblable impatience; et puisqu'elle naissoit en Marie de cette union intime que vous aviez avec elle, rassasiez-nous tellement de vos saints mystères, soyez tellement en nous par la participation de votre chair et de votre sang, que vivans plus en vous qu'en nous-mêmes, nous ne respirions autre chose que d'être consommés avec vous dans la gloire que vous nous avez préparée.

Cette ame sainte et bienheureuse attire après elle son corps par une résurrection anticipée. Car encore que Dieu ait marqué un terme commun à la résurrection de tous les morts, il y a des raisons particulières qui l'obligent d'avancer le terme en faveur de la sainte Vierge. Le soleil ne produit les fruits que dans leur saison; mais nous voyons des terres si bien cultivées, qu'elles attirent une influence et plus efficace et plus prompte. Il y a aussi des arbres hâtifs dans le jardin de l'Epoux; et la sainte chair de Marie est une terre trop bien préparée, pour attendre le terme ordinaire à produire des fruits d'immortalité.

(a) *Var.* : Qui ne dût lui donner la mort. — (b) Parce qu'il falloit qu'elle fût.

Deux choses font partie de son triomphe : la gloire de son ame par l'amour, la gloire de son corps par le rejaillissement de celle de l'ame. Aussi l'Ecriture sainte cherche-t-elle des expressions extraordinaires pour nous représenter un si grand éclat, pour nous en tracer quelque image. A peine trouve-t-elle dans le monde assez de lumières, et il a fallu ramasser tout ce qu'il y a de lumineux dans la nature. « Elle a mis la lune à ses pieds, les étoiles autour de sa tête; le soleil la pénètre toute, et l'environne de ses rayons [1], » tant il a fallu de gloire et d'éclat pour orner ce corps virginal.

Après cela, chères ames, je ne dois pas m'étendre en un long discours pour vous décrire la magnificence du triomphe de la sainte Vierge. L'amour qui l'a fait mourir, la fera aussi triompher. Je m'ouvrirois en ce lieu une trop vaste carrière, si j'entreprenois de vous raconter les grandeurs, les magnificences, les sublimités de l'amour. Je vous dirai seulement ce mot, que c'est à lui qu'il appartient d'élever les cœurs; car c'est lui qui nous fait dire : *Sursùm corda :* « Le cœur en haut, le cœur en haut! » C'est une doctrine du grand saint Thomas [2], que ceux-là seront les plus élevés dans l'ordre de la gloire, qui auront eu sur la terre de plus violens désirs de posséder Dieu. La flèche qui part d'un arc bandé avec plus de force, prenant son vol au milieu de l'air avec une plus grande vitesse, entre aussi plus profondément au but où elle est adressée. De même l'ame fidèle pénétrera plus avant, si je puis parler de la sorte, dans l'essence même de Dieu, qui est le seul terme de ses espérances, quand elle s'y sera élancée par une plus grande impétuosité de désirs.

Mais si l'amour de Marie a été si vif et si impétueux, combien a-t-elle dû s'unir intimement à celui qui faisoit l'unique objet de son cœur et de tous ses désirs? Qui peut exprimer la gloire dont elle a été revêtue, en entrant dans la joie de son bien-aimé? Son triomphe n'est pas une vaine pompe : la puissance qui lui est donnée.....

Qu'elle se rende l'avocate, auprès de Dieu, de l'Eglise qui la réclame, et qu'elle détourne les malheurs qui menacent la chré-

[1] *Apoc.*, XII, 1. — [2] 1 part., quæst. XII, art. 6.

tienté. Qu'elle protége du plus haut des cieux ce royaume très-chrétien, qu'un roi juste et pieux lui a consacré; et qu'elle veille en ses bontés sur le roi son fils, qui renouvelle tous les ans ce don solennel. Qu'elle conserve ce grand monarque et dans la paix et dans les hasards; qu'elle inspire la justice à ceux qui l'ont irrité et à lui la bonté et la clémence. Qu'il fasse la paix par inclination, et la guerre par nécessité : qu'il ne soit terrible que pour protéger la justice, assurer la paix et la tranquillité publique. Qu'elle lui obtienne la grace d'être toujours juste, toujours pacifique, père charitable de ses peuples, humble enfant de la sainte Eglise, protecteur de son autorité, zélé défenseur de ses droits. Qu'elle bénisse la piété exemplaire de la reine son épouse, et qu'elle fasse croître et multiplier leur royale postérité sous l'ombre de sa protection. Qu'elle mette bientôt le comble à la joie de toute la France par le parfait rétablissement de cette reine auguste et pieuse, qui nous honore de son audience, et qu'elle ne prolonge sa vie que pour augmenter ses mérites. Qu'elle soit toujours aimée, toujours respectée, cette sage et pieuse princesse, pour inspirer continuellement des conseils de paix, des sentimens de bonté, des pensées de condescendance. Qu'elle vive sur la terre n'ayant de goût que pour le ciel; qu'elle dédaigne ce qui passe, et qu'elle s'attache immuablement à ce qui demeure. Qu'au milieu de tant de grandeurs, elle soit jetée devant Dieu dans une véritable humiliation : qu'elle méprise autant sa grandeur royale que nous sommes obligés de la révérer, et qu'elle fasse sa principale occupation du soin de mériter devant Dieu une couronne immortelle. Voilà, Madame, les vœux que je fais : puisse Votre Majesté les faire avec moi dans toute l'étendue d'un cœur chrétien, et recevoir pour sa récompense la sainte bénédiction du Père, du Fils et du Saint-Esprit.

PLAN D'UN SERMON

POUR

LA FÊTE DE L'ASSOMPTION DE LA SAINTE VIERGE.

Fecit mihi magna qui potens est.
Le Tout-Puissant a fait pour moi de grandes choses. *Luc.,* I, 49.

Si Notre-Seigneur Jésus-Christ, après avoir accompli l'œuvre que son Père céleste lui avoit commise sur la terre, est retourné au ciel d'où il est sorti, pour y occuper éternellement la place qui étoit due à sa divine naissance, l'Apôtre nous a enseigné qu'il ne le fait pas seulement pour sa propre gloire, mais encore pour l'utilité de sa sainte Eglise. En effet il nous est très-avantageux qu'un Ambassadeur si agréable soit auprès de Dieu, pour y traiter nos affaires; un Avocat si pressant, pour y défendre notre cause; un si puissant Médiateur, pour terminer nos différends. Ainsi quand il s'est assis à la droite de son Père, il ne l'a pas fait seulement pour se mettre en possession de son trône, mais encore pour procurer nos intérêts et pour paroître pour nous devant la face de Dieu : *Ut appareat vultui Dei pro nobis* [1]. Ce que Jésus-Christ notre chef a accompli une fois en sa personne, il ne cesse de l'accomplir tous les jours dans les membres de son corps mystique, selon la mesure convenable et selon la proportion de la créature. Autant de fidèles serviteurs de Dieu qui entrent avec Jésus-Christ dans son paradis de délices, autant de pieux intercesseurs qui ne cessent de prier pour leurs frères, et pour cette partie de l'Eglise qui voyage et qui combat sur la terre au milieu des tentations de la fragilité humaine.

Vous devez entendre, mes Frères, par cette doctrine très-sainte et très-véritable que si la Mère de Dieu est aujourd'hui élevée au-dessus de tous les esprits célestes, une si haute exaltation ne regarde pas seulement sa gloire, mais encore notre avantage. Car si elle est aujourd'hui reçue dans les embrassemens de son Fils,

---

[1] *Hebr.,* IX, 24.

dans la participation de son trône, dans la plénitude de sa gloire, elle est d'autant plus puissante pour nous obtenir ses graces, et sa charité consommée rendra son intercession plus utile et plus fructueuse à tous les enfans de Dieu, auxquels elle a enfanté leur salut et leur rédemption en Jésus-Christ Notre-Seigneur. Ce n'est donc pas sans raison qu'en célébrant son triomphe nous implorons son secours ; ce n'est pas sans raison que l'Eglise catholique inspire à tous.....

Tous les actes religieux doivent se terminer à Dieu ; et le propre de la religion, c'est de nous réunir à ce premier Etre. Saint Augustin nous enseigne que c'est de cette origine que cette vertu a pris son nom : *Religio dicitur eo quòd nos religet omnipotenti Deo* [1] : « Elle nous lie, elle nous attache, elle nous unit à Dieu ; et c'est par cette union qu'elle est définie. » L'honneur que nous rendons à la sainte Vierge appartient très-certainement à la religion, puisque nous le lui rendons dans les lieux consacrés à Dieu, dans l'assemblée de sa sainte Eglise et dans la célébration des divins mystères. Il faut donc nécessairement que ce culte, que cet honneur, que cette dévotion se rapporte à Dieu et le regarde comme sa fin.

L'inconsidération de nos adversaires, qui nous objectent que nous rendons à la créature un culte religieux ? L'objection porte sa réponse dans ses propres termes : si ce culte est religieux, donc il se termine enfin à Dieu seul : et quel inconvénient d'honorer la créature pour l'amour de Dieu, une créature si excellente ?

Mais laissons la dispute et la controverse et revenons, chrétiens, à notre instruction. Par conséquent vous devez entendre que toute votre dévotion pour la sainte Mère de Dieu ne mérite pas le nom de *dévotion* et n'a que l'apparence de religion et la montre de la piété véritable, si elle ne vous conduit à Dieu et ne sert à vous y unir immuablement, selon les lois du christianisme et de l'Evangile. Deux moyens pour cette union : ses prières et l'imitation de ses vertus. Vous vous adressez à elle comme à une créature excellente, qui est très-intimement unie à Dieu par Notre-Seigneur Jésus-Christ : unie premièrement par l'union du sang,

[1] *De ver. Relig.*, n. 111, 113.

unie en second lieu par la société des souffrances, unie enfin aujourd'hui par la plénitude de la gloire.

Pour unir Jésus-Christ avec Marie, nous voyons concourir ensemble tout ce que la nature a de plus tendre, tout ce que la grace a de plus puissant. Il l'appelle à sa croix pour participer à ses peines : un même martyre pour le Fils et pour la Mère ; une même croix et les mêmes clous ; une même lance pour percer leurs cœurs.

Sur ces deux fondemens jugez de leur union dans la gloire. Il partagera son trône avec nous, combien plus avec sa Mère? *Astitit Regina à dextris tuis*[1] : Jésus-Christ est assis à la droite du Père, Marie à la droite de son Fils. Etre assis est une marque d'autorité suprême. Il faut percer tous les chœurs des anges.....

Qui doute donc, mes Frères, que la piété de nos vœux ne cherche Jésus-Christ dans Marie? Malheureux, qui veulent mettre de la jalousie entre le Fils et la Mère. C'est cette sainte union qui nous attire à Jésus-Christ, qui nous attire en même temps par un même effort à Marie, la regardant dans la gloire de son Fils, dans cette exaltation que nous célébrons.

L'imitation des vertus de Marie conduit à Jésus-Christ : car il est tout entier dans les Saints, et par conséquent dans la sainte Vierge. Saint Paul disoit aux fidèles : *Imitatores mei estote sicut et ego Christi*[2]. Imiter les Saints, c'est donc imiter Jésus-Christ. Où voyons-nous une image plus accomplie des vertus de Jésus-Christ qu'en sa sainte Mère?

Sa pureté, le secret et la retraite. « Les vierges, qui sont vraiment vierges, ont coutume d'être toujours tremblantes, et jamais elles n'ont de sécurité ; pour éviter les pièges qu'elles doivent appréhender, elles craignent, même lorsqu'il n'y a point de danger pour elles : » *Solent virgines, quæ verè virgines sunt, semper pavidæ et nunquàm esse securæ ; et ut caveant timenda, etiam tuta pertimescere.* « Elles doivent être même émues à la vue d'un ange ; regarder comme autant de piéges, tout ce qui paroît de nouveau, tout ce qui survient d'inopiné : » *Quidquid novum, quidquid subitum ortum fuerit, totum contra se æstimant machinatum.* C'est

---

[1] *Psal.* XLIV, 10. — [2] 1 *Cor.*, IV, 16.

ainsi que Marie se conduit : « Elle est troublée, mais elle ne dit mot; son trouble est un effet de sa pudeur virginale; son assurance vient de sa fermeté; son silence et ses réflexions sont une marque de sa prudence : » *Turbata est, non est locuta : quòd turbata est, verecundiæ fuit virginalis; quòd non perturbata, fortitudinis; quòd tacuit et cogitavit, prudentiæ* [1].

Combien elle est éloignée de ces malicieuses ambiguïtés, de ces piéges subtils, de ces dangereuses complaisances, de ces malicieux détours, par lesquels l'impureté consommée tâche de s'insinuer dans les ames innocentes! Le trouble, la pudeur, le silence.....

MÉDITATION

POUR LA

VEILLE DE L'ASSOMPTION DE LA SAINTE VIERGE (a).

(INÉDIT.)

Quæ est ista quæ ascendit de deserto, deliciis affluens, innixa super dilectum suum ?

Qui est celle-ci qui s'élève du désert, pleine de délices, appuyée sur son bien-aimé ? *Cant.*, VIII, 5.

La sainte solennité dont l'Eglise se réjouira demain par toute la terre comprend, ce me semble, trois choses fort importantes, qui selon les conseils de la Providence se sont heureusement accomplies en la sainte Vierge, Mère de Notre-Seigneur et la nôtre. La première, c'est sa mort; la seconde, c'est sa glorieuse résurrection; la troisième, c'est la magnificence de son triomphe. Chrétiens que je vois si avides des louanges de Marie, je vous entretiendrai familièrement de ces trois mystères avec l'aide du

---

[1] S. Bern., hom. III, super *Missus est*, n. 9.

(a) Le manuscrit inédit jusqu'à ce jour, est à la bibliothèque du séminaire de **Meaux.**

Saint-Esprit, que je prie d'étendre par sa grace le peu que j'ai à vous dire.

Considérez donc pour vous préparer à cette méditation, qu'il n'y eut jamais mère qui chérît son fils avec une telle tendresse qu'avoit celle dont nous honorons la mémoire par cette assemblée ; ce qu'il ne vous sera pas malaisé d'entendre, si vous remarquez que la nature a distribué avec quelque sorte d'égalité l'amour des enfans entre le père et la mère. D'où vient qu'elle imprime dans l'un une inclination plus forte, et dans l'autre une émotion plus sensible ? Et c'est pour la même raison que, quand l'un des deux a été enlevé par la mort, l'autre se sent obligé par un sentiment naturel à redoubler ses affections. Si bien que la très-pure Marie n'ayant à partager avec aucun homme ce chaste et violent amour qu'elle avoit pour son Fils Jésus, vous ne sauriez assez vous imaginer jusqu'à quel point elle en fut touchée et combien elle y ressentoit de douceur. À quoi j'ajoute que comme elle se croyoit bienheureuse d'être Mère du Fils de Dieu, aussi estimoit-elle uniquement sa virginité. C'est là d'abord qu'elle trouve ses premiers soins, lorsque surprise par la salutation de l'ange, elle l'interroge comment il se pourra faire qu'elle conçoive ce Fils dont il lui parle, elle qui avoit résolu de ne point connoître d'homme : discours qui, à le bien prendre, témoigne qu'elle se sent véritablement honorée d'être Mère du Messie, mais qu'elle est néanmoins fort en peine de sa chasteté. Quand donc elle vit par le miracle de son enfantement que Jésus, qui étoit descendu et s'étoit pour ainsi dire enfermé en ses entrailles comme une douce rosée, en sortoit aussi comme une fleur de sa tige sans laisser de façon ni d'autre aucun vestige de son passage, il ne faut point douter que les baisers qu'elle lui donnoit ne fussent d'autant plus ardens et d'autant plus libres, qu'ils ne reprochoient rien à son intégrité et qu'en cela plus heureuse que toutes les autres mères, elle possédoit ce cher Fils sans rien perdre de ce qu'elle aimoit. Que si les sentimens de la nature étoient si pressans, il est à croire que la grace leur donnoit une toute autre impétuosité ; et que le Père qui l'avoit associée à sa génération éternelle, avoit en même temps coulé dans son sein quelque chose de cet amour infini qu'il a pour son Fils, et ainsi jamais il n'y eut d'affection pareille à celle de la sainte Vierge, puisque nous y voyons concourir ensemble la nature la plus tendre et la grace la plus véhémente.

Jugez par là de l'affliction de cette bonne Mère après le départ de son Fils unique. Si le grand apôtre saint Paul veut rompre incontinent les liens du corps pour aller chercher son Maître à la droite de son Père, quelle devoit être à votre avis l'émotion du cœur maternel ! Le jeune Tobie par une absence d'un an peine le cœur de sa mère d'innombrables douleurs. Quelle différence entre Jésus et Tobie ! Et quels regrets a la Vierge de voir que son Fils l'eût amenée au pied de sa croix pour le voir mourir, et lui refusât pour un si long temps de le voir régner ! Ne seroit-ce point peut-être pour cette raison que les anges demandent aujourd'hui : « Quelle est celle-ci qui s'élève du désert ? » *Quæ est ista quæ ascendit de deserto*[1], parce qu'en effet elle se croyoit seule et abandonnée n'ayant plus son Fils ? Et lorsqu'elle se ressouvenoit de sa tendre enfance, qu'elle s'imaginoit encore le voir reposer sur son sein, ne pouvoit-elle pas lui faire cette douce plainte : Vous m'êtes, ô mon Fils, un faisceau de myrrhe que je tiens entre mes mamelles ? Mais enfin son heure est venue ; après un martyre de tant d'années elle entend tout à coup la voix de son bien-aimé : « Venez, lui dit-il, ma colombe et ma toute belle, venez après moi[2]. » Je pense pour lors que la joie qu'elle eut de sa mort avança ses jours ; et que son amour échauffé par cette bienheureuse espérance désunit doucement son ame d'avec son corps, pour la transporter dans les splendeurs éternelles où elle étoit attendue. Sauveur Jésus, allumez votre amour en nos cœurs par une semblable impatience ; et puisqu'elle naissoit en son ame de cette union intime que vous aviez avec elle, rassasiez-nous tellement de vos saints mystères, soyez tellement en nous par la participation de votre chair et de votre sang, que vivant plus en vous qu'en nous-mêmes, nous ne respirions autre chose que d'être consommés avec vous dans la gloire que vous nous avez préparée. Passons maintenant à la seconde partie de cet entretien.

[1] *Cant.*, VIII, 5. — [2] *Cant.*, II, 10.

Si nous reconnoissions dans la sainte Vierge qu'elle eût été assujettie aux ordres communs, nous croirions peut-être que son corps seroit demeuré dans les ombres de la mort. Mais si nous y remarquons au contraire une dispense générale de toutes les lois; si nous y voyons une conception sans péché, un enfantement sans douleur, une chair sans rébellion, une vie sans tache, une mort sans peine; si son époux n'est que son gardien, son mariage la protection de sa virginité, son Fils le fruit de son intégrité inviolable; si lorsqu'elle le conçut, le Saint-Esprit tint la place de la nature, et les délices de la virginité celle de la concupiscence, qui pourra croire qu'il ne lui soit rien arrivé de miraculeux dans sa sépulture? Joignez à cela que cette altération qui change nos corps leur vient sans doute de la corruption du péché; que notre chair doit être nécessairement corrompue, afin que laissant à la terre ses vieilles souillures, elle puisse être un jour renouvelée par l'esprit de Jésus-Christ, et que nous devenions ainsi enfans de Dieu en corps et en ame, parce que nous sommes enfans de la résurrection : « *Filii sunt Dei, cùm sint filii resurrectionis* [1]. Or qu'y avoit-il à purger dans la chair de la sainte Vierge? C'est d'elle que le Fils de Dieu a emprunté ce corps qu'il a donné pour le paiement de nos dettes; et ne voyant point au monde de source plus pure, il a puisé dans ses chastes flancs ce sang qui a lavé nos iniquités. Elle est donc ressuscitée, la très-innocente Marie; non, la corruption n'a osé toucher ce corps virginal d'où celui du vainqueur de la mort a été tiré. C'est pourquoi nous l'appelons singulièrement aujourd'hui pleine de délices, *deliciis affluens,* parce qu'elle n'attend point comme les autres ames la réunion de son corps pour combler sa félicité. Nous qui vivons dans une pareille espérance, purifions les nôtres avec toute la diligence possible; tâchons de recevoir demain avec celui de notre bon Maître les semences d'immortalité; croyons qu'il n'y a point de plus grande profanation que de souiller en nous par un même sacrilége le tabernacle de l'ame, le temple du Saint-Esprit, la victime du Père éternel.

Mais il est temps enfin que nous considérions monter notre

[1] *Luc.*, xx, 36.

grande Reine appuyée sur son Bien-Aimé. Digne chariot de triomphe, et qu'elle est bien payée de la peine qu'elle a eue de le porter sur ses bras pendant son enfance! Certes, sainte Vierge, vous êtes véritablement appuyée sur ce bien-aimé, c'est de lui que vous tirez toute votre gloire, sa miséricorde est le fondement de tous vos mérites. Cieux, s'il est vrai que par vos immuables accords vous entreteniez l'harmonie de cet univers, entonnez sur un chant nouveau un cantique de louange. Les vertus célestes qui règlent vos mouvemens vous invitent à donner quelque marque de réjouissance. Pour moi, s'il est permis de mêler nos conceptions à des secrets si augustes, je m'imagine que Moïse ne put s'empêcher, voyant arriver cette Reine, de répéter cette belle prophétie qu'il nous a laissée dans ses livres : « Il sortira une étoile de Jacob, et une branche s'élèvera d'Israël [1]. » Isaïe, enivré de l'esprit de Dieu, chanta dans un ravissement incompréhensible : « Voici cette vierge qui devoit concevoir et enfanter un Fils [2]. » Ezéchiel reconnut cette porte close par laquelle personne n'est jamais entré ni sorti [3], parceque c'est par elle que le Seigneur des batailles a fait son entrée. Parmi lesquels le Prophète royal David animoit une lyre céleste par cet admirable cantique : « Je vois à votre droite, ô mon Prince, une Reine en habillement d'or, enrichie d'une merveilleuse variété. Toute la gloire de cette Fille de Roi est intérieure, elle est néanmoins parée d'une broderie toute divine. Les vierges après elle se présenteront à mon Roi, on les lui amènera dans son temple avec une sainte allégresse [4]. » Cependant la Vierge elle-même tenoit les esprits bienheureux dans un respectueux silence, tirant encore une fois du fond de son cœur ces excellentes paroles : « Mon ame exalte le Seigneur de tout son pouvoir, et mon esprit est saisi d'une joie infinie en Dieu mon Sauveur, parce qu'il a regardé le néant de sa servante, et voici que toutes les générations m'estimeront bienheureuse [5]. » Serons-nous les seuls qui ne prendrons point de part à cette solennité, et ne suivrons-nous point par nos applaudissemens notre incomparable Princesse? Vierge sacrée, bien

---

[1] *Num.*, XXIV, 17. — [2] *Isa.*, VII, 14. — [3] *Ezech.* XLIV, 2. — [4] *Psal.* XLIV, 10, 14, 15. — [5] *Luc.*, I, 46, 47, 48.

que nous soyons sur les rivages de Babylone, si est-ce néanmoins que nous ferons retentir nos hymnes jusqu'à la céleste Jérusalem.

SERMON

POUR

LA FÊTE DU ROSAIRE (a).

Dixit Jesus matri suæ : Mulier, ecce filius tuus ; deindè dicit discipulo : Ecce mater tua.

Jésus dit à sa mère : Femme, voilà votre fils ; après il dit à son disciple : Voilà votre mère. *Joan.*, XIX, 26, 27.

L'antiquité a fort remarqué l'action d'un certain philosophe qui ne laissant pas en mourant de quoi entretenir sa famille, s'avisa de léguer par son testament le soin de sa femme et de ses enfans au plus intime de ses amis, se persuadant, à ce qu'on nous dit [1], qu'il ne pouvoit faire plus d'honneur à la générosité de celui auquel il donnoit, en mourant, ce témoignage de sa confiance. A la vérité, chrétiens, il paroît quelque chose de beau dans cette action, si elle a été faite de bonne foi et si l'affection a été mutuelle ; mais nous savons que les sages du monde ont ordinairement bien plus travaillé pour l'ostentation que pour la vertu, et que la plupart de leurs belles sentences ne sont dites que par parade et

---

[1] Eudamidas de Corinthe. Lucian., *Dialog.*, *Toxar. seu Amicit.*

(a) Prêché en 1657, au collége de Navarre, dans la confrérie du Rosaire.
L'abbé Ledieu écrivoit, dans ses *Mémoires*, en 1704 : « Un dimanche, fête du Rosaire, à l'occasion de cette fête, l'abbé Bossuet fit, en 1657, un discours dont on parle encore avec admiration. » Ce discours admiré de souvenir durant un demi-siècle, Bossuet le prononça très-probablement à la chapelle du collége de Navarre, devant la confrérie du Rosaire dont il avoit été le directeur ; il dit dans l'exorde : « ... La sainte solennité du Rosaire, pour laquelle nous sommes ici assemblés ; » et : « La dévotion à la Vierge, pour laquelle nous sommes ici assemblés. »

D'un autre côté, la première ligne de l'exorde, pour ne signaler que cet indice, révèle l'époque de Metz ; car elle commence le récit d'un fait pris dans l'histoire profane.

Le manuscrit original est à la bibliothèque du séminaire de Meaux.

par une gravité affectée. Laissons donc les histoires profanes, et allons à l'Evangile de Jésus-Christ.

Pardonnez-moi, Messieurs, si je dis que ce que la nécessité a fait inventer à ce philosophe, une charité infinie l'a fait faire en quelque sorte à notre Sauveur d'une manière toute divine. Il regarde du haut de sa croix et Marie et son cher disciple, c'est-à-dire ce qu'il a de plus cher au monde ; et comme il leur veut laisser en mourant quelque marque de sa tendresse, il donne premièrement saint Jean à sa Mère ; après il donne à saint Jean (*a*) sa Mère, et il établit par ce testament la dévotion pour la sainte Vierge. C'est, mes Frères, pour cette raison qu'on lit cet évangile en l'Eglise, dans la sainte solennité (*b*) du Rosaire, pour laquelle nous sommes ici assemblés. C'est pourquoi, pour édifier votre piété, j'espère vous faire voir aujourd'hui que, par ces divines paroles, Marie est la Mère de tous les fidèles, après que je lui aurai adressé celles par lesquelles on lui annonça qu'elle seroit Mère de Jésus-Christ même : *Ave, Maria.*

C'est un trait merveilleux de miséricorde, que la promesse de notre salut se trouve presque aussi ancienne que la sentence de notre mort, et qu'un même jour ait été témoin de la chute de notre nature et du rétablissement de notre espérance (*c*). Nous voyons en la *Génèse*[1] que Dieu nous condamnant à la servitude, nous promet en même temps le Libérateur ; en prononçant la malédiction contre nous, il prédit au serpent qui nous a trompés que sa tête sera brisée, c'est-à-dire que son empire sera renversé et que nous serons délivrés de sa tyrannie. Les menaces et les promesses se touchent ; la lumière de la faveur nous paroît dans le feu même de la colère, afin que nous entendions, chrétiens, que Dieu se fâche contre nous ainsi qu'un bon père, qui dans les sentimens les plus vifs d'une juste indignation, ne peut oublier ses miséricordes, ni retenir les effets de sa tendresse. Mais ce qui me paroît le plus admirable dans cette conduite de la Providence, c'est

---

[1] *Genes.*, III, 15.
(*a*) *Var.* : Il donne après sa Mère à son bien-aimé. — (*b*) Cérémonie. — (*c*) Ait été témoin de la chute de nos premiers parens et du rétablissement de leur espérance.

qu'Adam même qui nous a perdus, et Eve qui est la source de notre misère, nous sont représentés dans les Ecritures comme des images vivantes des mystères qui nous sanctifient. Jésus-Christ ne dédaigne pas de s'appeler *le nouvel Adam*; Marie, sa divine Mère, est la nouvelle Eve, et par un secret merveilleux notre réparation nous est figurée même dans les auteurs de notre ruine.

C'est sans doute dans cette vue que saint Epiphane a considéré un passage de la *Genèse* [1], où Eve est nommée *Mère des vivans*, il a doctement remarqué que c'est après sa condamnation qu'elle est appelée de la sorte; et voyant qu'elle n'avoit pas ce beau nom lorsqu'elle étoit encore dans le paradis, il s'étonne avec raison que l'on commence à l'appeler *Mère des vivans*, seulement après qu'elle est condamnée à n'engendrer plus que des morts. En effet ne jugez-vous pas que ce procédé extraordinaire nous fait voir assez clairement qu'il y a ici du mystère? Et c'est ce qui faire dire à ce grand évêque qu'elle est nommée ainsi en énigme et comme figure de la sainte Vierge, qui étant associée avec Jésus-Christ à la chaste génération des enfans de la nouvelle alliance, est devenue par cette union la vraie Mère de tous les vivans, c'est-à-dire de tous les fidèles. Voilà une belle figure de la sainte maternité de l'incomparable Marie, que j'ai à vous prêcher aujourd'hui, et j'en reconnois l'accomplissement à la croix de notre Sauveur et dans l'évangile de cette fête.

Car que voyons-nous au Calvaire, et qu'est-ce que notre évangile nous y représente? Nous y voyons Jésus-Christ souffrant, et Marie percée de douleurs, et le disciple bien-aimé du Sauveur des ames, qui remis de ses premières terreurs, vient recueillir les derniers soupirs de son Maître mourant pour l'amour des hommes. O saint et admirable spectacle! Toutefois ce n'est pas là, chrétiens, ce qui doit aujourd'hui arrêter vos yeux. Mais considérez attentivement que c'est en cet état de souffrance que Jésus engendre le peuple nouveau; et admirez que dans les douleurs de cet enfantement du Sauveur, dans le temps que nous naissons de ses plaies et qu'il nous donne la vie par sa mort, il veut aussi que sa Mère engendre et il lui donne saint Jean pour son fils: « Femme,

---

[1] Lib. III, Hæres. LXXVIII.

lui dit-il, voilà votre fils. » Et ne vous persuadez pas qu'il regarde saint Jean, en ce lieu, comme un homme particulier. Tous ses disciples l'ont abandonné, et son Père ne conduit au pied de sa croix que le bien-aimé de son cœur ; tellement que dans ce débris de son Eglise presque dissipée, saint Jean, qui est le seul qui lui reste, lui représente tous ses fidèles et tous les enfans de la croix (a). C'est donc tout le peuple nouveau, c'est toute la société de l'Eglise que Jésus recommande à la sainte Vierge en la personne de ce cher disciple ; et par cette divine parole elle devient non-seulement Mère de saint Jean, mais encore de tous les fidèles. Et par là ne voyez-vous pas, selon la pensée de saint Epiphane, que la bienheureuse Marie est l'Eve de la nouvelle alliance et la mère de tous les vivans, unie spirituellement au nouvel Adam pour être la mère de tous les élus ?

C'est, fidèles, sur cette doctrine toute évangélique que j'établirai aujourd'hui la dévotion de la sainte Vierge, pour laquelle nous sommes ici assemblés. Et pour expliquer clairement et par une méthode facile cette vérité importante, je réduis tout ce discours à deux points, que je vous prie d'imprimer en votre mémoire. Deux grandes choses étoient nécessaires pour faire naître le peuple nouveau, et nous rendre enfans de Dieu par la grace : il falloit que nous fussions adoptés, il falloit que nous fussions rachetés. Car puisque nous sommes étrangers à Dieu, comment deviendrions-nous ses enfans, si sa bonté ne nous adoptoit ? Et puisque le crime du premier homme nous avoit vendus à Satan, comment serions-nous rendus au Père éternel, si le sang de son Fils ne nous rachetoit ? Et donc pour nous faire les enfans de Dieu, il faut nécessairement qu'un Dieu nous adopte, et il faut aussi qu'un Dieu nous rachète. Comment sommes-nous adoptés ? Par l'amour du Père éternel. Comment sommes-nous rachetés ? Par la mort et les souffrances du Fils. Le principe de notre adoption, c'est l'amour du Père éternel, et la raison en est évidente. Car puisque ce n'est pas la nature qui nous donne à Dieu comme enfans, il s'ensuit manifestement que c'est son amour qui nous a choisis. Mais si nous avons besoin de l'amour du Père pour devenir enfans d'adop-

(a) *Var.* : Et toute l'universalité des enfans de Dieu.

tion, les souffrances du Fils nous sont nécessaires, parce que nous sommes enfans de rédemption ; et ainsi nous sommes nés tout ensemble de l'amour infini de l'un, et des cruelles souffrances de l'autre.

Nouvelle Eve, divine Marie, quelle part avez-vous en ce grand ouvrage, et comment contribuez-vous à la chaste génération des enfans de Dieu? Chrétiens, voici le mystère ; et afin que vous l'entendiez, il faut vous prouver par les saintes Lettres que le Père et le Fils l'ont associée, le premier à la fécondité de son amour, le second à celle des souffrances ; tellement qu'elle est notre Mère, premièrement par un amour maternel, secondement par ces souffrances fécondes qui déchirent son ame au Calvaire. C'est le partage de ce discours ; et sans sortir de mon Évangile, j'espère vous faire voir ces deux vérités accomplies au pied de la croix, et établir sur ce fondement une dévotion fructueuse pour la bienheureuse Marie.

PREMIER POINT.

Jésus-Christ, notre Rédempteur, n'avoit rien qui le touchât davantage que le désir miséricordieux de s'unir à notre nature, et d'entrer en société avec nous. C'est pourquoi il est né d'une race humaine, afin que nous devenions par la grace une race divine et spirituelle ; il se joint à nous par un double nœud, lorsqu'en se faisant fils d'Adam, il nous rend en même temps les enfans de Dieu ; et par cette alliance redoublée, pendant que notre Père devient le sien, il veut que le sien devienne le nôtre. C'est ce qui lui fait dire dans son Evangile : *Ascendo ad Patrem meum et Patrem vestrum*[1] : « Je retourne à mon Père et au vôtre ; » afin que nous comprenions par cette parole qu'il veut que tout lui soit commun avec nous, puisqu'il ne nous envie pas cet honneur d'être les enfans de son Père.

Or, Messieurs, cette même libéralité qui fait qu'il nous donne son Père céleste, fait qu'il nous donne aussi sa divine Mère ; il veut qu'elle nous engendre selon l'esprit, comme elle l'a engendré selon la chair ; et qu'elle soit en même temps sa Mère et la nôtre,

[1] *Joan.*, xx, 17.

pour être notre frère en toutes façons. C'est dans cette pieuse pensée que vous recourez aujourd'hui à la sainte protection de Marie, et vous êtes persuadés que les véritables enfans de Dieu se reconnoissent aussi les enfans de la Vierge; si bien que je me sens obligé, afin d'échauffer en vos cœurs la dévotion de Marie, de rechercher par les saintes Lettres de quelle sorte elle est unie au Père éternel pour être Mère de tous les fidèles. Toutefois je n'ose pas entreprendre de résoudre cette question de moi-même; mais il me semble que saint Augustin nous donne une admirable ouverture pour connoître parfaitement cette vérité (a). Ecoutez les paroles de ce grand évêque, dans le livre qu'il a composé *de la sainte Virginité*. C'est là que parlant admirablement de la très-heureuse Marie, il nous enseigne que « selon la chair elle est la Mère de Jésus-Christ, et aussi que selon l'esprit elle est la Mère de tous ses membres : » *Carne Mater capitis nostri, spiritu Mater membrorum ejus;* « parce que, poursuit ce grand homme, elle a coopéré par sa charité à faire naître en l'Eglise les enfans de Dieu : » *Quia cooperata est charitate, ut filii Dei nascerentur in Ecclesiâ*[1]. Vous voyez la question décidée ; et saint Augustin nous dit clairement que Marie est Mère de tous les fidèles, parce qu'elle les engendre par la charité. Suivons donc les traces que nous a marquées cet incomparable docteur, et expliquons par les Ecritures cette fécondité bienheureuse par laquelle nous sommes nés de la charité de Marie.

Pour cela il nous faut entendre qu'il y a deux fécondités : la première dans la nature, la seconde dans la charité. Il est inutile de vous expliquer quelle est la fécondité naturelle, qui se montre assez tous les jours par cette éternelle multiplication qui perpétue toutes les espèces par la bénédiction de leur Créateur. Mais après avoir supposé la fécondité naturelle, faisons voir par les saintes Lettres que non-seulement la nature, mais encore que la charité est féconde. Et qui peut ne voir pas cette vérité, entendant le divin Apôtre lorsqu'il dit si tendrement aux Galates : « Mes petits

---

[1] *De sanctâ Virginit.*, n. 6.

(a) *Var.* : ... De résoudre cette question de moi-même, et il faut que nous apprenions cette vérité par la bouche de saint Augustin.

enfans, que j'enfante encore, pour lesquels je ressens encore les douleurs de l'enfantement, jusqu'à ce que Jésus-Christ soit formé en vous ? » *Filioli mei, quos iterùm parturio, donec formetur Christus in vobis* [1]. Ne voyez-vous pas, chrétiens, la fécondité merveilleuse de la charité de saint Paul? Car quels sont ces petits enfans que cet Apôtre reconnoît pour les siens, sinon ceux que la charité lui donne ? Et que signifient ces douleurs de l'enfantement de saint Paul, sinon les empressemens de sa charité et la sainte inquiétude qui la travaille pour engendrer les fidèles en Notre-Seigneur? Et par conséquent, concluons que la charité est féconde. C'est pourquoi la même Ecriture, qui nous enseigne qu'elle a des enfans, lui attribue aussi en divers endroits toutes les qualités des mères.

Oui, cette charité maternelle qui se fait des enfans par sa tendresse, elle a des entrailles où elle les porte, elle a des mamelles qu'elle leur présente, elle a un lait qu'elle leur donne. Et c'est ce qui fait dire à saint Augustin que « la charité est une mère, et que la même charité est une nourrice : » *Charitas mater est* [2], *charitas nutrix est* [3]. La charité est une mère, qui porte tous ses enfans dans le cœur et qui a pour eux ces entrailles tendres, ces entrailles de compassion que nous voyons si souvent dans les Ecritures : *Charitas mater est*. Cette même charité est une nourrice, qui leur présente les chastes mamelles, d'où distille ce lait sans fraude de la sainte mansuétude et de la sincérité chrétienne : *Sine dolo lac*, comme parle l'apôtre saint Pierre [4]. Tellement qu'il est véritable qu'il y a deux fécondités : la première dans la nature, la seconde dans la charité. Or cette vérité étant supposée, il me sera maintenant facile de vous faire voir clairement de quelle sorte la Vierge sacrée est unie au Père éternel, dans la chaste génération des enfans du Nouveau Testament.

Et premièrement, remarquez que ces deux fécondités différentes, que nous avons vues dans les créatures, se trouvent en Dieu comme dans leur source. La nature de Dieu est féconde, son amour et sa charité l'est aussi. Je dis que sa nature est féconde;

---

[1] *Gal.*, IV, 19. — [2] *De Catechiz. rudib.*, cap. XV, n. 23. — [3] *Ad Marcel.*, epist. CXXXIX, n. 3. — [4] *I Petr.*, II, 2.

et c'est elle qui lui donne ce Fils éternel, qui est son image vivante. Mais si sa fécondité naturelle a fait naître ce divin Fils dans l'éternité, son amour lui en donne d'autres qu'il adopte tous les jours dans le temps. C'est de là que nous sommes nés, et c'est à cause de cet amour que nous l'appelons *notre Père;* par conséquent le Père céleste nous paroît doublement fécond. Il l'est premièrement par nature, et par là il engendre son Fils naturel; il l'est secondement par amour, et c'est ce qui fait naître les adoptifs. Mais après que nous avons vu que ces deux fécondités différentes sont en Dieu comme dans leur source, voyons si nous pouvons découvrir qu'elles soient communiquées à Marie. Je vous prie, renouvelez vos attentions.

Et déjà il semble (a) qu'elle participe en quelque manière à la fécondité naturelle par laquelle Dieu engendre son Fils. Car d'où vient, ô très-sainte Vierge, que vous êtes Mère du Fils de Dieu même? Est-ce votre fécondité propre qui vous donne cette vertu? Non, dit-elle, c'est Dieu qui l'a fait et c'est l'ouvrage de sa puissance : *Fecit mihi magna qui potens est* [1]. Elle n'est donc pas Mère de ce Fils par sa propre fécondité. Au contraire ne voyons-nous pas, fidèles (b), qu'elle se condamne elle-même à une stérilité bienheureuse par cette ferme résolution de garder sa pureté virginale? *Quomodò fiet istud* [2] ? « Comment cela se pourra-t-il faire? » Puis-je bien concevoir un fils, moi qui ai résolu de demeurer vierge? Si donc elle confesse sa stérilité, de quelle sorte devient-elle mère, et encore Mère du Fils du Très-Haut? Ecoutez ce que lui dit l'ange : *Virtus Altissimi obumbrabit tibi* [3] : « La vertu du Très-Haut vous couvrira toute. » Pénétrons le sens de cette parole. Sans doute le Saint-Esprit nous veut faire entendre que la fécondité du Père céleste se communiquant à Marie, elle sera Mère du Fils de Dieu même; et c'est pourquoi l'ange, après avoir dit que la vertu du Très-Haut l'environnera, il ajoute aussitôt après ces beaux mots : *Ideòque et quod nascetur ex te sanctum, vocabitur Filius Dei* : « Pour cela il sera nommé *Fils de Dieu;* » comme s'il avoit dessein de lui dire : O sainte et divine

[1] *Luc.,* I, 49. — [2] *Ibid.,* 34. — [3] *Ibid.,* 35.

(a) *Var. :* Il est évident. — (b) Nous voyons, fidèles.

Marie, le fruit de vos bénites entrailles sera appelé le Fils du Très-Haut, parce que vous l'engendrerez, non par votre fécondité naturelle, mais par une bienheureuse participation de la fécondité du Père éternel qui sera répandue sur vous.

N'admirez-vous pas, chrétiens, cette dignité de Marie? Mais encore n'est-ce pas assez (a) qu'elle soit associée au Père éternel comme Mère de son Fils unique : celui qui lui donne son propre Fils, qu'il engendre par sa nature, lui refusera-t-il les enfans qu'il adopte par sa charité? Et s'il veut bien lui communiquer sa fécondité naturelle, afin qu'elle soit Mère de Jésus-Christ, ne doit-il pas, pour achever son ouvrage, lui donner libéralement la fécondité de son amour pour être Mère de tous ses membres? Et c'est pour cela, chrétiens, que mon évangile m'appelle au Calvaire : c'est là que je vois la très-sainte Vierge s'unissant, devant son cher Fils, à l'amour fécond du Père éternel. Ah! qui pourroit ne s'attendrir pas à la vue d'un si beau spectacle?

Il est vrai qu'on ne peut assez admirer cette immense charité de Dieu, par laquelle il nous choisit pour enfans. Car comme remarque admirablement l'incomparable saint Augustin [1], nous voyons que, parmi les hommes, l'adoption n'a jamais lieu que lorsqu'on ne peut plus espérer d'avoir de véritables enfans. Alors, quand la nature n'en peut plus donner, les hommes ont trouvé le secret de s'en faire par leur amour; tellement que cet amour qui adopte n'est établi que pour venir au secours et pour suppléer au défaut de la nature qui manque. Mais il n'est pas ainsi de notre grand Dieu : il a engendré dans l'éternité un Fils qui est égal à lui-même, qui fait les délices de son cœur, qui rassasie parfaitement son amour, comme il épuise sa fécondité. D'où vient donc qu'ayant un Fils si parfait, il ne laisse pas de nous adopter? Ce n'est pas l'indigence qui l'y oblige, mais les richesses immenses de sa charité. C'est la fécondité infinie d'un amour inépuisable et surabondant, qui fait qu'il donne des frères à ce Premier-né, des compagnons à cet Unique, et enfin des cohéritiers à ce Bien-aimé de son cœur. O amour! ô miséricorde! Mais il passe encore plus loin.

---

[1] *De Consens. Evang.*, lib. II, cap. III.

(a) *Var.* : Toutefois encore ce n'est pas assez.

Non-seulement il joint à son propre Fils des enfans qu'il adopte par miséricorde, mais il livre son propre Fils à la mort pour faire naître les adoptifs. C'est ainsi que sa charité est féconde. Nouvelle sorte de fécondité. Pour produire, il faut qu'il détruise ; pour engendrer les adoptifs, il faut qu'il donne le véritable. Et ce n'est pas moi qui le dis ; c'est Jésus qui me l'enseigne dans son Evangile : « Dieu a tant aimé le monde, dit-il, qu'il a donné son Fils unique, afin que ceux qui croient ne périssent pas, mais qu'ils aient la vie éternelle[1]. » Ne voyez-vous pas, chrétiens, qu'il donne son propre Fils à la mort pour faire vivre les enfans d'adoption ; et que cette même charité du Père qui le livre, qui l'abandonne, qui le sacrifie, nous adopte, nous vivifie et nous régénère ?

Mais après avoir contemplé la charité infinie de Dieu, jetez maintenant les yeux sur Marie, et voyez comme elle se joint à l'amour fécond du Père éternel. Car pourquoi son Fils l'a-t-il appelée à ce spectacle d'inhumanité ? Est-ce pour lui percer le cœur et lui déchirer les entrailles ? Faut-il que ses yeux maternels soient frappés de ce triste objet et qu'elle voie couler devant elle, par tant de cruelles blessures, un sang qui lui est si cher ? N'y a-t-il pas de la dureté de ne lui épargner pas cette peine ? Chrétiens, ne le croyez pas et comprenez un si grand mystère. Il falloit qu'elle se joignît à l'amour du Père éternel ; et que, pour sauver les pécheurs, ils livrassent leur commun Fils, d'un commun accord, au supplice : si bien qu'il me semble que j'entends Marie, qui parle ainsi au Père éternel d'un cœur tout ensemble ouvert et serré ; serré par une extrême douleur, mais ouvert en même temps au salut des hommes par la sainte dilatation de la charité : Puisque vous le voulez, ô mon Dieu, dit-elle, je consens à cette mort ignominieuse à laquelle vous abandonnez le Sauveur. Vous le condamnez, j'y souscris ; vous voulez sauver les pécheurs par la mort de notre Fils innocent, qu'il meure afin que les hommes vivent. Voyez, mes Frères, comme elle s'unit à l'amour fécond du Père éternel ; mais admirez qu'en ce même temps elle reçoit aussi sa fécondité. « Femme, dit Jésus, voilà votre fils. » Son amour lui ôte un Fils bien-aimé, son amour lui en rend un autre ; et en la

[1] *Joan.*, III, 16.

personne de ce seul disciple, elle devient par la charité l'Eve de la nouvelle alliance et la Mère féconde de tous les fidèles. Car qui ne voit ici un amour de mère? Donneroit-elle pour nous son cher Fils, si elle ne nous aimoit comme ses enfans? Que reste-t-il donc maintenant, sinon que nous lui rendions amour pour amour, et qu'au lieu du Fils qu'elle perd elle en trouve un en chacun de nous?

Mais il me semble que vous me dites : Quel échange nous conseillez-vous, et que rendrons-nous à Marie? Quoi! des hommes mortels pour un Dieu, des pécheurs pour un Jésus-Christ! Est-ce ainsi qu'il nous faut réparer sa perte? — Non, ce n'est pas là ma pensée. C'est un Jésus-Christ qu'elle donne, rendons-lui un Jésus-Christ en nous-mêmes, et faisons revivre en nos ames ce Fils qu'elle perd pour l'amour de nous. Je sais bien que Dieu le lui a rendu glorieux, ressuscité, immortel; mais encore qu'elle le possède en sa gloire, elle ne laisse pas, chrétiens, de le chercher encore dans tous les fidèles. Soyons donc chastes et pudiques, et Marie reconnoîtra Jésus-Christ en nous. Soyons humbles et obéissans, comme Jésus l'a été jusqu'à la mort. Ayons des cœurs tendres et des mains ouvertes pour les pauvres et les misérables. Oublions toutes les injures, comme Jésus les a oubliées jusqu'à laver (a) dans son propre sang même le crime de ses bourreaux. Quelle sera la joie de Marie, quand elle verra vivre Jésus-Christ en nous, dans nos ames par la charité, dans nos corps par la continence, sur les yeux même et sur les visages par la retenue, par la modestie et par la simplicité chrétienne! C'est alors que reconnoissant en nous Jésus-Christ par la pratique exacte de son Evangile, ses entrailles seront émues de cette vive représentation de son bien-aimé; et touchée jusque dans le cœur de cette sainte conformité, elle croira aimer Jésus-Christ en nous, et elle répandra sur nous toutes les douceurs de son affection maternelle. En est-ce assez pour nous faire voir qu'elle est notre Mère par la charité, et pour nous donner un amour de fils? Que si nous ne sommes pas encore attendris; si le lait de son amour maternel ne suffit pas pour nous amollir, et qu'il faille du sang et des souffrances pour briser la dureté de nos cœurs, en voici, je vous en prépare; et c'est ma seconde par-

(a) *Var.* : En lavant.

tie, où vous verrez les douleurs amères et les tristes gémissemens parmi lesquels elle nous engendre.

SECOND POINT.

Saint Jean nous représente la très-sainte Vierge, au chapitre XII de l'*Apocalypse*, par une excellente figure : « Il parut, dit-il, un grand signe aux cieux, une femme environnée du soleil, qui avoit la lune à ses pieds et la tête couronnée d'étoiles, et qui alloit enfanter un fils [1]. » Saint Augustin nous assure, dans le livre du *Symbole aux Catéchumènes* [2], que cette femme de l'*Apocalypse* c'est la bienheureuse Marie, et on le pourroit aisément prouver par plusieurs raisons convaincantes; mais une parole du texte sacré semble s'opposer à cette pensée. Car cette femme mystérieuse nous est représentée en ce lieu dans les douleurs de l'enfantement. « Elle crioit, dit saint Jean, et elle étoit tourmentée pour enfanter : » *Clamabat parturiens, et cruciabatur ut pareret* [3]. Que dirons-nous ici, chrétiens? Cette femme ainsi tourmentée peut-elle être la très-sainte Vierge? Avouerons-nous à nos hérétiques que Marie a été sujette à la malédiction de toutes les mères, qui mettent leurs enfans au monde au milieu des gémissemens et des cris? Au contraire, ne savons-nous pas qu'elle a enfanté sans douleur, comme elle a conçu sans corruption? Quel est donc le sens de saint Jean, dans cet enfantement douloureux qu'il attribue à la sainte Vierge, et comment démêlerons-nous ces contrariétés apparentes?

C'est le mystère que je vous prêche, c'est la vérité que je vous annonce. Nous devons entendre, mes Frères, qu'il y a deux enfantemens en Marie. Elle a enfanté Jésus-Christ, elle a enfanté les fidèles : c'est-à-dire elle a enfanté l'Innocent, elle a enfanté les pécheurs. Elle enfante l'Innocent sans peine, mais il falloit qu'elle enfantât les pécheurs parmi les tourmens (a) et les cris; c'est pourquoi je vois dans mon évangile qu'elle les enfante à la croix, ayant le cœur rempli d'amertume et saisi de douleur, le visage

---

[1] *Apoc.*, XII, 1. — [2] Serm. IV, *De Symbol. ad Catech.*, cap. I. — [3] *Apoc.*, XII, 2.

(a) *Var.:* Les douleurs.

noyé de ses larmes. Et voici la raison de tout ce mystère, que je vous prie de bien pénétrer pour l'édification de vos ames.

Puisque, ainsi que nous l'avons dit, les fidèles devoient renaître de l'amour du Père éternel et des souffrances de son cher Fils, afin que la divine Marie fût la Mère du peuple nouveau, il falloit qu'elle fût unie non-seulement à l'amour fécond par lequel le Père nous a adoptés, mais encore aux cruels supplices par lesquels le Fils nous engendre. Car n'étoit-il pas nécessaire que l'Eve de la nouvelle alliance fût associée au nouvel Adam? Et de là vient que vous la voyez (a) affligée au pied de la croix, afin que de même que la première Eve a goûté autrefois sous l'arbre avec son époux désobéissant la douceur empoisonnée du fruit défendu, ainsi l'Eve de mon évangile s'approchât de la croix de Jésus, pour goûter avec lui toute l'amertume de cet arbre mystérieux. Mais mettons ce raisonnement dans un plus grand jour; et posons pour premier principe, que c'étoit la volonté du Sauveur des ames que toute sa fécondité fût dans ses souffrances. C'est lui-même qui me l'apprend, lorsqu'il se compare dans son Evangile à ce merveilleux grain de froment qui se multiplie en tombant par terre, et devient fécond par sa mort : *Nisi granum frumenti cadens in terram mortuum fuerit, ipsum solum manet; si autem mortuum fuerit, multum fructum affert* [1].

En effet tous les mystères du Sauveur Jésus sont une chute continuelle. Il est tombé du ciel en la terre, de son trône dans une crèche; de la bassesse de sa naissance il est tombé par divers degrés aux misères qui ont affligé sa vie; de là il a été abaissé jusqu'à l'ignominie de la croix; de la croix il est tombé au sépulcre, et c'est là que finit sa chute, parce qu'il ne pouvoit descendre plus bas. Aussi n'est-il pas plutôt arrivé à ce dernier anéantissement, qu'il a commencé de montrer sa force; et ce germe d'immortalité qu'il tenoit caché en lui-même sous l'infirmité de sa chair, s'étant développé (b) par sa mort, on a vu ce grain de froment se multiplier avec abondance, et donner partout des enfans à Dieu. D'où je tire cette conséquence infaillible,

---

[1] *Joan.*, XII, 24.

(a) *Var.* : Que vous voyez la très-sainte Vierge. — (b) Dégagé.

que cette fécondité bienheureuse par laquelle il nous engendre à son Père, est dans sa mort et dans ses souffrances. Venez donc, divine Marie ; venez à la croix de votre cher Fils, afin que votre amour maternel vous unisse à ces souffrances fécondes par lesquelles il nous régénère.

Qui pourroit vous exprimer, chrétiens, cette sainte correspondance qui fait ressentir à Marie toutes les douleurs de son Fils ? Elle voyoit cet unique et ce bien-aimé attaché à un bois infâme, qui étendoit ses bras tout sanglans à un peuple incrédule et impitoyable, ses yeux meurtris inhumainement et sa face devenue hideuse (a). Quelle étoit l'émotion du sang maternel, en voyant le sang de ce Fils, qui se débordoit avec violence de ses veines cruellement déchirées ! Saint Basile de Séleucie voyant la Cananée aux pieds du Sauveur et lui faisant sa triste prière en ces mots : « Fils de David, ayez pitié de moi, car ma fille est tourmentée par le démon [1], » paraphrase ainsi ses paroles : « Ayez pitié de moi, car ma fille souffre ; je suis tourmentée en sa personne ; à elle la souffrance, à moi l'affliction. Le démon la frappe, et la nature me frappe moi-même ; je ressens tous ses coups en mon cœur, et tous les traits de la fureur de Satan passent par elle jusque sur moi-même [2]. » Voyez la force de la nature et de l'affection maternelle. Mais comme le divin Jésus surpasse infiniment tous les fils, la douleur des mères communes est une image trop imparfaite de celle qui perce le cœur de Marie. Son affliction est comme une mer dans laquelle son ame est toute abîmée. Et par là vous voyez comme elle est unie aux souffrances de son cher Fils, puisqu'elle a le cœur percé de ses clous et blessé de toutes ses plaies.

Mais admirez la suite de tout ce mystère. C'est au milieu de ces douleurs excessives, c'est dans cette désolation par laquelle elle entre en société des supplices et de la croix de Jésus, que son Fils l'associe aussi à sa fécondité bienheureuse. « Femme, lui dit-il, voilà votre fils. » Femme qui souffrez avec moi, soyez aussi féconde avec moi, soyez Mère de ceux que j'engendre par mon

---

[1] *Matth.*, XV, 22. — [2] *Orat.* XX, *in Chanan.*
(a) *Var.*: Défigurée.

sang et par mes blessures. Qui pourroit vous dire, fidèles, quel fut l'effet de cette parole? Elle gémissoit au pied de la croix, et la force de la douleur l'avoit presque rendue insensible. Mais aussitôt qu'elle entendit cette voix mourante du dernier adieu de son Fils, ses sentimens furent réveillés par cette nouvelle blessure; il n'y eut goutte de sang en son cœur qui ne fût aussitôt émue, et toutes ses entrailles furent renversées. « Femme, voilà votre fils : » *Ecce filius tuus* [1]. Quoi! un autre en votre place, un autre pour vous! Quel adieu me dites-vous, ô mon Fils! Est-ce ainsi que vous consolez votre Mère? Ainsi cette parole la tue; et pour accomplir le mystère, cette même parole la rend féconde.

Il me souvient ici, chrétiens, de ces mères infortunées à qui on déchire les entrailles pour en arracher leurs enfans, et qui meurent pour les mettre au monde. C'est ainsi, ô bienheureuse Marie, que vous enfantez les fidèles. C'est par le cœur que vous enfantez, puisque, ainsi que nous avons dit, vous engendrez par la charité. Ainsi ces paroles de votre Fils étant entrées au fond de votre ame à la façon d'un glaive tranchant (a), on peut dire que vous nous avez enfantés d'un cœur déchiré par la violence d'une affliction sans mesure. Et lorsque nous paroissons devant vous pour vous appeler notre Mère, vous vous souvenez de ces mots sacrés par lesquels Jésus-Christ vous établit telle, de sorte que vos entrailles s'emeuvent (b) sur nous comme sur les enfans de votre douleur.

Souvenons-nous donc, chrétiens, que nous sommes enfans de Marie, et que c'est à la croix qu'elle nous engendre. Méditons ces belles paroles que nous adresse l'*Ecclésiastique : Gemitus matris tuæ ne obliviscaris* [2] : « N'oublie pas les gémissemens de ta mère. » Quand le monde t'attire par ses voluptés, pour détourner l'imagination de ses délices pernicieuses, souviens-toi des pleurs de Marie et n'oublie jamais les gémissemens de cette Mère si charitable : *Ne obliviscaris gemitus*. Dans les tentations violentes, lorsque tes forces sont presque abattues, que tes pieds chancellent

---

[1] *Joan.*, XIX, 26. — [2] *Eccli.*, VII, 29.

(a) *Var.*: Tout de même qu'un glaive tranchant. — (b) Et vos entrailles s'émeuvent.

dans la droite voie; que l'occasion, le mauvais exemple ou l'ardeur de la jeunesse te presse, n'oublie pas les gémissemens de ta Mère, souviens-toi des pleurs de Marie et des incroyables douleurs qui ont déchiré (a) son ame au Calvaire. Misérable, que veux-tu faire? Veux-tu élever encore une croix pour y attacher Jésus-Christ? Veux-tu faire voir à Marie son Fils crucifié encore une fois, couronner sa tête d'épines, fouler aux pieds à ses yeux (b) le sang du Nouveau Testament, et par un si triste spectacle rouvrir encore toutes les blessures de son amour maternel?

Ah! mes Frères, ne le faisons pas; souvenons-nous des pleurs de Marie, souvenons-nous des gemissemens parmi lesquels elle nous engendre. C'est assez qu'elle ait souffert une fois, ne renouvelons pas ses douleurs. Au contraire expions nos fautes par l'exercice de la pénitence. Songeons que nous sommes enfans de douleurs, et que les plaisirs ne sont pas pour nous. Jésus-Christ nous enfante en mourant, Marie est notre Mère par l'affliction; et nous engendrant de la sorte, tous deux nous consacrent à la pénitence. Ceux qui aiment la pénitence sont les vrais enfans de Marie. Car où a-t-elle trouvé ses enfans? Les a-t-elle trouvés parmi les plaisirs, dans la pompe, dans les grandeurs et dans les délices du monde? Non, ce n'est pas là qu'elle les rencontre; elle les trouve avec Jésus-Christ, et avec Jésus-Christ souffrant; elle les trouve au pied de sa croix, se crucifiant avec lui, s'arrosant de son divin sang et buvant l'amour des souffrances aux sources sanglantes de ses blessures. Tels sont les enfans de Marie. Ah! mes Frères, nous n'en sommes pas, nous ne sommes pas de ce nombre. Nous ne respirons que l'amour du monde, son éclat, son repos et sa liberté: liberté fausse et imaginaire, par laquelle nous nous trouvons engagés à la damnation éternelle.

Mais, ô bienheureuse Marie, nous espérons que, par vos prières, nous éviterons tous ces maux qui menacent notre impénitence. Faites donc, Mère charitable, que nous aimions le Père céleste qui nous adopte par son amour, et ce Rédempteur miséricordieux qui nous engendre par ses souffrances. Faites que nous aimions la croix de Jésus, afin que nous soyons vos enfans; afin que vous

(a) *Var.:* Percé. — (b) Devant elle.

nous montriez un jour dans le ciel le fruit de vos bénites entrailles, et que nous jouissions avec lui de la gloire que sa bonté nous a préparée. *Amen.*

SERMON

POUR LE JOUR DU SCAPULAIRE

SUR

LA DÉVOTION A LA SAINTE VIERGE (a).
(INÉDIT.)

Dicit Jesus matri suæ : Mulier, ecce filius tuus.
Jésus dit à sa Mère : Femme, voilà votre fils. *Joan.*, XIX, 26, 27.

L'antiquité païenne a fort remarqué l'action d'un certain philosophe qui ne laissant pas en mourant de quoi entretenir sa famille, s'avisa de léguer par son testament sa femme et ses enfans à son bon ami. Il se persuada, nous dit-on, qu'il ne pouvoit honorer davantage l'humeur généreuse de cet ami, ni lui rien laisser de plus précieux que ce témoignage de sa confiance. A la vérité, chrétiens, il paroît quelque chose de beau dans cette action, si elle a été faite de bonne foi et si l'affection a été mutuelle. Mais nous savons que les sages du monde ont ordinairement travaillé bien plus pour l'ostentation que pour la vertu, et que la plupart de leurs belles sentences ne sont dites que par parade et par une gravité affectée. Laissons donc les histoires profanes et allons à l'Evangile de Jésus-Christ.

Ce que la nécessité avoit suggéré à ce philosophe païen, la charité le fait faire à mon Maître d'une manière toute divine. Il considère du haut de sa croix et sa sainte Mère et le disciple qu'il

---

(a) Prêché probablement à Metz, en 1657, la même année que le sermon précédent.

On verra que l'auteur a pris dans ce sermon, en le modifiant un peu, le commencement de l'exorde. Le second point est incomplet.

Le manuscrit, inédit jusqu'à ce jour, est à la bibliothèque du séminaire de Meaux.

chérissoit. Près de sortir du monde, il voudroit leur laisser quelque chose ; mais hélas ! il est nu et dépouillé. Pauvre pendant tout le cours de sa vie, il n'avoit rien à lui que ses vêtemens ; et déjà les avares soldats les ont partagés et ont joué sa tunique mystérieuse. Que donnera-t-il donc à sa sainte Mère, et que donnera-t-il à Jean son ami ? Certes s'il est pauvre en biens temporels, il est riche infiniment en affection. Voyez, voyez, mes Frères, la dernière libéralité (a) de notre Sauveur. De toutes les choses du monde il n'a rien plus cher que Marie et que Jean son fidèle et son bien-aimé. Il donne donc Marie à saint Jean, et il donne saint Jean à Marie : « Femme, dit-il, voilà votre fils ; » et « Fils, dit-il à saint Jean, voilà votre Mère. » Saint Jean tout ravi d'un si beau présent, en vertu du testament de son Maître, se mit en possession de la sainte Vierge, selon la remarque du texte sacré qui dit expressément que, dès ce temps-là, le disciple considéra Marie comme sienne : *Et accepit eam discipulus in sua*[1]. De sorte que depuis ce temps Jean fut le cher Fils de Marie, Marie fut la chère Mère de Jean, et la parole de Jésus-Christ opéra cette adoption bienheureuse.

Entendons ceci, chrétiens : nous avons notre part en ce legs pieux. Jésus n'a rien dit à la croix qui ne regarde tous les fidèles. J'entreprends de vous faire voir aujourd'hui avec l'assistance de la grace de Dieu que saint Jean, le fermier du Sauveur, tient la place de tous les chrétiens en cette action ; et qu'en sa seule personne Jésus nous donne tous à sa sainte Mère. C'est pourquoi j'ai choisi ce texte pour entretenir en ce jour votre piété. Car que prétendez-vous par ce scapulaire, sinon de porter une marque par laquelle vous vous reconnoissez enfans de Marie ? Et ainsi pour satisfaire vos dévotions, je me suis résolu de vous expliquer cette glorieuse maternité par laquelle la Mère de notre Chef est aussi la Mère de tous ses membres. Dieu par sa bonté me fera la grace de fonder solidement cette vérité sur la doctrine des Ecritures et de l'antiquité chrétienne. Et pour y procéder avec ordre, premièrement je vous ferai voir le dessein de cette glorieuse maternité

---

[1] *Joan.*, XIX, 27.
(a) *Var.* : Le dernier don.

tracé dès l'origine du monde, et après vous en suivrez l'accomplissement dans la plénitude des temps (a). C'est la division de cet entretien. Elle est simple, je vous l'avoue ; mais vous en verrez naître, s'il plaît à Dieu, une doctrine toute chrétienne qui établira la dévotion pour la sainte Vierge, non sur des histoires douteuses, ni sur des révélations apocryphes, ni sur des raisonnemens incertains, ni sur des exagérations indiscrètes, mais sur des maximes solides et évangéliques. Aussi les ai-je prises des anciens Pères.

PREMIER POINT.

Ceux qui sont peu versés dans la lecture des anciens docteurs, seront peut-être surpris d'abord d'entendre les termes extraordinaires avec lesquels ils associent la très-sainte Vierge à Notre-Seigneur Jésus-Christ. Ce saint évêque de Lyon, le grand Irénée, l'honneur (b) des églises des Gaules qu'il a fondées par son sang et par sa doctrine, parle ainsi de la sainte Vierge : « Le genre humain, dit-il, condamné à mort par une vierge est sauvé par une vierge : » *Morti adstrictum per virginem, salvatur per virginem*[1]. « Ce qui avoit été perdu par ce sexe, est ramené à salut par le même sexe, » dit Tertullien : *Quod per ejusmodi sexum abierat in perditionem, per eumdem sexum redigeretur in salutem*[2]. Vous entendez en ces deux grands hommes les deux plus anciens auteurs ecclésiastiques. Et après eux l'incomparable Augustin : « Par une femme la mort, par une femme la vie ; par Eve la ruine, par Marie le salut : » *Per feminam mors, per feminam vita; per Evam interitus, per Mariam salus*[3]. Tous les autres ont parlé dans le même sens, et la suite de ce discours vous fera encore plus évidemment connoître l'intention de tous ces grands hommes (c).

N'appréhendez pas, chrétiens, que des serviteurs si fidèles de

---

[1] S. Iræn., *Cont. hæres.*, lib. V, cap. xix. — [2] Tertull., *De carne Christi*, n. 17. — [3] S. August., *De Symbol. ad Catechum.*, serm. III, cap. iv.

(a) *Var.* : Je vous dirai premièrement les raisons pour lesquelles il étoit convenable que Marie fût la Mère du peuple nouveau, et après je conclurai en vous faisant voir par l'histoire de l'Evangile qu'en effet elle a eu cette qualité. — (b) L'ornement. — (c) Et vous connoîtrez encore mieux leur intention dans la suite de mon discours.

Jésus-Christ veuillent diminuer l'honneur de leur Maître en lui associant en quelque sorte l'heureuse Marie. Certes c'est peu connoître la grandeur de Dieu, de penser que sa gloire soit diminuée quand il en fait part à ses créatures. En cela dissemblable de nous, en donnant une partie, il retient le tout. Si cela vous semble étrange d'abord, considérez que Dieu a cela de propre, qu'il est le seul qui donne sans se dépouiller. Certes il n'agit pas comme nous qui partageons nos soins à plusieurs, afin que la peine nous en pèse moins. Il n'en est pas ainsi du grand Dieu vivant. Quand il associe ses créatures à ses ouvrages, ce n'est pas qu'il se décharge, mais il les honore. Et ainsi la gloire lui appartient toute. C'est pourquoi l'apôtre saint Paul n'a pas cru diminuer la grandeur de Dieu, quand il s'appelle non-seulement son *ministre*, mais encore son *coopérateur*, συνεργὸς. Vous diriez qu'il se fait le compagnon de Dieu, mais à Dieu ne plaise qu'il en soit ainsi ! il sait que cette partie de l'ouvrage qu'il a plu à Dieu lui commettre n'en est pas moins à Dieu, parce qu'il daigne se servir de son ministère. Si donc les anciens Pères nous ont enseigné que Marie est associée singulièrement au grand ouvrage du Fils de Dieu, ils ne ravissent pas pour cela la gloire au Sauveur ; il y auroit de la malice à le croire. Mais pour éclairer leur pensée et pour nous apprendre le sens des éloges que l'Eglise donne à la sainte Vierge, remontons à l'origine des choses ; et voyons par quelle raison il étoit à propos que la sainte Vierge eût tant de part à l'œuvre de notre salut, qu'elle méritât d'être associée au Fils de Dieu qui en est l'auteur.

Chrétiens, une des choses les plus touchantes dans la réparation de notre nature, c'est de voir que l'ineffable bonté de Dieu prend plaisir d'employer à notre salut tout ce qui a contribué à notre ruine. C'est ce qu'il est nécessaire que vous remarquiez avec les vénérables docteurs de l'Eglise, dont je tiens cette pieuse observation. Certes il est sans doute que Dieu pouvoit délivrer les hommes sans se faire homme ; mais il lui a plu de se faire homme pour nous racheter, afin que cette même nature que le démon s'étoit asservie remportât la victoire sur lui et sur ses audacieux compagnons. Davantage, encore que le Fils de Dieu eût résolu de venir en terre et de se revêtir d'une chair humaine, il pouvoit se créer lui-même un corps et une ame sans le ministère de ses créatures, et ainsi il se seroit épargné la honte de naître d'une postérité condamnée. Toutefois sa providence incompréhensible en a disposé autrement. Il lui a plu que dans cette race maudite, la grace et la bénédiction prît son origine. Notre-Seigneur a voulu être le fils d'Adam, afin que sa bienheureuse naissance sanctifiât éternellement la race d'Adam, que la contagion du péché avoit infectée.

Avançons dans cette méditation. Jésus-Christ pouvoit nous sauver sans mourir : et il nous a voulu sauver par sa mort. C'est qu'insistant au même dessein, il a ordonné que la mort que le diable envieux avoit amenée au monde pour nous détruire fût employée à nous réparer, et que la peine de notre péché fût le médicament de nos maladies. Mais, ô doux Rédempteur de nos ames, après avoir déterminé de mourir, falloit-il nécessairement mourir à la croix? N'y avoit-il que ce genre de mort qui fût capable d'expier nos crimes? Certainement il y en avoit beaucoup d'autres. Pourquoi donc vous vois-je pendu à ce bois infâme? Chrétiens, n'en voyez-vous pas le secret? Le fruit d'un arbre nous avoit perdu; voici un autre arbre qu'on nous propose, auquel est attaché Jésus-Christ le vrai fruit de vie. Et pour accomplir toutes choses, de même qu'en mangeant le fruit défendu, Adam notre premier père a reçu la mort : nous en mangeant ce divin fruit qui pend à la croix, nous recevons la vie éternelle. Nos rebelles parens ont cueilli sur l'arbre le fruit empoisonné qui les tue avec leur misérable postérité; et lorsque dans la célébrité de nos saints mystères, honorant la pieuse mémoire de notre Dieu et Sauveur Jésus-Christ, nous mangeons humblement son corps et buvons son sang ainsi qu'il nous l'a commandé, que faisons-nous autre chose, mes Frères, que d'aller pour ainsi dire cueillir sur la croix le fruit vivifiant qu'elle porte, je veux dire cette victime innocente qui a chargé sur son dos les péchés du monde? Tellement que, pour reprendre ce que j'ai dit, si un homme nous perd, un homme nous sauve : la mort règne dans la race d'Adam; c'est de la race d'Adam que la vie est née. Dieu fait servir de remède à notre péché la mort qui en étoit la punition. L'arbre nous tue, l'arbre nous guérit, et un manger salutaire répare le mal qu'un manger téméraire avoit fait.

Et de là vient que nos anciens pères voyant par une induction si universelle que notre Dieu s'est résolument attaché à notre salut par les mêmes choses qui ont été le principe de notre perte, ils en ont tiré cette conséquence : Si tel est le conseil de Dieu que tout ce qui a eu part à notre ruine doit coopérer à notre salut, puisque les deux sexes sont intervenus en la désolation de notre nature, il falloit qu'ils intervinssent à sa délivrance. Si la corruption du péché les a déshonorés l'un et l'autre, il faut que le Réparateur des hommes leur rende l'honneur. Et c'est pourquoi, dit saint Augustin, Jésus-Christ homme est né d'une femme : *Virum sumpsit natus ex feminâ*. Et parce que le genre humain est précipité dans la damnation éternelle par un homme et par une femme, il étoit convenable que Dieu prédestinât une nouvelle Eve, aussi bien qu'un nouvel Adam, afin de donner à la terre, au lieu de la race ancienne qui avoit été condamnée, une nouvelle postérité qui fût sanctifiée par la grace. D'où je conclus par un argument infaillible que tout ainsi que la première Eve est la mère de tous les mortels, la nouvelle Eve, c'est-à-dire Marie, est la Mère de tous les vivans, qui sont les fidèles.

Mais afin que vous en demeuriez convaincus, conférons exactement Eve avec Marie. L'ouvrage de notre corruption a commencé par Eve, l'ouvrage de notre réparation par Marie. Un ange de ténèbres s'adresse à Eve; un ange de lumière parle à Marie. L'ange de ténèbres veut élever Eve à une fausse grandeur en lui faisant affecter la divinité : « Vous serez comme des dieux [1], » lui dit-il; l'ange de lumière établit Marie dans la véritable grandeur par sa société avec le vrai Dieu : « Le Seigneur avec vous [2], » lui dit Gabriel. L'ange de ténèbres parlant à Eve, travaille à lui persuader la rébellion : « Pourquoi est-ce que Dieu vous a commandé [3]? » l'ange de lumière parlant à Marie, lui persuade l'obéissance : « Ne craignez point, Marie, rien ne sera impossible au Seigneur [4]. » Eve étoit vierge encore, et Marie est vierge. Eve encore vierge

---

[1] *Gen.*, III, 5. — [2] *Luc.*, I, 28. — [3] *Gen.*, III, 1. — [4] *Luc.*, I, 30.

avoit son époux, et Marie la Vierge des vierges avoit son époux. La parole de mort fut portée à Eve, et la parole de vie à la sainte Vierge. Eve crut au serpent, et Marie à l'ange. Ainsi, dit le docte Tertullien, « une foi pieuse efface la faute d'une téméraire crédulité, et Marie répare en croyant à Dieu ce qu'Eve a gâté en croyant au diable : » *Quod illa credendo deliquit, hæc credendo delevit* [1]. Eve séduite par le démon, est contrainte de fuir la face de Dieu; et Marie instruite par l'ange, est rendue digne de porter Dieu : « Afin, dit l'ancien Irénée, écoutez les paroles de ce grand martyr, afin que la Vierge Marie fût l'avocate de la vierge Eve : » *Ut virginis Evæ virgo Maria fieret advocata* [2].

Après un rapport si exact, qui pourroit douter que Marie ne fût l'Eve de la nouvelle alliance, et par conséquent la Mère du nouveau peuple? Pour moi, considérant cette convenance, je suis ravi d'admiration de la hauteur impénétrable des secrets de Dieu dans la séparation de notre nature; et pourrois-je ne pas m'étonner de voir que tout ce qui se rencontre dans notre ruine, se trouve aussi de point en point employé à notre glorieux rétablissement? Ce qui a fait dire au grave Tertullien que « Dieu a regagné son image dont le diable s'étoit emparé (a) par un dessein d'émulation : » *Deus imaginem suam à diabolo captam æmulâ operatione recuperavit* [3]. Que veut dire cette émulation de Dieu et du diable? Nous appelons *émulation* lorsque deux personnes en concourant au même dessein, se disputent entre elles réciproquement à qui emportera le dessus. Le diable s'étoit déclaré le rival de Dieu, il avoit voulu monter en son trône, il se faisoit adorer en sa place; et jaloux de la majesté de son Maître, pour égaler autant qu'il pourroit la grandeur divine, il s'étoit assujetti l'homme que Dieu avoit fait pour lui seul. Vous voyez Satan le jaloux de Dieu. Dieu jaloux se lève contre Satan, il entreprend de délivrer l'homme : et voilà jalousie contre jalousie, émulation contre émulation. Et pour cela vous avez vu Dieu reprenant pour ainsi dire tous les pas du diable, lui renversant sur la tête toutes ses machines, repassant

---

[1] Tertull., *De carne Christi*, n. 17. — [2] S. Iræn., *Contr. hær.*, lib. V, cap. xix. — [3] Tertull., *De carne Christi*, n. 17.

(a) *Var.*: Dont le diable s'étoit rendu maître.

exactement sur tous les vestiges, et imprimant sa marque sur tous les endroits où il voit le caractère de son rival également foible et audacieux. « L'émulation du Dieu des armées a fait cet ouvrage[1]. »

Mais d'où vous vient, ô Dieu tout-puissant, d'où vous vient cette émulation contre une créature si impuissante, que le seul souffle de votre bouche a précipitée du plus haut des cieux jusque dans les cachots éternels? Ah! mes Frères, réjouissons-nous : c'est que Dieu nous aime, et c'est pourquoi il est jaloux de Satan auquel notre nature s'est prostituée. Et pour nous faire voir qu'il n'a plus de force, tout ce qu'il avait choisi pour nous nuire, Dieu le fait réussir à notre salut, parce qu'il est jaloux et poussé d'une charitable émulation pour sauver ce qui est perdu, *æmulâ operatione*. Dieu pouvoit vaincre notre ennemi d'une autre manière; mais celle-ci est plus consolante pour nous, et c'est la raison pour laquelle notre Dieu qui nous aime l'a voulu choisir. Ce m'est déjà une grande joie qu'il m'assure par sa parole qu'il est réconcilié avec moi; mais combien est-elle plus grande, lorsqu'il me le fait toucher au doigt par les choses mêmes! Je suis convaincu, chrétiens, que mon Dieu veut réparer nos dommages et qu'il n'y a plus pour nous de condamnation, puisque tous les instrumens de notre ruine sont tournés miséricordieusement à notre salut. Je reconnois bien ici ce que dit l'Apôtre, que Dieu renouvelle toutes choses en Jésus-Christ. Tout revient par sa grace à la pureté de la première origine; et je sens qu'on nous remet dans le paradis, puisqu'on nous donne un nouvel Adam en notre Sauveur, et une nouvelle Eve en la sainte Vierge, et un nouvel arbre en la croix, et un nouveau fruit en l'Eucharistie. Après quoi je ne m'étonne pas si nos pères induits par une telle convenance de choses, ont appelé Marie la *nouvelle Eve*, c'est-à-dire la Mère de tous les vivans.

Par conséquent, fidèles, le scapulaire n'est pas une marque inutile, vous le portez comme un témoignage visible que vous vous reconnoissez enfans de Marie. Et Marie en effet sera votre Mère, si vous vivez en Notre-Seigneur Jésus-Christ; elle sera Eve, c'est-à-dire en hébreu vivante. Adam donna ce nom à sa

[1] *Isa.*, IX, 7.

femme, parce qu'elle est la mère de tous les vivans. Ce n'est pas Eve, mes Frères, ce n'est pas Eve qui est la mère de tous les vivans, elle est plutôt la mère de tous les morts. Sur quoi saint Epiphane observe très-bien qu'elle n'a été appelée *mère des vivans*, qu'après que sa race a été maudite. Quelle apparence que ce nom lui convienne? Est-ce être mère de tous les vivans, que d'engendrer tous ses enfans à la mort? Par conséquent ce n'est pas pour elle que la première Eve reçoit ce titre, c'est en figure de la sainte Vierge dont Eve nous représente la dignité. C'est donc la sainte Vierge qui est la vraie Eve, la vraie Mère de tous les vivans. Vivez, vivez, fidèles, et Marie sera votre Mère. Mais vivez de Jésus-Christ et par Jésus-Christ, parce que Marie elle-même n'a de vie qu'en Jésus-Christ et par Jésus-Christ. Voilà la maternité de la sainte Vierge très-solidement établie. Vous voyez qu'il étoit convenable qu'elle fût Mère des chrétiens, et que tel étoit le dessein de Dieu qui nous a été montré dans le paradis. Mais afin que cette doctrine pénètre plus profondément en vos cœurs, admirez l'exécution de ce grand dessein dans l'Evangile de notre Sauveur, et contemplez comme Jésus-Christ s'associe la sainte Vierge dans la génération des enfans que son sang toujours fertile produit à son Père.

SECOND POINT.

Saint Jean nous représente en cette action l'universalité des fidèles. Comprenez, s'il vous plaît, ce raisonnement. Tous les autres disciples de mon Sauveur l'ont abandonné. Et Dieu l'a permis de la sorte, afin de nous faire entendre qu'il y en a peu qui suivent Jésus-Christ à la croix. Donc tous les autres étant dispersés, la Providence n'a retenu près du Dieu mourant que Jean le bien-aimé de son cœur. C'est l'unique, c'est le vrai fidèle. Car celui-là est vraiment fidèle à Jésus, qui suit Jésus jusqu'à sa croix. Et ainsi cet unique fidèle représente tous les fidèles. Par conséquent lorsque Jésus-Christ parlant à sa Mère lui dit que saint Jean est son fils, ne croyez pas qu'il considère saint Jean comme un homme particulier. Il lui donne en la personne de Jean tous ses disciples et tous ses fidèles, tous les héritiers de la nouvelle alliance et tous les enfans de la croix. De là vient, comme je l'ai remarqué, qu'il l'appelle *femme ;* il veut dire femme par excellence, femme choisie singulièrement pour être la Mère du peuple élu. « O femme, lui dit-il, nouvelle Eve, voilà votre fils; et lui et tous les fidèles qu'il représente, ce sont vos enfans. Jean est mon disciple et mon bien-aimé ; recevez en sa personne tous les chrétiens, parce que Jean tient la place d'eux tous et qu'ils sont tous aussi bien que Jean mes disciples et mes bien-aimés. » C'est ce que le Sauveur veut montrer à sa sainte Mère. Et ce qui me semble le plus remarquable, c'est à la croix qu'il lui adresse cette parole. N'en comprenez-vous pas la raison ?

C'est à la croix que le Fils de Dieu nous donne la vie et nous régénère à la grace par la vertu de son sang répandu pour nous. C'est à la croix aussi qu'il enseigne à la très-pure Marie qu'elle est la Mère de Jean et de ses fidèles : « Femme, voilà ton Fils, lui dit-il [1]. » Et ainsi je vois le nouvel Adam qui nous engendrant par sa mort, associe la nouvelle Eve sa sainte Mère à la chaste et mystérieuse génération des enfans du Nouveau Testament.......

[1] *Joan.*, XIX, 26.

SERMONS

DE VÊTURES

ET DE PROFESSIONS RELIGIEUSES.

SERMON

POUR

LA VÊTURE DE MADEMOISELLE DE BOUILLON

DE CHATEAU-THIERRY (a).

Oportet vos nasci denuò.
Il faut que vous naissiez encore une fois. *Joan.*, III, 7.

Ce qui doit imposer silence, et confondre éternellement ceux dont le cœur se laisse emporter à la gloire de leur extraction, c'est l'obligation de renaître ; et de quelque grandeur qu'ils se vantent, ils seront forcés d'avouer qu'il y a toujours beaucoup de bassesse

---

(a) Prêché aux Grandes-Carmélites, devant le nonce apostolique et les deux reines, en 1660, le 8 septembre, jour de la Nativité de la sainte Vierge.
  Prêché aux Grandes-Carmélites. Après avoir parlé de la vie religieuse qui bride la liberté de mal faire et la serre de près par une discipline sévère, l'orateur ajoute, dans le premier point : « Telle est la vie des carmélites. » Et dans le troisième point, relevant ce mot de saint Martin, que « le triomphe de la modestie et la perfection de l'honnêteté dans le sexe, c'est de ne se laisser jamais voir, » il dit : « Cette belle sentence semble être prononcée pour les carmélites. »
  Devant le nonce apostolique et les deux reines. Bossuet dit à l'illustre postulante, dans la péroraison : « Vous aurez cet honneur extraordinaire, de le recevoir (l'habit religieux) par les mains de cet illustre prélat qui représente ici par sa charge la majesté du Siége apostolique. » Plus loin, s'adressant à la reine mère, il la félicite d'avoir si puissamment contribué à « cet admirable traité qui promettoit enfin la paix immuable, » c'est-à-dire au traité des Pyrénées qui réconcilia la France et l'Espagne. Et plus loin encore, il dit à la reine régnante : « Que peut-on imaginer de plus grand que d'être l'épouse chérie du premier monarque du monde ? »
  En 1660. La garantie, pour ainsi dire le sceau du traité « qui promettoit enfin

dans leur première naissance, puisqu'il n'est rien de plus nécessaire que de se renouveler par une seconde. La véritable noblesse est celle que l'on reçoit en naissant de Dieu. Aussi l'Eglise ne célèbre pas la Nativité de Marie à cause qu'elle a tiré son origine d'une longue suite de rois, mais à cause qu'elle a apporté la grace en naissant en grace, et qu'elle est née fille du Père céleste.

Mesdames, vous verrez aujourd'hui une de vos plus illustres sujettes, qui touchée de ces sentimens, se dépouillera devant vous

la paix immuable, » ce fut le mariage qui unit l'infante d'Espagne au roi de France. « L'épouse chérie du premier monarque du monde » fit son entrée à Paris le 26 août 1660 au milieu des fêtes, des réjouissances, de l'enthousiasme général. Le prédicateur pourra donc dire aux deux reines, quelques jours après, dans une solennité religieuse qui anéantit les honneurs du siècle : « Ce spectacle est digne de Vos Majestés ; et après ces cérémonies magnifiques dans lesquelles on a étalé toutes les pompes du monde, il est juste qu'elles assistent à celles où l'on apprend à les mépriser. »

Le jour de la Nativité de la sainte Vierge. Avant les mots qu'on vient de lire, dans l'exorde, Bossuet parle de cette fête; et il dit plus bas qu'il ne peut « s'appliquer au sujet commun que l'Eglise traitoit ce jour-là, qui est la Nativité de Marie. »

Ajoutons que Mademoiselle de Bouillon, qui s'appela dans le cloître *Sœur Emilie de la Passion*, étoit sœur du duc Henri de Bouillon et tante du grand Turenne. C'est de cet illustre capitaine que l'orateur parle dans ces vœux : « Dieu veuille que l'année prochaine la compagnie soit complète, que ce grand et invincible courage se laisse vaincre une fois, » etc. Espérée dès 1660, la conversion de Turenne eut lieu en 1668.

Maintenant, deux observations générales. Plusieurs sermons de vêtures semblent perdus pour la postérité; qu'il nous suffise d'en indiquer deux, celui de Madame d'Albert de Luynes et celui de Madame de Rochefort. Le premier fut prêché dans la célèbre abbaye de Jouarre, le 8 mai 1664. Trente années plus tard, élevé sur le siége épiscopal, Bossuet rappeloit souvent cette grande journée dans l'édifiante correspondance qu'il entretint avec sa *chère fille en Jésus-Christ* : « Chantez ces cantiques (les Psaumes), lui disoit-il, en vous élevant au comble de ce saint amour dont votre cœur fut touché lorsque, remplie du dégoût du siècle, vous offrites à Dieu le sacrifice de vos cheveux pour vous engager à le suivre. » — « Je vous reconois toujours pour ma première fille, et dès le temps de votre profession, et depuis mon installation à Jouarre. » — « Je vous ai enfantée par la divine parole. » (*Lettres* du 8 mars et du 5 novembre 1691.) Le second sermon, que nous voulons mentionner aussi, fut prêché dans le couvent des Grandes-Carmélites, en présence de plusieurs dames de la Cour; l'orateur avoit choisi pour texte principal ces paroles de saint Paul : *Honora viduas quæ verè viduæ sunt* (1 Tim., v, 3). La comtesse de Rochefort, après la mort de son mari, s'étoit retirée aux Carmélites pour y prendre le voile.

Disons encore que les manuscrits des sermons de vêture sont ou perdus sans retour, ou fermés sous triple serrure; nous n'en avons retrouvé qu'un seul, celui du *premier Sermon pour la vêture d'une postulante bernardine*. Force nous a été de publier les autres sermons d'après les premières éditions, à commencer par celle de Déforis. Nous avons constamment supprimé, sans nuire à la clarté du sens, les intercalations explicatives de cet éditeur.

des honneurs que sa naissance lui donne. Ce spectacle est digne de Vos Majestés ; et après ces cérémonies magnifiques dans lesquelles on a étalé toutes les pompes du monde, il est juste qu'elles assistent à celles où l'on apprend à les mépriser. Elles viennent ici dans cette pensée, dans laquelle je dois les entretenir pour ne pas frustrer leur attente. Que si la loi que m'impose cette cérémonie particulière m'empêche de m'appliquer au sujet commun que l'Eglise traite en ce jour, qui est la Nativité de Marie, par la crainte d'envelopper des matières si vastes et si différentes, j'espère que Vos Majestés me le pardonneront facilement ; et je me promets que la sainte Vierge ne m'en accordera pas moins son secours, que je lui demande humblement par les paroles de l'ange, en lui disant : *Ave, Maria.*

Enfermer dans un lieu de captivité une jeune personne innocente ; soumettre à des pratiques austères et à une vie rigoureuse un corps tendre et délicat ; cacher dans une nuit éternelle une lumière éclatante, que la Cour auroit vue briller dans les plus hauts rangs et dans les places les plus élevées, ce sont trois choses extraordinaires que l'Eglise va faire aujourd'hui, et cette illustre compagnie est assemblée en ce lieu pour ce grand spectacle.

Qui vous oblige, ma Sœur (car le ministère que j'exerce ne me permet pas de vous appeler autrement, et je dois oublier aussi bien que vous toutes les autres qualités qui vous sont dues) ; qui vous oblige donc à vous imposer un joug si pesant, et à entreprendre contre vous-même, c'est-à-dire contre votre liberté, en vous rendant captive dans cette clôture ; contre le repos de votre vie, en embrassant tant d'austérités ; contre votre propre grandeur, en vous jetant pour toujours dans cette retraite profonde, si éloignée de l'éclat du siècle et de toutes les pompes de la terre ? J'entends ce que répond votre cœur ; et il faut que je le dise à ces grandes reines et à toute cette audience. Vous voulez vous renouveler en Notre-Seigneur, dans cette bienheureuse journée de la naissance de la sainte Vierge ; vous voulez renaître par la grace pour commencer une vie nouvelle, qui n'ait plus rien de commun avec la nature, et pour cela ces grands changemens sont absolument nécessaires.

Et en effet, chrétiens, nous apportons au monde, en naissant, une liberté indocile, qui affecte l'indépendance ; une molle délicatesse, qui nous fait soupirer après les plaisirs ; un vain désir de paroître, qui nous épanche au dehors et nous rend ennemis de toute retraite. Ce sont trois vices communs de notre naissance ; et plus elle est illustre (a), plus ils sont enracinés dans le fond des cœurs. Car qui ne sait que la dignité entretient (b) cette fantaisie d'indépendance, que ce tendre amour des plaisirs est flatté par une nourriture délicate, et enfin que cet esprit de grandeur fait que le désir de paroître s'emporte ordinairement aux plus grands excès ?

Il faut renaître, ma Sœur, et réformer aujourd'hui ces inclinations dangereuses : *Oportet vos nasci denuò*[1]. Cet amour de l'indépendance, d'où naissent tous les désordres de notre vie, porte l'ame à ne suivre que ses volontés, et dans ce mouvement elle s'égare. Cette délicatesse flatteuse la pousse à chercher le plaisir, et dans cette recherche elle se corrompt. Ce vain désir de paroître la jette toute entière au dehors, et dans cet épanchement elle se dissipe. La vie religieuse, que vous embrassez, oppose à ces trois désordres des remèdes forts et infaillibles. Il est vrai qu'elle vous contraint ; mais, en vous contraignant, elle vous règle. Elle vous mortifie, je le confesse ; mais, en vous mortifiant, elle vous purifie : enfin elle vous retire et vous cache ; mais, en vous cachant, elle vous recueille et vous renferme avec Jésus-Christ. O contrainte, ô vie pénitente, ô sainte et bienheureuse obscurité ! je ne m'étonne plus si l'on vous aime, et si l'on quitte pour l'amour de vous toutes les espérances du monde. Mais j'espère qu'on vous aimera beaucoup davantage, quand j'aurai expliqué toutes vos beautés dans la suite de ce discours, par une doctrine solide et évangélique, avec le secours de la grâce.

---

[1] *Joan.*, III, 7.

(a) *Var.* : Nous naissons tous avec ces trois vices, et plus notre naissance est relevée. — (b) Nourrit.

PREMIER POINT.

J'entrerai d'abord en matière pour abréger ce discours ; et afin de vous faire voir par des raisons évidentes que pour régler notre liberté il est nécessaire de la contraindre, je remarquerai avant toutes choses deux sortes de libertés déréglées : l'une ne se prescrit aucunes limites, et transgresse hardiment la loi ; l'autre reconnoît bien qu'il y a des bornes, et quoiqu'elle ne veuille point aller au delà, elle prétend aller jusqu'au bout et user de tout son pouvoir. C'est-à-dire, pour m'expliquer en termes plus clairs, que l'une se propose pour son objet toutes les choses permises ; l'autre s'étend encore plus loin, et s'emporte jusqu'à celles qui sont défendues. Ces deux espèces de liberté sont fort usitées dans le monde, et je vois paroître dans l'une et dans l'autre un secret désir d'indépendance. Il se découvre visiblement dans celui qui passe par-dessus la loi, et méprise ses ordonnances. En effet il montre bien, ce superbe, qu'il ne peut souffrir aucun joug ; et c'est pourquoi le Saint-Esprit lui parle en ces termes par la bouche de Jérémie : *A sæculo confregisti jugum meum ; rupisti vincula mea, et dixisti : Non serviam* [1] : « Tu as brisé le joug que je t'imposois ; tu as rompu mes liens, et tu as dit en ton cœur, d'un ton de mutin et d'opiniâtre : Non, je ne servirai pas. » Qui ne voit que ce téméraire ne reconnoît plus aucun (a) souverain, et qu'il prétend manifestement à l'indépendance ? Mais quoique l'autre, dont j'ai parlé, qui n'exerce sa liberté qu'en usant de tous ses droits et en la promenant généralement, si je puis parler de la sorte, dans toutes les choses permises, n'égale pas la rébellion de celui-ci ; néanmoins il est véritable qu'il le suit de près (b). Car s'étendant aussi loin qu'il peut, s'il ne secoue pas le joug tout ouvertement, il montre qu'il le porte avec peine ; et s'avançant ainsi à l'extrémité où il semble ne s'arrêter qu'à regret, il donne sujet de penser qu'il n'y a plus que la seule crainte qui l'empêche de passer outre. Telles sont les deux espèces de liberté que j'avois à vous proposer, et il m'est aisé de vous faire voir que l'une et l'autre sont fort déréglées.

[1] *Jer.*, II, 20.

a) *Var.:* Ne veut plus connoître. — (b) Qu'il en approche.

Et premièrement, chrétiens, pour ce qui regarde ce pécheur superbe qui méprise la loi de Dieu, son désordre, trop manifeste, ne doit pas être convaincu par un long discours; et je n'ai aussi qu'un mot à lui dire, que j'ai appris de saint Augustin. Il avoit aimé autrefois cette liberté des pécheurs; mais il sentit bientôt dans la suite qu'elle l'engageoit à la servitude, parce que, nous dit-il lui-même, « en faisant ce que je voulois, j'arrivois où je ne voulois pas : » *Volens, quò nollem perveneram*[1]. Que veut dire ce saint évêque; et se peut-il faire, mes Sœurs, qu'en se laissant aller où l'on veut, l'on arrive où l'on ne veut pas? Il n'est que trop véritable, et c'est le malheureux précipice où se perdent tous les pécheurs. Ils contentent leurs mauvais désirs et leurs passions criminelles; ils se réjouissent, ils font ce qu'ils veulent. Voilà une image de liberté qui les trompe; mais la souveraine puissance de celui contre lequel ils se soulèvent, ne leur permet pas de jouir longtemps de leur liberté licencieuse. Car en faisant ce qu'ils aiment, ils attirent nécessairement ce qu'ils fuient, la damnation, la peine éternelle, une dure nécessité qui les rend captifs du péché et qui les dévoue à la vengeance divine. Voilà une véritable servitude que leur aveuglement leur cache. Cesse donc, ô sujet rebelle, de te glorifier de ta liberté, que tu ne peux pas soutenir contre le souverain que tu offenses; mais reconnois au contraire que tu forges toi-même tes fers par l'usage de ta liberté dissolue; que tu mets un poids de fer sur ta tête, que tu ne peux plus secouer; et que tu te jettes (a) toi-même dans la servitude, pour avoir voulu étendre sans mesure (b) la folle prétention de ta vaine et chimérique (c) indépendance : telle est la condition malheureuse du pécheur.

Après avoir parlé au pécheur rebelle, qui ose faire ce qu'on lui défend, maintenant adressons-nous à celui qui s'imagine être en sûreté en faisant tout ce qui est permis; et tâchons de lui faire entendre que s'il n'est pas encore engagé au mal, il est bien avant dans le péril. Car en s'abandonnant sans réserve à toutes les choses qui lui sont permises, qu'il est à craindre, mes Sœurs,

---

[1] S. Aug., *Conf.*, lib. VIII, cap. v.
(a) *Var.* : Tu t'engages. — (b) Trop loin. — (c) Ta fausse et chimérique.

qu'il ne se laisse aisément tomber à celles qui sont défendues ! Et en voici la raison en peu de paroles, que je vous prie de méditer attentivement. C'est qu'encore que la vertu prise en elle-même soit infiniment éloignée du vice, néanmoins il faut confesser à la honte de notre nature que les limites s'en touchent de près dans le penchant de nos affections, et que la chute en est bien aisée. C'est pourquoi il importe pour notre salut que notre ame ne jouisse pas de toute la liberté qui lui est permise, de peur qu'elle ne s'emporte jusqu'à la licence, et qu'elle ne passe facilement au delà des bornes quand il ne lui restera plus qu'une si légère démarche. L'expérience nous le fait connoître; de là vient que nous lisons dans les saintes Lettres que Job voulant régler ses pensées, commence à traiter avec ses yeux : *Pepigi fœdus cum oculis meis, ut ne cogitarem* [1]. Il arrête des regards qui pourroient être innocens, pour empêcher des pensées (*a*) qui apparemment seroient criminelles; si ses yeux n'y sont pas encore obligés assez clairement par la loi de Dieu, il les y engage par traité exprès : *Pepigi fœdus,* parce qu'en effet, chrétiens, celui qui prend sa course avec tant d'ardeur (*b*) dans cette vaste carrière des choses licites, doit craindre qu'étant sur le bord il ne puisse plus retenir ses pas; qu'il ne soit emporté plus loin qu'il ne pense, ou par le penchant du chemin, ou par l'impétuosité (*c*) de son mouvement; et qu'enfin il ne lui arrive ce qu'a dit de lui-même le grand saint Paulin : *Quod non expediebat admisi, dùm non tempero quod licebat* [2] : « Je m'emporte au delà de ce que je dois (*d*), pendant que je ne prends aucun soin de me modérer en ce que je puis. »

Illustre épouse de Jésus-Christ, la vie religieuse, que vous embrassez, suit une conduite plus sûre : elle s'impose mille lois et mille contraintes dans le sentier de la loi de Dieu : elle se fait encore de nouvelles bornes, où elle prend plaisir de se resserrer. Vous perdrez, je le confesse, ma Sœur, quelque partie de votre liberté au milieu de tant d'observances de la discipline religieuse;

---

[1] *Job.*, XXXI, 1. — [2] *Ad Sever.*, epist. XXX, n. 3.

(*a*) *Var.*: Des désirs. — (*b*) Si fortement. — (*c*) La violence. — (*d*) Je fais plus que je ne dois.

mais si vous savez bien entendre quelle liberté vous perdez, vous verrez que cette perte est avantageuse. En effet nous sommes trop libres : trop libres à nous porter au péché, trop libres à nous jeter dans la grande voie qui mène les ames à la perdition. Qui nous donnera que nous puissions perdre cette partie malheureuse de notre liberté, par laquelle nous nous dévoyons? O liberté dangereuse, que ne puis-je te retrancher de mon franc arbitre? Que ne puis-je m'imposer moi-même cette heureuse nécessité de ne pécher pas? Mais il ne faut pas l'espérer durant cette vie. Cette liberté glorieuse de ne pouvoir plus servir au péché, c'est la récompense des Saints, c'est la félicité des bienheureux. Tant que nous vivrons dans ce lieu d'exil, nous aurons toujours à combattre cette liberté de pécher. Que faites-vous, mes très-chères Sœurs, et que fait la vie religieuse? Elle voudroit pouvoir s'arracher cette liberté de mal faire; mais comme elle voit qu'il est impossible, elle la bride du moins autant qu'il se peut, elle la serre de près par une discipline sévère; de peur qu'elle ne s'égare dans les choses qui sont défendues, elle entreprend de se les retrancher toutes, jusqu'à celles qui sont permises, et se réduit autant qu'elle peut (a) à celles qui sont nécessaires. Telle est la vie des carmélites.

Que cette clôture est rigoureuse! Que ces grilles sont inaccessibles, et qu'elles menacent étrangement tous ceux qui approchent! C'est une sage précaution de la vie régulière et religieuse, qui détourne bien loin les occasions, pour s'empêcher, s'il se peut, de pouvoir jamais servir au péché. Elle est bien aise d'être observée; elle cherche des supérieurs qui la veillent; elle veut qu'on la conduise de l'œil, qu'on la mène pour ainsi dire toujours par la main, afin de se laisser moins de liberté de s'écarter de la droite voie; et elle a raison de ne craindre pas que ces salutaires contraintes soient contraires à la liberté véritable. Ce n'est pas s'opposer à un fleuve que de faire des levées, que d'élever des quais sur ses rives, pour empêcher qu'il ne se déborde et ne perde ses eaux dans la campagne; au contraire c'est lui donner le moyen de couler plus doucement dans son lit. Celui-là seulement

(a) *Var.*: Simplement.

s'oppose à son cours, qui bâtit une digue au milieu pour rompre le fil de son eau. Ainsi ce n'est pas perdre sa liberté, que de lui donner des bornes deçà et delà pour empêcher qu'elle ne s'égare ; c'est la dresser plus assurément (a) à la voie qu'elle doit tenir. Par une telle précaution on ne la gêne pas, mais on la conduit. Ceux-là la perdent, ceux-là la détruisent, qui la détournent de son cours naturel, c'est-à-dire qui l'empêchent d'aller à son Dieu : de sorte que la vie religieuse, qui travaille avec tant de soin à vous aplanir cette voie, travaille par conséquent à vous rendre libre. J'ai eu raison de vous dire que ses contraintes ne doivent pas vous être importunes, puisqu'elle ne vous contraint que pour vous régler ; et la clôture que vous embrassez n'est pas une prison où votre liberté soit opprimée, mais un asile fortifié où elle se défend avec vigueur contre les déréglemens du péché. Si ses contraintes sont si fructueuses parce qu'elles dirigent votre liberté, ses mortifications ne le sont pas moins parce qu'elles épurent vos affections ; et c'est ma seconde partie.

SECOND POINT.

Je ne m'étonne pas, chrétiens, si les sages instituteurs de la vie religieuse et retirée ont trouvé nécessaire de l'accompagner de plusieurs pratiques sévères, pour mortifier les sens et les appétits : c'est qu'ils ont vu que nos passions et ce tendre amour des plaisirs tenoient notre ame captive par des douceurs pernicieuses, qu'ils ont voulu corriger par une amertume salutaire. Et afin que vous entendiez combien cette conduite est admirable, considérez avec moi une doctrine excellente de saint Augustin.

Il nous apprend qu'il y a en nous deux sortes de maux : il y a en nous des maux qui nous plaisent, et il y a des maux qui nous affligent. Qu'il y ait des maux qui nous affligent, ah! nous l'éprouvons tous les jours. Les maladies, la perte des biens, les douleurs d'esprit et de corps ; tant d'autres misères qui nous environnent, ne sont-ce pas des maux qui nous affligent? Mais il y en a aussi qui nous plaisent, et ce sont les plus dangereux. Par exemple, l'ambition déréglée, la douceur cruelle de la vengeance, l'amour

(a) *Var.* : Plus certainement.

désordonné des plaisirs; ce sont des maux et de très-grands maux, mais ce sont des maux qui nous plaisent, parce que ce sont des maux qui nous flattent. « Il y a donc des maux qui nous blessent, et ce sont ceux-là, dit saint Augustin, qu'il faut que la patience supporte; et il y a des maux qui nous flattent, et ce sont ceux-là, dit le même Saint, qu'il faut que la tempérance modère : » *Alia mala sunt quæ per patientiam sustinemus, alia quæ per continentiam refrenamus* [1].

Au milieu de ces maux divers, dont nous devons supporter les uns, dont nous devons réprimer les autres, et que nous devons surmonter les uns et les autres, chrétiens, quelle misère est la nôtre? O Dieu, permettez-moi de m'en plaindre : *Usquequò Domine, usquequò oblivisceris me in finem* [2]? « Jusqu'à quand, ô Seigneur, nous oublierez-vous dans cet abîme de calamités? » Jusqu'à quand détournerez-vous votre face de dessus les enfans d'Adam, pour n'avoir point pitié de leurs maladies? *Avertis faciem tuam in finem?* « Jusqu'à quand, jusqu'à quand, Seigneur, me sentirai-je toujours accablé de maux qui remplissent mon cœur de douleur, et mon esprit de fâcheuses irrésolutions? » *Quamdiù ponam consilia in animâ meâ, dolorem in corde meo per diem* [3]? Mais s'il ne vous plaît pas, ô mon Dieu, de me délivrer de ces maux qui me blessent et qui m'affligent, exemptez-moi du moins de ces autres maux; je veux dire des maux qui m'enchantent, des maux qui m'endorment, qui me contraignent de recourir à vous; de peur de m'endormir dans la mort : *Illumina oculos meos, ne unquàm obdormiam in morte* [4]. N'est-ce pas assez, ô Seigneur, que nous soyons accablés (a) de tant de misères, qui font trembler nos sens, qui donnent de l'horreur à nos esprits? Pourquoi faut-il qu'il y ait des maux qui nous trompent par une belle apparence, des maux que nous prenions pour des biens, qui nous plaisent et que nous aimions? Est-ce que ce n'est pas assez d'être misérables? Faut-il, pour surcroît de malheur, que nous nous plaisions en notre misère pour perdre à jamais l'envie d'en sortir? « Malheureux homme que je suis! qui me délivrera de ce corps de mort? »

---

[1] *Cont. Jul.*, lib. V, cap. v, n. 22. — [2] *Psal.* XII, 1. — [3] *Ibid.*, 2. — [4] *Ibid.*, 4.
(a) *Var.* : Pressés.

Infelix homo! quis me liberabit de corpore mortis hujus [1]? Ecoute la réponse, homme misérable ; ce sera « la grace de Dieu par Jésus-Christ Notre-Seigneur : » *Gratia Dei per Jesum Christum Dominum nostrum* [2].

Mais admire l'ordre qu'il tient pour ta guérison. Il est vrai que tu éprouves deux sortes de maux : les uns qui piquent, les autres qui flattent ; mais Dieu a disposé par sa providence que les uns servissent de remède aux autres ; je veux dire que les maux qui blessent servent pour modérer ceux qui plaisent, les douleurs pour corriger les passions, les afflictions de la vie pour nous dégoûter des vaines douceurs et étourdir le sentiment des plaisirs mortels. C'est ainsi que Dieu se conduit envers ses enfans, pour purifier leurs affections. *Impinguatus est dilectus, et recalcitravit* [3] : « Son bien-aimé s'est engraissé, et il a regimbé contre lui. » Dieu l'a frappé, dit l'Écriture, et il s'est remis dans son devoir, et il l'a cherché dès le matin : *Cùm occideret eos, quærebant eum, et revertebantur, et diluculò veniebant ad eum* [4].

Telle est la conduite de Dieu ; c'est ainsi qu'il nous guérit de nos passions ; et c'est sur cette sage conduite que la vie religieuse a réglé la sienne. Peut-elle suivre un plus grand exemple ? Peut-elle se proposer un plus beau modèle ? Elle entreprend de guérir les ames, par la méthode infaillible de ce souverain Médecin. Elle châtie le corps avec saint Paul [5] ; elle réduit en servitude le corps par les saintes austérités de la pénitence, pour le rendre parfaitement soumis à l'esprit. Que cette méthode est salutaire ! Car, ma Sœur, je vous en conjure, jetez encore un peu les yeux sur le monde, pendant que vous y êtes encore ; voyez les déréglemens de ceux qui l'aiment (a) ; voyez les excès criminels où leurs passions les emportent. Ah ! je vois que le spectacle de tant de péchés fait horreur à votre innocence. Mais quelle est la cause de tous ces désordres ? C'est sans doute qu'ils ne songent point à donner des bornes à leurs passions : au contraire ils les traitent délicatement ; ils attisent ce feu, et ses ardeurs s'accroissent jusqu'à l'infini ; ils

---

[1] *Rom.*, VII, 24. — [2] *Ibid.*, 25. — [3] *Deut.*, XXXII, 15. — [4] *Psal.* LXXVII, 34. — [5] I *Cor.*, IX, 17.

(a) *Var.* : Qui le suivent.

nourrissent ces bêtes farouches, et ils n'en peuvent plus dompter la fureur; ils flattent en eux-mêmes l'amour des plaisirs, et ils le rendent invincible par leurs complaisances (a).

Mes Sœurs, que votre conduite est bien plus réglée! Bien loin de donner des armes à cet ennemi, vous l'affoiblissez tous les jours par les veilles, par l'abstinence et par l'oraison; vous tenez le corps sous le joug, comme un esclave rebelle (b) et opiniâtre. J'avoue que la nature souffre beaucoup dans cette vie pénitente (c); mais ne vous plaignez pas de cette conduite : cette peine est un remède; cette rigueur qu'on tient à votre égard, est un régime. C'est ainsi qu'il vous faut traiter, ô enfans de Dieu, jusqu'à ce que votre santé soit parfaite. Cette convoitise qui vous attire, ces maux trompeurs dont je vous parlois, qui ne vous blessent qu'en vous flattant, demandent nécessairement cette médecine. Il importe que vous ayez des maux à souffrir, tant que vous en aurez à corriger; il importe que vous ayez des maux à souffrir, tant que vous serez au milieu des biens, où il est dangereux de se plaire trop. Si ces remèdes vous semblent durs, « ils s'excusent, dit Tertullien, des maux qu'ils vous font par l'utilité qu'ils vous apportent : » *Emolumento curationis offensam sui excusant* [1]. Soumettez-vous, ma Sœur, puisqu'il plaît à Dieu de vous appeler à ce salutaire régime. Commencez-en aujourd'hui l'épreuve avec la bénédiction de l'Eglise; embrassez de tout votre cœur ces austérités fructueuses, qui ôtant tout le goût aux plaisirs des sens, purifieront votre intelligence pour sentir plus vivement les chastes voluptés de l'esprit. En combattant ainsi votre corps, vous épurerez vos affections, vous remporterez la victoire. Mais de peur que vous ne vous enfliez par ces grands succès, accoutumez-vous à l'humilité, par l'amour de la vie cachée : c'est ma dernière partie.

TROISIÈME POINT.

Il ne sera pas dit, chrétiens, qu'en ce jour dédié à la sainte Vierge, elle soit passée sous silence; et la cérémonie qui nous

---

[1] *De Pœnit.*, n. 10.

(a) *Var.* : Et ils s'en rendent enfin les esclaves par les complaisances. — (b) Indocile. — (c) Dans cette contrainte.

assemble en ce lieu m'ayant fait porter ailleurs mes pensées dans le reste de ce discours, je me suis du moins réservé de vous la proposer dans ce dernier point comme le modèle de la vie cachée. Combien elle a vécu solitaire, combien elle a été soigneuse de se retirer, vous le pouvez juger aisément par le peu que nous savons de sa sainte vie; et les actions particulières de cette Vierge incomparable ne seroient pas, comme elles sont, si fort inconnues, si l'amour de la retraite ne les avoit couvertes d'un voile sacré et n'en avoit fait un mystère. Qui vous a poussée, ô divine Vierge, à vous cacher si profondément? Qui vous a inspiré un si grand amour de cette obscurité mystérieuse dans laquelle votre vie est enveloppée? Je pense pour moi, chrétiens, que ç'a été sa pudeur. Et afin que vous entendiez quelle est cette pudeur merveilleuse dont la sainte Vierge nous donne l'exemple, je remarquerai en peu de paroles qu'il y en a de deux sortes. Si la chasteté a sa pudeur, l'humilité a aussi la sienne. Ces deux vertus chrétiennes ont cela de commun entre elles, que toutes deux craignent les regards; elles croient toutes deux perdre quelque chose de leur intégrité et de leur force, quand elles s'abandonnent à la vue des hommes : et c'est pourquoi toutes deux aiment la retraite, et embrassent la vie cachée.

Pour ce qui regarde la chasteté, je ne puis mieux vous exprimer combien elle y est délicate que par ces beaux mots de Tertullien : *Vera et tota et pura virginitas nil magis timet quàm semetipsam, etiam feminarum oculos pati non vult*[1] *:* « La virginité, nous dit-il, quand elle est entière et parfaite, *Vera et tota et pura*, ne craint rien tant qu'elle-même; telle est sa délicatesse, qu'elle appréhende même les yeux des femmes : » *etiam feminarum oculos pati non vult.* C'est pourquoi elle se cache avec soin, se réservant toute entière aux regards de Dieu, qui sont les seuls qu'elle ne craint pas : voilà le portrait au naturel de la pudeur virginale. Mais celle de l'humilité n'est ni moins tendre ni moins délicate : au contraire elle semble encore plus timide; elle ferme la porte sur soi pour n'être point vue, selon le précepte de l'Evangile[2]; elle ne craint pas seulement les regards des autres, mais encore elle appréhende

---

[1] *De Virg. veland.*, n. 15. — [2] *Matth.*, VI, 6.

les siens ; elle cache à la gauche ce que fait la droite [1], et elle se retire tellement en Dieu qu'elle ne se voit pas elle-même. C'est pourquoi saint Paul nous la représente dans une posture admirable, « oubliant, dit-il, ce qui est derrière et s'étendant au-devant de toute sa force : » *Quæ quidem retrò sunt obliviscens, ad ea verò quæ sunt priora extendens meipsum* [2]. C'est la vraie posture de l'humilité, qui porte ses regards bien loin devant soi, par la crainte qu'elle a de se voir soi-même ; et qui considère toujours ce qui reste à faire, pour n'être jamais flattée de ce qu'elle a fait. Puisqu'elle se cache à sa propre vue, jugez de là, chrétiens, combien les regards des autres doivent (a) offenser sa modestie.

Ces vérités étant supposées, venons maintenant à la sainte Vierge. Si vous la voyez retirée, aimant le secret et la solitude, si peu accoutumée à la vue des hommes qu'elle est même troublée à l'abord d'un ange, c'est la pudeur de la chasteté qui lui donne cette retenue. Car les vierges, dit saint Bernard, qui sont vraiment vierges, ne sont jamais sans inquiétude, sachant qu'elles portent un trésor céleste dans un fragile vaisseau de terre ; ou si les corps des vierges, purifiés et ennoblis par la chasteté, méritent un nom plus noble, mettons que ce soit un cristal, il est toujours une matière fragile : *Thesaurum in vasis fictilibus* [3]. C'est pourquoi elles se tiennent sur leurs gardes pour éviter ce qui est à craindre ; toujours elles craignent où toutes choses sont en sûreté : *Ut timenda caveant, etiam tuta pertimescunt* [4] ; et appréhendant partout des embûches, elles se font un rempart du silence, du recueillement et de la retraite. Belle et admirable leçon pour toutes les filles chrétiennes ; mais leçon peu pratiquée dans nos jours, où bien loin d'aimer la retraite, elles ont peine à trouver des places assez éminentes pour se mettre en vue. Qui pourroit raconter tous les artifices dont elles se servent pour attirer les regards ? Et encore quels sont ces regards, et puis-je en parler dans cette chaire ? Non, c'est assez de vous dire que les regards qui leur plaisent ne sont pas des regards indifférens ; ce sont de

---

[1] *Matth.*, VI, 3. — [2] *Philip.*, III, 13. — [3] II *Cor.*, IV, 7. — [4] S. Bern., super *Missus est,* hom. III, n. 9.

(a) *Var.:* Peuvent.

ces regards ardens et avides, qui boivent à longs traits sur leurs visages tout le poison qu'elles ont préparé pour les mœurs; ce sont ces regards qu'elles aiment.

Mais n'entrons pas plus avant dans cette matière, et contentons-nous de leur dire ce que Tertullien pense d'elles. Elles rougiront peut-être d'apprendre ce que ce grand homme ne craint pas de nous assurer; et je leur dirai après lui que de s'attirer de tels regards, ou même s'y exposer avec dessein, si ce n'est pas s'abandonner tout à fait, c'est du moins prostituer son visage : *Totam faciem prostituere* [1]. Je leur laisse à méditer cette parole, que la modestie de la chaire ne me permet pas d'exprimer dans toute sa force; aussi bien ne touche-t-elle pas celle à qui je parle. Grace à la miséricorde divine, la vocation qu'elle embrasse la met à couvert de cette honte; elle se jette dans un monastère où, pour exclure les regards trop hardis, on bannit éternellement les plus modestes. Courage, ma chère Sœur, fortifiez-vous dans cette pensée, et entrez avec joie dans un monastère où vous trouverez le plus haut degré de la pudeur virginale, selon cette belle sentence, qui semble être prononcée pour les carmélites et qu'un historien ecclésiastique a recueillie de la bouche du grand saint Martin, que « le triomphe de la modestie et la dernière perfection de l'honnêteté dans votre sexe, c'est de ne se laisser jamais voir : » *Prima virtus et consummata victoria est non videri* [2].

Si la pudeur de la chasteté doit vous faire aimer la retraite, celle de l'humilité vous y oblige beaucoup davantage : c'est ce qu'il faut encore montrer, en un mot, par l'exemple de la sainte Vierge. Lorsque toute la Judée accourt à son Fils, étonnée de ses prédications et de ses miracles, elle ne se mêle pas dans ses actions éclatantes, elle demeure enfermée dans sa maison; et depuis le temps bienheureux de la manifestation de Jésus-Christ, à peine paroît-elle une ou deux fois dans tout l'Evangile. Au reste durant trente années qu'elle le possède toute seule, elle ne se vante pas d'un si grand bonheur; elle garde partout le silence et nous voyons bien dans l'Histoire sainte qu'elle écoute attentivement ce qui se disoit de son Fils, qu'elle l'admire en elle-même, qu'elle le

---

[1] *De Virg. veland.*, n. 17. — [2] Sulp. Sev., *Dial.* II, n. 12.

médite en son cœur; mais nous ne lisons pas qu'elle en parle, si ce n'est à sa cousine sainte Elisabeth, à laquelle elle ne pouvoit se cacher, parce qu'il a plu au Saint-Esprit de lui révéler le mystère.

Ne voyez-vous pas, chrétiens, cette pudeur de l'humilité, qui se sent comme violée par les regards et par les louanges des hommes? Imitez un si grand exemple et croyez que, pour plaire à l'Epoux céleste, vous ne pouvez jamais être trop cachés : que si vous en demandez la raison, je vous dirai en peu de paroles qu'il est un Amant jaloux. Il est ordinaire aux jaloux de cacher soigneusement ce qu'ils aiment, afin de le réserver tout entier à leur cœur avide, que le moindre soupçon de partage offense à l'extrémité. Jésus, votre Amant, est jaloux d'une jalousie extraordinaire : car il n'est pas seulement jaloux si vous avez pour les autres quelque complaisance; mais il est si sévère et si délicat, qu'il se pique si vous en avez pour vous-même. « Si la droite fait quelque bien, que la gauche, dit-il, ne le sache pas[1]. » Il demande tout votre amour pour lui seul, et tellement pour lui seul que vous-même, tant il est jaloux, ne devez point entrer dans ce partage. Pour satisfaire à sa jalousie, vous ne sauriez vous chercher, ma Sœur, une trop profonde retraite. Cachez-vous avec Jésus-Christ dans la sainte obscurité de cette clôture; et pour être entièrement selon son cœur, arrachez du vôtre jusqu'à la racine tout le désir de paroître et de plaire au monde.

Un auteur profane a écrit, au rapport de saint Augustin, que les grands et les puissans de la terre, et pour user de son mot, les princes, c'est-à-dire les personnes de votre naissance et de votre rang, devoient être nourries par la gloire : *Principem civitatis alendum esse gloriâ*[2]. Et moi au contraire, je vous dis, ma Sœur, que le mépris de la gloire doit être votre nourriture, que vous devez effacer de votre mémoire toutes les marques de grandeur; et afin que vous commenciez à les oublier, je ne vous parlerai plus ni des titres illustres qui sont si bien dus à la grandeur de votre maison, ni des avantages glorieux de votre naissance. Je n'ignore pas néanmoins que j'en pourrois parler plus librement à une personne qui les quitte et qui les foule aux pieds, et qu'on

[1] *Matth.*, VI, 3. — [2] *De Civit. Dei*, lib. V, cap. XIII.

peut en discourir de la sorte pour en inspirer le mépris. Mais cette manière détournée d'en parler en les rabaissant, ne me semble pas encore assez pure pour la prise d'habit d'une carmélite. Il est des passions délicates que l'on réveille, non-seulement quand on les chatouille, mais encore quand on les pique et quand on les choque; il vaut mieux les laisser dormir éternellement, et qu'il ne s'en parle jamais, parce qu'on ne peut les rabaisser de la sorte sans en rappeler les idées. Ainsi l'on imprime insensiblement ce que l'on vouloit effacer, et l'on réveille quelquefois la vanité qu'on pensoit détruire.

Aussi ai-je remarqué dans les saintes Lettres que l'Esprit de Dieu qui les a dictées, parle aux Epouses de Jésus-Christ des avantages de la naissance avec une précaution admirable. Il ne les avertit pas seulement de les mépriser, il veut qu'elles en perdent jusqu'au souvenir : « Ecoutez, ma fille, et voyez, et oubliez votre peuple et la maison de votre père [1]; » nous montrant par cette parole que le remède le plus efficace contre ces douces pensées, qui flattent l'ambition et la vanité dans la partie la plus délicate et la plus sensible, c'est de n'y faire plus de réflexion et de les ensevelir, s'il se peut, dans un oubli éternel.

Pratiquez cette leçon salutaire; et si vous jetez les yeux sur ceux dont vous tenez la naissance, que ce soit pour contempler leurs vertus; que ce soit pour considérer cette conversion admirable, où tous les intérêts politiques cédèrent à la force de la vérité et furent sacrifiés si visiblement à la gloire de la religion; que ce soit pour vous fortifier dans la piété (a) par l'exemple de cette héroïne chrétienne, qui vous a donné plus que la naissance, et qui n'auroit rien désiré avec tant d'ardeur (b) sur la terre que de vous voir aujourd'hui renaître, s'il avoit plu à la Providence qu'elle eût été présente à cette action. Mais que dis-je? Elle la voit du plus haut des cieux; et si la félicité dont elle y jouit est capable de recevoir de l'accroissement, vous la comblez d'une joie nouvelle. Suivez sa dévotion exemplaire; et comme Dieu l'a

---

[1] *Psal.* XLIV, 11.

(a) *Var.* : Pour vous apprendre la piété. — (b) Et qui n'auroit pu avoir de plus grande joie.

choisie pour remettre la vraie foi dans votre maison, tâchez d'achever un si grand ouvrage. Vous savez, ma Sœur, ce que je veux dire; et quelque illustre que soit cette assemblée, on ne s'aperçoit que trop de ce qui lui manque. Dieu veuille que l'année prochaine la compagnie (a) soit complète, que ce grand et invincible courage se laisse vaincre une fois; et qu'après avoir tant servi, il travaille enfin pour lui-même. Votre exemple lui peut faire voir que le Saint-Esprit agit dans l'Eglise avec une efficace extraordinaire; et du moins sera-t-il forcé d'avouer que, dans le lieu où il est, il ne se verra jamais un tel sacrifice.

Mais il est temps, ma Sœur, de vous le laisser accomplir; votre piété s'ennuie de porter si longtemps les livrées du monde et les marques de sa vanité. J'entends que vous soupirez après cet heureux habit que l'Eglise va bénir pour vous. Vous aurez cet honneur extraordinaire, de le recevoir par les mains de cet illustre prélat qui représente ici par sa charge la majesté du Siége apostolique, et qui en soutient si bien la grandeur par ses vertus éminentes. J'ose dire qu'il vous devoit cet office : il falloit que Rome, où vous êtes née, s'intéressât par ce moyen à l'exemple de piété que vous donnez à Paris. Entrez donc dans cette clôture avec la sainte bénédiction de ce très-digne archevêque : mais souvenez-vous éternellement que dès le premier pas que vous y ferez, vous devez renoncer de tout votre cœur jusqu'au moindre désir de paroître, et prendre pour votre partage la sainte et mystérieuse obscurité en laquelle il a plu à Notre-Seigneur que sa divine Mère fût enveloppée.

Madame, la grandeur qui vous environne empêche sans doute Votre Majesté de goûter cette vie cachée qui est si agréable aux yeux de Dieu, et qui nous unit si saintement au Sauveur des ames. Votre gloire, déjà élevée si haut, a reçu encore un nouvel éclat, où nos expressions ne peuvent atteindre. Car qui pourroit dire, Madame, combien il est glorieux d'avoir contribué avec tant de force à pacifier éternellement ces deux puissantes Maisons qui semblent ne se pouvoir quitter, tant elles se sont souvent embrassées; qui sembloient ne se pouvoir joindre, tant elles se sont sou-

(a) *Var.* : La cérémonie.

vent désunies, et que nous voyons maintenant réconciliées par cet admirable traité qui nous promet enfin la paix immuable, parce que jamais il ne s'en est fait où le présent ait été réglé par des décisions plus tranchantes, ni où l'avenir ait été prévu avec des précautions plus sages : tant a été pénétrant ce noble génie que Votre Majesté nous a conservé, par une si constante et si charitable prévoyance, comme l'instrument nécessaire pour achever un si grand ouvrage ?

Mais, Madame, que dirai-je maintenant de vous, et que trouverai-je dans cet univers qui égale Votre Majesté? Que peut-on s'imaginer de plus grand que d'être l'épouse chérie du premier monarque du monde, qui s'est arrêté pour l'amour de vous au milieu de ses victoires, et qui vous ayant préférée à tant de conquêtes infaillibles, ne laisse pas de confesser qu'encore ne vous a-t-il pas assez achetée?

Parmi tant de gloire, Mesdames, ce que j'appréhende pour Vos Majestés, c'est que vous n'ayez point assez de part à l'humiliation de Jésus-Christ. C'est ce qui vous doit obliger de vous retirer souvent avec Dieu, de vous dépouiller à ses pieds de toute cette magnificence royale qui aussi bien ne paroît rien à ses yeux, et là de vous couvrir humblement la face de la sainte confusion de la pénitence. C'est trop flatter les grands que de leur persuader qu'ils sont impeccables : au contraire il faut qu'ils entendent que leur condition relevée leur apporte ce mal nécessaire, que leurs fautes ne peuvent être presque médiocres. Dans la vue de tant de périls, Vos Majestés, Mesdames, doivent s'humilier profondément. Tous les peuples vous admireront, tous les peuples loueront vos vertus dans toute l'étendue de leurs cœurs. Vous seules vous vous accuserez, vous seules vous vous confondrez devant Dieu ; et vous participerez par ce moyen aux opprobres de Jésus-Christ, pour participer à sa gloire que je vous souhaite éternelle. *Amen.*

PREMIER SERMON

POUR

LA VÊTURE D'UNE NOUVELLE CATHOLIQUE (a).

Induimini Dominum Jesum Christum.
Revêtez-vous de Notre-Seigneur Jésus-Christ. *Rom.*, XIII, 14.

Ne vous persuadez pas, ma très-chère Sœur, que la cérémonie de ce jour ne soit qu'un simple changement d'habit. Une telle cérémonie ne mériteroit pas d'être sanctifiée par la parole de Dieu, et l'Eglise notre sainte Mère ne voudroit pas employer ses ministres à une chose de si peu d'importance. Mais comme vous quittez un habit que le siècle tâche de rendre honorable par le luxe et par les vanités, afin d'en prendre un autre qui tire tout son ornement de la modestie et de la pudeur : ainsi devez-vous penser qu'il faut « vous dépouiller aujourd'hui du vieil homme et de ses convoitises, afin de vous revêtir du nouveau, qui est Notre-Seigneur Jésus-Christ, créé selon la volonté de Dieu, »

(a) Prêché dans la maison des Nouvelles-Catholiques, à Metz, un 25 mars, vers 1664.

L'illustre prédicateur dit dans la péroraison : « Mes très-chères Sœurs,.... il semble que la Providence divine vous a conduites en ce lieu non sans quelque secret conseil : ces âmes, que Dieu a retirées des ténèbres de l'hérésie pour les donner à l'Eglise par votre main, en sont un témoignage évident. » Ces paroles désignent manifestement les religieuses que Vincent de Paul avoit envoyées à Metz, pour diriger la maison de retraite que Bossuet avoit fondée en faveur des Nouvelles Converties. La postulante, qui alloit recevoir la vêture, appartenoit à cette maison ; car l'orateur dit aussi : « Mes très-chères Sœurs, recevez cette jeune fille, que vous avez si bien élevée. »

D'un autre côté, ces paroles de l'exorde : « C'est ici la bienheureuse journée en laquelle le Fils de Dieu se fit homme ; » et celles-ci du second point : « Cette sainte clôture où vous méditez de vous retirer, est-elle plus étroite que cette prison volontaire du ventre de la sainte Vierge, où le Fils de Dieu se met aujourd'hui ; » ces paroles, dis-je, indiquent jusqu'à l'évidence le jour de l'Incarnation, le 25 mars. Enfin, quand on aura lu le discours, on verra que la profondeur des pensées, la fermeté de la logique et l'élévation du langage commandent de le placer dans la grande époque du plus grand de nos orateurs. Bossuet le prononça dans un des nombreux voyages qu'il faisoit à Metz.

Nous l'avons reproduit d'après les premiers éditeurs.

comme dit l'Apôtre aux Ephésiens : *Induite novum hominem, qui secundùm Deum creatus est* [1]. C'est à quoi vous exhorte saint Paul dans le texte que j'ai allégué; et encore que cette parole s'adresse généralement à tous les fidèles, il me semble que c'est à vous qu'il parle en particulier, et qu'il vous dit avec sa charité ordinaire : « Revêtez-vous, ma Sœur, de Notre-Seigneur Jésus-Christ : » *Induimini Dominum nostrum Jesum Christum.* C'est ici la bienheureuse journée en laquelle le Fils de Dieu se fit homme afin de nous faire des dieux. Réjouissez-vous donc en Notre-Seigneur, et revêtez-vous de celui qui a daigné aujourd'hui se revêtir de notre nature.

Peut-être vous me demanderez de quelle sorte cela se peut faire, et comment l'homme se peut revêtir de Notre-Seigneur Jésus-Christ? C'est ce que je tâcherai de vous exposer, avec l'assistance divine, par une méthode facile et familière. Mais ne pensez pas, ma très-chère Sœur, que j'ose me promettre de ma propre suffisance l'explication d'un si haut mystère. Je ne suis ni assez téméraire pour l'entreprendre, ni assez intelligent pour l'exécuter. A Dieu ne plaise que, dans cette chaire, je vous propose une autre doctrine que celle de l'Evangile. J'irai sous la conduite du grand apôtre saint Paul, qui sera notre prédicateur. Voici de quelle sorte ce saint personnage parle dans son *Epître aux Philippiens* : « Ayez, dit-il, mes Frères, ayez cette même affection en vous-mêmes, qui a été en Notre-Seigneur Jésus-Christ : » *Hoc sentite in vobis, quod et in Christo Jesu* [2] : c'est-à-dire prenez les sentimens du Sauveur; soyez tous envers lui comme il a été envers vous; que ce qu'il a fait pour votre salut soit le modèle et la règle de ce que vous devez faire pour son service : ainsi vous serez revêtus du Sauveur, quand vous serez imitateurs de sa charité. Considérons donc quels ont été les sentimens du Fils de Dieu dans le mystère de l'incarnation, et après imprimons les mêmes pensées en nous-mêmes, et nous serons revêtus de Notre-Seigneur Jésus-Christ selon le commandement de l'Apôtre. C'est le précis de cet entretien : Dieu le fasse fructifier par sa grace à l'édification de nos ames.

---

[1] *Ephes.*, IV, 24. — [2] *Philip.*, II, 5.

PREMIER POINT.

Qui dit Dieu, dit un océan infini de toute perfection ; tous ses attributs divins sont sans bornes et sans limites. Son immensité passe tous les lieux, son éternité domine sur tous les temps : les siècles ne sont rien devant lui; ils sont comme le jour d'hier qui est passé et ne peut plus revenir : *Tanquam dies hesterna quæ præteriit*, chantoit le prophète David [1]. Si vous demandez ce qu'il est, il est impossible qu'on vous réponde. Il est, personne n'en peut douter, et c'est aussi tout ce qu'on en peut dire : « Je suis celui qui est, c'est celui qui est qui te parle, » disoit-il autrefois à Moïse [2]. Je suis; n'en demande pas davantage : c'est parce qu'il est impossible de définir ni de limiter ce qu'il est. Il n'est rien de ce que vous voyez, parce qu'il est le Dieu et le créateur de tout ce que vous voyez ; il est tout ce que vous voyez, parce qu'il enferme tout dans son essence infinie. Elle est une et indivisible ; mais il n'y a aucune multitude qui puisse jamais égaler cette unité admirable. Auprès de cette unité, toutes les créatures disparoissent et s'évanouissent dans le néant. Ce que je viens de vous dire, fidèles, et ce qu'il est impossible que je vous explique, c'est le Dieu que nous adorons, loué et glorifié aux siècles des siècles. Voilà ce qu'est le Fils de Dieu par nature ; voyons, je vous prie, ce qu'il est devenu par miséricorde et par grace.

Certes, je vous l'avoue, chrétiens, quand j'entends cette trompette, ou plutôt ce tonnerre de l'Evangile, ainsi que l'appellent les Pères : *In principio erat Verbum* [3] : « Au commencement étoit le Verbe, et le Verbe étoit en Dieu, et le Verbe étoit Dieu. C'est lui qui étoit en Dieu au commencement; toutes choses ont été faites par lui; en lui étoit la vie : » quand j'entends, dis-je, ces choses, mon ame demeure étonnée d'une telle magnificence. Mais lorsque passant plus loin dans la lecture de cet Evangile, je vois que ce Verbe a été fait chair : *Et Verbum caro factum est* [4], je ne suis pas moins surpris d'un si grand anéantissement. O Dieu, dis-je incontinent en moi-même, qui l'eût jamais pu croire, qu'un commencement si majestueux dût avoir une fin qui semble si

[1] *Psal.* LXXXIX, 4. — [2] *Exod.*, III, 14. — [3] *Joan.*, I, 1. — [4] *Ibid.*, 14.

méprisable, et que d'une telle grandeur on dût jamais tomber dans une telle bassesse? Et toutefois, ma très-chère Sœur, c'est ce que le Fils de Dieu, touché d'amour pour notre nature, a fait dans la plénitude des temps. Cette immensité, dont je vous parlois, s'est comme renfermée dans les entrailles d'une sainte Vierge. L'infini est devenu un enfant; l'Eternel s'est soumis à la loi des temps. Les hommes ont vu l'heure de sa mort, après avoir compté le premier jour de sa vie. Ainsi a-t-il plu à notre grand Dieu de faire voir sa toute-puissance, en élevant à la dignité la plus haute la chose du monde la plus vile et la plus infirme.

Considérez ceci, chrétiens : je vous ai représenté la nature divine en bégayant, je l'avoue, et que pouvois-je faire autre chose? mais enfin je vous l'ai en quelque sorte représentée dans sa grande et vaste étendue, sans bornes et sans limites; et dans l'incarnation elle s'est comme raccourcie : *Verbum breviatum*, parole mise en abrégé. Elle s'est comme épuisée et anéantie, ainsi que parle saint Paul [1] : non pas qu'elle ait rien perdu de ses qualités naturelles; elle n'est pas capable de changement; elle s'est communiquée à nous sans être diminuée en elle-même. Mais enfin elle s'est unie à notre misérable nature, elle s'est chargée de notre néant, elle a pris sur soi nos infirmités. « Le Fils de Dieu égal à son Père, étant en la forme de Dieu, a pris la forme d'esclave [2]. » Et cela qu'est-ce autre chose, sinon se prescrire certaines bornes, sinon s'abaisser et s'anéantir? N'est-ce pas, en quelque sorte, se dépouiller de sa majesté pour se revêtir de notre foiblesse? C'est ce que nous enseigne l'Apôtre, dans le texte que j'ai allégué de l'*Epître aux Philippiens*. O bonté incroyable de notre Dieu! ô amour ineffable pour notre nature, qui porte le Fils du Dieu vivant à s'unir si étroitement avec nous, dont la vie n'est qu'une langueur et une défaillance continuelle!

Mais qu'est-il arrivé, chrétiens, de cette profonde humiliation? Comprenez, s'il vous plaît, ce que je veux dire. Ah! quand le Fils de Dieu est venu au monde, Dieu n'étoit presque point connu sur la terre, bien que la connoissance de Dieu soit la vie éternelle. Le Fils de Dieu prêchant les vérités de son Père, « a manifesté son

[1] *Rom.*, IX, 28. — [2] *Philip.*, II, 6, 7.

nom aux hommes [1] : » ce sont ses propres paroles; et après son ascension triomphante, il a envoyé ses disciples, qui parcourant tout le monde, ont ramené les peuples à la connoissance du Créateur. De tous les endroits de la terre, les fidèles se sont assemblés pour adorer le vrai Dieu, au nom de Notre-Seigneur Jésus-Christ; s'assemblant de la sorte, ils se sont unis à cet Homme-Dieu, qui est mort pour l'amour de nous : et par ce moyen ils sont devenus, non-seulement les amis, mais les membres de Jésus-Christ, ainsi que l'enseigne saint Paul [2].

Et comment pourrois-je vous dire, mes Frères, combien cette sainte union nous a été profitable? Quel bonheur à nous autres, pauvres mortels, d'être unis si étroitement à la sainte humanité de Jésus, qui est pleine de la nature divine ! Car c'est par ce moyen que toutes les graces découlent sur nous. Nous unissant au Fils de Dieu selon ce qu'il s'est fait pour l'amour de nous, c'est-à-dire selon la chair qu'il a prise de nous, nous entrons en société de la nature divine, nous participons en quelque sorte à la divinité, parce que nous sommes en Dieu et Dieu en nous; et c'est la nouvelle alliance que Dieu a contractée avec nous par Notre-Seigneur Jésus-Christ. « J'habiterai en eux, dit le Seigneur par la bouche de son prophète, et je serai leur Dieu, et ils seront mon peuple [3]. » C'est pourquoi l'Apôtre nous avertit que nous sommes remplis de l'Esprit de Dieu, et que nos corps et nos ames sont les temples du Dieu vivant [4]. Dieu donc habitant en nous, comme il est un feu consumant, ainsi que parle l'Ecriture divine [5], il nous change et nous transforme en soi-même par une opération ineffable et toute-puissante, jusqu'à ce qu'étant parvenus à la gloire où il nous appelle, « nous serons semblables à lui, dit le bien-aimé disciple [6], parce que nous le verrons comme il est : » et alors arrivera ce que dit l'apôtre saint Paul [7], que tout ce qu'il y a en nous de mortel et de défectueux étant dissipé par l'Esprit de Dieu, nous serons tout resplendissans de l'éclat de sa majesté divine, et « Dieu sera tout en tous : » *Erit Deus omnia in omnibus* [8]. O joie et consolation des justes et des gens de bien!

---

[1] *Joan.*, XVII, 6. — [2] *Ephes.*, V, 30. — [3] *Levit.*, XXVI, 12. — [4] 1 *Cor.*, III, 16 ; VI, 19. — [5] *Deut.*, IV, 24. — [6] I *Joan.*, III, 2. — [7] 1 *Cor.*, XV, 54. — [8] *Ibid.*, 28.

Ce que je viens de vous dire, mes Frères, c'est la pure Ecriture sainte. Si Dieu est tout en tous, sa gloire s'étendra sur tous les fidèles : la divinité se répandra en quelque sorte sur nous; et bien qu'elle ne soit pas accrue en soi-même parce qu'on ne peut lui rien ajouter, toutefois elle sera en quelque façon dilatée par la manifestation de son nom. Et c'est ce qui a fait dire au Prophète que Dieu étendra ses ailes sur nous [1]; et ailleurs, « qu'il marchera au milieu de nous : » *Inambulabo inter eos* [2]; voulant signifier par ces termes que Dieu se dilatera en nous et sur nous par l'opération de sa grace, et par la communication de sa gloire. Mais cette dilatation, permettez-moi de parler de la sorte, se fait par le Fils de Dieu incarné, ainsi que nous vous l'avons fait voir. Et, fidèles, vous le savez, s'il y a quelqu'un sur la terre qui attende aucune grace de Dieu autrement que par les mérites du Verbe fait chair, c'est un impie, c'est un sacrilége, qui renverse les Ecritures divines et la sainte société que Dieu a voulu avoir avec nous par le moyen de son Fils unique.

Par où vous voyez, chrétiens, que la nature divine voulant se répandre sur nous, s'est premièrement en quelque sorte resserrée et anéantie en nous. Le Fils éternel du Dieu vivant, le Verbe et la Sagesse du Père, a voulu que sa Divinité toute entière fût revêtue et chargée d'un corps mortel, où il sembloit qu'elle fût rétrécie selon l'expression de l'Apôtre [3], et de là il l'a répandue sur tous les fidèles. L'humiliation est cause de l'exaltation. Cette amplitude, cette dilatation dont je viens de vous parler, je ne sais si je me fais bien entendre, elle est venue ensuite de cet anéantissement; c'est le dessein du Fils de Dieu, lorsqu'il s'est fait chair pour l'amour de nous. Que reste-t-il maintenant, sinon de vous exhorter avec l'apôtre saint Paul : « Revêtez-vous de Notre-Seigneur Jésus-Christ : » *Induimini Dominum Jesum Christum*. Et comment nous en revêtirons-nous? « Ayez le même sentiment en vous-mêmes, qu'avoit le Sauveur Jésus : » *Hoc sentite in vobis, quod et in Christo Jesu* [4] : c'est ce qui me reste à vous exposer.

---

[1] *Isai.*, VIII, 8. — [2] *II Cor.*, VI, 16. — [3] *Philip.*, II, 7. — [4] *Ibid.*, 5.

SECOND POINT.

Retenez ce que je viens de vous dire, parce que tout ce discours, si je ne me trompe, n'a qu'une même suite de raisonnement; et comme toutes les parties s'entretiennent, elles demandent une attention plus exacte.

Quand on enseigne aux hommes qu'il faut modérer leurs désirs, qu'il faut se retrancher et se restreindre, que ce leur est une dure parole! Nous sommes nés, tous tant que nous sommes, dans une puissante inclination de faire ce qu'il nous plaît. Nous sommes jaloux de notre liberté, disons-nous; et nous mettons cette liberté à vivre comme bon nous semble, sans gêne et sans contrainte; c'est là tout le plaisir et toute la douceur de la vie. Parlez à un avare, dites-lui qu'il est temps de donner quelques bornes à ce désir insatiable d'amasser toujours, il ne comprend pas ce que vous lui dites; sa passion n'est pas satisfaite; c'est un abîme sans fin, qui ne dit jamais : C'est assez. Dites à un jeune ambitieux, qui dans l'ardeur d'un âge bouillant ne respire que les grands honneurs, qu'il faut mépriser les honneurs, et qu'il faut se réduire à ce que Dieu voudra ordonner de sa vie et de sa fortune : ah! la fâcheuse sentence! Ainsi en est-il de nos autres désirs. Nous avons tous cela de mauvais, que toutes nos convoitises sont infinies; et cela vient du dérèglement de notre esprit, qui n'est pas capable de prendre ses mesures bien justes, ni de vouloir les choses modérément. Nous sommes véhémens dans tous nos désirs : s'il y en a quelques-uns peut-être dont nous nous départons aisément, nous avons nos passions dominantes, sur lesquelles nous ne souffrons pas qu'on nous choque : nous nous plaignons incontinent qu'on nous ôte notre repos, qu'on veut nous faire vivre dans la servitude. C'est pourquoi la vertu est si difficile et si épineuse, parce qu'elle entreprend de nous modérer.

Qu'a fait le Fils de Dieu? Résolu de venir au monde comme le réformateur du genre humain, il nous donne lui-même l'exemple : Je viens, dit-il, pour vous ordonner de mortifier vos appétits déréglés; je vous défends de suivre ces vagues et impétueux désirs, auxquels vous vous laissez emporter. Gardez-vous bien de marcher dans cette voie large et délicieuse, qui vous mèneroit à la mort : allez par la voie étroite, qui vous conduira au salut. Ici les hommes résistent ; impatiens de contrainte, ils refusent d'obéir au Sauveur ; ils veulent avoir partout leurs commodités et leurs aises. Et pourquoi, disent-ils, ô Seigneur, pourquoi nous commandez-vous de marcher dans ce sentier difficile ? Pourquoi contraindre si fort nos inclinations, et nous tenir éternellement dans la gêne ? — Eh ! quelle est cette manie, chrétiens ? Considérez le Sauveur Jésus : voyez la Divinité, qui a daigné se couvrir d'une chair humaine. Autant que sa nature l'a pu permettre, elle a restreint son immensité : un Dieu a bien voulu se soumettre aux lois qu'il avoit faites pour ses créatures. Quel antre assez obscur, et quelle prison assez noire égale l'obscurité des entrailles maternelles ? Et cependant ce divin Enfant, qui étoit homme fait dès le premier moment de sa vie, à cause de la maturité de sa connoissance, s'y étant enfermé volontairement, y a passé neuf mois sans impatience. Et toi, misérable mortel, tu veux jouir d'une liberté insolente ; tu ne veux souffrir aucun joug, non pas même celui de Dieu ; tu demandes témérairement qu'on lâche la bride à tes désirs. Ah ! chrétiens, ayez en vous-mêmes les sentimens du Sauveur Jésus. Ayant une étendue infinie, il s'est mis à l'étroit pour l'amour de nous ; étant en la forme de Dieu, il a pris la forme d'esclave ; étant la source de tout être, il s'est anéanti pour notre salut ; et nous qui ne sommes rien, nous ne pouvons supporter la moindre contrainte pour son service ! Certes, si nous croyons véritablement ce que nous professons tous les jours, que le Fils de Dieu pour nous donner la vie éternelle, a pris une chair humaine, notre impudence est extrême de ne pas renoncer à notre volonté, pour nous laisser gouverner par la sienne.

Ainsi, ma très-chère Sœur, revêtez-vous de Notre-Seigneur Jésus-Christ. Cette sainte clôture où vous méditez de vous retirer, est-elle plus étroite que cette prison volontaire du ventre de la sainte Vierge, où le Fils de Dieu se met aujourd'hui ? Ne portez point d'envie à celles de votre sexe, qui courent deçà et delà dans le monde, éternellement occupées à rendre et à recevoir des visites. Certainement elles semblent avoir quelque sorte de liberté ;

mais c'est une liberté imaginaire, qui les empêche d'être à elles-mêmes, et qui les rend esclaves de tant de diverses circonspections que la loi de la civilité et le point d'honneur ont établies dans le monde. Que si le monde a ses contraintes, que je vous loue, ma très-chère Sœur, vous qui estimant trop votre liberté pour la soumettre aux lois de la terre, protestez hautement de ne vouloir vous captiver que pour le Sauveur Jésus, qui se faisant esclave pour l'amour de nous, nous a affranchis de la servitude ! C'est dans cette sainte contrainte que se trouve la vraie liberté ; c'est dans cette voie étroite que l'ame est dilatée par le Saint-Esprit, pour recevoir l'abondance des graces divines. La charité de Jésus, pénétrant au fond de nos ames, ne les resserre que pour les ouvrir.

Remarquez ceci, ma très-chère Sœur : la voie étroite, c'est une voie large ; et bien qu'il soit vrai que les saints ont à marcher en ce monde dans un sentier étroit, ils ne laissent pas de marcher dans un chemin spacieux. En voulez-vous la preuve par les Ecritures divines, écoutez le prophète David : *Latum mandatum tuum nimis*[1] : « Votre commandement est extrêmement large. » Que veut dire ce saint Prophète ? Certes le commandement c'est la voie par laquelle nous devons avancer ; d'où vient que le Sauveur a dit : « Si tu veux parvenir à la vie, observe les commandemens[2]. » Les voies de Dieu et les ordonnances de Dieu, c'est la même chose dans les Ecritures : « Heureux est celui, dit David, qui marche dans la voie du Seigneur[3], » c'est-à-dire qui garde ses lois ; or le commandement est large : c'est ainsi que parle David.

Et comment est-ce donc qu'il est dit que les voies du salut sont étroites ? Ah ! chrétiens, sentons en nous-mêmes ce que le Sauveur Jésus a senti. Il s'est mis à l'étroit, afin de se répandre plus abondamment : ainsi nous devons être dans une salutaire contrainte, pour donner à notre ame sa véritable étendue. Contraignons-nous en domptant nos désirs, en mortifiant notre chair ; mettons-nous à l'étroit par l'exercice de la pénitence, et notre ame sera dilatée par l'inspiration de la charité. « La charité élargit les voies, dit l'admirable saint Augustin : c'est elle qui dilate l'ame, et qui

---

[1] *Psal.* CXVIII, 96. — [2] *Matth.*, XIX, 17. — [3] *Psal.* CXVIII, 1.

la rend capable de recevoir Dieu ¹. » — « Mon ame se dilate sur vous, ô Corinthiens ; vous n'êtes point à l'étroit dans mon cœur ², » disoit l'apôtre saint Paul ; c'est qu'il les aimoit par une charité très-sincère. Et ailleurs le même saint Paul : « La charité de Jésus-Christ nous presse ³. » Grand Apôtre, si elle nous presse, comment est-ce qu'elle nous dilate? Ah ! nous répondroit-il, chrétiens, plus elle nous presse, plus elle nous dilate : autant qu'elle presse nos cœurs pour en chasser les délices du monde, autant elle les dilate pour recevoir les graces célestes et la sainte dilection.

Ainsi réjouissez-vous, ma très-chère Sœur : autant que la vie à laquelle vous êtes résolue de vous préparer est difficile et contrainte, autant est-elle libre et aisée : autant qu'elle a d'incommodités selon la chair et selon les sens, autant elle abonde en esprit de divines et bienheureuses consolations. Mais si vous y voulez profiter, revêtez-vous auparavant de Notre-Seigneur Jésus-Christ ; prenez les sentimens du Sauveur : il a voulu que le mystère que nous célébrons aujourd'hui fût préparé et accompli par obéissance. Si l'ange parle à Marie, c'est de la part de Dieu qu'il lui parle ; si Marie conçoit le Sauveur, elle le conçoit par l'obéissance : « Je suis la servante du Seigneur ⁴. » Cette parole de soumission a attiré le Fils de Dieu, du plus haut des cieux, dans ses bénites entrailles. Car elle l'a conçu, non par l'opération de la chair, mais par l'opération de l'Esprit de Dieu ; et le Saint-Esprit ne repose que dans les ames obéissantes. Enfin le Verbe est descendu sur la terre, mais il y étoit envoyé par son Père ; et le premier acte qu'il fit, ce fut un acte d'obéissance. « Il est écrit, dit-il, au commencement du Livre, que je ferai votre volonté, ô mon Père. » Ce sont les propres paroles que l'apôtre saint Paul lui fait dire, au moment qu'il entre en ce monde : *Ingrediens mundum dicit :... In capite libri scriptum est de me, ut faciam, Deus, voluntatem tuam* ⁵.

Prenez donc les sentimens du Sauveur Jésus. Gardez-vous bien d'entrer dans ce nouveau genre de vie, si vous n'y êtes appelée de la part de Dieu. L'Église ne veut pas que vous vous y engagiez

---

¹ *Enarr.* II, *in Psal.* XXX, n. 15. — ² II *Cor.*, VI, 11. — ³ II *Cor.*, V, 14. — ⁴ *Luc.*, I, 38. — ⁵ *Hebr.*, X, 5, 7.

témérairement; et c'est pour cette raison qu'elle vous donne ce temps d'épreuve. Eprouvez quel est le bon plaisir de Dieu; étudiez-vous vous-même; consultez les personnes spirituelles. La vie à laquelle vous vous destinez est la plus calme et la plus tranquille de toutes pour celles qui sont bien appelées; mais pour celles qui ne le sont pas, il n'y a point de pareilles tempêtes : et telle que seroit la témérité d'un homme qui, ne sachant ce que c'est que la navigation, se mettroit sur mer sans pilote, telle est la folie d'une créature qui embrasse la vie religieuse, sans avoir la volonté de Dieu pour son guide.

Car je vous prie de considérer, ma très-chère Sœur, que ce n'est pas par vos propres forces que vous pouvez accomplir les devoirs de la vie religieuse. C'est donc par l'assistance divine : et avec quelle confiance imploreriez-vous l'assistance de Dieu pour exécuter une chose, si vous l'aviez entreprise contre sa volonté ? Par conséquent songez quelle est votre vocation, et que ce soit là toute votre étude. Sachez que la perfection de la vie chrétienne n'est pas de se jeter dans un cloître, mais de faire la volonté de Dieu; c'est là notre nourriture, selon ce que dit le Sauveur : *Meus cibus est, ut faciam voluntatem ejus qui misit me*[1].

Cependant recevez des mains de la sainte Eglise le voile qu'elle vous donnera, bénit par l'invocation du nom de Dieu, qui sanctifie toutes choses. Mais en même temps recevez invisiblement de l'Esprit de Dieu un voile spirituel, qui est la simplicité et la modestie : qu'elle couvre et vos yeux et votre visage : qu'elle ne vous permette pas d'élever la vue, sinon à ces saintes montagnes d'où vous doit venir le secours. Epouse de Jésus-Christ, si quelque chose vous plaît excepté Jésus, vous êtes une infidèle et une adultère, et votre virginité vous tourne en prostitution. Dépouillez-vous donc généreusement de l'habit du siècle : laissez-lui sa pompe et ses vanités : ornez votre corps et votre ame des choses qui plaisent à votre Epoux : que la candeur de votre innocence soit colorée par l'ardeur du zèle, et par la pudeur modeste et timide. Ce n'est que par le silence, ou par des réponses d'humilité que votre bouche doit être embellie. Insérez à vos oreilles, c'est Ter-

[1] *Joan.*, IV, 34.

tullien qui vous y exhorte [1] ; insérez à vos oreilles la sainte parole de Dieu : ayez votre ame élevée à Dieu ; alors votre taille sera droite, et votre contenance (a) agréable. Que toutes vos actions soient animées de la charité, et tout ce que vous ferez aura bonne grace. C'est la seule beauté que je vous souhaite, parce que c'est la seule qui plaît au Verbe incarné votre Epoux.

Et vous, mes très-chères Sœurs, recevez cette jeune fille, que vous avez si bien élevée. Eh Dieu ! que pourrai-je vous dire pour votre consolation ? Sans doute votre piété a déjà prévenu tous mes soins. Ah ! que le Fils de Dieu vous aura donné de douceurs en mangeant cette même chair, cette chair sainte, cette chair vivante et pleine d'esprit de vie, qu'il a prise aujourd'hui pour notre salut. Achevez votre course avec le même courage : veillez en prières et en oraisons ; et surtout dans ces oraisons priez pour l'ordre ecclésiastique, afin qu'il plaise à la bonté divine de nous faire selon son cœur, à la gloire de la sainte Eglise et à la confusion de ses ennemis. Certes je ne craindrai pas de le dire, il semble que la Providence divine vous a conduites en ce lieu non sans quelque secret conseil : ces ames, que Dieu a retirées des ténèbres de l'hérésie pour les donner à l'Eglise par votre main, en sont un témoignage évident. Heureuses mille et mille fois d'être employées au salut des ames, pour lesquelles le Sauveur Jésus a répandu tout son sang. Rendez à sa bonté de continuelles actions de graces : imprimez la crainte de Dieu dans ces ames tendres et innocentes, que l'on vous a confiées.

Et pour vous, ma très-chère Sœur (car puisque cet entretien a commencé par vous, il faut que ce soit par vous qu'il finisse), revêtez-vous de Notre-Seigneur Jésus-Christ ; souvenez-vous toute votre vie, pour votre consolation, que vous vous êtes dédiée à l'épreuve d'une vie plus retirée et plus solitaire, le même jour que par une bonté infinie il s'est jeté dans une prison volontaire. N'oubliez pas aussi que cette même journée est sainte par la mémoire de la très-pure Marie. Priez-la de vous assister par ses pieuses intercessions ; imitez sa pureté angélique et son obéis-

---

[1] *De Cult. fœmin.*, lib. II, n. 13.

(a) *Var.* : Et votre maintien.

sance fidèle ; dites avec elle de tout votre cœur : « Voici la servante du Seigneur, qu'il me soit fait selon votre parole. » Vivez, ma très-chère Sœur, selon la parole de Dieu, et vous serez récompensée selon sa parole. Si vous faites selon la parole de Dieu, il vous sera fait selon sa parole. *Amen.*

SECOND SERMON

POUR

LA VÊTURE D'UNE NOUVELLE CATHOLIQUE (a).

Vocavit vos de tenebris in admirabile lumen suum.

Il vous a appelée des ténèbres à son admirable lumière. I *Petr.*, II, 9.

Ma très-chère Sœur en Notre-Seigneur Jésus-Christ, après les grandes miséricordes que Dieu a fait éclater sur vous, je ne puis mieux commencer ce discours que par des actions de graces publiques, remerciant sa bonté paternelle qui vous a miraculeuse-

---

(a) Prêché à Metz, dans la maison des Nouvelles-Catholiques, un 2 février, vers 1663.

Prêché à Metz. L'orateur dit dans le second point : « Elle (l'hérésie) enseigne que l'Eglise peut errer ; elle enseigne que l'Eglise a erré souvent : le ministre de cette ville l'a prêché et l'a écrit de la sorte. » Or c'est là précisément ce que Paul Ferry, pasteur à Metz, disoit dans son *Catéchisme général de la réformation de la religion.*

Dans la maison des Nouvelles-Catholiques. On le voit manifestement dans tout le sermon, particulièrement dans l'exorde.

Un 2 février. Le prédicateur dit dans la partie du discours que nous venons d'indiquer, dans l'exorde : « Les deux principaux mystères que nous célébrons en ce jour, conviennent très-bien avec ce sujet ; » puis il parle de la purification de la sainte Vierge et de l'oblation de l'Enfant Jésus.

Vers 1663. Le style du discours nous semble annoncer le commencement de la deuxième époque. Résidant à Paris, Bossuet resta longtemps chargé des intérêts du chapitre de Metz, et faisoit de fréquens voyages dans cette ville. C'est pendant une de ces visites qu'il prêcha notre sermon.

L'orateur prie le Saint-Esprit, dans l'exorde, de « répandre sur ses lèvres deux beaux ornemens de l'éloquence chrétienne : » lesquels ? « La simplicité et la vérité. » O vérité de l'éloquence, qui te manifestes dans la forme, dans les images et dans l'action, qu'es-tu devenue ? Et toi simplicité, sceau de la foi, marque de la piété sincère, compagne du zèle apostolique ; toi, sainte messagère de l'Evangile qui parles seule au fond des cœurs, où te retrouverai-je ?

On sait que nous n'avons pu consulter le manuscrit original.

ment délivrée de la puissance des ténèbres, pour vous transporter au royaume de son Fils.

En effet n'est-il pas bien juste, ô grand Dieu, que votre sainte Eglise catholique vous loue et vous glorifie dans les siècles des siècles? Car qui n'admireroit la profondeur de vos jugemens, ô éternel Roi de gloire, qui pour la punition de nos crimes ou pour quelque autre secret conseil de votre sainte providence, ayant permis qu'en ces derniers temps l'Eglise chrétienne fût déchirée par tant de sortes de schismes et par tant de lamentables divisions, ne perdez pas pour cela les ames que vous avez choisies; mais, qui étant riche en miséricorde, savez les éclairer même dans le sein de l'erreur, et selon votre bon plaisir les attirez par des ressorts infaillibles à la véritable croyance. C'est ce que vous avez fait paroître en cette jeune fille, élevée dans le schisme et dans l'hérésie, que vous avez regardée en pitié, ô Père très-clément et très-bon. On la nourrissoit dans une doctrine hérétique; mais vous avez voulu être son docteur. Vous lui avez ouvert les yeux, pour voir votre admirable lumière : vous avez voulu faire paroître qu'il n'y a point d'âge qui ne soit mûr pour la foi, et que l'homme est assez savant quand il sait écouter vos saintes inspirations. Et voici qu'étant instruite de la véritable doctrine, que nous avons reçue de nos pères par une succession de tant de siècles, touchée en son cœur d'un extrême dégoût de ce monde trompeur et d'un chaste amour de votre cher Fils, qu'elle désire choisir pour son seul Epoux, elle se vient présenter devant vos autels, afin que vous ayez agréable qu'elle soit admise aujourd'hui à l'épreuve d'une vie retirée. Bénissez-la, Seigneur, et soyez loué à jamais des graces que vous lui faites : que les anges et tous les esprits bienheureux chantent éternellement vos bontés.

Et vous, ma chère Sœur, que Dieu comble de tant de bienfaits, considérez ces dévotes filles et toute cette pieuse assemblée. Mais élevez plus haut vos regards; contemplez en esprit la sainte Eglise de Dieu, tant celle qui règne dans le ciel que celle qui combat sur la terre : croyez qu'elle triomphe de joie de voir en vous des effets si visibles de la miséricorde divine. Eclatez aussi en hymnes et en cantiques; dites, dans l'épanchement de votre ame : « O Seigneur, qui est semblable à vous [1] ! Que le Dieu d'Israël est bon à ceux qui sont droits de cœur [2], » et qui marchent devant sa face en toute simplicité !

Pour moi, afin de vous animer davantage à rendre à notre grand Dieu de fidèles actions de graces, je vous donnerai avec l'assistance divine quelques avis succincts, mais très-importans, et sur ce que vous avez fait et sur ce que vous allez faire. Je vous représenterai premièrement la grande grace que Dieu vous a faite de vous retirer des ténèbres de l'hérésie; et après, je tâcherai de vous faire voir de quelle sorte vous devez user de l'inspiration qu'il vous donne, de renoncer entièrement à toutes les espérances du siècle : et il se rencontre fort à propos que les deux principaux mystères que nous célébrons en ce jour, conviennent très-bien avec ce sujet. Dans la purification de la Vierge, vous pouvez considérer avec fruit que Dieu par sa pure bonté vous a purgée de votre hérésie; et dans l'oblation de l'Enfant Jésus, que l'on présente aujourd'hui à son Père, vous devez faire réflexion sur le dessein que vous méditez, de vous consacrer pour jamais à son service par une profession solennelle. C'est sur quoi je vous entretiendrai en ce jour : vous ferez seule tout le sujet de cette exhortation. Au reste n'attendez pas de moi tous ces ornemens de la rhétorique mondaine; mais priez seulement cet Esprit qui souffle où il veut, qu'il daigne répandre sur mes lèvres ces deux beaux ornemens de l'éloquence chrétienne, la simplicité et la vérité, et qu'il étende par sa grace le peu que j'ai à vous dire.

PREMIER POINT.

Si parlant aujourd'hui de nos frères qui à notre grande douleur se sont séparés d'avec nous, j'appelle leur église une église de ténèbres, je les prie de ne croire pas que, pour condamner leur erreur, je m'aigrisse contre leurs personnes. Certes je puis dire d'eux avec vérité ce que l'Apôtre disoit des Juifs [3], que le plus tendre désir de mon cœur et la plus ardente prière que je présente tous les jours à mon Dieu, est pour leur salut. Je ne puis voir sans une extrême douleur les entrailles de la sainte Eglise si cruel-

---

[1] *Psal.* XXXIV, 10. — [2] *Psal.* LXXII, 1. — [3] *Rom.*, X, 1.

lement déchirées; et pour parler plus humainement, je suis touché au vif quand je considère tant d'honnêtes gens que je chéris, comme Dieu le sait, marcher dans la voie de ténèbres. Mais afin qu'il ne semble pas que je veuille faire aujourd'hui une invective inutile, je vous proposerai une doctrine solide et conduirai ce discours, si Dieu le permet, avec une telle modération que sans les charger d'injures, je les presserai par de vives raisons tirées des Ecritures divines et des Pères leurs interprètes fidèles.

Je dis donc en premier lieu, chrétiens, que Dieu est une pure et incompréhensible lumière, de laquelle toute autre lumière prend son origine; d'où vient que l'apôtre saint Jean dit que « Dieu est lumière, et qu'en lui il n'y a point de ténèbres [1]. » Et saint Paul l'appelle « Père de lumière, qui habite une lumière inaccessible [2]. « Le genre humain, chrétienne assemblée, s'étant retiré de cette lumière éternelle, languissoit dans une nuit profonde et dans des ténèbres plus qu'égyptiennes, lorsque Dieu touché de pitié envoya son cher Fils en la terre pour être la lumière du monde, comme il dit lui-même en saint Jean [3]. C'est lui qui est cette véritable et universelle lumière, « qui illumine par ses clartés tout homme venant au monde [4]. » C'est la splendeur de la gloire du Père, qui étant devenue chair dans la plénitude des temps, est entrée en société avec nous et nous a faits participans de ses dons. Car ayant commencé sur la terre l'exercice de son ministère par la prédication de la parole de vie que son Père lui mettoit à la bouche, il a assemblé près de sa personne les premiers ministres de son Evangile, qu'il a appelés ses apôtres, parce qu'après sa course achevée il les devoit envoyer par toutes les provinces du monde, pour agréger ses brebis dispersées sous l'invocation de son nom et la profession de son Evangile. Et comme il a dit de lui-même qu'il étoit la lumière du monde, ainsi que je vous le rapportois tout à l'heure, de même a-t-il dit, parlant à ses saints apôtres : « Vous êtes la lumière du monde : » *Vos estis lux mundi* [5], parce qu'étant éclairés des lumières de ce bon pasteur par l'infusion de son Saint-Esprit, ils ont eux-mêmes commu-

---

[1] 1 *Joan.*, I, 5. — [2] 1 *Tim.*, VI, 16. — [3] *Joan.*, VIII, 12. — [4] *Joan.*, I, 9. — [5] *Matth.*, V, 14.

niqué la lumière aux peuples errans, comme dit l'apôtre saint Paul écrivant aux Ephésiens : « Vous étiez autrefois ténèbres, mais vous êtes maintenant lumière en Notre-Seigneur [1]. »

Cette lumière, au commencement, se répandit sur peu de personnes, parce que selon la parabole de l'Evangile l'Eglise, d'un petit grain, devoit devenir un grand arbre [2]. Mais enfin par la miséricorde de Dieu, la foi étant augmentée, on a fondé des églises par toutes les parties de la terre, selon le modèle de celles que les saints apôtres avoient établies. Fidèles, ne croyez pas que l'on ait divisé pour cela cette première et originelle lumière, ou que l'on ait pour ainsi dire arraché quelque rayon aux églises apostoliques pour les porter aux autres églises. Certes cela ne s'est pas fait de la sorte : cette lumière a été étendue ; mais elle n'a pas été divisée. En faisant de nouvelles églises, on n'a pas fait des sociétés séparées : « On a été prendre des premières églises la continuation de la foi et la semence de la doctrine : » *Traducem fidei et semina doctrinæ cæteræ exindè Ecclesiæ mutuatæ sunt,* dit Tertullien [3]. Toutes les églises sont apostoliques, parce qu'elles sont descendues des églises apostoliques. Un si grand nombre d'églises, dit Tertullien, ne sont que cette Eglise unique et première que les apôtres avoient fondée. Elles sont toutes premières et toutes apostoliques, parce qu'elles se sont toutes rangées à la même paix, qu'elles se sont associées à la même unité, qu'elles ont toutes le même principe. « L'Eglise éclairée par le Sauveur Jésus, qui est son véritable soleil, dit l'admirable saint Cyprien, bien qu'elle répande ses rayons par toute la terre, n'a qu'une même lumière qui se communique partout : » *Ecclesia Domini luce perfusa per totum orbem radios suos porrigit ; unum tamen lumen est, quod ubique diffunditur, nec unitas corporis separatur* [4].

Par où vous voyez, mes chers Frères, que l'Eglise est le lieu sacré dans lequel Jésus-Christ renferme le trésor des lumières célestes. Quelque docte que soit un homme, quelque beaux sentimens qu'il professe, il marche dans les ténèbres s'il abandonne

---

[1] *Ephes.*, v, 8. — [2] *Luc.*, XIII, 19. — [3] *De Præscript.*, n. 20. — [4] Lib. *De Unit. Eccl.*, p. 195.

l'unité de l'Eglise. Celui-là ne peut avoir Dieu pour Père, qui n'a pas l'Eglise pour Mère. En vain nos adversaires se glorifient-ils en toutes rencontres de la science des Ecritures, qu'ils n'ont jamais bien étudiées selon la méthode des Pères, qui ont fait gloire de suivre les interprétations de leurs ancêtres. « Nous enseignons, disoient-ils, ce que nous ont appris nos prédécesseurs; et nos prédécesseurs l'ont reçu des hommes apostoliques; et ceux-là, des apôtres; et les apôtres, de Jésus-Christ; et Jésus-Christ, de son Père. » C'est à peu près ce que veulent dire ces mots du grand Tertullien : *Ecclesia ab apostolis, apostoli à Christo, Christus à Deo tradidit* [1]. O la belle chaîne, ô la sainte concorde, ô la divine tissure que nos nouveaux docteurs ont rompue! Cette belle succession étoit la gloire de l'Eglise de Dieu : c'est ce que nous opposions aux ennemis de Jésus, que malgré les tyrans et les hérétiques, malgré la violence et la fraude, l'Eglise de Jésus-Christ étoit demeurée immobile.

Ils renoncent volontairement à cet avantage. N'ont-ils pas osé assurer, dans l'article XXXI de leur Confession, qu'il a été nécessaire que Dieu en notre temps, auquel l'état de l'Eglise étoit interrompu, ait suscité gens d'une façon extraordinaire, pour dresser l'Eglise de nouveau qui étoit en ruine et désolation? O parole inouïe aux premiers chrétiens, si ce n'est certes qu'elle a toujours été témérairement avancée par les hérétiques leurs prédécesseurs, et toujours constamment réfutée par nos Pères les orthodoxes! L'avez-vous jamais cru, ô saints martyrs, ô bienheureux évêques, ô docteurs divinement éclairés; l'avez-vous jamais cru que cette Eglise que vous fondiez par votre sang, ou que vous instruisiez par votre doctrine, dût être durant tant de siècles entièrement abolie, jusqu'à ce que Luther et Calvin la vinssent dresser de nouveau? Cette cité qui a occupé tout le monde, Dieu l'a fondée éternellement, dit l'admirable saint Augustin [2]; le firmament tomberoit aussitôt que l'Eglise seroit éteinte : *Deus fundavit eam in æternum.*

Certes il est indubitable, ô Sauveur Jésus : comme durant toute l'éternité vous serez béni dans le ciel, ainsi pendant toute la durée

---

[1] *De Præscript.*, n. 37. — [2] *In Psal.* XLVII, n. 7.

de ce siècle vous aurez toujours des adorateurs sur la terre. Et où seront ces adorateurs, si votre Église doit tomber en ruine? Comment pourriez-vous être adoré dans une église entièrement désolée, une église infectée d'erreurs, faisant profession publique d'idolâtrie, une église enfin telle qu'elle a été durant plusieurs siècles suivant l'opinion de nos adversaires? Seigneur Jésus, encore une fois où étoient alors vos adorateurs? Eh! dites-nous, je vous prie, nos Frères, qui dites si hautement que vous voulez suivre les Ecritures, dans quel évangile ou dans quelle prophétie voyez-vous que l'Eglise dût un jour tomber en ruine, qu'elle dût être désolée durant tant de siècles? La Synagogue même des Juifs, qui n'avoit pas de si belles promesses, a-t-elle jamais eu de si longues éclipses? Est-ce là cette Eglise fondée sur la pierre, contre laquelle les portes d'enfer ne peuvent jamais prévaloir [1]? Comment est-ce que l'Eglise de Dieu est enfin tombée en ruine, et a été obscurcie d'erreurs, elle que l'Apôtre appelle la colonne et le soutien de la vérité [2]? Le Sauveur Jésus parlant à ses disciples, et en leur personne à ceux qui se devoient assembler avec eux ou qui leur devoient succéder : « Je serai, dit-il, avec vous jusqu'à la consommation des siècles [3]. » Où étiez-vous donc, ô Sauveur, quand nos réformateurs, sans aveu, sont venus dresser de nouveau votre Eglise?

Certes je vous l'avoue, mes chers Frères, je ne puis modérer ma douleur, quand je vois de telles paroles prononcées par des chrétiens. Aussi ont-ils tâché de les adoucir par diverses explications, autant vaines que spécieuses. Je vous les rapporterai, s'il vous plaît; et puis à l'honneur de la vérité pour la consolation de nos ames, nous les réfuterons en esprit de paix. Il leur a semblé fort étrange de dire que l'Eglise de Jésus-Christ dût cesser si longtemps d'être sur la terre. Les luthériens de la Confession d'Augsbourg, leurs frères et leurs nouveaux alliés assurent en l'article VII qu'il y a une Eglise sainte qui demeurera toujours. Ils parlent de l'Eglise qui est en ce monde. Et leurs propres églises, qui sont dans la Suisse et autres pays, disent au chapitre XVII qu'il faut qu'il y ait toujours eu une Eglise, qu'elle soit encore et qu'elle

---
[1] *Matth.*, XVI, 18. — [2] I *Tim.*, III, 15. — [3] *Matth.*, XXVIII, 20.

dure jusqu'à la fin des siècles ; c'est-à-dire une assemblée des fidèles appelés et recueillis de tout le monde. Interrogez nos frères errans, il faudra qu'ils répondent la même chose. Demandez-leur où étoit cette Eglise, lorsqu'il n'en paroissoit dans le monde aucune qui fît profession de leur foi. Comme c'est une chose évidente, ils vous répondront tous qu'elle étoit cachée, qu'elle ne paroissoit pas par un terrible jugement de Dieu, qui la retiroit de la vue des méchans. Ils pensent ainsi réparer l'injure qu'ils feroient à l'Eglise, s'ils osoient assurer qu'elle fût entièrement abolie. Mais quelle ame vraiment chrétienne ne déploreroit pas leur aveuglement?

Ah! que vous êtes vraiment redoutable en vos conseils, ô grand Dieu, qui avez permis par une juste vengeance que ceux qui ont déchiré votre Eglise ne sussent pas même ce que c'est que l'Eglise! L'Eglise à votre avis, nos chers Frères, n'est-ce qu'une multitude sans union? Consiste-t-elle en des gens dispersés, qui n'ont rien de commun qu'en esprit? Est-ce assez qu'ils croient intérieurement? N'est-il pas nécessaire qu'ils fassent profession de leur foi? Mais l'Apôtre dit expressément que « l'on croit dans le cœur à justice, et que l'on confesse par la bouche à salut [1]. » Et le Sauveur lui-même : « Qui me confessera, dit-il, devant les hommes, je le confesserai devant mon Père céleste [2]. » De plus, est-ce assez que chacun la professe en particulier? Ne faut-il pas que ceux qui invoquent avec sincérité le nom du Seigneur, lient ensemble une sainte société par la confession publique de la même foi? Et cette Eglise cachée, dont vous nous parlez, comment pouvoit-elle avoir une confession publique? Qu'est-ce autre chose qu'un amas de personnes timides, qui n'osoient confesser ce qu'ils croyoient, qui démentoient leurs consciences, en s'unissant de corps à une église dont ils se séparoient en esprit? Certes, s'ils se fussent séparés d'avec nos pères, leur séparation les eût rendus remarquables et leur société se seroit produite ; elle n'auroit pas été cachée, comme vous le dites. Et s'ils sont demeurés unis, quoi! ces justes, ces gens de bien, cette église prédestinée alloient adorer Dieu dans nos temples qui étoient des temples d'idoles, et com-

[1] *Rom.*, x, 10. — [2] *Matth.*, x, 32.

muniquoient à nos prières qui renversoient la dignité du Médiateur, et assistoient à nos sacrifices qui réduisent à néant celui de la croix? Chers Frères, en quel abîme d'erreurs tombez-vous?

Mais pour vous presser encore davantage, il n'y a point d'Eglise sans foi. Et comment croiront-ils, s'ils n'entendent? et comment entendront-ils, s'ils n'ont des prédicateurs? et peut-il y avoir des prédicateurs où il n'y a point de pasteurs? Dis-moi donc, ô église cachée, à laquelle Luther et Calvin ont eu leur refuge, d'où ils tirent leur succession, bien qu'il leur soit impossible de la montrer; dis-moi où étoient tes pasteurs? Si c'étoient ceux de l'Eglise romaine, donc tu n'entendois qu'une fausse doctrine contraire à celle des réformateurs; donc tu recevois des sacremens mutilés, car ils ne les administroient pas d'autre sorte; donc tu te pouvois sauver dans cette communion, et néanmoins c'est une chose assurée que l'on ne se peut sauver que dans la communion de la vraie Eglise. Et si l'on se sauvoit en ce temps dans la communion de l'Eglise romaine, nous nous y pouvons sauver à présent. Par conséquent, ô église cachée devant que Luther te vînt découvrir, les pasteurs de l'Eglise romaine n'étoient pas tes véritables pasteurs. Que si tu étois régie par d'autres pasteurs, je demande que l'on m'en montre la liste, et que l'on me fasse voir les églises qu'ils ont gouvernées et les chaires qu'ils ont remplies : c'est une chose impossible.

Car lorsqu'ils nous allèguent les hussites et les albigeois, chrétiens, vous voyez assez combien cette évasion est frivole. Ces hussites et ces albigeois venoient eux-mêmes, à ce qu'ils disoient, dresser de nouveau l'Eglise. Et je demanderai toujours où étoit l'Eglise avant les hussites? Où étoit-elle avant les albigeois? En vain ils prétendent tirer leur autorité de gens qui se sont produits d'eux-mêmes aussi bien qu'eux, et qui après avoir quelque temps agité le christianisme, sont retournés dans l'abîme duquel ils étoient sortis tout ainsi qu'une noire vapeur. Et dites-moi donc, je vous prie, quel monstre d'église est-ce que cette église cachée, église sans pasteurs ni prédicateurs, bien que selon la doctrine de l'Apôtre [1] Dieu ait mis dans le corps de l'Eglise les uns pasteurs et

---

[1] *Ephes.*, IV, II.

les autres docteurs, sans quoi l'Eglise ne peut consister [1] ? Eglise sans sacremens et sans aucune profession de foi, église vraiment de ténèbres, digne certes d'être cachée, puisqu'elle n'a aucuns traits de l'Eglise de Jésus-Christ. Le Sauveur ayant ordonné à ses apôtres que ce qu'ils entendoient en particulier, ils le prêchassent hautement sur les toits [2], c'est-à-dire dans l'évidence du monde, nous parler d'une église cachée, en vérité n'est-ce pas nous parler d'une église de l'Antechrist?

Car l'Eglise chrétienne dès son berceau étoit connue par toute la terre, ainsi que l'Apôtre dit aux Romains : « Votre foi est annoncée par tout le monde [3]. » Et bien qu'elle fût persécutée de toutes parts, elle se rendoit illustre par ses propres persécutions et par son invincible constance. « Nous savons de cette secte, disoient les Juifs à l'apôtre saint Paul [4], que l'on lui contredit partout. » L'Eglise fut donc connue sitôt après la mort du Sauveur. Et en effet étant nécessaire que tous les gens de bien se rangent à la société de l'Eglise, comme nos adversaires mêmes le professent, se peut-il une plus grande absurdité que de dire qu'elle soit cachée ? Comment veut-on que les hommes se rangent à une société invisible? Partant cette église cachée à laquelle ils se glorifient d'avoir succédé, n'étant pas selon leur propre confession cette cité élevée sur la montagne, exposée à la vue des peuples, que reste-t-il autre chose, sinon qu'elle fût au fond de l'abîme, dont elle est sortie pour un temps au grand malheur du christianisme, pour la punition de nos crimes? C'est pourquoi il est arrivé que ces doctes, ces beaux esprits, qui ont écrit de si belles choses, ils ont tout su excepté l'Eglise ; et faute de la connoître, toutes leurs autres connoissances leur ont tourné à damnation éternelle.

Il n'y a rien de si froid, ni de si mal digéré que ce qu'ils ont dit des qualités que devoit avoir l'Eglise de Jésus-Christ. La perfection de l'Eglise est dans l'unité; et cette unité, chrétiens, jamais ils ne l'ont entendue. Laissons les longues disputes et les argumens difficiles : l'union qu'ils ont faite depuis peu d'années avec leurs nouveaux frères les luthériens, décide tous nos doutes sur cette

---

[1] Art. 25 de leur *Confession*. — [2] *Matth.*, x, 27. — [3] *Rom.*, I, 8. —.[4] *Act.*, XXVIII, 22.

matière. Les contentions de ces deux sectes sont connues à tout le monde : elles se sont traitées très-longtemps d'impies et d'hérétiques; enfin elles se sont unies. Ce n'est pas une chose nouvelle que deux sectes s'unissent ensemble; mais qu'elles se soient unies en conservant la même doctrine, qui les a si longtemps séparées, c'est ce qui fait voir très-évidemment qu'ils ne savent pas ce que c'est que l'Eglise.

Car je leur demande, mes Frères : La secte des luthériens mérite-t-elle le nom d'Eglise? Si elle n'est pas Eglise, pourquoi communier avec elle? Pourquoi souiller votre communion par une communion schismatique? L'Eglise ne connoît qu'elle-même : elle ne reçoit rien qui ne soit à elle. « L'étranger et l'incirconcis n'y entreront point, » disoit autrefois le Prophète [1]. Que s'ils sont la vraie Eglise, donc les luthériens et les calvinistes ne font que la même Eglise. Et qui a jamais ouï dire que l'Eglise de Jésus-Christ fût un amas de sectes diverses, qui ont une profession de foi différente et contraire en plusieurs points, dont les pasteurs n'ont pas la même origine, et ne communiquent entre eux ni dans l'ordination ni dans les synodes? Cette union, n'est-ce pas plutôt une conspiration de factieux qu'une concorde ecclésiastique! Comme on voit les mécontens d'un Etat entrer dans le même parti chacun avec son intérêt distingué de celui des autres, et ne s'associer seulement que pour la ruine de leur commune patrie, pendant que les fidèles serviteurs du prince sont unis véritablement pour le service du maître : ainsi en est-il de cette fausse union que nos réformateurs prétendus ont faite depuis peu de temps. Et c'est ce que faisoient ces hérétiques dont parle Tertullien : *Pacem quoque passim cum omnibus miscent :* « Ils entrent en paix avec tous indifféremment : car il ne leur importe pas, ajoute ce grand personnage, d'avoir des sentimens opposés, pourvu qu'ils conspirent à renverser la même vérité : » *Nihil enim interest illis, licèt diversa tractantibus, dùm ad unius veritatis expugnationem conspirent* [2].

Ç'a toujours été l'esprit qui a régné dans les hérésies. Les ariens ne vouloient autre chose, sinon que l'on supprimât le mot de

[1] *Isa.*, LII, 1. — [2] *De Præscript.*, n. 41.

Consubstantiel, comme apportant trop grand trouble à l'Eglise ; et qu'après, en dissimulant le reste de la doctrine, on vécût en bonne intelligence. Ainsi, disent les calvinistes, ne parlons plus de la réalité du corps de Jésus-Christ dans l'Eucharistie, sur laquelle nos pères se sont si longtemps combattus ; du reste unissons-nous, et que chacun demeure dans sa croyance. O la nouvelle façon de terminer les schismes, toujours inconnue à l'Eglise et toujours pratiquée par les hérétiques ! Ils ont trouvé le moyen de s'unir dans le schisme même. *Schisma est unitas ipsis*, disoit le grave Tertullien [1] : « L'unité même parmi eux est un schisme. » Ils professent une foi contraire, c'est le schisme ; ils les reçoivent à la même communion, c'est l'unité. Car si les articles dans lesquels vous différez sont essentiels, pourquoi vous unissez-vous ? Et s'ils ne le sont pas, pourquoi avez-vous été si longtemps séparés ? Pourquoi est-ce que Calvin, qui est venu le dernier, n'a pas tendu les mains à Luther ? Que ne lui a-t-il donné ses églises ? Pourquoi a-t-il voulu être chef de parti au préjudice de l'Evangile ? Pourquoi a-t-il divisé le troupeau de Jésus ?

Certes il falloit bien que vos pères crussent que les articles de foi qui vous séparoient fussent importans ; autrement comment les excuserez-vous de n'avoir pas accouru à la même unité ? Maintenant de savoir si le corps de Jésus-Christ est réellement en l'Eucharistie ou s'il n'y est pas, cela vous semble une chose de peu d'importance : donc que de synodes inutiles, que de folles disputes, que de sang répandu vainement pour soutenir qu'il n'y étoit pas ! Savoir si Jésus y est ou s'il n'y est pas, c'est une chose de peu d'importance : donc un tel bienfait du Sauveur Jésus demeurera dans le doute. Certes si Jésus y est, il n'y peut être que par un amour infini ; et ainsi ceux qui le nieroient, quel tort ne feroient-ils pas à sa miséricorde, ne reconnoissant pas une grace si signalée ? Et vous appelez cela une affaire de peu d'importance contre la dignité de la chose qui crie contre vous, contre les luthériens mêmes que vous appelez et qui vous refusent : contre vos pères qui vous crient qu'ils ont cru cet article important, et que s'il ne l'étoit pas, en vain ont-ils apporté tant de troubles au monde !

[1] *De Præscript.*, n. 42.

Ne doutons donc pas, ma très-chère Sœur, qu'ils ne marchent dans les ténèbres. L'apôtre saint Jean a dit que « qui n'aime pas ses frères, ne sait où il va et demeure dans l'obscurité[1]. » Comment donc ne sont-ils point aveugles, eux qui se sont séparés d'avec nous pour des causes si peu légitimes, puisque nous les voyons s'ôter à eux-mêmes, dans ces derniers temps, celle que leurs pères et les nôtres avoient toujours crue être la principale : dignes certainement après avoir rompu la vraie paix, d'entrer dans une fausse concorde, comme je vous le viens de montrer tout à l'heure ; concorde qui les fortifie peut-être selon la politique mondaine, mais si nous le savons comprendre, qui les ruine très-évidemment selon la règle de la vérité ? Rendez donc graces à Dieu, ma très-chère Sœur, qui vous a tirée de la société des ténèbres.

Ah ! qui me donnera des paroles assez énergiques pour déplorer ici leur malheur ? Certes je l'avoue, chrétiens, il est bien difficile de se départir de la première doctrine dont on a nourri notre enfance. Tout ce qui nous paroît de contraire nous semble étrange et nous épouvante : notre ame possédée des premiers objets, ne regarde les autres qu'avec horreur. Que pouvons-nous faire dans cette rencontre ? Rendre graces pour nous et pleurer pour eux. Cependant ne laissons pas de les exhorter à rentrer en concorde avec nous ; et afin de le faire avec des paroles plus énergiques, employons celles de saint Cyprien, ce grand défenseur de l'unité ecclésiastique. Voici comme parle ce grand personnage à quelques prêtres de l'Eglise romaine, qui s'étoient retirés de la société des fidèles, sous le prétexte de maintenir la pure doctrine de l'Evangile contre les ordonnances des pasteurs de l'Eglise. « Ne pensez pas, mes Frères, que vous défendiez l'Evangile de Jésus-Christ, en vous séparant de son troupeau et de sa paix et de sa concorde ; étant certes plus convenable à de bons soldats du Sauveur de ne point sortir du camp de leur capitaine, afin que demeurant dedans avec nous, ils puissent pourvoir avec nous aux choses qui sont utiles à l'Eglise. Car puisque notre concorde ne doit point être rompue, et que nous ne pouvons pas quitter l'Eglise pour

[1] I *Joan.*, II, 11.

aller à vous, ce que nous ferions volontiers si la vérité le pouvoit permettre, nous vous prions et nous vous demandons avec toute l'ardeur possible, que vous retourniez plutôt à notre fraternité et à l'Eglise de laquelle vous êtes sortis : » *Nec putetis sic vos Evangelium Christi asserere, dùm vosmetipsos à Christi grege et ab ejus pace et concordiâ separatis; cùm magis militibus gloriosis et bonis congruat intra domestica castra consistere, et intùs positos ea quæ in commune tractanda sunt agere ac providere. Nam cùm unanimitas et concordia nostra scindi omninò non debeat, quia nos Ecclesiâ derelictâ foras exire et ad vos venire non possumus, ut vos magis ad Ecclesiam matrem et ad nostram fraternitatem revertamini, quibus possumus hortamentis petimus et rogamus* [1].

SECOND POINT.

Dans la conduite de Dieu sur votre ame (a), je trouve ceci de très-remarquable, que le Saint-Esprit agissant en vous, y a fait naître en même temps l'amour de l'Eglise et celui de la sainte virginité. N'étoit-ce pas peut-être pour vous faire entendre que les églises des hérétiques que vous abandonniez généreusement, étoient des églises prostituées, et que la seule Eglise vierge c'est la catholique, à laquelle la grace divine vous a appelée? Que l'Eglise doive être vierge, il n'est rien de plus évident, parce que tous les docteurs nous enseignent qu'il y a une ressemblance parfaite entre la bienheureuse Vierge et l'Eglise; et c'est pourquoi cette femme de *l'Apocalypse* qui paroît revêtue du soleil, nous représente tout ensemble l'Eglise et Marie. La sainte Mère de notre Sauveur est vierge et mariée tout ensemble: elle est également Vierge et Mère. Il en est ainsi de l'Eglise. Car l'Eglise, aussi bien que la sainte Vierge, conçoit et enfante par le Saint-Esprit. L'Eglise, comme la sainte Vierge, a un Epoux chaste qui n'est pas le corrupteur de sa pureté; mais plutôt qui en est le gardien

---

[1] *Ad Conf. Rom.*, epist. XLIV, p. 58.

(a) Ce morceau, dans le manuscrit de Bossuet, ne fait point corps avec ce qui précède : mais comme son discours n'est pas entier, pour le compléter, autant qu'il est en nous, nous avons cru pouvoir y réunir ce fragment, qui revient parfaitement à la matière traitée dans la première partie, et qui probablement a été fait pour le même sujet (*Edit. de Dérofis*).

fidèle, et par conséquent elle est vierge. Mais peut-être voulez-vous savoir ce que c'est que la virginité de l'Eglise : contentons en peu de mots ce pieux désir.

La virginité de l'Eglise, c'est sa vérité et son unité : et de là vient que je vous disois que les églises des hérétiques sont des églises prostituées, parce qu'en perdant l'unité, elles se sont éloignées de la vérité. Toute ame qui est dominée par l'erreur est une ame adultère et prostituée, parce que l'erreur est la semence du diable, par laquelle ce vieux serpent, ce vieux adultère, qui est menteur et père du mensonge, corrompt l'intégrité des esprits. Et c'est aussi pour cela que l'Eglise est vierge, parce que l'erreur n'y a point d'accès ; la doctrine de l'Eglise est vierge, parce qu'elle la conserve aussi pure que son divin Epoux la lui a donnée.

Que cherchiez-vous donc, ma très-chère Sœur, quand abandonnant l'hérésie vous êtes accourue à l'Eglise ? Vous cherchiez la virginité de l'Eglise que l'hérésie ne reconnoît pas. Comment est-ce que nous montrons que l'hérésie ne reconnoît pas la virginité de l'Eglise ? Elle enseigne que l'Eglise, la vraie Eglise n'est pas infaillible : elle enseigne que l'Eglise peut errer : elle enseigne que l'Eglise a erré souvent. Le ministre de cette ville l'a prêché et l'a écrit de la sorte. O ministre d'iniquité, vous ne connoissez pas la virginité de l'Eglise. Si elle peut errer, elle n'est pas vierge ; car l'erreur est un adultère de l'ame. Mais comment connoîtriez-vous sa virginité, puisque vous ne connoissez pas même sa sainteté ? « Je crois la sainte Eglise, » disent les apôtres dans leur Symbole. Est-elle sainte, si elle ment ? Est-elle sainte, si elle enseigne l'erreur, si elle la confirme par son autorité ? Donc l'Eglise que vous nous prêchez est une église prostituée ; et cette jeune fille a bien fait quand elle a quitté cette église, et qu'elle a cherché une Eglise vierge. Mais notre Eglise, ma très-chère Sœur, est encore vierge par son unité.

L'origine de l'unité, c'est le Fils de Dieu : il n'a paru qu'en un seul lieu de la terre ; mais ses prédicateurs ont été par tout l'univers, et ils y ont fondé des églises. L'unité ne s'est pas divisée, mais elle s'est étendue ; et cette unité sainte et indivisible, la succession continuelle nous l'a apportée. Considérez les troupeaux rebelles; leurs noms vous marquent leur séparation. *Zuingliens, luthériens, calvinistes* sont des noms nouveaux : ce n'est donc pas l'unité qui les a produits, parce que l'unité est ancienne; mais l'unité les a condamnés, parce qu'il appartient à l'unité sainte, qui communique avec l'Eglise ancienne par une succession vénérable; il appartient, dis-je, à cette unité de condamner l'audace de la nouveauté. Donc leurs noms sont des noms de schisme : notre nom, c'est un nom de communion. Mon nom, c'est *chrétien,* dit saint Pacien [1]; mon surnom, c'est *catholique. Catholique*, c'est universel; *catholique*, c'est un nom d'unité, un nom de charité et de paix. Donc l'Eglise catholique est l'Eglise vierge, parce qu'elle possède l'unité sainte, qui la lie inséparablement à l'Epoux unique. C'est pourquoi les églises des hérétiques ayant perdu l'unique Epoux, elles prennent le nom de leurs adultères.

L'hérésie n'a point de vierges sacrées : quoiqu'elle se vante d'être l'Eglise, elle n'ose imiter l'Eglise en ce point. Il n'y a que la vraie Eglise qui sache saintement consacrer les vierges. Et certes comme l'Eglise catholique est l'Eglise vierge, c'est elle aussi qui nourrit les vierges. Jésus-Christ ne les reçoit pas pour Epouses, si l'Eglise sa bien-aimée ne les lui présente : et c'est pourquoi vous ayant destinée dès l'éternité à ce mariage spirituel, que la pureté virginale contracte avec lui, il vous a inspiré dans le même temps ce double désir, d'aimer la virginité de l'Eglise et de garder la virginité dans l'Eglise. Réjouissez-vous donc en Notre-Seigneur; préparez-vous aux embrassemens de l'Epoux céleste. C'est lui qui est engendré dans l'éternité par une génération virginale; c'est lui qui naissant dans le temps, ne veut point de Mère qui ne soit parfaitement vierge, et il consacre son intégrité par une divine conception et par une miraculeuse naissance.

[1] S. Pacian., *ad Sympron.*, epist. 1.

PREMIER SERMON

POUR

LA VÊTURE D'UNE POSTULANTE BERNARDINE (a).

Si vos Filius liberaverit, tunc verè liberi eritis.

Vous serez vraiment libres, lorsque le Fils vous aura délivrés. *Joan.*, VIII, 36.

Encore qu'il n'y ait rien dans le monde que les hommes estiment tant que la liberté, j'ose dire qu'il n'y a rien qu'ils conçoi-

---

(a) EXORDE. — Liberté.
Le monde, une prison (Tertull., *Ad. Mart.*, n. 2).
Trois servitudes : la loi du péché, la loi des convoitises, la loi de la contrainte et de la bienséance mondaine.
PREMIER POINT. — Trois sortes de libertés : des animaux sans lois, des rebelles contre les lois, des enfans sous les lois.
Liberté des animaux, par mépris : *Solutis à Deo et ex fastidio liberis* (Tertull., adv. Marc., lib. II, n. 4). Lois, marque que Dieu nous conduit, estime. Contre la loi, rébellion non liberté.
Liberté se perd. Forge ses fers par l'usage de cette liberté licencieuse : *Volens quò nollem perveneram* (S. Aug., *Confess.*, lib. VIII, cap. v).
L'homme libre, non indépendant. Liberté indépendance, propre à Dieu. Liberté, ne dépendre que de lui et au-dessus de tout.
Exemple de saint Augustin, sa conversion. Liberté à mal faire, que ne puis-je te retrancher !
Liberté dans la contrainte. Lui donner des bornes deçà et delà, de peur qu'elle ne s'égare ; comme un fleuve, c'est la conduire et non la gêner.
SECOND POINT. — La sévérité, nécessaire. Pour nous dégoûter des maux qui nous plaisent, maux qui nous affligent. Les derniers, remède aux autres (S. Aug., *Confess.*, lib. VI, cap. VI).
Souffrir les uns, modérer les autres : *Usquequò oblivisceris* (*Psal.* XXII, 1).
Il importe d'avoir des maux à souffrir, tant qu'il y a des maux à modérer, des biens où il faut craindre de se plaire trop.
Nécessité de la mortification et des afflictions.
TROISIÈME POINT. — Contrainte du monde et des affaires.
Empressemens. Notre esprit inquiet ne peut pas goûter le repos.
Liberté dans le repos, liberté dans le mouvement : liberté, le loisir de se reposer, facilité de se mouvoir.
Enfans qui s'égarent, *tanquàm olivæ pendentes in arbore, ducentibus ventis* (S. Aug., *in Psalm.* CXXXVI, n. 9).
Habillement, curiosité, coiffure.

Prêché à Paris, dans un couvent de Bernardines, vers 1660.
Le lieu est nettement indiqué dans ces paroles : « Recevez des mains de l'E-

vent moins, et ils se rendent eux-mêmes tous les jours esclaves par l'affectation de l'indépendance. Car la liberté qui nous plaît, c'est sans doute celle que nous nous donnons en suivant nos volontés propres. Et au contraire nous lisons dans notre évangile que jamais nous ne serons libres, jusqu'à ce que le Fils de Dieu nous ait délivrés; c'est-à-dire (a) qu'il faut être libres, non point en contentant nos désirs, mais en soumettant notre volonté à une conduite plus haute. C'est ce que le monde a peine à comprendre, et c'est ce que votre exemple nous montre aujourd'hui, ma très-chère Sœur en Jésus-Christ, puisque renonçant volontairement à la liberté de ce monde, vous venez vous présenter au Sauveur afin d'être son affranchie et tenir de lui seul votre liberté. Et vous ne refusez pour cela ni la dureté ni la contrainte de cette clôture, vous ressouvenant que Jésus, cet aimable Libérateur de nos ames, afin de nous retirer de la servitude dans laquelle nous gémissions, n'a pas craint (b) de se renfermer lui-même jusque dans les entrailles de la sainte Vierge, après que l'ange l'eut saluée par ces mots, que nous lui allons encore adresser pour implorer le Saint-Esprit par son assistance. *Ave.*

Lorsque l'Eglise persécutée voyoit ses enfans traînés en prison pour la cause de l'Evangile; et que les empereurs infidèles, désespérant de les pouvoir vaincre par la cruauté des supplices, tâchoient du moins de les fatiguer et de les abattre par l'ennui d'une longue captivité, un célèbre auteur ecclésiastique soutenoit

glise le dévot habit de saint Bernard; » et par celles-ci : « Apprenez de saint Bernard votre Père. »

Quant à la date, on ne peut la mettre dans les commencemens de la première époque; car la netteté du style et la fermeté du discours s'y opposent; on ne peut non plus la placer au milieu de la deuxième époque, car plusieurs phrases surannées le défendent : il faut donc choisir une période intermédiaire qui réunisse ces deux époques.

Nous avons imprimé d'après le manuscrit autographe, qui se trouve à la bibliothèque du séminaire de Meaux.

Le sermon pour Mademoiselle de Bouillon et le sermon pour une postulante bernardine empruntent l'un à l'autre un long passage, la distinction de deux sortes de maux et les réflexions qui s'y rattachent. Tous les éditeurs, après Déforis, avoient supprimé cet important morceau dans le dernier sermon, celui qu'on va lire; nous l'avons rétabli.

(a) *Var.*: Tellement. — (b) A bien voulu se renfermer; — n'a pas eu horreur de se renfermer.

leur constance par cette pensée. Ce grand homme, c'est Tertullien, leur représentoit tout le monde comme une grande prison, où ceux qui aiment les biens périssables sont captifs et chargés de chaînes durant tout le cours de leur vie. « Il n'y a point, dit-il, une plus obscure prison que le monde, où tant de sortes d'erreurs éteignent la véritable lumière; ni qui contienne plus de criminels, puisqu'il y en a presque autant que d'hommes; ni de fers plus durs que les siens, puisque les ames mêmes en sont enchaînées; ni de cachots plus remplis d'ordures, par l'infection de tant de péchés et de convoitises brutales : » *Majores tenebras habet mundus, quæ hominum præcordia excæcant; graviores catenas induit mundus, quæ ipsas animas hominum constringunt; pejores immunditias expirat mundus, libidines hominum.* « Tellement, poursuivoit-il, ô très-saints martyrs, que ceux qui vous arrachent du milieu du monde pour vous mettre dans des cachots, en pensant vous rendre captifs, vous délivrent d'une captivité plus insupportable; et quelque grande que soit leur fureur, ils ne vous jettent pas tant en prison comme ils vous en tirent : » *Si recogitemus ipsum magis mundum carcerem esse, exisse vos è carcere quàm in carcerem introisse intelligemus* [1].

Permettez-moi, Madame, d'appliquer à l'action de cette journée cette belle méditation de Tertullien. Cette jeune demoiselle se présente à vous, pour être admise dans votre clôture comme dans une prison volontaire ; ce ne sont point des persécuteurs qui l'amènent, elle vient touchée du mépris du monde; et sachant qu'elle a une chair qui par la corruption de notre nature est devenue un empêchement à l'esprit, elle s'en veut rendre elle-même la persécutrice par la mortification et la pénitence. La splendeur d'une famille opulente, dont elle est sortie (a), n'a pas été capable de l'attirer et de la rappeler à la jouissance des biens de la terre, bien qu'elle sache qu'aux yeux des mondains un monastère c'est une prison; ni vos grilles, ni votre clôture ne l'étonnent pas; elle veut bien renfermer son corps, afin que son esprit soit libre à son Dieu; et elle croit, aussi bien que Tertullien, que comme le

[1] *Ad Mart.*, n. 2.
(a) *Var.* : La splendeur de la maison d'où elle est sortie

monde est une prison, en sortir c'est la liberté. Que reste-t-il donc maintenant, sinon que nous fassions parler le Fils de Dieu même, pour la fortifier dans cette pensée ; et que nous lui fassions entendre aujourd'hui que la profession religieuse à laquelle elle va se préparer, donne la véritable liberté d'esprit aux ames que Jésus-Christ y appelle ?

Je n'ignore pas, chrétiens, que la proposition que je fais semble un paradoxe incroyable, que nous appelons liberté ce que le monde appelle contrainte ; mais pour faire paroître en peu de paroles la vérité que j'ai avancée, distinguons avant toutes choses trois espèces de captivités, dont la vie religieuse affranchit les cœurs. Et premièrement il est assuré que le péché nous rend des esclaves ; c'est ce que nous enseigne le Sauveur des ames, lorsqu'il dit dans son Evangile : *Qui facit peccatum, servus est peccati*[1] : « Celui qui fait un péché en devient l'esclave. » Secondement il n'est pas moins vrai que nos passions et nos convoitises nous jettent aussi dans la servitude ; elles ont des liens secrets qui tiennent nos volontés asservies. Et n'est-ce pas cette servitude que déplore le divin Apôtre, lorsqu'il parle de cette loi qui est en nous-mêmes, qui nous contraint et qui nous captive, qui nous empêche d'aller au bien avec une liberté toute entière ? *Perficere autem non invenio*[2]. Voilà donc deux espèces de captivités : la première par le péché, la seconde par la convoitise. Mais il faut remarquer, en troisième lieu, que le monde nous rend esclaves d'une autre manière, par l'empressement des affaires et par tant de lois différentes de civilité et de bienséance, que la coutume introduit et que la complaisance autorise. C'est là ce qui nous dérobe le temps. C'est là ce qui nous dérobe à nous-mêmes ; c'est ce qui rend notre vie tellement captive dans cette chaîne continuelle de visites, de divertissemens, d'occupations qui naissent perpétuellement les unes des autres, que nous n'avons pas la liberté de penser à nous parmi tant d'heures du meilleur temps que nous sommes contraints de donner aux autres. Et c'est, mes Sœurs, cette servitude dont saint Paul nous avertit de nous dégager, en nous adressant ces beaux mots : *Pretio empti estis, nolite fieri*

---

[1] *Joan*, VIII, 34. — [2] *Rom.*, VII, 18.

servi hominum [1] : « Vous êtes rachetés d'un grand prix, ne vous rendez pas esclaves des hommes; » c'est-à-dire, si nous l'entendons, que nous nous délivrions du poids importun (*a*) de ces occupations empressées, et de tant de devoirs différens où nous jettent presque nécessairement les lois et le commerce du monde. Parmi tant de servitudes diverses qui oppriment de toutes parts notre liberté, ne voyez-vous pas manifestement que jamais nous ne serons libres, si le Fils ne nous affranchit et si sa main ne rompt nos liens : *Si vos Filius liberaverit, tunc verè liberi eritis*.

Mais s'il y a quelqu'un dans l'Eglise qui puisse aujourd'hui se glorifier d'être mis en liberté par sa grace, c'est vous, c'est vous principalement, chastes Epouses du Sauveur des ames; c'est vous que je considère comme vraiment libres, parce que Dieu vous a donné des moyens certains pour vous délivrer efficacement de cette triple servitude qu'on voit dans le monde, du péché, des passions, de l'empressement. Le péché est exclu du milieu de vous par l'ordre et la discipline religieuse; les passions y perdent leur force par l'exercice de la pénitence; cet empressement éternel où nous engagent les devoirs du monde ne se trouve point parmi vous, parce que sa conduite y est méprisée et que ses lois n'y sont pas reçues. Ainsi l'on y peut jouir pleinement de cette liberté bienheureuse que le Fils de Dieu nous promet dans les paroles que j'ai rapportées, et c'est ce que j'espère de vous faire entendre avec le secours de la grace.

PREMIER POINT.

Dès le commencement de mon entreprise il me semble, ma chère Sœur, qu'on me fait un secret reproche, que c'est mal entendre la liberté que de la chercher dans les cloîtres, au milieu de tant de contraintes et de cette austère régularité, qui ordonnant si exactement de toutes les actions de votre vie, vous tient si fort dans la dépendance qu'elle ne laisse presque plus rien à votre choix. La seule proposition en paroît étrange, et la preuve fort difficile; mais cette difficulté ne m'étonne pas, et j'oppose à

---

[1] I *Cor.*, VII, 23.
(*a*) *Var.* : Empêchant.

cette objection ce raisonnement invincible, que je propose d'abord en peu de paroles pour vous en donner la première idée, mais que j'étendrai plus au long dans cette première partie pour vous le rendre sensible. Je confesse qu'on se contraint dans les monastères, je sais que vous y vivrez dans la dépendance ; mais à quoi tend cette dépendance, et pourquoi vous soumettez-vous à tant de contraintes ? N'est-ce pas pour marcher plus assurément dans la voie de Notre-Seigneur, pour vous imposer à vous-même une heureuse nécessité de suivre ses lois et pour vous ôter, s'il se peut, la liberté de mal faire et la liberté de vous perdre ? Puis donc que la liberté des enfans de Dieu consiste à se délivrer du péché, puisque toutes ces contraintes ne sont établies que pour en éloigner les occasions et en détruire le règne, ne s'ensuit-il pas manifestement que la vie que vous voulez embrasser et dont vous allez aujourd'hui commencer l'épreuve, vous donne la liberté véritable, après laquelle doivent soupirer les ames solidement chrétiennes ? Un raisonnement si solide est capable de convaincre (*a*) les plus obstinés, il faut que tous les esprits cèdent à une doctrine si chrétienne (*b*). Mais encore qu'elle soit très-indubitable, il n'est pas si aisé de l'imprimer dans les cœurs; on ne persuade pas en si peu de mots des vérités si éloignées (*c*) des sens, si contraires aux inclinations de la nature : mettons-les donc dans un plus grand jour, voyons-en les principes et les conséquences ; et puisque nous parlons de la liberté, apprenons avant toutes choses à la bien connoître.

Car il faut vous avertir, chrétiens, que les hommes se trompent ordinairement dans l'opinion qu'ils en conçoivent ; et le Fils de Dieu ne nous diroit pas, dans le texte que j'ai choisi, qu'il veut nous rendre vraiment libres : *Verè liberi eritis*, si en nous faisant espérer une liberté véritable, il n'avoit dessein de nous faire entendre qu'il y en a aussi une fausse. C'est pourquoi nous devons nous rendre attentifs à démêler le vrai d'avec le faux, et à comprendre nettement et distinctement quelle doit être la liberté d'une créature raisonnable. C'est ce que j'ai dessein de vous expliquer. Et pour cela remarquez, mes Sœurs, trois espèces de liberté

(*a*) *Var.* : Peut convaincre. — (*b*) Si évangélique. — (*c*) Une vérité.

que nous pouvons nous imaginer dans les créatures. La première est celle des animaux, la seconde est la liberté des rebelles, la troisième est la liberté des enfans de Dieu. Les animaux semblent libres, parce qu'on ne leur a prescrit aucunes lois ; les rebelles s'imaginent l'être, parce qu'ils secouent l'autorité des lois ; les enfans de Dieu le sont en effet, en se soumettant humblement aux lois : telle est la liberté véritable, et il nous sera fort aisé de l'établir très-solidement par la destruction des deux autres.

Car pour ce qui regarde cette liberté dont jouissent les animaux, j'ai honte de l'appeler de la sorte. Il est vrai qu'ils n'ont pas de lois qui répriment leurs appétits ou dirigent leurs mouvemens ; mais c'est qu'ils n'ont pas d'intelligence qui les rende capables d'être gouvernés par la sage direction des lois. Ils vont où les entraîne un instinct aveugle sans conduite et sans jugement ; et appellerons-nous *liberté* cet aveuglement brut et indocile, incapable de raison et de discipline ? A Dieu ne plaise, ô enfans des hommes, qu'une telle liberté vous plaise, et que vous souhaitiez jamais d'être libres d'une manière si basse et si ravalée !

Où sont ici ces hommes brutaux qui trouvent toutes les lois importunes, et qui voudroient les voir abolies pour n'en recevoir que d'eux-mêmes et de leurs désirs déréglés ? Qu'ils se souviennent du moins qu'ils sont hommes, et qu'ils n'affectent pas une liberté qui les range avec les bêtes. Qu'ils écoutent ces belles paroles que Tertullien semble n'avoir dites que pour confirmer mon raisonnement : « Il a bien fallu, nous dit-il, que Dieu donnât une loi à l'homme : » et cela pour quelle raison ? étoit-ce pour le priver de sa liberté ? « Nullement, dit Tertullien [1], c'étoit pour lui témoigner de l'estime : » *Lex adjecta homini, ne non tam liber quàm abjectus videretur.* Cette liberté de vivre sans lois eût été injurieuse à notre nature. Dieu eût témoigné qu'il méprisoit l'homme, s'il n'eût pas daigné le conduire et lui prescrire l'ordre de sa vie. Il l'eût traité comme les animaux, auxquels il ne permet de vivre sans lois qu'à cause du peu d'état qu'il en fait, et qu'il ne laisse libres que par mépris : *Æquandus cæteris animantibus, solutis à Deo et ex fastidio liberis,* dit Tertullien [2]. Si donc

---

[1] *Adv. Marc.*, lib. II, n. 4. — [2] *Ibid.*

il nous a établi des lois, ce n'est pas pour nous ôter notre liberté, mais pour nous marquer son estime ; c'est qu'il a voulu nous conduire comme des créatures intelligentes, en un mot il a voulu nous traiter en hommes. *Constitue, Domine, legislatorem super eos :* « O Dieu, donnez-leur un législateur ; modérez-les par des lois, » *ut sciant gentes quoniam homines sunt* [1] : « afin qu'on sache que ce sont des hommes » capables de raison et d'intelligence, et dignes d'être gouvernés par une conduite réglée : *Constitue, Domine, legislatorem super eos.*

Par où vous voyez manifestement que la liberté convenable à l'homme n'est pas d'affecter de vivre sans lois. Il est juste que Dieu nous en donne ; mais, mes Sœurs, il n'est pas moins juste que notre volonté s'y soumette. Car dénier son obéissance à l'autorité légitime, ce n'est pas liberté, mais rébellion ; ce n'est pas franchise, mais insolence ; qui abuse de sa liberté jusqu'à manquer de respect, mérite justement de la perdre. Et il en est ainsi arrivé. « L'homme ayant mal usé de sa liberté, il s'est perdu lui-même, et il a perdu tout ensemble cette liberté qui lui plaisoit tant : » *Libero arbitrio malè utens homo, et se perdidit et ipsum* [2]. Et cela, pour quelle raison ? C'est parce qu'il a eu la hardiesse d'éprouver sa liberté contre Dieu : il a cru qu'il seroit plus libre, s'il secouoit le joug de sa loi. Le malheureux ! Sans doute, mes Sœurs, il a mal connu quelle étoit la nature de sa liberté. C'est une liberté, remarquez ceci, mais ce n'est pas une indépendance. C'est une liberté, mais elle ne l'exempte pas de la sujétion qui est essentielle à la créature ! Et c'est ce qui a abusé le premier homme. Un saint pape a dit autrefois qu'Adam avoit été trompé (a) par sa liberté : *Sud in æternum libertate deceptus* [3]. Qu'est-ce à dire, trompé par sa *liberté ?* C'est qu'il n'a pas su distinguer entre la liberté et l'indépendance ; il a prétendu être libre, plus qu'il n'appartenoit à un homme né sous l'empire souverain de Dieu. Il étoit libre comme un bon fils sous l'autorité de son père. Il a prétendu (b) d'être libre jusqu'à perdre entièrement le respect, et

---

[1] *Psal.* ix, 21. — [2] S. August., *Enchir.*, cap. xxx, n. 9. — [3] Innocent. I. epist. xxiv, *ad Conc. Carth.*, Lab., tom. II, col. 1285.

(a) *Var.* : D'adam qu'il avoit été trompé. — (b) Il a voulu.

passer les bornes de la soumission. Ma Sœur, ce n'est pas ainsi qu'il faut être libre ; c'est la liberté des rebelles. Mais la souveraine puissance de celui contre lequel ils se soulèvent, ne leur permet pas de jouir longtemps de cette liberté licencieuse : bientôt ils se verront dans les fers, réduits à une servitude éternelle, pour avoir voulu étendre trop loin leur fière et indocile liberté.

Quelle étrange franchise, mes Sœurs, qui les rend captifs du péché et sujets à la vengeance divine! Voyez donc combien les hommes se trompent dans l'idée qu'ils se forment de la liberté ; et adressez-vous au Sauveur, afin d'être vraiment affranchies : *Si vos Filius liberaverit, tunc verè liberi eritis.* C'est de là que vous apprendrez que la liberté véritable, c'est d'être soumis aux ordres de Dieu et obéissant à ses lois, et que vous la bâtirez solidement sur les débris de ces libertés ruineuses. Et il est aisé de l'entendre par là, si vous savez comprendre la suite des principes que j'ai posés. Car comme nous l'avons déjà dit, étant nés (a) sous le règne souverain de Dieu, c'est une folie manifeste de prétendre d'être indépendans ; ainsi notre liberté doit être sujette, et elle aura d'autant plus de perfection (b) qu'elle se rendra plus soumise à cette puissance suprême.

Apprenez donc, ô enfans des hommes, quelle doit être votre liberté, et n'abusez pas de ce nom pour favoriser le libertinage. Le premier degré de la liberté, c'est la souveraineté et l'indépendance, mais cela n'appartient qu'à Dieu. Et c'est pourquoi le second degré où les hommes doivent se ranger, c'est d'être immédiatement au-dessous de Dieu (c), de ne dépendre que de lui seul, de s'attacher tellement à lui, qu'il soit par ce moyen au-dessus de tout. Voilà, mes Sœurs, dit Tertullien, la liberté qui convient à l'homme ; une liberté raisonnable, qui sait se tenir dans son ordre, qui ne s'emporte ni ne se rabaisse, qui tient à gloire de céder à Dieu, qui s'estimeroit ravilie de se rendre esclave des créatures, qui croit ne se pouvoir conserver qu'en se soumettant à celui (d) qui lui a soumis toutes choses. C'est ainsi que les

---

(a) *Var.* : Puisque nous sommes nés. — (b) Et elle sera d'autant plus parfaite. — (c) Au-dessous de lui. — (d) Et qui ne veut s'assujettir qu'à celui...

hommes doivent être libres : *Ut animal rationale, intellectûs et scientiæ capax, ipsâ quoque libertate rationali contineretur, ei subjectus qui subjecerat illi omnia* [1]. C'est ce que je vous prie de comprendre par cette comparaison. Nous voyons que dans un Etat le premier degré de l'autorité, c'est d'avoir le maniement des affaires ; et le second, de s'attacher tellement à celui qui tient le gouvernail, qu'en ne dépendant que de lui nous voyions tout le reste au-dessous de nous.

Ainsi, après avoir si bien établi l'idée qu'il faut avoir de la liberté, je ne crains plus, ma Sœur, qu'on vous la dispute ; et je demande hardiment aux enfans du siècle ce qu'ils pensent de leur liberté à comparaison de la vôtre. Mais pourquoi les interroger, puisque nous avons devant nous un homme qui ayant passé par les deux épreuves de la liberté des pécheurs et de la liberté des enfans de Dieu, peut nous en instruire par son propre exemple ? C'est vous que j'entends, ô grand Augustin. Car peut-on se taire de vous aujourd'hui que toute l'Eglise ne retentit que de vos louanges, et que tous les prédicateurs de l'Evangile, dont vous êtes le père et le maître, tâchent de vous témoigner leur reconnoissance ? Que j'ai de douleur, ô très-saint évêque, ô docteur de tous les docteurs, de ne pouvoir m'acquitter d'un si juste hommage ! Mais un autre sujet me tient attaché ; et néanmoins je dirai, ma Sœur, ce qui servira pour vous éclaircir de cette liberté que je vous prêche (a). Augustin a été pécheur, Augustin a goûté cette liberté dont se vantent les enfans du monde. Il a contenté ses désirs, il a donné à ses sens ce qu'ils demandoient. C'est ainsi que les pécheurs veulent être libres. Augustin aimoit cette liberté, mais depuis il a bien conçu que c'étoit un misérable esclavage.

Quel étoit cet esclavage, mes Sœurs ? Il faut qu'il vous l'explique lui-même par une pensée délicate, mais pleine de vérité et de sens. J'étois dans la plus dure des captivités. Et comment cela ? Il va vous le dire en un petit mot : « Parce que faisant ce que je voulois, j'arrivois où je ne voulois pas : » *Quoniam volens, quò*

---

[1] *Adv. Marc.*, lib. II, n. 4. —

(a) *Var.* : Dont je parle.

nollem perveneram [1]. Quelle étrange contradiction ! se peut-il faire, ames chrétiennes, qu'en allant où l'on veut, l'on arrive où l'on ne veut pas? Il se peut, et n'en doutez pas ; c'est saint Augustin qui le dit, et c'est où tombent tous les pécheurs (a) : ils vont où ils veulent aller, ils vont à leurs plaisirs, ils font ce qu'ils veulent, voilà l'image de la liberté qui les trompe; mais ils arrivent où ils ne veulent pas arriver, à la peine et à la damnation qui leur est due, et voilà la servitude véritable que leur aveuglement leur cache. Ainsi, dit le grand Augustin, étrange misère ! en allant par le sentier que je choisissois, j'arrivois au lieu que je fuyois le plus ; en faisant ce que je voulois, j'attirois ce que je ne voulois pas : la vengeance, la damnation, une dure nécessité de pécher que je me faisois à moi-même par la tyrannie de l'habitude : *Dùm consuetudini non resistitur, facta est necessitas* [2]. Je croyois être libre; et je ne voyois pas, malheureux, que je forgeois mes chaînes. Par l'usage de ma liberté prétendue, je mettois un poids de fer sur ma tête, que je ne pouvois plus secouer ; et je me garrottois tous les jours de plus en plus par les liens redoublés de ma volonté endurcie. Telle étoit la servitude du grand Augustin, lorsqu'il jouissoit dans le siècle de la liberté des rebelles. Mais voyez maintenant, ma Sœur, comme il goûte dans la retraite la sainte liberté des enfans.

Quand il eut pris la résolution que vous avez prise, de renoncer tout à fait au siècle, d'en quitter tous les honneurs et tous les emplois, de rompre d'un même coup tous les liens qui l'y attachoient pour se retirer avec Dieu, ne croyez pas qu'il s'imaginât qu'une telle vie fût contrainte. Au contraire, ma chère Sœur, combien se trouva-t-il allégé ? quelles chaînes crut-il voir tomber de ses mains? quel poids de dessus ses épaules? avec quel ravissement s'écria-t-il : O Seigneur, vous avez rompu mes liens ! Quelle douceur inopinée se répandit tout à coup dans son ame, de ce qu'il ne goûtoit plus ces vaines douceurs qui l'avoient charmé si longtemps ! *Quàm suave subitò mihi factum est carere suavitatibus nugarum* [3] ! Mais avec quel épanchement de joie

---

[1] *Confes.*, lib. VIII, cap. v. — [2] *Ibid.* — [3] *Confes.*, lib. IX, cap. i.
(a) *Var.* : C'est ce qui arrive à tous les pécheurs.

vit-il naître sa liberté, qu'il n'avoit pas encore connue; liberté paisible et modeste, qui lui fit baisser humblement la tête sous le fardeau léger de Jésus-Christ et sous son joug agréable : *De quo imo altoque secreto evocatum est in momento liberum arbitrium meum, quo subderem cervicem levi jugo tuo* [1]. C'est lui-même qui nous raconte ses joies avec un transport incroyable.

Croyez-moi, ma très-chère Sœur, ou plutôt croyez le grand Augustin, croyez une personne expérimentée; vous éprouverez les mêmes douceurs et la même liberté d'esprit, dans la vie dont vous commencez aujourd'hui l'épreuve, si vous y êtes bien appelée. Vous y serez dans la dépendance; mais c'est en cela que vous serez libre, de ne dépendre que de Dieu seul, et de rompre tous les autres nœuds qui tiennent les hommes asservis au monde. Vous y souffrirez de la contrainte; mais c'est pour dépendre d'autant plus de Dieu. Et ne vous avons-nous pas montré clairement que la liberté ne consiste que dans cette glorieuse dépendance? Vous perdrez une partie de votre liberté, au milieu de tant d'observances de la discipline religieuse, il est vrai, je vous le confesse; mais si vous savez bien entendre quelle liberté vous perdez, vous verrez que cette perte est avantageuse.

En effet nous sommes trop libres, trop libres à nous porter au péché, trop libres à nous jeter dans la grande voie qui nous mène à perdition. Qui nous donnera que nous puissions perdre cette partie malheureuse de notre liberté par laquelle nous nous égarons (*a*), par laquelle nous nous rendons captifs du péché! O liberté dangereuse, que ne puis-je te retrancher de mon franc arbitre! que ne puis-je m'imposer moi-même cette heureuse nécessité de ne pécher pas! Mais cela ne se peut durant cette vie. Cette liberté glorieuse (*b*), de ne pouvoir plus servir au péché, c'est le partage des saints, c'est la félicité des bienheureux. Nous aurons toujours à combattre cette liberté de pécher, tant que nous vivrons en ce lieu d'exil et de tentations.

Que faites-vous ici, mes très-chères Sœurs, et que fait la vie religieuse? Elle voudroit pouvoir s'arracher cette liberté de mal

---

[1] *Confes.*, lib. IX, cap. I.

(*a*) *Var.* : Nous nous dévoyons. — (*b*) Bienheureuse.

faire. Elle voit qu'il est impossible; elle la bride du moins autant qu'il se peut; elle la serre de près par une discipline sévère, de peur qu'elle ne s'échappe. Elle se retire, elle se sépare, elle se munit par une clôture; c'est pour détourner les occasions et pour s'empêcher, s'il se peut, de pouvoir jamais servir au péché (a). Elle se prive des choses permises, afin de s'éloigner d'autant plus de celles qui sont défendues. Elle est bien aise d'être observée; elle cherche des supérieurs qui la veillent, elle veut qu'on la conduise de l'œil, qu'on la mène toujours par la main, afin de se laisser moins de liberté de s'écarter de la droite voie; et elle a raison de ne craindre pas que ces salutaires contraintes lui fassent perdre sa liberté (b). Ce n'est pas s'opposer à un fleuve, ni bâtir une digue en son cours pour rompre le fil de ses eaux, que d'élever des quais sur ses rives, pour empêcher qu'il ne se déborde et ne perde ses eaux dans la campagne; (c) au contraire c'est lui donner le moyen de couler plus doucement dans son lit, et de suivre plus certainement son cours naturel. Ce n'est pas perdre sa liberté que de lui donner des bornes deçà et delà, pour empêcher qu'elle ne s'égare; c'est l'adresser plus assurément à la voie qu'elle doit tenir. Par une telle précaution, on ne la gêne pas, mais on la conduit. Ceux-là la perdent, ceux-là la détruisent, qui la détournent de son naturel, c'est-à-dire d'aller à son Dieu.

Ainsi la discipline religieuse, qui travaille avec tant de soin à vous rendre la voie du salut unie, travaille par conséquent à vous rendre libre; et j'ai eu raison de vous dire dès le commencement de ce discours, que la clôture que vous embrassez n'est pas une prison où votre liberté soit opprimée : c'est plutôt un asile fortifié, où elle se défend contre le péché, pour s'exempter de sa servitude. Mais (d) pour s'affermir davantage, si elle prend garde au péché par la discipline, elle fait quelque chose de plus, elle monte encore plus haut : elle va jusqu'à la source, et elle dompte les passions par les exercices de la mortification et de la pénitence. C'est ma seconde partie.

(a) *Var.* : De pouvoir pécher. — (b) Elle a raison de croire que ces salutaires contraintes ne sont pas contraires à la liberté. — (c) Ce n'est pas perdre un fleuve, que d'élever des quais sur ses rives pour l'empêcher de déborder et de perdre ses eaux dans la campagne. — (d) Et.

SECOND POINT.

Je ne m'étonne pas, chrétiens, si les sages instituteurs de la vie religieuse et retirée ont jugé à propos de l'accompagner de plusieurs pratiques sévères, pour mortifier les sens et les appétits. C'est qu'ils ont considéré l'homme comme un malade, qui avoit besoin de remèdes forts et par conséquent violens ; c'est qu'ils ont vu que ses passions le tenoient captif par une douceur pernicieuse, et ils ont voulu la corriger (a) par une amertume salutaire. Que cette conduite soit sage, il est bien aisé de le justifier. Dieu même en use de la sorte, et il n'a pas de moyen plus efficace de nous dégoûter des plaisirs où nos passions nous attirent, que de les mêler de mille douleurs qui nous empêchent de les trouver doux (b). C'est ce qu'il nous a montré par plusieurs exemples ; mais le plus illustre de tous, c'est celui de saint Augustin. Il faut qu'il vous raconte lui-même la conduite de Dieu dans sa conversion, qu'il vous dise par quel moyen il a modéré l'ardeur de ses convoitises (c) et abattu leur tyrannie. Ecoutez, il vous le va dire ; nous nous sommes trop bien trouvés de l'entendre, pour lui refuser notre audience.

Voici qu'il élève à Dieu la voix de son cœur, pour lui rendre ses actions de graces. Mais de quoi pensez-vous qu'il le remercie ? Est-ce de lui avoir donné tant de bons succès, de lui avoir fait trouver des amis fidèles et tant d'autres choses que le monde estime ? Non, ma Sœur, ne le croyez pas. Autrefois ces biens le touchoient, il témoignoit de la joie en la possession de ces biens ; il parle maintenant (d) un autre langage. Je vous remercie, dit-il, ô Seigneur, non des biens temporels que vous m'accordiez, mais des peines et des amertumes que vous mêliez dans (e) mes voluptés illicites. J'adore votre rigueur miséricordieuse, qui par le mélange de cette amertume, travailloit à m'ôter le goût de ces douceurs empoisonnées. Je reconnois, ô divin Sauveur, que vous m'étiez

---

(a) *Var :* Douceur pernicieuse, qu'ils ont voulu corriger... — (b) ... De moyen plus efficace pour nous dégoûter des plaisirs que nos passions nous proposent, que de les mêler de mille douleurs pour nous empêcher de les trouver doux. — (c) De ses passions. — (d) En les possédant ; maintenant il parle... — (e) Que vous répandiez sur...

d'autant plus propice, que vous me troubliez dans la fausse paix que mes sens cherchoient hors de vous, et que vous ne me permettiez pas de m'y reposer : *Te propitio tantò magis, quantò minùs sinebas mihi dulcescere quod non eras tu* [1].

Connoissons par ce grand exemple combien la sévérité nous est nécessaire. Les liens dont nos passions nous enlacent ne peuvent être brisés sans effort, les nœuds en sont trop serrés (a) et trop délicats pour pouvoir être défaits doucement; il faut rompre, il faut déchirer, il faut que l'ame sente de la violence, de peur de se plaire trop dans ses convoitises. C'est ainsi que Dieu délivre ses amis fidèles de la servitude de leurs passions. Vous le voyez en saint Augustin; et si vous voulez savoir la raison de cette conduite admirable, le même saint Augustin vous l'expliquera par une excellente doctrine du livre V *contre Julien*. C'est de là que nous apprenons qu'il y a en nous deux sortes de maux. Il y a en nous des maux qui nous plaisent, et il y a des maux qui nous affligent. Qu'il y ait des maux qui nous affligent, ah! nous l'apprenons tous les jours. Les maladies, la perte des biens, les douleurs d'esprit et de corps, tant d'autres misères qui nous environnent, ne sont-ce pas des maux qui nous affligent? Mais il y en a aussi qui nous plaisent, et ce sont les plus dangereux; par exemple l'ambition déréglée, la douceur cruelle de la vengeance, l'amour désordonné des plaisirs, ce sont des maux et de très-grands maux, mais ce sont des maux qui nous plaisent, parce que ce sont des maux qui nous flattent. Il y a donc des maux qui nous blessent, « et ce sont ceux-là, dit saint Augustin, qu'il faut que la patience supporte (b); et il y a des maux qui nous flattent, et ce sont ceux-là, dit le même Saint, qu'il faut que la tempérance modère (c) : » *Alia mala sunt quæ per patientiam sustinemus, alia quæ per continentiam refrenamus* [2].

Au milieu de ces maux divers dont il faut supporter les uns, dont il faut modérer les autres, et qu'il faut surmonter tous deux, chrétiens, quelle misère est la nôtre! O Dieu, permettez-moi de

---

[1] *Confess.*, lib. VI, cap. VI. — [2] *Cont. Jul.*, lib. V, cap. v, n. 22.

(a) *Var.*: Mêlés. — (b) Que nous devons souffrir par la patience. — (c) Que nous devons modérer par la tempérance.

m'en plaindre : *Usquequò, Domine, usquequò oblivisceris me in finem* [1] *?* « Jusqu'à quand, ô Seigneur, nous oublierez-vous dans cet abîme de calamités? » Jusqu'à quand détournerez-vous votre face de dessus les enfans d'Adam, pour n'avoir point de pitié de leurs maladies? *Avertis faciem tuam in finem?* « Jusqu'à quand, jusqu'à quand, Seigneur, me sentirai-je toujours accablé de maux qui remplissent mon cœur de douleur et mon esprit de fâcheuses irrésolutions? » *Quamdiù ponam consilia in animâ meâ, dolorem in corde meo per diem* [2]*.?* Mais s'il ne vous plaît pas de m'en délivrer, exemptez-moi du moins de ces autres maux, des maux qui m'enchantent, des maux qui m'endorment, qui me contraignent de recourir à vous, de peur de m'endormir dans la mort : *Illumina oculos meos, ne unquàm obdormiam in morte* [3]. Est-ce pas assez, ô Seigneur, que nous soyons pressés (*a*) de tant de misères qui font trembler nos sens, qui donnent de l'horreur à nos esprits? Pourquoi faut-il qu'il y ait des maux qui nous trompent par une belle apparence, des maux que nous prenions pour des biens, des maux qui nous plaisent et que nous aimions? Est-ce que ce n'est pas assez d'être misérable? Faut-il pour surcroît de malheur que nous nous plaisions en notre misère, pour perdre à jamais l'envie d'en sortir? « Malheureux homme que je suis! qui me délivrera de ce corps de mort [4]? » Ecoute la réponse, homme misérable : ce sera « la grace de Dieu par Notre-Seigneur Jésus-Christ : » *Gratia Dei per Jesum Christum Dominum nostrum* [5].

Mais admire l'ordre qu'il tient pour ta guérison. Il est vrai que tu éprouves deux sortes de maux : les uns qui piquent, les autres qui flattent. Mais il a disposé par sa providence que les uns servissent de remède aux autres; je veux dire que les maux qui blessent servent pour modérer ceux qui plaisent, les douleurs pour corriger les passions, les afflictions de la vie pour nous dégoûter des vaines douceurs et étourdir le sentiment des plaisirs mortels. *Impinguatus est dilectus, et recalcitravit* [6] *:* « Le bien-aimé s'est engraissé, et il a regimbé contre l'éperon. » Dieu l'a frappé, et il

---

[1] *Psal.* XXII, 1. — [2] *Ibid.*, 2. — [3] *Ibid.*, 4. — [4] *Rom.*, VII, 24. — [5] *Ibid.*, 25. — [6] *Deut.*, XXXII, 15.

(*a*) *Var.* : Accablés.

s'est remis dans son devoir : *Cùm occideret eos, quærebant eum, et revertebantur et diluculò veniebant ad eum* ¹.

Saint Augustin étoit assoupi dans l'amour des plaisirs du monde, emporté par ses passions et enchanté par les maux qui plaisent; il étoit blessé jusqu'au cœur, et il ne sentoit pas sa blessure. Dieu a appuyé sa main sur sa plaie, pour lui faire connoître son mal et lui faire tendre les bras à son médecin : *Sensum vulneris tu pungebas* ². Il l'a piqué jusqu'au vif par les afflictions, pour le détourner de ses convoitises, et exciter ses affections endormies à la recherche du bien véritable.

Telle est la conduite de Dieu; c'est ainsi qu'il nous avertit de nos passions; et c'est, ma Sœur, sur cette sage conduite que la vie religieuse a réglé la sienne. Peut-elle y suivre un plus grand exemple? Peut-elle se proposer un plus beau modèle? Elle entreprend de guérir les ames par la méthode infaillible de ce souverain médecin. Elle châtie les corps avec saint Paul ³; elle réduit en servitude le corps par les saintes austérités de la pénitence, pour le rendre parfaitement soumis à l'esprit. Que cette méthode est salutaire! Car, ma Sœur, je vous en conjure, jetez encore un peu les yeux sur le monde. Voyez les déréglemens de ceux qui le suivent (*a*), voyez les excès criminels où leurs passions les emportent. Ah! je vois que le spectacle de tant de péchés fait horreur à votre innocence. Mais quelle est la cause de tous ces désordres? C'est, ma Sœur, qu'ils ne songent pas à donner des bornes à leurs passions. Au contraire ils les traitent délicatement. Ils attisent ce feu, et ses ardeurs croissent jusqu'à l'infini (*b*); ils nourrissent ces bêtes farouches, et ils n'en peuvent plus dompter la fureur; à force de complaire à leurs convoitises, ils les rendent invincibles par leur complaisance (*c*).

Mes Sœurs, que votre conduite est bien plus réglée! Bien loin de donner des armes à ces ennemis, vous les affoiblissez tous les jours par les veilles, par l'abstinence et par l'oraison. Vous tenez le corps sous le joug comme un esclave rebelle et opiniâtre (*d*). J'avoue que la nature souffre dans cette contrainte. Mais ne vous

---

¹ *Psal.* LXXVII, 34. — ² *Confess.*, lib. VI, cap. VI. — ³ I *Cor.*, IX, 17.

(*a*) *Var.*: De ceux qui l'aiment. — (*b*) Et il croît jusqu'à l'infini. — (*c*) Ils en demeurent enfin les esclaves. — (*d*) Rebelle et indocile.

plaignez pas de cette conduite : cette peine, c'est un remède; cette rigueur qu'on vous tient, c'est un régime. C'est ainsi qu'il vous faut traiter, enfans de Dieu, jusqu'à ce que votre santé soit parfaite. Cette convoitise qui vous attire; ces maux trompeurs dont je vous parlois, qui ne vous blessent qu'en vous flattant, demandent nécessairement cette médecine. Il importe que vous ayez des maux à souffrir, tant que vous en aurez à corriger. Il importe que vous ayez des maux à souffrir, tant que vous serez au milieu des biens où il est dangereux de se plaire trop. Si ces remèdes vous semblent durs, « ils s'excusent, dit Tertullien, du mal qu'ils vous font par l'utilité qu'ils vous apportent [1]. » Soumettez-vous, ma Sœur, puisque Dieu le veut, à ce salutaire régime; commencez-en aujourd'hui l'épreuve avec la bénédiction de l'Eglise; embrassez de tout votre cœur ces austérités fructueuses, qui ôtant tout le goût aux plaisirs des sens, vous feront sentir vivement les chastes voluptés de l'esprit. Subissez le joug du Sauveur, aimez toutes ces contraintes qui vous vont rendre aujourd'hui son affranchie : *Si vos Filius liberaverit, tunc verè liberi eritis* [2]. Mais outre le péché et les passions, il y a encore d'autres liens à rompre, cet engagement des affaires, ce nombre infini de soins superflus. Et c'est ce qui me reste à vous dire dans cette dernière partie.

TROISIÈME POINT.

C'est rendre l'esprit plus libre que de brider son ennemi et le tenir en prison tout couvert de chaînes. « Je ne travaille pas en vain; mais je châtie mon corps, dit l'Apôtre; et je le réduis en servitude, de peur qu'ayant prêché aux autres, je ne sois réprouvé moi-même [3]. » Ce n'est pas travailler en vain que de mettre en liberté mon esprit. J'ai, dit-il, un ennemi domestique; voulez-vous que je le fortifie, et que je le rende invincible par ma complaisance? Ne vaut-il pas bien mieux que j'appauvrisse mes convoitises qui sont infinies, en leur refusant ce qu'elles demandent? Tellement que la vraie liberté d'esprit, c'est de contenir nos affections déréglées par une discipline forte et rigoureuse, et non pas de les contenter par une molle condescendance.

[1] *De Pænit.*, n. 10. — [2] *Joan.*, VIII, 36. — [3] I *Cor.*, IX, 26, 27.

Jusqu'ici, ames chrétiennes, nous avons disputé de la liberté contre des hommes qui nous contredisent, et que nos raisonnemens ne convainquent pas sur le sujet de leur servitude. Car ils ne sentent pas celle du péché, parce qu'ils n'ont fait que ce qu'ils vouloient; ils ne s'aperçoivent pas non plus que leurs passions les contraignent, parce qu'ils ne s'opposent pas à leur cours et qu'ils en suivent la pente, si bien qu'ils n'entendent pas cette servitude que nous leur avons reprochée. Mais dans la contrainte dont je dois parler j'ai un avantage, mes Sœurs, que le monde est presque d'accord avec l'Evangile (*a*), et qu'il n'y a personne qui ne confesse que cet empressement éternel où nous jettent tant d'occupations différentes, est un joug importun et dur, qui contraint étrangement notre liberté (*b*). N'employons donc pas beaucoup de discours à prouver une vérité qui ne nous est pas contestée; nos adversaires nous donnent les mains; le monde même que nous combattons, se plaint tous les jours qu'on n'est pas à soi, qu'on ne fait ce que l'on veut qu'à demi, parce qu'on nous ôte notre meilleur temps. C'est pourquoi on ne trouve jamais assez de loisir, toutes les heures s'écoulent trop vite (*c*), toutes les journées finissent trop tôt; et parmi tant d'empressemens il faut bien qu'on avoue, malgré qu'on en ait, qu'on n'est pas maître de sa liberté.

Telles plaintes sont ordinaires dans la bouche des hommes du monde; et encore que je sache qu'elles sont très-justes, je ne laisse pas de maintenir que ceux qui les font ne le sont pas. Car souffrez que je leur demande quelle raison ils ont de se plaindre. Si ces liens leur semblent pesans, il ne tient qu'à eux de les rompre. S'ils désirent d'être à eux-mêmes, ils n'ont qu'à le vouloir fortement, et bientôt ils s'en rendront maîtres. Mais, mes Sœurs, ils ne veulent pas. Tel se plaint qu'il travaille trop, qui étant tiré des affaires ne pourroit souffrir son repos. Les journées maintenant lui semblent trop courtes, et alors son loisir lui seroit à charge; il croira être sans affaires, quand il n'aura plus que les siennes, comme si c'étoit peu de chose que de se conduire soi-même.

(*a*) *Var.* : Avec moi. — (*b*) Cet empressement éternel où nous jettent tant d'occupations différentes, est extrêmement importun et contraint étrangement notre liberté. — (*c*) On n'y a jamais assez de loisir, toutes les heures sont trop avancées.

D'où vient, mes Sœurs, cet aveuglement, si ce n'est que notre esprit inquiet ne peut goûter le repos, ni la liberté véritable? Et afin de le mieux entendre, remarquons s'il vous plaît, en peu de paroles, qu'il y a de la liberté dans le repos, et qu'il y en a aussi dans le mouvement. C'est une liberté d'avoir le loisir de se reposer, et c'est aussi une liberté d'avoir la faculté de se mouvoir. Il y a de la liberté dans le repos : car quelle liberté plus solide que de se retirer en soi-même, de se faire en son cœur une solitude pour penser uniquement à la grande affaire qui est celle de notre salut, de se séparer du tumulte où nous jette l'embarras du monde pour faire concourir tous ses désirs à une occupation si nécessaire ? C'est, mes Sœurs, cette liberté dont jouissoit cet ancien si tranquillement, lorsqu'il disoit ces belles paroles : Je ne m'échauffe point dans un barreau, je ne risque rien dans la marchandise, je n'assiége pas la porte des grands, je ne me mêle pas dans leurs dangereuses intrigues; je me suis séquestré du monde, parce que je me suis aperçu que j'ai assez d'affaires en moi-même : *In me unicum negotium mihi est;* si bien qu'à cette heure mon plus grand soin, c'est de retrancher les soins superflus : *nihil aliud curo quàm ne curem* [1].

Telle est la liberté véritable, mais elle n'est pas au goût des hommes du siècle. Cette tranquillité leur est ennuyeuse (a), ce repos leur semble une léthargie; ils exercent leur liberté d'une autre manière, par un mouvement éternel, errant dans le monde deçà et delà. Ils nomment liberté leur égarement; comme des enfans qui s'estiment libres, lorsque s'étant échappés de la maison paternelle où ils jouissoient d'un si doux repos, ils courent sans savoir où ils vont. Voilà la liberté des hommes du monde : une seule affaire ne leur suffit pas pour arrêter leur ame inquiète; ils s'engagent volontairement dans une chaîne continuée de visites, de divertissemens, d'occupations différentes, qui naissent perpétuellement les unes des autres; ils ne se laissent pas un moment à eux parmi tant d'heures du meilleur temps qu'ils s'obligent insensiblement à donner aux autres. Au milieu d'un tel

---

[1] Tertull., *De Pall.*, n. 5.

(a) *Var.* : Leur tourne en ennui.

embarras, il est vrai qu'ils se sentent quelquefois pressés, ils se plaignent de cette contrainte; mais au fond ils aiment cette servitude, et ils ne laissent pas de se satisfaire d'une image de liberté qui les flatte. Comme un arbre que le vent semble caresser en se jouant avec ses feuilles et avec ses branches, bien que ce vent ne le flatte qu'en l'agitant, et le pousse tantôt d'un côté et tantôt d'un autre avec une grande inconstance, vous diriez toutefois que l'arbre s'égare par la liberté de son mouvement : ainsi, dit le grand Augustin, encore que les hommes du monde n'aient pas de liberté véritable étant toujours contraints de céder aux divers emplois qui les pressent, toutefois ils s'imaginent jouir d'un certain air de liberté et de paix, en promenant deçà et delà leurs désirs vagues et incertains : *Tanquam olivæ pendentes in arbore, ducentibus ventis, quasi quâdam libertate auræ perfruentes vago quodam desiderio suo* [1].

Quelle est, ma Sœur, cette liberté qui ne nous permet pas de penser à nous, et qui nous dérobant tout notre temps, nous mène insensiblement à la mort, avant que d'avoir appris comment il faut vivre ? Si c'est cette liberté que vous perdez en vous jetant dans ce monastère, pouvez-vous y avoir regret ? Au contraire, ne devez-vous pas rendre graces à Dieu (a) d'une perte si fructueuse ? Si vous demeurez dans le siècle, il vous arrivera ce que dit l'Apôtre : *Sollicitus est quæ sunt mundi et divisus est* [2]. Votre liberté sera divisée au milieu des soins de la terre : une partie se perdra dans les visites, une autre dans les soins de l'économie, etc. Parmi tant de troubles et d'empressemens, presque toute votre liberté sera engagée; si vous y donnez quelque temps à Dieu, il faudra le dérober aux affaires. Dans la religion, elle est toute à vous; il n'y a heure, il n'y a moment que vous ne puissiez ménager et le donner saintement à Dieu.

Toutefois n'entrez pas témérairement dans une profession si relevée. L'Eglise, qui vous y voit avancer, vous arrête dès le premier pas; elle vous ordonne de vous éprouver, et d'examiner votre vocation. Je vous ai dit, et il est très-vrai, que la vie que

---

[1] *In Psal.* CXXXVI, n. 9. — [2] 1 *Cor.*, VII, 33.
(a) *Var.:* Louer Dieu.

vous embrassez a sans doute de grands avantages, mais je ne puis vous dissimuler qu'elle a de grandes difficultés pour celles qui n'y sont pas appelées. Eprouvez-vous donc sérieusement ; et si vous ne sentez en vous-même un extrême dégoût du monde, une sainte et divine ardeur pour la perfection chrétienne, sortez, ma Sœur, de cette clôture et ne profanez pas ce lieu saint. Que si Dieu, comme je le pense, vous a inspiré par sa grace le mépris des vanités de la terre et un chaste désir d'être son Epouse, que tardez-vous de vous revêtir de l'habit que votre Epoux vous prépare, et pourquoi vois-je encore sur votre personne tous les vains ornemens du monde, c'est-à-dire la marque de sa servitude? *Omnem hanc ornatûs servitutem à libero capite depellite* [1].

Et ne vous étonnez pas, si je dis que cet habit est la marque de sa servitude. Car qu'est-ce que la servitude du siècle? C'est un attachement aux soins superflus ; c'est ôter le temps à la vérité, pour le donner à la vanité. Et où paroît mieux cet attachement que dans cette pompe des habits du siècle? La nécessité et la pudeur ont fait autrefois les premiers habits ; la bienséance s'en étant mêlée, elle y a ajouté quelques ornemens. La nécessité les avoit faits simples, la pudeur les faisoit modestes, la bienséance se contentoit de les faire propres. Mais la curiosité s'y étant jointe, la profusion n'a plus eu de bornes ; et pour orner un corps mortel, presque toute la nature travaille, presque tous les métiers suent, presque tout le temps s'y consume. Combien en a-t-on employé à ce vain ajustement qui vous environne ! Combien d'heures s'y sont écoulées? Et n'est-ce pas une servitude? *Omnem hanc ornatûs servitutem à libero capite depellite*.

Que dirai-je de la coiffure? C'est ainsi que le monde prodigue les heures, c'est ainsi qu'il se joue du temps ; il le prodigue jusqu'aux cheveux, c'est-à-dire la chose la plus nécessaire à la chose la plus inutile. La nature, qui ménage tout, jette les cheveux sur la tête avec négligence comme un excrément superflu. Ce que la nature regarde comme superflu la curiosité en fait une étude (a) : elle devient inventive et ingénieuse, pour se faire une

---

[1] Tertul., *De Cult. fem.*, lib. II, n. 7.
(a) *Var.:* Une affaire.

affaire (a) d'une bagatelle, et un emploi d'un amusement. N'ai-je donc pas raison de vous dire que ces superbes ornemens du siècle, c'est l'habit de la servitude?

Venez donc, ma très-chère Sœur, venez recevoir des mains de Jésus les ornemens de la liberté. On changeoit autrefois d'habit à ceux que l'on vouloit affranchir; et voici qu'on vous présente humblement au divin Auteur de la liberté, afin qu'il lui plaise de vous dépouiller (b) aujourd'hui de toutes les marques de votre esclavage. Qu'on ne trouble point par des pleurs une si sainte cérémonie; que la tendresse de vos parens ne s'imagine pas qu'elle vous perde, lorsque Jésus-Christ vous prend en sa garde. Quoi! ce changement d'habit vous doit-il surprendre? Si le siècle jusqu'ici vous a habillée, doit-on vous envier le bonheur que Jésus-Christ vous revête à sa mode? Quittez, quittez donc ces vains ornemens et toute cette pompe étrangère. Recevez des mains de l'Eglise le dévot habit du grand saint Bernard. Ou plutôt représentez-vous la main de Jésus invisiblement étendue; c'est lui qui vous environne de cette blancheur, pour être le symbole de votre innocence; c'est lui qui vous couvre de ce sacré voile, qui sera le rempart de votre pudeur, le sceau inviolable de votre retraite, la marque fidèle de votre obéissance.

Mais en vous dépouillant des habits du siècle, dépouillez-vous aussi au dedans de toutes les vanités de la terre. Ne vous laissez pas éblouir au faux brillant que jette aux yeux la grandeur humaine. Songez que les soins, les inquiétudes, et encore le dépit et le chagrin ne laissent pas souvent de nous dévorer sous l'or et les pierreries; et que le monde est plein de grands et illustres malheureux que tous les hommes plaindroient, si l'ignorance et l'aveuglement ne les faisoient juger dignes d'envie. Réjouissez-vous donc saintement en votre innocente simplicité, qui donnera plus de lustre à votre famille que toutes les grandeurs de la terre. Car s'il est glorieux à votre maison d'avoir mérité tant d'honneurs, c'est un nouveau degré d'élévation de les savoir mépriser généreusement; et je la trouve bien mieux établie de s'étendre si avant par votre moyen, jusque dans la maison de Dieu, que de

(a) *Var.* : Une étude. — (b) Pour vous dépouiller.

s'être unie par ses alliances à tout ce que cette grande ville a de plus illustre. Encore que l'on ait vu vos prédécesseurs remplir les places les plus importantes, ne leur enviez pas la part qu'ils ont eue au gouvernement de l'Etat ; mais tâchez de leur succéder en la grace que Dieu leur a faite de se bien gouverner eux-mêmes. Quel honneur ferez-vous, ma Sœur, à ceux qui vous ont donné la naissance, en purifiant tous les jours par la perfection religieuse ces excellentes dispositions qu'une bonne naissance vous a transmises, qu'une sage éducation et l'exemple de la probité qui luit de toutes parts dans votre famille ont si heureusement cultivées!

FIN DU SERMON PRÉCÉDENT

AUTREMENT TRAITÉE.

Qui pourroit rapporter les lois importunes que le monde s'est imposées ? Premièrement il nous accable d'affaires qui consument tout notre loisir, comme si nous n'avions pas nous-mêmes une affaire assez importante, à régler les mouvemens de nos ames. Combien dérobe-t-il tous les jours aux personnes de votre sexe du temps qu'elles emploieroient à orner leur esprit par le soin inutile de parer le corps? Combien de sortes d'occupations a-t-il enchaînées les unes aux autres ? Quel commerce de visites, quels détours de cérémonies a-t-il inventés pour nous tenir dans un mouvement éternel, qui ne nous laisse presque pas un moment à nous, et dont le monde ne cesse de se plaindre (a) ? Quelle liberté peut-on concevoir dans cette cruelle nécessité de perdre le temps, qui nous est donné pour l'éternité, par tant d'occupations inutiles qui nous font insensiblement venir à la mort, avant que d'avoir appris comment il faut vivre?

Et cette autre nécessité qu'on s'impose de se faire considérer dans le monde, n'est-ce pas encore une servitude qui nous rend

(a) *Var.* : Dans un empressement éternel qui ne nous laisse pas un moment à nous.

esclaves de ceux auxquels nous sommes obligés (*a*) de plaire, qui nous assujettit au qu'en dira-t-on et à tant de circonspections importunes, qui nous fait vivre tout pour les autres, comme si nous ne devions pas enfin mourir pour nous-mêmes? Quelle folie, quelle illusion, de s'établir cette dure loi, de faire toujours une vie publique (*b*), puisqu'enfin nous devons tous faire une fin privée!

Au milieu de tant de captivités, les hommes du siècle s'estiment libres, et parmi toutes ces lois et toutes ces contraintes du monde. Mais vous, ma Sœur, vous êtes libre pour Jésus-Christ : son sang vous a acheté la liberté ; ne vous rendez point esclave des hommes, mais sacrifiez votre liberté à Jésus-Christ seul : *Pretio empti estis, nolite fieri servi hominum*[1]. Que si le monde a ses contraintes, que je vous trouve heureuse, ma Sœur, vous qui estimant trop votre liberté pour la soumettre aux lois de la terre, professez hautement que vous ne voulez vous captiver que pour l'amour de celui qui étant le maître de toutes choses, s'est rendu esclave pour nous afin de nous tirer de la servitude. Dépouillez donc courageusement, dépouillez (*c*) avec cet habit séculier toute la servitude du monde; rompez toutes ses chaînes, et oubliez toutes ses caresses. Il vous offroit des fleurs, mais le moindre vent les auroit séchées. Votre éducation et votre naissance vous promettoient de grands avantages, mais la mort vous les auroit enfin enlevés. Ne songez plus, ma Sœur, à ce que vous étiez dans le siècle, si ce n'est pour vous élever au-dessus ; et apprenez de saint Bernard (*d*) votre Père, que la religieuse qui s'en souvient trop « ne dépouille pas le vieil homme, mais le déguise par le masque du nouveau : » *Veterem hominem non exuit, sed novo palliat*[2].

Que vous sert de voir votre race ornée par la noblesse des croix de Malte, et par la majesté des sceaux de France, qui ont été avec tant d'éclat dans votre maison ? Que vous sert d'être née d'un père qui a rempli si glorieusement la première place dans l'un de nos plus augustes sénats, plus encore par l'autorité de sa vertu que

---

[1] I *Cor.*, VII, 23. — [2] *In Cant.*, serm. XVI, n. 9.

(*a*) *Var.* : Nous avons résolu de plaire. — (*b*) Quelle illusion de faire toujours une vie publique. — (*c*) Dépouillez, dépouillez. — (*d*) Ne songez plus, ma Sœur, à ce que vous étiez dans le siècle ; et apprenez de saint Bernard...

par celle de sa dignité? Que vous sert tant de pourpre qui brille de toutes parts dans votre famille? En ce dernier jugement de Dieu où nos consciences seront découvertes, vous ne serez pas estimée par ces ornemens étrangers, mais par ceux que vous aurez acquis par vos bonnes œuvres : tellement que vous ne devez retenir de ce que vous avez vu dans votre maison, que les exemples de probité que l'on y admire et dans lesquels vous avez été si bien élevée.

Et que l'on ne croie pas qu'en quittant le monde, vous ayez aussi quitté les plaisirs. Vous ne les quittez pas, mais vous les changez. Ce n'est pas les perdre, ma Sœur, que de les porter (a) du corps à l'esprit, et des sens dans la conscience. Que s'il y a quelque austérité dans la profession que vous embrassez, c'est que votre vie est une milice où les exercices sont laborieux, parce qu'ils sont forts ; et où plus on se durcit au travail, plus on espère de remporter de victoires. Mesurez la grandeur de votre victoire par la dureté de votre fatigue. Votre corps est renfermé ; mais l'esprit est libre, il peut aller jusqu'auprès de Dieu ; et quand l'ame sera dans le ciel, le corps ne souffrira rien sur la terre. Promenez-vous en esprit, et ne cherchez point pour cela de longues allées ; allez par la magnifique étendue du chemin qui conduit à Dieu. Que tous les autres vous soient fermés ; vous serez toujours assez libre, pourvu que celui-ci soit ouvert pour vous, et tant que vous marcherez dans les voies de Dieu vous ne serez jamais resserrée. Ne tenez votre liberté que de Jésus-Christ, n'ayez que celle qu'il vous présente ; et vous serez véritablement affranchie, parce que sa main puissante vous délivrera premièrement de la tyrannie du péché par les saintes précautions de la discipline religieuse par lesquelles vous tâchez de vous imposer cette heureuse nécessité de ne pécher plus, puis de celle des passions et des convoitises par la mortification et la pénitence par laquelle vous dompterez les maux qui vous flattent et vous sanctifierez les maux qui vous blessent ; et enfin de toutes ces lois importunes que le monde s'est imposées par ses bienséances imaginaires qui ne nous permettent pas de vivre à nous-mêmes, ni de profiter du temps pour l'éter-

(a) *Var.* : Vous ne les abandonnez pas, mais vous les portez.

nité. Telle sera votre liberté dans le siècle, jusqu'au temps où le Fils de Dieu surmontant en vous la corruption et la mort, vous rendra parfaitement libre dans la bienheureuse immortalité. *Amen.*

SECOND SERMON

POUR

LA VÊTURE D'UNE POSTULANTE BERNARDINE (a).

Si vos Filius liberaverit, verè liberi eritis.
Vous serez vraiment libres, quand le Fils vous aura délivrés. *Joan.*, VIII.

Cette jeune fille se présente à vous, Mesdames, pour être admise dans votre cloître, comme dans une prison volontaire. Ce ne sont point des persécuteurs qui l'amènent : elle vient touchée du mépris du monde; et sachant qu'elle a une chair qui par la corruption de notre nature est devenue un empêchement à l'esprit, elle s'en veut rendre elle-même la persécutrice par la mortification et la pénitence. La tendresse d'une bonne mère n'a pas été capable de la rappeler aux douceurs de ses embrassemens : elle a surmonté les obstacles que la nature tâchoit d'opposer à sa généreuse résolution; et l'alliance spirituelle qu'elle a contractée avec vous par le Saint-Esprit, a été plus forte que celle du sang. Elle préfère la blancheur de saint Bernard à l'éclat de la pourpre, dans laquelle nous pouvons dire qu'elle a pris naissance; et la

---

(a) Prêché dans un couvent de Bernardines, vers 1661.
Point de difficulté pour le lieu; car l'orateur, s'adressant à des religieuses, parle longuement de saint Benoît *leur Patriarche*, et de saint Bernard *leur Père*.
Quant à la date, si l'on en juge par le style du discours, on doit la fixer vers l'année 1661.
Déforis fait la remarque suivante : « Ce discours a pour objet les mêmes vérités que le précédent; mais comme il les traite fort différemment et contient beaucoup de choses nouvelles, nous nous sommes bornés à en retrancher le commencement, qui étoit absolument semblable au début du premier sermon. »
Reproduit d'après les premières éditions.

pauvreté de Jésus-Christ lui plaît davantage que les richesses dont le siècle l'auroit vue parée. Bien qu'elle sache qu'aux yeux des mondains un monastère est une prison, ni vos grilles, ni votre clôture ne l'étonnent pas : elle veut bien renfermer son corps, afin que son esprit soit libre à son Dieu ; et elle croit aussi bien que Tertullien[1] que comme le monde est une prison, en sortir c'est la liberté.

Et certes, ma très-chère Sœur, il est véritable que depuis la rébellion de notre nature, tout le monde est rempli de chaînes pour nous. Tant que l'homme garda l'innocence que son Créateur lui avoit donnée, il étoit le maître absolu de tout ce qui se voit dans le monde; maintenant il en est l'esclave, son péché l'a rendu captif de ceux dont il étoit né souverain. Dieu lui dit dans l'innocence des commencemens : Commande à toutes les créatures : *Subjicite terram; dominamini piscibus maris, et volatilibus cœli, et universis animantibus*[2] : « Assujettis-toi la terre, et domine sur les poissons de la mer, sur les oiseaux du ciel et sur tous les animaux. » Au contraire, depuis sa rébellion : Garde-toi de toutes les créatures. Il n'y en a point dans le monde qui ne croie qu'elle le doit avoir pour sujet, depuis qu'il ne l'est plus de son Dieu : c'est pourquoi les uns vomissent pour ainsi dire contre lui tout ce qu'elles ont de malignité; et si les autres montrent leurs appas ou étalent leurs ornemens, c'est dans le dessein de lui plaire trop, et de lui ravir par cet artifice tout ce qui lui reste de liberté. Les créatures, dit le Sage, sont autant de pièges tendus de toutes parts à l'esprit de l'homme[3]. L'or et l'argent lui sont des liens, desquels son cœur ne peut se déprendre ; les beautés mortelles l'entraînent captif, le torrent des plaisirs l'emporte; cette pompe des honneurs mondains, toute vaine qu'elle est, éblouit ses yeux ; le charme de l'espérance lui ôte la vue; en un mot, tout le monde semble n'avoir d'agrément que pour l'engager dans sa servitude, par une affection déréglée.

Et après cela ne dirons-nous pas que ce monde n'est qu'une prison, qui a autant de captifs qu'il a d'amateurs (a) ? De sorte

---

[1] *Ad Mart.*, n. 2. — [2] *Genes.*, I, 28. — [3] *Sap.*, XIV, 11.

(a) *Var.* : Autant de captifs que d'amateurs.

que vous tirer du monde, c'est vous tirer des fers et de l'esclavage ; et la clôture où vous vous jetez n'est pas, comme les hommes se le persuadent, une prison où votre liberté soit contrainte, mais un asile fortifié où votre liberté se défend contre ceux qui s'efforcent de l'opprimer : c'est ce que je me propose de vous faire entendre avec le secours de la grace. Mais afin que nous voyions éclater la vraie jouissance de la liberté dans les maisons des vierges sacrées, distinguons avant toutes choses trois sortes de captivité dans le monde.

Il y a dans le siècle trois lois qui captivent : il y a premièrement la loi du péché ; après, celle des passions et des convoitises ; et la troisième est celle que le siècle nomme la nécessité des affaires et la loi de la bienséance mondaine. Et en premier lieu, le péché, est la plus infâme des servitudes, où la lumière de la grace étant toute éteinte, l'ame est jetée dans un cachot ténébreux, où elle souffre de la violence du diable tout ce que souffre une ville prise de la rage d'un ennemi implacable et victorieux. Que les passions nous captivent, c'est ce qui paroît par l'exemple d'un riche avare, qui ne peut retirer son ame engagée parmi ses trésors, et parce que Dieu défend aux Israélites d'épouser des femmes idolâtres, de peur, dit-il, qu'elles n'amollissent leurs cœurs et les entraînent après des dieux étrangers [1]. Et d'où vient cela, chrétiens, si ce n'est que les passions ont certains liens invisibles, qui tiennent nos volontés asservies ?

Mais j'ose dire que le joug le plus empêchant que le monde impose à ceux qui le suivent, c'est celui de l'empressement des affaires et la bienséance du monde. C'est là ce qui nous dérobe le temps ; c'est là ce qui nous dérobe à nous-mêmes ; c'est ce qui rend notre vie tellement captive, dans cette chaîne continuée de visites, de divertissemens, d'occupations qui naissent perpétuellement les unes des autres, que nous n'avons pas la liberté de penser à nous. O servitude cruelle et insupportable, qui ne nous permet pas de nous regarder ! C'est ainsi que vivent les enfans du siècle ! Parmi tant de servitudes diverses, nous nous imaginons être libres. De quelque liberté que nous nous flattions, jamais

---

[1] *Exod.*, XXXIV, 16.

nous ne serons vraiment libres, jusqu'à ce que le Fils de Dieu nous ait délivrés.

Mais qui sont ceux qui seront plutôt délivrés par votre toute-puissante bonté, ô miséricordieux Sauveur des hommes, si ce n'est ces ames pures et célestes qui ont tout quitté pour l'amour de vous? C'est donc vous, mes très-chères Sœurs, c'est vous que je considère comme vraiment libres, parce que le Fils vous a délivrées de la triple servitude qu'on voit dans le monde, du péché, des passions, de l'empressement. Le péché doit être exclu du milieu de vous, par l'ordre et la discipline religieuse ; les passions y perdent leur force, par l'exercice de la pénitence ; la loi de la prétendue bienséance, que la vanité humaine s'impose, n'y est pas reçue, par le mépris qu'on y fait du monde : et ainsi l'on y peut jouir pleinement de la liberté bienheureuse que le Fils de Dieu à rendue à l'homme : *Si vos Filius liberaverit, verè liberi eritis.* C'est ce que j'espère vous faire entendre aujourd'hui, avec le secours de la grace.

PREMIER POINT.

C'est une juste punition de Dieu, que l'homme après avoir méprisé la solide possession des biens véritables que son Créateur lui avoit donnés, soit abandonné à l'illusion des biens apparens. Les plaisirs du paradis ne lui ont pas plu ; il sera captif des plaisirs trompeurs qui mènent les ames à la perdition : il ne s'est pas voulu contenter de l'espérance de l'immortalité bienheureuse, il se repaîtra d'espérances vaines, que souvent le mauvais succès et toujours la mort rendra inutiles : il n'a point voulu de la liberté qu'il avoit reçue de son souverain ; il se plaira dans la liberté imaginaire que sa raison volage lui a figurée. Justement, certes, justement, Seigneur ; car il est juste que ceux-là n'aient que de faux plaisirs, qui ne veulent pas les recevoir de vos mains ; qu'ils n'aient qu'une fausse liberté, puisqu'ils ne veulent pas la tenir de vous ; et enfin qu'ils soient livrés à l'erreur, puisqu'ils ne se contentent pas de vos vérités.

En effet considérons, mes très-chères Sœurs, quelle image de liberté se proposent ordinairement les pécheurs. Qu'elle est fausse, qu'elle est ridicule, qu'elle est, si je puis parler ainsi, chimérique ! Écoutons-les parler, et voyons de quelle liberté ils se vantent. Nous sommes libres, nous disent-ils, nous pouvons faire ce que nous voulons. Mes Sœurs, examinons leurs pensées, et nous verrons combien ils se trompent ; et nous confesserons devant Dieu dans l'effusion de nos cœurs que nul pécheur ne peut être libre, que tous les pécheurs sont captifs. Tu peux faire ce que tu veux, et de là tu conclus : Je suis libre. Et moi je te réponds au contraire : Tu ne peux pas faire ce que tu veux, et quand tu le pourrois, tu n'es pas libre. Montrons premièrement aux pécheurs qu'ils ne peuvent pas ce qu'ils veulent.

Et certainement nous pourrions leur dire qu'ils ne peuvent pas ce qu'ils veulent, puisqu'ils ne peuvent pas empêcher que leur fortune ne soit inconstante, que leur félicité ne soit fragile, que ce qu'ils aiment ne leur échappe, que la vie ne leur manque comme un faux ami au milieu de leurs entreprises, et que la mort ne dissipe toutes leurs pensées. Nous pourrions leur dire véritablement qu'ils ne peuvent pas ce qu'ils veulent, puisqu'ils ne peuvent pas empêcher qu'ils ne soient trompés dans leurs vaines prétentions. Ou ils les manquent, ou elles leur manquent : ils les manquent, quand ils ne parviennent pas à leur but ; elles leur manquent, quand obtenant ce qu'ils veulent ils n'y trouvent pas ce qu'ils cherchent. C'est ainsi que nous pouvons montrer aux pécheurs qu'ils ne peuvent pas ce qu'ils veulent.

Mais pressons-les de plus près encore, et déplorons l'aveuglement de ces malheureux qui se vantent de leur liberté, pendant qu'ils gémissent dans un si honteux esclavage. Ah ! les misérables captifs, ils ne peuvent pas ce qu'ils veulent le plus ; ce qu'ils détestent le plus, il faut qu'il arrive. Que prétendez-vous, ô pécheur, dans ces plaisirs que vous recherchez, dans ces biens que vous amassez par des voleries ; que prétendez-vous ? — Je veux être heureux. — Et pourquoi ! heureux même malgré Dieu ? Insensé, qui vous imaginez avoir aucun bien contre la volonté du souverain bien ! digne certes qu'on dise de vous ce que nous lisons dans les *Psaumes* : « Voilà l'homme qui n'a pas mis son secours en Dieu, mais qui a espéré dans la multitude de ses richesses et s'est plu dans sa vanité¹. » Mais non-seulement vous ne pouvez obtenir ce que vous avez le plus désiré ; ce que vous détestez le plus, il faut qu'il arrive ; cette justice divine qui vous poursuit, ces étangs de feu et de soufre, ce grincement de dents éternel. Car quelle force vous peut arracher des mains toutes-puissantes de Dieu, que vous irritez par vos crimes et dont vous attirez sur vous les vengeances ?

Telle est la liberté de l'homme pécheur : malheureux, qui croyant faire ce qu'il veut, attire sur lui nécessairement ce qu'il veut le moins ; qui pour trop faire ses volontés, par une étrange contradiction de désirs, s'empêche lui-même d'être ce qu'il veut, c'est-à-dire heureux (a) ; qui s'imagine être vraiment libre, parce qu'il est en effet trop libre à pécher, c'est-à-dire libre à se perdre ; et qui ne s'aperçoit pas qu'il forge ses fers par l'usage de sa liberté prétendue ! Et de là nous pouvons apprendre que ce n'est pas être vraiment libre, que de faire ce que nous voulons ; mais que notre liberté véritable, c'est de faire ce que Dieu veut. De là vient que nous lisons dans notre évangile, que les hommes sont vraiment libres quand le Fils les a délivrés : où nous devons entendre, mes Sœurs, que le Fils de Dieu nous parlant d'une liberté véritable, nous explique assez qu'il y en a aussi une fausse.

La fausse liberté, c'est de vouloir faire sa volonté propre ; mais notre liberté véritable, c'est que notre volonté soit soumise à Dieu : car puisque nous sommes nés sous la sujétion de Dieu, notre liberté n'est pas une indépendance. Cette affectation de l'indépendance, c'est la liberté de Satan et de ses rebelles complices, qui ont voulu s'élever eux-mêmes contre l'autorité souveraine. Loin de nous une liberté si funeste, qui a précipité ces esprits superbes dans une servitude éternelle ! Pour nous, songeons tellement que nous sommes libres, que nous n'oubliions pas que nous sommes des créatures, et des créatures raisonnables, que Dieu a faites à sa ressemblance. Puisque notre liberté est la liberté d'une créature, il faut nécessairement qu'elle soit soumise, et qu'il y ait

---

¹ *Psal.* LI, 9.

(a) *Var.:* Empêche lui-même l'exécution de sa volonté principale, qui est d'être heureux.

de la servitude mêlée. Mais il y a une servitude honteuse, qui est la destruction de la liberté; et une servitude honorable, qui en est la perfection. S'abaisser au-dessous de sa dignité naturelle, c'est une servitude honteuse : c'est ainsi que font les pécheurs; c'est pourquoi ils ne sont pas libres. S'abaisser au-dessous de celui-là seul qui est seul naturellement souverain, c'est une servitude honorable, qui est digne d'un homme libre, et qui fait l'accomplissement de la liberté. En est-on moins libre, pour obéir à la raison et à la raison souveraine, c'est-à-dire à Dieu? N'est-ce pas au contraire une dépendance vraiment heureuse, qui nous assujettissant à Dieu seul, nous rend maîtres de nous-mêmes et de toutes choses

C'est ainsi que le Sauveur voulut être libre : il étoit libre certainement, car il étoit Fils et non pas esclave; mais il mit l'usage de sa liberté à être obéissant à son Père. Comme c'est la liberté qu'il a recherchée, c'est aussi celle qu'il nous a promise. « Vous serez, dit-il, vraiment libres, quand le Fils vous aura délivrés : » vous aurez une liberté véritable, quand le Fils vous l'aura donnée. Et quelle liberté vous donnera-t-il, sinon celle qu'il a voulue pour lui-même? c'est-à-dire d'être dépendant de Dieu, dont il est si doux de dépendre, et le service duquel vaut mieux qu'un royaume, parce que cette même soumission, qui nous met au-dessous de Dieu, nous met en même temps au-dessus de tout. C'est pourquoi je ne puis m'empêcher, ma Sœur, de louer votre résolution généreuse, en ce que vous avez voulu être libre, non point à la mode du monde, mais à la mode du Sauveur des ames; non de la liberté dangereuse que l'esprit de l'homme se donne à lui-même, mais de celle que Jésus promet à ses serviteurs.

Les enfans du siècle croient être libres, parce qu'ils errent deçà et delà dans le monde, éternellement travaillés de soins superflus, et ils appellent leur égarement une liberté : à peu près comme des enfans qui se pensent libres, lorsqu'échappés de la maison paternelle, ils courent sans savoir où ils vont. Telle est la liberté des pécheurs.

C'est vous, c'est vous, Mesdames, qui jouissez d'une liberté véritable, parce que vous ne vous contraignez que pour servir Dieu.

Et qu'on ne pense pas que cette contrainte diminue tant soit peu votre liberté; au contraire, c'en est la perfection. Car d'où vient que vous vous mettez dans cette salutaire contrainte, sinon pour vous imposer à vous-mêmes une heureuse nécessité de ne pécher pas? Et cette sainte nécessité de ne pécher pas, n'est-ce pas la liberté véritable? Ne croyons pas, mes Sœurs, que ce soit une liberté, de pouvoir pécher; ou s'il y a de la liberté à pouvoir pécher, disons avec saint Augustin que c'est une liberté égarée, une liberté qui se perd. La première liberté, dit saint Augustin, c'est de pouvoir ne pécher pas; la seconde et la plus parfaite, c'est de ne pouvoir plus pécher [1]. C'est la liberté des saints anges et de toute la société des élus, que la félicité éternelle met dans la nécessité de ne pécher plus : c'est la liberté de la céleste Jérusalem; cette nécessité, c'est leur béatitude; et jamais nous ne serons plus libres, que quand nous ne pourrons plus servir au péché. C'est la liberté de Dieu même, qui peut tout et ne peut pécher. C'est à cette liberté qu'on tend dans les cloîtres, lorsque par tant de saintes contraintes, par tant de salutaires précautions, on tâche de s'imposer une loi de ne pouvoir plus servir au péché.

SECOND POINT.

Voilà la servitude du péché exclue de la vie retirée et religieuse par les observances de la discipline : voyons si elle n'est pas aussi délivrée de celle des passions et des convoitises par l'exercice de la pénitence. Pour cela, considérons une belle doctrine de saint Augustin : « Il y a, dit-il, deux sortes de maux : il y a des maux qui nous blessent, il y a des maux qui nous flattent : les maladies, les passions. Les passions nous flattent, et en nous flattant elles nous captivent. Ceux-là nous les devons supporter; ceux-ci nous les devons modérer : les premiers, par la patience et par le courage; les seconds, par la retenue et la tempérance : » *Alia quæ per patientiam sustinemus, alia quæ per continentiam refrenamus* [2]. Or Dieu, qui dispose toutes choses par une providence très-sage, et qui ne veut pas tourmenter les siens par des afflictions inutiles, a voulu que ces derniers maux servissent de remède pour guérir

[1] *De Corrept. et Grat.*, cap. XII, n. 33. — [2] *Cont. Jul.*, lib. V, cap. V, n. 22.

les autres : je veux dire que les maux qui nous affligent doivent corriger en nous ceux qui flattent. Ils étoient donnés en punition de notre péché ; mais par la miséricorde divine ce qui étoit une peine devient un remède, et « le châtiment du péché est tourné à l'usage de la justice : » *In usus justitiæ peccati pœna conversa est* [1]. La raison est que la force de ceux-ci consiste dans le plaisir, et que toute la pointe du plaisir s'émousse par la souffrance.

C'est pourquoi la mortification... dans les cloîtres ; et si la chair y est contrainte, c'est pour rendre l'esprit plus libre. C'est le rendre plus libre, que de brider son ennemi et le tenir en prison tout chargé de chaînes. C'est ce qui fait dire à l'Apôtre : « Je ne travaille pas en vain ; mais je châtie mon corps et je le réduis en servitude [2]. » Ce n'est pas travailler en vain que de mettre en liberté mon esprit. J'ai, dit-il, un ennemi domestique : voulez-vous que je le fortifie, que je le rende invincible par ma complaisance ? J'ai des passions moins traitables que ne sont des bêtes farouches : voulez-vous que je les nourrisse ? Ne vaut-il pas bien mieux que j'appauvrisse mes convoitises, qui sont infinies, en leur refusant ce qu'elles demandent ? Tellement que la vraie liberté d'esprit, c'est de contenir nos affections déréglées par une discipline forte et vigoureuse, et non pas de les contenter par une molle condescendance.

C'est ainsi qu'ont été libres les grands personnages, qui vous ont donné cette règle que vous professez. D'où vient que saint Benoît votre Patriarche, sentant que l'amour des plaisirs mortels qu'il avoit presque éteint par ses grandes austérités se réveilloit tout à coup avec violence, se déchire lui-même le corps par des ronces et des épines, sur lesquelles son zèle le jette [3] ? N'est-ce pas qu'il veut briser les liens charnels qui menacent son esprit de la servitude ? C'est pour cela que saint Bernard votre Père a cherché un salutaire rafraîchissement dans les neiges et dans les étangs glacés [4], où son intégrité attaquée s'est fait un rempart contre les délices du siècle. Ses sens étoient de telle sorte morti-

---

[1] S. August., *De Civit. Dei*, lib. XIII, cap. IV. — [2] I *Cor.*, IX, 26, 27. — [3] S. Greg. Mag., *Dialog.*, lib. II, cap. II. — [4] *Vit. S. Bernard.*, lib. I, cap. III, n. 6.

fiés, qu'il ne voyoit plus ce qui se présentoit à ses yeux [1]. La longue habitude de mépriser le plaisir du goût, avoit éteint en lui toute la pointe de la saveur : il mangeoit de toutes choses sans choix ; il buvoit de l'eau ou de l'huile indifféremment, selon qu'il les avoit le plus à la main [2]. Si quelques-uns trouvoient trop rude ce long et horrible silence, il les avertissoit que s'ils considéroient sérieusement l'examen rigoureux que le grand Juge fera des paroles, ils n'auroient pas beaucoup de peine à se taire. Il excitoit en lui l'appétit, non par les viandes, mais par les jeûnes ; non par la délicatesse ni par le ragoût, mais par le travail : et toutefois pour n'être pas entièrement dégoûté de son pain d'avoine et de ses légumes, il attendoit que la faim les rendît un peu supportables. Il couchoit sur la dure ; mais il y attiroit le sommeil par la psalmodie de la nuit et par l'ouvrage de la journée : de sorte que dans cet homme les fonctions même naturelles étoient causées non tant par la nature que par la vertu.

Quel homme plus libre que saint Bernard ? Il n'a point de passions à contenter, il n'a point de fantaisie à satisfaire, et il n'a besoin que de Dieu. Les gens du monde, au lieu de modérer leurs convoitises, sont contraints de servir à celles d'autrui. Saint Augustin, parlant à un grand seigneur : « Vous, qui devez réprimer vos propres cupidités, vous êtes contraint de satisfaire celles des autres : » *Qui debuisti refrenare cupiditates tuas, explere cogeris alienas* [3]. C'est à cette liberté que vous aspirez, c'est l'héritage que saint Bernard a laissé à toutes les maisons de son ordre.

Mais voyez l'aveuglement du monde. Comme si nous n'étions pas encore assez captifs par le péché et les convoitises, il s'est fait lui-même d'autres servitudes. Il a fait des lois comme pour imiter Jésus-Christ, mais plutôt pour le contredire. Il ne faut pas souffrir les injures, on vous mépriseroit : il faut avoir de l'honneur dans le monde, il faut se rendre nécessaire, il faut vivre pour le public et pour les affaires : *Patriæ et imperio reique vivendum est* [4]. C'est une loi à votre sexe... Le temps de se parer, des visites. La bienséance est une loi qui nous ôte tout le temps, qui fait qu'il

---

[1] Lib. III, cap. II, n. 4. — [2] Lib. I, cap. VII. — [3] *Ad Bonif.*, epist. CCXX, n. 6. — [4] Tertull., *De Pallio*, n. 5.

se perd véritablement. Tout le temps se perd, et on n'y attache rien de plus immobile que lui. Le temps est précieux, parce qu'il aboutit à l'éternité; on ne demande qu'à le passer; à peine avons-nous un moment à nous; et celui que nous avons, il semble qu'il soit dérobé. Cependant la mort vient avant que nous puissions avoir appris à vivre; et alors que nous servira d'avoir mené une vie publique, puisqu'enfin il nous faudra faire une fin privée? Mais que dira le monde? Et pourquoi voulons-nous vivre pour les autres, puisque nous devons enfin mourir pour nous-mêmes? *Nemo alii vivit, moriturus sibi*[1].

Que si le monde a ses contraintes, que je vous estime, ma très-chère Sœur, qui estimant trop votre liberté pour la soumettre aux lois de la terre, professez hautement de ne vouloir vous captiver que pour l'amour de celui qui étant le maître de toutes choses, s'est rendu esclave pour l'amour de nous, afin de nous exempter de la servitude. C'est dans cette voie étroite que l'ame est dilatée par le Saint-Esprit, pour recevoir l'abondance des graces divines. Déposez donc, ma très-chère Sœur, cet habit, cette vaine pompe et toute cette servitude du siècle : vous êtes libre à Jésus-Christ, son sang vous a mise en liberté, ne vous rendez point esclave des hommes.

SERMON

POUR

LA VÊTURE DE MARIE-THÉRESE-HENRIETTE

DE LA VIEUVILLE (a).

Martha, Martha, sollicita es et turbaris erga plurima : porrò unum est necessarium.

Marthe, Marthe, vous vous empressez et vous vous troublez dans le soin de beaucoup de choses : cependant une seule chose est nécessaire. *Luc.*, x, 41, 42.

Quand je considère, mes Sœurs, les diverses agitations de l'esprit humain et tant d'occupations différentes qui travaillent inu-

[1] Tertull., *De Pallio*, n. 5.

(a) L'abbé Ledieu dit, dans ses *Mémoires :* « Il (Bossuet) alla à Meaux, en

tilement les enfans des hommes, je ne puis que je ne m'écrie avec le Psalmiste : « Qu'est-ce que l'homme, ô grand Dieu, pour que vous en fassiez état et que vous en ayez souvenance [1]? » Notre vie, qu'est-ce autre chose qu'un égarement continuel? Nos opinions sont autant d'erreurs, et nos voies ne sont qu'ignorance. Et certes, quand je parle de nos ignorances, je ne me plains pas, chrétiens, de ce que nous ne connoissons point quelle est la structure du monde, ni les influences des corps célestes, ni quelle vertu tient la terre suspendue au milieu des airs, ni de ce que tous les ouvrages de la nature nous sont des énigmes inexplicables. Car encore que ces connoissances soient très-dignes d'être recherchées, ce n'est pas ce que je déplore aujourd'hui. La cause de ma douleur nous touche de bien plus près. Je plains le malheur de notre ignorance en ce que nous ne savons pas ce qui nous est propre, en ce que nous ne connoissons pas le bien et le mal, et que nous errons deçà et delà sans savoir la véritable conduite qui doit gouverner notre vie.

Et pour vous convaincre manifestement d'une vérité si constante, figurez-vous, ma très-chère Sœur, que venue tout nouvellement d'une terre inconnue et déserte, séparée de bien loin du commerce et de la société des hommes, ignorante des choses hu-

[1] *Psal.* VIII, 5.

1669, avec le duc de la Vieuville pour la vêture de sa fille Marie-Thérèse-Henriette, qu'il prêcha le 8 de septembre dans l'abbaye de Notre-Dame, en présence de l'évêque Dominique de Ligny, son ami, officiant pontificalement. »
Le duc de la Vieuville, chevalier d'honneur de la reine, fut gouverneur de la Champagne et du Poitou; c'est son illustre père, surintendant des finances, qui avoit fondé l'abbaye de Notre-Dame. Sa fille Henriette avoit été élevée dans ce monastère, de l'ordre de Citeaux; déjà ses deux sœurs y avoient pris le voile, l'aînée portoit la crosse abbatiale en 1669. — M. de Ligny fut le prédécesseur immédiat de Bossuet sur le siége épiscopal de Meaux; il l'avoit demandé pour coadjuteur. — Disons en passant que Bossuet reçut à Meaux, après la cérémonie religieuse, par un courrier du roi, la nouvelle de sa nomination à l'évêché de Condom.
Le sermon fut bien prononcé le 8 septembre; car l'orateur dit dans la péroraison : « Mais achèverons-nous ce discours sans parler de la divine Marie, dont nous célébrons aujourd'hui la nativité bienheureuse? » L'exorde est emprunté au *second sermon pour le dimanche de la Quinquagésime* (vol. VIII, p. 463); seulement l'habile écrivain a beaucoup abrégé, dans la seconde ou plutôt dans la troisième rédaction, car il l'avoit déjà écrit deux fois, son premier projet. On verra que la péroraison n'est pas achevée Déforis y avoit ajouté un morceau de sa façon; nous l'avons retranché.

maines, vous êtes tout à coup transportée au sommet d'une haute montagne, d'où par un effet de la puissance divine, vous découvrez la terre et les mers, et tout ce qui se fait dans le monde. Elevée donc sur cette montagne, vous voyez du premier aspect cette multitude infinie de peuples et de nations, avec leurs mœurs différentes et leurs humeurs incompatibles ; puis descendant plus exactement au détail de la vie humaine, vous contemplez les divers emplois dans lesquels les hommes s'occupent. O Dieu éternel, quel tracas! quel mélange de choses! quelle étrange confusion ! Celui-là s'échauffe dans un barreau, celui-ci assis dans une boutique débite plus de mensonges que de marchandises ; cet autre, que vous voyez employer dans le jeu la meilleure partie de son temps, il se passionne, il s'impatiente, il fait une affaire de conséquence de ce qui ne devroit être qu'un relâchement de l'esprit. Les uns cherchent dans la compagnie l'applaudissement du beau monde ; d'autres se plaisent à passer leur vie dans une intrigue continuelle ; ils veulent être de tous les secrets, ils s'empressent, ils se mêlent partout, ils ne songent qu'à s'acquérir tous les jours de nouvelles amitiés ; et pour dire tout en un mot, le monde (*a*) n'est qu'un amas de personnes toutes diversement affairées avec une variété incroyable.

Vous raconterai-je, mes Sœurs, les diverses inclinations des hommes ? Les uns, d'une nature plus remuante, se plaisent dans les emplois violens ; les autres, d'une humeur plus paisible, s'attachent plus volontiers ou à cette commune conversation, ou à l'étude des bonnes lettres, ou à diverses sortes de curiosités. Celui-ci est possédé de folles amours ; celui-là de haines cruelles et d'inimitiés implacables, et cet autre de jalousies furieuses ; l'un amasse, et l'autre dépense ; quelques-uns sont ambitieux et recherchent avec ardeur les emplois publics ; les autres aiment mieux le repos et la douce oisiveté d'une vie privée. Chacun a ses inclinations différentes, chacun veut être fou à sa fantaisie : les mœurs sont plus dissemblables que les visages ; et la mer n'a pas plus de vagues, quand elle est agitée par les vents, qu'il naît de diverses pensées de cet abîme sans fond, de ce secret impénétrable

(*a*) *Var.* : Une ville.

du cœur de l'homme. C'est à peu près ce qui se présente à nos yeux, quand nous considérons attentivement les affaires et les actions qui exercent la vie humaine.

Dans cette diversité infinie, dans cet empressement, dans cet embarras, dans ce bruit et dans ce tumulte des choses humaines, chère Sœur, rentrez en vous-même; et imposant silence à vos passions, qui ne cessent d'inquiéter l'ame par leur vain murmure, écoutez le Seigneur Jésus qui vous parlant intérieurement au secret du cœur, vous dit avec cette voix charmante qui seule devroit attirer les hommes : « Tu te troubles dans la multitude, et il n'y a qu'une seule chose qui soit nécessaire. »

Qu'entends-je, et que dites-vous, ô Seigneur Jésus? Pourquoi tant d'affaires, pourquoi tant de soins, pourquoi tant d'occupations différentes, puisqu'il n'y a qu'une seule chose qui soit nécessaire? Si vous nous apprenez, Sagesse éternelle, que nous n'avons tous qu'une même affaire : donc nous nous consumons de soins superflus, donc nous ne concevons que de vains desseins, donc nous ne repaissons nos esprits que de creuses et chimériques imaginations, nous qui sommes si étrangement partagés. Votre parole, ô Seigneur Jésus, nous rappelant à l'unité seule, condamne la folie et l'illusion de nos désirs inconsidérés et de nos prétentions infinies : donc il s'ensuit de votre discours que la solitude que les hommes fuient, et les cloîtres qu'ils estiment autant de prisons, sont les écoles de la véritable sagesse, puisque tous les soins du monde en étant exclus avec leur empressante multiplicité, on n'y cherche que l'unité nécessaire, qui seule est capable d'établir les cœurs dans une tranquillité immuable. Chère Sœur, c'est ce que Jésus-Christ nous enseigne dans cette belle et mystérieuse parole, que je tâcherai aujourd'hui de vous faire entendre.

Mais pour y procéder avec ordre, que puis-je me proposer de plus salutaire que d'imiter Jésus-Christ lui-même, et de suivre cette excellente méthode que je vois si bien pratiquée par ce divin Maître? « Marthe, Marthe, dit-il, tu es empressée, et tu te troubles dans la multitude : or il n'y a qu'une chose qui soit nécessaire. Marie a choisi la meilleure part, qui ne lui sera point ôtée. » Je remarque trois choses dans ce discours : Jésus ce charitable Médecin des ames, les considère comme languissantes, et nous laisse dans ces paroles une consultation admirable pour les guérir de leurs maladies. Il en regarde premièrement le principe; après, ayant touché la cause du mal, il y applique les remèdes propres; et enfin il rétablit son malade dans sa constitution naturelle. Je vous prie de considérer ces trois choses accomplies par ordre dans notre évangile.

Marthe, Marthe, tu es empressée; c'est-à-dire, ô ame, tu es affoiblie en cela même que tu es partagée; de là l'empressement et le trouble : voilà le principe de la maladie; après, suit l'application du remède. Car puisque la cause de notre foiblesse, c'est que nos désirs sont trop partagés dans les objets visibles qui nous environnent, qui ne voit que le véritable remède, c'est de savoir ramasser nos forces inutilement dissipées? C'est aussi ce que fait le Seigneur Jésus, en nous appliquant à l'unité simple qui n'est autre chose que Dieu. Pourquoi, dit-il, vous épuisez-vous parmi tant d'occupations différentes, puisqu'il n'y a qu'une chose qui soit nécessaire? *Porrò unum est necessarium.* Voyez qu'il ramasse nos désirs en un : de là naît enfin la santé de l'ame dans le repos, dans la stabilité, dans la consistance que lui promet le Sauveur Jésus : « Marie, dit-il, a choisi la meilleure part qui ne lui sera point ôtée : » c'est l'entière stabilité; c'est ainsi que le Fils de Dieu nous guérit. Ma chère Sœur, abandonnez-vous à ce Médecin tout-puissant; apprenez de lui ces trois choses, que vous devez avant toutes choses vous démêler de la multitude, après rassembler tous vos désirs en l'unité seule, et enfin que vous y trouverez le repos et la consistance. Ainsi vous accomplirez les devoirs de la vie religieuse que vous embrassez, et nous pourrons dire de vous ce que Jésus-Christ a dit de Marie, qu'en quittant le monde et ses vanités, vous avez choisi la meilleure part qui ne vous sera point ôtée.

PREMIER POINT.

Encore que nous connoissions par expérience que notre plus grand mal naît de l'amour-propre, et que ce soit le vice de tous les hommes de s'estimer eux-mêmes excessivement, il ne laisse pas d'être véritable que de toutes les créatures, l'homme est celle qui se met à un plus bas prix et qui a le plus de mépris de soi-même.

Je n'ignore pas, chrétiens, que cette proposition paroît incroyable jusqu'à ce que l'on en ait pénétré le fond. Car on pourroit d'abord objecter que l'orgueil est la plus dangereuse maladie de l'homme. C'est l'amour-propre qui fait toutes nos actions, il ne nous abandonne pas un moment ; et de même que si vous rompez un miroir, votre visage semble en quelque sorte se multiplier dans toutes les parties de cette glace cassée, cependant c'est toujours le même visage : ainsi quoique notre ame s'étende et se partage en beaucoup d'inclinations différentes, l'amour-propre y paroît partout ; étant la racine de toutes nos passions, il fait couler dans toutes les branches ses vaines quoique agréables complaisances.

Et certes si l'on connoît la grandeur du mal lorsqu'on a recours aux remèdes extrêmes, il faut nécessairement confesser que notre nature étoit enflée d'une insupportable insolence. Car puisque pour remédier à l'orgueil de l'homme, il a fallu rabaisser un Dieu ; puisque pour abattre l'arrogance humaine, il ne suffisoit pas que le Fils de Dieu descendît du ciel en la terre si sa majesté ne se ravaloit jusqu'à la pauvreté d'une étable, jusqu'à l'ignominie de la croix, jusqu'aux agonies de la mort, jusqu'à l'obscurité du tombeau, jusqu'aux profondeurs de l'enfer : qui ne voit que nous nous étions emportés au plus haut degré d'insolence, nous, dis-je, qui n'avons pu être rétablis que par cette incompréhensible humiliation ? Et toutefois je ne crains point de vous assurer que par une juste punition de notre arrogance insensée, pendant que nous nous enflons et flattons notre cœur par l'estime la plus emportée de ce que nous sommes, nous ne méprisons rien tant que nous-mêmes. Et c'est ce que je veux vous faire connoître, non par des raisonnemens recherchés, mais par une expérience sensible.

Considérons, je vous prie, mes très-chères Sœurs, de quelle sorte les hommes agissent quand ils veulent témoigner beaucoup de mépris, et après nous reconnoîtrons que c'est ainsi que nous traitons avec nous-mêmes. Quelles sont les personnes que nous méprisons, sinon celles dont nous négligeons tous les intérêts, desquelles nous fuyons la conversation, auxquelles même nous ne daignons pas donner quelque part dans notre pensée ? Or je dis que nous en usons ainsi avec nous-mêmes : nous laissons dans le mépris toutes nos affaires, nous ne pouvons converser avec nous-mêmes, nous ne voulons pas penser à nous-mêmes ; et en un mot, nous ne pouvons nous souffrir nous-mêmes. Car est-il rien de plus évident que nous sommes toujours hors de nous ; je veux dire que nos occupations et nos exercices, nos conversations et nos divertissemens nous attachent continuellement aux choses externes et qui ne tiennent pas à ce que nous sommes? Et une preuve très-claire de ce que je dis, c'est que nous ne pouvons nous accoutumer à la vie recueillie et intérieure.

Chère Sœur, dans la profession que vous embrassez, les hommes n'y trouvent rien de plus insupportable que la retraite, la clôture et la solitude ; et toutefois cette solitude est cause que vous rentrez en vous-même, que vous vous entretenez avec vous-même, que vous pensez sérieusement à vous-même. C'est ce que le monde ne peut goûter : l'homme pense qu'il ne fait rien, s'il ne se jette sur les objets qui se présentent ; tant il est vrai, ames chrétiennes, que nous sommes à charge à nous-mêmes. Voyez Marthe dans notre évangile ; elle s'empresse, elle se tourmente, elle est extraordinairement empêchée : elle découvre sa sœur Marie-Madeleine, qui assise aux pieds de Jésus, boit à longs traits le fleuve de vie qui distille si abondamment de sa bouche. Marthe tâche de la détourner : « Seigneur, ordonnez-lui qu'elle m'aide : » elle s'imagine qu'elle est oisive, parce qu'elle ne la voit point agitée : elle croit qu'elle est sans affaires, parce qu'étant recueillie en soi, elle veilla à son affaire la plus importante. Etrange aveuglement de l'esprit humain, qui ne croit point s'occuper s'il ne s'embarrasse, qui ne conçoit point d'action sans agitation, et qui ne trouve d'affaire que dans le trouble et dans l'empressement !

D'où vient cela, mes très-chères Sœurs, si ce n'est que nous nous ennuyons en nous-mêmes, possédés de l'amour des objets externes ? Et ainsi ne puis-je pas dire avec l'admirable (a) saint

(a) *Var.* : L'incomparable.

Augustin : *Usque adeò charus est hic mundus hominibus, et sibimet ipsi viluerunt* [1] : « Les hommes aiment ce monde si éperdument, qu'ils s'en traitent eux-mêmes avec mépris. » C'est ce que reprend le Sauveur des ames dans les premières paroles de ce beau passage que j'ai allégué pour mon texte : « Marthe, Marthe, dit-il, tu t'es empressée et tu te troubles dans la multitude; » où il me semble que sa pensée se réduit à ce raisonnement invincible, dont toutes les propositions sont si évidentes qu'elles n'ont pas même besoin d'éclaircissement : écoutez seulement et vous entendrez. L'ame ne peut être en repos, si elle n'est saine; et elle ne peut jamais être saine, jusqu'à ce qu'elle ait été établie dans une bonne constitution : est-il rien de plus clair? Pour la mettre en cette bonne constitution, il faut nécessairement agir au dedans, et non pas s'épancher inutilement ni se vider pour ainsi dire au dehors. Car la bonne constitution, c'est le bon état du dedans : qui le peut nier? Ceux donc qui consument toutes leurs forces après la multitude des objets sensibles, puisqu'ils dédaignent de travailler au dedans d'eux-mêmes, ils ne trouveront jamais la santé de l'ame, ni par conséquent son repos; de sorte qu'il n'est rien de plus véritable que nous ne pouvons rencontrer que trouble dans la multitude qui nous dissipe : *Martha, Martha, sollicita es, et turbaris erga plurima.* Quelle conséquence plus nécessaire?

Que prétendez-vous, ô riches du siècle, lorsque vous acquérez tous les jours de nouvelles terres, et que vous amassez tous les jours de nouveaux trésors? Vos richesses sont hors de vous; et comment espérez-vous pouvoir vous remplir de ce qui ne peut entrer en vous-mêmes? Votre corps terrestre et mortel ne se nourrit que de ce qu'il prend, et de là vient que la Sagesse divine lui a préparé tant de beaux organes pour s'unir et s'incorporer ce qui le sustente. Votre ame d'une nature immortelle n'aura-t-elle pas aussi ses organes pour recevoir en elle-même le bien qu'elle cherche? Maintenant ouvrez son sein tant qu'il vous plaira, et vous verrez qu'elle ne peut recevoir en elle cet or et cet argent que vous entassez et qui ne peut jamais la satisfaire : lors donc que vous pensez l'en rassasier, n'est-ce pas une pareille folie que

---

[1] *Ad Glor.*, Epist. XLIII, n. 2.

si vous vouliez remplir un vaisseau d'une liqueur qui ne peut y être versée? Insensés, ne voyez-vous pas que vous vous travaillez inutilement, que vous vous troublez dans la multitude? *Turbaris erga plurima.*

Et vous, qui recherchez avec tant d'ardeur la réputation et la gloire, pensez-vous pouvoir contenter votre ame? Cette gloire que vous désirez, c'est l'estime que les autres font de votre personne. Ou ils se trompent, ou ils jugent bien de votre mérite. S'ils se trompent dans leur pensée, vous seriez bien déraisonnables de faire votre bonheur de l'erreur d'autrui; que s'ils jugent sainement, c'est un bien pour eux, et comment estimez-vous pouvoir être riche d'un bien qui est possédé par les autres? Voyez donc que vous vous épanchez hors de l'unité, et que vous vous troublez dans la multitude. *Turbaris erga plurima.*

Vous enfin, qui courez après les plaisirs, dites-moi, n'avez-vous rien en vous-mêmes de plus excellent que vos sens? Cette ame, que Dieu a faite à sa ressemblance, est-elle insensible et stupide, et n'a-t-elle pas aussi ses contentemens? Est-ce en vain que le Psalmiste s'écrie, que son cœur se réjouit dans le Dieu vivant [1]? Si l'ame a des délices qui lui sont propres, si elle a ses plaisirs à part, quelle est notre erreur et notre folie de croire que nous l'aurons contentée, lorsque nous aurons satisfait les sens? Au contraire ne jugeons-nous pas que si nous ne lui donnons des objets tout spirituels qu'elle sente et qu'elle reçoive par elle-même, elle sortira au dehors pour en chercher d'autres, et qu'elle se troublera dans la multitude? *Turbaris erga plurima.*

Ainsi quoi que puisse nous représenter notre imagination abusée, notre ame ne trouvera jamais son repos jusqu'à ce que nous ayons composé nos mœurs; jusqu'à ce que nous dégageant de la multitude afin de nous recueillir en nous-mêmes, nous nous soyons rangés au dedans et que nos affections soient bien ordonnées. C'est ce que nous apprend le Psalmiste, lorsqu'il dit : « La justice et la paix se sont embrassées : » *Justitia et pax osculatæ sunt* [2]. Où est-ce qu'elles se sont embrassées? Elles se sont embrassées certainement dans le cœur du juste. C'est la justice qui

[1] *Psal.* LXXXIII, 3. — [2] *Psal.* LXXXIV, 11.

établit l'ordre; et la justice règne en nos ames, lorsque les choses y sont rangées dans une bonne disposition, et que les lois que la raison donne sont fidèlement observées : alors nous avons en nous la justice, et aussitôt après nous avons la paix : *Justitia et pax osculatæ sunt.*

O ame, si vous n'avez pas la justice, c'est-à-dire si vous n'êtes pas recueillie pour vous composer en vous-même, infailliblement la paix vous fuira : pour quelle raison ? Parce qu'elle ne trouvera point au dedans de vous la justice sa bonne amie. Que si vous avez en vous la justice, cette justice qui vous retire en vous-même pour régler votre intérieur, vous n'aurez que faire de chercher la paix ; elle viendra elle-même, dit saint Augustin, pour embrasser sa fidèle amie, c'est-à-dire la justice qui vous établit dans votre véritable constitution : *Si amaveris justitiam, non diù quæres pacem, quia et ipsa occurret tibi ut osculetur justitiam* [1]. D'où il s'ensuit que nous n'avons point de repos, jusqu'à ce que détachés de la multitude, nous appliquions nos soins en nous-mêmes pour régler notre intérieur, selon ce que dit le Seigneur Jésus : « Marthe, Marthe, tu es empressée et tu te troubles. »

C'est pourquoi le grave Tertullien, méprisant l'inutilité de toutes les occupations ordinaires : Je ne suis point, dit-il, dans l'intrigue; on ne me voit point m'empresser près de la personne des grands, je n'assiége ni leurs portes ni leurs passages, je ne me romps point l'estomac à crier au milieu d'un barreau, je ne fréquente point les places publiques, j'ai assez à travailler en moi-même, c'est là que je mets toute mon affaire : *In me unicum negotium mihi est;* tout mon soin est de retrancher les soins superflus : *nihil aliud curo quàm ne curem* [2].

O généreuse résolution d'un philosophe chrétien ! Chère Sœur, c'est ce que vous devez pratiquer dans la sainte retraite où vous voulez vivre. Laissez le siècle avec ses erreurs et ses empressemens inutiles. Il ne peut souffrir votre solitude, ni votre grille, ni votre clôture; il appelle votre retraite une servitude ; au contraire il se glorifie par une vaine ostentation de sa liberté. Les hommes du siècle croient être libres, parce qu'ils errent deçà et delà dans

[1] *In Psal.* LXXXIV, n. 12. — [2] *De Pallio,* n. 5.

le monde, éternellement travaillés de soins superflus ; et ils appellent leur égarement une liberté, comme des enfans qui se pensent libres, lorsqu'échappés de la maison paternelle, ils courent sans savoir où ils vont. Pernicieuse liberté du siècle, qui ne nous laisse pas le loisir de vaquer à nous! Heureuse mille et mille fois votre servitude, qui vous occupe si utilement en vous-même!

Quelle affaire plus importante que de composer son intérieur, c'est-à-dire la seule chose qui nous appartient? Quelle pensée plus douce ni plus agréable? Si ta maison menace ruine, tu y emploies les jours et les nuits avec une satisfaction merveilleuse. Ton ame se dément de toutes parts comme un édifice mal entretenu, et tu n'auras point de plaisir à la réparer! Dieu commet à tes soins un champ très-fertile, c'est-à-dire l'ame raisonnable capable de porter des fruits immortels : quelle honte que dédaignant un si bel ouvrage tu t'abaisses jusqu'à cultiver une terre stérile et infructueuse !

D'ailleurs nos désirs sont si peu réglés, notre esprit est préoccupé de tant de fausses imaginations : ou l'orgueil nous enfle, ou l'envie nous ronge, ou les convoitises nous brûlent; et nous nous laissons accabler d'affaires, comme si celles-ci ne nous touchoient pas, ou qu'il n'y en eût pas assez pour nous occuper. Enfin que recherchons-nous parmi tant d'emplois? Pourquoi gouvernons-nous notre vie par des considérations étrangères?—Je veux la passer dans les grandes charges. — Mais que nous sert de faire une vie publique, puisqu'enfin nous ferons tous une mort privée? — Mais si je me retire, que dira le monde? — Et pourquoi voulons-nous vivre pour les autres, puisque chacun doit enfin mourir pour soi-même? O folie! ô illusion! ô troubles et empressemens inutiles des enfans du siècle! Chère Sœur, rompez ces liens, démêlez votre cœur de la multitude, et que vos forces se réunissent pour la seule occupation nécessaire : *Porrò unum est necessarium* : c'est ma seconde partie, que je joindrai avec la troisième dans une même suite de raisonnement.

SECOND ET TROISIÈME POINT.

Toutes les créatures intelligentes tendent de leur nature à l'unité seule ; et j'apprends de saint Augustin [1] que le véritable mouvement de l'ame, c'est de rappeler ses esprits des objets extérieurs au dedans de soi, et de soi-même s'élever à Dieu. C'est pourquoi Dieu ayant fait le monde avec cet admirable artifice, aussitôt il introduit l'homme, dit Philon le Juif [2], au milieu de ce beau théâtre pour être le contemplateur d'un si grand ouvrage. Mais en même temps qu'il le contemple, et qu'il jouit de l'incomparable beauté d'un spectacle si magnifique, il sent aussi en son propre esprit la merveilleuse vertu de l'intelligence, qui lui découvre de si grands miracles ; et ainsi rentrant en soi-même il y ramasse toutes ses forces pour s'élever à son Créateur et louer ses libéralités infinies. De cette sorte l'ame raisonnable se rappelle de la multitude pour concourir à l'unité seule, et telle est son institution naturelle. Mais le péché a perverti ce bel ordre, et lui donne un mouvement tout contraire. Dans sa véritable constitution elle passe de la multitude en soi-même, afin de réunir toute sa vigueur pour se transporter à son Dieu qui est le principe de l'unité : au contraire le péché la poussant, elle tombe de Dieu sur soi-même, et de là sur la multitude des objets sensibles qui l'environnent. Car de même qu'une eau qui se précipite du sommet d'une haute montagne, rencontrant au milieu de sa course une roche, premièrement elle fond sur elle avec toute son impétuosité, et là elle est contrainte à se partager, forcée par sa dureté qui la rompt : ainsi l'homme, que son orgueil avoit emporté, tombe premièrement de Dieu sur soi-même, comme dit l'incomparable saint Augustin [3], parce qu'il est aussitôt déçu par son amour-propre ; et là rencontrant l'orgueil en son ame élevé comme un dur rocher, il se brise, il se partage, et il se dissipe dans la vanité de plusieurs désirs dans lesquels son ame s'égare.

Et c'est ce que nous pouvons comprendre aisément par le livre de la *Genèse*. Le serpent artificieux promet à nos pères que s'ils

[1] *Lib. de Quantit. animæ*, n. 55. — [2] *Lib. de Mundi Opificio*. — [3] *De Civit. Dei*, lib. XIV, cap. XIII.

mangent le fruit défendu, ils auront la science du bien et du mal; et Adam se laisse surprendre à ses promesses fallacieuses[1]. Certes dans la pureté de son origine, il avoit la science du bien et du mal. Car ne savoit-il pas, chrétiens, que son souverain bien est de suivre Dieu, et le souverain mal de s'en éloigner? Mais il veut chercher dans la créature ce qu'il possédoit déjà dans le Créateur; après quoi par un jugement équitable, le Créateur retire ses dons, desquels l'homme orgueilleux n'étoit pas content : si bien que l'homme perdit aussitôt la véritable science du bien et du mal, et il ne resta plus en son ame que la vaine curiosité de la rechercher dans la créature.

C'est ainsi que nous allons, hommes misérables, cherchant curieusement le bien et tâchant de le goûter partout où nous en voyons quelques apparences. Et comme toute ame curieuse est naturellement inquiète, notre humeur remuante et volage ne pouvant s'arrêter à un seul désir, se partage en mille affections déréglées, et erre de désirs en désirs par un mouvement éternel. De là vient que l'homme animal ne peut comprendre ce que dit le Seigneur Jésus, qu'il n'y a qu'une chose qui soit nécessaire, et la raison en est évidente. Car nous ne croyons pas pouvoir être heureux, si nos désirs ne sont satisfaits; et ainsi notre cœur étant échauffé d'une infinité de désirs, le vieil Adam ne peut pas entendre qu'il trouve jamais la félicité en ne poursuivant qu'une seule chose. O misère! ô aveuglement, qui établit la félicité à contenter les désirs irréguliers qui sont causés par la maladie! Eveillez-vous, ô enfans d'Adam, retournez à l'unité sainte de laquelle vous êtes déchus par la pernicieuse curiosité de chercher le bien dans les créatures ; au lieu de partager vos désirs, apprenez du Sauveur Jésus à les réunir, et vous saurez le secret de les contenter: *Porrò unum est necessarium.* Cessez de m'inquiéter, désirs importuns; ne prétendez pas partager mon cœur; laissez-moi écouter le Seigneur Jésus, qui m'assure dans son Evangile qu'il n'y a qu'une chose qui soit nécessaire.

Et certes quand je considère, mes très-chères Sœurs, qu'entre tous les êtres que nous connoissons, il n'y a que Dieu seul qui soit

[1] *Gen.*, III, 5.

nécessaire, que tout le reste change, tout le reste passe, qu'il n'y a que notre grand Dieu qui soit immuable, je fais ce raisonnement en moi-même : S'il n'y a qu'un seul être qui soit nécessaire en lui-même, il n'y a rien aussi à l'égard des hommes qu'une seule opération nécessaire, qui est de suivre uniquement cet un nécessaire. Car il est absolument impossible que notre repos puisse être assuré, s'il ne s'appuie sur quelque chose qui soit immobile. Plus une chose est réunie en elle-même, plus elle approche de l'immutabilité. L'unité ne donne point de prise sur elle, elle s'entretient également partout : au contraire la multitude cause la corruption, ouvrant l'entrée à la ruine totale par la dissolution des parties. Il faut donc que mon cœur aspire à l'unité seule, qui associera toutes mes puissances, qui fera une sainte conspiration de tous les désirs de mon ame à une fin éternellement immuable : *Porrò unum est necessarium.*

Je m'élève déjà, ce me semble, au-dessus de toutes les créatures mortelles ; animé de cette bienheureuse pensée, je commence à découvrir la stabilité que me promet le Sauveur Jésus dans la troisième partie de mon texte : *Maria optimam partem elegit, quæ non auferetur ab eâ :* « Marie a choisi la meilleure partie, qui ne lui sera point ôtée. » Oui, si nous suivons fortement cet un nécessaire, qui nous est proposé dans notre évangile, nous trouverons une assurance infaillible parmi les tempêtes de cette vie.

Et comment, me direz-vous, chères Sœurs, comment pouvons-nous trouver l'assurance, puisque nous gémissons encore ici-bas sur les fleuves de Babylone, éloignés de la Jérusalem bienheureuse qui est le centre de notre repos? Saint Augustin vous l'expliquera par une doctrine excellente, tirée de l'Apôtre. « Nous ne sommes pas encore parvenus au ciel, mais nous y avons déjà envoyé une sainte et salutaire espérance : » *Jam spem præmisimus,* dit saint Augustin [1]; et ce grand homme nous fait comprendre quelle est la force de l'espérance, par une excellente comparaison. Nous voguons en la mer, dit ce saint évêque; mais nous avons déjà jeté l'ancre au ciel, quand nous y avons porté l'espé-

---

[1] *In Psal.* LXIV, n. 23.

rance, que l'Apôtre appelle l'ancre de notre ame[1]. Et de même que l'ancre, dit saint Augustin, empêche que le navire ne soit emporté ; et quoiqu'il soit au milieu des ondes, elle ne laisse pas de l'établir sur la terre : ainsi quoique nous flottions encore ici-bas, l'espérance qui est l'ancre de notre ame et que nous avons envoyée au ciel, fait que nous y sommes déjà établis.

C'est pourquoi je vous exhorte, ma très-chère Sœur, à mépriser généreusement la pompe du monde, et à choisir la meilleure part qui ne vous sera point ôtée. Non certes, elle ne vous sera point ôtée ; votre retraite, votre solitude, vous fera commencer dès ce monde une vie céleste : ce que vous commencerez sur la terre, vous le continuerez dans l'éternité. Dites-moi, que cherchez-vous dans ce monastère ? Vous y venez contempler Jésus, écouter Jésus avec Marie la contemplative ; vous y venez pour louer Jésus, pour goûter Jésus, pour aimer uniquement ce divin Jésus : c'est pour cela que vous séparez votre cœur de l'empressante multiplicité des désirs du siècle. Que font les....

Mais achèverons-nous ce discours sans parler de la divine Marie, dont nous célébrons aujourd'hui la nativité bienheureuse ? Allons tous ensemble, mes très-chères Sœurs, allons au berceau de Marie ; et couronnons ce sacré berceau, non point de lis ni de roses, mais de ces fleurs sacrées que le Saint-Esprit fait éclore, je veux dire de pieux désirs et de sincères louanges. Regardons l'incomparable Marie comme le modèle achevé de la vie retirée et intérieure ; et tâchons de remarquer en sa vie, selon la portée de l'esprit humain, la pratique des vérités admirables que son Fils notre Sauveur nous a enseignées....

[1] *Hebr.*, VI, 19.

SERMON

POUR

LA PROFESSION DE MADELEINE ANGÉLIQUE

DE BEAUVAIS (a).

Elegi abjectus esse in domo Dei mei.
J'ai choisi d'être abaissé et humilié dans la maison de mon Dieu. *Psal.* LXXXIII, 11.

Que l'orgueil monte toujours, selon l'expression du Psalmiste[1], jusqu'à se perdre dans les nues; que les hommes ambitieux ne

[1] *Psal.* LXXIII, 23.

(*a*) Prêché à la Visitation de Chaillot, en 1666, devant l'archevêque de Paris et la reine d'Angleterre.

Marie-Angélique de Beauvais, dont le père avoit rempli d'importantes fonctions dans la magistrature, étoit première femme de chambre à la cour d'Anne d'Autriche. Douée de toutes les qualités du corps et de l'esprit, ornée comme à l'envi par la nature et par la grace, elle commandoit les hommages et l'admiration par les charmes de la beauté et l'ascendant de la vertu. Voilà pourquoi l'orateur lui dit, au moment où elle alloit renoncer à des conquêtes périssables pour conquérir une couronne immortelle : « On sait assez, ma Sœur, que le monde ne vous auroit été que trop favorable, si vous l'aviez jugé digne de vos soins. » Angélique connoissoit depuis longtemps ces funestes faveurs. Fuyant un jour des poursuites importunes, elle se retira secrètement à Notre-Dame de Chaillot dans le dessein de s'y cacher sous le voile aux regards des hommes; la reine, son auguste bienfaitrice, sa tendre mère alla pour ainsi dire la redemander aux autels, parce qu'elle ne pouvoit se passer de sa présence. L'orateur sacré rappela cette scène touchante dans la cérémonie du sacrifice ; après avoir dit que la victime seroit offerte à Dieu par une auguste main, si la reine mère étoit encore de ce monde, il adresse ces paroles à l'illustre défunte : « Certes il seroit juste que l'ayant arrachée de cette maison et l'ayant ôtée à Dieu pour un temps, vous-même lui rendissiez ce qu'il n'a fait que vous prêter. » Revenue du sanctuaire, Angélique, toujours plus aimante et toujours plus aimable, entoura sa protectrice de zèle et de dévouement; elle charma les dernières années de sa douloureuse existence par les soins les plus touchans; elle veilla comme un ange du ciel auprès de son lit de mort, et reçut son testament, ses volontés intimes et son dernier soupir. De ce moment, libre de toute affection sur la terre, elle ferma son cœur aux offres de Louis XIV, refusa les legs royaux de sa chère maîtresse, et ne voulut plus servir que Dieu seul; après lui avoir fermé les yeux, elle ferma les siens pour toujours aux vanités du siècle : « Il semble, lui dit le ministre de la parole sainte, que vous n'avez pas voulu même la survivre, puisque dans le même moment que cette ame pieuse a quitté le monde,

donnent aucune borne à leur élévation ; que ceux qui habitent les palais des rois ne cessent de s'empresser, jusqu'à ce qu'ils occupent les plus hautes places : Vous, ma Sœur, qui choisissez pour votre demeure la maison de votre Dieu, vous suivez une autre conduite et vous n'imitez pas ces empressemens. Si les rois, si les grands du monde méprisent ceux qu'ils voient dans les derniers rangs, et ne daignent pas arrêter sur eux leurs regards superbes, il est écrit au contraire que Dieu, qui est le seul grand, regarde de loin et avec hauteur tous ceux qui font les grands devant sa face, et tourne ses yeux favorables sur ceux qui sont abaissés [1]. C'est pourquoi le Roi-Prophète descend de son trône et choisit d'être le dernier dans la maison de son Dieu, plus assuré d'être regardé dans son humiliation que s'il levoit hautement la tête et se mettoit au-dessus des autres : *Elegi abjectus esse in domo Dei mei.*

Réglez-vous sur ce bel exemple (a). Ne soyez pas, dit saint Augustin [2], de ces montagnes que le ciel foudroie, sur lesquelles les pluies ne s'arrêtent pas, mais de ces humbles vallées qui ramassent les eaux célestes et en deviennent fécondes. Songez que la créature que Dieu a jamais le plus regardée, c'est celle qui s'est mise au lieu le plus bas : « Dieu, dit-elle, a regardé la bassesse de sa servante [3]. » Parce qu'elle se fait servante, Dieu la fait mère et reine et maîtresse. Ses regards propices la vont découvrir (b) dans la profondeur où elle s'abaisse, dans l'obscurité où elle se cache,

---

[1] *Psal.* CXXXVII, 6. — [2] *In Psal.* CXLI, n. 5. — [3] *Luc.*, I, 48.

vous l'avez aussi quitté : vous avez passé de la cour dans le cloître, pour vous consacrer à une mort mystique et spirituelle. » On voit par ces paroles qu'Angélique consomma son sacrifice, et qu'ainsi le discours de profession fut prononcé peu de temps après la mort de la reine : or la reine mourut le 20 janvier 1666. — Ajoutons que l'archevêque de Paris et la reine d'Angleterre assistèrent à la cérémonie religieuse ; car le prédicateur dit à la Sœur professe : « C'est ce qui vous est figuré par ce voile mystérieux que votre illustre prélat va mettre sur votre tête ; » et à son auditoire : « Messieurs, ne semble-t-il pas que la présence d'une fille de Henri le Grand, d'une reine si auguste et si grande, donne trop d'éclat à cette cérémonie d'humiliation, à ce mystère d'obscurité sainte ? »

Les rhéteurs et les critiques disent que Bossuet laisse souvent, dans ses compositions oratoires, des sens inachevés, des phrases incomplètes, des lacunes importantes ; et pour prouver cette découverte, ils citent le sermon qu'on va lire. Il est vrai, Déforis l'a rempli de phrases explétives, de gloses, de *crochets* ; mais tout cela n'a d'autre effet que de fausser le sens quelquefois, de détruire souvent de grandes beautés, et d'appesantir toujours la marche du discours.

(a) *Var.* : Imitez un si bel exemple. — (b) Chercher.

dans le néant où elle s'abîme. Descendez donc avec elle au dernier degré : heureuse si en vous cachant et au monde et à vous-même, vous vous faites regarder par celui qui aime à jeter les yeux sur les ames humbles et profondément abaissées devant (*a*) sa majesté sainte. Pour entrer dans cet esprit d'humiliation, prosternez-vous aux pieds de la plus humble des créatures, et honorant avec l'ange sa glorieuse bassesse, dites-lui de tout votre cœur, *Ave*.

Il a été assez ordinaire aux sages du monde de rechercher la retraite et de se soustraire à la vue des hommes : ils y ont été engagés par des motifs fort divers. Quelques-uns se sont retirés pour vaquer à la contemplation et à l'étude de la sagesse; d'autres ont cherché dans la solitude la liberté et l'indépendance; d'autres, la tranquillité et le repos; d'autres, l'oisiveté ou le loisir; plusieurs s'y sont jetés par orgueil. Ils n'ont pas tant voulu se séparer que se distinguer des autres par une superbe singularité, et leur dessein n'a pas tant été d'être solitaires que d'être extraordinaires et singuliers. Ils n'ont pu endurer ou le mépris découvert des grands, ou leurs froides et dédaigneuses civilités; ou bien ils ont voulu montrer du dédain pour les conversations, pour les mœurs, pour les coutumes des autres hommes, et ont affecté de faire paroître que très-contens de leurs propres biens et de leur propre suffisance, ils savoient trouver en eux-mêmes non-seulement tout leur entretien, mais encore tout leur secours et tout leur plaisir. Il s'en est vu un assez grand nombre à qui le monde n'a pas plu, parce qu'ils n'ont pas assez plu au monde. Ils l'ont méprisé tout à fait, parce qu'il ne les a pas assez honorés au gré de leur ambition; et enfin ils ont mieux aimé tout refuser de sa main, que de sembler trop faciles en se contentant de peu.

Vos motifs sont plus solides et plus vertueux. On sait assez, ma Sœur, que le monde ne vous auroit été que trop favorable, si vous l'aviez jugé digne de vos soins. Vous n'affectez pas non plus de lui montrer du dédain : vous aimez mieux qu'il vous oublie, ou même qu'il vous méprise s'il veut, que de tirer parade et vanité du mépris que vous avez pour lui; enfin vous cherchez l'abaisse-

(*a*) *Var. :* Ceux qui sont humblement tremblans devant.

ment et l'abjection dans la maison de votre Dieu; c'est ce que les sages du monde n'ont pas conçu; c'est la propre vertu du christianisme.

Parmi ceux qui aiment la gloire, saint Augustin a remarqué qu'il y en a de deux sortes : les uns veulent éclater aux yeux du monde; les autres, plus finement et plus délicatement glorieux, se satisfont en eux-mêmes [1]. Cette gloire cachée et intérieure est sans comparaison la plus dangereuse. L'Ecriture condamne en nous le désir de plaire aux hommes [2], et par conséquent à nous-mêmes, parce que, si vous me permettez de parler ainsi, nous ne sommes que trop hommes, c'est-à-dire trop foibles et trop grands pécheurs. « Il faut, dit le saint Apôtre, que celui qui se glorifie, se glorifie uniquement en Notre-Seigneur, parce que celui-là n'est pas approuvé qui se fait valoir lui-même, mais celui que Dieu estime [3]. » Ainsi entrant aujourd'hui dans la maison de votre Dieu par une profession solennelle, il faut quitter toute hauteur, et celle que le monde donne et celle qu'un esprit superbe se donne à soi-même. Il faut choisir l'abaissement et l'abjection, et enfin vous rendre petite, selon le précepte de l'Evangile [4]; petite aux yeux des autres hommes, très-petite à vos propres yeux. Ce sont les deux vérités que je traiterai dans ce discours, et je les joindrai l'une à l'autre dans une même suite de raisonnement.

PREMIER POINT.

Il est aisé de remarquer dans l'Evangile que ce que le Fils de Dieu a entrepris par des paroles plus efficaces, ç'a été la gloire du monde. C'est elle aussi qui a apporté le plus grand obstacle à l'établissement de sa doctrine, non-seulement à la profession externe et publique, mais à la foi et à la croyance. Elle n'a point eu de plus emportés ni de plus opiniâtres contradicteurs que les pharisiens et les docteurs de la loi; et le Sauveur ne leur reproche rien avec tant de force que la vanité et le désir de la gloire. « Ils aiment, dit-il, les premières places; ils se plaisent à recevoir des

---

[1] *De Civit. Dei*, lib. V, cap. xx. — [2] *Galat.*, I, 10. — [3] II *Cor.*, x, 17, 18. — [4] *Matth.*, xviii, 3, 4.

(a) *Var.*: Repris.

soumissions. Ils veulent qu'on les appelle maîtres et docteurs; ils prient publiquement dans les coins des rues, afin que les hommes les voient; enfin ils ne font rien que pour être vus et honorés [1]. » Aussi quelques-uns des sénateurs qui crurent en Jésus n'osèrent le reconnoître publiquement, « de crainte d'être chassés de la Synagogue; car ils aimoient plus la gloire des hommes que la gloire de Dieu : » *Ex principibus multi crediderunt in eum; sed propter pharisæos non confitebantur, ut è Synagogâ non ejicerentur : dilexerunt enim gloriam hominum magis quàm gloriam Dei* [2]. Mais il n'a rien dit de plus efficace ou, si vous me permettez cette expression, de plus foudroyant que cette parole que nous lisons en saint Jean : *Quomodò vos potestis credere, qui gloriam ab invicem accipitis, et gloriam quæ à solo Deo est non quæritis* [3]? « Comment pouvez-vous croire, vous qui recevez la gloire les uns des autres, et ne recherchez pas la gloire qui vient de Dieu seul? » Méditez cette parole : c'est la gloire qui nourrit dans l'esprit de l'homme ce secret principe d'incrédulité; c'est elle qui entretient la révolte contre l'Evangile. Si la plupart des autres vices combattent la charité, celui-ci combat la foi : les autres détruisent l'édifice; celui-ci renverse le fondement même.

Le même conseil de la Sagesse divine qui a porté un Dieu à s'abaisser et à se rendre petit, l'a porté à ne se communiquer qu'à ceux qui sont petits et humbles : *Revelasti parvulis* [4]. Un Dieu dépouillé et anéanti. Il a pris la foiblesse toute entière, la bassesse, l'humiliation : il n'a rien ménagé, rien épargné de tout ce que les hommes méprisent, de tout ce qui fait horreur à leurs sens. A ces esprits enflés qui se nourrissent de gloire, Jésus-Christ est trop nu et trop bas pour eux, les lumières de l'Evangile trop simples, la doctrine du christianisme trop populaire. Ils n'estiment rien de grand que ce qui fait grande figure dans le monde, et ce qui occupe une grande place. C'est pourquoi le propre de la gloire, c'est d'amasser autour de soi tout ce qu'elle peut. L'homme se trouve trop petit tout seul : ou de grands domaines, ou de grands palais, ou des habits somptueux, ou une suite magnifique, ou les

---

[1] *Matth.*, XXIII, 6, 7. — [2] *Joan.*, XII, 42, 43. — [3] *Joan.*, V, 44. — [4] *Matth.*, XI, 25.

louanges et l'admiration publique. Il tâche de s'agrandir et de s'accroître comme il peut : il pense qu'il s'incorpore tout ce qu'il amasse, tout ce qu'il acquiert, tout ce qu'il gagne : il s'imagine croître lui-même avec son train qu'il augmente, avec ses appartemens qu'il rehausse, avec son domaine qu'il étend. Il ne peut augmenter sa taille et sa grandeur naturelle, il y applique ce qu'il peut par le dehors; et s'imagine qu'il devient plus grand et se multiplie quand on parle de lui, quand il est dans la bouche de tous les hommes, quand on l'estime, quand on le redoute (*a*), quand on l'aime, quand on le recherche, enfin quand il fait du bruit dans le monde. La vertu toute seule lui semble trop unie et trop simple. Ces esprits enflés trouvent Jésus-Christ si petit, si humble, si dépouillé! Ils ne peuvent comprendre qu'il soit grand; et ne savent comment attacher ces grands noms de Sauveur, de Rédempteur et de Maître du genre humain, à cette bassesse et à cette pauvreté du Dieu-Homme.

Voulez-vous être capable de connoître les grandeurs de Jésus-Christ, quittez toutes ces idées, plutôt vastes que grandes, plutôt pompeuses que riches, que la gloire inspire, dont la gloire remplit les esprits, ou plutôt dont elle les enfle; car l'esprit ne se remplit pas de choses si vaines. Il faut savoir que Dieu seul est tout; que tout ce que nous amassons autour de nous pour nous faire valoir et nous rendre recommandables, n'est pas une marque de notre abondance, mais plutôt de notre disette qui emprunte de tous côtés. Dieu seul est grand; et toute la grandeur consiste à lui plaire, à être à lui, à le posséder, à faire sa volonté sainte et ne se glorifier qu'en lui seul, parce que « ceux qui recherchent la gloire des hommes, ne sauroient chercher celle qui vient de Dieu seul. » *Gloriam ab invicem accipitis, et quæ à solo Deo est non quæritis.*

A quoi travaillent dans le monde, je ne dis pas les ames basses et vulgaires, mais ceux que l'on appelle les honnêtes gens et les vertueux, sinon à la gloire et à l'éclat? *Gloriam ab invicem accipitis.* On loue pour être loué; on fait honneur aux autres pour en recevoir, et on se paie mutuellement d'une si vaine récompense.

(*a*) *Var.*: Quand on le craint.

Ne parlons pas de ces esprits foibles qu'on mène où l'on veut par des louanges, qui s'arrêtent à tous les miroirs qui les flattent, qui s'éblouissent à la première lueur (a) d'une faveur même feinte. Vains admirateurs d'eux-mêmes, qui ne se sentent pas plutôt le moindre avantage, qu'ils fatiguent toutes les oreilles de leurs faits et de leurs dits : le monde même les traite de foibles et de ridicules. Mais ceux-là sont-ils plus solides, sont-ils moins vains dans le fond et devant Dieu, qui plus adroits à dissimuler leur foiblesse, savent s'attirer la gloire par des détours plus artificieux ? En sont-ils moins les esclaves de la gloire ? La demander misérablement, ou la ménager par adresse, et la recevoir comme chose due : *Gloriam ab invicem accipitis, et gloriam quæ à solo Deo est non quæritis* : « Vous recherchez la gloire que vous vous donnez les uns aux autres, et vous ne recherchez point la gloire qui vient de Dieu seul. » Lorsque la gloire se présente comme d'elle-même, et vient, pour ainsi dire, de bonne grace, je ne sais quoi nous dit dans le cœur que nous la méritons d'autant plus que nous l'avons moins recherchée.

C'est cette gloire qui corrompt toutes les vertus : elle en corrompt la fin ; elle fait faire pour les hommes ce qu'il faut faire pour Dieu ; elle fait servir la vérité à l'opinion, ce qui est solide à ce qui est vain et qui n'a point de substance ; et ne songe pas, dit saint Augustin, combien c'est une chose indigne que la solidité des vertus serve à la vanité des opinions et des jugemens des hommes : *Undè non dignè tantæ inanitati servit soliditas quædam firmitasque virtutum*[1]. Elle renverse l'ordre ; elle fait marcher après ce qui doit aller devant. Vous voulez être libéral ; il faudroit auparavant être juste, vous dégager avant que d'acquérir les autres, être libre vous-même avant que de songer à vous faire des créatures, enfin, parlons sans figure, à acquitter vos dettes avant que d'épancher des présens. Elle détruit la récompense de la vertu : *Qui magni in hoc sæculo nominati sunt, multùmque laudati in civitatibus gentium, quæsierunt non apud Deum, sed apud homines gloriam ;... ad quam pervenientes perceperunt mer-*

---

[1] *De Civ. Dei,* lib. V, cap. xx.

(a) *Var.* : Au moindre éclat.

cedem suam, vani vanam [1] : « Ainsi ces hommes d'une si grande réputation, tant célébrés parmi les nations, ont cherché la gloire non en Dieu, mais auprès des hommes; ils ont obtenu ce qu'ils demandoient; ils ont acquis cette gloire qu'ils avoient si ardemment poursuivie; et vains, ils ont reçu une récompense aussi vaine que leurs pensées. » Voilà ce que sont les vertus du monde, des vices colorés qui en imposent par un vain simulacre de probité. Les vicieux que la gloire engendre, ne sont pas de ces vicieux abandonnés à toutes sortes d'infamies. Les vices que le monde honore et couronne, sont des vices plus spécieux; il y a quelque apparence de vertu. L'honneur, qui étoit destiné pour la servir, sait de quelle sorte elle s'habille, et lui dérobe quelques-uns de ses ornemens pour en parer le vice qu'il veut établir dans le monde.

Il y a deux sortes de vertus; la véritable et la chrétienne, sévère, constante, inflexible, toujours attachée à ses règles et incapable de s'en détourner pour quoi que ce soit; ce n'est pas la vertu du monde; elle n'est pas propre aux affaires; il faut quelque chose de plus souple pour ménager la faveur des hommes; d'ailleurs elle est trop sérieuse et trop retirée; et si elle n'entre dans le monde par quelque intrigue, veut-elle qu'on l'aille chercher dans son cabinet? Ne parlez pas au monde de cette vertu; il s'en fait une autre à sa mode, plus accommodante et plus douce; une autre ajustée, non point à la règle, mais à l'humeur, au temps, à l'apparence, à l'opinion. Vertu de commerce, elle prendra bien garde de ne manquer pas toujours de parole; mais il y aura des occasions où elle ne sera point scrupuleuse, et saura bien faire sa cour. Malgré toute la droiture qu'elle étale avec tant de pompe dans les occasions médiocres, elle ne s'oubliera pas et saura bien ployer, quand il faudra de la faveur, dans les grands besoins et dans les coups décisifs. Il faut remarquer que le monde pardonne tout quand on réussit. Vous êtes parvenu à vos fins cachées; n'avez-vous pas honte de vous-même?...

Voilà quelles sont les vertus du monde, c'est-à-dire les vertus de ceux qui n'en ont point. Le monde n'aime pas les vices qui ne

---

[1] S. August., *in Psal.* CXVIII, serm. XII, n. 2.

sont que vices. Car, comme dit saint Jean Chrysostome [1], le mal n'a point de nature pour se soutenir lui-même; et s'il étoit sans mélange, il se détruiroit par son propre excès. Mais aussi, si peu qu'on prenne de soin de mêler avec le vice quelque couleur de vertu, il pourra, sans trop se cacher et presque sans se contraindre, paroître avec honneur dans le monde. Il n'est pas besoin d'emprunter le masque d'une vertu sévère, ni le fard d'une hypocrisie trop étudiée; le moindre mélange suffit, la plus légère teinture d'une vertu trompeuse et falsifiée impose aux yeux de tout le monde, concilie de l'honneur au vice, et il ne faut pas pour cela beaucoup d'industrie.

Ceux qui ne se connoissent point en pierreries sont trompés par le moindre éclat; et le monde se connoît si peu en vertu solide, que la moindre apparence éblouit sa vue. C'est pourquoi il ne s'agit presque plus parmi les hommes d'éviter les vices, il s'agit seulement de trouver des noms et des prétextes honnêtes. Pousser ses amis à quelque prix que ce soit, venger hautement ses injures... Le nom et la dignité d'homme de bien se soutiennent plus par esprit et par industrie, que par probité et par vertu; et on est en effet assez vertueux et assez réglé pour le monde, quand on a l'adresse de se ménager et l'invention de se couvrir.

Elegi abjectus esse in domo Dei mei. Je ne veux point de cette gloire qui donne du prix au vice. Comment pourrions-nous recevoir la gloire que le monde donne au vice, nous qui ne recevons pas (a) celle qu'il donne à la vertu? Ce n'est pas la vertu des temps, mais la vertu de l'Evangile... Vous apprendrez la vertu selon la règle en détruisant ces vertus et ces qualités que le monde admire, cette hauteur de courage, cette grandeur d'ame, ces ingénieuses curiosités, cette pénétration d'un esprit subtil et perçant. Tout cela étant corrigé, on s'en servira toutefois...

Les personnes de votre sexe, quel est leur égarement quand la gloire les possède? Je ne daignerois ici vous représenter la foiblesse de celles qui mettent toute leur gloire dans la parure; qui s'imaginent être assez ornées, quand elles amassent autour de

---

[1] Hom. II, *in Act. Apost.*, n. 5.
(a) *Var.:* Qui avons refusé.

leur corps ce qu'il y a de plus curieux ou de plus rare dans l'art ou dans la nature : « Comme si c'étoit là, dit saint Augustin, le souverain bien et la véritable gloire de l'homme, que tout ce qu'il a soit riche et précieux, excepté lui-même : « *Quasi hoc sit hominis maximum bonum habere omnia bona præter seipsum* [1].

Parlons plutôt de celles qui, fières par leur beauté ou par la supériorité de leur génie, sont d'autant plus captives de la gloire, qu'elles pensent que pour l'acquérir elles n'ont besoin que de leurs personnes et de leurs propres avantages. C'est par là qu'elles prétendent se faire un empire, qui se soutient de soi-même sans aucun secours emprunté. Ah! le malheureux empire! Et peuvent-elles en être orgueilleuses, quand elles songent à quel joug et à quelle honte les destinent leurs propres captifs? Et toutefois elles se flattent de cette souveraineté. En effet l'image en est éclatante. Les hommes ne méprisent rien tant que la flatterie et la servitude (a). Pour elles on peut descendre à tout ce que la servitude a de plus bas, et la flatterie de plus servile et de plus rampant, jusqu'à les traiter de divinités; et ce titre, que les flatteurs n'ont jamais donné aux plus grands monarques sans offenser les oreilles des courtisans les plus dévoués, se prodigue tous les jours à ces idoles avec l'applaudissement de tout le beau monde. Pour elles enfin on croit tout permis; et le monde, tant il est aveugle et sensuel (b), excuse en leur faveur non-seulement la folie et l'extravagance, mais encore le crime et la perfidie : tout est permis pour leur plaire et les servir.

Quelle est après cela leur vanité et leur emportement? C'est ce que je n'entreprends pas de vous expliquer. Aussi mettent-elles toute leur vertu dans leur fierté. Le dirai-je dans cette chaire? leur chasteté même est un orgueil : elles craignent plutôt d'abaisser leur gloire que de souiller leur vertu et leur innocence. Ce n'est pas leur honnêteté qu'elles veulent conserver, mais leur supériorité et leurs avantages. Et certes si elles aimoient la vertu, se plairoient-elles à faire naître tant de désirs qui lui sont contraires (c) et les verrions-nous se piquer non moins de corrompre

---

[1] *De Civit. Dei,* lib. III, cap. I.

(a) *Var.:* Sujétion. — (b) Corrompu. — (c) Tant de désirs déhonnêtes.

dans les autres la chasteté que de la garder en elles-mêmes? C'est par là qu'elles se rendent coupables de l'idolâtrie publique. J'appelle ainsi les attachemens criminels qui déshonorent la face du christianisme, et mettent tant de fausses divinités en la place du Dieu véritable. Tertullien disoit autrefois aux sculpteurs qui fabriquoient les idoles : *Tu colis idola, qui facis ut coli possint* [1] : « Tu es coupable du crime d'adorer les idoles, toi qui es cause qu'on les peut adorer. » Et vous, superbes beautés, vaines idoles du monde, pensez-vous être innocentes de l'idolâtrie que vous faites régner sur la terre? C'est vous qui ornez l'idole, vous qui parez l'autel profane, vous-mêmes qui recevez l'encens et agréez le sacrifice d'abomination. Bien plus, vous ne fabriquez pas seulement l'idole, comme ceux dont parle Tertullien, mais vous-mêmes vous êtes l'idole que le monde adore; et non-seulement le soin de vous montrer et de plaire, mais encore ces complaisances, et cette gloire cachée, et ce secret triomphe de votre cœur dans les damnables victoires que vous remportez, en attirent sur vous tout le crime.

Ah! cachons-nous à jamais dans la maison de notre Dieu : *Elegi abjectus esse in domo Dei mei.* Assez et trop longtemps nous avons étalé au monde les attraits de l'esprit et du corps. Cette belle parole, qu'un historien ecclésiastique a recueillie de la bouche du grand saint Martin, doit vous servir de règle. Il disoit, au rapport de Sulpice Sévère, que « le triomphe de la modestie et la dernière perfection de l'honnêteté dans votre sexe, c'est de ne se pas laisser voir : » *Prima virtus et consummata victoria est non videri* [2]. Que votre vertu soit un mystère entre Dieu et vous : entrez dans le cabinet, et fermez la porte sur vous. Il est temps de se cacher avec Jésus-Christ : il est temps non de paroître, mais de se cacher ; non de dominer, mais de dépendre; non de s'élever au-dessus des autres, mais de se mettre aux pieds de tous; non de se pousser aux premiers rangs dans le siècle, mais de tenir le dernier dans la maison de votre Dieu.

Comment pourrions-nous recevoir la gloire que le monde donne au vice, puisque nous ne voulons pas même recevoir celle qu'il

---

[1] *De Idololat.*, n. 6. — [2] Sulpic. Sever., *Dialog.* II, n. 12.

donne à la vertu? « Glorifiez-moi vous-même, mon Père, parce que je ne reçois point la gloire des hommes : » *Clarifica me tu, Pater* [1];... *claritatem ab hominibus non accipio* [2]. Non-seulement je ne la recherche pas, mais même je ne la reçois pas : elle me veut donner le change. Ainsi puissiez-vous dans votre retraite trouver Dieu qui seul vous contente (*a*), et rencontrer par sa grace autant d'ornemens dans vos mœurs que vous en avez généreusement méprisé dans votre fortune : *Tam pretiosa requirit in moribus quàm contempsit in rebus* [3].

SECOND POINT.

Mais, ma Sœur, il faut prendre garde qu'en méprisant la gloire des hommes, vous ne retombiez sur vous-même, et que vous ne receviez plus agréablement de vos propres mains cet encens que vous refusez de la main des autres. C'est un défaut ordinaire de l'esprit humain, après qu'il s'est élevé au-dessus des vices, au-dessus des désirs vulgaires, au-dessus des jugemens et de l'estime des autres, de se plaire uniquement en soi-même. Et il faut ici vous expliquer tout le progrès de l'orgueil, par une excellente doctrine de saint Augustin [4].

Il n'y a rien au-dessous de Dieu de plus noble (*b*) que la créature raisonnable : d'où il s'ensuit qu'une ame vertueuse, qui se cultive elle-même, ne découvre (*c*) rien sur la terre qui soit capable de la délecter plus qu'elle-même; et elle trouve d'autant plus à se plaire dans son propre bien, que le bien qu'elle recherche est plus excellent. C'est pourquoi, si l'on n'y prend garde attentivement, en épurant son jugement et son esprit, en réprimant les mauvais désirs et les foiblesses humaines, on nourrit en soi-même insensiblement une gloire cachée et intérieure qui est d'autant plus à craindre (*d*), qu'il reste moins de défauts pour lui servir de contrepoids. Et comme j'ai déjà dit, il ne faut point nous imaginer que nous avons évité cette maladie, quand nous avons méprisé l'es-

---

[1] *Joan.*, XVII, 5. — [2] *Joan.*, V, 41. — [3] *Epist. ad Demetriad.*, in Append. Oper. S. August., t. II, Epist. XVII, cap. I. — [4] *Cont. Jul.*, lib. IV, cap. III, n. 28.

(*a*) *Var.*: Duquel seul vous vous contentez. — (*b*) De plus excellent. — (*c*) D'où il suit qu'un fidèle qui travaille à sa perfection, ne rencontre. — (*d*) D'autant plus dangereuse.

time des hommes. Car c'est alors que nous renfermant et nous ramassant en nous-mêmes, nous sommes ordinairement encore plus livrés à notre amour-propre.

Ainsi en cet état, chrétiens, bien loin de mépriser la vaine gloire, au contraire nous en séparons pour nous le plus délicat et le plus exquis; nous en prenons le plus fin parfum, et tirons pour ainsi dire l'esprit et la quintessence de cet agréable poison (a). Car notre gloire est d'autant plus grande, qu'elle se contente d'elle-même. Nous trouvons je ne sais quoi de plus fin dans notre propre jugement, quand il a eu la force de s'élever au-dessus des jugemens des autres; ce qui fait que nous en sommes et plus amoureux et plus jaloux. Et alors, quand il arrive que nous nous plaisons en nous-mêmes, nous nous y plaisons d'autant plus que rien ne nous plaît que nous. C'est ainsi que nous nous faisons des dieux en nous-mêmes.

En effet ce qu'il y a de plus dangereux pour nous dans les louanges que l'on nous donne, n'est pas le péril d'être flattés par la bonne estime des autres. Cette complaisance secrète que nous avons pour nous-mêmes, c'est ce qui fait notre plus grand mal; c'est elle que les louanges et les approbations qu'on donne à notre conduite ou à notre esprit, viennent fortifier dans le fond du cœur. Et certes rien ne nourrit tant cette estime que nous avons de notre mérite, que les applaudissemens de ceux qui nous environnent; ce concours de leur opinion avec la nôtre fait un concert trop agréable pour nous. C'est ce concours de leur complaisance avec la nôtre qui fait que la nôtre se croit bien fondée, et s'imprime avec plus de force. Cette même complaisance nous revient par plusieurs endroits, et se réveille de toutes parts : quand nous la prenons toute seule, elle n'est pas moins dangereuse.

C'est, ma Sœur, à cet excès qu'arrivent ceux qui ne se glorifient pas en Notre-Seigneur, selon le précepte de l'Apôtre [1]. « Maudit l'homme qui s'appuie et se plaît en l'homme ! » dit l'oracle de l'Ecriture [2]. Et par là, dit saint Augustin [3], celui-là est maudit de Dieu, qui se plaît ou se confie en lui-même, parce que lui-même

---

[1] I *Cor.*, I, 31. — [2] *Jerem.*, XVII, 5. — [3] *Enchirid.*, n. 30.
(a) *Var.* : D'un poison si subtil.

est un homme : de sorte qu'il ne suffit pas de vouloir être petit aux yeux de tous, si nous ne sommes petits à nous-mêmes, et si nous ne nous tenons les derniers de tous. « Chacun par le sentiment d'une humilité sincère, doit croire les autres au-dessus de soi : » *In humilitate superiores sibi invicem arbitrantes*[1].

Etudiez vos défauts : vous venez dans la religion pour vous détacher de vous-même. Séparée par l'obéissance de votre esprit propre et de vos propres lumières, vous commencerez à vous voir et à vous connoître dans une lumière supérieure.

La science la plus nécessaire à la vie humaine, c'est de se connoître soi-même. Et saint Augustin a raison de dire[2] qu'il vaut mieux savoir ses défauts, que de pénétrer tous les secrets des Etats et de savoir démêler toutes les énigmes de la nature. Cette science est d'autant plus belle qu'elle n'est pas seulement la plus nécessaire, mais la plus rare de toutes. *Delicta quis intelligit*[3]? « Qui est-ce qui connoît ses fautes ? » Nous jetons nos regards bien loin; et pendant que nous nous perdons dans des pensées infinies, nous nous échappons à nous-mêmes. Tout le monde connoît nos défauts, ils font la fable du peuple; nous seuls ne les savons pas, et deux choses nous en empêchent : premièrement nous nous voyons de trop près, l'œil se confond avec l'objet, nous ne sommes pas assez détachés de nous-mêmes pour nous considérer d'un regard distinct, et nous voir d'une pleine vue; secondement, et c'est le plus grand désordre, nous ne voulons pas nous connoître, si ce n'est par les beaux endroits. Nous nous plaignons du peintre qui n'a pas su couvrir nos défauts; et nous aimons mieux ne voir que notre ombre et notre figure, si peu qu'elle semble belle, que notre propre personne, si peu qu'il y paroisse d'imperfection. Cette ignorance nous satisfait; et par la même foiblesse qui fait que nous nous imaginons être sains quand nous ne sentons pas nos maux, assurés quand nous fermons les yeux aux périls, riches quand nous négligeons de voir l'embarras et la confusion de nos comptes et de nos affaires; nous croyons aussi être parfaits quand nous n'apercevons pas nos défauts. Quand notre conscience nous les reproche, nous nous étourdissons nous-mêmes.

[1] *Philip.*, II, 3. — [2] *De Trinit.*, lib. IV, n. 1. — [3] *Psal.* XVIII, 13.

Dans ce silence, dans cette retraite, envisagez vos défauts, connoissez exactement vos péchés : vous trouverez tous les jours de quoi vous déplaire à vous-même. « Dieu, dit saint Augustin, a voulu pour nous empêcher de tomber dans l'orgueil, que nous eussions un besoin continuel de la rémission des péchés : » *Ne superbi viveremus, ut sub quotidianâ peccatorum remissione vivamus*[1]. Qui demande qu'on lui pardonne, ne croit pas mériter de gloire. C'est quelque chose de ferme et de vigoureux. Regardez ce qui reste à faire, vous n'avez rien moins que Jésus-Christ pour modèle, d'oublier ce qui est derrière vous, et de vous avancer sans cesse vers ce qui est devant vous : *Quæ retrò sunt obliviscens ad ea quæ sunt priora extendens meipsum*[2]. Telle est la posture de l'humilité : oubliant ce qui est derrière, et s'étendant au-devant de toute sa force; elle porte ses regards bien loin devant soi dans la crainte qu'elle a de se voir soi-même, et considère toujours ce qui reste à faire pour n'être jamais flattée de ce qu'elle a fait.

Enfoncez-vous donc aujourd'hui dans une obscurité sainte : vous êtes morte par ce sacrifice sous un glaive spirituel. Cachez à la droite ce que fait la gauche; que votre vie soit cachée avec Jésus-Christ; soyez cachée au monde et à vous-même. Celui qui se plaît en soi-même, dit excellemment saint Jean Chrysostome, et se glorifie en ses bonnes œuvres, ravage sa propre moisson et détruit son propre édifice. C'est ce qui vous est figuré par ce voile mystérieux que votre illustre prélat va mettre sur votre tête : vous allez être enveloppée et ensevelie dans une éternelle obscurité. Abaissez-vous donc sous la main sacrée de ce charitable et religieux pasteur, et dites avec le Psalmiste : « J'ai choisi d'être humiliée et anéantie dans la maison de mon Dieu[3]. »

Mais, Messieurs, ne semble-t-il pas que la présence d'une fille de Henri le Grand, d'une Reine si auguste et si grande, donne trop d'éclat à cette cérémonie d'humiliation, à ce mystère d'obscurité sainte? Non, Madame; Votre Majesté ne vient pas ici pour y apporter la gloire du monde, mais pour prendre part aux abaissemens de la vie religieuse et humiliée. Le sang de saint Louis ne vous a pas seulement donné une grandeur auguste et royale,

---

[1] *Cont. Jul.*, lib. IV, cap. III, n. 28. — [2] *Philip.*, III, 13. — [3] *Psal.* LXXXIII, 11.

mais encore vous a inspiré une piété toute chrétienne; et il est digne de vous qu'étant obligée par votre rang à faire une si grande partie des pompes du monde, votre foi vous invite à assister aux cérémonies où l'on apprend à les mépriser.

Mais, Messieurs, n'avez-vous pas remarqué encore qu'une autre reine nous manque? Anne, vous n'êtes plus, puisque vous n'honorez pas de votre présence ce grand et religieux spectacle. Grande Reine, si vous étiez, cette fille qui vous fut chère, dont vous connoissiez si bien la vertu, qui a eu votre confiance jusqu'à votre dernier soupir, ne seroit présentée à Dieu que de votre main. Et certes il seroit juste que l'ayant arrachée de cette maison et l'ayant ôtée à Dieu pour un temps, vous-même lui rendissiez ce qu'il n'a fait que vous prêter.

Mais, Messieurs, suis-je chrétien quand je parle comme je fais? Traiterai-je comme morte celle qui vit avec Dieu; et croirai-je qu'elle nous manque aujourd'hui, parce qu'elle ne se montre pas à ces yeux mortels? Non, non; il n'est pas ainsi. Nous avons ici plus d'une reine, s'il est vrai, comme nous enseigne la théologie, qu'on voit dans ce miroir infini de la divine essence. Si les ames bienheureuses y découvrent principalement ce qui touche les personnes qui leur sont attachées par des liaisons particulières, ma Sœur, Anne-Maurice d'Espagne, votre unique et chère maîtresse, vous voit du plus haut des cieux : sans doute, elle a trop de part au sacrifice que vous faites. Après elle vous n'avez voulu servir que Dieu seul. Après lui avoir fermé les yeux, vous avez fermé pour jamais les vôtres aux folles vanités du siècle. Il semble que vous n'avez pas voulu même la survivre, puisque dans le même moment que cette ame pieuse a quitté le monde, vous l'avez aussi quitté : vous avez passé de sa Cour dans le cloître, pour vous consacrer à une mort mystique et spirituelle. En sortant de cette Cour si chrétienne, si sainte, si religieuse, vous avez cru qu'aucune maison n'étoit digne de vous recevoir que celles qui sont dédiées à votre Dieu; et vous venez professer ici solennellement qu'une Reine si puissante et si magnifique, après vous avoir honorée de son affection et comblée si abondamment de ses graces, n'a pu néanmoins vous rendre heureuse. Et tant s'en faut que vous estimiez qu'elle ait pu faire votre bonheur par toutes ses largesses, qu'au contraire mieux éclairée par les lumières de la foi, vous mettez votre bonheur à quitter généreusement tout ce qu'elle a pu faire pour vous, tout ce qu'une libéralité royale a voulu accumuler de biens sur votre tête. O pauvreté et impuissance des rois, qui peuvent faire leurs serviteurs riches, puissans, fortunés, mais qui ne peuvent pas les faire heureux! Et certes il n'appartient qu'à celui qui est lui-même le souverain bien de donner la félicité.

Venez donc, ma chère Sœur en Jésus-Christ, venez vous jeter entre ses bras; venez vous cacher sous ses ailes, venez vous humilier dans sa maison. Recevez-la, Monseigneur, au nombre des vierges sacrées, que votre haute sagesse et votre sollicitude pastorale sait si bien conduire dans la voie étroite. Donnez-lui de ce cœur toujours pacifique et véritablement paternel votre sainte bénédiction, que je vous demande aussi pour moi-même, comme une authentique approbation de la doctrine que j'ai prêchée. Ainsi soit-il.

SERMON

POUR UNE PROFESSION,

PRÊCHÉ

LE JOUR DE L'ÉPIPHANIE (a).

Venerunt nuptiæ Agni, et uxor ejus præparavit se.

Les noces de l'Agneau se vont célébrer, et son Epouse s'est préparée. *Apoc.*, XIX, 7.

Il est écrit, mes Sœurs, dans le livre de la *Genèse*, que « l'homme quittera son père et sa mère pour s'attacher à son épouse [1]; » et

---

[1] *Genes.*, II, 24.

(a) Vers 1664. — On verra par le style que ce sermon appartient à la grande époque, et le jour est désigné par les indications les plus précises.

Jusqu'ici les éditeurs ont mis l'exorde après le sermon : « Il ne pourroit, disent-ils à la suite et dans le langage de Déforis, il ne pourroit être mis en tête

saint Augustin nous enseigne qu'on ne peut jamais bien entendre le sens véritable de ce passage, si l'on ne l'applique au Fils de Dieu [1]. En effet, dit ce saint évêque, selon l'usage des choses humaines, il falloit dire que c'étoit l'Epouse qui quitte la maison paternelle pour s'attacher à son Epoux; et il n'y a, ce semble, que Jésus-Christ seul dont l'on puisse parler en un sens contraire. Car il est cet Epoux céleste qui a en quelque sorte quitté Dieu son Père qui l'engendre dans l'éternité, et sa mère la Synagogue qui l'a engendré dans le temps, pour s'attacher à son Eglise, que son sang et son esprit lui ont ramassée de toutes les nations de la terre. Si je vous disois de moi-même que c'est en cette journée que l'Eglise célèbre ces noces avec son cher et divin Epoux, vous croiriez peut-être, Messieurs, que c'est une invention que j'aurois trouvée pour joindre le mystère de cette fête avec la cérémonie que nous allons faire, que tous les saints Pères appellent des *noces*. Mais il n'en est pas de la sorte; c'est l'Eglise elle-même qui chante dans l'office de cette journée : *Hodie cœlesti Sponso juncta est Ecclesia :* « Aujourd'hui l'Eglise a été unie avec son Epoux; » elle célèbre en ce mystère le jour de son mariage. Tellement, ma très-chère Sœur, que vos noces spirituelles avec Jésus-Christ se rencontrant si heureusement avec celles de la sainte Eglise dans une même solennité, il ne me sera pas malaisé d'accommoder le sujet que vous me donnez de parler avec celui de la fête que nous célébrons aujourd'hui; et j'espère traiter l'un et l'autre, pourvu qu'il plaise à l'Epoux céleste, dont je dois raconter les louanges, de m'accorder le secours de son Esprit par l'intercession de sa sainte Mère. *Ave.*

Enfin, ma Sœur, elle est arrivée cette heure désirée depuis si longtemps, en laquelle vous serez unie avec Jésus-Christ par des noces spirituelles. Certainement il n'étoit pas juste de vous donner d'abord ce divin Epoux, encore que votre cœur languît après lui : il falloit auparavant embellir votre ame par une pratique plus exacte de la vertu, et éprouver votre foi par une longue suite des

---

[1] *De Genes., cont. Manich.,* lib. II, n. 37.
du discours, sans en déranger l'ordre et la suite, et sans y faire pour cette raison des changemens. » Ne voyant point la justesse de cette remarque, nous avons mis le commencement au commencement, l'exorde à la place de l'exorde.

saints exercices. Maintenant que vous vous êtes ornée d'une manière digne de lui, et que votre noviciat vous a préparée à ce bienheureux mariage, il n'est pas juste de le retarder, et nous allons en commencer la cérémonie : *Venerunt nuptiæ Agni, et uxor ejus præparavit se.* En cet état, ma très-chère Sœur, vous parler d'autre chose que de votre Epoux, ce seroit offenser votre amour, et je n'ai garde de commettre une telle faute. Parlons donc aujourd'hui du divin Jésus; qu'il fasse tout le sujet de cet entretien. Considérons attentivement quel est cet Epoux qu'on vous donne; et pour joindre votre fête particulière avec celle de toute l'Eglise, tâchons de connoître ses qualités par le mystère de cette journée. Vous y apprendrez sa grandeur, vous y découvrirez son amour, et vous y verrez aussi sa jalousie.

Il est grand, n'en doutez pas, puisque c'est un roi. Les Mages le publient hautement : « Où est né, disent-ils, le roi des Juifs[1]? » et c'est pour honorer sa royauté qu'ils viennent de si loin lui rendre leurs hommages. Ce roi vous aime d'un amour ardent, et il vous montre assez son amour par la bonté qu'il a eue de vous prévenir. Les Mages ne le connoissoient pas, et il leur envoie son étoile pour les attirer. Il vous a été rechercher par la même miséricorde; et il a fait luire sur vous, ainsi qu'un astre bénin, une inspiration particulière qui vous a retirée du monde, pour vous unir à lui de plus près. Votre Epoux est donc un grand roi ; votre Epoux vous aime avec tendresse ; mais il faut encore vous dire qu'il vous aime avec jalousie.

Il appelle les Mages à lui ; mais il ne veut pas qu'ils retournent par la même voie, ni qu'ils aiment ce qu'ils aimoient auparavant. Ainsi en lui donnant votre cœur, détachez-vous aujourd'hui de toutes choses. S'il vous chérit comme un amant, il vous observe comme un jaloux ; et le soin qu'il a pris d'avertir les Mages du chemin qu'ils devoient tenir, peut vous faire entendre, ma Sœur, qu'il veille bien exactement sur votre conduite. Apprenez de là quel est cet Epoux qui vous donne aujourd'hui la main. Vous voyez sa royauté par les hommages qu'on lui rend (a) ; vous voyez

---

[1] *Matth.*, II, 2.

(a) *Var. :* Qu'il reçoit.

son amour par l'ardeur de sa recherche ; vous voyez sa jalousie par le soin qu'il prend de veiller sur vous, et de marquer si exactement toutes vos démarches.

O épouse de Jésus-Christ, profitez de la connnoissance particulière qu'on vous donne de l'Epoux céleste auquel vous engagez votre foi. Il est roi : apprenez, ma Sœur, qu'il faut soutenir magnifiquement (*a*) cette haute dignité de son Epouse. Il vous aime ; prenez donc grand soin de vous rendre toujours agréable pour conserver son affection. Il est jaloux ; apprenez de là quelle précaution vous devez garder pour lui justifier votre conduite. Voilà trois avis importans que j'ai à vous donner en peu de paroles : mais pour les rendre plus particuliers, et ensuite plus fructueux, il faut en faire l'application à la vie que vous embrassez, et aux trois vœux que vous allez faire.

Je vous ai dit qu'il faut prendre soin de soutenir la dignité dont il vous honore, de conserver l'amour dont il vous prévient, et de n'offenser pas la jalousie par laquelle il vous observe. Qu'il vous sera aisé d'accomplir ces choses par le secours de vos vœux ! C'est un roi ; mais c'est un roi pauvre, qui a pour palais une étable, dont le trône est une croix ; pour soutenir la dignité d'Epouse (*b*), il ne veut que l'amour de la pauvreté. Il aime, et ce qu'il aime ce sont les ames pures (*c*) : pour conserver son affection (*d*), l'agrément qu'il recherche c'est la chasteté. Il est délicat et jaloux, et il veille de près sur vos actions : mais comme il aime la soumission et chérit les ames soumises, pour se défendre de sa jalousie, la souveraine précaution c'est l'obéissance (*e*). Dieu soit loué, mes Sœurs, de m'avoir inspiré ces pensées, et de m'avoir donné le moyen de joindre, ainsi que je l'ai promis, l'action que vous allez faire avec le mystère que l'Eglise honore.

(*a*) *Var.* : Vigoureusement. — (*b*) A sa mode la grandeur royale. — (*c*) Il aime, il est passionné pour les ames pures. — (*d*) Son amour. — (*e*) Il veille de près sur vos actions : l'unique précaution qu'il vous demande, c'est la fidélité de l'obéissance.

PREMIER POINT.

Il est bien vrai, mes Sœurs, ce que Dieu nous dit avec tant de force par la bouche de son prophète Isaïe [1], que ses pensées ne sont pas les pensées des hommes, et que ses voies sont infiniment éloignées des nôtres. Le ciel n'est pas plus élevé par-dessus la terre, que les conseils de la sagesse divine le sont par-dessus les opinions et les maximes de notre prudence. Le mystère du Verbe fait chair (a), où nous voyons un renversement de toutes les maximes du monde, est une preuve invincible de cette vérité. Et sans vous raconter maintenant toutes les particularités de ce grand mystère, ce que j'ai à vous prêcher aujourd'hui suffira pour vous faire voir cet éloignement infini des pensées de Dieu et des nôtres. Car, mes Sœurs, je prêche un roi pauvre, un roi que ses sujets ne connoissent pas : *Sui eum non receperunt* [2] ; qui n'a par conséquent ni provinces qui lui obéissent, ni armées qui combattent sous ses étendards. Son trône, c'est une crèche et son palais une étable : c'est un monarque dans l'indigence, et un souverain dans l'opprobre. O ciel, ô terre, ô anges et hommes, étonnez-vous des abaissemens du monarque que nous adorons.

Mais nous voyons, Messieurs, ordinairement que les pauvres s'associent des riches pour chercher du secours à leur indigence. Il est dans l'usage des choses humaines qu'un pauvre qui se marie tâche de subvenir à sa pauvreté, en prenant une femme riche dont la dot le mette à son aise. Et voici mon Sauveur Jésus, le plus pauvre de tous les pauvres, qui ne veut que des pauvres en sa compagnie ; qui se choisissant une épouse, ne veut pour dot que sa pauvreté, et l'oblige à renoncer hautement à l'espérance de son héritage. Entendons ces deux vérités, et voyons quel est ce mystère.

Quoiqu'il soit assez extraordinaire de venir de la misère à la royauté et qu'il le soit beaucoup plus d'être pauvre et roi, toutefois il est véritable que nous avons des exemples de l'un et de l'autre, et que Dieu se plaît quelquefois à confondre l'arrogance

---

[1] *Isa.*, LV, 8. — [2] *Joan.*, I, 11.
(a) *Var.*: De l'Incarnation.

humaine par de telles vicissitudes. Mais que, pour établir une royauté, il soit nécessaire de se faire pauvre; que la nécessité et l'indigence soient le premier degré pour monter au trône, c'est ce qui est entièrement inouï dans toutes les nations de la terre, et mon Sauveur s'étoit réservé de nous faire voir ce miracle. Car, mes Frères, vous le savez, ou vous êtes fort peu informés des vérités de notre croyance; vous savez que le Fils de Dieu, pour s'acquérir le titre de roi, a été obligé de se faire pauvre. Son Père lui promet que toutes les nations de la terre reconnoîtront son autorité, et qu'il les lui donnera pour son héritage [1]. Mais qui ne sait, parmi les fidèles, que pour monter sur ce trône qui lui est promis sur la terre, il a fallu qu'il descendît de celui où il régnoit dans le ciel; que pour acquérir ce nouvel héritage, il a fallu quitter celui qui lui appartenoit par sa naissance, et venir parmi les hommes, foible et indigent, exposé à toute sorte de misères?

Vous le savez, chrétiens, et les mystères que nous célébrons durant ces saints jours ne vous permettent pas d'ignorer ce fondement du christianisme. Mais pour en savoir le secret et pénétrer les causes d'un si grand mystère sous la conduite de l'Ecriture, nous remarquerons, s'il vous plaît, deux royautés en notre Sauveur. Comme Dieu, il est le Roi et le Souverain de toutes les créatures qui ont été faites par lui : *Omnia per ipsum* [2]; et outre cela, en qualité d'homme, il est Roi en particulier de tout le peuple qu'il a racheté, sur lequel il s'est acquis un droit absolu par le prix qu'il a donné pour sa délivrance. Voilà donc deux royautés dans le Fils de Dieu : la première lui est naturelle, et lui appartient par sa naissance; la seconde est acquise, et il l'a méritée par ses travaux. La première de ces royautés, qui lui appartient par la création, n'a rien que de grand et d'auguste, parce que c'est un apanage de sa naturelle grandeur, et qu'elle suit nécessairement son indépendance. Et pourquoi n'en est-il pas de même de celle qui est née par la rédemption? Saint Augustin vous le dira mieux que je ne suis capable de vous l'expliquer. Voici la raison que j'en ai conçue par les principes de ce grand évêque. Puisque le Sauveur étoit né avec une telle puissance qu'il étoit de droit

---

[1] *Psal.* II, 8. — [2] *Joan.*, I, 3.

naturel maître absolu de tout l'univers, lorsqu'il a voulu s'acquérir les hommes par un titre particulier, nous devons entendre, Messieurs, qu'il ne le fait pas de la sorte dans le dessein de s'agrandir, mais dans celui de les obliger.

En effet, dit saint Augustin, que sert-il au roi des anges de se faire roi des hommes ; au Dieu de toute la nature de vouloir s'en acquérir une partie, sur laquelle il a déjà un droit absolu? Il n'augmente pas (a) par là son empire, puisqu'en s'acquérant les fidèles, il ne s'acquiert que son propre bien, et ne se donne que des sujets qui lui appartiennent déjà : tellement que s'il recherche cette royauté, il faut conclure, dit ce saint évêque, que ce n'est pas dans une pensée d'élévation, mais par un dessein de condescendance ; ni pour augmenter son pouvoir, mais pour exercer sa miséricorde : *Dignatio est, non promotio; miserationis indicium est, non potestatis augmentum*[1]. Ainsi ne vous étonnez pas aujourd'hui, ô Mages qui venez l'adorer, si vous ne voyez en ce nouveau roi aucune marque de grandeur royale. C'est ici une royauté extraordinaire. Ce Roi n'est pas roi pour s'élever, c'est pourquoi il ne cherche rien de ce qui élève : il est roi pour nous obliger, et c'est pourquoi il recherche ce qui nous oblige.

Et, mes Frères, vous savez assez combien sa pauvreté y est nécessaire, puisque tous les oracles divins nous enseignent que nous ne devons être sauvés que par ses souffrances. Mais poussons encore plus loin cette vérité chrétienne, et prouvons invinciblement que c'est par le degré de la pauvreté que notre Roi doit monter au trône. Vous le comprendrez sans difficulté, si vous considérez attentivement quel est le trône que l'on lui destine. Cherchons-le dans l'histoire de son Evangile : jetons les yeux sur toute sa vie ; ne verrons-nous point quelque part le titre de sa royauté? Sera-ce peut-être dans les synagogues, où il enseigne avec tant d'autorité ? ou ne sera-ce point plutôt au Thabor, où il paroît avec tant d'éclat ; au Jourdain, où le ciel s'ouvre sur lui? Où verrons-nous écrit : « Jésus de Nazareth, roi des Juifs[2]? » Ah! mes Frères, c'est sur sa croix ; et ce titre nous doit faire entendre

---

[1] *In Joan.*, tract. LI, n. 4. — [2] *Joan.*, XIX, 19.
(a) *Var.* : Il n'accroît pas.

que la croix est le trône de ce nouveau roi. Elle n'est pas seulement son trône, elle est la source de sa royauté. Car comme nous sommes un peuple racheté, il est notre roi par la croix qui a porté le prix de notre salut; comme nous sommes un peuple conquis, *Populus acquisitionis*[1], il est notre roi par la croix qui a été l'instrument de sa conquête. Il se confesse roi dans sa passion: *Ergo rex es tu*[2]? Et ce qu'il n'a jamais avoué, quand il a paru comme tout-puissant par la grandeur de ses miracles, il commence à le publier, lorsqu'il paroît le plus méprisable par sa qualité de criminel. Et pourquoi cela, je vous prie, si ce n'est afin que nous entendions que c'est sa croix et sa mort ignominieuse qui font l'établissement de sa royauté?

S'il est ainsi, s'il est ainsi, si tel est le dessein de Dieu, que mon maître doive régner par son supplice, ah! pauvreté, viens à son secours, pauvreté, prête-lui la main. Il ne peut être roi sans son entremise : car considérez, ames saintes, ce bel ordre des conseils de Dieu. Afin que Jésus-Christ fût notre roi en qualité de Sauveur, il falloit qu'il nous acquît; et pour nous acquérir, il falloit qu'il nous achetât; et pour nous acheter, il devoit donner notre prix; pour donner notre prix, il falloit qu'il fût mis en croix; pour être mis en croix, il falloit qu'il fût méprisé; et afin qu'il fût méprisé, ne falloit-il pas qu'il fût pauvre, qu'il fût foible, qu'il fût impuissant, abandonné aux injures, exposé à l'oppression et à l'injustice par sa condition misérable? *Ut daret pretium, pro nobis crucifixus est; ut crucifigeretur, contemptus est; ut contemneretur, humilis apparuit*[3]. S'il eût paru aux hommes avec un appareil redoutable, qui auroit osé mettre la main sur sa personne? Ses gardes, ses satellites, comme il dit lui-même[4], ne l'auroient-ils pas délivré? S'il eût eu quelque crédit dans le monde, l'auroit-on traité si indignement? Mais comme il devoit être crucifié, il a voulu être méprisé; et pour s'abandonner au mépris, il lui a plu d'être pauvre.

Regardez les degrés, mes Sœurs, par où votre Epoux monte dans son trône, ou plutôt par où votre Epoux descend à son trône, à la royauté par la croix, à la croix par l'oppression, à l'oppres-

---

[1] 1 *Petr.*, II, 9. — [2] *Joan.*, XVIII, 37. — [3] S. August., *in Joan.*, tract. IV, n. 2. — [4] *Matth.*, XXVI, 53.

sion par le mépris, au mépris par la pauvreté. O pauvreté de Jésus, que je t'adore aujourd'hui avec les Mages ! tu es le sacré marchepied par où mon Roi est allé au trône ; c'est toi qui l'as conduit à la royauté, parce que c'est toi qui l'as mené jusque sur la croix. Et vous, ô Jésus, mon Roi et mon Maître, ah ! que je comprends aujourd'hui tous les mystères de votre vie par la royauté dont je parle ! Je m'étonnois de vous voir dans une étable, sur de la paille et dans une crèche : mon esprit éperdu ne pouvoit comprendre tant de bassesse. Mais que tout cela vous sied bien ! Il faut un tel palais à un roi pauvre, un tel berceau à un roi pauvre, un tel appareil à un roi pauvre. Que cette couronne d'épines vous est convenable ! Que ce sceptre fragile est bien dans vos mains! Tout cela est digne d'un roi qui vient régner par la pauvreté. Et lorsque faisant votre entrée dans la ville de Jérusalem, vous êtes monté sur une ânesse, ah ! mes Frères, qui ne rougiroit d'un si ridicule équipage, si l'on n'étoit convaincu d'ailleurs qu'il est digne de ce roi pauvre, qui ne se fait pas roi pour s'agrandir, mais pour fouler aux pieds la grandeur mondaine ?

Chère Sœur, voilà votre Epoux, voilà le roi que nous vous donnons. N'ayez pas de honte de sa pauvreté ; elle abonde en biens infinis. Il ne méprise les biens de la terre qu'à cause de la plénitude des biens du ciel ; et sa royauté est d'autant plus grande, qu'elle ne veut rien de mortel. Ce n'est pas par impuissance, mais par dédain ; ce n'est pas par nécessité, mais par plénitude. « Il n'a pas besoin de nos biens : » *Bonorum meorum non eges*[1] ; et il ne lui convient pas, en sa dispensation selon la chair. « Car, étant riche, il s'est fait pauvre pour l'amour de nous : » *Cùm dives esset, propter nos egenus factus est*[2]. C'est pourquoi je vous ai dit au commencement qu'il demande pour dot votre pauvreté. Pourquoi cela, ames chrétiennes, si ce n'est, comme il nous a dit, que « son royaume n'est pas de ce monde[3] ? » Si son royaume étoit de ce monde, il demanderoit pour dot les biens de ce monde ; mais son royaume n'étant pas du monde, il ne vous estimera riche qu'en perdant tous les biens que le monde donne. C'est

---

[1] *Psal.* xv, 2. — [2] II *Cor.*, viii, 9. — [3] *Joan.*, xviii, 36.

par cette dot de la pauvreté que vous achetez son royaume.

Ce n'est pas sans raison qu'il ne donne la félicité en qualité de royaume qu'aux pauvres et à ceux qui souffrent. O Evangile, que tes mystères sont liés, et que ta doctrine est suivie ! Le trône de Jésus-Christ, c'est la croix; le premier degré, c'est la pauvreté. Il ne parle de royaume qu'à ceux qui sont ou sur le trône de sa croix par les souffrances, ou sur le premier degré par la pauvreté. Venez donc donner la main à ce Roi. Et vous, recevez-la, ô Jésus, recevez-la comme votre épouse, puisqu'elle consent d'être pauvre : donnez-lui part à votre royaume, puisqu'elle le mérite par son indigence. Nouveau mariage, mes Sœurs, où le premier article que l'Epoux demande, c'est que l'Epouse qu'il a choisie renonce à son héritage; où il l'oblige par son contrat à se dépouiller de tous ses biens; où il appelle ses parens, non point pour recevoir d'eux leurs biens temporels, mais pour leur quitter à jamais ce qu'elle pouvoit espérer par sa succession. C'est ainsi que Jésus-Christ se marie, parce qu'il est si grand par lui-même, que c'est se rendre indigne de lui que de ne se contenter pas de ses biens et de désirer autre chose quand on le possède. « Oubliez votre peuple et la maison de votre père : » *Obliviscere populum tuum et domum patris tui* [1]. Vous voyez la condition sous laquelle Jésus-Christ vous reçoit; voyez maintenant les moyens de vous conserver son amour : c'est ma seconde partie.

SECOND POINT.

Il est temps, ma Sœur, de vous faire voir l'amour qu'a pour vous votre Epoux céleste; et comme l'amour d'un époux se fait paroître principalement dans l'ardeur de la recherche, il faut vous montrer en peu de paroles de quelle sorte Jésus-Christ vous a recherchée. Vous découvrirez cette vérité dans l'étoile mystérieuse qui paroît dans notre mystère; et à la faveur de sa lumière, vous verrez des marques sensibles de l'amour du divin Sauveur et du désir qu'il a eu de vous posséder. Il y a trois choses dans cette étoile qui me paroissent fort considérables, et qui font merveilleusement pour notre sujet.

[1] *Psal.* XLIV, 11.

Premièrement, je remarque que cet astre ne jette pas indifféremment sa lumière, et semble faire un choix des personnes sur lesquelles il répand ses rayons. Il ne luit pas par toute la terre : on ne le voit qu'en Orient, nous dit l'Evangile; encore n'y paroît-il qu'aux trois Mages. Et ce qui nous fait voir manifestement que cette étoile éclaire avec choix et avec discernement des personnes, c'est qu'elle se cache sur Jérusalem et qu'elle retire ses rayons de dessus cette ville ingrate. Secondement cette belle étoile ne choisit pas seulement ceux qu'elle illumine, mais encore elle les attire. Elle montre aux Mages un éclat si doux et je ne sais quelle lueur si bénigne, que leurs yeux en étant charmés, à peine se peuvent-ils empêcher de la suivre : *Vidimus stellam ejus et venimus*[1] : « Nous l'avons vue, disent-ils, et aussitôt nous sommes venus. » Enfin, non-seulement elle les attire, mais encore elle les précède : *Stellam quam viderant Magi, antecedebat eos*[2]. Elle marche devant eux pour les conduire; et afin de leur faire porter plus facilement les fatigues et les ennuis du voyage, elle remplit leurs cœurs d'une sainte joie : *Videntes autem stellam gavisi sunt gaudio magno*[3].

Voilà, ma Sœur, les trois qualités de l'étoile qui nous apparoît : elle choisit, elle attire et elle précède. Et vous reconnoissez à ces trois marques l'inspiration favorable par laquelle Jésus-Christ vous a appelée à l'heureuse dignité d'Epouse. Cette inspiration, c'est votre étoile : elle s'est levée sur votre orient, c'est-à-dire dès vos premières années; mais elle vous a paru par un choix exprès. Cette grace, que Dieu vous a faite, n'a pas été donnée à tout le monde. Le Fils de Dieu nous a dit lui-même[4] que « tous n'entendent pas cette parole : » *Non omnes capiunt verbum istud*. Qui est donc celui qui la peut entendre? « C'est celui, dit-il, à qui Dieu le donne : » *Sed quibus datum est*. Par conséquent il vous a choisie; il vous a choisie entre mille. Combien a-t-il laissé de vos compagnes? Combien en a-t-on voulu appeler qui n'ont pas écouté cette voix? Combien s'en est-il présenté, qu'il ne lui a pas plu de recevoir? *Non hos elegit Dominus*[5] : « Le Seigneur ne les

---

[1] *Matth.*, II, 2. — [2] *Ibid.*, 9. — [3] *Ibid.*, 10. — [4] *Matth.*, XIX, 11. — [5] *Baruch*, III, 27.

a pas choisies. » Ses yeux ont daigné s'arrêter sur vous : pouvez-vous douter de son amour après le bonheur de cette préférence ?

Ce seroit peu de vous avoir choisie : jamais vous n'eussiez suivi ce choix bienheureux, s'il ne vous avoit attirée. Nul ne vient à lui qu'il ne lui donne; nul ne peut venir qu'il ne l'attire [1]. Tâchez de rappeler en votre mémoire le moment auquel il vous a touchée. Quelle lumière vous parut tout à coup? Quel attrait inopiné du bien éternel arracha de votre cœur l'amour du monde, et vous le fit regarder avec mépris ? C'est l'étoile qui vous paroît, c'est l'inspiration qui vous attire. Que si peut-être il est arrivé que vous n'ayez pas senti si distinctement tous ces mouvemens admirables, mais, ma Sœur, connoissez votre Epoux, et sachez qu'il agit en nous d'une manière si délicate, que souvent le cœur est gagné avant même qu'il s'en aperçoive. Et s'il ne vous avoit attirée de cette manière forte et puissante à laquelle, dit saint Augustin [2], nulle dureté ne résiste, par combien de vaines délices le monde vous auroit-il amollie ? par combien d'erreurs dangereuses se seroit-il efforcé de vous séduire ? par combien de fausses lumières auroit-il tâché de vous éblouir? Mais l'étoile de Jésus-Christ, je veux dire son inspiration et sa grace, a eu un éclat plus fort et une lumière plus attirante. Vous l'avez vue; elle vous a charmée; vous êtes venue aussitôt : *Vidimus et venimus;* et Jésus est prêt à vous recevoir. Heureuse d'avoir été si soigneusement recherchée, et si fortement attirée !

Toutefois l'amour du divin Epoux a fait quelque chose de plus en votre faveur. En vain sa lumière et sa grace vous eût excitée à venir ; vous n'eussiez pu continuer un si grand voyage, si le même astre qui vous l'a fait entreprendre ne vous eût précédée durant votre course. Laissez les raisonnemens éloignés, et jugez-en par l'expérience de votre noviciat. Autant de pas que vous avez faits, la grace a toujours marché devant vous, et votre volonté n'a fait que la suivre : *Pedissequâ, non præviâ voluntate,* dit saint Augustin [3]. Autrement, ma très-chère Sœur, parmi tant de tentations qui vous environnent, votre volonté chancelante

---

[1] Joan., VI, 44. — [2] *De Prædest. Sanct.,* cap. VIII, n. 13. — [3] *Ad Paulin.,* epist. CLXXXVI, n. 10.

seroit tombée à chaque moment; le bruit et le tumulte du monde vous eût empêchée de prêter l'oreille aux caresses de votre Epoux, qui parle en secret; l'éclat et la pompe du monde, qui frappe les sens et les éblouit de près, auroit effacé à vos yeux la lumière modeste et tempérée de la simplicité religieuse; la mollesse et les délices du monde vous auroient rendue trop insupportable votre vie pénitente et mortifiée. Votre Epoux ne l'a pas permis : son étoile qui vous avoit excitée, non-seulement a voulu vous accompagner, mais encore marcher devant vous, afin que vous ne pussiez la perdre de vue : *Antecedebat eos;* et la joie dont elle a rempli votre cœur s'est répandue si abondamment dans toutes les puissances de votre ame, qu'elle a noyé et abîmé la joie de ce monde qui s'efforçoit à tout moment de lever la tête.

Ainsi, ma Sœur, ayant surmonté les difficultés du voyage, je veux dire les peines du noviciat, la conduite de cette étoile vous a enfin amenée où étoit l'enfant : *Staret suprà ubi erat puer* [1]. C'est là, c'est là qu'elle vous arrête. Entrez, et vous trouverez le divin Jésus prêt à recevoir vos présens et à vous donner les siens, c'est-à-dire à vous donner sa foi et à recevoir la vôtre, et à s'unir avec vous par un éternel mariage. Qui vit jamais un amour pareil, ni une recherche si ardente? Il vous a choisie entre mille : de peur que vous manquassiez à le suivre, il a pris soin de vous attirer. Qui pourroit assez admirer son assiduité infatigable? Il ne vous a pas quittée un moment; et dans tous les pas que vous avez faits, il a toujours marché devant pour vous ouvrir le chemin plus libre, marquant le sentier que vous deviez suivre par un trait d'une lumière céleste. Combien devez-vous faire d'efforts, combien rechercher d'agrémens pour vous conserver à jamais une affection si ardente?

C'est ici qu'il faut vous dire un secret de la grace que je vous prêche, et de l'amour du Fils de Dieu que je vous annonce. C'est que son amour ne continue pas ainsi qu'il commence; et la différence consiste en ce point, que pour commencer à nous aimer, il ne nous demande point de mérites; mais pour le continuer, il nous en demande. Saint Augustin vous le dira mieux : « Il a aimé

---

[1] *Matth.*, II, 19.

notre ame, dit ce saint évêque, toute laide qu'elle étoit par ses crimes; mais il l'a aimée, poursuit-il, afin de l'embellir par les bonnes œuvres : » *Fœdos dilexit, ut pulchros faceret* [1]. Et ailleurs, plus élégamment : « Il nous a aimés, nous dit-il, dans le temps que nous lui déplaisions, mais c'étoit afin de produire en nous ce qui est capable de lui plaire : » *Displicentes amati sumus, ut esset in nobis undè placeremus* [2]. Il vous a choisie, ma très-chère Sœur, par un amour gratuit, par une bonté prévenante, par un pur effet de miséricorde. Comme il a voulu venir de lui-même, il n'a point fallu d'agrément pour l'attirer; mais il en faut nécessairement pour le retenir. Mais quelles graces, quels agrémens pourront vous conserver cet Epoux céleste, qui est lui-même si accompli et le plus beau des enfans des hommes [3] ?

Il faut vous dire encore en un mot que vous ne manquerez jamais d'agrément pour lui, tant que vous aurez soin de conserver pure la virginité chrétienne que vous lui vouez aujourd'hui. Si vous voulez entendre, mes Sœurs, combien la virginité lui est agréable, vous n'avez qu'à méditer attentivement les mystères que nous honorons durant ces saints jours. Quel est le sujet de ces fêtes? qu'est-ce que l'Eglise nous y représente? Un Dieu qui descend sur la terre : c'est la sainte virginité qui a eu la force de l'attirer. Un Dieu qui naît d'une femme, *ex muliere* [4]; mais la sainte virginité l'a purifiée, afin que le Saint-Esprit opérât sur elle. Un Dieu qui prend une chair humaine; mais il ne l'auroit pas revêtue si cette chair n'eût été ornée de toute la pureté d'un sang virginal. Et de peur que vous ne croyiez que c'est trop flatter la virginité que de lui attribuer un si grand ouvrage, tâchons d'éclaircir cette vérité par un beau principe tiré de la doctrine des Pères.

Ils nous représentent la virginité comme une espèce de milieu entre les esprits et les corps; et saint Augustin l'entend de la sorte, lorsqu'il parle en ces termes des vierges sacrées : « Elles ont, dit-il, en la chair quelque chose qui n'est pas de la chair, » et qui tient de l'ange plutôt que de l'homme : *Habent aliquid jam non carnis*

---

[1] *In Joan.*, tract. X, n. 18. — [2] *Ibid.*, tract. CII, n. 5. — [3] *Psal.* XLIV, 3. — [4] *Galat.*, IV, 4.

in carne[1]. Les esprits et les corps, voilà les extrémités opposées; la virginité, voilà le milieu qui participe de l'une et de l'autre. Elle est en la chair, dit saint Augustin ; c'est par là qu'elle tient aux hommes : mais elle a, dit-il, dans la chair quelque chose qui n'est pas de la chair, c'est par là qu'elle touche aux anges : tellement qu'elle est le milieu entre les esprits et les corps. C'est une perfection des hommes; mais c'est un écoulement de la vie des anges. Et ce beau principe étant supposé, je ne m'étonne pas, chrétiens, si la sainte virginité est intervenue pour unir, dans le mystère de l'Incarnation, la divinité à la chair. Il y avoit trop de disproportion entre la corruption de nos corps et la beauté immortelle de cet esprit pur : tellement que, pour mettre ensemble deux natures si éloignées, il falloit auparavant trouver un milieu dans lequel elles s'approchassent.

Il est tout trouvé, chrétiens, et la sainte virginité peut faire ce grand effet par son entremise. Et s'il m'est permis aujourd'hui d'expliquer un si grand mystère par l'exemple des choses sensibles, j'en trouve quelque crayon imparfait dans la lumière qui nous éclaire. Il n'est rien de plus opposé que la lumière et les corps opaques. La lumière tombant dessus ne les peut jamais pénétrer, parce que leur obscurité la repousse : il semble au contraire qu'elle s'en retire en réfléchissant ses rayons. Mais lorsqu'elle rencontre un corps transparent, elle y entre, elle s'y unit, parce qu'elle y trouve l'éclat et la transparence qui approche de sa nature et a quelque chose de sa clarté. Ainsi nous pouvons dire, Messieurs, que la divinité du Fils de Dieu voulant s'unir à un corps mortel, demandoit en quelque façon que la virginité se mît entre deux, parce qu'ayant quelque chose de spirituel, elle a pu préparer la chair à être unie à cet esprit pur.

Je ne le dis pas de moi-même : c'est un saint évêque d'Orient qui m'a donné ouverture à cette pensée; et voici ses propres paroles tirées fidèlement de son texte : « C'est, dit-il, la virginité qui fait que Dieu ne refuse pas de venir vivre avec les hommes : c'est elle qui donne aux hommes des ailes pour prendre leur vol du côté du ciel ; et étant le lien sacré de la familiarité de l'homme

---

[1] *De sanctâ Virginit.*, n. 12.

avec Dieu, elle accorde par son entremise des choses si éloignées par nature[1]. » S'il est ainsi, et n'en doutons pas, puisque de si grands hommes le disent, puisque nous le voyons par tant de raisons, ne croyez pas, ma très-chère Sœur, que vous puissiez jamais manquer d'agrément pour Jésus votre Epoux céleste, tant que vous porterez en vous-même ce qui l'a attiré du ciel en la terre. La bonté de Dieu est sans repentance : ce qu'il aime, il l'aime toujours ; et ayant cherché une fois avec tant d'ardeur la pureté virginale, il a toujours pour elle le même transport. Et aussi voyons-nous dans son Ecriture qu'il la veut toujours avoir en sa compagnie : « Car les vierges suivent l'Agneau partout : » *Sequuntur Agnum quocumque ierit*[2]. Soyez donc vierge d'esprit et de corps. Ainsi un chaste agrément vous conservera ce que la grace de votre Epoux vous a accordé : vous aurez toujours son affection, et vous n'offenserez pas sa jalousie. Il faut encore parler en un mot de cette jalousie de l'Epoux céleste, et c'est par où je m'en vais conclure.

TROISIÈME POINT.

Que Dieu soit jaloux, chrétiens, il s'en vante si souvent dans son Ecriture, qu'il ne nous permet pas de l'ignorer. C'est une des qualités qu'il se donne dans le Décalogue : « Je suis, dit-il, le Seigneur ton Dieu, Dieu fort et jaloux : » *Deus tuus, fortis et zelotes*[3]. Et cette qualité de jaloux est si naturelle à Dieu, qu'elle fait un de ses noms, comme il est écrit en l'Exode : *Dominus zelotes, nomen ejus*[4] : « Son nom est le Seigneur jaloux. » Il paroît donc assez que Dieu est jaloux, et peu de personnes l'ignorent : mais que l'ouvrage de notre salut, que le mystère de Rédemption, que nous honorons durant ces saints jours, soit un effet de sa jalousie, c'est ce que vous n'avez pas peut-être encore entendu et qu'il est nécessaire que je vous explique, puisque mon sujet m'y conduit.

Ce n'est pas moi qui le dis ; c'est Dieu qui nous en assure en termes exprès par la bouche de son prophète Isaïe : *De Jerusalem*

---

[1] S. Greg. Nyss., *Orat. de Virg.*, cap. II. — [2] *Apoc.*, XIV, 4. — [3] *Exod.*, XX, 5. — [4] *Exod.*, XXXIV, 14.

exibunt reliquiæ, et salvatio de monte Sion : zelus Domini exercituum faciet istud [1] : « Dans les ruines de Jérusalem il restera un grand peuple que Dieu délivrera de la mort ; le salut paroîtra en la montagne de Sion : la jalousie du Dieu des armées fera cet ouvrage. » Après des paroles si claires, il n'est pas permis de douter que le mystère de notre salut ne soit un effet de jalousie : mais de quelle sorte cela s'accomplit, il n'est pas fort aisé de le comprendre. Car, mes Sœurs, que la jalousie du Dieu des armées le porte à châtier ceux qui le méprisent, je le conçois sans difficulté ; c'est le propre de la jalousie. Et je remarque aussi dans les saintes Lettres que Dieu n'y parle guère de sa jalousie, qu'il ne nous fasse en même temps craindre ses vengeances. « Je suis un Dieu jaloux, dit le Seigneur : » *Deus fortis, zelotes ;* et il ajoute aussitôt après : « Vengeant les iniquités des pères sur les enfans : » *Visitans iniquitates patrum in filios* [2]. « Dieu est jaloux, » dit Moïse ; et il dit dans le même lieu que « Dieu est un feu consumant ; l'ardeur de sa jalousie brûle les pécheurs : » *Dominus Deus tuus ignis consumens est, Deus æmulator* [3]. Et le prophète Nahum a joint ces deux choses : « Le Seigneur est un Dieu jaloux, et le Seigneur est un Dieu vengeur : » *Deus æmulator et ulciscens Dominus* [4] ; tant ces deux qualités sont inséparables.

Que s'il est ainsi, chrétiens, se peut-il faire que nous rencontrions le principe de notre salut dans la jalousie, qui semble être la source des vengeances ? Et après que le prophète a uni un Dieu jaloux et un Dieu vengeur, oserons-nous espérer de trouver ensemble un Dieu jaloux et un Dieu sauveur ? Néanmoins il est véritable : ce qui a sauvé le peuple fidèle, c'est la jalousie du Dieu des armées ; vous l'avez ouï de sa propre bouche : *Zelus Domini exercituum faciet istud* [5]. Mais il ne vous faut plus tenir en suspens ; il est temps d'expliquer un si grand mystère. Un excellent auteur de l'antiquité nous en va donner l'ouverture : ce grand homme, c'est Tertullien. Il dit que Dieu a recouvré (a) son image, que « le diable avoit enlevée, par une opération de jalousie : »

---

[1] *Isa.*, XXXVII, 32. — [2] *Exod.*, XX, 5. — [3] *Deut.*, IV, 24. — [4] *Nahum.*, I, 2. — [5] *Isa.*, XXXVII, 32.

(a) *Var. :* Délivré.

Deus imaginem suam à diabolo captam æmulâ operatione recuperavit[1]. Voilà peu de paroles, Messieurs ; mais elles renferment un sens admirable qu'il faut tâcher de développer.

Pour cela il est nécessaire de reprendre les choses d'un plus haut principe, et de rappeler en votre mémoire la témérité de cet ange, qui par une audace inouïe a voulu s'égaler à Dieu et se placer jusque dans son trône. Repoussé de sa main puissante et précipité dans l'abîme, il ne peut quitter le premier dessein de son audace démesurée ; il se déclare hautement le rival de Dieu. C'est ainsi que Tertullien l'appelle[2] *Æmulus Dei*, « le jaloux, le rival de Dieu. » Il se veut faire adorer en sa place : il n'a pu occuper son trône, il lui veut enlever son bien. Il entre dans le paradis terrestre, furieux et désespéré : il y trouve l'image de Dieu, c'est-à-dire l'homme, image chérie et bien-aimée, que Dieu avoit faite de sa propre main ; il la séduit, il la corrompt. Surprise par ses flatteries, elle s'abandonne à lui. La parjure qu'elle est, l'ingrate et l'infidèle qu'elle est, au milieu des bienfaits de son Epoux, dans le lit même de son Epoux (pardonnez-moi la hardiesse de cette parole, que je ne trouve pas encore assez forte pour exprimer l'indignité de cette action), dans le lit même de son Epoux, elle se prostitue à son rival. O insigne infidélité ! ô lâcheté sans pareille ! Falloit-il quelque chose de plus que cette honteuse prostitution faite à la face de Dieu, pour l'exciter à jalousie ? Il s'y excite en effet. Mon Epouse s'est fait enlever ; mon image s'est laissé corrompre, elle que j'avois faite avec tant d'amour, dont j'avois moi-même formé tous les traits, que j'avois animée d'un souffle de vie sorti de ma propre bouche.

Que fera, mes Frères, ce Dieu fort et jaloux, irrité d'un si infâme abandonnement ? Que fera-t-il à cette Epouse, qui a méprisé un si grand amour et offensé si fortement sa jalousie ? Certainement il pouvoit la perdre. Mais, ô jalousie miséricordieuse ! il a mieux aimé la sauver. O rival, je ne veux point qu'elle soit ta proie ; je ne la puis souffrir en tes mains : ce spectacle indigne irrite mon cœur, et le provoque à jalousie. Piqué de ce sentiment, il court après pour la retirer : il descend du ciel en la terre, pour

[1] *De carne Christi*, n. 17. — [2] *De Spect.*, n. 2.

chercher son Epouse qui s'y est perdue. Il vient nous sauver des mains de Satan, jaloux de nous voir en sa puissance. Vous l'avez vu ces jours passés naître en Bethléem; il vous a fait annoncer par ses anges qu'il étoit votre Sauveur : la jalousie du Dieu des armées a fait cet ouvrage. Certes cette manière admirable dont il se sert pour nous retirer montre assez, si nous l'entendons, que c'est la jalousie qui le fait agir. Car considérez, je vous prie, qu'il n'envoie pas ses anges pour nous délivrer; il y vient lui-même en personne : *Deus ipse veniet et salvabit vos* [1]. Et cela pour quelle raison, si ce n'est afin que nous comprenions que c'est à lui que nous devons tout; et que nous lui consacrions tout notre amour, comme nous tenons de lui seul tout notre salut?

C'est pourquoi nous voyons dans son Ecriture qu'il n'est pas moins jaloux de sa qualité de Sauveur, que de celle de Seigneur et de Dieu. Ecoutez comme il en parle, Messieurs : *Ego Dominus, et non est ultra Deus absque me : Deus justus et salvans, non est præter me* [2] : « Je suis le Seigneur, et il n'y a point d'autre Dieu que moi : je suis le Dieu juste, et personne ne vous sauvera que moi. » Il me semble que ce Dieu jaloux adresse sa voix, comme un amant passionné, à la nature humaine infidèle : O volage, ô prostituée, qui m'as quitté pour mon ennemi! n'est-ce pas moi qui suis le Seigneur? et il n'y a point de Dieu que moi. Regarde qu'il n'y a que moi qui te sauve; et si tu m'as oublié après t'avoir créée, reviens du moins quand je te délivre. Voyez, mes Frères, comme il est jaloux de la qualité de Sauveur. Et ailleurs, se glorifiant de l'ouvrage de notre salut : C'est moi, c'est moi, dit-il, qui l'ai fait : ce ne sont ni mes anges, ni mes archanges, ni aucune des vertus célestes : « C'est moi seul qui l'ai fait, c'est moi seul qui vous porterai sur mes épaules, c'est moi seul qui vous sauverai : » *Ego feci, ego feram, ego portabo, ego salvabo* [3]. Tant il est jaloux de cette gloire, tant notre délivrance lui tient au cœur, tant il craint que nos affections ne se partagent.

Et c'est pour cette même raison qu'il nous fait, dit saint Chrysostome [4], des présens si riches. Il voit que nous recevons à pleines

---

[1] *Isa.*, XXXV, 4. — [2] *Isa.*, XLV, 21. — [3] *Isa.*, XLVI, 4. — [4] In epist. I *ad Cor.*, hom. XXIV, n. 2.

mains les présens de son rival qui nous séduit : il nous amuse par une pomme, il nous gagne par des biens trompeurs qui n'ont qu'une légère apparence. Chrétiens, il en est jaloux. Quoi ! l'on préfère des présens si vains à tant de bienfaits si considérables ! Que fera-t-il, dit saint Chrysostome ? Il fera comme un amant passionné, qui voyant celle qu'il recherche gagnée par les présens des autres prétendans, multiplieroit aussi les siens sans mesure pour emporter le dessus et la dégoûter des présens des autres : ainsi fait le Sauveur Jésus. Pour détourner nos yeux et nos cœurs des libéralités trompeuses de notre ennemi, il redouble ses dons jusqu'à l'infini, il nous donne son Esprit et sa grace, il nous donne son trône et sa gloire, il nous donne son royaume et son héritage, il nous donne sa personne et sa vie, il nous donne son corps et son sang. Et que ne nous donne-t-il pas ? Voyez, voyez, dit-il, si cet autre prétendant que vous écoutez ; voyez s'il pourra égaler une telle munificence. A quelque prix que ce soit, il est résolu de gagner nos cœurs ; et nous voudrions nous défendre d'une jalousie si obligeante ! J'en ai dit assez pour vous faire voir que le Dieu Sauveur est jaloux, et qu'il nous sauve par sa jalousie, *æmulâ operatione*. Mais s'il en a l'ardeur et les transports, il en a aussi les regards et la vigilance.

Il a, ma Sœur, des yeux de jaloux toujours ouverts pour veiller sur vous, pour étudier tous vos pas, pour observer toutes vos démarches ; et sans m'engager dans de longues preuves d'une vérité si constante, considérez seulement l'état où vous êtes. Et ces grilles, et cette clôture, et tant de contraintes différentes, n'est-ce pas assez pour vous faire comprendre combien sa jalousie est délicate ? Il vous renferme soigneusement, il rend de toutes parts l'abord difficile, il observe jusqu'à vos regards ; et ce voile, qu'il met sur votre tête, montre assez qu'il est jaloux et de ceux qu'on jette sur vous, et de ceux que vous jetez sur les autres. Il compte tous vos pas, il règle votre conduite jusqu'aux moindres choses : ne sont-ce pas des actions d'un amant jaloux ? Il n'en fait pas ainsi à tous les fidèles ; mais c'est que s'il est jaloux de tous les autres, il l'est beaucoup plus de ses Epouses. Etant donc ainsi observée de près, pour vous garantir des effets d'une jalousie si délicate, il ne vous reste, ma chère Sœur, qu'une obéissance toujours ponctuelle et un entier abandonnement de vos volontés. Marchez par la voie qu'il vous prescrit, par la règle qu'il vous a donnée : écoutez son ange qui vous avertit ; ce sont vos supérieurs qui tiennent sa place. Vivant de la sorte, ma Sœur, espérez tout de son amour, et n'appréhendez rien de sa jalousie. Il seroit trop long de parler de l'obéissance ; ce mot suffira. Il faut finir par une réflexion sur la jalousie.

Sachez donc que ce Dieu jaloux veut que ses fidèles le soient aussi, et qu'une sainte jalousie nous soit comme un aiguillon pour nous exciter à son service. *Ecce venio citò ; tene quod habes, ut nemo accipiat coronam tuam* [1] : « Je viendrai bientôt ; tenez fortement ce qui a été mis en vos mains, de peur que votre couronne ne soit donnée à un autre : » Pourquoi parle-t-il de la sorte ? pourquoi nous destiner une couronne qui doit briller sur une autre tête ? Que ne la destinoit-il tout d'abord à celui qui la devoit enfin obtenir ? Pour nous exciter à jalousie ? C'est ainsi qu'il a fait à l'égard des Juifs. Dieu a appelé les Gentils pour exciter les Juifs à jalousie, de peur qu'ils ne perdissent la place que tant d'oracles divins leur avoient promise. « Leur chute est devenue une occasion de salut aux Gentils, afin que l'exemple des Gentils leur donnât de l'émulation pour les suivre : » *Illorum delicto salus est Gentibus, ut illos æmulentur.* « Tant que je serai l'apôtre des Gentils, dit saint Paul, je travaillerai à rendre illustre mon ministère, pour tâcher d'exciter de l'émulation dans l'esprit des Juifs qui me sont unis selon la chair et d'en sauver quelques-uns : » *Quamdiù ego sum Gentium apostolus, ministerium meum honorificabo : si quomodò ad æmulandum provocem carnem meam, et salvos faciam aliquos ex illis* [2]. Comme un père, dit saint Chrysostome [3], qui appelle son fils pour le caresser, ce fils mutin et opiniâtre refuse ses embrassemens, il en fait approcher un autre, et il attire par la jalousie celui que l'amour n'avoit pas gagné. Que tel ait été le dessein de Dieu, il nous le déclare lui-même formellement par la bouche de Moïse : « Ils m'ont, dit-il, piqué de jalousie, en ado-

---

[1] *Apoc.*, III, 11. — [2] *Rom.*, XI, 11, 13, 14. — [3] *In Epist. ad Rom.*, hom. XVIII, n. 3.

rant ceux qui n'étoient point dieux, et ils m'ont irrité par leurs vanités sacriléges; et moi je les piquerai aussi de jalousie, en aimant ceux qui ne forment pas un peuple, et je les irriterai en substituant à leur place une nation insensée : » *Ipsi me provocaverunt in eo qui non erat Deus, et irritaverunt in vanitatibus suis; et ego provocabo eos in eo qui non est populus, et in gente stultâ irritabo illos* [1].

Cet innocent artifice de sa bonté paternelle a été inutile aux Juifs. Dieu leur a voulu donner de la jalousie pour les enflammer à le suivre; ils l'ont refusé. Vive Dieu, dit le Seigneur; cette jalousie fera leur supplice. « Ce sera alors, leur dit Jésus-Christ, qu'il y aura des pleurs et des grincemens de dents, » quand vous verrez qu'Abraham, Isaac, Jacob et tous les prophètes seront dans le royaume de Dieu, et que vous autres vous serez chassés dehors : *Ibi erit fletus et stridor dentium.* « Il en viendra d'Orient et d'Occident, du Septentrion et du Midi, qui auront place au festin dans le royaume de Dieu : alors ceux qui sont les derniers seront les premiers, et ceux qui sont les premiers seront les derniers : » *Et venient ab Oriente et Occidente, et Aquilone et Austro, et accumbent in regno Dei : et ecce sunt novissimi qui erant primi, et sunt primi qui erant novissimi* [2]. « Les enfans du royaume seront jetés dans les ténèbres extérieures : » *Filii autem regni ejicientur in tenebras exteriores* [3]. La jalousie, et ensuite la rage et le désespoir : *Ibi erit fletus et stridor dentium.* L'un des grands supplices des damnés sera de voir la place qui étoit destinée pour eux : — Que ce trône est auguste! que cette couronne est brillante! Elle étoit préparée pour moi, et je l'ai perdue par ce misérable plaisir d'un moment. — Chrétien, où est ton courage?

« Tenez donc, ma Sœur, fortement ce qui a été mis entre vos mains, de peur que votre couronne ne soit donnée à un autre : » *Tene quod habes, ut nemo accipiat coronam tuam.* La couronne de l'Epoux appartient en quelque sorte à l'Epouse; ne la perdez pas : songez au mépris que l'on a pour une Epouse répudiée....

---

[1] *Deut.*, XXXII, 21. — [2] *Luc.*, XIII, 28-30. — [3] *Matth.*, VIII, 11.

SERMON
POUR UNE PROFESSION,

PRÊCHÉ

LE JOUR DE L'EXALTATION DE LA SAINTE CROIX (a).

Venerunt nuptiæ Agni, et uxor ejus præparavit se.

Les noces de l'Agneau sont venues, et son Epouse s'est préparée. *Apoc.*, XIX, 7.

Le mystère de notre salut nous est proposé dans les saintes Lettres sous des figures diverses, dont la plus fréquente, mes Sœurs, c'est de nous représenter cet ouvrage comme l'effet de plusieurs actes publics, passés authentiquement par le Fils de Dieu en faveur de notre nature. Nous y voyons premièrement l'acte d'amnistie et d'abolition générale par lequel il nous remet nos péchés; ensuite nous y lisons le traité de paix par lequel il pacifie le ciel et la terre, et le rachat qu'il a fait de nous pour nous retirer des mains de Satan. Nous y lisons aussi en plus d'un endroit le Testament mystique et spirituel par lequel il nous donne la vie éternelle, et nous fait ses cohéritiers dans le royaume de Dieu son Père. Enfin il y a le sacré contrat par lequel il épouse sa sainte Eglise, et la fait entrer avec lui dans une bienheureuse communauté. De ces actes et de quelques autres qu'il seroit trop long de vous rapporter, découlent toutes les graces de la nouvelle alliance; et ce que j'y trouve de plus remarquable, c'est que notre aimable et divin Sauveur les a tous ratifiés par son sang. Dans la rémission de nos crimes, il est notre propitiateur par son sang, « Dieu l'ayant proposé pour être la victime de réconciliation par la foi que les hommes auroient en son sang : » *Propitiationem per fidem in sanguine ipsius* [1]. S'il a pacifié le ciel et la terre, c'est par le sang de sa croix :

[1] *Rom.*, III, 25.

(a) Vers 1668. — Ce sermon renferme plusieurs passages modifiés, abrégés, corrigés, du sermon précédent; il a donc été fait plus tard. D'une autre part, il appartient manifestement à la grande époque. De là notre date approximative.

Pacificans per sanguinem crucis ejus [1]. S'il nous a rachetés des mains de Satan comme un bien aliéné de son domaine, les vieillards lui chantent dans l'*Apocalypse* que son sang a fait cet ouvrage : « Vous nous avez rachetés par votre sang, » lui disent-ils : *Redemisti nos in sanguine tuo* [2]; et pour ce qui regarde son Testament, c'est lui-même qui a prononcé dans sa sainte cène : « Buvez; ceci est mon sang, le sang du Nouveau Testament, versé pour la rémission des péchés [3]. »

Ne croyez pas, ames chrétiennes, que le contrat de son mariage, par lequel il s'unit à l'Eglise, lui ait moins coûté que le reste. C'est à lui que convient proprement ce mot : « Vous m'êtes un époux de sang : » *Sponsus sanguinum tu es mihi* [4] : et ce n'est pas sans sujet que dans le passage de l'*Apocalypse* que j'ai choisi pour mon texte, il est épousé comme un Agneau, c'est-à-dire en qualité de victime : *Venerunt nuptiæ Agni*. Ainsi quoique la fête de sa croix, qui comprend un mystère de douleurs, semble être fort éloignée de la solennité de son mariage, qui est une cérémonie de joie, il y a néanmoins beaucoup de rapport; et nous pouvons aisément traiter l'une et l'autre dans la suite de ce discours, après avoir imploré le secours d'en haut par l'intercession de la sainte Vierge. *Ave.*

Dans cette cérémonie, vous parler d'autre chose, ma très-chère Sœur, que de votre Epoux, ce seroit offenser votre amour. Parlons donc aujourd'hui du divin Jésus; qu'il fasse tout le sujet de cet entretien. Considérons attentivement quel est cet Epoux qu'on vous donne; et pour joindre votre fête particulière avec celle de toute l'Eglise, tâchons de connoître ses qualités par le mystère de cette journée. Vous y verrez premièrement qu'il est roi, et vous lirez le titre de sa royauté gravé en trois langues au haut de sa croix : « Jésus de Nazareth, roi des Juifs [5]. » Vous y apprendrez en second lieu que c'est un amant passionné; et son sang, que le seul amour tire de ses veines, en sera la marque évidente. Enfin vous découvrirez que c'est un amant jaloux; et il me sera aisé de vous

---

[1] *Col.*, I, 20. — [2] *Apoc.*, V, 9. — [3] *Matth.*, XXVI, 28. — [4] *Exod.*, IV, 25. — [5] *Joan.*, XIX, 19.

faire voir par les Ecritures divines que ce grand ouvrage de notre salut, accompli heureusement sur la croix, a été un effet de sa jalousie (a).

PREMIER POINT.

Quand je considère, mes Sœurs, cette qualité de Roi des Juifs que Pilate donne à Jésus-Christ, et qu'il fait paroître au haut de sa croix malgré les oppositions des pontifes, j'admire profondément la conduite de la Providence qui lui met cette pensée dans l'esprit, et je me demande à moi-même : D'où vient que notre Sauveur, qui a refusé si constamment le titre de roi durant les jours de sa gloire, c'est-à-dire quand il se montroit un Dieu tout-puissant par la grandeur de ses miracles, commence à le recevoir dans le jour de ses abaissemens, et lorsqu'il paroît le dernier des hommes par la honte de son supplice. Où est l'éclat et la majesté qui doivent suivre ce grand nom de *roi*, et qu'a de commun la grandeur royale avec cet appareil d'ignominie? C'est ce qu'il faut vous expliquer en peu de paroles; et pour cela remarquez, mes Sœurs, que Jésus-Christ a deux royautés, dont l'une lui convient

---

(a) Dans la célébration de la noce spirituelle le jour de la Croix, elle verra les trois qualités de son Epoux : 1° le titre de sa royauté ; 2° l'ardeur de son amour; 3° la délicatesse de sa jalousie. En apprenant qu'il est Roi, elle verra qu'il faut soutenir la qualité d'Epouse ; en apprenant qu'il aime, le soin qu'elle doit avoir de se rendre toujours agréable pour conserver son affection ; en apprenant qu'il est jaloux, les précautions qu'elle doit garder pour lui justifier toute sa conduite. C'est un roi pauvre, dont le trône est une croix, le sceptre un roseau, la couronne composée d'épines : il veut qu'on soutienne sa dignité par la pauvreté. Il aime les ames pures, et l'agrément qu'il demande, c'est la chasteté. Il est délicat et jaloux; et la précaution qu'il veut, c'est l'obéissance. La jalousie du Fils de Dieu paroît à la croix. Car c'est là que « par une émulation digne de lui, il recouvre sur le diable son image dont cet usurpateur s'étoit emparé. » *Deus imaginem suam à diabolo captam æmulâ operatione recuperavit.* (Tertull., *De resurr. carn.*, n. 17). Il étoit jaloux de ce que son image s'étoit prostituée à son ennemi, après qu'il l'avoit formée avec tant de soin. « Dans le dessein de l'honorer, il l'avoit voulu façonner pour ainsi dire de ses propres mains ; et avec quelle application ne s'étoit-il pas étudié à lui imprimer les traits de sa ressemblance ? » *Toties honoratur, quoties manus Dei patitur; recogita totum illi Deum occupatum ac deditum* (Tertull., *De resurr. carn.*, n. 6.) Cependant elle s'abandonne à son ennemi : de là la jalousie de son Dieu. De crainte qu'elle ne partageât encore son cœur, il la veut sauver lui-même : il ne veut pas que personne s'en mêle que lui : *Ego feci, ego salvabo* (Isai., XLVI, 4); ni les anges ni les archanges n'ont été employés à ce ministère : « Le zèle du Seigneur des armées fera lui-même cette œuvre : *Zelus Domini exercituum faciet hoc* (Isai., IX, 7).

comme Dieu, et l'autre lui appartient en qualité d'homme. Comme Dieu, il est le Roi et le Souverain de toutes les créatures, qui ont été faites par lui : *Omnia per ipsum facta sunt* [1]; et outre cela, en qualité d'homme, il est Roi en particulier de tout le peuple qu'il a racheté, sur lequel il s'est acquis un droit absolu par le prix (a) qu'il a donné pour sa délivrance. Voilà donc deux royautés dans le Fils de Dieu : la première lui est naturelle, et lui appartient par sa naissance; la seconde est acquise, et il l'a méritée par ses travaux. La première de ces royautés, qui lui appartient par la création, n'a rien que de grand et d'auguste, parce que c'est un apanage de sa grandeur naturelle, et qu'elle suit nécessairement son indépendance : mais il ne doit pas en être de même de celle qu'il s'est acquise par la rédemption; et en voici la raison solide que j'ai tirée de saint Augustin.

Puisque le Fils de Dieu étoit né avec une telle puissance qu'il étoit de droit naturel Maître absolu de tout l'univers, lorsqu'il a voulu s'acquérir les hommes par un titre particulier, nous devons entendre, mes Frères, qu'il ne le fait pas de la sorte dans le dessein de s'agrandir, mais dans celui de les obliger. En effet, dit saint Augustin, que sert-il au Roi des anges de se faire le roi des hommes; au Dieu de toute la nature de vouloir s'en acquérir une partie, sur laquelle il a déjà un droit souverain? Il n'accroît point par là son empire, il n'étend pas plus loin sa puissance, puisqu'en s'acquérant les fidèles, il ne s'acquiert que son propre bien, et ne se donne que des sujets qui lui appartiennent déjà par le titre de la création. Tellement que s'il recherche cette royauté, il faut conclure, dit ce saint évêque, que ce n'est pas dans un dessein (b) d'élévation, mais par un sentiment de condescendance; ni pour augmenter son pouvoir, mais pour exercer sa miséricorde : *Dignatio est, non promotio; miserationis indicium, non potestatis augmentum* [2].

Ainsi nous ne devons chercher en ce nouveau Roi aucune marque extérieure de grandeur royale. C'est ici une royauté extraordinaire. Jésus-Christ n'est pas Roi pour s'agrandir; c'est

---

[1] Joan., I, 3. — [2] *In Joan.*, tract. LI, n. 5.

(a) *Var.*: Par le sang. — (b) Dans une pensée.

pourquoi il ne cherche rien de ce qui l'élève aux yeux des hommes : il est Roi pour nous obliger; c'est pourquoi il recherche ce qui nous oblige, c'est-à-dire des blessures qui nous guérissent, une honte qui fait notre gloire et une mort qui nous sauve. Telles sont les marques de sa royauté : elles sont dignes d'un Roi qui ne vient pas pour s'élever au-dessus des hommes par l'éclat d'une vaine pompe, mais plutôt pour fouler aux pieds les grandeurs humaines; et qui veut que les sceptres rejetés, l'honneur méprisé, la gloire du monde anéantie, fassent tout l'ornement de son triomphe.

Voilà le Roi, ma très-chère Sœur, que vous choisissez pour Epoux. S'il est pauvre, abandonné, destitué entièrement des honneurs du siècle et de tous les biens de la terre, au nom de Dieu n'en rougissez pas. Ce n'est point par impuissance, mais par dédain; ce n'est point par nécessité, mais par abondance. Il ne méprise les avantages du monde qu'à cause de la plénitude des trésors célestes; et ce qui rend sa royauté plus auguste, c'est qu'elle ne veut rien de mortel. C'est pourquoi dans ce bienheureux mariage dans lequel ce divin Epoux vous associe à son trône, il demande pour dot votre pauvreté. Nouveau mariage, mes Sœurs, où le premier article que l'Epoux propose, c'est que l'Epouse qu'il a choisie renonce à son héritage; où il l'oblige par son contrat à se dépouiller de tous ses droits; où il appelle ses parents, non pour recevoir d'eux leurs biens temporels, mais pour leur quitter à jamais ce qu'elle peut espérer par sa succession. C'est à cette condition que ce Roi crucifié vous épouse. Car si son royaume étoit de ce monde, il en pourroit peut-être demander les biens; mais son royaume n'étant pas du monde, il a raison d'exiger cette condition nécessaire : c'est que vous renonciez tout à fait au monde par la sainte profession de la pauvreté volontaire, dont il vous a donné l'exemple.

Le contrat qu'il vous propose, ma Sœur, les articles qu'il vous présente à signer sont compris en ces paroles du divin Apôtre : *Mihi mundus crucifixus est, et ego mundo* [1] : « Le monde m'est crucifié, et je suis crucifié au monde. » Où vous devez remarquer,

---

[1] *Gal.*, VI, 14.

avec le docte saint Jean Chrysostome [1], que « ce n'est pas assez à l'Apôtre que le monde soit mort pour le chrétien; mais qu'il veut encore, dit ce saint évêque, que le chrétien soit mort pour le monde : » et cela pour nous faire entendre que le commerce est rompu des deux côtés, et qu'il n'y a plus aucune alliance. « Car, poursuit ce docte interprète, l'Apôtre considéroit que, non-seulement les vivans ont quelque sentiment les uns pour les autres, mais qu'il leur reste encore quelque affection pour les morts : ils en conservent le souvenir; ils leur rendent quelques honneurs, ne seroient-ce que ceux de la sépulture. C'est pourquoi l'apôtre saint Paul ayant entrepris de nous faire entendre jusqu'à quelle extrémité le fidèle doit se dégager de l'amour du monde : Ce n'est pas assez, nous dit-il, que le commerce soit rompu entre le monde et le chrétien, comme il l'est entre les vivans et les morts; car il reste assez ordinairement quelque affection en ceux qui survivent, qui va chercher les morts dans le tombeau même : mais tel qu'est un mort à l'égard d'un mort, tels doivent être le monde et le chrétien. » Grande et admirable rupture! Mais donnons-en une idée plus particulière (a).

Ce qui nous fait vivre au monde, c'est l'inclination pour les biens du monde; ce qui fait vivre le monde pour nous, c'est un certain éclat qui nous éblouit. La mort éteint les inclinations; cette chaleur tempérée qui les entretient s'est entièrement exhalée; la mort ternit dans les plus beaux corps toute cette fleur de beauté, et fait évanouir cette bonne grace. Ainsi le monde est mort pour le chrétien, en tant qu'il n'a plus d'attrait pour son cœur; et le chrétien est mort pour le monde, en tant qu'il n'a plus d'amour pour les biens qu'il donne. C'est ce qui s'appelle dans l'Écriture être crucifié avec Jésus-Christ. C'est le traité qu'il nous fait signer en nous recevant (b) au baptême; c'est le même qu'il vous propose dans ces noces spirituelles, ainsi qu'un sacré contrat, pour être observé par vous dans la dernière rigueur et dans la perfection la plus éminente : contrat digne de vous être lu dans

---

[1] Lib. II, De Compunct., n. 2.

(a) Var. : Que veut dire cette rupture, et où nous conduit ce raisonnement ? — (b) C'est le pacte qu'il fait avec nous en nous recevant...

la fête de la sainte Croix, digne de vous être offert par un Roi crucifié, digne d'être accepté humblement dans une profession (*a*) solennelle, où l'on voue devant Dieu et devant ses anges un renoncement éternel au monde.

Méditez ce sacré contrat sous lequel Jésus-Christ vous prend pour Epouse; dites hautement avec le divin Apôtre : *Mihi mundus crucifixus est, et ego mundo.* En effet le monde ne vous est plus rien, et vous n'êtes plus rien au monde. Le monde ne vous est plus rien, puisque vous renoncez à ses espérances; et vous n'êtes plus rien au monde, puisqu'il ne vous comptera plus parmi les vivans. Votre famille vous perd, vous allez entrer dans un autre monde, vous ne tenez plus par aucun lien à la société civile, et cette clôture vous est un tombeau dans lequel vous allez être comme ensevelie. Que vos proches ne pleurent pas dans cette mort bienheureuse, qui vous fera vivre avec Jésus-Christ. Son affection vous est assurée, puisque l'ayant acquise par la pauvreté, vous avez le moyen de gagner son cœur par la pureté virginale : c'est ma seconde partie.

SECOND POINT.

Pendant que Jésus-Christ crucifié vous parle lui-même de son affection par autant de bouches qu'il a de blessures, et que son amour s'épanche sur vous avec tout son sang par ses veines cruellement déchirées, il me semble peu nécessaire de vous dire combien il vous aime; et vos yeux attachés sur la croix vous en apprendront plus que tous mes discours. Je remarquerai seulement, ma Sœur, que cet ardent amour qu'il témoigne, n'est pas seulement l'amour d'un Sauveur, mais encore l'amour d'un Epoux; et je l'ai appris de l'Apôtre, qui voulant donner aux chrétiens un modèle de l'amitié conjugale, leur propose l'amour infini que Jésus-Christ montre à son Eglise en se livrant pour elle à la croix. « Maris, dit-il, aimez vos femmes comme Jésus-Christ a aimé l'Eglise, et s'est donné lui-même pour elle : » *Viri, diligite uxores vestras, sicut et Christus dilexit Ecclesiam, et tradidit*

(*a*) *Var.* : Au jour d'une profession.

semetipsum pro eâ[1]. Ainsi dans cet amour du Sauveur vous y trouverez l'amour d'un époux.

Il est bon de remarquer en passant, qu'ainsi le Fils de Dieu a aimé les hommes en toutes sortes de qualités qui peuvent donner de l'amour. Il les a aimés comme un père; il les a aimés comme un sauveur, comme un ami, comme un frère, comme un époux : et il nous aime sous ces titres, afin que nous connoissions que l'amour qui le fait mourir pour nous en la croix, a toutes les qualités d'un amour parfait. Il est fort comme l'amour d'un père, tendre comme l'amour d'une mère, bienfaisant comme l'amour d'un sauveur, cordial comme l'amour d'un bon frère, sincère (a) comme l'amour d'un fidèle ami, mais ardent comme l'amour d'un époux. Mais cet amour de Jésus-Christ, dont parle l'Apôtre, regarde généralement toute son Eglise : il faut montrer aux vierges sacrées leurs avantages particuliers, et les droits extraordinaires que leur donne leur chasteté sur le cœur de l'Epoux céleste.

Un mot de l'*Apocalypse* nous découvrira ce secret, et je vous prie de le bien entendre. *Hi sunt qui cum mulieribus non sunt coinquinati, virgines enim sunt; hi sequuntur Agnum quocumque ierit*[2] : « Ceux-là, dit-il, sont les vierges qui suivent l'Agneau partout où il va. » Telle est la prérogative des vierges dont le grand et admirable saint Augustin nous expliquera le mystère. Pour cela, il remarque avant toutes choses que suivre Jésus-Christ c'est l'imiter autant qu'il est permis à des hommes : *Hunc in eo quisque sequitur in quo imitatur*[3]; tellement que le suivre partout où il va, c'est l'imiter en tout ce qu'il fait. Ce fondement étant supposé, il est bien aisé de conclure que suivre l'Agneau partout où il va, c'est le privilége des vierges. Car si Jésus est doux et humble de cœur, si Jésus est simple et pauvre d'esprit, si Jésus est soumis et obéissant, s'il est miséricordieux et charitable : et les vierges et les mariés peuvent le suivre dans toutes ces voies. Quoiqu'ils ne puissent pas y marcher de la même force, ils peuvent néanmoins, dit saint Augustin[4], s'attacher diligemment à

---
[1] *Ephes.*, v, 25.— [2] *Apoc.*, xiv, 4.— [3] *De sanct. Virgin.*, n. 27.— [4] *Ibid.*, n. 28.
(a) *Var.* : Constant.

tous ses pas, et insister fidèlement à tous ses vestiges : ils ne peuvent pas les remplir, mais ils peuvent y mettre le pied; ils peuvent même le suivre jusqu'à cette noble épreuve de la charité de laquelle lui-même a dit qu'il n'y en a point de plus grande [1], c'est-à-dire, jusqu'à mourir pour signaler son amour.

Jusqu'ici, ô divin Sauveur, vous pouvez être suivi de tous vos fidèles : mais après il se présente un nouveau sentier, où tous ne peuvent pas vous accompagner. Car, mes Frères, « cet Agneau sans tache marche par un chemin virginal; » ce sont les mots de saint Augustin : *Ecce ille Agnus graditur itinere virginali* [2]. Ce Fils de vierge est demeuré vierge; et trouvant au-dessous de lui-même la sainteté nuptiale, il ne lui a voulu donner aucun rang, ni dans sa naissance, ni dans sa vie. Que de saints ne le peuvent suivre dans cette route sacrée! *Non omnes capiunt verbum istud* [3] : toutefois il ne veut pas y demeurer seul.

Accourez, ô troupe des vierges, et suivez partout ce grand Conducteur. Que les autres le suivent partout où ils peuvent; vous seules le pouvez suivre partout où il va, et entrer par ce moyen avec lui dans la plus intime familiarité. C'est la belle et heureuse suite de ce privilége incomparable : ces ames pures et virginales s'étant constamment attachées à suivre Jésus-Christ partout, cette preuve inviolable de leur amitié fait que Jésus s'attache réciproquement à les avoir toujours dans sa compagnie. Il fait toujours éclater sur elles un rayon de faveur particulière : il se met en leurs mains dans sa naissance, il les pose sur sa poitrine dans sa sainte cène, il ne les oublie pas à sa croix; et les ayant tendrement aimées, il les aime jusqu'à la fin : *In finem dilexit eos* [4]. Une mère vierge, un disciple vierge y reçoivent les dernières preuves de son amitié; et ne voulant pas sortir de ce monde sans les honorer de quelque présent, comme il ne voit rien de plus grand que ce que consacre la virginité, il les laisse mutuellement l'un à l'autre : « Femme, lui dit-il, voilà votre fils; » et : « Fils, voilà votre Mère [5]. » Il n'est pas jusqu'à son sépulcre qu'il veut trouver vierge, tant il a d'amour pour la virginité.

---

[1] *Joan.*, XV, 13. — [2] Ubi suprà, n. 29. — [3] *Matth.*, XIX, 11. — [4] *Joan.*, XIII, 1. — [5] *Joan.*, XIX, 26, 27.

Recherchons encore, mes Sœurs, pour épuiser cette matière importante, d'où vient que le Fils de Dieu fait ses plus chères délices d'un cœur virginal, et ne trouve rien de plus digne de ses chastes embrassemens. C'est à cause qu'un cœur virginal se donne à lui sans aucun partage, qu'il ne brûle point d'autres flammes, et qu'il n'est point occupé par d'autres affections. Qui pourroit assez exprimer quelle grande place y tient un époux, et combien il attire d'amour après soi? Ensuite naissent les enfans, dont chacun emporte sa part, qui lui est mieux due et plus assurée que celle de son héritage. Parmi tant de désirs divers, à combien de sortes d'objets le cœur est-il contraint de s'ouvrir? L'esprit, dit l'Apôtre, en est divisé : *Sollicitus et divisus est* [1]; et dans ce fâcheux partage, nous pouvons dire avec le Psalmiste : *Sicut aqua effusus sum* [2] : « Je suis répandu comme de l'eau; » et cette vive source d'amour, qui devoit tendre toute entière au ciel, multipliée et divisée en tant de ruisseaux, se va perdre deçà et delà dans la terre. Pour empêcher ce partage, la sainte virginité vient fermer le cœur : *Ut signaculum super cor tuum* [3] : elle y appose comme un sceau sacré qui empêche d'en ouvrir l'entrée, si bien que Jésus-Christ y règne tout seul : et c'est pourquoi il aime ce cœur virginal, parce qu'il possède en repos, sans distraction, toute l'intégrité de son amour.

C'est ainsi, ô pudique Epouse, que vous devez aimer Jésus-Christ : tout l'amour que vous auriez pour un cher époux, vous le devez, dit saint Augustin, au Sauveur des ames. Mais que dis-je? vous lui en devez beaucoup davantage. Car cette femme que vous voyez, qui chérit si tendrement son mari, ordinairement ne le choisit pas, mais plutôt il lui est échu en partage par des conjonctures imprévues. Elle aime celui qu'on lui a donné; mais avant qu'on le lui donnât, son cœur a erré longtemps sur la multitude par un vague désir de plaire : s'il ne s'est donné qu'à un seul, il s'est du moins offert à plusieurs; et ne discernant pas dans la troupe cet unique qui lui étoit destiné, son amour est demeuré longtemps suspendu, tout prêt à tomber sur quelque autre. Il n'en est pas de la sorte de l'Epoux que vous embrassez :

---

[1] I *Cor.*, VII, 33. — [2] *Psal.* XXI, 15. — [3] *Cant.*, VIII, 6.

jamais vous n'avez balancé dans un si beau choix, et il a emporté d'abord vos premières inclinations. Comme donc vous le voyez attaché en croix, attachez-le fortement à tout votre cœur : *Toto vobis figatur in corde, qui pro vobis fixus est in cruce.* « Cédez-lui dans votre esprit toute l'étendue que vous n'avez pas voulu laisser occuper par le mariage : » *Totum teneat in animo vestro quidquid noluistis occupari connubio* [1]. Cédez, vous lui en devez même beaucoup davantage, parce que vous devez chérir bien plus qu'un époux celui qui vous fait résoudre à ne vous donner jamais à aucun époux; et il ne vous est pas permis de l'aimer d'une affection médiocre, puisque vous renoncez pour l'amour de lui aux affections les plus grandes et tout ensemble les plus légitimes.

Courez donc après cet Amant céleste; joignez-vous à cette troupe innocente qui le suit partout où il va, accompagnant ses pas de pieux cantiques. Les Agathes et les Céciles, les Agnès et les Luces vous tendent les bras, et vous montrent la place qui vous est marquée. Pour entrer dans cette assemblée, soyez vierge d'esprit et de corps; que cet amour de la pureté, qui se forme dans votre cœur, se répande sur tous vos sens. Conservez votre ouïe; c'est par là qu'Eve a été séduite : gardez soigneusement votre vue; et songez que ce n'est pas en vain qu'on vous donne « un voile comme un rempart de votre pudeur, qui empêche vos yeux de s'égarer, et qui ne permette pas, dit le grave Tertullien, à ceux des autres de se porter sur vous : » *Vallum verecundiæ, quod nec tuos emittat oculos, nec admittat alienos* [2]. Surtout gardez votre cœur, et ne dédaignez pas les petits désordres, parce que c'est par là que les grands commencent, et que l'embrasement qui consume tout est excité souvent par une étincelle. Ainsi un chaste agrément vous conservera ce que la grace de votre Epoux vous a accordé : ainsi vous posséderez toujours son affection, et jamais vous n'offenserez sa jalousie. Il faut encore vous dire un mot de la jalousie de votre Epoux, et c'est par où je m'en vais conclure.

[1] *De sanctâ Virginit.*, n. 56. — [2] *De Virg. veland.*, n. 16.

TROISIÈME POINT.

Que Dieu soit jaloux, chrétiens, il s'en vante si souvent dans son Ecriture, qu'il ne nous permet pas de l'ignorer. C'est une des qualités qu'il se donne dans le Décalogue : « Je suis, dit-il, le Seigneur ton Dieu, fort et jaloux, » *Fortis, zelotes*[1] ; et cette qualité de jaloux lui est si propre et si naturelle, qu'elle fait un de ses noms, comme il est écrit dans l'Exode : *Dominus, zelotes nomen ejus*[2]. Il paroît donc assez que Dieu est jaloux, et peu de personnes l'ignorent : mais que l'ouvrage de notre salut et la mort du Fils de Dieu à la croix soient un effet de sa jalousie ; c'est ce que vous n'avez pas peut-être encore entendu et ce qu'il est nécessaire que je vous explique, puisque mon sujet m'y conduit.

A la vérité, chrétiens, il n'est pas aisé de comprendre de quelle sorte s'accomplit un si grand mystère. Car que la jalousie du Dieu des armées le porte à châtier ceux qui le méprisent, je le conçois sans difficulté ; c'est l'effet ordinaire de la jalousie ; et je remarque aussi dans les saintes Lettres que Dieu n'y parle guère de sa jalousie, qu'il ne nous fasse en même temps craindre ses vengeances. « Je suis un Dieu jaloux, dit le Seigneur : » *Deus zelotes ;* et il ajoute aussitôt après : « Visitant les iniquités des pères sur les enfans : » *Visitans iniquitates patrum in filios*[3]. Dieu est jaloux, dit Moïse : il dit dans le même lieu « que le feu de sa jalousie brûle les pécheurs : » *Dominus Deus tuus ignis consumens est, Deus œmulator*[4]. Et le prophète Nahum a joint ces deux choses : « Le Seigneur est un Dieu jaloux, et le Seigneur est un Dieu vengeur, » *Deus œmulator et ulciscens Dominus*[5] ; tant ces deux qualités sont inséparables.

Que s'il est ainsi, chrétiens, se peut-il faire que nous rencontrions le principe de notre salut dans la jalousie, qui semble être la source des vengeances ; et après que le prophète a uni le Dieu jaloux et le Dieu vengeur, oserons-nous espérer de trouver ensemble un Dieu jaloux et un Dieu sauveur ? Peut-être aurions-nous peine à le croire, si nous n'en avions appris le secret de la

---

[1] *Exod.*, xx, 5. — [2] *Exod.*, xxxiv, 14. — [3] *Exod.*, xx, 5. — [4] *Deut.*, iv, 24. — [5] *Nah.*, i, 2.

bouche d'un autre prophète. C'est le prophète Isaïe, dont voici des paroles remarquables : *De Jerusalem exibunt reliquiæ, et salvatio de monte Sion: zelus Domini exercituum faciet istud* [1] : « Dans les ruines de Jérusalem il restera un grand peuple que Dieu délivrera de la mort, et le salut paroîtra en la montagne de Sion : la jalousie du Dieu des armées fera cet ouvrage. » Après un oracle si clair, il n'est plus permis de douter que ce ne soit la jalousie du Dieu des armées qui ait sauvé le peuple fidèle.

Mais pour pénétrer un si grand mystère, reprenons les choses d'un plus haut principe; et rappelons à notre mémoire la témérité de cet ange qui, par une audace inouïe, voulut s'égaler à Dieu et se placer jusque dans son trône. Vous savez qu'étant repoussé de sa main puissante et précipité dans l'abîme, il ne peut encore quitter le premier dessein de son audace démesurée. Il se déclare hautement le rival de Dieu; c'est ainsi que le nomme Tertullien : *Æmulus Dei* [2] *:* « le rival, le jaloux de Dieu; » il se veut faire adorer en sa place; et s'il n'a pu occuper son trône, il lui veut du moins enlever son bien. Il entre dans le paradis terrestre, furieux et désespéré : il y trouve l'image de Dieu, c'est-à-dire l'homme; image chérie et bien-aimée, que Dieu avoit établie dans son paradis de délices, qu'il avoit formée de sa main et animée de son souffle. Ce n'étoit qu'une créature; mais enfin elle étoit aimée par son Créateur : il ne l'avoit pétrie que d'un peu de boue; mais cette boue avoit été formée de sa main. Ce vieux serpent la séduit, il la corrompt. Surprise par ses flatteries, elle s'abandonne à lui : la parjure qu'elle est, l'ingrate et l'infidèle qu'elle est, au milieu des bienfaits de son Epoux, dans le lit même de son Epoux, pardonnez-moi la hardiesse de cette parole que je ne trouve pas encore assez forte pour exprimer l'indignité de cette action; dans le lit même de son Epoux elle se prostitue à son rival.

O insigne infidélité! ô lâcheté sans exemple! Falloit-il quelque chose de plus que cette honteuse prostitution faite à la face de Dieu, pour l'exciter à jalousie? Il s'y excite en effet d'une étrange sorte. Quoi! mon Epouse s'est fait enlever; mon image s'est laissé corrompre, elle que j'avois faite avec tant d'amour, dont j'avois

---

[1] *Isa.*, XXXVII, 32. — [2] *De Spect.*, n. 2.

moi-même formé tous les traits, que j'avois animée d'un souffle de vie sorti de ma propre bouche!

Que fera, mes Frères, ce Dieu fort et jaloux, irrité d'un abandonnement si infâme? Que fera-t-il à cette Epouse infidèle, qui a méprisé un si grand amour? Certainement il pouvoit la perdre; mais, ô jalousie miséricordieuse! il a mieux aimé la sauver. O rival, il ne veut point qu'elle soit ta proie; il ne la peut souffrir en tes mains. Cet indigne spectacle irritant son cœur, il court après pour la retirer, et descend du ciel en la terre pour chercher son Epouse qui s'y est perdue : *Venit quærere quod perierat* [1]. La manière dont il se sert pour nous délivrer montre assez, si nous l'entendons, que c'est la jalousie qui le fait agir : car il n'envoie ni ses anges, ni ses archanges, qui sont les ministres ordinaires de ses volontés. Il a peur que son Epouse volage, devant sa liberté à d'autres qu'à lui, ne partage encore son cœur, au lieu de le conserver tout entier à son Epoux légitime; c'est pourquoi il vient lui-même en personne : *Deus ipse veniet et salvabit nos* [2]. S'il faut des supplices, c'est lui qui les souffre : s'il faut du sang, c'est lui qui le donne, afin que nous comprenions que c'est à lui que nous devons tout, et que nous lui consacrions tout notre amour, comme nous tenons de lui seul tout notre salut.

De là vient que nous lisons dans son Ecriture qu'il n'est pas moins jaloux de sa qualité de Sauveur, que de celle de Seigneur et de Dieu. Ecoutez de quelle sorte il en parle : *Ego Dominus, et non est ultrà Deus absque me : Deus justus, et salvans non est præter me* [3]. Ne vous semble-t-il pas, chrétiens, que ce Dieu jaloux adresse sa voix à la nature humaine infidèle, ainsi qu'un amant passionné, mais dont on a méprisé l'amour? O volage, ô prostituée, qui m'as quitté pour mon ennemi, regarde que c'est moi qui suis le Seigneur, et il n'y a point de Dieu que moi : mais considère encore, ô parjure, infidèle, qu'il n'y a que moi qui te sauve; et si tu m'as oublié après t'avoir créée, reviens du moins à moi quand je te délivre. Voyez comme il est jaloux de sa qualité de Sauveur. Et ailleurs, se glorifiant de l'ouvrage de notre salut : « C'est moi, c'est moi, dit-il, qui l'ai fait; ce ne sont ni mes anges,

---

[1] *Matth.*, XVIII, 11; *Luc.* XIX, 10. — [2] *Isa.*, XXXV, 4. — [3] *Isa.*, XLV, 21.

ni mes archanges, ni aucune des vertus célestes : c'est moi seul qui l'ai fait, c'est moi seul qui vous porterai sur mes épaules, enfin c'est moi seul qui vous sauverai : » *Ego feci, ego feram, ego portabo, ego salvabo*[1] : tant il est jaloux de cette gloire ; et c'est, mes Sœurs, cette jalousie qui l'attache sur cette croix, dont nous célébrons aujourd'hui la fête.

Car, dit excellemment saint Jean Chrysostome[2], comme un amant passionné voyant celle qu'il recherche avec tant de soin gagnée par les présens de quelque autre, qui prétend à ses bonnes graces, multiplie aussi sans mesure les marques de son amitié pour emporter le dessus : de même en est-il du Sauveur des ames. Il voit que nous recevons à pleines mains les présens de son rival, qui nous amuse par une pomme, qui nous gagne par des biens trompeurs qui n'ont qu'une légère apparence : pour détourner nos yeux et nos cœurs de ses libéralités pernicieuses, il redouble ses dons jusqu'à l'infini ; et son amour excessif voulant faire un dernier effort, le fait enfin monter sur la croix, où il nous donne non-seulement sa gloire et son trône, mais encore son corps et son sang, et sa personne et sa vie : enfin, se donnant lui-même, que ne nous donne-t-il pas? Et nous faisant un si grand présent, il me semble qu'il nous dit à tous : Voyez si ce prétendant que vous écoutez pourra jamais égaler un tel amour et une telle munificence. C'est ainsi qu'il parle, c'est ainsi qu'il fait ; et nous pourrions nous défendre d'une jalousie si obligeante !

Mais, ma Sœur, si l'Epoux céleste a l'ardeur et les transports des jaloux, il en a les regards et la vigilance. Il a des yeux de jaloux toujours ouverts, toujours appliqués pour veiller sur vous, pour étudier tous vos pas, pour observer toutes vos démarches. J'ai remarqué dans le saint Cantique deux regards de l'Epoux céleste : il y a un regard qui admire, et c'est le regard de l'amant ; il y a un regard qui observe, et c'est le regard du jaloux. « Que vous êtes belle, ô fille de prince ! » dit l'Epoux à la chaste Epouse[3]. Cette ardente exclamation vient d'un regard qui admire ; et il n'est pas indigne du divin Epoux, dont il est dit dans son Evangile qu'il

---

[1] *Isa.*, XLVI, 4. — [2] *In Epist. I ad Cor.*, homil. XXIV, n. 2. — [3] *Cant.*, VII, 1, 6.

admira la foi du Centenier¹. Mais voulez-vous voir maintenant quel est le regard du jaloux? « Il est venu, dit l'Epouse, le bien-aimé de mon cœur, regardant par les fenêtres, guettant par les treillis : » *Dilectus meus venit; respiciens per fenestras, prospiciens per cancellos*². Il vient en cette sorte pour vous observer, et c'est le regard de la jalousie : de là naissent et ces grilles et cette clôture. Il vous renferme soigneusement, il rend de toutes parts l'abord difficile; il compte tous vos pas, il règle votre conduite jusqu'aux moindres choses : ne sont-ce pas des actions d'un amant jaloux? Il n'en fait pas ainsi au commun des hommes : mais c'est que s'il est jaloux des autres fidèles, il l'est beaucoup plus de ses Epouses. Etant donc ainsi observée de près, pour vous garantir des effets d'une jalousie si délicate, il ne vous reste, ma Sœur, qu'une obéissance toujours ponctuelle et un entier abandonnement de vos volontés. C'est ce que je vous recommande en finissant ce discours; et afin que vous compreniez combien cette obéissance vous est nécessaire, je vous dirai la raison pour laquelle elle vous défend de la jalousie de votre Epoux.

Ce qui excite Dieu à jalousie, c'est lorsque l'homme se veut faire Dieu et entreprend de lui ressembler; mais il ne s'offense pas de toute sorte de ressemblance. Car il nous a faits à son image, et il y a de ses attributs dans lesquels il n'est pas jaloux que nous tâchions de lui ressembler; au contraire il nous le commande. Par exemple, voyez sa miséricorde, combien riche, combien éclatante; il vous est ordonné de vous conformer à cet admirable modèle : *Estote misericordes, sicut et Pater vester misericors est*³ : « Soyez miséricordieux, comme l'est votre Père céleste. » Ainsi, comme il est véritable, vous pouvez l'imiter dans sa vérité : il est juste, vous pouvez le suivre dans sa justice : il est saint; et encore que sa sainteté semble être entièrement incommunicable, il ne se fâche pas toutefois que vous osiez porter vos prétentions jusqu'à l'honneur de lui ressembler dans ce merveilleux attribut; lui-même vous y exhorte : « Soyez saints, parce que je suis saint : » *Sancti estote, quoniam ego sanctus sum*⁴.

Quelle est donc cette ressemblance qui lui cause tant de ja-

¹ *Matth.*, VIII, 10. — ² *Cant.*, II, 9. — ³ *Luc.*, VI, 36. — ⁴ *Levit.*, XI, 44.

lousie ? C'est lorsque nous lui voulons ressembler dans l'autorité souveraine ; lorsque nous voulons l'imiter dans l'honneur et l'indépendance, et prendre pour loi notre volonté, comme lui-même n'a point d'autre loi que sa volonté absolue. C'est là le point chatouilleux, c'est là l'endroit délicat ; c'est alors que sa jalousie repousse avec violence tous ceux qui veulent s'approcher ainsi de sa majesté souveraine. Par conséquent, si sa jalousie s'irrite seulement contre notre orgueil, qui ne voit que la soumission est l'unique moyen pour nous en défendre? Il est jaloux quand vous prenez pour loi votre volonté. Pour empêcher les effets de sa jalousie, abandonnez votre volonté. Soyons des dieux, il nous est permis, par l'imitation de sa justice, de sa bonté, de sa sainteté, de sa miséricorde toujours bienfaisante. Quand il s'agira de puissance et d'autorité, tenons-nous dans les bornes d'une créature, et ne portons pas nos désirs à une ressemblance si dangereuse.

Mais si nous ne pouvons ressembler à Dieu dans cette souveraine indépendance, admirons, mes Sœurs, sa bonté suprême qui a voulu nous ressembler dans la soumission. Jetez les yeux de la foi sur ce Dieu obéissant jusqu'à la mort, et à la mort de la croix. A la vue d'un abaissement si profond, qui pourroit refuser de se soumettre ? Vous vivez, ma Sœur, dans un monastère où la sage abbesse qui vous gouverne vous doit faire trouver la soumission non-seulement fructueuse, mais encore douce et désirable. Mais quand vous auriez à souffrir une autre conduite, de quelle obéissance vous pourriez-vous plaindre, en voyant celle du Sauveur des ames, et à la volonté de quels hommes l'a livré et abandonné son Père céleste ? Ç'a été à la volonté de Judas, à celle de Pilate et des pontifes, à celle des soldats inhumains, qui ne gardant avec lui aucune mesure, ont fait de lui tout ce qu'ils ont voulu : *Fecerunt in eo quæcumque voluerunt* [1]. Après cet exemple de soumission, vous ne sauriez descendre assez bas ; et vous devez chérir les dernières places, qui depuis l'abaissement du Dieu-Homme sont devenues désormais les plus honorables....

[1] *Matth.*, XVII, 12.

SERMON

POUR UNE PROFESSION,

SUR LA VIRGINITÉ (a).

Æmulor vos Dei æmulatione ; despondi enim vos uni viro, virginem castam exhibere Christo.

J'ai pour vous un amour de jalousie, et d'une jalousie de Dieu, parce que je vous ai fiancés à cet unique Epoux, qui est Jésus-Christ, pour vous présenter à lui comme une vierge toute pure. II *Cor.*, XI, 2.

Puisque la sainte cérémonie par laquelle vous vous consacrez au Sauveur avec la bénédiction de l'Eglise, vous met au nombre des vierges sacrées et vous joint à la troupe innocente de ces filles choisies et bien-aimées qui doivent être conduites au Roi selon la prophétie du Psalmiste[1], pour vous faire connoître avec évidence quelle est la profession que vous faites, il est nécessaire que vous pénétriez ce que c'est que la virginité chrétienne, dont les anciens docteurs nous ont fait de si grands éloges. C'est aussi ce que vous enseigne le divin Apôtre, en vous assurant qu'il vous a unie, comme une vierge chaste et pudique, à un seul homme qui est Jésus-Christ ; et il vous montre par ces paroles que la sainte virginité consiste principalement en deux choses. Mais

---

[1] *Psal.* XLIV, 15.

(a) On a dit souvent que, de 1670 à 1680, pendant qu'il fut précepteur du Dauphin, Bossuet ne prononça, sans compter les *Oraisons funèbres*, que trois sermons, le quatrième pour le jour de Pâques, le troisième pour la Pentecôte et celui de la profession de Madame de la Vallière. Cependant n'auroit-il pu, sans que l'histoire en conservât le souvenir, prêcher des vœux dans un monastère retiré loin du monde, devant un auditoire restreint, pour une religieuse peu connue ?

A notre avis, le sermon qu'on va lire présente, dans le style, des traits frappans de ressemblance avec les *Oraisons funèbres*; d'ailleurs il suppose dans un curieux commentaire de saint Paul, les études anatomiques que fit l'auteur pour la composition de l'ouvrage intitulé : *De la connoissance de Dieu et de soi-même*. Bossuet a donc prêché ce sermon pendant qu'il étoit précepteur du Dauphin. Au reste, ne trouvant ni renseignement dans l'histoire qui se tait, ni données dans le discours qui ne désigne pas les personnes, ni indications dans le manuscrit qui s'est dérobé à toutes nos recherches, nous sommes réduit à des conjectures.

pour entendre un si grand mystère, remontons jusqu'au principe et supposons avant toutes choses que cet Epoux immortel, que votre virginité vous prépare, a deux qualités admirables. Il est infiniment séparé de tout par la pureté de son être : il est infiniment communicatif par un effet de sa bonté.

Quand j'entends le Seigneur Jésus qui enseigne à Marthe empressée qu'il n'y a qu'une chose qui soit nécessaire [1], je remarque en cette parole la condamnation infaillible de la vanité des enfans des hommes. Car si le Fils de Dieu nous apprend que nous n'avons tous qu'une même affaire, ne s'ensuit-il pas clairement que nous nous consumons de soins superflus, que nous ne concevons que de vains desseins, et que nous ne repaissons nos esprits que de creuses imaginations, nous qui sommes si étrangement partagés parmi tant d'occupations différentes ? Tellement que ce divin Maître nous rappelant à l'unité seule, condamne la folie et l'illusion de nos désirs inconsidérés et de nos prétentions infinies : d'où il est aisé de conclure que la solitude que les hommes fuient, et les cloîtres qu'ils estiment autant de prisons, sont les écoles de la véritable sagesse, puisque tous les soins du monde en étant exclus avec leur empressante multiplicité, on n'y cherche que l'unité nécessaire, qui seule est capable d'établir les cœurs dans une tranquillité immuable.

C'est, Madame, à cette unité que vous invite le divin Apôtre, quand il vous assure aujourd'hui qu'il vous a unie pour toujours, comme une vierge chaste et pudique, à un seul homme qui est Jésus-Christ, *uni viro*. C'est en effet à cet unique Epoux que votre profession vous consacre ; et la sainte virginité, que vous lui offrez en ce jour, vous sépare de toutes choses pour vous attacher à lui seul. Mais avant que de traiter un si grand mystère, recourons tous d'une même voix à la Mère et au modèle des vierges, et implorons sa bienheureuse assistance en la saluant avec l'ange et disant : *Ave, Maria*.

Il importe infiniment au salut des ames de considérer sérieusement un endroit admirable du divin Apôtre [2], où cet excellent

---

[1] *Luc.*, X, 42. — [2] *Rom.*, XII, 4 et seq.

maître des gentils nous représente l'économie de l'Eglise dans la diversité des opérations qui font l'harmonie de ce corps mystique. Il se fait, dit-il, en l'Eglise une certaine distribution de graces ; et comme nous voyons que le corps humain se conserve par les fonctions différentes de chacun des membres qui le composent, ainsi en est-il du corps de l'Eglise, dont tous les membres ont des dons divers selon que l'Esprit de Dieu les anime. C'est de là que nous apprenons cette belle et importante leçon, que la perfection du christianisme consiste à nous acquitter de la fonction à laquelle le Saint-Esprit nous destine. Car comme le corps humain est parfait lorsque l'œil discerne bien les objets, et l'ouïe la différence des sons ; lorsque l'estomac prépare au reste du corps la nourriture qui lui est propre, que le poumon rafraîchit le cœur, et que le cœur fomente le corps par cette chaleur douce et vivifiante qui réside en lui comme dans sa source ; et enfin lorsque les organes exécutent fidèlement ce que la nature leur a commis : ainsi la perfection du corps de l'Eglise, c'est que tous les membres de Jésus-Christ exercent constamment l'action qui leur est particulièrement destinée, et que chacun rapporte son opération à la fin du divin Esprit qui nous meut et qui nous gouverne. C'est sans doute pour cette raison, mes très-chères Sœurs, que vous avez désiré de moi que je vous entretinsse aujourd'hui de la sainte profession à laquelle le Saint-Esprit vous a appelées ; et pour contenter ce pieux désir, considérons avant toutes choses pourquoi vous vous êtes retirées du monde, à quoi vous avez été destinées, quel est votre nom, quel est votre titre, quelle est votre fonction dans l'Eglise.

Vous êtes, mes Sœurs, ces filles choisies qui devez être conduites au Roi selon la prophétie du Psalmiste ; vous êtes les vierges de Jésus-Christ et les chastes épouses du Sauveur des ames : de sorte que, pour connoître avec évidence quelle est la profession que vous faites, ils est nécessaire que vous pénétriez ce que c'est que la virginité chrétienne, à laquelle vous avez été consacrées. C'est aussi ce que vous enseignera le divin Apôtre, en vous assurant qu'il vous a unies, comme une vierge chaste et pudique, à un seul homme qui est Jésus-Christ. Mais pour entendre le sens de ce beau passage, disons que la virginité chrétienne consiste en une sainte séparation et en une chaste union. Cette séparation fait sa pureté, cette chaste et divine union est la cause des délices spirituelles que la grace fait abonder dans les ames vraiment virginales.

Que le principe de la pureté soit une séparation salutaire, vous le comprendrez aisément, si vous remarquez que nous appelons impur ce qui est mêlé, et que nous estimons pur et net ce qui étant uni en soi-même, n'est gâté ni corrompu par aucun mélange. Par exemple, tant qu'une fontaine se conserve dans son canal telle qu'elle est sortie de la roche qui lui a donné sa naissance, elle est nette, elle est pure, elle ne paroît point corrompue. Que si par l'impétuosité de son cours elle agite trop violemment la terre sur laquelle elle passe, et qu'elle en détache quelque partie qu'elle entraîne avec elle parmi ses eaux, aussitôt vous lui voyez perdre toute sa netteté naturelle; elle cesse visiblement d'être pure, sitôt qu'elle commence d'être mêlée.

Mais élevons plus haut nos pensées, et considérons en Dieu même la preuve de la vérité que j'avance. La théologie nous enseigne que Dieu est un Etre infiniment pur; elle dit qu'il est la pureté même. En quoi est-ce que nous remarquons cette pureté incompréhensible de l'Etre divin, sinon en ce que Dieu est d'une nature entièrement dégagée, libre de toute altération étrangère, sans mélange, sans changement, sans corruption? Et s'il nous est permis de parler en bégayant de si grands mystères, nous pouvons dire que son essence n'est qu'une indivisible unité qui ne reçoit rien de dehors, parce qu'elle est infiniment riche et qu'elle enferme toutes choses en elle-même, dans sa vaste et immense simplicité. C'est pour cette raison, mes très-chères Sœurs, autant que notre foiblesse le peut comprendre, que l'Etre de notre Dieu est si pur, parce qu'il est infiniment séparé et qu'il ne souffre rien en lui-même que ses propres perfections, qui ne sont autre chose que son essence. Cette première pureté, de laquelle toute pureté prend son origine, se répandant par degrés sur les créatures, ne trouve rien de plus proche d'elle que les intelligences célestes, qui sans doute sont d'autant plus pures qu'elles sont plus éloignées du mélange, étant séparées de toute matière; et de là vient que nous les appelons *esprits purs*.

Selon ces principes, mes très-chères Sœurs, il faut que vous soyez séparées; et quoique vos ames se trouvent liées à un corps mortel par leur condition naturelle, il faut nécessairement vous en détacher en purifiant vos affections. C'est pourquoi le prophète Isaïe voulant exhorter à la pureté les enfans de la nouvelle alliance, il les invite à une sainte séparation : « Retirez-vous, retirez-vous, leur dit-il, sortez de là, ne touchez point aux choses souillées, soyez purs [1]. » Par où vous voyez sans difficulté que c'est le détachement qui nous purifie : de sorte que la virginité chrétienne étant la perfection de la pureté, il s'ensuit que pour être vierge selon la discipline de l'Evangile, il faut une séparation très-entière et un détachement sans réserve.

Mais faudra-t-il donc, direz-vous, que les vierges, pour être pures, demeurent éternellement séparées, sans attacher leur affection à aucun objet? Nullement, ce n'est pas là ma pensée. Si nous étions faits pour nous-mêmes, nous pourrions ne vivre aussi qu'en nous-mêmes; mais puisqu'il n'y a que notre grand Dieu qui puisse être lui-même sa félicité, il faut que nos mouvemens tendent hors de nous, si nous voulons jouir de quelque repos. Donc la vierge vraiment chrétienne, crainte que sa pureté perde son éclat, s'attache uniquement à celui dans lequel nous vous avons dit que la pureté prend son origine. Regardez, mes très-chères Sœurs, regardez le Verbe divin votre Epoux; c'est à lui que vous devez vous unir, après vous être purifiées par le mépris général des biens de la terre : si bien que j'ai eu raison de vous dire que la virginité chrétienne, c'est une sainte séparation et une bienheureuse union. De là vient que l'apôtre saint Jean voulant décrire la gloire des vierges, les représente sur une montagne avec l'Agneau [2]. D'où vient qu'elles sont sur une montagne élevée bien haut au-dessus du monde, si ce n'est que la virginité les sépare? Et d'où vient qu'elles sont avec l'Agneau, si ce n'est que la virginité les unit? C'est aussi ce que nous enseigne l'Apôtre dans le passage que nous expliquons : « Je vous ai promises, dit-il,

[1] *Isa.*, LII, 11. — [2] *Apoc.*, XIV, 1 et seq.

à un seul. » Qui ne voit la séparation dans cette unité, puisque le propre de l'unité est d'exclure? Mais, ajoute le même saint Paul, « je vous ai promises à un seul mari. » Qui ne voit, dans ce mariage divin et spirituel, la chaste union que je vous propose? Parlons donc de cette séparation salutaire qui établit votre pureté, et de cette mystérieuse union qui vous fera goûter les plaisirs célestes dans les chastes embrassemens du Sauveur. Chères Sœurs, c'est en ces deux choses que consiste la virginité chrétienne, et ce sont aussi ces deux choses que je traiterai aujourd'hui avec le secours de la grace.

PREMIER POINT.

Si nous entendons bien ce que c'est que l'homme, nous trouverons que nous sommes comme suspendus entre le ciel et la terre, sans qu'on puisse bien décider auquel des deux nous appartenons. Il n'y a point au monde une si étrange composition que la nôtre : une partie de nous est tellement brute, qu'elle n'a rien au-dessus des bêtes ; l'autre est si haute et si relevée, qu'elle semble nous égaler aux intelligences. Qui pourroit lire, sans s'étonner, de quelle sorte Dieu forme l'homme? Premièrement il prend de la boue : est-il une matière plus vile? Après il y inspire un souffle de vie, il y grave son image et sa ressemblance : est-il rien de plus admirable? C'est pourquoi je vous disois, chrétiens, que nous sommes entre le ciel et la terre, et qu'il semble que l'un et l'autre puissent disputer à qui nous appartenons à plus juste titre. Notre mortalité nous donne à la terre, l'image de Dieu nous adjuge au ciel ; et nous sommes tellement partagés, qu'il semble qu'on ne puisse faire justice sur ce différend, sans nous ruiner et sans nous détruire par une distraction violente : toutefois il n'en est pas de la sorte. La sage Providence de Dieu ne laisse pas notre condition si fort incertaine, que cette importante difficulté ne puisse être facilement terminée.

Mais qui jugera donc un si grand procès? Qui décidera cette question, qui met toute la nature en dispute? Chrétien, n'en doute pas, ce sera toi-même. L'homme est la matière de tout le procès, et il en est lui-même le juge. Oui, nous pouvons prononcer souverainement si nous sommes de la terre ou du ciel : selon que nous tournerons nos inclinations, ou nous serons des animaux bruts, ou nous serons des anges célestes. C'est pourquoi, dit saint Augustin, « Dieu a formé l'homme avec l'usage de son libre arbitre; animal terrestre, mais digne du ciel, s'il sait s'attacher à son Créateur : » *Terrenum animal, sed cœlo dignum, si suo cohæreret Auctori* [1]. Ne nous plaignons pas, chrétiens, si cet esprit d'une nature immortelle est lié à une chair corruptible. Dieu, qui par un très-sage conseil a trouvé bon de le mêler à cette matière, lui a inspiré une secrète vertu par laquelle il s'en peut aussi détacher avec le secours de sa grace; et si nous conservons à l'image de Dieu, c'est-à-dire à la raison qu'il nous a donnée, la prééminence qui lui est due, ce corps même, (qui n'en seroit étonné?) oui ce corps, tout pesant, tout mortel qu'il est, passera au rang des choses célestes, parce que l'ame, qui est la partie principale, à laquelle appartient le domaine, attirera son corps avec elle, non-seulement comme un serviteur très-obéissant, mais encore comme un compagnon très-fidèle.

Ainsi je vous exhorte, mes Frères, par les paroles du saint Apôtre [2], que vous vous dépouilliez de l'homme animal. Défaites-vous de l'homme terrestre [3], qui n'a que des désirs corrompus : déclarez-vous par une juste sentence venus du ciel et faits pour le ciel, en rejetant les affections corporelles qui vous tiennent attachés à la terre. « Retirez-vous, retirez-vous, soyez purs, ne touchez point aux choses immondes; et je vous recevrai, dit le Seigneur [4]. » Mais c'est à vous, ô vierges sacrées, chastes épouses du Sauveur des ames, c'est à vous que cette séparation salutaire est particulièrement commandée : car s'il est vrai que la pureté n'est autre chose qu'un détachement, comme nous l'avons très-bien établi, considérez sérieusement en vous-mêmes combien vous devez être détachées, puisque la profession que vous faites de la sainte virginité vous oblige à la pureté la plus éminente.

L'Ange de l'Ecole m'apprend une belle et solide doctrine, qui confirme bien cette vérité. Nous voyons que parmi les vertus mo-

---

[1] *De Civit. Dei*, lib. XXII, cap. I. — [2] *Ephes.*, IV, 22. — [3] 1 *Cor.*, XV, 49. — [4] II *Cor.*, VI, 17.

rales il y en a, si je le puis dire, de moins vigoureuses, qui se contiennent en certaines bornes : mais il y a des vertus généreuses qui ne sont jamais satisfaites, jusqu'à ce qu'elles soient parvenues à ce qu'il y a de plus relevé. Par exemple, le courageux est assuré contre les périls dans les entreprises considérables; mais le magnanime va plus loin encore : car à peine peut-il trouver ni des entreprises assez hardies, ni aucun péril assez grand qui mérite d'exercer toute sa vertu. Le libéral use de ses biens et sait les employer honorablement, selon que la droite raison l'ordonne; mais il y a une certaine libéralité plus étendue et plus généreuse, qui affecte, ce semble, la profusion, et c'est ce que nous appelons la *magnificence*. Le grand saint Thomas nous enseigne [1] que cette belle et admirable vertu que la philosophie n'a jamais connue, je veux dire la virginité chrétienne, est à l'égard de la tempérance ce qu'est la magnificence à l'égard des libéralités ordinaires. La tempérance modère les plaisirs du corps; la virginité les méprise : la tempérance, en les goûtant, se met au-dessus à la vérité; mais la virginité plus mâle et plus forte ne daigne pas même y tourner (a) les yeux : la tempérance porte ses liens d'un courage ferme; la virginité les rompt d'une main hardie : la tempérance se contente de la liberté; la virginité veut l'empire et la souveraineté absolue : ou plutôt, la tempérance gouverne le corps; vous diriez que la virginité s'en sépare, elle s'élève jusqu'au ciel presque entièrement dégagée; et bien qu'elle soit dans un corps mortel, elle ne laisse pas de prendre sa place parmi les esprits bienheureux, parce qu'elle ne se nourrit, non plus qu'eux, que de délices spirituelles. De là vient que saint Augustin parle ainsi des vierges : *Habent aliquid jam non carnis in carne* [2] : « Elles ont, dit-il, en la chair quelque chose qui n'est point de la chair, quelque chose qui tient de l'ange plutôt que de l'homme. » Et c'est encore ce qui fait dire au grand saint Basile [3] que la virginité n'est pas dans le corps, mais qu'elle établit son siége dans l'ame.

Mais d'autant que cette vérité importante doit servir de fonde-

---

[1] II II quæst. CLII, art. 3. — [2] *De S. Virginit.*, n. 12. — [3] Lib. *De Virg.*, n. 2.
(a) *Var.* : Jeter.

ment à votre conduite, il faut que je vous la fasse comprendre par une raison évidente. Et certes nous ne vous prêchons pas, mes très-chères Sœurs, une virginité de vestale; nous ne regardons pas la virginité comme feroit un médecin ou un philosophe, qui s'arrêteroit simplement au corps. Nous parlons de la virginité chrétienne et religieuse; et il est clair que tout ce qui est chrétien doit être entendu en esprit, parce que par la grace du christianisme nous sommes en la nouvelle alliance, où les vrais adorateurs adorent le Père en esprit et en vérité[1]. En effet nous avons fait voir (a) que la sainte virginité est un détachement général de toutes les affections corporelles, autant que la foiblesse humaine le peut souffrir, parce que c'est une pureté éminente qui se retire, qui se sépare, qui selon le précepte du saint Apôtre ne regarde que l'unité, *uni viro*, et exclut toute multitude. Or ce détachement général, cette généreuse séparation doit être nécessairement un effort de l'ame. Car une action si divine ne peut naître que d'une raison très-bien affermie, et par conséquent il est clair que la virginité est dans l'ame. Ce n'est rien (b) de garder seulement le corps, c'est l'ame que vous devez tenir séparée si vous désirez la conserver pure. Si quelque bien mortel se présente à vous, s'il vous flatte, s'il vous attire, s'il tâche de gagner votre cœur, retirez-vous, ne vous mêlez pas; votre pureté en seroit ternie, et ensuite votre virginité corrompue. Car la vraie virginité est dans l'ame, et ce n'est autre chose qu'un détachement, une affection épurée, un cœur entièrement dégoûté (c) des plaisirs du siècle.

Mais, mes Sœurs, cette belle lumière de virginité établit tellement son siége dans l'ame, qu'elle rejaillit aussi sur le corps et le sanctifie. Et de quelle sorte? C'est, dit l'admirable saint Basile, que cette virginité spirituelle et intérieure se peint elle-même sur le corps comme le soleil dans une nuée, et par cette chaste peinture elle consacre cette chair mortelle. De là vient qu'elle se doit répandre par tout le corps, parce qu'elle remplit tout le cœur; et c'est ce qui fait dire au même Saint que « tous les sens d'une

[1] *Joan.*, IV, 23.
(a) *Var.* : Nous vous avons dit. — (b) C'est peu de chose. — (c) Dégagé.

vierge doivent être vierges : » *Virgines esse sensus virginis oportet*[1]. En effet ne voyez-vous pas qu'il se fait comme un mariage entre les objets et les sens ? Notre vue, notre ouïe, tous nos sens s'unissent en quelque sorte avec les objets, ils contractent une certaine alliance : de sorte que si les objets ne sont purs, la virginité de nos sens se gâte. Les exemples feront mieux entendre ce que je veux dire. Notre vue n'est pas vierge si elle ne se repaît que de vanités ; les discours immodestes et les inutiles corrompent la virginité de l'ouïe ; notre bouche, pour être vierge, doit être fermée par la modestie du silence.

Donc, ô vierges de Jésus-Christ, gardez soigneusement tous vos sens, si vous désirez être vraiment vierges. Songez que ce vieil homme qui est en nous, avec lequel nous devons combattre durant tout le cours de la vie, ne cesse de faire effort pour supplanter l'homme nouveau : cette convoitise indocile et impatiente, quoiqu'on tâche de la retenir par la discipline, elle frappe, elle s'avance de toutes parts comme un prisonnier inquiet qui tâche de sortir ; elle se présente par tous les sens, pour se jeter sur les objets qui lui plaisent. Elle fait la modeste au commencement, il semble qu'elle se contente de peu, ce n'est qu'un désir imparfait, ce n'est qu'une curiosité, ce n'est presque rien : mais si vous satisfaites ce premier désir, bientôt vous verrez qu'il en attirera beaucoup d'autres ; et enfin toute l'ame sera ébranlée. Comme si vous jetez une pierre dans un étang, vous ne touchez qu'une partie de ses eaux ; mais celle-là, en poussant les autres, les agite en rond, et enfin toute l'eau en est remuée. Ainsi les passions de notre ame s'excitent peu à peu les unes les autres par un mouvement enchaîné. Si donc vous êtes détachée du monde, craignez d'y rengager vos affections : si vous êtes unie à un seul Epoux, craignez de partager votre cœur ; démêlez-vous de la multitude, puisque vous êtes vouée à un seul. Préparez au Fils de Dieu un cœur net par un détachement général, et il le remplira de lui-même (a) par ses chastes embrassemens : c'est par où je m'en vais conclure en peu de paroles.

[1] Lib. *De Virginit.*, n. 7, 15, 20.
(a) *Var.:* De délices.

SECOND POINT.

Il n'est rien de plus assuré que Jésus ne s'unit jamais aux ames qui sont remplies de l'amour du monde, et qui sont captives des plaisirs des sens. Je vois dans la *Genèse* que nos premiers pères se présentoient au commencement devant Dieu avec une sainte familiarité : mais sitôt qu'ils eurent suivi les dangereuses persuasions du serpent trompeur, aussitôt ils fuient, nous dit l'Ecriture [1], et se cachent devant la face de Dieu. Ce serpent, si nous l'entendons, c'est l'amour des plaisirs du monde, qui rampe perpétuellement sur la terre, et qui se glisse insensiblement dans nos cœurs par un mouvement tortueux, pour les empoisonner d'un venin mortel. Et c'est sans doute pour cette raison qu'Eve confesse tout simplement que ce rusé serpent l'a déçue; ce qui convient merveilleusement à l'amour du monde. Car demandez aux insensés amateurs du siècle si leurs folles et téméraires amours leur ont jamais donné la félicité qu'elles leur avoient tant de fois promise, sans doute s'ils ne veulent trahir les secrets reproches de leurs consciences, ils vous répondront franchement que ce serpent les a toujours abusés : *Serpens decepit me* [2]; d'où je conclus que l'amour du monde est semblable au serpent artificieux qui trompa, dans le paradis, la trop grande crédulité de nos premiers pères. Et comme, après l'avoir entendu, ils sont contraints de fuir devant Dieu, vous devez apprendre, fidèles, que Dieu ne fera pas sa demeure en vous jusqu'à ce que vous vous dépouilliez de l'amour du monde.

D'où passant plus outre, je dis que ce qui attire plus fortement Jésus en nos ames, c'est la pureté virginale. Car si les ames les plus détachées des choses mortelles sont les plus dignes des embrassemens de la chaste et immortelle beauté, qui ne se montre qu'aux esprits purs; si d'ailleurs la virginité chrétienne, comme nous l'avons déjà dit, est tellement dégoûtée des plaisirs du siècle qu'il n'y a aucune des joies mondaines qui n'offense sa pudeur et sa modestie : n'est-il pas plus clair que le jour que c'est à la pureté virginale qu'appartient la bienheureuse union de l'Epoux infiniment désirable?

[1] *Genes.*, III, 8. — [2] *Ibid.*, 13.

En effet quelle éloquence pourroit exprimer quel est l'amour du Sauveur Jésus pour la sainte virginité ? C'est lui qui a été engendré dans l'éternité par une génération virginale : c'est lui qui naissant dans le temps, ne veut point de Mère qui ne soit vierge : c'est lui qui célébrant la dernière pâque, met sur sa poitrine un disciple vierge et l'enivre de plaisirs célestes : c'est lui qui mourant à la croix, n'honore de ses derniers discours que les vierges : c'est lui qui régnant en sa gloire, veut avoir les vierges en sa compagnie. « Ce sont les vierges, dit saint Jean dans l'*Apocalypse*[1], qui suivent l'Agneau partout où il va, » accompagnant ses pas de pieux cantiques. Jésus n'a point de temples plus beaux que ceux que la virginité lui consacre ; c'est là qu'il se plaît à se reposer. Il y avoit dans le tabernacle, dont Dieu prescrivit la forme à Moïse, un lieu dont l'accès étoit libre au peuple, un autre où les sacrificateurs exerçoient les fonctions de leur sacerdoce : mais il y avoit outre cela, chrétiens, la partie secrète et inaccessible, que l'on appeloit le *Sanctuaire* et le *Saint des saints*. L'entrée de ce lieu étoit interdite, nul n'en approchoit que le grand pontife ; et c'étoit là que Dieu reposoit assis sur les chérubins, selon la phrase des Lettres sacrées. C'est la sainte virginité qui nous est représentée par cette figure : c'est elle qui se démêle de la multitude des objets sensibles qui nous environnent, et ne donne d'accès qu'au seul grand Pontife. Voulez-vous entendre comment, écoutez le divin Apôtre : « Celles, dit-il, qui sont mariées, sont contraintes de s'occuper dans les soins du monde : » *Sollicita est quæ sunt mundi*[2]. Voyez que la multitude y aborde : mais la sainte virginité que fait-elle ? Ah ! vous dit l'apôtre saint Paul, elle songe à plaire à Dieu seul : *Quomodò placeat Deo*[3]. C'est là que la multitude est exclue, c'est là qu'on ne vaque qu'à l'unique nécessaire, c'est là que l'on n'a d'Epoux que Jésus tout seul : de sorte qu'on n'ouvre la porte qu'au seul grand Pontife, c'est-à-dire, si nous l'entendons, à l'amour de Dieu, qui est la seule des affections de nos cœurs qui est capable de les consacrer, et qui a droit d'offrir devant Dieu des victimes spirituelles, agréables par Jésus-Christ, comme parle l'apôtre saint Pierre[4]. Aussi est-ce là

---

[1] *Apoc.*, XIV, 4. — [2] I *Cor.*, VII, 34. — [3] *Ibid.*, 32. — [4] I *Petr.*, II, 5.

le lieu du repos : c'est là que Jésus se plaît d'habiter, parce que rien n'y entre que son saint amour, parce qu'il aime d'autant plus à remplir les ames, qu'il les trouve plus vides de l'amour du monde.

Mais, mes Sœurs, voulez-vous entendre les ravissemens des vierges sacrées dans les chastes embrassemens du Seigneur Jésus, écoutez parler la pudique Epouse dès le commencement du divin Cantique : *Osculetur me osculo oris sui* [1] : « Qu'il me baise du baiser de sa bouche. » O amour impétueux de l'Epouse ! « Elle ne demande ni l'héritage, ni la récompense ; elle ne demande pas même la doctrine, nous dit le dévot saint Bernard [2] ; elle ne demande que le baiser du divin Jésus, à la façon d'une chaste amante qui respire un amour sacré, et qui ne veut pas dissimuler l'ardeur qui la presse. » Ah ! ne soupçonnons rien ici de mortel ; tout est divin et spirituel. Elle court après le Sauveur Jésus ; elle veut aller recueillir toutes ses paroles, et alors elle croira baiser sa divine bouche. Elle veut l'embrasser par la charité, et elle croit que cet embrassement la rendra heureuse ; c'est pourquoi elle le demande avec tant d'ardeur. Mais quel autre peut demander à plus juste titre les saints embrassemens de l'Epoux des vierges, que la pureté virginale ? C'est à elle qu'il appartient d'embrasser Jésus, parce qu'elle n'a point d'autre époux que lui ; et c'est ce qui fait dire à l'Apôtre que ce sont les vierges chastes et pudiques qu'il destine à l'unique Epoux, qui est le Sauveur, *uni viro*.

Quelle doit être votre joie, ô vierges sacrées, dans cette mystérieuse union ? C'est là, dit le pieux saint Bernard [3], que les amertumes contentent, parce que la charité les change en douceur. Le monde ne comprend pas ces délices ; la sainte pureté les entend, parce qu'elle les goûte dans la source même. Expliquez-les-nous, ô disciple vierge ; disciple bien-aimé du Sauveur, dites-nous les chastes délices des vierges en la compagnie de l'Agneau. Ecoutez comme il parle dans l'*Apocalypse :* « J'ai entendu, dit-il, une voix du ciel, comme le bruit de plusieurs eaux, et comme le bruit d'un grand tonnerre, et comme le bruit d'instrumens de musique : et ils chantoient un nouveau cantique devant le trône, et nul

[1] *Cant.*, I, 1. — [2] *In Cant.*, serm. VII, n. 2. — [3] *De divers.*, serm. XCV, n. 2.

autre qu'eux ne pouvoit l'apprendre ¹. » Quel est donc ce nouveau cantique, qui se chante avec tant de bruit qu'il est semblable à un grand tonnerre, et avec une si juste harmonie qu'on le compare à une musique? Cantique éclatant qui éclate ainsi qu'un tonnerre, qui est si secret néanmoins et si rare, que personne ne l'entend ni ne le sait que ceux qui le chantent. Qui nous développera ces mystères? Ce sera le disciple bien-aimé lui-même : « Ce sont ceux-ci, dit-il, qui sont vierges, et ils suivent l'Agneau partout où il va ². » Si les vierges suivent l'Agneau, je ne m'étonne plus de leur chant, parce que je vois le principe de leur joie. C'est aux vierges qu'appartient le nouveau cantique, puisque la virginité est une vertu qui est propre à la nouvelle alliance : aucun n'apprend ce cantique que ceux qui le chantent, parce que c'est de la virginité que le Sauveur dit : « Tout le monde n'entend pas cette parole; mais ceux à qui appartient ce don ³. » Au reste si le cantique des vierges éclate avec bruit, c'est qu'il vient d'une joie abondante; s'il résonne avec justesse, c'est qu'il naît d'une joie réglée, qui n'a rien du débordement ni de la dissolution de la joie mondaine.

Courage donc, mes très-chères Sœurs, joignez-vous à cette troupe innocente, apprenez ce nouveau cantique. Voyez cette sainte compagnie qui vous tend les bras : Venez, disent-elles, venez avec nous pour chanter les louanges de l'Agneau sans tache, qui a purgé par son sang les péchés du monde : là les Agnès, les Agathes, les Céciles, les Ursules, les Luces vous montrent déjà la place qui vous est marquée, si vous gardez la foi à l'Epoux céleste, auquel l'Apôtre vous a promises. Ah! souvenez-vous, chères Sœurs, que vous êtes fiancées à ce seul Epoux, et ainsi que vous devez être généreusement séparées. Si vous voulez lui être saintement unies, réglez les passions de votre ame; et apprenez de saint Augustin « qu'il vous est plus aisé de les modérer qu'aux amateurs du monde de les contenter : » *Facilius resecantur in eis qui Deum diligunt cupiditates istæ, quàm in eis qui mundum diligunt aliquandò satiantur* ⁴. Conservez votre

---

¹ *Apoc.*, xiv, 2, 3. — ² *Ibid.*, 4. — ³ *Matth.*, xix, 11. — ⁴ *Ad Bonif.*, epist. ccxx, n. 6.

ouïe ; c'est par là qu'Eve a été séduite : gardez soigneusement votre vue; car ce n'est pas en vain qu'on vous donne un voile comme un rempart de votre pudeur, dit le grave Tertullien, qui retient vos yeux et exclut ceux des autres : *Vallum verecundiæ, quod nec tuos emittat oculos, nec admittat alienos* [1]. Que votre ame ne s'épanche pas en des discours inconsidérés, parce que si vous ne demeurez unies en vous-mêmes, vos forces aussitôt seront dissipées. Ne dédaignez pas les petits désordres, parce que c'est par là que les grands commencent : craignez où il n'y a rien à appréhender, et vous trouverez la sûreté dans le péril même. Vous devez croire qu'il est bienséant à des vierges d'être timides, puisque vous voyez la très-sainte Vierge être même troublée à l'aspect d'un ange [2] : et ce qui doit vous obliger à craindre toujours, c'est que l'Epoux que vous donne le saint Apôtre n'a pas moins de jalousie que d'amour pour vous.

Voulez-vous voir qu'il a de l'amour, écoutez le divin Psalmiste : « Le roi, dit-il, désirera votre beauté [3]. » Voulez-vous voir qu'il a de la jalousie : « Je suis jaloux de vous, dit l'Apôtre, de la jalousie de Dieu [4]. » Voyez que cet excellent Maître des Gentils, vous montrant l'amour de Jésus pour exciter votre confiance, vous parle en même temps de sa jalousie pour vous retenir toujours dans la crainte. De là vient qu'en lisant le sacré *Cantique*, nous remarquons deux regards du divin Epoux : il y a un regard qui admire, et c'est le regard de l'amant; il y a un regard qui observe, et c'est celui de la jalousie. « Que vous êtes belle, ô fille du prince, » dit l'Epoux à la chaste Epouse [5]! Cette ardente exclamation ne vient-elle pas d'un regard qui admire? C'est ce que j'appelle le regard de l'amant. Voulez-vous voir le regard du jaloux? « Mon bien-aimé est venu, dit l'Epouse, regardant par les fenêtres, guettant par le treillis [6]. » Ne voyez-vous pas le regard qui observe? C'est le regard de la jalousie. Aimez le regard de l'amant; craignez le regard de la jalousie, qui vous veille et qui vous observe.

Chères Sœurs, votre bien-aimé est jaloux de la jalousie la plus

---

[1] *De Virg. veland.*, n. 16. — [2] *Luc.*, I, 29. — [3] *Psal.* XLIV, 12. — [4] II *Cor.*, XI, 2. — [5] *Cant.*, VII, 1, 6. — [6] *Cant.*, II, 9.

délicate : s'il voit que votre cœur se partage, il se pique et il se retire; il veut vous posséder tout seul. C'est pourquoi en le choisissant pour Epoux, vous vous êtes entièrement dépouillées : vous avez joint à la sainte virginité une pauvreté désintéressée, qui ne laisse rien sur la terre que vous puissiez justement estimer à vous. Vous abandonnez même votre volonté; et quittant ce qui est le plus en votre pouvoir, ne déclarez-vous pas devant Dieu que vous ne vous retenez aucun bien au monde? Vous confirmez par la religion de nos vœux ces généreuses résolutions; et ces vœux ne sont-ce pas des contrats sacrés par lesquels vous cédez à Dieu, et lui transportez en fonds tout ce que vous êtes? Votre profession est un sacrifice, et les vœux que vous prononcez sont un glaive spirituel qui vous immole au Sauveur des ames.

Vivez donc, mes très-chères Sœurs, comme des victimes volontairement consacrées : humiliez-vous sous la main de Dieu, et ne souffrez pas que l'orgueil prostitue votre virginité à Satan, qui est le prince des esprits superbes. Ah! sans doute vous n'ignorez pas jusqu'à quel point l'orgueil est à craindre, et que c'est le plus dangereux de nos ennemis. C'est celui qui lâche le dernier prise, et qui sait même profiter de la déroute de tous les autres. Que dis-je, de la déroute de tous les autres? il profite de sa propre défaite. C'est le seul de nos ennemis de la défaite duquel il est dangereux de se réjouir, parce qu'en se réjouissant de l'avoir vaincu on le rétablit dans ses droits, et souvent même on lui augmente ses forces. Lorsque nous pensons quelquefois avoir si bien réglé notre vie, que nous avons surmonté jusqu'à l'orgueil même, c'est là, dit saint Augustin, qu'il lève la tête : « Et de quoi triomphes-tu, nous dit-il? Je vis encore, et c'est ton triomphe qui me donne la vie : » *Ecce ego vivo, quid triumphas? Et ideò vivo, quia triumphas* [1]; ou plutôt ton triomphe, c'est moi-même.

Munissez-vous, mes Sœurs, contre ce poison qui a gâté les plus grandes ames, et ruiné les vertus les plus éminentes. Etudiez la science de l'humilité, qui est la vraie science des enfans de Dieu. C'est elle qui vous ouvrira les secrets célestes; c'est par elle que les grandeurs de Jésus vous sont accessibles; c'est elle qui

---

[1] *De Nat. et Grat.*, n. 35.

mérite d'obtenir de Dieu ce qu'elle ne peut jamais exprimer assez : c'est elle qui vous bâtira sur la terre un édifice spirituel, dont le faîte s'élèvera jusqu'aux cieux ; où les vierges saintement soumises, étant associées avec les saints anges, chanteront avec eux aux siècles des siècles, devant le trône de l'Agneau sans tache, la gloire éternelle et indivisible du Père, du Fils et du Saint-Esprit. *Amen.*

SERMON

POUR LA PROFESSION,

DE MARIE-ANNE DE SAINT-FRANÇOIS BAILLY (a).

Si quis vult post me venire, abneget semetipsum, et tollat crucem suam quotidiè, et sequatur me.

Si quelqu'un veut venir après moi, qu'il renonce à soi-même, qu'il porte sa croix tous les jours et qu'il me suive. *Luc.,* IX, 23.

Vous avez désiré, ma très-chère Sœur, d'entendre de moi, en ce jour, une exhortation chrétienne, espérant peut-être que ce grand Prédicateur des cœurs donneroit par sa vertu quelque prix à mes pensées, parce qu'il les verroit naître d'une charité fraternelle. Il faut, s'il se peut, satisfaire ce pieux désir ; et pour faire de mon côté ce qui sera nécessaire, je tirerai des paroles de notre Sauveur, que je vous ai récitées, trois instructions importantes qui vous pourront servir avec la grace de Dieu pour tout le reste de votre vie. Seulement je vous conjure de joindre vos prières

---

(a) Prêché en 1681, aux Carmélites de la rue Saint-Jacques.
Déforis dit, d'après « un mémoire original » des Carmélites : « Le 5 décembre 1681, sœur Marie-Anne de Saint-François Bailly, d'une des meilleures familles de Dijon, reçut le voile aux Carmélites de la main de l'ancien évêque de Condom officiant pontificalement. Il prêcha sur ce texte : *Qui vult venire post me,* etc. ; et le discours fut admirable, ajoute cette sainte fille dans le mémoire qu'elle fit, lorsqu'elle étoit sous-prieure, sur les différens sermons prêchés par M. Bossuet aux Carmélites.

aux miennes, afin qu'il plaise à cet Esprit qui souffle où il veut[1], de répandre sur mes lèvres ces deux beaux ornemens de l'éloquence chrétienne, je veux dire la simplicité et la vérité. Après quoi, pour une plus claire intelligence de cet entretien, je vais tâcher de vous expliquer l'intention de notre bon Maître dans le lieu que je viens d'alléguer.

Comme un sage capitaine se préparant à une expédition difficile, déclare à ceux qui viennent servir sous ses ordres à quelles conditions il les reçoit dans ses troupes, de même le Sauveur Jésus étant descendu du ciel pour faire la guerre à Satan, pour inviter tous les hommes à cette entreprise, il propose en peu de mots les qualités nécessaires pour pouvoir être rangés sous ses étendards : « Quiconque, dit-il, désire venir après moi, c'est-à-dire quiconque me veut reconnoître pour son capitaine, il faut, poursuit-il, qu'il renonce à soi-même, » *abneget semetipsum;* « puis, qu'il prenne une généreuse résolution de porter sa croix tous les jours, » *et tollat crucem suam quotidiè ;* « et qu'il me suive enfin par mille embarras de périls, de supplices et d'ignominies ; » *et sequatur me.* C'est en abrégé ce qu'il faut quitter, et ce qu'il faut faire à sa suite : voilà les lois et les ordonnances de cette milice. C'est pourquoi je me suis résolu d'appliquer à l'état que vous allez embrasser les ordres généraux de Jésus-Christ notre Chef (a), et de vous faire voir dans le sens littéral de mon texte, selon le dessein que je vous ai déjà proposé : premièrement, jusqu'à quel point votre condition vous oblige de renoncer au monde ; en second lieu, comment il vous faut persévérer dans cette sainte résolution ; et enfin, comment non contente de persévérer, vous devez toujours croître et toujours enchérir par-dessus les actions passées. Ce seront les trois avertissemens que comprendra ce discours, que je prie Dieu de graver pour jamais au fond de votre ame.

[1] *Joan.*, III, 8.
(a) *Var. :* Les lois universelles de notre invincible Général.

PREMIER POINT.

Lorsqu'on vous prêche si souvent, ma très-chère Sœur, qu'il faut renoncer, il est nécessaire que vous entendiez que ce monde auquel il faut renoncer, réside en vous-même. Le disciple bien-aimé vous le montre fort à propos, quand il dit : *Nolite diligere mundum, neque ea quæ in mundo sunt :* « Gardez-vous bien d'aimer le monde, ni ce qui est dans le monde; » d'autant, ajoute-t-il peu après, qu'il n'y a dans le monde que concupiscence de la chair, et concupiscence des yeux, et superbe de vie : » *Omne quod est in mundo concupiscentia carnis est, et concupiscentia oculorum, et superbia vitæ* [1]. Cet orgueil et cette double concupiscence, que peut-ce être autre chose que le trouble de nos passions? Et ce trouble n'est-ce pas le fruit maudit de l'amour aveugle que nous avons pour nous-mêmes? Par conséquent ce monde qu'il nous faut quitter, c'est nous-mêmes : *Abneget semetipsum.*

Que si vous me demandez d'où nous vient cette dure nécessité, que notre adversaire nous soit si proche et que nous soyons pour ainsi dire si fort amis de notre ennemi, qu'il vous souvienne de ce bienheureux état d'innocence où la partie supérieure conduisoit si paisiblement les mouvemens inférieurs, où le corps se trouvoit si bien du gouvernement de l'esprit, parce que l'homme tout entier conspiroit à la même fin. En ce temps-là, on n'entendoit point parler de ces fâcheux termes de renoncer à soi-même. Mais la vanité, fille et mère du désordre, pervertit bientôt cette douce disposition, et ayant fait révolter l'esprit contre Dieu, souleva par un même coup la chair contre la raison. La désobéissance est vengée par la désobéissance : l'homme, ainsi que l'enseigne saint Paul [2], veut en même temps ce qu'il ne veut pas; et sentant en soi deux volontés discordantes, il ne sauroit plus reconnoître laquelle est la sienne : si bien que, dans cette incertitude et cette impuissance, il faut nécessairement qu'il se perde pour se sauver [3]. On ne lui dit plus, comme auparavant, qu'il commande à toutes les créatures [4]; mais on l'avertit de se défier de toutes les créatures. Pour le punir d'avoir voulu se satisfaire contre la loi

---

[1] I *Joan.*, II, 15. — [2] *Rom.*, VII, 19. — [3] *Luc.*, IX, 24. — [4] *Genes.*, I, 28.

de son Dieu, il est ordonné à jamais qu'il renoncera à ses propres inclinations, s'il se veut bien remettre en ses bonnes graces. Et lui qui croyoit se pouvoir faire plus de bien qu'il n'en avoit reçu de la main de son Créateur, sera condamné par une juste vengeance à être lui-même son plus cruel et irréconciliable ennemi.

C'est pourquoi je vous en conjure, ma très-chère Sœur, par ce Dieu que vous servez : après avoir compris combien il est nécessaire de quitter le monde, considérez attentivement la hauteur de cette entreprise. Le monde qu'il faut mépriser, ce n'est ni le ciel, ni la terre; ce ne sont ni les compagnies, ni cette vaine pompe, ni les folles intrigues des hommes : certes il ne seroit pas d'une si prodigieuse difficulté de s'en séparer. Mais quand il s'agit de se diviser de soi-même, de quitter, dit saint Grégoire [1], non ce que nous possédons, mais ce que nous sommes, où trouverons-nous une main assez industrieuse ou assez puissante pour délier ou pour rompre un nœud si étroit ? Quelles chaînes assez fortes pourront jamais contraindre cet homme animal, qui règne en nos membres, à subir le joug de l'homme spirituel ? Sans doute il retournera toujours à ses inclinations corrompues. Comme une personne que l'on attache contre son gré à quelque sorte d'emploi, dans le temps que vous l'y croyez la plus occupée, s'entretient souvent dans des conceptions creuses et extravagantes : de même ce vieil Adam, quand vous lui aurez arraché ce qu'il poursuit avec plus d'ardeur, quand vous aurez tenté toutes sortes de voies pour lui faire suivre la raison, il n'y aura ni erreur ni chimères où il ne s'amuse plutôt; « d'autant, dit saint Paul, qu'il est incapable de goûter ce qui est de Dieu : » *Animalis homo non percipit ea quæ sunt spiritûs Dei* [2].

Et ne vous tenez point assurée sur votre vertu ; car il se sert contre nous de la vertu même. Ceux qu'il n'a pu vaincre par un combat opiniâtre, souvent il les renverse par l'honneur de la victoire ; et lorsqu'ils s'imaginent être devenus extrêmement humbles, il les rend orgueilleux par cette humilité prétendue. Combien en voyons-nous qui séduits par ses artifices, pensent en se jetant dans un cloître, quitter les vanités pour la mortification,

---

[1] *In Evang.*, lib. II, hom. XXXII, n. 1 et seq. — [2] I *Cor.*, II, 14.

et ne font à le bien prendre que quitter des vanités pour des vanités : en cela d'autant plus criminels et plus misérables qu'ils vont porter le monde jusqu'au fond de la solitude, qu'ils se vont perdre dans le lieu où les autres cherchent leur refuge, et qu'ils joignent non-seulement Jésus-Christ avec Bélial, mais qu'ils sacrifient à Bélial dans le temple et sur les autels de Jésus-Christ même. C'est, ma très-chère Sœur, ce que vous avez particulièrement à méditer en ce jour. Si vous envisagez bien l'action que vous allez faire, vous trouverez que toutes ces circonstances vous prêchent le mépris du monde. Parcourons-les, s'il vous plaît, et vous découvrirez clairement ce que je vous dis.

Dites-moi, y a-t-il rien qui rende une personne plus vile que la pauvreté ? Quand vous entendez dire de quelqu'un que c'est un homme de néant, ne jugez-vous pas incontinent qu'on parle d'un pauvre ? D'où vient que David après avoir dépeint les diverses calamités des pauvres, conclut enfin par ces paroles qu'il adresse à Dieu : *Tibi derelictus est pauper*[1] : « O Seigneur, on vous abandonne le pauvre ; » voulant dire que chacun court avec ambition au service des grands, et qu'il n'y a que Dieu seul à qui les pauvres ne soient point à charge. Et il est si vrai ce que dit un poëte[2], que la pauvreté rend les hommes ridicules, que ceux qui y sont réduits ont je ne sais quelle honte de l'avouer, et quelquefois le deviennent de crainte de le paroître. Je sais bien que celle que vous professez, d'un côté vous est honorable ; mais elle a aussi d'autre part quelque chose de beaucoup plus rude, en ce qu'elle ressemble à la pauvreté des esclaves, qui non-seulement ne possèdent rien, mais de plus sont incapables de rien posséder. Vous perdez toute sorte de droits ; on en vient jusque-là que de ne vous plus compter parmi les vivans : si bien que vous pouvez dire avec le Psalmiste : « Tous mes proches m'ont abandonné, mais le Seigneur a eu la bonté de me recevoir[3] ; » et avec notre Seigneur : « Mon père et ma mère, mes frères et mes sœurs, ce sont ceux qui écoutent et observent la parole de mon Dieu[4]. »

Quant à cette fleur sacrée de votre virginité, que vous allez

[1] *Psal.* IX, 35. — [2] Juvénal, *Satyr.* III. — [3] *Psal.* XXVI, 10. — [4] *Matth.*, XII, 52.

présenter pour être en bonne odeur au Verbe divin votre Epoux, ô Dieu, qui vous pourroit assez exprimer combien elle vous oblige de vous tenir nette de toutes les affections de la terre? Sachez que votre virginité vous prépare un lit nuptial, où vous posséderez dans le repos de votre ame Jésus l'amoureux des vierges, mais qui les aime avec une extrême jalousie. C'est pourquoi son zélé disciple prenant part aux affections de son maître : « Je suis jaloux de vous, dit-il, de la jalousie de Dieu; » *Æmulor enim vos Dei æmulatione*, parce que, ajoute-t-il, « je vous ai fiancée, comme une vierge chaste, à un seul homme qui est Jésus-Christ : » *Despondi vos uni viro, virginem castam exhibere Christo* [1]. Or pensez quel seroit le sentiment d'une fille chaste et pudique, si on lui parloit de rompre avant son mariage cette foi qu'elle conserve uniquement pour son cher époux. Telle doit être votre pudeur, je ne dis pas à l'égard des voluptés bestiales, mais je dis à l'égard des moindres sollicitations de ce monde.

Car la jalousie de Jésus ne regarde pas seulement les hommes : son amour est si tendre, qu'il s'offense et se pique si vous choisissez la moindre chose hors de lui. Toutes ces douces contraintes où vous êtes sont autant d'effets de sa jalousie. Y a-t-il aucun de nos sens par lequel nous touchions les choses plus légèrement que par celui de la vue? Et toutefois il témoigne, par ce voile qu'il vous impose, qu'il ne vous permet pas cette sorte de jouissance. Et le docte Tertullien dit que l'on en couvre les vierges, de peur qu'elles ne soient souillées des moindres regards : estimant la virginité une chose si délicate, qu'elle peut être en quelque façon violée par les yeux, surtout par ces yeux que l'Apôtre appelle si élégamment « yeux pleins d'adultère, » *oculos adulterii plenos* [2]. D'où vient que ce grand homme, selon sa gravité ordinaire, nous a dépeint de la sorte ce voile des vierges : *Indue armaturam pudoris, circumduc vallum pudicitiæ, murum sexui tuo strue qui nec tuos emittat oculos, nec admittat alienos* [3] : « Revêtez-vous, leur dit-il, des armes de la pudeur; entourez votre honnêteté d'un rempart; dressez une muraille à votre sexe, qui empêche vos yeux de sortir et refuse l'entrée à ceux des

---

[1] II Cor., xi, 2. — [2] II Petr., ii, 14. — [3] De Virg. vel., n. 16.

autres : » d'où vous pouvez conclure qu'une vierge n'est plus vierge sitôt qu'elle s'abandonne aux sentimens de la terre, et qu'alors sa virginité lui tourne en prostitution.

Passons outre : il n'y a rien qui soit plus à vous que votre propre volonté, néanmoins vous avez bien la résolution de vous en vouloir dépouiller. En effet vous la soumettez tellement aux ordres d'autrui, qu'on ne sait plus si c'est la vôtre ou celle de vos supérieurs; et l'obéissance rigoureuse, que vous professez, l'anéantit de telle sorte, qu'un Père ancien l'a nommée la sépulture de la volonté [1] : sépulture certainement bien pénible, parce qu'il la faut recommencer mille et mille fois; mais qui vous avertit que renonçant si généreusement à la chose qui est le plus en votre pouvoir, ce seroit un crime si vous vous reteniez aucun bien du monde.

Enfin, considérez par une réflexion sérieuse que l'action que vous allez faire est un sacrifice; et que ce seroit un sacrilége exécrable, si vous réserviez quelque chose de ce qui entre par une oblation solennelle en la possession du Très-Haut. Ophni et Phinées, sacrificateurs d'Israël, pour s'être attribué les offrandes que le peuple présentoit à Dieu, furent dévorés avec leur armée par le glaive des Philistins [2] : d'autant, comme dit le prophète Isaïe, « que Dieu est le Seigneur et ne peut souffrir la rapine dans les holocaustes : » *Ego Dominus, odio habens rapinam in holocausto* [3]. Et de quelle punition penseriez-vous être digne, si vous ravissiez à Dieu, non point la graisse des agneaux ou des béliers, mais une victime vivante, lavée du sang de son Fils, qu'il a tirée du monde pour la sanctifier à son nom?

Dites donc, ma très-chère Sœur, en faisant une revue générale dans tous les replis de votre cœur; dites du plus profond de votre ame : O monde, à qui mon Maître n'a pu plaire et qui n'as pu plaire à mon Maître; ô monde, qu'il a surmonté par l'infamie de sa mort; monde enfin, théâtre de folie et d'illusion, je te quitte et je te renonce de toute mon affection. Et vous, rompez mes liens, ô Seigneur; je vous immolerai une hostie de louange [4], et mon

---

[1] S. Joan. Clim., *Scal. Parad.* grad., IV. — [2] I *Reg.*, II, 14; IV, 11. — [3] *Isa.*, LXI, 8. — [4] *Psal.* CXV, 8.

ame délivrée ne cessera de bénir vos incomparables bontés. Daignez, mon Sauveur Jésus, me recevoir en vos bras, et ne permettez pas que mes ennemis m'en arrachent. C'est ce que vous donnera, s'il plaît à Dieu, la persévérance, qui doit faire le second point de cet entretien.

SECOND POINT.

« Qui veut venir après moi, dit notre divin Capitaine, qu'il renonce à soi-même et porte sa croix tous les jours : » *Tollat crucem suam quotidiè.* Cette croix, c'est la guerre que nous devons avoir contre le monde et la chair, auxquels nous devons nous crucifier avec notre Maître; et ce mot : *Tous les jours,* nous marque la persévérance. Au reste notre Prince nous avertit qu'il ne nous veut point épargner; qu'avec lui une bataille gagnée en attire une autre et qu'il ne sait point donner d'autre rafraîchissement à ses troupes; qu'il entend enfin que leur travail soit continuel en ce monde, puisque leur couronne dans le ciel doit être immortelle : voilà comme il nous encourage à persévérer.

Pour appliquer ceci à votre condition, comprenez, s'il vous plaît, la nature de vos vœux. Il y a deux sortes de vœux : les uns sont pour un temps, et les autres à perpétuité, comme ceux que vous allez faire. Ce que je dirai se doit entendre particulièrement des derniers, bien qu'à proportion il se puisse aussi appliquer aux autres.

C'est la religion, disent les théologiens, qui nous lie à Dieu; et le vœu, selon leur doctrine, en est un des actes qui a la vertu d'étreindre ce sacré nœud. Car encore que tout ce que nous sommes appartienne au Créateur de droit naturel, néanmoins il a voulu nous laisser un certain domaine sur nos actions pour former en nos ames une légère image de sa souveraineté absolue : et c'est ce domaine que vous lui cédez et transportez par vos vœux. Quels doivent donc être les sentimens d'une ame pieuse, qui se veut de tout son cœur dévouer à Dieu? Premièrement elle considère que tout ce qu'il y a d'être dans les créatures, relève de cet être souverain et universel : puis poussée d'un violent désir de se réunir à son principe et de se donner à lui pour toute l'éternité, elle proteste de se résigner toute entière à ses saintes dispositions, afin qu'il règne sans réserve sur ses puissances, qu'il les occupe toutes et les remue selon ses conseils, s'y attachant de tous ses efforts, et enracinant pour ainsi dire sa volonté dans cette volonté première et indépendante, la règle et le centre de toutes les autres. Telle est l'adoration que vous allez rendre aujourd'hui à cet Esprit incompréhensible, dont le ciel et la terre redoutent les commandemens. Et cette adoration est en ce point différente de toutes les autres, que celles-ci passent avec l'acte que vous en formez, au lieu que celle-là a son effet dans toute la vie : de sorte que comme Dieu est immuable par la loi toujours permanente de son éternité, ainsi vous vous faites une loi vous-même, par les vœux que vous concevez, d'être ferme et inébranlable dans son service.

Donnez-vous donc de garde que l'ennemi ne vous trompe; et que ne pouvant vous ébranler d'abord dans la fin principale de votre vocation, il ne tâche de vous jeter peu à peu dans quelque relâchement et ne vous fasse négliger insensiblement les choses de moindre importance : sur quoi vous avez à penser qu'une ame religieuse, dont tous les mouvemens concourent à la même fin, ressemble en ce point à une voûte bien affermie, qui est incapable de succomber quand on la veut pousser toute entière; mais qu'on peut faire tomber facilement en ruine par la désunion qui s'en feroit pièce à pièce. C'est pourquoi ne dédaignez pas ce qui vous semble le moins nécessaire, parce que de là dépend le plus important : Dieu ayant ordonné pour la connexion de toutes les choses et afin que chacune eût son prix, que les plus grandes fussent soutenues sur les plus petites; et ainsi ce qui seroit peut-être à mépriser selon sa nature, devient très-considérable par la conséquence. Ne permettez donc pas que l'on vous puisse jamais reprocher ce que le saint Apôtre reproche aux Galates : *Sic stulti estis, ut cùm spiritu cœperitis, nunc carne consummemini?* « Seriez-vous bien assez insensée pour vouloir finir par la chair, après avoir commencé par l'esprit? Auriez-vous, poursuit-il, tant souffert en vain? » *Tanta passi estis sine causâ* [1] ?

Et moi ne vous puis-je pas dire à l'exemple de ce maître des

[1] *Galat.*, III, 3, 4.

prédicateurs : Auriez-vous pour néant renoncé au monde? Non, non, ma très-chère Sœur; veillez dans l'exercice de l'oraison; que vos yeux languissent et défaillent, en regardant le saint lieu d'où vous doit venir le secours; et celui qui a commencé en vous cette bonne œuvre, non-seulement vous donnera la grâce de persévérer, mais encore il vous fera croître de jour en jour en Jésus-Christ notre Chef : *Crescentes in eo per omnia, qui est caput Christus*[1]. C'est par où je m'en vais conclure.

TROISIÈME POINT.

« Qui veut venir après moi, qu'il renonce à soi-même, et porte sa croix tous les jours, et me suive : » *Et sequatur me.* Pour ne nous point éloigner de notre première pensée, ne vous semble-t-il pas entendre notre brave Capitaine, qui pour porter en nos cœurs une vigoureuse résolution : Qui m'aime me suive, dit-il : il est vrai que je vous mène à de grands périls; mais souvenez-vous que je vous commande de me suivre, et non point de marcher devant. « Or nous n'avons point un pontife qui ne sache pas compatir à nos infirmités : » *Non habemus pontificem, qui non possit compati infirmitatibus nostris*[2]. Comprenez maintenant combien ces paroles nous invitent à croître toujours.

Quand ces deux difficultés concourent en un même objet, savoir la nécessité de le suivre et l'impossibilité d'y atteindre, il ne reste qu'une chose à faire, qui est d'avancer toujours. Or tel est le Fils de Dieu, l'exemplaire de notre vie. Nous voyons dans ses actions, premièrement la lumière de ses vertus qui nous doit conduire, et en second lieu la perfection où nous ne pouvons parvenir. Il faut donc courir incessamment après lui, selon la mesure qui nous est donnée, comme ce brave athlète saint Paul, qui court incessamment vers le but de la carrière : *Ad destinatum persequor*[3], dit-il; c'est-à-dire « je poursuis toujours ma pointe; je ne cesse de pousser en avant au point où l'on me montre le terme de ma carrière, qui est Jésus-Christ. » Mais considérant entre son Maître et lui une distance infinie, il s'étonne d'avoir si peu avancé et oublie, dit-il, ce qui est derrière lui, c'est-à-dire qu'il ne fait point

---

[1] *Ephes.*, IV, 15. — [2] *Hebr.*, IV, 15. — [3] *Philip.*, III, 12-14.

d'état de l'espace qu'il a couru : *Quæ quidem retrò sunt obliviscens.* Quant à ce qui lui reste, où il ne voit point de bornes, il s'y étend : il veut dire qu'il passe ses forces, et sort en quelque façon de soi-même pour y arriver : *Ad ea quæ sunt priora extendens meipsum;* d'où je conclus que la perfection du christianisme ne consiste point en un degré déterminé. Or ce que vous recherchez dans le genre de vie que vous embrassez, c'est la perfection du christianisme, et par conséquent ne vous lassez jamais de monter; allez de vertu en vertu, si vous voulez voir le Dieu des dieux en Sion [1].

Et pour ramasser en trois mots toute l'instruction de ce discours, détachez-vous entièrement de vous-même : vous y êtes obligée par l'action que vous allez faire et par les conseils évangéliques que vous professez : *Abneget semetipsum.* Persévérez; c'est ce que vous enseigne la nature de vos vœux qui est immuable : *Tollat crucem suam quotidiè.* Enfin augmentez, si vous ne voulez aller contre la fin de votre vocation, qui est la perfection du christianisme; avancez donc toujours, en suivant Jésus : *Et sequatur me.* C'est ce que j'avois à vous dire, touchant l'exposition de mon texte : maintenant, pour ne point retarder vos désirs, je m'en vais conclure.

Par quel ordre de la Providence est-il arrivé que cette journée, qui va vous voir tout à l'heure sortir du monde, touchât de si près celle qui vous y a vu faire votre première entrée, et que presque un même temps fût témoin de votre naissance et de votre mort? N'est-ce point que Dieu veut vous faire entendre par là que vous n'êtes née que pour cette vocation; ou bien que pendant ces jours qui selon la révolution des années vous représentent les premiers de votre vie, vous en devez commencer une nouvelle au service de Jésus-Christ? Quoi qu'il en soit, ma très-chère Sœur, et quoi que ce soit que ce Roi des siècles vous veuille signifier (a) par cette bienheureuse rencontre, je le prie de le faire profiter à votre salut.

Cet ancien disoit qu'il n'avoit vécu que depuis qu'il s'étoit re-

---

[1] *Psal.* LXXXIII, 8.

(a) *Var. :* Vous ait voulu faire remarquer.

tiré dans la solitude. Puisse notre grand Dieu combler de tant de douceurs la solitude plus sainte où vous vous jetez, que vous commenciez seulement de cette matinée à compter vos jours : puissiez-vous devenir aujourd'hui enfant en Jésus-Christ; et que ce mercredi, qui vous doit être si mémorable, soit dorénavant le jour de votre nativité.

C'est aussi en ce même jour, ma très-chère Sœur, que vous fûtes baptisée. Vous n'aviez fait que le premier pas dans ce monde, et déjà on vous obligeoit par un acte public d'y renoncer. Vous n'aviez alors pour toute voix que des cris : l'Eglise vous prêta la sienne pour faire cette généreuse déclaration ; après quoi vous fûtes lavée de l'eau du baptême, où laissant les ordures de votre première nativité, vous reprîtes une nouvelle naissance, non point de la chair, mais d'un esprit pur et d'une eau sanctifiée par des paroles de vie. O que vous célébrerez dignement aujourd'hui l'anniversaire de votre baptême, puisque vous allez non-seulement quitter le monde en esprit, mais que vous lui allez arracher votre corps et rompre avec lui toute sorte de commerce !

L'on a toujours cru dans l'Eglise que le martyre étoit un baptême ; et les saintes pénitences que l'on voue de pratiquer dans les monastères, ne peuvent-elles point passer pour un nouveau genre de martyre, dans lequel Dieu ne voit rien qui ne plaise à sa majesté, puisque le persécuteur et le patient lui sont agréables? Que si le grand Cyrille de Jérusalem a bien pu appeler le baptême un sépulcre et une mère [1], n'en puis-je pas dire autant de la cérémonie de ce jour, dans laquelle votre chair ensevelie donnera place à la pure vie de l'esprit? Heureuse à qui la perte de si peu de chose va valoir un bien éternel, qui par un aimable artifice quittez tout pour tout retrouver en Dieu, et ainsi deviendrez ce que dit saint Paul, « comme n'ayant rien et possédant toutes choses [2]. »

---

[1] *Cateches.* XX, Myst. II, n. 4. — [2] II *Cor.*, VI, 10.

SECONDE CONCLUSION DU SERMON PRÉCÉDENT

POUR

LA PROFESSION DE MARIE-ANNE DE SAINT-FRANÇOIS BAILLY.

Mais sachez, ma Sœur, que ce monde que vous quittez a intelligence chez vous; et que durant tout le temps que vous demeurerez sur la terre, il ne cessera jamais de vous persécuter. Il tentera toutes sortes de voies et toutes sortes d'artifices pour vous embarrasser de quelque affection sensible. Ah ! ma très-chère Sœur, donnez-vous bien de garde de l'écouter. Ne voyez-vous pas que le démon est toujours à épier l'occasion de vous perdre, qu'il ne cesse de dresser quelques batteries nouvelles pour vous attaquer ? Quelle honte seroit-ce si votre esprit avoit moins de soin de se conserver que la chair et le monde n'en ont de vous nuire ? Regardez les passionnés de la terre, comme ils sont constans dans leurs poursuites insensées : faut-il que la folie de la chair soit plus prévoyante que la sagesse du ciel ?

Je ne doute pas que vous n'ayez au commencement une grande ardeur dans les moindres choses, et j'espère que Dieu vous la conservera ; mais il faut y prendre garde. Qu'il est facile, ma chère Sœur, de se relâcher, et que nous nous persuadons facilement qu'il n'est pas besoin de se donner tant de peine ! Et cependant il n'y a rien de si dangereux : la dévotion ne se perd jamais que par le relâchement. Il en est comme d'une voûte ; tant que toutes les pierres s'appuient l'une l'autre, elle résiste à toutes sortes d'efforts, et ne peut jamais être abattue que par pièces : de même la dévotion, qui consiste dans un certain accord de tous les sentimens de l'ame, est trop forte quand toutes les parties se prêtent un mutuel secours ; elle ne se peut perdre par un autre moyen que par le relâchement.

Il y a certaines petites choses que nous avons peine à croire si nécessaires, c'est pourquoi nous les omettons assez facilement ; mais c'est un artifice du démon. Souvenez-vous que les plus grandes choses dépendent d'un petit commencement ; qu'il faut avoir fait le premier pas avant que d'être renversé dans un précipice. Nous ne nous apercevons pas du changement, tant que nous ne voyons pas une notable altération ; et cependant les forces se diminuent, et le démon gagne peu à peu ce qui lui auroit été inaccessible, s'il y eût prétendu du premier abord. Il se faut donc bien garder de faire comme ces ames lâches. Ah ! disent-elles, pour cela c'est peu de chose ; je serai plus exacte dans les choses d'importance : comme si celle qui manque dans ce qui est plus facile, pouvoit se promettre de venir à bout des grandes difficultés. Pour moi, je ne voudrois dire que trois mots à une personne de cette sorte.

N'est-il pas vrai que nous ne nous maintenons que par la grace de Dieu ? Vous n'en pouvez douter ; et si cela est, d'où vient que vous vous promettez d'être ponctuelle dans les soins importans, bien que vous soyez négligente dans les choses qui vous paroissent de moindre conséquence ? Vous qui avouez que dans l'état de la plus grande perfection, il n'y a que Dieu qui puisse vous soutenir, comment pouvez-vous vous assurer de vous retenir, lorsque vous avez donné le premier branle à votre ame du côté du penchant ? Est-ce par votre propre force ou par celle de Dieu ? Si vous croyez le pouvoir par vous-même, c'est une grande vanité ; si vous l'attendez de Dieu, c'est une grande imprudence. Car il ne se peut rien concevoir de plus imprudent que de reconnoître que nous dépendons de Dieu, et de lui donner sujet de nous abandonner par nos négligences.

Par où vous voyez, ma très-chère Sœur, que de négliger les petites choses, ce n'est pas une faute si peu considérable que nous nous l'imaginons, et que bien qu'elle ne semble pas grande en elle-même, elle est extrêmement dangereuse dans ses conséquences. C'est pourquoi je vous dis avec l'Apôtre : *State in Domino :* « Tenez ferme, et demeurez dans Notre-Seigneur [1]. » Mortifiez-vous dans les petites choses, afin de vous accoutumer à vaincre dans les grandes tentations. Refusez tout ce qui vous viendra de la part du monde, jusqu'au moindre présent, pour ne lui pas donner la moindre prise ; et surtout vivez de telle sorte dans la reli-

[1] *Philip.*, IV, 1.

gion, qu'on ne vous puisse pas reprocher au jour du jugement qu'en vous le commencement valoit mieux que la fin, de peur que votre ferveur ne passe pour une dévotion légère ou pour un amour de la nouveauté.

Nous avons vu, ma Sœur en Jésus-Christ, qu'il est nécessaire de renoncer entièrement au monde, et qu'il faut persévérer dans cette aversion, pour acquérir la perfection de cette vie solitaire que vous embrassez. Il semble qu'il n'y ait plus rien à ajouter à ces deux choses. Et en effet je ne voudrois pas en dire davantage si je n'avois à parler à une Epouse de Jésus-Christ; mais il faut vous porter au plus haut degré, puisque vous avez résolu de suivre le chemin de la perfection. Je vous dis donc qu'il ne suffit pas de persévérer, il faut croître, ma Sœur, et courir toujours de plus en plus à Jésus-Christ.

Je pourrois vous dire, pour établir cette vérité, que la générosité (a) ne peut se prescrire de bornes; que l'amour qui craint d'aller trop loin n'est qu'un faux amour; que le chemin du ciel étant extrêmement roide, ce seroit une grande témérité de prétendre y marcher d'un pas égal; qu'il faut toujours faire contention; que qui ne s'efforce pas de monter, il faut qu'il soit renversé de son propre poids; que nous ne saurions nous acquitter des obligations que nous avons à Dieu, quand nous y employerions une éternité avec toute l'ardeur imaginable; et partant que ce seroit bien manquer de courage et une grande ingratitude, de nous borner lâchement à un commencement de vertu mal affermie contre toute prudence, contre les enseignemens et l'exemple du Fils de Dieu, contre les sentimens que vous doit inspirer la générosité du christianisme et l'amour d'un si bon père, tel qu'est notre Dieu. Je ne doute pas que vous ne vous rendissiez à ces raisons : mais il faut vous faire voir combien est étroite l'obligation que vous avez de croître jusqu'à la mort.

Je vous dis donc, ma Sœur, que si vous n'avez dessein de vous avancer toujours, il ne vous sert de rien d'entrer dans un cloître, ni de vous attacher à Dieu par les promesses solennelles que vous allez faire. Pourquoi quittez-vous les empêchemens du monde?

(a) *Var.* : Qu'un bon courage.

N'est-ce pas parce que vous aspirez à la perfection avec la grace de Dieu ? Or la perfection du christianisme n'a point de bornes assurées, d'autant qu'elle se doit former sur un exemplaire dont il n'est pas possible d'imiter toutes les beautés : c'est Jésus-Christ, ma Sœur, le Fils du Père éternel, celui qui porte tout le monde par sa parole, en qui habitent toutes les richesses de la divinité. Puis donc que nous ne pouvons jamais atteindre à nous conformer parfaitement à Jésus-Christ, tout ce que nous pouvons, c'est de tâcher d'en approcher de plus en plus. Et si la perfection du christianisme n'est pas dans un degré déterminé, il s'ensuit qu'elle consiste à monter toujours. Et partant, ma Sœur, vous proposer d'atteindre à la perfection et vous vouloir arrêter en quelque lieu, c'est contraindre vos propres desseins ; c'est aller contre votre vocation que de prescrire des bornes à votre amour. L'Esprit de Dieu, que vous voulez faire absolument régner sur vous, ne sauroit laisser ses entreprises imparfaites ; il porte tout au plus haut degré, quand on le laisse dominer sur une ame.

Considérez comme l'ambition ne sauroit trouver de bornes, quand on lui laisse prendre le dessus sur la raison : et nous pourrions croire que l'Esprit de Dieu ne nous voudroit pas pousser à rechercher ce qu'il y a de meilleur ? Cela est bon dans les ames où on le tient en contrainte. Mais vous, ma Sœur, vous vous captivez pour donner la liberté toute entière à l'Esprit de Dieu ; laissez-le agir dans votre ame. La charité qui opère en vous vient de Dieu, et ne demande autre chose que de retourner à sa source : si elle est forte en votre ame, elle ne cessera de l'entraîner par l'impétuosité de sa course jusqu'à tant qu'elle se soit reposée dans le sein du bien-aimé.

SERMON

POUR

LA PROFESSION DE MADAME DE LA VALLIÈRE.

REMARQUES HISTORIQUES.

Née en 1644, Louise-Françoise de la Baume-le-Blanc de la Vallière, depuis duchesse de Vaujour, sortoit d'une famille distinguée dans la Touraine. Elle perdit de bonne heure son père, qui étoit gouverneur d'Amboise. Par suite du second mariage de sa mère, elle fut élevée dans la maison du duc d'Orléans, frère de Louis XIII, qui habitoit tour à tour ses deux résidences d'Orléans et de Blois. Douce et modeste, bonne et sage, elle se fit aimer de tous; mais les éloges qu'on lui prodigua, pour être mérités, ne firent pas moins dans son cœur une blessure profonde, et c'est à la présomption qu'elle attribuera plus tard ses fautes et ses malheurs.

En 1661, Melle de la Vallière fut placée comme fille d'honneur près de Henriette d'Angleterre, qui venoit d'épouser le frère unique de Louis XIV. Elle conquit les suffrages de la cour pour ainsi dire par la force des contraires, par la franchise et la droiture, par la bienveillance et la simplicité. Ni son éducation n'étoit brillante, ni son esprit raffiné, ni sa beauté parfaite. « Elle avoit, dit l'abbé de Choisy dans ses *Mémoires*, les cheveux blonds, le sourire agréable, les yeux bleus, le regard si tendre et en même temps si modeste, qu'il gagnoit l'amour et l'estime au même moment. »

On lui adressa sans succès de nombreux hommages; sa vertu noblement indignée repoussa les viles propositions de Fouquet; mais son cœur foible et sensible devoit trouver un maitre, et quel maitre ! Elle conçut d'abord une admiration profonde, puis une tendre affection pour un objet qu'elle voyoit en quelque sorte élevé au-dessus de la condition humaine : elle lutta courageusement, selon la mesure de ses forces, entre le sentiment et le devoir; mais la victoire ne devoit pas être longtemps disputée par le plus grand monarque du monde. Des quatre enfans qui lui furent donnés, deux vécurent : Melle de Blois, depuis princesse de Conti, qui étoit née en 1666; et le comte de Vermandois, qui avoit vu le jour en 1667. A cette dernière date, le roi érigea en duché la terre de Vaujour, en faveur de la mère et de ses enfans légitimés.

Aimant le roi et non la royauté, Madame de la Vallière servoit le maître de son cœur, les courtisans disgraciés, les pauvres et ses ennemis, sans égard pour ses parens ni souvenir d'elle-même. Comblée des prévenances les plus flatteuses, objet secret de tous les amusemens publics et de toutes les fêtes de Versailles, elle s'accusoit des préférences qu'elle obtenoit sur la reine, et voyoit dans les honneurs qui l'entouroient le prix de son ignominie; elle éprouvoit les remords de la pudeur après avoir perdu la vertu; « cette humble violette qui se cachoit sous l'herbe, dit Madame de Sévigné, rougissoit d'être aimée, d'être mère, d'être duchesse. » Elle avoit su pendant longtemps dérober aux regards un secret que tant d'autres auroient étalé au grand jour; quand elle apprit la légitimation de ses enfans, elle fut accablée de honte et jetée dans le désespoir. Deux fois, la seconde en 1671, elle s'enfuit, pour y pleurer sans contrainte, à la Visitation de Chaillot; recherchée avec diligence, elle fut ramenée par Colbert à Versailles. Le temps du repentir efficace, de la fuite sans retour n'étoit pas encore arrivé : un sourire de Louis, un regard de ce maître adoré, et ses plus fermes résolutions s'évanouissoient.

Cependant l'inconstance et la passion la remplaça dans le cœur du roi; une rivale superbe et peu délicate consentit de vivre avec elle, à la même table et presque dans la même maison; abusant outrageusement d'une faveur passagère, Madame de Montespan s'efforçoit de l'accabler sous le poids du dédain, de la hauteur et des affronts; elle n'obtint pas une plainte. Ingénieuse peut-être à se tromper elle-même, Madame de la Vallière « restoit chez la Montespan par mortification, dit une dame de la Cour; la pauvre créature s'imaginoit qu'elle ne pouvoit faire un plus grand sacrifice à Dieu qu'en lui sacrifiant la cause même de ses torts, et croyoit faire d'autant mieux que la pénitence viendroit de l'endroit où elle avoit péché. »

Le roi sembla lui rendre ses faveurs; mais la grace affoiblissoit de plus en plus son empire dans une ame qui ne vouloit plus avoir d'autre maître que Dieu seul. Une maladie, qui la conduisit aux portes du tombeau, la ramena plus fortement vers la vie pénitente et religieuse. C'est alors qu'elle écrivit, si ce livre est bien d'elle, les *Réflexions sur la miséricorde de Dieu*. Comme elle avoit toujours repoussé les flatteurs qui s'empressoient à lui plaire dans le monde, elle chercha dans son projet de retraite des conseils et du soutien auprès des hommes vertueux. Son premier confident fut le maréchal de Bellefonds, qui joignoit à la valeur guerrière la plus tendre piété, et dont la sœur étoit prieure des Grandes-Carmélites. Sous la conduite de ce noble conseiller, ses sentimens s'épurèrent au point qu'elle pût lui écrire, dès le 9 novembre 1673 : « Je sens que, malgré la grandeur de mes fautes, l'amour a plus de part à mon sacrifice que l'obligation de faire pénitence. » Quelques jours après Bossuet lui prêta le secours de ses lumières et de sa parole : « M. de Condom, écrivoit-elle encore, admire la miséricorde de Dieu sur moi, et me conseille d'accomplir promptement sa sainte volonté ; il est même persuadé que je le ferai plus tôt que je ne crois. »

Son pieux dessein rencontra de grands obstacles. On vouloit qu'elle en retardât l'exécution jusqu'au départ de la Cour : « J'ai remarqué, disoit Bossuet dans une lettre du 25 décembre 1673, qu'on pourroit employer l'autorité à quelque chose de plus, si on rompoit subitement. » Madame de la Vallière alloit se punir cruellement d'avoir partagé de grandes fautes, et Louis XIV voyoit dans ce châtiment volontaire sa propre condamnation. Elle eut le courage d'implorer la protection de sa rivale, mais elle trembloit à la pensée d'un entretien qu'elle devoit avoir avec le roi ; et « Colbert, à qui elle s'étoit adressée pour le temporel, ne la tira d'affaire que fort lentement [1]. » Cette tendre mère avoit des enfans bien-aimés ; c'étoit là le seul lien qui l'attachât encore au monde ; Bourdaloue, qui prêcha le carême à la Cour en 1674, le brisa. De ce moment plus de foiblesse, plus d'hésitation ; mais la force du saint amour et l'empressement religieux de la pénitence : « En vérité, disoit Bossuet, ses sentimens sont si divins, que je ne puis y penser sans être en de continuelles actions de graces : et la marque du doigt de Dieu, c'est la force et l'humilité qui accompagnent toutes ses pensées... Cela me ravit et me confond. Je parle, et elle fait. J'ai les discours, et elle a les œuvres. Quand je considère ces choses, j'entre dans le désir de me taire et de me cacher [2]. »

Ce fut le 20 avril 1674 que Madame de la Vallière alla s'enfermer aux Carmélites ; elle n'avoit pas encore trente ans. Le premier jour de sa retraite, elle se fit couper la chevelure et demanda l'habit religieux ; le deuxième jour, elle écrivit : « Je suis si tranquille et si contente, que je ne puis assez admirer les bontés de Dieu pour moi. » La bure, les mets grossiers, l'abstinence, le jeûne, le travail, la fatigue, la mortification, le silence, le silence rigoureux, si dur à la nature, tout cela soulageoit son ame avide d'expiation ; la seule chose qui lui fît de la peine, c'est qu'elle ne trouvoit pas dans l'ordre si sévère des Carmélites un crucifiement assez douloureux. Son zèle et son ardeur, son obéissance absolue, sa pénitence exemplaire firent abréger le temps de ses premières épreuves ; elle fut admise à la vêture le 2 juin, six semaines après son entrée dans le monastère. Ni Bossuet, qui avoit accompagné le dauphin au siége de Dôle ; ni Bourdaloue, qui ren-

---

[1] Bossuet, *lettre* du 25 décembre, 1673. — [2] Lettre du 6 avril 1674.

contra l'on ne sait quel obstacle, ne put prêcher la cérémonie sainte; c'est M. l'abbé de Fromentières, depuis évêque d'Aire, qui annonça la parole divine, appliquant heureusement à son sujet la parabole du bon Pasteur. La postulante prit le nom de *sœur Louise de la Miséricorde.*

Pendant son noviciat, la sœur Louise, non contente des œuvres prescrites par la règle, pratiquoit secrètement d'austères pénitences. La vue continuelle de ses fautes la rendoit insatiable de souffrances et d'humiliations. Elle vouloit aimer beaucoup, parce qu'elle avoit beaucoup péché; comme la pénitente de l'Evangile, elle arrosoit de ses larmes les pieds du Sauveur; on la trouvoit souvent, à l'écart, la face prosternée contre terre et baignée d'un torrent de pleurs. Une faveur qu'elle ambitionnoit, c'étoit de consommer son sacrifice comme sœur converse; on lui promit qu'elle seroit appelée souvent à partager les plus rudes travaux de la maison; voilà tout ce qu'elle put obtenir.

La profession solennelle des vœux se fit le 4 juin 1675. Tout ce que la ville et la Cour renfermoit de plus distingué voulut être témoin d'un événement qui rappeloit tant de souvenirs; le plus grand orateur du grand siècle déploya la magnificence des oracles divins dans cette grande immolation, la reine couvrit la victime du drap mortuaire, et l'archevêque de Paris scella son tombeau. Jamais le monde ne revit un pareil spectacle.

Morte au monde, la sainte religieuse voulut mourir à elle-même par la pratique des œuvres et des vertus qui crucifient la chair et l'esprit. Tous les jours, même pendant les plus grandes rigueurs de l'hiver, elle se levoit deux heures avant la communauté, et passoit ce temps en prières devant le Saint-Sacrement. Pour se châtier du plaisir qu'elle avoit goûté pendant une partie de chasse dans des liqueurs rafraîchissantes, ne pouvant comme son divin Sauveur s'abreuver de fiel et de vinaigre, elle passa trois jours sans boire une goutte d'eau, et trois mois n'en buvant que quelques gouttes; la maladie et des ordres impérieux vinrent mettre un terme à cette mortification. Souvent elle demandoit la permission de jeûner au pain et à l'eau, de revêtir la haire et le cilice, de porter les ceintures et les bracelets de fer; quand ses supérieurs retenoient son ardeur : « Ah! vous ménagez ma foiblesse, disoit-elle, Dieu y pourvoira; » et bientôt les afflictions, les langueurs et les maladies venoient à son aide. Des maux de tête permanens, des souffrances d'estomac qui la réduisoient dans un état de foiblesse extrême, des névralgies qui la tourmentoient fréquemment, une cruelle sciatique qui lui déboîta la hanche, tout cela lui fit éprouver d'inexprimables douleurs, sans interrompre le cours de ses macérations continuelles.

Le bruit de ses austérités se répandit hors du cloître : et tous les hommes de guerre et les savans, les magistrats et les ambassadeurs, les évêques et les cardinaux voulurent contempler en elle le martyre de la pénitence, l'héroïsme de la vertu, la merveille de la grace. Quand elle devoit recevoir des visites, elle prioit Dieu devant le Saint-Sacrement de la garder ; quand elle les avoit reçues, elle l'alloit remercier de l'avoir retirée loin du monde dans son sanctuaire ; aussi bien un seul intérêt l'avoit conduite au parloir, celui des pauvres qu'elle ne pouvoit plus secourir elle-même. A la grace qui charme l'esprit, elle savoit joindre dans ses entretiens la piété qui porte l'édification dans les ames. En 1676, elle répondit à la reine qui l'interrogeoit sur son état : « Non, je ne suis pas aise, mais je suis contente. » Elle reçut en 1679, avec une urbanité charmante, les complimens de la Cour et de la ville sur le mariage de sa fille avec le prince de Conti : « Elle assaisonnoit parfaitement, dit Madame de Sévigné, sa tendresse de mère avec celle d'Epouse de Jésus-Christ. » C'est Bossuet qui lui annonça, en 1683, la perte de son fils mort à l'âge de 17 ans ; après avoir poussé des sanglots déchirans, revenant tout à coup à elle-même : « C'est trop, dit-elle, pleurer un fils dont je n'ai pas encore assez pleuré la naissance, » puis elle alla se prosterner devant le Saint-Sacrement, et quand elle se releva, on ne vit plus la moindre trace d'émotion sur sa figure. Plus tard elle devint comme une seconde mère pour la Montespan, son odieuse rivale, qui étoit retournée aux Carmélites. Madame de Caylus la vit dans les dernières années de sa vie ; elle raconte qu'elle entendit de sa bouche, sur l'amour de Dieu, des choses ravissantes dites avec un son de voix qui alloit jusqu'au cœur.

La veille de sa mort, la sœur Louise, accablée de douleurs et d'infirmités, se leva à trois heures pour continuer le cours de sa vie religieuse et pénitente ; ses pas chancelans ne purent la conduire devant le tabernacle du seul Maître qu'elle servit sans regrets ; une sœur converse la trouva dans un corridor affaissée sur elle-même. Portée à l'infirmerie, elle reçut le jour suivant, de la main du docteur Pirot, derniers les sacremens de l'Eglise ; et son ame quitta la terre à midi, le 6 juin 1710.

Pendant l'exposition funèbre qui dura tout un jour, quatre religieuses ne suffirent pas à recevoir les objets qui devoient toucher la sainte défunte ; et quand on emporta son corps, une foule de voix s'élevèrent qui demandoient ses prières auprès de Dieu.

On sait que le discours pour la profession de Madame de la Vallière fut prononcé le 4 juin 1675.

Dans l'exorde, faisant allusion à Madame de la Vallière, l'orateur dit : « Qu'avons-nous vu, et que voyons-nous ? Quel état, et quel état ? » Voilà toute la narration historique, mais que de choses en peu de mots! Le respect des convenances, la sainteté du ministère évangélique et la majesté de la religion ne permettoient pas d'en dire davantage. Les ames avides d'émotions sensibles auroient voulu des peintures animées, des scènes pathétiques, des cris déchirans; c'est ce sentiment peu religieux qui fit sans doute écrire à Madame de Sévigné, que le discours de Bossuet ne contenta pas l'attente générale.

L'orateur dit ensuite : « Je romps un silence de tant d'années, je fais entendre une voix que les chaires ne connoissent plus. » Bossuet dit pareillement en 1681, dans le quatrième sermon pour le jour de Pâques : « Je reprends la parole après tant d'années d'un perpétuel silence. » On sait que de 1670 à 1680, pendant qu'il fut précepteur du dauphin, Bossuet ne prêcha qu'à de très-rares intervalles.

Immédiatement après : « O Dieu, donnez-moi ce style nouveau du Saint-Esprit, qui commence à faire sentir sa force toute-puissante dans la bouche des apôtres. » En 1675, le 4 juin étoit le mardi de la Pentecôte.

Dans le second point : « On vous dira de là haut; » et dans la péroraison : « Ma Sœur, descendez, allez à l'autel. » Madame de la Vallière étoit avec la reine, en face du prédicateur, dans une tribune élevée.

Ces mots : « Le sacré pontife vous attend, » doivent s'entendre de l'archevêque de Paris.

Enfin l'on remarquera ce beau passage : « O Dieu, qu'est-ce donc que l'homme? Est-ce un prodige? » etc. Pascal dit à peu près la même chose dans les *Pensées*, qui parurent en 1670; mais la priorité appartient à Bossuet, car nous avons signalé un passage identique dans un sermon qui remonte au delà de cette date.

Le sermon pour Madame de la Vallière fut imprimé, sans l'aveu de Bossuet, sur une copie peu fidèle, qui avoit été remise à Fénelon. L'abbé Ledieu rapporte dans ses *Mémoires* que Bossuet, quand il lut cette édition, « ne se reconnoissoit pas. » Déforis avertit le lecteur qu'il a collationné le sermon sur le manuscrit original, et qu'il a comblé plusieurs lacunes et corrigé des fautes nombreuses. Nous avons été obligé de suivre son édition.

SERMON

POUR

LA PROFESSION DE MADAME DE LA VALLIÈRE,

DUCHESSE DE VAUJOUR.

Et dixit qui sedebat in throno : Ecce nova facio omnia.
Et celui qui étoit assis sur le trône a dit : Je renouvelle toutes choses. *Apoc.*, XXI, 5.

Ce sera sans doute un grand spectacle, quand celui qui est assis sur le trône d'où relève tout l'univers, et à qui il ne coûte pas plus à faire qu'à dire, parce qu'il fait tout ce qui lui plaît par sa seule parole, prononcera du haut de son trône, à la fin des siècles, qu'il va renouveler toutes choses; et qu'en même temps on verra toute la nature changée faire paroître un monde nouveau pour les élus. Mais quand, pour nous préparer à ces nouveautés surprenantes du siècle futur, il agit secrètement dans les cœurs par son Saint-Esprit, qu'il les change, qu'il les renouvelle, et que les remuant jusqu'au fond il leur inspire des désirs jusqu'alors inconnus, ce changement n'est ni moins nouveau ni moins admirable. Et certainement, chrétiens, il n'y a rien de plus merveilleux que ces changemens. Qu'avons-nous vu, et que voyons-nous? Quel état, et quel état? Je n'ai pas besoin de parler, les choses parlent assez d'elles-mêmes.

Madame, voici un objet digne de la présence et des yeux d'une si pieuse reine. Votre Majesté ne vient pas ici pour apporter les pompes mondaines dans la solitude : son humilité la sollicite à venir prendre part aux abaissemens de la vie religieuse; et il est juste que faisant par votre état une partie si considérable des grandeurs du monde, vous assistiez quelquefois aux cérémonies où on apprend à les mépriser. Admirez donc avec nous ces grands changemens de la main de Dieu. Il n'y a plus rien ici de l'ancienne forme, tout est changé au dehors : ce qui se fait au dedans est encore plus nouveau : et moi, pour célébrer ces nouveautés saintes, je romps un silence de tant d'années, je fais entendre une voix que les chaires ne connoissent plus.

Afin donc que tout soit nouveau dans cette pieuse cérémonie, ô Dieu, donnez-moi encore ce style nouveau du Saint-Esprit, qui commence à faire sentir sa force toute-puissante dans la bouche des apôtres. Que je prêche comme un saint Pierre la gloire de Jésus-Christ crucifié; que je fasse voir au monde ingrat avec quelle impiété il le crucifie encore tous les jours. Que je crucifie le monde à son tour; que j'en efface tous les traits et toute la gloire; que je l'ensevelisse, que je l'enterre avec Jésus-Christ; enfin que je fasse voir que tout est mort, et qu'il n'y a que Jésus-Christ qui vit.

Mes Sœurs, demandez pour moi cette grace : ce sont les auditeurs qui font les prédicateurs, et Dieu donne par ses ministres des enseignemens convenables aux saintes dispositions de ceux qui écoutent. Faites donc, par vos prières, le discours qui doit vous instruire ; et obtenez-moi les lumières du Saint-Esprit par l'intercession de la sainte Vierge : *Ave, Maria.*

Nous ne devons pas être curieux de connoître distinctement ces nouveautés merveilleuses du siècle futur : comme Dieu les fera sans nous, nous devons nous en reposer sur sa puissance et sur sa sagesse. Mais il n'en est pas de même des nouveautés saintes qu'il opère au fond de nos cœurs. Il est écrit : « Je vous donnerai un cœur nouveau [1]; » et il est écrit : « Faites-vous un cœur nouveau [2] : » de sorte que ce cœur nouveau qui nous est donné, c'est nous aussi qui le devons faire; et comme nous devons y concourir par le mouvement de nos volontés, il faut que ce mouvement soit prévenu par la connoissance.

Considérons donc, chrétiens, quelle est cette nouveauté des cœurs, et quel est l'état ancien d'où le Saint-Esprit nous tire. Qu'y a-t-il de plus ancien que de s'aimer soi-même, et qu'y a-t-il de plus nouveau que d'être soi-même son persécuteur? Mais celui

---

[1] *Ezech.*, XXXVI, 26. — [2] *Ezech.*, XVIII, 31.

qui se persécute lui-même doit avoir vu quelque chose qu'il aime plus que lui-même : de sorte qu'il y a deux amours qui font ici toutes choses. Saint Augustin les définit par ces paroles : *Amor sui usque ad contemptum Dei; amor Dei usque ad contemptum sui* [1] : l'un est « l'amour de soi-même poussé jusqu'au mépris de Dieu, » c'est ce qui fait la vie ancienne et la vie du monde; l'autre est « l'amour de Dieu poussé jusqu'au mépris de soi-même, » c'est ce qui fait la vie nouvelle du christianisme, et ce qui étant porté à sa perfection fait la vie religieuse. Ces deux amours opposés feront tout le sujet de ce discours.

Mais, prenez bien garde, Messieurs, qu'il faut ici observer plus que jamais le précepte que nous donne l'*Ecclésiastique :* « Le sage qui entend, dit-il, une parole sensée, la loue et se l'applique à lui-même [2] : » il ne regarde pas à droite et à gauche à qui elle peut convenir; il se l'applique à lui-même, et il en fait son profit. Ma Sœur, parmi les choses que j'ai à dire, vous saurez bien démêler ce qui vous est propre. Faites-en de même, chrétiens; suivez avec moi l'amour de soi-même dans tous ses excès, et voyez jusqu'à quel point il vous a gagnés par ses douceurs dangereuses. Considérez ensuite une ame qui, après s'être ainsi égarée, commence à revenir sur ses pas; qui abandonne peu à peu tout ce qu'elle aimoit, et qui laissant enfin tout au-dessous d'elle, ne se réserve plus que Dieu seul. Suivez-la dans tous les pas qu'elle fait pour retourner à lui, et voyez si vous avez fait quelque progrès dans cette voie : voilà ce que vous aurez à considérer. Entrons d'abord au fond de notre matière; je ne veux pas vous tenir longtemps en suspens.

PREMIER POINT.

L'homme, que vous voyez si attaché à lui-même par son amour-propre, n'a pas été créé avec ce défaut. Dans son origine, Dieu l'avoit fait à son image; et ce nom d'*image* lui doit faire entendre qu'il n'étoit point pour lui-même : une image est toute faite pour son original. Si un portrait pouvoit tout d'un coup devenir animé, comme il ne se verroit aucun trait qui ne se rapportât à celui

[1] *De Civit. Dei.*, lib. XIV, cap. XXVIII. — [2] *Eccli.*, XXI, 18.

qu'il représente, il ne vivroit que pour lui seul, et ne respireroit que sa gloire. Et toutefois ces portraits que nous animons, se trouveroient obligés à partager leur amour entre les originaux qu'ils représentent, et le peintre qui les a faits. Mais nous ne sommes point dans cette peine : nous sommes les images de notre Auteur, et celui qui nous a faits nous a faits aussi à sa ressemblance : ainsi en toute manière nous nous devons à lui seul, et c'est à lui seul que notre ame doit être attachée.

En effet quoique cette ame soit défigurée, quoique cette image de Dieu soit comme effacée par le péché, si nous en cherchons bien tous les anciens traits, nous reconnoîtrons, nonobstant sa corruption, qu'elle ressemble encore à Dieu et que c'est pour Dieu qu'elle est faite. O ame, vous connoissez et vous aimez ; c'est là ce que vous avez de plus essentiel, et c'est par là que vous ressemblez à votre Auteur, qui n'est que connoissance et qu'amour. Mais la connoissance est donnée pour entendre ce qu'il y a de plus vrai, comme l'amour est donné pour aimer ce qu'il y a de meilleur. Qu'est-ce qu'il y a de plus vrai que celui qui est la vérité même, et qu'y a-t-il de meilleur que celui qui est la bonté même ? L'ame est donc faite pour Dieu : c'est à lui qu'elle devoit se tenir attachée et comme suspendue par sa connoissance et par son amour ; c'est ainsi qu'elle est l'image de Dieu. Il se connoît lui-même, il s'aime lui-même, et c'est là sa vie : et l'ame raisonnable devoit vivre aussi en le connoissant et en l'aimant. Ainsi par sa naturelle constitution elle étoit unie à son Auteur, et devoit faire sa félicité de celle d'un Etre si parfait et si bienfaisant ; en cela consistoit sa droiture et sa force. Enfin c'est par là qu'elle étoit riche, parce qu'encore qu'elle n'eût rien de son propre fonds, elle possédoit un bien infini par la libéralité de son Auteur ; c'est-à-dire qu'elle le possédoit lui-même, et le possédoit d'une manière si assurée, qu'elle n'avoit qu'à l'aimer persévéramment pour le posséder toujours, puisque aimer un si grand bien, c'est ce qui en assure la possession ou plutôt c'est ce qui la fait.

Mais elle n'est pas demeurée longtemps en cet état. Cette ame qui étoit heureuse, parce Dieu l'avoit faite à son image, a voulu non lui ressembler, mais être absolument comme lui. Heureuse qu'elle étoit de connoître et d'aimer celui qui se connoît et s'aime éternellement, elle a voulu, comme lui, faire elle-même sa félicité. Hélas! qu'elle s'est trompée, et que sa chute a été funeste! Elle est tombée de Dieu sur elle-même. Que fera Dieu pour la punir de sa défection? Il lui donnera ce qu'elle demande : se cherchant elle-même, elle se trouvera elle-même. Mais en se trouvant ainsi elle-même, étrange confusion! elle se perdra bientôt elle-même. Car voilà que déjà elle commence à se méconnoître; transportée de son orgueil, elle dit : Je suis un Dieu, et je me suis faite moi-même. C'est ainsi que le Prophète fait parler les ames hautaines, qui mettent leur félicité dans leur propre grandeur et dans leur propre excellence [1].

En effet il est véritable que pour pouvoir dire : Je veux être content de moi-même et me suffire à moi-même, il faut aussi pouvoir dire : Je me suis fait moi-même; ou plutôt : Je suis de moi-même. Ainsi l'ame raisonnable veut être semblable à Dieu par un attribut qui ne peut convenir à aucune créature, c'est-à-dire par l'indépendance et par la plénitude de l'être. Sortie de son état pour avoir voulu être heureuse indépendamment de Dieu, elle ne peut ni conserver son ancienne et naturelle félicité, ni arriver à celle qu'elle poursuit vainement. Mais comme ici son orgueil la trompe, il faut lui faire sentir par quelque autre endroit sa pauvreté et sa misère. Il ne faut pour cela que la laisser quelque temps à elle-même; cette ame, qui s'est tant aimée et tant cherchée, ne se peut plus supporter. Aussitôt qu'elle est seule avec elle-même, sa solitude lui fait horreur; elle trouve en elle-même un vide infini, que Dieu seul pouvoit remplir : si bien qu'étant séparée de Dieu que son fonds réclame sans cesse, tourmentée par son indigence, l'ennui la dévore, le chagrin la tue; il faut qu'elle cherche des amusemens au dehors, et jamais elle n'aura de repos si elle ne trouve de quoi s'étourdir. Tant il est vrai que Dieu la punit par son propre déréglement; et que, pour s'être cherchée elle-même, elle devient elle-même son supplice. Mais elle ne peut pas demeurer en cet état, tout triste qu'il est; il faut qu'elle tombe encore plus bas; et voici comment.

[1] *Ezech.*, XXVIII, 2; XXIX, 9.

Représentez-vous un homme qui est né dans les richesses et qui les a dissipées par ses profusions : il ne peut souffrir sa pauvreté. Ces murailles nues, cette table dégarnie, cette maison abandonnée, où on ne voit plus cette foule de domestiques, lui fait peur : pour se cacher à lui-même sa misère, il emprunte de tous côtés ; il remplit par ce moyen en quelque façon le vide de sa maison, et soutient l'éclat de son ancienne abondance. Aveugle et malheureux, qui ne songe pas que tout ce qui l'éblouit menace sa liberté et son repos! Ainsi l'ame raisonnable, née riche par les biens que lui avoit donnés son Auteur et appauvrie volontairement pour s'être cherchée elle-même, réduite à ce fonds étroit et stérile, tâche de tromper le chagrin que lui cause son indigence, et de réparer ses ruines en empruntant de tous côtés de quoi se remplir.

Elle commence par son corps et par ses sens, parce qu'elle ne trouve rien qui lui soit plus proche. Ce corps qui lui est uni si étroitement, mais qui toutefois est d'une nature si inférieure à la sienne, devient le plus cher objet de ses complaisances. Elle tourne tous ses soins de ce côté-là ; le moindre rayon de beauté qu'elle y aperçoit suffit pour l'arrêter : elle se mire pour ainsi parler, et se considère elle-même dans ce corps : elle croit voir dans la douceur de ces regards et de ce visage, la douceur d'une humeur paisible; dans la délicatesse des traits, la délicatesse de l'esprit; dans ce port et cette mine relevée, la grandeur et la noblesse du courage. Foible et trompeuse image sans doute; mais enfin la vanité s'en repaît. A quoi es-tu réduite, ame raisonnable? Toi qui étois née pour l'éternité et pour un objet immortel, tu deviens éprise et captive d'une fleur que le soleil dessèche, d'une vapeur que le vent emporte, en un mot d'un corps qui par sa mortalité est devenu un empêchement et un fardeau à l'esprit.

Elle n'est pas plus heureuse en jouissant des plaisirs que ses sens lui offrent : au contraire elle s'appauvrit dans cette recherche, puisqu'en poursuivant le plaisir elle perd d'abord la raison. Le plaisir est un sentiment qui nous transporte, qui nous enivre, qui nous saisit indépendamment de la raison, et nous entraîne malgré ses lois. La raison en effet n'est jamais si foible que lorsque le plaisir domine; et ce qui marque une opposition éternelle entre la raison et le plaisir, c'est que pendant que la raison demande une chose, le plaisir en exige une autre : ainsi l'ame devenue captive du plaisir, est devenue en même temps ennemie de la raison. Voilà où elle est tombée quand elle a voulu emprunter des sens de quoi réparer ses pertes : mais ce n'est pas là encore la fin de ses maux. Ces sens, de qui elle emprunte, empruntent eux-mêmes de tous côtés; ils tirent tout de leurs objets, et engagent par conséquent à tous ces objets extérieurs l'ame, qui livrée aux sens, ne peut plus rien avoir que par eux.

Je ne veux point ici vous parler de tous les sens pour vous faire avouer leur indigence : considérez seulement la vue, à combien d'objets extérieurs elle nous attache. Tout ce qui brille, tout ce qui rit aux yeux, tout ce qui paroît grand et magnifique, devient l'objet de nos désirs et de notre curiosité. Le Saint-Esprit nous en avoit bien avertis lorsqu'il avoit dit cette parole : « Ne suivez pas vos pensées et vos yeux, vous souillant et vous corrompant; » disons le mot du Saint-Esprit : « Vous prostituant vous-mêmes à tous les objets qui se présentent [1]. » Nous faisons tout le contraire de ce que Dieu commande : nous nous engageons de toutes parts; nous qui n'avions besoin que de Dieu, nous commençons à avoir besoin de tout. Cet homme croit s'agrandir avec son équipage qu'il augmente, avec ses appartemens qu'il rehausse, avec son domaine qu'il étend. Cette femme ambitieuse et vaine croit valoir beaucoup, quand elle s'est chargée d'or, de pierreries et de mille autres vains ornemens. Pour la parer, toute la nature s'épuise, tous les arts suent, toute l'industrie se consume. Ainsi nous amassons autour de nous tout ce qu'il y a de plus rare : notre vanité se repaît de cette fausse abondance; et par là nous tombons insensiblement dans les piéges de l'avarice, triste et sombre passion, autant qu'elle est cruelle et insatiable.

C'est elle, dit saint Augustin, qui trouvant l'ame pauvre et vide au dedans, la pousse au dehors, la partage en mille soucis, et la consume par des efforts aussi vains que laborieux. Elle se tourmente comme dans un songe : on veut parler, la voix ne suit

[1] *Num.*, xv, 39.

pas; on veut faire de grands mouvemens, on sent ses membres engourdis. Ainsi l'ame veut se remplir, elle ne peut; son argent qu'elle appelle son bien est dehors, et c'est le dedans qui est vide et pauvre. Elle se tourmente de voir son bien si détaché d'elle-même, si exposé au hasard, si soumis au pouvoir d'autrui. Cependant elle voit croître ses mauvais désirs avec ses richesses. « L'avarice, dit saint Paul, est la racine de tous les maux : » *Radix omnium malorum est cupiditas* [1]. En effet les richesses sont un moyen d'avoir presque sûrement tout ce qu'on désire. Par les richesses, l'ambitieux se peut assouvir d'honneurs; le voluptueux, de plaisirs; chacun enfin, de ce qu'il demande. Tous les mauvais désirs naissent dans un cœur qui croit avoir dans l'argent le moyen de les satisfaire. Il ne faut donc pas s'étonner si la passion des richesses est si violente, puisqu'elle ramasse en elle toutes les autres. Que l'ame est asservie! de quel joug elle est chargée! Et pour s'être cherchée elle-même, combien est-elle devenue pauvre et captive?

Mais peut-être que les passions plus nobles et plus généreuses seront plus capables de la remplir. Voyons ce que la gloire lui pourra produire. Il n'y a rien de plus éclatant, ni qui fasse tant de bruit parmi les hommes, et tout ensemble il n'y a rien de plus misérable ni de plus pauvre. Pour nous en convaincre, considérons-la dans ce qu'elle a de plus magnifique et de plus grand. Il n'y a point de plus grande gloire que celle des conquérans : choisissons le plus renommé d'entre eux. Quand on veut parler d'un grand conquérant, chacun pense à Alexandre : ce sera donc, si vous voulez, Alexandre qui nous fera voir la pauvreté des rois conquérans. Qu'est-ce qu'il a souhaité ce grand Alexandre, par tant de travaux et tant de peines qu'il a souffertes lui-même, et qu'il a fait souffrir aux autres? Il a souhaité de faire du bruit dans le monde durant sa vie et après sa mort. Il a tout ce qu'il a demandé; personne n'en a tant fait : dans l'Egypte, dans la Perse, dans les Indes, dans toute la terre, en Orient et en Occident, depuis plus de deux mille ans on ne parle que d'Alexandre. Il vit dans la bouche de tous les hommes, sans que sa gloire soit

[1] I *Tim.*, VI, 10.

effacée ou diminuée depuis tant de siècles : les éloges ne lui manquent pas, mais c'est lui qui manque aux éloges. Il a eu ce qu'il demandoit; en a-t-il été plus heureux, tourmenté par son ambition durant sa vie et tourmenté maintenant dans les enfers, où il porte la peine éternelle d'avoir voulu se faire adorer comme un Dieu, soit par orgueil, soit par politique? Il en est de même de tous ses semblables. Ceux qui désirent la gloire, la gloire souvent leur est donnée. « Ils ont reçu leur récompense, » dit le Fils de Dieu [1]; ils ont été payés selon leurs mérites. Ces grands hommes, dit saint Augustin, tant célébrés parmi les gentils, et j'ajoute trop estimés parmi les chrétiens, ont eu ce qu'ils demandoient : ils ont acquis cette gloire qu'ils désiroient avec tant d'ardeur; et « vains, ils ont reçu une récompense aussi vaine que leurs désirs : » *Quærebant non apud Deum, sed apud homines gloriam...; ad quam pervenientes perceperunt mercedem suam, vani vanam* [2].

Vous voyez, Messieurs, l'ame raisonnable déchue de sa première dignité, parce qu'elle quitte Dieu et que Dieu la quitte; menée de captivité en captivité, captive d'elle-même, captive de son corps, captive des sens et des plaisirs, captive de toutes les choses qui l'environnent. Saint Paul dit tout en un mot, quand il parle ainsi : « L'homme, dit-il, est vendu sous le péché : » *Venumdatus sub peccato* [3]; livré au péché, captif sous ses lois, accablé de ce joug honteux comme un esclave vendu. A quel prix le péché l'a-t-il acheté? Il l'a acheté par tous les faux biens qu'il lui a donnés. Entraîné par tous ces faux biens et asservi par toutes les choses qu'il croit posséder, il ne peut plus respirer, ni regarder le ciel d'où il est venu. Ainsi il a perdu Dieu, et toutefois le malheureux il ne peut s'en passer; car il y a au fond de notre ame un secret désir qui le redemande sans cesse.

L'idée de celui qui nous a créés est empreinte profondément au dedans de nous. Mais, ô malheur incroyable et lamentable aveuglement! rien n'est gravé plus avant dans le cœur de l'homme, et rien ne lui sert moins dans sa conduite. Les sentimens de religion sont la dernière chose qui s'efface en l'homme, et la

---

[1] *Matth.*, VI, 2. — [2] *In Psal.* CXVIII, serm. XII, n. 2. — [3] *Rom.*, VII, 14.

dernière que l'homme consulte : rien n'excite de plus grands tumultes parmi les hommes; rien ne les remue davantage, et rien en même temps ne les remue moins. En voulez-vous voir une preuve? A présent que je suis assis dans la chaire de Jésus-Christ et des apôtres, que vous m'écoutez avec attention, si j'allois (ah! plutôt la mort!); si j'allois vous enseigner quelque erreur, je verrois tout mon auditoire se révolter contre moi. Je vous prêche les vérités les plus importantes de la religion : que feront-elles? O Dieu, qu'est-ce donc que l'homme? est-ce un prodige? est-ce un composé monstrueux de choses incompatibles? ou bien est-ce une énigme inexplicable?

Non, Messieurs; nous avons expliqué l'énigme. Ce qu'il y a de si grand dans l'homme est un reste de sa première institution : ce qu'il y a de si bas et qui paroît si mal assorti avec ses premiers principes, c'est le malheureux effet de sa chute. Il ressemble à un édifice ruiné, qui dans ses masures renversées conserve encore quelque chose de la beauté et de la grandeur de son premier plan. Fondé dans son origine sur la connoissance de Dieu et sur son amour, par sa volonté dépravée il est tombé en ruine; le comble s'est abattu sur les murailles, et les murailles sur le fondement. Mais qu'on remue ces ruines, on trouvera dans les restes de ce bâtiment renversé, et les traces des fondations, et l'idée du premier dessein, et la marque de l'architecte. L'impression de Dieu reste encore en l'homme si forte qu'il ne peut la perdre, et tout ensemble si foible qu'il ne peut la suivre : si bien qu'elle semble n'être restée que pour le convaincre de sa faute, et lui faire sentir sa perte. Ainsi il est vrai qu'il a perdu Dieu : mais nous avons dit, et il est vrai, qu'il ne pouvoit éviter après cela de se perdre aussi lui-même.

L'ame qui s'est éloignée de la source de son être, ne connoît plus ce qu'elle est. Elle s'est embarrassée, dit saint Augustin [1], dans toutes les choses qu'elle aime, et de là vient qu'en les perdant elle se croit aussitôt perdue elle-même. Ma maison est brûlée; on se tourmente, et on dit : Je suis perdu : ma réputation est blessée, ma fortune est ruinée, je suis perdu. Mais surtout quand

---

[1] *De Trinit.*, lib. X, n. 7.

le corps est attaqué, c'est là qu'on s'écrie plus que jamais : Je suis perdu. L'homme se croit attaqué au fond de son être, sans vouloir jamais considérer que ce qui dit : Je suis perdu, n'est pas le corps : car le corps de lui-même est sans sentiment; et l'ame qui dit qu'elle est perdue, ne sent pas qu'elle est autre chose que celui dont elle connoît la perte future; c'est pourquoi elle se croit perdue en le perdant. Ah! si elle n'avoit pas oublié Dieu, si elle avoit toujours songé qu'elle est son image, elle se seroit tenue à lui comme au seul appui de son être; et attachée à un principe si haut, elle n'auroit pas cru périr en voyant tomber ce qui est si fort au-dessous d'elle. Mais, comme dit saint Augustin [1], s'étant engagée toute entière dans son corps et dans les choses sensibles, roulée et enveloppée parmi les objets qu'elle aime et dont elle traîne continuellement l'idée avec elle, elle ne s'en peut plus démêler, elle ne sait plus ce qu'elle est. Elle dit : Je suis une vapeur, je suis un souffle, je suis un air délié, ou un feu subtil; sans doute une vapeur qui aime Dieu, un feu qui connoît Dieu, un air fait à son image. O ame, voilà le comble de tes maux : en te cherchant tu t'es perdue, et toi-même tu te méconnois. En ce triste et malheureux état, écoutons la parole de Dieu par la bouche de son prophète : *Convertimini, sicut in profundum recesseratis, filii Israel* [2]. O ame, reviens à Dieu autant du fond, que tu t'en étois si profondément retirée.

SECOND POINT.

Et en effet, chrétiens, dans cet oubli profond et de Dieu et d'elle-même, où elle est plongée, ce grand Dieu sait bien la trouver. Il fait entendre sa voix, quand il lui plaît, au milieu du bruit du monde : dans son plus grand éclat et au milieu de toutes ses pompes, il en découvre le fond, c'est-à-dire la vanité et le néant. L'ame, honteuse de sa servitude, vient à considérer pourquoi elle est née; et recherchant en elle-même les restes de l'image de Dieu, elle songe à la rétablir en se réunissant à son Auteur. Touchée de ce sentiment, elle commence à rejeter les choses extérieures. O richesses, dit-elle, vous n'avez qu'un nom

---

[1] *De Trinit.*, lib. X, n. 11. — [2] *Isa.*, XXXI, 6.

trompeur : vous venez pour me remplir ; mais j'ai un vide infini où vous n'entrez pas. Mes secrets désirs, qui demandent Dieu, ne peuvent pas être satisfaits par tous vos trésors ; il faut que je m'enrichisse par quelque chose de plus grand et de plus intime. Voilà les richesses méprisées.

L'ame considérant ensuite le corps auquel elle est unie, le voit revêtu de mille ornemens étrangers : elle en a honte, parce qu'elle voit que ces ornemens sont un piége pour les autres et pour elle-même. Alors elle est en état d'écouter les paroles que le Saint-Esprit adresse aux dames mondaines par la bouche du prophète Isaïe : « J'ai vu les filles de Sion la tête levée, marchant d'un pas affecté, avec des contenances étudiées, et faisant signe des yeux à droite et à gauche : pour cela, dit le Seigneur, je ferai tomber tous leurs cheveux[1]. » Quelle sorte de vengeance ! Quoi ? falloit-il foudroyer et le prendre d'un ton si haut pour abattre des cheveux ? Ce grand Dieu, qui se vante de déraciner par son souffle les cèdres du Liban, tonne pour abattre les feuilles des arbres ! Est-ce là le digne effet d'une main toute-puissante ? Qu'il est honteux à l'homme d'être si fort attaché à des choses vaines, que les lui ôter soit un supplice ! C'est pour cela que le Prophète passe encore plus avant. Après avoir dit : « Je ferai tomber leurs cheveux : Je détruirai, poursuit-il, et les colliers, et les bracelets, et les anneaux, et les boîtes à parfums, et les vestes, et les manteaux, et les rubans, et les broderies, et ces toiles si déliées ; » vaines couvertures qui ne cachent rien, et le reste. Car le Saint-Esprit a voulu descendre dans un dénombrement exact de tous les ornemens de la vanité, s'attachant, pour ainsi parler, à suivre par sa vengeance toutes les diverses parures qu'une vaine curiosité a inventées. A ces menaces du Saint-Esprit, l'ame qui s'est sentie longtemps attachée à ces ornemens, commence à rentrer en elle-même. Quoi, Seigneur, dit-elle, vous voulez détruire toute cette vaine parure ? Pour prévenir votre colère je commencerai moi-même à m'en dépouiller. Entrons dans un état où il n'y ait plus d'ornement que celui de la vertu.

Ici cette ame dégoûtée du monde, s'avisant que ces ornemens

[1] *Isa.*, III, 16, 17.

marquent dans les hommes quelque dignité et venant à considérer les honneurs que le monde vante, elle en connoît aussitôt le fond. Elle voit l'orgueil qu'ils inspirent; et découvre dans cet orgueil, et les disputes, et les jalousies, et tous les maux qu'il entraîne : elle voit en même temps que si ces honneurs ont quelque chose de solide, c'est qu'ils obligent de donner au monde un grand exemple. Mais on peut en les quittant donner un exemple plus utile; et il est beau, quand on les a, d'en faire un si bel usage. Loin donc, honneurs de la terre! Tout votre éclat couvre mal nos foiblesses et nos défauts; il ne les cache qu'à nous seuls, et les fait connoître à tous les autres. Ah! « j'aime mieux avoir la dernière place dans la maison de mon Dieu, que de tenir les plus hauts rangs dans la demeure des pécheurs [1]. »

L'ame se dépouille, comme vous voyez, des choses extérieures; elle revient de son égarement, et commence à être plus proche d'elle-même. Mais osera-t-elle toucher à ce corps si tendre, si chéri, si ménagé? N'aura-t-on point de pitié de cette complexion délicate? Au contraire c'est à lui principalement que l'ame s'en prend, comme à son plus dangereux séducteur. J'ai, dit-elle, trouvé une victime : depuis que ce corps est devenu mortel, il sembloit n'être devenu pour moi qu'un embarras, et un attrait qui me porte au mal; mais la pénitence me fait voir que je le puis mettre à un meilleur usage. Grace à la miséricorde divine, j'ai en lui de quoi réparer mes fautes passées. Cette pensée la sollicite à ne plus rien donner à ses sens : elle leur ôte tous leurs plaisirs; elle embrasse toutes les mortifications; elle donne au corps une nourriture peu agréable; et afin que la nature s'en contente, elle attend que la nécessité la rende supportable. Ce corps si tendre couche sur la dure; la psalmodie de la nuit et le travail de la journée y attirent le sommeil; sommeil léger qui n'appesantit pas l'esprit, et n'interrompt presque point ses actions. Ainsi toutes les fonctions, même de la nature, commencent dorénavant à devenir des opérations de la grace. On déclare une guerre immortelle et irréconciliable à tous les plaisirs : il n'y en a aucun de si innocent, qui ne devienne suspect : la raison, que Dieu a donnée à l'ame

[1] *Psal.* LXXXIII, 11.

pour la conduire, s'écrie en les voyant approcher : « C'est ce serpent qui nous a séduits : » *Serpens decepit me* [1]. Les premiers plaisirs qui nous ont trompés sont entrés dans notre cœur avec une mine innocente, comme un ennemi qui se déguise pour entrer dans une place qu'il veut révolter contre les puissances légitimes. Ces désirs, qui nous sembloient innocens, ont remué peu à peu les passions les plus violentes, qui nous ont mis dans les fers que nous avons tant de peine à rompre.

L'ame, délivrée par ces réflexions de la captivité des sens et détachée de son corps par la mortification, est enfin venue à elle-même. Elle est revenue de bien loin et semble avoir fait un grand progrès : mais enfin s'étant trouvée elle-même, elle a trouvé la source de tous ses maux. C'est donc à elle-même qu'elle en veut encore : déçue par sa liberté dont elle a fait un mauvais usage, elle songe à la contraindre de toutes parts; des grilles affreuses, une retraite profonde, une clôture impénétrable, une obéissance entière, toutes les actions réglées, tous les pas comptés, cent yeux qui vous observent; encore trouve-t-elle qu'il n'y en a pas assez pour l'empêcher de s'égarer. Elle se met de tous côtés sous le joug : elle se souvient des tristes jalousies du monde, et s'abandonne sans réserve aux douces jalousies d'un Dieu bienfaisant, qui ne veut avoir les cœurs que pour les remplir des douceurs célestes. De peur de retomber sur ces objets extérieurs, et que sa liberté ne s'égare encore une fois en les cherchant, elle se met des bornes de tous côtés; mais de peur de s'arrêter en elle-même, elle abandonne sa volonté propre. Ainsi resserrée de toutes parts, elle ne peut plus respirer que du côté du ciel : elle se donne donc en proie à l'amour divin; elle rappelle sa connoissance et son amour à leur usage primitif. C'est alors que nous pouvons dire avec David : « O Dieu, votre serviteur a trouvé son cœur pour vous faire cette prière [2]. » L'ame si longtemps égarée dans les choses extérieures, s'est enfin trouvée elle-même; mais c'est pour s'élever au-dessus d'elle, et se donner tout à fait à Dieu.

Il n'y a rien de plus nouveau que cet état où l'ame pleine de Dieu s'oublie elle-même. De cette union avec Dieu, on voit naître

---

[1] *Genes.*, III, 13. — [2] II *Reg.*, VII, 27.

bientôt en elle toutes les vertus. Là est la véritable prudence; car on apprend à tendre à sa fin, c'est-à-dire à Dieu, par la seule voie qui y mène, c'est-à-dire par l'amour. Là est la force et le courage; car il n'y a rien qu'on ne souffre pour l'amour de Dieu. Là se trouve la tempérance parfaite; car on ne peut plus goûter les plaisirs des sens, qui dérobent à Dieu les cœurs et l'attention des esprits. Là on commence à faire justice à Dieu, au prochain et à soi-même : à Dieu, parce qu'on lui rend tout ce qu'on lui doit en l'aimant plus que soi-même : au prochain, parce qu'on commence à l'aimer véritablement, non pour soi-même, mais comme soi-même, après qu'on a fait l'effort de renoncer à soi-même; enfin on se fait justice à soi-même, parce qu'on se donne de tout son cœur à qui on appartient naturellement. Mais en se donnant de la sorte, on acquiert le plus grand de tous les biens, et on a ce merveilleux avantage d'être heureux par le même objet qui fait la félicité de Dieu.

L'amour de Dieu fait donc naître toutes les vertus; et pour les faire subsister éternellement, il leur donne pour fondement l'humilité. Demandez à ceux qui ont dans le cœur quelque passion violente, s'ils conservent quelque orgueil ou quelque fierté en présence de ce qu'ils aiment : on ne se soumet que trop, on n'est que trop humble. L'ame possédée de l'amour de Dieu, transportée par cet amour hors d'elle-même, n'a garde de songer à elle, ni par conséquent de s'enorgueillir; car elle voit un objet au prix duquel elle se compte pour rien, et en est tellement éprise, qu'elle le préfère à elle-même, non-seulement par raison, mais par amour.

Mais voici de quoi l'humilier plus profondément encore. Attachée à ce divin objet, elle voit toujours au-dessous d'elle deux gouffres profonds, le néant d'où elle est tirée, et un autre néant plus affreux encore, c'est le péché, où elle peut retomber sans cesse pour peu qu'elle s'éloigne de Dieu et qu'elle l'oblige de la quitter. Elle considère que si elle est juste, c'est Dieu qui la fait telle continuellement. Saint Augustin ne veut pas qu'on dise que Dieu nous a faits justes; mais il dit qu'il nous fait justes à chaque moment[1]. Ce n'est pas, dit-il, comme un médecin qui ayant guéri

---

[1] *De Gen. ad litt.*, lib. VIII, n. 25.

son malade, le laisse dans une santé qui n'a plus besoin de son secours ; c'est comme l'air qui n'a pas été fait lumineux pour le demeurer ensuite par lui-même, mais qui est fait tel continuellement par le soleil. Ainsi l'ame attachée à Dieu sent continuellement sa dépendance, et sent que la justice qui lui est donnée ne subsiste pas toute seule, mais que Dieu la crée en elle à chaque instant : de sorte qu'elle se tient toujours attentive de ce côté-là ; elle demeure toujours sous la main de Dieu, toujours attachée au gouvernement et comme au rayon de sa grace. En cet état elle se connoît, et ne craint plus de périr de la manière dont elle le craignoit auparavant : elle sent qu'elle est faite pour un objet éternel, et ne connoît plus de mort que le péché.

Il faudroit ici vous découvrir la dernière perfection de l'amour de Dieu : il faudroit vous montrer cette ame détachée encore des chastes douceurs qui l'ont attirée à Dieu, et possédée seulement de ce qu'elle découvre en Dieu même, c'est-à-dire de ses perfections infinies. Là se verroit l'union de l'ame avec un Jésus délaissé ; là s'entendroit la dernière consommation de l'amour divin dans un endroit de l'ame si profond et si retiré, que les sens n'en soupçonnent rien, tant il est éloigné de leur région : mais pour expliquer cette matière, il faudroit tenir un langage que le monde n'entendroit pas.

Finissons donc ce discours, et permettez qu'en le finissant je vous demande, Messieurs, si les saintes vérités que j'ai annoncées ont excité en vos cœurs quelque étincelle de l'amour divin. La vie chrétienne que je vous propose si pénitente, si mortifiée, si détachée des sens et de nous-mêmes, vous paroît peut-être impossible. — Peut-on vivre, direz-vous, de cette sorte? Peut-on renoncer à ce qui plaît? — On vous dira de là haut qu'on peut quelque chose de plus difficile, puisqu'on peut embrasser tout ce qui choque. — Mais pour le faire, direz-vous, il faut aimer Dieu ; et je ne sais si on peut le connoître assez pour l'aimer autant qu'il faudroit. — On vous dira de là haut qu'on en connoît assez pour l'aimer sans bornes. — Mais peut-on mener dans le monde une telle vie? — Oui sans doute, puisque le monde même vous désabuse du monde : ses appas ont assez d'illusions, ses faveurs assez d'inconstance, ses rebuts assez d'amertume : il y a assez d'injustice et de perfidie dans le procédé des hommes, assez d'inégalités et de bizarreries dans leurs humeurs incommodes et contrariantes; c'en est assez sans doute pour nous dégoûter. — Hé! dites-vous, je ne suis que trop dégoûté : tout me dégoûte en effet, mais rien ne me touche; le monde me déplaît, mais Dieu ne me plaît pas pour cela. — Je connois cet état étrange, malheureux et insupportable, mais trop ordinaire dans la vie. Pour en sortir, ames chrétiennes, sachez que qui cherche Dieu de bonne foi ne manque jamais de le trouver; sa parole y est expresse : « Celui qui frappe, on lui ouvre; celui qui demande, on lui donne; celui qui cherche, il trouve infailliblement [1]. » Si donc vous ne trouvez pas, sans doute vous ne cherchez pas. Remuez jusqu'au fond de votre cœur : les plaies du cœur ont cela qu'elles peuvent être sondées jusqu'au fond, pourvu qu'on ait le courage de les pénétrer. Vous trouverez dans ce fond un secret orgueil qui vous fait dédaigner tout ce qu'on vous dit et tous les sages conseils : vous trouverez un esprit de raillerie inconsidérée, qui naît parmi l'enjouement des conversations. Quiconque en est possédé croit que toute la vie n'est qu'un jeu : on ne veut que se divertir; et la face de la raison, si je puis parler de la sorte, paroît trop sérieuse et trop chagrine.

Mais à quoi est-ce que je m'étudie? A chercher des causes secrètes du dégoût que vous donne la piété? Il y en a de plus grossières et de plus palpables : on sait quelles sont les pensées qui arrêtent le monde ordinairement. On n'aime point la piété véritable, parce que contente des biens éternels, elle ne donne point d'établissement sur la terre, elle ne fait point la fortune de ceux qui la suivent. C'est l'objection ordinaire que font à Dieu les hommes du monde; mais il y a répondu d'une manière digne de lui par la bouche du prophète Malachie : « Vos paroles se sont élevées contre moi, dit le Seigneur, et vous avez répondu : Quelles paroles avons-nous proférées contre vous? Vous avez dit : Celui qui sert Dieu se tourmente en vain. Quel bien nous est-il revenu d'avoir gardé ses commandemens et d'avoir marché tristement

[1] *Matth.*, VII, 8.

devant sa face ? Les hommes superbes et entreprenans sont heureux : car ils se sont établis en vivant dans l'impiété ; et ils ont tenté Dieu en songeant à se faire heureux malgré ses lois, et ils ont fait leurs affaires [1]. » Voilà l'objection des impies proposée dans toute sa force par le Saint-Esprit. « A ces mots, poursuit le prophète, les gens de bien étonnés se sont parlé secrètement les uns aux autres. » Personne sur la terre n'ose entreprendre, ce semble, de répondre aux impies qui attaquent Dieu avec une audace si insensée ; mais Dieu répondra lui-même : « Le Seigneur a prêté l'oreille à ces choses, dit le prophète, et il les a ouïes : il a fait un livre où il écrit les noms de ceux qui le servent ; et en ce jour où j'agis, dit le Seigneur des armées, c'est-à-dire en ce dernier jour où j'achève tous mes ouvrages, où je déploie ma miséricorde et ma justice ; en ce jour, dit-il, les gens de bien seront ma possession particulière ; je les traiterai comme un bon père traite un fils obéissant. Alors vous vous retournerez, ô impies ; vous verrez de loin leur félicité, dont vous serez exclus pour jamais ; et vous verrez alors quelle différence il y a entre le juste et l'impie, entre celui qui sert Dieu et celui qui méprise ses lois. » C'est ainsi que Dieu répond aux objections des impies. Vous n'avez pas voulu croire que ceux qui me servent puissent être heureux : vous n'en avez cru ni ma parole, ni l'expérience des autres ; votre expérience vous en convaincra ; vous les verrez heureux, et vous vous verrez misérables : *Hæc dicit Dominus faciens hæc* : « C'est ce que dit le Seigneur ; il l'en faut croire : car lui-même qui le dit, c'est lui qui le fait ; » et c'est ainsi qu'il fait taire les superbes et les incrédules.

Serez-vous assez heureux pour profiter de cet avis et pour prévenir sa colère ? Allez, Messieurs, et pensez-y : ne songez point au prédicateur qui vous a parlé, ni s'il a bien dit, ni s'il a mal dit : qu'importe qu'ait dit un homme mortel ? Il y a un prédicateur invisible qui prêche dans le fond des cœurs ; c'est celui-là que les prédicateurs et les auditeurs doivent écouter. C'est lui qui parle intérieurement à celui qui parle au dehors, et c'est lui que doivent entendre au dedans du cœur tous ceux qui prêtent l'oreille

---

[1] *Malach.*, III, 13 et seq

aux discours sacrés. Le prédicateur qui parle au dehors ne fait qu'un seul sermon pour tout un grand peuple : mais le prédicateur du dedans, je veux dire le Saint-Esprit, fait autant de prédications différentes qu'il y a de personnes dans un auditoire ; car il parle à chacun en particulier, et lui applique selon ses besoins la parole de la vie éternelle. Ecoutez-le donc, chrétiens; laissez-lui remuer au fond de vos cœurs ce secret principe de l'amour de Dieu.

Esprit saint, Esprit pacifique, je vous ai préparé les voies en prêchant votre parole. Ma voix a été semblable peut-être à ce bruit impétueux qui a prévenu votre descente : descendez maintenant, ô feu invisible; et que ces discours enflammés, que vous ferez au dedans des cœurs, les remplissent d'une ardeur céleste. Faites-leur goûter la vie éternelle, qui consiste à connoître et à aimer Dieu : donnez-leur un essai de la vision dans la foi; un avant-goût de la possession, dans l'espérance; une goutte de ce torrent de délices qui enivre les bienheureux, dans les transports célestes de l'amour divin.

Et vous, ma Sœur, qui avez commencé à goûter ces chastes délices, descendez, allez à l'autel; victime de la pénitence, allez achever votre sacrifice : le feu est allumé, l'encens est prêt, le glaive est tiré : le glaive, c'est la parole qui sépare l'ame d'avec elle-même pour l'attacher uniquement à son Dieu. Le sacré pontife vous attend avec ce voile mystérieux que vous demandez. Enveloppez-vous dans ce voile : vivez cachée à vous-même, aussi bien qu'à tout le monde; et connue de Dieu, échappez-vous à vous-même, sortez de vous-même et prenez un si noble essor que vous ne trouviez de repos que dans l'essence du Père, du Fils, et du Saint-Esprit.

SERMON

PRÊCHÉ A L'OUVERTURE

DE

L'ASSEMBLÉE GÉNÉRALE DU CLERGÉ DE FRANCE,

SUR L'UNITÉ DE L'ÉGLISE.

REMARQUES HISTORIQUES.

De graves contestations, dont la première cause visible fut la régale, avoit désuni le Saint-Siége et la Cour de France ; la dissension, s'envenimant tous les jours, menaçoit la chrétienté de grands malheurs ; Louis XIV assembla le clergé de son royaume pour apaiser la division naissante, ou pour trancher le différend selon ses vues. Bossuet, célèbre tout ensemble par l'orthodoxie de la doctrine, par l'étendue du savoir et par la majesté de l'éloquence, fut chargé de prononcer le discours qui devoit ouvrir l'assemblée.

Quelle position pour l'orateur! D'un côté, le vicaire du Dieu fait homme, un auguste Pontife portant la double auréole de la science et de la sainteté, défenseur intrépide des droits de l'Eglise et des priviléges conquis par le sang du Calvaire ; de l'autre côté le chef d'une nation puissante, un grand roi qui faisoit la terreur et l'admiration de l'Europe, accoutumé à voir tout plier sous sa volonté, revendiquant un droit de sa couronne. Comment rapprocher ces deux puissances ? comment concilier des prétentions si contraires ? comment ramener à la condescendance un père outragé, et des enfans indociles à la soumission ?

A la contention, à la rupture, à la division, Bossuet opposa l'unité chrétienne : l'unité, lien céleste qui doit faire de la race humaine une seule famille de frères; l'unité, mystérieuse harmonie qui, unissant les trois Personnes adorables dans une même essence, a ramené l'ordre dans le monde et réconcilié le ciel et la terre. Pour consommer le mystère de l'unité, Jésus-Christ choisit Pierre, à qui il inspire une foi digne d'être le fondement de l'admirable édifice qu'il veut construire.

Par ce choix tout divin, Pierre reçoit une primauté qui le distingue entre tous ses frères, qui l'établit chef de la chrétienté, et qui élève en sa personne l'Eglise romaine à un si haut degré d'honneur et d'autorité : car ce qui doit servir de fondement à une Eglise éternelle ne peut jamais avoir de fin; Pierre vit toujours dans ses successeurs; ses prérogatives leur seront transmises d'âge en âge jusqu'à la consommation des siècles. Voilà pourquoi les Pères ont exalté comme à l'envi, dans l'Eglise romaine « la principauté de la chaire apostolique; la principauté principale; la source de l'unité et l'éminent degré de la chaire sacerdotale; l'Eglise mère, qui tient en sa main la conduite de toutes les autres églises; le Chef de l'épiscopat d'où part le rayon du gouvernement; la chaire principale, la chaire unique en laquelle seule tous gardent l'unité. »

Fidèle à la doctrine de tous les siècles, l'Eglise gallicane a toujours été soigneuse de témoigner au Saint-Siège son attachement filial, toujours empressée de l'entourer d'honneurs et d'hommages. En recevant par le ministère de saint Remi Clovis et les François dans son sein, cette église leur imprima dans le fond du cœur un respect tout particulier pour le Saint-Siége, dont ils devoient être les plus zélés, de même que les plus puissans protecteurs. Les princes de la deuxième race ont été le plus ferme appui de l'Eglise romaine : témoin tant de papes réfugiés, protégés, rétablis, comblés de biens. Et que n'ont pas fait les rois de la troisième race? Au milieu des troubles qui leur faisoient tout craindre, les papes reçurent toujours de nos rois des marques efficaces de la plus profonde vénération. Plus favorable à leur puissance sacrée que l'Italie et que Rome même, la France leur devint comme un second Siége où ils tenoient leurs conciles, et d'où ils faisoient entendre leurs oracles par toute l'Eglise.

Mais si la France a rendu de si grands services au Saint-Siége, voudroit-elle aujourd'hui ternir tant de gloire, mettre en lambeaux sa propre couronne? Puisqu'elle s'est toujours groupée dans son affection filiale autour de la Mère de toutes les églises, elle doit resserrer des liens si chers et si précieux; elle doit, en unissant plus étroitement le chef et les membres, le sacerdoce et l'empire, prévenir les suites d'une rupture à jamais funeste. A leur tour les souverains Pontifes recevront ses hommages avec bienveillance. Puisqu'ils ont toujours reconnu les marques si distinguées que nos rois leur ont données de leur affection; puisqu'ils ont proclamé si hautement leur magnanimité, en les élevant autant au-dessus des autres souverains que les souverains sont au-dessus des particuliers, ils honoreront ceux qui les ont si sincèrement honorés, et la bonne harmonie se maintiendra par de mutuelles déférences. Que d'égards ne mérite pas un trône qui, depuis plus de douze cents ans, n'a jamais été occupé que par des rois toujours enfans de l'Eglise catholique, toujours dévoués au Saint-Siége!

On doit connoître maintenant le but que Bossuet s'est proposé dans le *Sermon sur l'unité* : il a voulu ramener la concorde et la paix dans les esprits, réconcilier la fille aînée de l'Eglise avec sa sainte Mère, prévenir une funeste rupture qui menaçoit d'éclater à chaque instant. Mais l'auteur a lui-même exposé les intentions qui ont dirigé sa plume : écoutons-le. Dans une lettre adressée au cardinal d'Estrées ambassadeur de France auprès du Saint-Siége, après avoir dit qu'il envoie à Son Eminence « le sermon d'ouverture sortant de dessous la presse et avant qu'il fût publié, » Bossuet ajoute : « Afin que vous soyez instruit de tout le fait, je lus le sermon à M. de Paris et à M. de Rheims deux jours avant que de le prononcer. On demeura d'accord qu'il n'y avoit rien à changer. Je le prononçai de mot à mot comme il avoit été lu. On a souhaité depuis de le revoir en particulier avec plus de soin, afin d'aller en tout avec maturité. Il fut relu à MM. de Paris, de Rheims, de Tournay (a) pour le premier ordre; et pour le second, à M. l'abbé de Saint-Luc et à MM. Cocquelin chancelier de Notre-Dame, Courcier théologal, et Faure. On alla jusqu'à la chicane, et il passa tout d'une voix qu'on n'y changeroit pas une syllabe. Quelqu'un (b) dit seulement à l'endroit que vous trouverez, page..., où il s'agit d'un passage de Charlemagne (c), qu'il ne falloit pas dire comme il y avoit : « Plutôt que de rompre avec elle; » mais : « Plutôt que de rompre avec l'Eglise. » Je refusai ce parti comme introduisant une espèce de division entre l'Eglise romaine et l'Eglise en général. Tous furent de mon avis, et même celui qui avoit fait la difficulté. La chose fut remuée depuis par le même, qui trouvoit que le mot de *rompre* disoit trop. Vous savez qu'on ne veut pas toujours se dédire. Je proposai au lieu de *rompre*, de mettre : « Rompre la communion; » ce qui étoit, comme vous voyez, la même chose : la difficulté cessa à l'instant. Le roi a voulu voir le sermon : Sa Majesté l'a lu tout entier avec beaucoup d'attention, et m'a fait l'honneur de me dire qu'elle en étoit très-contente, et qu'il le falloit imprimer. L'assemblée m'a ordonné de le faire, et j'ai obéi. »

Bossuet dit ensuite « qu'il y a eu certains autres petits incidens, mais qui ne sont rien et ne valent pas la peine » d'être rapportés; puis il reprend : « Pour venir un peu plus au fond, je dirai à Votre Eminence que je fus indispensablement obligé de parler des libertés de l'Eglise gallicane : elle voit bien à quoi cela m'engageoit; et je me proposai

---

(a) Le premier, M. de Harlay de Chanvalon; le second, M. le Tellier; le troisième, M. Gilbert de Choiseul du Plessis-Praslin. — (b) L'archevêque de Paris. M. de Harlay ne voyoit pas avec plaisir l'ascendant de Bossuet. — (c) Ce passage le voici : « Quand cette Eglise (l'Eglise de Saint-Pierre) imposerait un joug à peine supportable, il le faudroit souffrir plutôt que de rompre la communion avec elle. »

deux choses : l'une, de le faire sans aucune diminution de la vraie grandeur du Saint-Siége ; l'autre, de les expliquer de la manière que les entendent les évêques, et non pas de la manière que les entendent les magistrats. Après cela je n'ai rien à dire à Votre Eminence : elle jugera elle-même si j'ai gardé les tempéramens nécessaires. Je puis dire en général que l'autorité du Saint-Siége parut très-grande à tout l'auditoire. Je pris soin d'en relever la majesté autant que je pus ; et en exposant avec tout le respect possible l'ancienne doctrine de la France, je m'étudiai autant à donner des bornes à ceux qui en abusoient qu'à l'expliquer elle-même. Je dis mon dessein : Votre Eminence jugera de l'exécution.

» Je ne lui fais pas remarquer ce que j'ai répandu par-ci par-là pour induire les deux puissances à la paix : elle n'a pas besoin d'être avertie. Je puis dire que tout le monde jugea que le Sermon étoit respectueux pour elles, pacifique, de bonne intention ; et si l'effet de la lecture est semblable à celui de la prononciation, j'aurai sujet de louer Dieu. Mais comme ce qui se lit est sujet à une plus vive contradiction, j'aurai besoin que Votre Eminence prenne la peine d'entrer à fond dans tous mes motifs et dans toute la suite de mon discours, pour justifier toutes les paroles sur lesquelles on pourroit épiloguer. Je n'en ai pas mis une seule qu'avec des raisons particulières et toujours, je vous l'assure devant Dieu, avec une intention très-pure pour le Saint-Siége et pour la paix.

» Les tendres oreilles des Romains doivent être respectées, et je l'ai fait de tout mon cœur. Trois points les peuvent blesser : l'indépendance de la temporalité des rois, la juridiction épiscopale immédiatement de Jésus-Christ et l'autorité des conciles. Vous savez bien que sur ces choses on ne biaise point en France ; et je me suis étudié à parler de sorte que, sans trahir la doctrine de l'Eglise gallicane, je pusse ne point offenser la majesté romaine. C'est tout ce qu'on peut demander à un évêque françois qui est obligé par les conjonctures à parler de ces matières. En un mot j'ai parlé net, car il le faut partout et surtout dans la chaire : mais j'ai parlé avec respect, et Dieu m'est témoin que ç'a été à bon dessein [1]. »

Le lecteur admettra sans peine, nous le pensons du moins, tout ce que Bossuet vient de dire ; mais le sermon renferme deux ou trois choses qu'il ne comprendra ni n'admettra peut-être pas aussi facilement. Par exemple, nous lisons : « La puissance qu'il faut reconnoître dans le Saint-Siége est si haute et si éminente,... qu'il n'y a rien au-dessus que toute l'Eglise catholique ensemble. » Qu'est-ce que *toute l'Eglise catholique ensemble* sans le Saint-Siége, c'est-à-dire selon Bossuet,

---

[1] *Lettre* du 1ᵉʳ décembre 1681.

sans « l'Eglise mère qui tient en sa main la conduite de toutes les autres églises, » sans « le Chef de l'épiscopat d'où part le rayon du gouvernement, » sans « la chaire unique en laquelle seule tous gardent l'unité ! » Otez l'Eglise de Pierre, vous aurez aujourd'hui des églises nationales et demain des églises individuelles, mais vous n'aurez plus d'Eglise universelle; détruisez le Pasteur qui paît les agneaux et les brebis, et vous créez autant de papes qu'il y a d'évêques et même de chrétiens.

Le sermon demande à plusieurs reprises l'observation des lois canoniques. Certes nous n'essaierons pas de prouver, après Bossuet, que l'Eglise romaine les a toujours observées; mais en peut-on dire autant de l'Eglise gallicane? Les prélats du xviie siècle vouloient être gouvernés d'après les canons, rien de mieux; mais comment gouvernoient-ils leur clergé? Libertés de l'Eglise gallicane : libertés légitimes, encore une fois rien de plus juste; mais à quoi servent-elles? qui en profite?

Le sermon s'appuie sur la Pragmatique Sanction dite de saint Louis. Appui caduc même dans le xviie siècle, et que la saine critique a jeté par terre malgré le contrefort des jansénistes et de leurs alliés. La fameuse Pragmatique a été fabriquée deux siècles après saint Louis, vers 1438, sous Charles VII, dans le temps de la Pragmatique de Bourges; M. Thomassy l'a démantelée il y a vingt ans [1]; et tout récemment M. Charles Gérin, homme d'un grand savoir, substitut du procureur impérial à Paris, l'a démolie pièce par pièce [2]. Les légistes courtisans (ils le sont tous ou du pouvoir ou du populaire) continueront d'invoquer ce document apocryphe; mais les écrivains qui se respectent n'en parleront plus que pour en montrer la fausseté.

Enfin le sermon parle à voix basse, à demi-mots d'un ou deux souverains pontifes qui, « contre la coutume de leurs prédécesseurs, ou par violence, ou par surprise, n'ont pas assez constamment soutenu ou assez pleinement expliqué la doctrine de la foi; » mais ce sont là de ces choses « qu'un évêque françois étoit obligé » à dire quand il parloit dans certaines « conjonctures; » de ces choses que Bossuet a « répandues par-ci par-là » pour chatouiller agréablement des oreilles plus « tendres encore que celles des Romains, » pour ouvrir des esprits prévenus à des conseils salutaires, pour écarter un malheur qui auroit rabaissé l'Eglise gallicane au niveau de l'Eglise grecque, et le clergé le plus distingué du monde au rang des popes moscovites. Pour être justes, nous devons voir dans le *Sermon sur l'unité* ce qui en fait le fond,

---

[1] *De la Pragmatique Sanction attribuée à saint Louis;* Paris, chez Sagnier et Bray, 1844. — [2] *Mémoire historique sur la Pragmatique Sanction attribuée à saint Louis.* Dans les *Archives de théologie catholique*, revue qui paroît à Besançon. Voir les numéros de mars, avril, mai, juin, juillet et août 1863.

l'exaltation du Saint-Siége par l'Ecriture sainte, par la tradition et par l'histoire.

Le *Sermon sur l'unité de l'Eglise* fut prêché le 9 novembre 1681, à l'ouverture de l'assemblée générale du clergé, à la messe du Saint-Esprit, dans l'église des Grands-Augustins. Il est bon de remarquer cette dernière indication, car le prédicateur adressera la parole à des religieux.

L'ouvrage étoit imprimé déjà le 1ᵉʳ décembre; car la lettre où nous avons vu que l'auteur en parle comme « sortant de dessous la presse, » est de cette date. Bossuet en soigna l'impression au point qu'il fit faire un carton pour mettre en caractères romains un mot qui étoit en italiques.

L'assemblée du clergé ordonna la publication du discours. Il fut livré au public dans le mois de janvier 1682. Un premier tirage fut donné, dans le format in-4º chez Frédéric Léonard, imprimeur du roi; puis un second, dans le format in-18, chez le même. Les deux tirages sont absolument semblables; seulement le dernier renferme deux fautes essentielles.

Celles qui se trouvent dans les éditions postérieures sont nombreuses; nous nous permettons d'en signaler une, une seule, et parce qu'elle montre une fois de plus avec quelle intelligence Déforis a corrigé Bossuet, et parce qu'elle appellera l'attention sur une locution remarquable. Toutes les éditions faites après 1772 portent, vers le commencement du premier point : « Pierre chargé de tout en général,... ne laissa pas... de se charger du soin spécial des Juifs, comme Paul se chargea du soin spécial des Gentils. » Bossuet a dit et fait imprimer ; «... se chargea d'un soin spécial des Juifs, comme Paul se chargea d'un soin spécial des Gentils. »

SERMON

SUR

L'UNITÉ DE L'ÉGLISE.

Quàm pulchra tabernacula tua, Jacob, et tentoria tua, Israel.

Que vos tentes sont belles, ô enfans de Jacob! que vos pavillons, ô Israélites, sont merveilleux! *C'est ce que dit Balaam inspiré de Dieu à la vue du camp d'Israël dans le désert.* Au livre des *Nombres*, XXIV, 1, 2, 3, 5.

MESSEIGNEURS,

C'est sans doute un grand spectacle de voir l'Eglise chrétienne figurée dans les anciens Israélites; la voir, dis-je, sortie de l'Egypte et des ténèbres de l'idolâtrie, cherchant la terre promise à travers d'un désert immense où elle ne trouve que d'affreux rochers et des sables brûlans; nulle terre, nulle culture, nul fruit; une sécheresse effroyable; nul pain qu'il ne lui faille envoyer du ciel; nul rafraîchissement qu'il ne lui faille tirer par miracle du sein d'une roche; toute la nature stérile pour elle, et aucun bien que par grace : mais ce n'est pas ce qu'elle a de plus surprenant. Dans l'horreur de cette vaste solitude on la voit environnée d'ennemis; ne marchant jamais qu'en bataille; ne logeant que sous des tentes : toujours prête à déloger et à combattre : étrangère que rien n'attache, que rien ne contente, qui regarde tout en passant sans vouloir jamais s'arrêter : heureuse néanmoins dans cet état, tant à cause des consolations qu'elle reçoit durant le voyage, qu'à cause du glorieux et immuable repos qui sera la fin de sa course. Voilà l'image de l'Eglise pendant qu'elle voyage sur la terre. Balaam la voit dans le désert : son ordre, sa discipline, ses douze tribus rangées sous leurs étendards : Dieu, son Chef invisible au milieu d'elle : Aaron, prince des prêtres et de tout le peuple de Dieu, chef visible de l'Eglise sous l'autorité de Moïse souverain législateur et figure de Jésus-Christ : le sacerdoce étroitement uni avec la magistrature : tout en paix par le concours de ces deux puissances : Coré et ses sectateurs ennemis de l'ordre et de la paix engloutis à la vue de tout le peuple, dans la terre soudainement entr'ouverte sous leurs pieds, et ensevelis tout vivans dans les enfers. Quel spectacle! quelle assemblée! quelle beauté de l'Eglise! Du haut d'une montagne, Balaam la voit toute entière; et au lieu de la maudire comme on l'y vouloit contraindre, il la bénit. On le détourne, on espère lui en cacher la beauté en lui montrant ce grand corps par un coin d'où il ne puisse en découvrir qu'une partie; et il n'est pas moins transporté, parce qu'il voit cette partie dans le tout avec toute la convenance et toute la proportion qui les assortit l'un avec l'autre. Ainsi de quelque côté qu'il la considère, il est hors de lui; et ravi en admiration il s'écrie : *Quàm pulchra tabernacula tua, Jacob, et tentoria tua, Israel!* « Que vous êtes admirables sous vos tentes, enfans de Jacob! » quel ordre dans votre camp! quelle merveilleuse beauté paroît dans ces pavillons si sagement arrangés; et si vous causez tant d'admiration sous vos tentes et dans votre marche, que sera-ce quand vous serez établis dans votre patrie!

Il n'est pas possible, mes Frères, qu'à la vue de cette auguste assemblée vous n'entriez dans de pareils sentimens. Une des plus belles parties de l'Eglise universelle se présente à vous. C'est l'Eglise gallicane qui vous a tous engendrés en Jésus-Christ : Eglise renommée dans tous les siècles, aujourd'hui représentée par tant de prélats que vous voyez assistés de l'élite de leur clergé, et tous ensemble prêts à vous bénir, prêts à vous instruire selon l'ordre qu'ils en ont reçu du ciel. C'est en leur nom que je vous parle; c'est par leur autorité que je vous prêche. Qu'elle est belle, cette Eglise gallicane, pleine de science et de vertu! mais qu'elle est belle dans son tout qui est l'Eglise catholique; et qu'elle est belle saintement et inviolablement unie à son Chef, c'est-à-dire au successeur de saint Pierre! O que cette union ne soit point troublée! que rien n'altère cette paix et cette unité où Dieu habite! Esprit saint, Esprit pacifique, qui faites habiter les frères unanimement dans votre maison, affermissez-y la paix. La paix est l'objet de cette assemblée : au moindre bruit de division nous accourons effrayés pour unir parfaitement le corps de l'Eglise, le Père et les enfans, le Chef et les membres, le sacerdoce et l'empire. Mais puisqu'il s'agit d'unité, commençons à nous unir par des vœux communs, et demandons tous ensemble la grace du Saint-Esprit par l'intercession de la sainte Vierge. *Ave.*

Messeigneurs,

« Regarde et fais selon le modèle qui t'a été montré sur la montagne [1]. » C'est ce qui fut dit à Moïse lorsqu'il eut ordre de construire le tabernacle. Mais saint Paul nous avertit que ce n'est point ce tabernacle bâti de main d'homme qui doit être travaillé avec tant de soin et formé sur ce beau modèle [2]. C'est le vrai tabernacle de Dieu et des hommes, c'est l'Eglise catholique où Dieu habite et dont le plan est fait dans le ciel. C'est aussi pour cette raison que saint Jean voyoit dans l'*Apocalypse* « la sainte cité de Jérusalem [3], » et l'Eglise qui commençoit à s'établir par toute la terre; il la voyoit, dis-je, descendre du ciel. C'est là que les desseins en ont été pris : « Regarde et fais selon le modèle qui t'a été montré sur cette montagne. »

Mais pourquoi parler de saint Jean et de Moïse? Ecoutons Jésus-Christ lui-même. Il nous dira « qu'il ne fait rien que ce qu'il voit faire à son Père [4]. » Qu'a-t-il donc vu, chrétiens, quand il a formé son Eglise? Qu'a-t-il vu dans la lumière éternelle et dans les splendeurs des Saints où il a été engendré devant l'aurore? C'est le secret de l'Epoux, et nul autre que l'Epoux ne le peut dire.

« Père saint, je vous recommande ceux que vous m'avez donnés, » je vous recommande mon Eglise : « gardez-les en votre nom, afin qu'ils soient un comme nous [5]; » et encore : « Comme vous êtes en moi et moi en vous, ô mon Père, ainsi qu'ils soient un en nous. Qu'ils soient un comme nous; qu'ils soient un en nous [6] : » je vous entends, ô Sauveur; vous voulez faire votre Eglise belle; vous commencez par la faire parfaitement une : car qu'est-ce que la beauté sinon un rapport, une convenance et enfin une espèce d'unité? Rien n'est plus beau que la nature divine, où le nombre même, qui ne subsiste que dans les rapports mutuels de trois Personnes égales, se termine en une parfaite unité. Après la Divinité rien n'est plus beau que l'Eglise, où l'unité divine est

---

[1] *Exod.*, xxv, 40. — [2] *Hebr.*, viii, 9. — [3] *Apoc.*, xxi, 10. — [4] *Joan.*, v, 19. — [5] *Joan.*, xvii, 11. — [6] *Ibid.*, 21, 22.

représentée. « Un comme nous ; un en nous : regardez et faites suivant ce modèle. »

Une si grande lumière nous éblouiroit : descendons, et considérons l'unité avec la beauté dans les chœurs des anges. La lumière s'y distribue sans se diviser : elle passe d'un ordre à un autre, d'un chœur à un autre avec une parfaite correspondance, parce qu'il y a une parfaite subordination. Les anges ne dédaignent pas de se soumettre aux archanges, ni les archanges de reconnoître les puissances supérieures. C'est une armée où tout marche avec ordre, et comme disoit ce patriarche : « C'est ici le camp de Dieu[1]. » C'est pourquoi dans ce combat donné dans le ciel, on nous représente « Michel et ses anges contre Satan et ses anges[2] ; » il y a un chef dans chaque parti ; mais ceux qui disent avec saint Michel : « Qui égale Dieu ? » triomphent des orgueilleux, qui disent : « Qui nous égale ? » et les anges victorieux demeurent unis à leur Créateur sous le chef qu'il leur a donné. O Jésus, qui n'êtes pas moins le Chef des anges que celui des hommes, « regardez et faites selon ce modèle : » que la sainte hiérarchie de votre Eglise soit formée sur celle des esprits célestes. Car, comme dit saint Grégoire, « si la seule beauté de l'ordre fait qu'il se trouve tant d'obéissance où il n'y a point de péché, combien plus doit-il y avoir de subordination et de dépendance parmi nous où le péché mettroit tout en confusion sans ce concours[3] ? »

Selon cet ordre admirable toute la nature angélique a ensemble une immortelle beauté ; et chaque troupe, chaque chœur des anges a sa beauté particulière inséparable de celle du tout. Cet ordre a passé du ciel à la terre ; et je vous ai dit d'abord qu'outre la beauté de l'Eglise universelle qui consiste dans l'assemblage du tout, chaque Eglise placée dans un si beau tout avec une justesse parfaite a sa grace particulière. Jusqu'ici tout nous est commun avec les saints anges. Mais saint Grégoire nous a fait remarquer que le péché n'est point parmi eux. C'est pourquoi la paix y règne éternellement : cette cité bienheureuse d'où les superbes et les factieux ont été bannis, où il n'est resté que les humbles et les pacifiques, ne craint plus d'être divisée. Le péché est parmi nous ;

[1] *Genes.*, XXXII, 2. — [2] *Apoc.*, XII, 7. — [3] S. Greg., *Epist.*, lib. V, epist. LIV.

malgré notre infirmité l'orgueil y règne, et tirant tout à soi il nous arme les uns contre les autres. L'Eglise donc qui porte en son sein dans ce secret principe d'orgueil qu'elle ne cesse de réformer dans ses enfans une éternelle semence de division, n'auroit point de beauté durable, ni de véritable unité, si elle ne trouvoit dans son unité des moyens de s'y affermir quand elle est menacée de division. Ecoutez, voici le mystère de l'unité catholique et le principe immortel de la beauté de l'Eglise. Elle est belle et une dans son tout ; c'est ma première partie, où nous verrons la beauté de tout le corps de l'Eglise : belle et une en chaque membre ; c'est ma seconde partie, où nous verrons la beauté particulière de l'Eglise gallicane dans ce beau tout de l'Eglise universelle : belle et une d'une beauté et d'une unité durable ; c'est ma dernière partie, où nous verrons dans le sein de l'unité catholique des remèdes pour prévenir les moindres commencemens de division et de trouble. Que de grandeur et que de beauté ! mais que de force, que de majesté, que de vigueur dans l'Eglise ! Car ne croyez pas que je parle d'une beauté superficielle qui trompe les yeux : la vraie beauté vient de la santé : ce qui rend l'Eglise forte la rend belle ; son unité la rend belle, son unité la rend forte. Voyons donc dans son unité, et sa beauté et sa force : heureux si l'ayant vue belle premièrement dans son tout, et ensuite dans la partie à laquelle nous nous trouvons immédiatement attachés, nous travaillons à finir jusqu'aux moindres dissensions qui pourroient défigurer une beauté si parfaite. Ce sera le fruit de ce discours, et c'est sans doute le plus digne objet qu'on puisse proposer à un si grand auditoire.

PREMIER POINT.

J'ai, Messieurs, à vous prêcher un grand mystère : c'est le mystère de l'unité de l'Eglise. Unie au dedans par le Saint-Esprit, elle a encore un lien commun de sa communion extérieure, et doit demeurer unie par un gouvernement où l'autorité de Jésus-Christ soit représentée. Ainsi l'unité garde l'unité, et sous le sceau du gouvernement ecclésiastique l'unité de l'esprit est conservée. Quel est ce gouvernement ? quelle en est la forme ? Ne disons rien de nous-mêmes : ouvrons l'Evangile : l'Agneau a levé les sceaux de ce sacré Livre, et la tradition de l'Eglise a tout expliqué.

Nous trouverons dans l'Evangile que Jésus-Christ voulant commencer le mystère de l'unité dans son Eglise, parmi tous les disciples en choisit douze : mais que voulant conserver le mystère de l'unité dans la même Eglise, parmi les douze il en choisit un. « Il appela ses disciples, » dit l'Evangile[1] ; les voilà tous ; « et parmi eux il en choisit douze ; » voilà une première séparation, et les apôtres choisis : « Et voici les noms des douze apôtres ; le premier est Simon qu'on appelle Pierre[2]. » Voilà dans une seconde séparation saint Pierre mis à la tête, et appelé pour cette raison du nom de *Pierre*, « que Jésus-Christ, dit saint Marc[3], lui avoit donné : » pour préparer, comme vous verrez, l'ouvrage qu'il méditoit d'élever tout son édifice sur cette pierre. Tout ceci n'est encore qu'un commencement du mystère de l'unité. Jésus-Christ en le commençant parloit encore à plusieurs : « Allez, prêchez, je vous envoie : » *Ite, prædicate, mitto vos*[4] : mais quand il veut mettre la dernière main au mystère de l'unité, il ne parle plus à plusieurs ; il désigne Pierre personnellement et par le nouveau nom qu'il lui a donné : c'est un seul qui parle à un seul : Jésus-Christ Fils de Dieu à Simon fils de Jonas : Jésus-Christ qui est la vraie pierre et fort par lui-même, à Simon qui n'est Pierre que par la force que Jésus-Christ lui communique : c'est à celui-là que Jésus-Christ parle, et en lui parlant il agit en lui et y imprime le caractère de sa fermeté : « Et moi, dit-il, je te dis à toi : Tu es Pierre ; et, ajoute-t-il, sur cette pierre j'établirai mon Eglise ; et, conclut-il, les portes de l'enfer ne prévaudront point contre elle[5]. » Pour le préparer à cet honneur, Jésus-Christ qui sait que la foi qu'on a en lui est le fondement de son Eglise, inspire à Pierre une foi digne d'être le fondement de cet admirable édifice. « Vous êtes le Christ Fils du Dieu vivant[6]. » Par cette haute prédication de la foi il s'attire l'inviolable promesse qui le fait le fondement de l'Eglise. La parole de Jésus-Christ qui de rien fait ce qu'il lui plaît, donne cette force à un mortel. Qu'on ne dise point, qu'on ne pense point que ce mi-

---

[1] *Luc.*, VI, 13. — [2] *Matth.*, X, 2. — [3] *Marc.*, III, 16. — [4] *Matth.*, X, 6, 7, 16. — [5] *Matth.*, XVI, 18. — [6] *Ibid.*, 16.

nistère de saint Pierre finisse avec lui : ce qui doit servir de soutien à une Eglise éternelle ne peut jamais avoir de fin. Pierre vivra dans ses successeurs ; Pierre parlera toujours dans sa chaire : c'est ce que disent les Pères ; c'est ce que confirment six cent trente évêques au concile de Chalcédoine [1].

Jésus-Christ ne parle pas sans effet. Pierre portera partout avec lui dans cette haute prédication de la foi le fondement des églises : et voici le chemin qu'il lui faut faire. Par Jérusalem la cité sainte, où Jésus-Christ a paru : où « l'Eglise devoit commencer [2] » pour continuer la succession du peuple de Dieu : où Pierre par conséquent devoit être longtemps le chef de la parole et de la conduite : d'où il alloit visitant les églises persécutées [3], et les confirmant dans la foi : où il falloit que le grand Paul, Paul revenu du troisième ciel, le vînt voir [4] : non pas Jacques quoiqu'il y fût ; un si grand apôtre, « frère du Seigneur [5], » évêque de Jérusalem, appelé le *Juste* et également respecté par les chrétiens et par les Juifs : ce n'étoit pas lui que Paul devoit venir voir ; mais il est venu voir Pierre : et le voir, selon la force de l'original, comme on vient voir une chose pleine de merveilles et digne d'être recherchée : « le contempler, l'étudier, dit saint Jean Chrysostome [6], et le voir comme plus grand aussi bien que plus ancien que lui, » dit le même Père : le voir néanmoins, non pour être instruit, lui que Jésus-Christ instruisoit lui-même par une révélation si expresse ; mais afin de donner la forme aux siècles futurs, et qu'il demeurât établi à jamais que quelque docte, quelque saint qu'on soit, fût-on un autre saint Paul, il faut voir Pierre : par cette sainte cité et encore par Antioche, la métropolitaine de l'Orient ; mais ce n'est rien : la plus illustre Eglise du monde, puisque c'est là que le nom de *chrétien* a pris naissance ; vous l'avez lu dans les *Actes* [7] : l'Eglise fondée par saint Barnabé et par saint Paul ; mais que la dignité de Pierre oblige à le reconnoître pour son premier pasteur, l'histoire ecclésiastique en fait foi : où il falloit que Pierre vînt quand elle se fut distinguée des autres par une si éclatante

---

[1] *Conc. Chalc.*, act. II, III ; Lab., tom. IV, col. 368, 425 ; *Relat. ad Leon., ibid.*, col. 833. — [2] *Luc.*, XXIV, 47. — [3] *Act.*, IX, 32. — [4] *Gal.*, I, 18. — [5] *Ibid.*, 19. — [6] *In Epist. ad Gal.*, cap. I, n. 11. — [7] *Act.*, XI, 26.

profession du christianisme, et que sa chaire à Antioche fît une solennité dans les églises : par ces deux villes illustres dans l'Eglise chrétienne par des caractères si marqués, il falloit qu'il vînt à Rome plus illustre encore : Rome le chef de l'idolâtrie aussi bien que de l'empire; mais Rome qui pour signaler le triomphe de Jésus-Christ, est prédestinée à être le chef de la religion et de l'Eglise, doit devenir par cette raison la propre Eglise de saint Pierre, et voilà où il faut qu'il vienne, par Jérusalem et par Antioche.

Mais pourquoi voyons-nous ici l'apôtre saint Paul? Le mystère en seroit long à déduire. Souvenez-vous seulement du grand partage où l'univers fut comme divisé entre Pierre et Paul : où Pierre chargé de tout en général par sa primauté, et par un ordre exprès chargé des Gentils qu'il avoit reçus en la personne de Cornélius le Centurion[1], ne laisse pas pour faciliter la prédication, de se charger d'un soin spécial des Juifs, comme Paul se chargea d'un soin spécial des Gentils[2]. Puisqu'il falloit partager, il falloit que le premier eût les aînés ; que le chef à qui tout se devoit unir eût le peuple sur lequel le reste devoit être enté, et que le vicaire de Jésus-Christ eût le partage de Jésus-Christ même. Mais ce n'est pas encore assez, et il faut que Rome revienne au partage de saint Pierre. Car encore que comme chef de la gentilité elle fût plus que toutes les autres villes comprise dans le partage de l'Apôtre des Gentils, comme chef de la chrétienté il faut que Pierre y fonde l'Eglise : ce n'est pas tout; il faut que la commission extraordinaire de Paul expire avec lui à Rome, et que réunie à jamais pour ainsi parler à la chaire suprême de Pierre à laquelle elle étoit subordonnée, elle élève l'Eglise romaine au comble de l'autorité et de la gloire : disons encore ; quoique ces deux frères, saint Pierre et saint Paul nouveaux fondateurs de Rome, plus heureux comme plus unis que ses deux premiers fondateurs, doivent consacrer ensemble l'Eglise romaine ; quelque grand que soit saint Paul en science, en dons spirituels, en charité, en courage ; encore qu'il ait « travaillé plus que tous les autres apôtres[3], » et qu'il paroisse étonné lui-même de ses grandes révélations[4] et de l'excès de ses lumières, il faut que la parole de Jésus-Christ prévale : Rome ne sera pas la

[1] *Act.*, x. — [2] *Gal.*, II, 7-9. — [3] I *Cor.*, xv, 10. — [4] II *Cor.*, xII, 7.

chaire de saint Paul, mais la chaire de saint Pierre : c'est sous ce titre qu'elle sera plus assurément que jamais le chef du monde ; et qui ne sait ce qu'a chanté le grand saint Prosper il y a plus de douze cents ans[1] : « Rome le siége de Pierre, devenue sous ce titre le chef de l'ordre pastoral dans tout l'univers, s'assujettit par la religion ce qu'elle n'a pu subjuguer par les armes. » Que volontiers nous répétons ce sacré cantique d'un Père de l'Eglise gallicane ! c'est le cantique de la paix, où dans la grandeur de Rome l'unité de toute l'Eglise est célébrée.

Ainsi fut établie et fixée à Rome la chaire éternelle. C'est cette Eglise romaine qui, enseignée par saint Pierre et ses successeurs, ne connoît point d'hérésie. Les donatistes affectèrent d'y avoir un siége[2] et crurent se sauver par ce moyen du reproche qu'on leur faisoit, que la chaire d'unité leur manquoit. Mais la chaire de pestilence ne put subsister, ni avoir de succession auprès de la chaire de vérité. Les manichéens se cachèrent quelque temps dans cette Eglise[3] : les y découvrir seulement, a été les en bannir pour jamais. Ainsi les hérésies ont pu y passer, mais non pas y prendre racine. Que contre la coutume de tous leurs prédécesseurs un ou deux souverains pontifes, ou par violence, ou par surprise, n'aient pas assez constamment soutenu, ou assez pleinement expliqué la doctrine de la foi : consultés de toute la terre et répondant durant tant de siècles à toutes sortes de questions de doctrine, de discipline, de cérémonies, qu'une seule de leurs réponses se trouve notée par la souveraine rigueur d'un concile œcuménique : ces fautes particulières n'ont pu faire aucune impression dans la chaire de saint Pierre. Un vaisseau qui fend les eaux n'y laisse pas moins de vestiges de son passage : c'est Pierre qui a failli ; mais qu'un regard de Jésus ramène aussitôt[4], et qui avant que le Fils de Dieu lui déclare sa faute future, assuré de sa conversion, reçoit l'ordre « de confirmer ses frères[5]. » Et quels frères ? les apôtres : les colonnes même : combien plus les siècles suivans ? Qu'a servi à l'hérésie des monothélites d'avoir pu surprendre un pape ? L'anathème qui lui a donné le premier coup n'en

---

[1] S. Prosp., *Carm. de Ingr.*, cap. II. — [2] S. Opt. Mil., lib. II, n. 4. — [3] S. Leo, *Serm.*, XLI, cap. V. — [4] *Luc.*, XXII, 61. — [5] *Ibid.*, 32.

est pas moins parti de cette chaire, qu'elle tenta vainement d'occuper; et le concile VI ne s'en est pas écrié avec moins de force : « Pierre a parlé par Agathon [1]. » Toutes les autres hérésies ont reçu du même endroit le coup mortel. Ainsi l'Eglise romaine est toujours vierge ; la foi romaine est toujours la foi de l'Eglise, on croit toujours ce qu'on a cru, la même voix retentit partout, et Pierre demeure dans ses successeurs le fondement des fidèles. C'est Jésus-Christ qui l'a dit, et le ciel et la terre passeront plutôt que sa parole.

Mais voyons encore en un mot la suite de cette parole. Jésus-Christ poursuit son dessein; et après avoir dit à Pierre éternel prédicateur de la foi : « Tu es Pierre, et sur cette pierre je bâtirai mon Eglise [2], » il ajoute : « Et je te donnerai les clefs du royaume des cieux. » Toi qui as la prérogative de la prédication de la foi, tu auras aussi les clefs qui désignent l'autorité du gouvernement; « ce que tu lieras sur la terre, sera lié dans le ciel, et ce que tu délieras sur la terre, sera délié dans le ciel. » Tout est soumis à ces clefs : tout, mes Frères, rois et peuples, pasteurs et troupeaux : nous le publions avec joie : car nous aimons l'unité et nous tenons à gloire notre obéissance. C'est à Pierre qu'il est ordonné premièrement « d'aimer plus que tous les autres apôtres, » et ensuite « de paître » et gouverner tout, « et les agneaux et les brebis [3], » et les petits et les mères, et les pasteurs mêmes : pasteurs à l'égard des peuples et brebis à l'égard de Pierre, ils honorent en lui Jésus-Christ, confessant aussi qu'avec raison on lui demande un plus grand amour, puisqu'il a plus de dignité avec plus de charge; et que parmi nous, sous la discipline d'un maître tel que le nôtre, il faut selon sa parole « que le premier soit comme lui par la charité le serviteur de tous les autres [4]. »

Ainsi saint Pierre paroît le premier en toutes manières : le premier à confesser la foi [5] : le premier dans l'obligation d'exercer l'amour [6] : le premier de tous les apôtres qui vit Jésus-Christ ressuscité des morts [7], comme il en devoit être le premier témoin devant tout le peuple [8] : le premier quand il fallut remplir le

---

[1] *Conc. Const.* III, gen. VI, *Serm. acclam. ad Imp.*, act. XVIII. — [2] *Matth.*, XVI, 18, 19. — [3] *Joan.*, XXI, 15-17. — [4] *Marc.*, X, 44. — [5] *Matth.*, XVI, 16. — [6] *Joan.*, XXI, 15 et seq. — [7] I *Cor.*, XV, 5. — [8] *Act.*, II, 14.

nombre des apôtres [1] : le premier qui confirma la foi par un miracle [2] : le premier à convertir les Juifs [3] : le premier à recevoir les Gentils [4] : le premier partout; mais je ne puis pas tout dire. Tout concourt à établir sa primauté ; oui, mes Frères, tout, jusqu'à ses fautes qui apprennent à ses successeurs à exercer une si grande puissance avec humilité et condescendance. Car Jésus-Christ est le seul Pontife, qui au-dessus, dit saint Paul [5], du péché et de l'ignorance, n'a pu ressentir la foiblesse humaine que dans la mortalité, ni apprendre la compassion que par ses souffrances. Mais les pontifes ses vicaires, qui tous les jours disent avec nous : « Pardonnez-nous nos fautes, » apprennent à compatir d'une autre manière, et ne se glorifient pas du trésor qu'ils portent dans un vaisseau si fragile.

Mais une autre faute de Pierre donne une autre leçon à toute l'Eglise. Il en avoit déjà pris le gouvernement en main quand saint Paul lui dit en face « qu'il ne marchoit pas droitement selon l'Evangile [6] » parce qu'en s'éloignant trop des Gentils convertis il mettoit quelque espèce de division dans l'Eglise. Il ne manquoit pas dans la foi, mais dans la conduite : je le sais; les anciens l'ont dit, et il est certain : mais enfin saint Paul faisoit voir à un si grand apôtre qu'il manquoit dans la conduite [7]; et encore que cette faute lui fût commune avec Jacques, il ne s'en prend pas à Jacques, mais à Pierre qui étoit chargé du gouvernement; et il écrit la faute de Pierre dans une *Epitre* qu'on devoit lire éternellement dans toutes les Eglises avec le respect qu'on doit à l'autorité divine; et Pierre qui le voit ne s'en fâche pas, et Paul qui l'écrit ne craint pas qu'on l'accuse d'être vain; ames célestes, qui ne sont touchées que du bien commun, qui écrivent, qui laissent écrire, aux dépens de tout, ce qu'ils croient utile à la conversion des Gentils et à l'instruction de la postérité! Il falloit que dans un pontife aussi éminent que saint Pierre les pontifes ses successeurs apprissent à prêter l'oreille à leurs inférieurs, lorsque beaucoup moindres que saint Paul et dans de moindres sujets, ils lui parleroient avec moins de force, mais toujours avec le même dessein de

---

[1] *Act.*, I, 15. — [2] *Act.*, III, 6, 7. — [3] *Act.*, II, 41. — [4] *Act.*, X, 48. — [5] *Hebr.*, II, 17, 18; IV, 15; VII, 26. — [6] *Gal.*, II, 11, 14. — [7] *Ibid.*, 11.

pacifier l'Eglise. Voilà ce que saint Cyprien [1], saint Augustin [2] et les autres Pères ont remarqué dans cet exemple de saint Pierre. Admirons après ces grands hommes, dans l'humilité, l'ornement le plus nécessaire des grandes places ; et quelque chose de plus vénérable dans la modestie que dans tous les autres dons ; et le monde plus disposé à l'obéissance quand celui à qui on la doit obéit le premier à la raison ; et Pierre qui se corrige, plus grand s'il se peut que Paul qui le reprend.

Suivons ; ne vous lassez point d'entendre le grand mystère qu'une raison nécessaire nous oblige aujourd'hui de vous prêcher. On veut de la morale dans les sermons, et on a raison pourvu qu'on entende que la morale chrétienne est fondée sur les mystères du christianisme. Ce que je vous prêche, « je vous le dis, est un grand mystère en Jésus-Christ et en son Eglise [3] ; » et ce mystère est le fondement de cette belle morale qui unit tous les chrétiens dans la paix, dans l'obéissance et dans l'unité catholique.

Vous avez vu cette unité dans le Saint-Siège : la voulez-vous voir dans tout l'ordre et dans tout le collège épiscopal? Mais c'est encore en saint Pierre qu'elle doit paroître, et encore dans ces paroles : « Tout ce que tu lieras sera lié ; tout ce que tu délieras sera délié [4]. » Tous les papes et tous les saints Pères l'ont enseigné d'un commun accord. Oui, mes Frères, ces grandes paroles où vous avez vu si clairement la primauté de saint Pierre, ont érigé les évêques, puisque la force de leur ministère consiste à lier ou à délier ceux qui croient ou ne croient pas à leur parole. Ainsi cette divine puissance de lier et de délier est une annexe nécessaire et comme le dernier sceau de la prédication que Jésus-Christ leur a confiée, et vous voyez en passant tout l'ordre de la juridiction ecclésiastique. C'est pourquoi le même qui a dit à saint Pierre : « Tout ce que tu lieras sera lié, tout ce que tu délieras sera délié [5], » a dit la même chose à tous les apôtres ; et leur a dit encore : « Tous ceux dont vous remettrez les péchés ils leur seront remis, et tous ceux dont vous retiendrez les péchés ils leur seront retenus [6]. » Qu'est-ce que lier sinon retenir, et qu'est-ce que délier

---

[1] S. Cypr., *Epist.* LXXI. — [2] S. August., *Epist.* LXXXIII, n. 22. — [3] *Ephes.*, V, 32. — [4] *Matth.*, XVI, 19. — [5] *Matth.*, XVIII, 18. — [6] *Joan.*, XX, 23.

sinon remettre? Et le même qui donne à Pierre cette puissance, la donne aussi de sa propre bouche à tous les apôtres. « Comme mon Père m'a envoyé, ainsi, dit-il, je vous envoie [1]; » on ne peut voir ni une puissance mieux établie, ni une mission plus immédiate. Aussi souffle-t-il également sur tous; il répand sur tous le même esprit avec ce souffle, en leur disant : « Recevez le Saint-Esprit, ceux dont vous remettrez les péchés ils seront remis [2], » et le reste que nous avons récité. C'étoit donc manifestement le dessein de Jésus-Christ de mettre premièrement dans un seul ce que dans la suite il vouloit mettre dans plusieurs. Mais la suite ne renverse pas le commencement, et le premier ne perd pas sa place. Cette première parole : « Tout ce que tu lieras, » dite à un seul, a déjà rangé sous sa puissance chacun de ceux à qui on dira : « Tout ce que vous remettrez; » car les promesses de Jésus-Christ aussi bien que ses dons sont sans repentance, et ce qui est une fois donné indéfiniment et universellement est irrévocable : outre que la puissance donnée à plusieurs porte sa restriction dans son partage, au lieu que la puissance donnée à un seul, et sur tous, et sans exception, emporte la plénitude; et n'ayant à se partager avec aucun autre, elle n'a de bornes que celles que donne la règle. C'est pourquoi nos anciens docteurs de Paris, que je pourrois ici nommer avec honneur, ont tous reconnu d'une même voix dans la chaire de saint Pierre la plénitude de la puissance apostolique : c'est un point décidé et résolu : mais ils demandent seulement qu'elle soit réglée dans son exercice par les canons, c'est-à-dire par les lois communes de toute l'Eglise, de peur que s'élevant au-dessus de tout, elle ne détruise elle-même ses propres décrets. Ainsi le mystère est entendu : tous reçoivent la même puissance et tous de la même source; mais non pas tous en même degré, ni avec la même étendue : car Jésus-Christ se communique en telle mesure qu'il lui plaît, et toujours de la manière la plus convenable à établir l'unité de son Église. C'est pourquoi il commence par le premier : et dans ce premier il forme le tout : et lui-même il développe avec ordre ce qu'il a mis dans un seul : « Et Pierre, dit saint Augustin [3], qui dans l'honneur de

---

[1] *Joan.*, xx, 21. — [2] *Ibid.*, 22, 23. — [3] August., *in Joan.*, tract. CXXIV.

sa primauté représentoit toute l'Eglise, reçoit aussi le premier et le seul d'abord les clefs qui dans la suite devoient être communiquées à tous les autres [1], » afin que nous apprenions, selon la doctrine d'un saint évêque de l'Eglise gallicane [2], que l'autorité ecclésiastique premièrement établie en la personne d'un seul, ne s'est répandue qu'à condition d'être toujours ramenée au principe de son unité ; et que tous ceux qui auront à l'exercer, se doivent tenir inséparablement unis à la même chaire.

C'est cette chaire romaine tant célébrée par les Pères, où ils ont exalté comme à l'envi « la principauté de la chaire apostolique; la principauté principale; la source de l'unité et dans la place de Pierre l'éminent degré de la chaire sacerdotale; l'Eglise mère, qui tient en sa main la conduite de toutes les autres églises ; le Chef de l'épiscopat d'où part le rayon du gouvernement; la chaire principale, la chaire unique en laquelle seule tous gardent l'unité : » vous entendez dans ces mots saint Optat, saint Augustin, saint Cyprien, saint Irénée, saint Prosper, saint Avite, saint Théodoret, le concile de Chalcédoine et les autres; l'Afrique, les Gaules, la Grèce, l'Asie; l'Orient et l'Occident unis ensemble [3] : et voilà sans préjudice des lumières divines, extraordinaires et surabondantes, et de la puissance proportionnée à de si grandes lumières qui étoit pour les premiers temps dans les apôtres, premiers fondateurs de toutes les Eglises chrétiennes; voilà, dis-je, ce qui doit rester selon la parole de Jésus-Christ et la constante tradition de nos Pères dans l'ordre commun de l'Eglise : et puisque c'étoit le conseil de Dieu de permettre pour éprouver ses fidèles qu'il s'elevât des schismes et des hérésies, il n'y avoit point de constitution ni plus ferme pour se soutenir ni plus forte pour les abattre. Par cette constitution tout est fort dans l'Eglise, parce que tout y est divin et que tout y est uni : et comme chaque partie est divine, le lien aussi est divin; et l'assemblage est tel que chaque partie agit avec la force du tout. C'est pourquoi nos prédécesseurs, qui ont

---

[1] S. Opt. Mil., lib. VII, n. 3. — [2] S. Cæsar. Arel., *Epist. ad Symm.* — [3] S. August., *Epist.* XLIII; S. Iren., lib. III, cap. III; S. Cypr., *Epist.* LV; Theod., *Epist. ad Ren.*, CXVI; S. Avit., *Epist. ad Faust.*; S. Prosp., *Carm. de Ingr.*, cap. II; *Conc. Chalc., Relat. ad Leon.*, Lab., tom. IV, col. 837; *Libell. Joan. Const.*, ib., col. 1486; S. Opt. Mil., lib. II, n. 2.

dit si souvent dans leurs conciles [1] qu'ils agissoient dans leurs églises comme vicaires de Jésus-Christ et successeurs des apôtres qu'il a immédiatement envoyés, ont dit aussi dans d'autres conciles [2], comme ont fait les papes à Châlons, à Vienne et ailleurs, qu'ils agissoient « au nom de saint Pierre, » *vice Petri;* « par l'autorité donnée à tous les évêques en la personne de saint Pierre, » *auctoritate nobis in Petro concessâ;* « comme vicaires de saint Pierre, » *vicarii Petri;* et l'ont dit lors même qu'ils agissoient par leur autorité ordinaire et subordonnée, parce que tout a été mis premièrement dans saint Pierre, et que la correspondance est telle dans tout le corps de l'Eglise que ce que fait chaque évêque, selon la règle et dans l'esprit de l'unité catholique, toute l'Eglise, tout l'épiscopat et le Chef de l'épiscopat le fait avec lui.

S'il est ainsi, chrétiens; si les évêques n'ont tous ensemble qu'une même chaire par le rapport essentiel qu'ils ont tous avec la chaire unique où saint Pierre et ses successeurs sont assis; si en conséquence de cette doctrine ils doivent tous agir dans l'esprit de l'unité catholique, en sorte que chaque évêque ne dise rien, ne fasse rien, ne pense rien que l'Eglise universelle ne puisse avouer : que doit attendre l'univers d'une assemblée de tant d'évêques ? M'est-il permis, Messeigneurs, de vous adresser la parole, à vous de qui je la tiens aujourd'hui ; mais à vous qui êtes mes juges et les interprètes de la volonté divine ? Ah ! sans doute, puisque c'est vous qui m'ouvrez la bouche, quand je vous parle, Messeigneurs, ce n'est pas moi qui vous parle, c'est vous-mêmes qui vous parlez à vous-mêmes. Songeons que nous devons agir par l'esprit de toute l'Eglise; ne soyons pas des hommes vulgaires que les vues particulières détournent du vrai esprit de l'unité catholique : nous agissons dans un corps, dans le corps de l'épiscopat et de l'Eglise catholique, où tout ce qui est contraire à la règle ne manque jamais d'être détesté; car l'esprit de vérité y prévaut toujours. Puissent nos résolutions être telles qu'elles soient dignes de nos pères, et dignes d'être adoptées par nos descendans; dignes enfin

---

[1] *Conc. Meld.*, præf.; tom. III *Conc. Gall.*, p. 27. — [2] *Synod. Rem.*, tom. VIII *Conc.*, col. 591; *Conc. Vien.*, tom. IX *Conc.*, col. 433; *Conc. Cabil.*, ibid., col. 275 ; *Conc. Rem.*, ibid., col. 481 ; *Conc. Cicest.*, tom. X *Conc.*, col. 1182; Ivo Carn., *De Cath. Petr. Ant.*

d'être comptées parmi les actes authentiques de l'Eglise et insérées avec honneur dans ces registres immortels, où sont compris les décrets qui regardent non-seulement la vie présente, mais encore la vie future et l'éternité toute entière.

La comprenez-vous maintenant cette immortelle beauté de l'Eglise catholique, où se ramasse ce que tous les lieux, ce que tous les siècles présens, passés et futurs ont de beau et de glorieux? Que vous êtes belle dans cette union, ô Eglise catholique; mais en même temps que vous êtes forte! « Belle, dit le saint *Cantique* [1], et agréable comme Jérusalem, » et en même temps « terrible comme une armée rangée en bataille : » belle comme Jérusalem, où l'on voit une sainte uniformité et une police admirable sous un même chef : belle assurément dans votre paix, lorsque recueillie dans vos murailles vous louez celui qui vous a choisie, annonçant ses vérités à ses fidèles. Mais si les scandales s'élèvent, si les ennemis de Dieu osent l'attaquer par leurs blasphèmes : vous sortez de vos murailles, ô Jérusalem, et vous vous formez en armée pour les combattre : toujours belle en cet état, car votre beauté ne vous quitte pas, mais tout à coup devenue terrible. Car une armée qui paroît si belle dans une revue, combien est-elle terrible quand on voit tous les arcs bandés et toutes les piques hérissées contre soi? Que vous êtes donc terrible, ô Eglise sainte, lorsque vous marchez, Pierre à votre tête et la chaire de l'unité vous unissant toute; abattant les têtes superbes et toute hauteur qui s'élève contre la science de Dieu; pressant ses ennemis de tout le poids de vos bataillons serrés; les accablant tout ensemble et de toute l'autorité des siècles passés et de toute l'exécration des siècles futurs; dissipant les hérésies et les étouffant quelquefois dans leur naissance; prenant les petits de Babylone et les hérésies naissantes, et les brisant contre votre pierre; Jésus-Christ votre Chef vous mouvant d'en haut et vous unissant; mais vous mouvant et vous unissant par des instrumens proportionnés, par des moyens convenables, par un Chef qui le représente, qui vous fasse en tout agir toute entière et rassemble toutes vos forces dans une seule action.

[1] *Cant.*, VI, 3.

Je ne m'étonne donc plus de la force de l'Eglise, ni de ce puissant attrait de son unité. Pleine de l'Esprit de celui qui dit : « Je tirerai tout à moi [1], » tout vient à elle : Juifs et Gentils, Grecs et Barbares. Les Juifs devoient venir les premiers; et malgré la réprobation de ce peuple ingrat, il y a ce précieux reste et ces bienheureux réservés tant célébrés par les prophètes. Prêchez, Pierre; tendez vos filets, divin pêcheur. Cinq mille, trois mille entreront d'abord, bientôt suivis d'un plus grand nombre. Mais « Jésus-Christ a d'autres brebis qui ne sont pas de ce bercail [2] : » c'est par vous, ô Pierre, qu'il veut commencer à les rassembler; voyez ces serpens, voyez ces reptiles et ces autres animaux immondes qui vous sont présentés du ciel. C'est les Gentils, peuple immonde et peuple qui n'est pas peuple : et que vous dit la voix céleste? « Tue et mange [3], » unis, incorpore, fais mourir la gentilité dans ces peuples : et voilà en même temps à la porte les envoyés de Cornélius; et Pierre, qui a reçu les bienheureux restes des Juifs, va consacrer les prémices des Gentils.

Après les prémices viendra le tout; après l'officier romain, Rome viendra elle-même : après Rome, viendront les peuples l'un sur l'autre. Quelle Eglise a enfanté tant d'autres églises? D'abord tout l'Occident est venu par elle, et nous sommes venus des premiers : vous le verrez bientôt. Mais Rome n'est pas épuisée dans sa vieillesse et sa voix n'est pas éteinte; nuit et jour elle ne cesse de crier aux peuples les plus éloignés, afin de les appeler au banquet où tout est fait un : et voilà qu'à cette voix maternelle les extrémités de l'Orient s'ébranlent et semblent vouloir enfanter une nouvelle chrétienté, pour réparer les ravages des dernières hérésies. C'est le destin de l'Eglise. *Movebo candelabrum tuum :* « Je remuerai votre chandelier, » dit Jésus-Christ à l'Eglise d'Ephèse [4]; je vous ôterai la foi : « Je le remuerai; » il n'éteint pas la lumière, il la transporte; elle passe à des climats plus heureux. Malheur, malheur encore une fois à qui la perd! mais la lumière va son train, et le soleil achève sa course.

Mais quoi? je ne vois pas encore les rois et les empereurs? Où sont-ils ces illustres nourriciers tant de fois promis à l'Eglise par

---

[1] *Joan.,* xii, 32. — [2] *Joan.,* x, 16. — [3] *Act.,* x, 12, 13. — [4] *Apoc.,* ii, 5.

les prophètes? Ils viendront, mais en leur temps. Ne voyez-vous pas dans un seul *Psaume* [1] le temps « où les nations entrent en fureur, où les rois et les princes font de vains complots contre le Seigneur et contre son Christ? » Mais je vois tout à coup un autre temps : *Et nunc, et nunc,* « et maintenant : » c'est un autre temps qui va paroître. *Et nunc, reges, intelligite :* « Et maintenant, ô rois, entendez : » durant le temps de votre ignorance vous avez combattu l'Eglise, et vous l'avez vue triompher malgré vous ; maintenant vous allez aider à son triomphe. « Et maintenant, ô rois, entendez; instruisez-vous, arbitres du monde, servez le Seigneur en crainte, » et le reste que vous savez.

Durant ces jours de tempête où l'Eglise comme un rocher, devoit voir les efforts des rois se briser contre elle, demandez aux chrétiens si les Césars pouvoient être de leur corps; Tertullien vous répondra hardiment que non. « Les Césars, dit-il, seroient chrétiens, s'ils pouvoient être tout ensemble chrétiens et Césars [2]. » Quoi! les Césars ne peuvent pas être chrétiens? Ce n'est pas de ces excès de Tertullien ; il parloit au nom de toute l'Eglise dans cet admirable *Apologétique*, et ce qu'il dit est vrai à la lettre. Mais il faut distinguer les temps. Il y avoit le premier temps où l'on devoit voir l'Empire ennemi de l'Eglise, et tout ensemble vaincu par l'Eglise ; et le second temps où l'on devoit voir l'Empire réconcilié avec l'Eglise, et tout ensemble le rempart et la défense de l'Eglise.

L'Eglise n'est pas moins féconde que la Synagogue : elle doit comme elle avoir ses Davids, ses Salomons, ses Ezéchias, ses Josias, dont la main royale lui serve d'appui. Comme elle, il faut qu'elle voie la concorde de l'empire et du sacerdoce : un Josué partager la terre aux enfans de Dieu avec un Eléazar : un Josaphat établir l'observance de la loi avec un Amarias : un Joas réparer le temple avec un Joïda : un Zorobabel en relever les ruines avec un Jésus fils de Josédec : un Néhémias réformer le peuple avec un Esdras. Mais la Synagogue, dont les promesses sont terrestres, commence par la puissance et par les armes : l'Eglise commence par la croix et par les martyres; fille du ciel,

---

[1] *Psal.* II. — [2] Tertull., *Apolog.*, n. 21.

il faut qu'il paroisse qu'elle est née libre et indépendante dans son état essentiel, et ne doit son origine qu'au Père céleste. Quand après trois cents ans de persécution, parfaitement établie et parfaitement gouvernée durant tant de siècles sans aucun secours humain, il paroîtra clairement qu'elle ne tient rien de l'homme : Venez maintenant, ô Césars, il est temps, *et nunc intelligite*. Tu vaincras, ô Constantin, et Rome te sera soumise; mais tu vaincras par la croix : Rome verra la première ce grand spectacle, un empereur victorieux prosterné devant le tombeau d'un pêcheur et devenu son disciple.

Depuis ce temps-là, chrétiens, l'Eglise a appris d'en haut à se servir des rois et des empereurs pour faire mieux servir Dieu; « pour élargir, disoit saint Grégoire, les voies du ciel [1]; » pour donner un cours plus libre à l'Evangile, une force plus présente à ses canons et un soutien plus sensible à sa discipline.

Que l'Eglise demeure seule : ne craignez rien; Dieu est avec elle et la soutient au dedans : mais les princes religieux lui élèvent par leur protection ces invincibles dehors qui la font jouir, disoit un grand pape [2], d'une douce tranquillité à l'abri de leur autorité sacrée.

Mais parlons toujours comme il faut de l'Epouse de Jésus-Christ; l'Eglise se doit à elle-même et à ses services toutes les graces qu'elle a reçues des rois de la terre. Quel ordre, quelle compagnie, quelle armée, quelque forte, quelque fidèle et quelque agissante qu'elle soit, les a mieux servis que l'Eglise a fait par sa patience? Dans ces cruelles persécutions qu'elle endure sans murmurer durant tant de siècles, en combattant pour Jésus-Christ, j'oserai le dire, elle ne combat guère moins pour l'autorité des princes qui la persécutent : ce combat n'est pas indigne d'elle, puisque c'est encore combattre pour l'ordre de Dieu. En effet n'est-ce pas combattre pour l'autorité légitime, que d'en souffrir tout sans murmure? Ce n'étoit point par foiblesse : qui peut mourir n'est jamais foible; mais c'est que l'Eglise savoit jusqu'où il lui étoit permis d'étendre sa résistance : *Nondùm usque ad sanguinem restitistis*:

---

[1] Greg., *Epist.*, lib. III, *Epist.* LXV, *ad Mauric. Aug.* — [2] Innoc. II, *Epist.* II, *Conc. Aquisg.* II; *Conc. Gall.*

« Vous n'avez pas encore résisté jusqu'au sang, » disoit l'Apôtre [1] : jusqu'au sang, c'est-à-dire jusqu'à donner le sien, et non pas jusqu'à répandre celui des autres. Quand on la veut forcer de désavouer ou de taire les vérités de l'Evangile, elle ne peut que dire avec les apôtres : *Non possumus, non possumus* [2] *:* que prétendez-vous ? « Nous ne pouvons pas : » et en même temps découvrir le sein où l'on veut frapper ; de sorte que le même sang qui rend témoignage à l'Evangile, le même sang le rend aussi à cette vérité, que nul prétexte ni nulle raison ne peut autoriser les révoltes : qu'il faut révérer l'ordre du ciel et le caractère du Tout-Puissant dans tous les princes quels qu'ils soient, puisque les plus beaux temps de l'Eglise nous le font voir sacré et inviolable même dans les princes persécuteurs de l'Evangile. Ainsi leur couronne est hors d'atteinte : l'Eglise leur a érigé un trône dans le lieu le plus sûr de tous et le plus inaccessible, dans la conscience même où Dieu a le sien ; et c'est là le fondement le plus assuré de la tranquillité publique.

Nous leur dirons donc sans crainte, même en publiant leurs bienfaits, qu'il y a plus de justice que de grace dans les priviléges qu'ils accordent à l'Eglise, et qu'ils ne pouvoient refuser de lui faire part de quelques honneurs de leur royaume, qu'elle prend tant de soin de leur conserver. Mais confessons en même temps qu'au milieu de tant d'ennemis, de tant d'hérétiques, de tant d'impies, de tant de rebelles qui nous environnent, nous devons beaucoup aux princes qui nous mettent à couvert de leurs insultes ; et que nos mains désarmées, que nous ne pouvons que tendre au ciel, sont heureusement soutenues par leur puissance.

Il le faut avouer, Messieurs, notre ministère est pénible : s'opposer aux scandales, au torrent des mauvaises mœurs et au cours violent des passions qu'on trouve toujours d'autant plus hautaines qu'elles sont plus déraisonnables : c'est un terrible ministère, et on ne peut l'exercer sans rigueur. C'est ce que nos prédécesseurs assemblés dans les conciles de Thionville et de Meaux, appellent « la rigueur du salut des hommes, » *Rigorem salutis humanæ* [3].

---

[1] *Hebr.*, XII, 4. — [2] *Act.*, IV, 20. — [3] *Conc. ad Theodon. vil.*, can. VI ; *Conc. Gal.*, tom. III, p. 16 ; *Conc. Meld.*, can. XII, *ibid.*, p. 35.

L'Eglise assemblée dans ces conciles demande l'assistance des rois, pour exercer plus facilement cette rigueur salutaire au genre humain ; et convaincue par expérience du besoin qu'elle a de leur protection pour aider les ames infirmes, c'est-à-dire le plus grand nombre de ses enfans, elle ne se prive qu'avec peine de ce secours ; de sorte que la concorde du sacerdoce et de l'empire dans le cours ordinaire des choses humaines, est un des soutiens de l'Eglise et fait partie de cette unité qui la rend si belle.

Car qu'y a-t-il de plus beau que d'entendre un saint empereur dire à un saint pape : « Je ne vous puis rien refuser, puisque je vous dois tout en Jésus-Christ : » *Nihil tibi negare possum, cui per Deum omnia debeo*[1] : « Tout ce que votre autorité paternelle a réglé dans son concile pour le rétablissement de l'Eglise, je le loue, je l'approuve, je le confirme comme votre fils : je veux qu'il soit inséré parmi les lois, qu'il fasse partie du droit public et qu'il vive autant que l'Eglise : » *Et in æternum mansura, et humanis legibus inserenda, et inter publica jura semper recipienda hâc auctoritate vivente Ecclesiâ victurâ :* ou d'entendre un roi pieux dans un concile, c'étoit un roi d'Angleterre : ah ! nos entrailles s'émeuvent à ce nom, et l'Eglise toujours mère ne peut s'empêcher dans ce souvenir de renouveler ses gémissemens et ses vœux : passons et écoutons ce saint roi, ce nouveau David dire au clergé assemblé : *Ego Constantini, vos Petri gladium habemus in manibus : jungamus dexteras, gladium gladio copulemus*[2] : « J'ai le glaive de Constantin à la main, et vous y avez celui de Pierre : donnons-nous la main, et joignons le glaive au glaive : » que ceux qui n'ont pas la foi assez vive pour craindre les coups invisibles de votre glaive spirituel tremblent à la vue du glaive royal. Ne craignez rien, saints évêques ; si les hommes sont assez rebelles pour ne pas croire à vos paroles qui sont celles de Jésus-Christ, des châtimens rigoureux leur en feront, malgré qu'ils en aient, sentir la force, « et la puissance royale ne vous manquera jamais. »

A cet admirable spectacle qui ne s'écrieroit encore une fois avec Balaam : *Quàm pulchra tabernacula tua, Jacob!* O Eglise catholique, que vous êtes belle! le Saint-Esprit vous anime ; le Saint-

[1] Henric. II ad Bened. VIII. — [2] Edgar, *Orat. ad Cler.*, tom. IX *Conc.*, col. 697.

Siége unit tous vos pasteurs; les rois font la garde autour de vous; qui ne respecteroit votre puissance?

SECOND POINT.

Paroissez maintenant, sainte Eglise gallicane, avec vos évêques orthodoxes et avec vos rois très-chrétiens, et venez servir d'ornement à l'Eglise universelle : et vous, Seigneur tout-puissant, qui avez comblé cette église de tant de bienfaits, animez-moi de ce même esprit dont vous remplîtes David lorsqu'il chanta si noblement les graces de l'ancien peuple, afin qu'à son exemple je puisse aujourd'hui avec tant d'évêques et dans une si grande assemblée célébrer vos miséricordes éternelles : *Quoniam bonus, quoniam in œternum misericordia ejus* [1]. C'est vous, Seigneur, qui excitâtes saint Pierre et ses successeurs à nous envoyer dès les premiers temps les évêques qui ont fondé nos églises. C'étoit le conseil de Dieu que la foi nous fût annoncée par le Saint-Siége, afin qu'éternellement unis par des liens particuliers à ce centre commun de toute l'unité catholique, nous pussions dire avec un grand archevêque de Rheims : « La sainte Eglise romaine, la mère, la nourrice et la maîtresse de toutes les églises, doit être consultée dans tous les doutes qui regardent la foi et les mœurs, principalement par ceux qui comme nous ont été engendrés en Jésus-Christ par son ministère et nourris par elle du lait de la doctrine catholique [2]. »

Il est vrai qu'il nous est venu d'Orient, et par le ministère de saint Polycarpe, une autre mission qui ne nous a pas été moins fructueuse. C'est de là que nous avons eu le vénérable vieillard saint Pothin fondateur de la célèbre église de Lyon, et encore le grand saint Irénée successeur de son martyre aussi bien que de son siége; Irénée digne de son nom et véritablement pacifique, qui fut envoyé à Rome et au pape saint Eleuthère de la part de l'Eglise gallicane [3]; ambassadeur de la paix, qui depuis la procura aux saintes églises d'Asie d'où il nous avoit été envoyé; qui retint le pape saint Victor lorsqu'il les vouloit retrancher de la commu-

---

[1] *Psal.* CXXXV, 1. — [2] Hincm., *De divort. Loth. et Teutb.*, tom. I, p. 561. — [3] Euseb., *Hist. Eccl.*, lib. V, cap. III.

nion, et qui présidant au concile des saints évêques des Gaules dont il étoit réputé le père, fit connoître à ce saint pape qu'il ne falloit pas pousser toutes les affaires à l'extrémité, ni toujours user d'un droit rigoureux[1]. Mais comme l'Eglise est une par tout l'univers, cette mission orientale n'a pas été moins favorable à l'autorité du Saint-Siége que ceux que le Saint-Siége avoit immédiatement envoyés ; et le même saint Irénée a prononcé cet oracle révéré de tous les siècles[2] : « Quand nous exposons la tradition que la très-grande, très-ancienne et très-célèbre Eglise romaine, fondée par les apôtres saint Pierre et saint Paul, a reçue des apôtres et qu'elle a conservée jusqu'à nous par la succession de ses évêques, nous confondons tous les hérétiques, parce que c'est avec cette Eglise que toutes les églises et tous les fidèles qui sont par toute la terre, doivent s'accorder à cause de sa principale et excellente principauté, et que c'est en elle que ces mêmes fidèles répandus par toute la terre ont conservé la tradition qui vient des apôtres. »

Appuyée sur ces solides fondemens, l'Eglise gallicane a été forte comme la tour de David. Quand le perfide Arius voulut renverser avec la divinité du Fils de Dieu le fondement de la foi prêchée par saint Pierre, et changer en création et en adoption la génération éternelle de ce Fils unique, cette superbe hérésie soutenue par un empereur ne trouva point de plus grand obstacle à ses progrès que la constance et la foi de saint Athanase d'Alexandrie et de saint Hilaire de Poitiers ; et malgré l'inégalité de ces deux siéges, les deux évêques furent égaux en gloire comme ils l'étoient en courage.

Pour perpétuer cette gloire de l'Eglise gallicane, le célèbre saint Martin fut élevé sous la discipline de saint Hilaire ; et cette église renouvelée par les exemples et par les miracles de cet homme incomparable, crut revoir le temps des apôtres, tant la Providence divine fut soigneuse de réveiller parmi nous l'ancien esprit et d'y faire revivre les premières graces.

Quand le temps fut arrivé que l'empire romain devoit tomber

---

[1] Euseb., *Hist. Eccles.*, lib. V, cap. XXIII, XXIV. — [2] S. Iren., lib. III, *contr. Hæres.*, cap. III.

en Occident et que la Gaule devoit devenir France, Dieu ne laissa pas longtemps sous des princes idolâtres une si noble partie de la chrétienté; et voulant transmettre aux rois des François la garde de son Eglise qu'il avoit confiée aux empereurs, il donna non-seulement à la France, mais encore à tout l'Occident un nouveau Constantin en la personne de Clovis. La victoire miraculeuse qu'il envoya du ciel à ces deux princes guerriers, fut le gage de son amour et le glorieux attrait qui leur fit embrasser le christianisme. La foi fut victorieuse, et la belliqueuse nation des Francs connut que le Dieu de Clotilde étoit le vrai Dieu des armées.

Alors saint Remi vit en esprit qu'en engendrant en Jésus-Christ les rois des François avec leur peuple, il donnoit à l'Eglise d'invincibles protecteurs. Ce grand saint et ce nouveau Samuel appelé pour sacrer les rois, sacra ceux-ci, comme il dit lui-même, pour être « les perpétuels défenseurs de l'Eglise et des pauvres [1], » digne objet de la royauté; et après leur avoir enseigné à faire fleurir les églises et à rendre les peuples heureux (croyez que c'est lui-même qui vous parle, puisque je ne fais ici que réciter les paroles paternelles de cet apôtre des François), il prioit Dieu nuit et jour qu'ils persévérassent dans la foi et qu'ils régnassent selon les règles qu'il leur avoit données, leur prédisant en même temps qu'en dilatant leur royaume, ils dilateroient celui de Jésus-Christ; et que s'ils étoient fidèles à garder les lois qu'il leur prescrivoit de la part de Dieu [2], l'empire romain leur seroit donné; en sorte que des rois de France sortiroient des empereurs dignes de ce nom qui feroient régner Jésus-Christ. Telles furent les bénédictions que versa mille et mille fois le grand saint Remi sur les François et sur leurs rois, qu'il appeloit toujours *ses chers enfans*, louant sans cesse la bonté divine de ce que pour affermir la foi naissante de ce peuple béni de Dieu, elle avoit daigné par le ministère de sa main pécheresse (c'est ainsi qu'il parle) renouveler à la vue de tous les François et de leur roi les miracles qu'on avoit vus éclater dans la première fondation des églises chrétiennes. Tous les saints qui étoient alors furent réjouis, et dans le déclin de l'empire romain ils crurent voir paroître dans les rois de France

[1] *Testam. S. Rem.*, ap. Flod., lib. I, cap. XVIII. — [2] *Ibid.* et cap. XIII.

« une nouvelle lumière pour tout l'Occident : » *In occiduis partibus novi jubaris lumen effulgurat* [1] *:* et non-seulement pour tout l'Occident, mais encore pour toute l'Eglise à laquelle ce nouveau royaume promettoit de nouveaux progrès. C'est ce que disoit saint Avite, ce docte et ce saint évêque de Vienne, ce grave et éloquent défenseur de l'Eglise romaine, qui fut chargé par tous ses collègues les saints évêques des Gaules de recommander aux Romains dans la cause du pape Symmaque la cause commune de tout l'épiscopat, « parce que, disoit ce grand homme, quand le Pape et le Chef de tous les évêques est attaqué, ce n'est pas un seul évêque, mais l'épiscopat tout entier qui est en péril [2]. »

Tous les conciles de ces temps font voir qu'en ce qui touchoit la foi et la discipline nos saints prédécesseurs regardoient toujours l'Eglise romaine, et se gouvernoient par ses traditions [3]. Tel étoit le sentiment de l'Eglise gallicane qui en recevant, par le ministère de saint Remi, Clovis et les François dans son sein, leur imprimoit dans le fond du cœur ce respect pour le Saint-Siége dont ils devoient être les plus zélés aussi bien que les plus puissans protecteurs. Les Papes connurent d'abord la protection qui leur étoit envoyée du ciel; et ressentant dans nos rois je ne sais quoi de plus filial que dans les autres, que ne dirent-ils point alors comme par un secret pressentiment à la louange de leurs protecteurs futurs? Anastase II du temps de Clovis croit voir dans le royaume de France nouvellement converti « une colonne de fer que Dieu élevoit pour le soutien de sa sainte Eglise, pendant que la charité se refroidissoit partout ailleurs [4]. » Pélage II se promet des descendans de Clovis, comme des voisins charitables de l'Italie et de Rome, la même protection pour le Saint-Siége qu'il avoit toujours reçue des empereurs [5]; et saint Grégoire le plus saint de tous enchérit aussi sur ses saints prédécesseurs, lorsque touché de la foi et du zèle de ces rois, il les met « autant au-dessus des autres

---

[1] S. Avit. Vien., *Epist. ad Clod.*, tom. I *Conc. Gall.*, p. 154. — [2] *Epist. ad Faust.*, ibid., p. 158. — [3] *Epist. Syn. Episc. Gall.*, apud Leon. *Concil. Araus.* II, præf. tom. I *Conc. Gal.*, p. 216; Bonif. II. *Epist. ad Cæsar. Arel.*, ibid., p. 223; *Conc. Vas.* II, can. III-V. ibid., p. 226, 227; *Conc. Aurel.* can. III, III, XXVI, ibid., p. 248, 255. — [4] Anast. II, *Epist.* II, *ad Clod.* — [5] Pel. II, *Epist. ad Aunach. Autiss.*, tom. I *Conc, Gall.*, p. 376.

souverains que les souverains sont au-dessus des particuliers¹. »

Leur foi croissoit en effet avec leur empire, et selon la prédiction de tant de saints l'Eglise s'étendoit par les rois de France. L'Angleterre le sait, et le moine saint Augustin son premier apôtre. Saint Boniface l'apôtre de la Germanie et les autres apôtres du Nord ne reçurent pas un moindre secours de la France ; et Dieu montroit dès lors par des signes manifestes, ce que les siècles suivans ont confirmé, qu'il vouloit que les conquêtes des François étendissent celles de l'Eglise.

Les enfans de Clovis ne marchèrent pas dans les voies que saint Remi leur avoit marquées; Dieu les rejeta de devant sa face; mais il ne retira pas ses miséricordes de dessus le royaume de France. Une seconde race fut élevée sur le trône ; Dieu s'en mêla et le zèle de la religion s'accrut par ce changement : témoin tant de Papes réfugiés, protégés, rétablis et comblés de biens sous cette race. Les Papes et toute l'Eglise bénirent Pepin qui en étoit le chef²; les bénédictions de saint Remi passèrent à lui : de lui sortit cet empereur père d'empereurs, que ce saint évêque semble avoir vu, et Charlemagne régna pour le bien de toute l'Eglise. Vaillant, savant, modéré, guerrier sans ambition et exemplaire dans sa vie, je le veux bien dire en passant malgré les reproches des siècles ignorans, ses conquêtes prodigieuses furent la dilatation du règne de Dieu, et il se montra très-chrétien dans toutes ses œuvres. Il fit revivre les anciens canons; les conciles longtemps négligés furent rétablis³, et la discipline revint avec eux. Si ce grand prince rétablit les lettres, ce fut pour mieux faire entendre les saintes Ecritures et l'ancienne tradition par ce secours. L'Eglise romaine fut consultée dans les affaires douteuses, et ses réponses reçues avec révérence furent des lois inviolables⁴. Il eut tant d'amour pour elle, que le principal article de son testament fut de recommander à ses successeurs la défense de l'Eglise de saint Pierre comme le précieux héritage de sa maison, qu'il avoit reçu

---

¹ S. Greg. M., *Epist.* lib. VI, epist. VI. — ² Paul. 1, *Epist.* X, *ad Fr.*, tom. II *Conc. Gal.*, p. 59. — ³ *De Schol. instit. Capit.*, Baluz., tom. I, p. 202, 203. — ⁴ *Conc. Francof.*, can. VIII, tom. II *Conc. Gall.*, p. 196; *Capit. Aquisg.* an. Imp. III, cap. IV, Baluz., tom. I, p. 380, 381 ; *Capit. de divis. Regni*, cap. XV, *ibid.*, p. 444.

de son père et de son aïeul et qu'il vouloit laisser à ses enfans. Ce même amour lui fit dire ce qui fut répété depuis par tout un concile sous l'un de ses descendans, que « quand cette Eglise imposeroit un joug à peine supportable, il le faudroit souffrir [1] » plutôt que de rompre la communion avec elle. Elle n'imposoit point de tel joug, mais ce sage prince vouloit tout prévoir pour affermir l'union dans tous les cas. Au reste les canons que lui envoya son sage et intime ami le pape Adrien, n'étoient qu'un abrégé de l'ancienne discipline que l'Eglise de France regarde toujours comme la source et le soutien de ses libertés. Nous demandons encore d'être jugés par les canons envoyés à ce grand prince, et sous un nouveau Charlemagne nous souhaitons d'avoir toujours à vivre sous une semblable discipline.

Jamais règne n'a été si fort ni si éclairé ; jamais prince n'a été moins guidé par un faux zèle ; jamais on n'a mieux su distinguer les bornes des deux puissances. On voit parler dans les décrets du concile de Francfort tantôt les évêques seuls, tantôt le prince seul et tantôt les deux puissances ensemble [2]. Je ne veux pas m'étendre sur les diverses matières qui donnèrent lieu à cette diversité ; je remarquerai seulement que les évêques ayant prononcé seuls la condamnation de la nouvelle hérésie qu'on vit alors s'élever en Espagne [3], ce grand roi sut bien trouver sa place dans une occasion si importante. Comme son savoir éclatoit dans toute l'Eglise autant que son équité, les nouveaux hérétiques le prièrent de se rendre l'arbitre de la cause [4]. Charlemagne pour les confondre par eux-mêmes accepta l'offre ; mais il savoit comment un prince peut être arbitre en ces matières. Il consulta le Saint-Siége avant toutes choses ; il écouta aussi les autres évêques qu'il trouva conformes à leur Chef. C'est sur quoi se régla ce religieux prince ; c'est par ce canal qu'il reçut la doctrine de l'Evangile et l'ancienne tradition de l'Eglise catholique. C'est de là qu'il apprit

---

[1] *Capit. Car. M. de hon. Sed. Apost.* an. Imp. I. Baluz., tom. I, p 357, *Conc. Tribur.* sub. Ann. Imp., can. XXX, tom. IX *Conc.*, col. 456 ; *Capit. Angilr. data*, tom. II *Conc. Gall.*, p. 100 ; *Epit. can. ab Adr. Car. M. oblat. Conc.*, tom. VI, col. 1800. — [2] *Conc. Francof.*, can. I, II, can. III, V, can. IV-VII, tom. II *Conc. Gall.*, p. 193 et seq.— [3] *Ibid.*, can. I, p. 193. — *Conc. Francof., Epist. Car. M.*, p. 188.

ce qu'il falloit croire; et sans discuter davantage la matière dans la lettre qu'il écrit aux nouveaux docteurs[1], il leur envoie « les lettres, les décisions, et les décrets formés par l'autorité ecclésiastique, les exhortant à s'y soumettre avec lui et à ne se croire pas plus savans que l'Eglise universelle, parce que, ajoutoit ce grand prince, après ce concours de l'autorité apostolique et de l'unanimité synodale vous ne pouvez plus éviter d'être tenus pour hérétiques, et nous n'osons plus avoir de communion avec vous. »

Qu'on n'impute point à la France des sentimens nouveaux; voilà tous ses sentimens du temps de Charlemagne. Mais Charlemagne les avoit reçus de plus haut, et ils étoient venus des anciens Pères et dès l'origine du christianisme. Le Saint-Siége principalement et le corps de l'épiscopat uni à son Chef, c'est où il faut trouver le dépôt de la doctrine ecclésiastique confiée aux évêques par les apôtres. Car c'est aussi à cette unité qu'il est dit : « Qui vous écoute m'écoute[2]; » et encore : « Les portes d'enfer ne prévaudront point contre elle[3]; » et encore : « Vous êtes la lumière du monde[4]; » et encore : « Dites-le à l'Eglise ; et s'il n'écoute pas l'Eglise, qu'il vous soit comme un Gentil et un Publicain[5]; » et encore, pour me servir du même passage qui est ici allégué par Charlemagne : « Je serai toujours avec vous jusqu'à la consommation des siècles[6]. » Ce grand prince soumis le premier à cette règle, ne craint plus après cela de condamner les hérétiques comme déjà condamnés par l'autorité de l'Eglise, et le jugement du Saint-Siége et du concile de Francfort devint le sien.

Est-il besoin de raconter ce que Charlemagne à l'exemple du roi son père fit pour la grandeur temporelle du Saint-Siége et de l'Eglise romaine ? Qui ne sait qu'elle doit à ces deux princes et à leur maison tout ce qu'elle possède de pays ? Dieu qui vouloit que cette Eglise la Mère commune de tous les royaumes, dans la suite ne fût dépendante d'aucun royaume dans le temporel, et que le Siége où tous les fidèles devoient garder l'unité, à la fin fût mis au-dessus des partialités que les divers intérêts et les jalousies d'Etat pourroient causer, jeta les fondemens de ce grand dessein

---

[1] *Conc. Francof., Epist. Car. M.*, p. 188, 190. — [2] *Luc.*, X, 16. — [3] *Matth.*, XVI, 18. — [4] *Matth.*, V, 14. — [5] *Matth.*, XVIII, 17. — [6] *Matth.*, XXVIII, 20.

par Pepin et par Charlemagne. C'est par une heureuse suite de leur libéralité que l'Eglise indépendante dans son Chef de toutes les puissances temporelles, se voit en état d'exercer plus librement pour le bien commun et sous la commune protection des rois chrétiens cette puissance céleste de régir les ames, et que tenant en main la balance droite au milieu de tant d'empires souvent ennemis, elle entretient l'unité dans tout le corps, tantôt par d'inflexibles décrets, et tantôt par de sages tempéramens.

L'empire sortit trop tôt d'une maison et d'une nation si bienfaisante envers l'Eglise. Rome eut des maîtres fâcheux et les Papes avoient tout à craindre tant des empereurs que d'un peuple séditieux. Mais ils trouvèrent toujours en nos rois ces charitables voisins que le pape Pélage II avoit espérés. La France plus favorable à leur puissance sacrée que l'Italie et que Rome même, leur devint comme un second Siége où ils tenoient leurs conciles et d'où ils faisoient entendre leurs oracles par toute l'Eglise. Troyes, et Clermont, et Toulouse, et Tours, et Rheims plusieurs fois, et les autres villes le peuvent dire; pour ne point parler ici de deux conciles universels tenus à Lyon et d'un autre concile universel tenu à Vienne : tant les Papes ont pris plaisir à faire les actes les plus importans et les plus authentiques de l'Eglise, dans le sein et avec la fidèle coopération de l'Eglise gallicane.

Cependant la troisième race étoit montée sur le trône : race encore plus pieuse que les deux autres : qui aussi a toujours vu augmenter sa gloire : qui seule dans tout l'univers et depuis le commencement du monde se voit sans interruption depuis sept cents ans toujours couronnée et toujours régnante : race enfin qui devoit donner saint Louis au monde : en laquelle le monde étonné voit encore aujourd'hui de si grandes choses et en attend de plus grandes. Vous dirai-je combien de fois et en quels termes elle a été bénite par le Saint-Siége? Sous cette race la France est « un royaume chéri et béni de Dieu, un royaume dont l'exaltation est inséparable de celle du Saint-Siége [1] » un royaume : mais si j'entreprenois de tout raconter, le jour n'y suffiroit pas.

---

[1] Alex. III, *Epist.* xxx, tom. X *Conc.*, col. 1212; Innoc, III, Greg. IX, tom. XI *Conc.*, part. I, col. 27, 367.

Aussi faut-il avouer qu'il y a eu dans ces rois, avec beaucoup de religion, une noblesse qui les a fait révérer de toute la terre et qui les a mis au-dessus des autres rois. Quand les empereurs se vantoient de combattre pour les intérêts communs des rois, les nôtres ont su trouver dans une plus noble constitution de leur Etat et dans une plus grande hauteur de leur couronne une plus sûre défense, puisque sans qu'ils eussent besoin de se remuer, leur majesté ne fut pas même attaquée dans ces premiers temps et que jamais ils n'ont été obligés ni à soutenir des guerres, ni ce qui est bien plus horrible, à faire des schismes pour la défendre.

Ces rois aussi bienfaisans que religieux, loin de profiter de la foiblesse des Papes toujours réfugiés dans leur royaume, se relâchoient volontairement de quelques-uns de leurs droits plutôt que de troubler la paix de l'Eglise; et pendant que saint Thomas de Cantorbéry étoit banni d'Angleterre comme ennemi des droits de la royauté, la France plus équitable le recevoit dans son sein comme le martyr des libertés ecclésiastiques. Nos rois donnèrent cet exemple à tout l'univers : l'Eglise qu'ils honoroient les honoroit à son tour, et l'égalité tant recommandée par l'Apôtre s'entretenoit par de mutuelles reconnoissances.

La piété se ralentissoit et les désordres se multiplioient dans toute la terre. Dieu n'oublia pas la France. Au milieu de la barbarie et de l'ignorance elle produisit saint Bernard, apôtre, prophète, ange terrestre, par sa doctrine, par sa prédication, par ses miracles étonnans et par une vie encore plus étonnante que ses miracles. C'est lui qui réveilla dans ce royaume et qui répandit dans tout l'univers l'esprit de piété et de pénitence. Jamais sujet ne fut plus zélé pour son prince; jamais prêtre ne fut plus soumis à l'épiscopat; jamais enfant de l'Eglise ne défendit mieux l'autorité apostolique de sa mère l'Eglise romaine. Il regardoit dans le Pape seul tout ce qu'il y avoit de plus grand dans l'un et l'autre Testament; un Abraham, un Melchisédech, un Moïse, un Aaron, un saint Pierre, en un mot Jésus-Christ même[1]. Mais afin qu'une autorité sur laquelle l'Eglise est fondée, fût plus sainte et plus vénérable à tous les peuples, il ne cessa d'en séparer autant

---

[1] S. Bern., *De Consid.*, lib. II, cap. VIII, et lib. IV, cap. VII.

qu'il pouvoit ce qui sembloit plutôt la déshonorer que l'agrandir.

Tout est à vous, disoit-il [1], tout dépend du Chef, mais c'est avec un certain ordre. On feroit un monstre du corps humain, si on attachoit immédiatement tous les membres à la tête : c'est par les évêques et les archevêques qu'on doit venir au Saint-Siége : ne troublez point cette hiérarchie, qui est l'image de celle des anges. Vous pouvez tout, il est vrai; mais un de vos ancêtres disoit : « Tout m'est permis, mais tout n'est pas convenable [2]. » Vous avez la plénitude de la puissance; mais rien ne convient mieux à la puissance que la règle. Enfin l'Eglise romaine est la Mère des églises [3], mais non une maîtresse impérieuse; et vous êtes, non pas le seigneur des évêques, mais l'un d'eux : paroles que ce saint homme n'a pas proférées pour affoiblir une autorité qu'il a fait révérer à toute la terre; mais afin de rappeler en la mémoire du successeur de saint Pierre cette excellente doctrine, que Jésus-Christ qui l'a élevé à une si grande puissance n'a pas voulu néanmoins lui donner un caractère supérieur à celui de l'épiscopat, afin que dans cette haute élévation, il prît soin de conserver dans tous les évêques la dignité d'un caractère qui lui est commun avec eux, et qu'il songeât qu'il y a toujours avec une grande autorité quelque chose de doux et de fraternel dans le gouvernement ecclésiastique, puisque si le Pape doit gouverner les évêques, il les doit aussi gouverner par les lois communes que le Saint-Siége a faites siennes en les confirmant. C'est ce que disent tous les Papes; et encore qu'ils puissent dispenser des lois pour l'utilité publique [4], le plus naturel exercice de leur puissance est de les faire observer en les observant les premiers, comme ils en ont toujours fait profession dès l'origine du christianisme. Voilà ce que disoit saint Bernard et tous les saints de ce temps; voilà ce qu'ont toujours dit ceux qui ont été parmi nous les plus pieux. C'est aussi ce qui obligea le roi le plus saint qui ait jamais porté la couronne, le plus soumis au Saint-Siége et le plus ardent défenseur de la foi romaine (vous reconnoissez saint Louis) à persévérer dans ces maximes, et à publier une *Pragmatique* pour

---

[1] S. Bern., *De Consid.*, lib. III, cap. IV. — [2] I *Cor.*, x, 22. — [3] S. Bern., *ibid.*, lib. IV, cap. VII. — [4] *Ibid.*, lib. III, cap. IV.

maintenir dans son royaume « le droit commun et la puissance des ordinaires selon les conciles généraux et les institutions des saints Pères [1]. »

Ne demandez plus ce que c'est que les libertés de l'Eglise gallicane. Les voilà toutes dans ces précieuses paroles de l'ordonnance de saint Louis; nous n'en voulons jamais connoître d'autres. Nous mettons notre liberté à être sujets aux canons, et plût à Dieu que l'exécution en fût aussi effective dans la pratique que cette profession est magnifique dans nos livres. Quoi qu'il en soit, c'est notre loi; nous faisons consister notre liberté à marcher autant qu'il se peut « dans le droit commun, » qui est le principe ou plutôt le fond de tout le bon ordre de l'Eglise, « sous la puissance canonique des ordinaires, selon les conciles généraux et les institutions des saints Pères : » état bien différent de celui où la dureté de nos cœurs plutôt que l'indulgence des souverains dispensateurs nous a jetés; où les priviléges accablent les lois; où les graces semblent vouloir prendre la place du droit commun, tant elles se multiplient; où tant de règles ne subsistent plus que dans la formalité qu'il faut observer d'en demander la dispense : et plût à Dieu que ces formules conservent du moins avec le souvenir des canons l'espérance de les rétablir. C'est l'intention du Saint-Siége; c'en est l'esprit : il est certain : mais s'il faut autant qu'il se peut tendre au renouvellement des anciens canons, combien religieusement faut-il conserver ce qui en reste, et surtout ce qui est le fondement de la discipline? Si vous voyez donc vos évêques demander humblement au Pape l'inviolable conservation de ces canons et de la puissance ordinaire dans tous ses degrés, souvenez-vous qu'ils ne font que marcher sur les pas de saint Louis et de Charlemagne, et imiter les saints dont ils remplissent les chaires. Ce n'est pas nous diviser d'avec le Saint-Siége (à Dieu ne plaise), c'est au contraire conserver avec soin jusqu'aux moindres fibres qui tiennent les membres unis avec le chef. Ce n'est pas diminuer la plénitude de la puissance apostolique : l'Océan même a ses bornes dans sa plénitude; et s'il les outrepassoit sans mesure aucune, sa plénitude seroit un déluge qui ravageroit tout l'uni-

[1] *Prag. S. Lud.*

vers. Au reste la puissance qu'il faut reconnoître dans le Saint-Siége est si haute et si éminente, si chère et si vénérable à tous les fidèles, qu'il n'y a rien au-dessus que toute l'Eglise catholique ensemble : encore faut-il savoir connoître les besoins extraordinaires et les extrêmes périls où il faut que tout s'assemble et se réunisse. Ces maximes sont de tous les siècles; mais dans l'un des derniers siècles, un besoin pressant de l'Eglise, un grand mal, un schisme effroyable, obligea toute l'Eglise à les expliquer et à les mettre en pratique d'une façon plus expresse dans le saint concile de Pise et dans le saint concile de Constance. La France fut la plus zélée à les soutenir; mais la France fut suivie de toute l'Eglise. Ces maximes supposées comme indubitables du commun consentement des Papes, de tous les évêques et de tous les fidèles rétablirent l'autorité du Saint-Siége affoiblie par les divisions. Ces maximes mirent fin au schisme, extirpèrent les hérésies que le schisme fortifioit, et firent espérer au monde malgré la dépravation des mœurs la réforme universelle de la discipline dans toute la chrétienté sans rien excepter. Ces maximes demeureront toujours en dépôt dans l'Eglise catholique. Les esprits inquiets et turbulens voudront s'en servir pour brouiller : mais les humbles, les pacifiques, les vrais enfans de l'Eglise s'en serviront toujours selon la règle, dans les vrais besoins et pour des biens effectifs. Les cas où on le doit faire seroient aisés à marquer, puisqu'ils sont si clairement expliqués dans les décrets du concile de Constance [1]; mais il vaut mieux espérer que la déplorable nécessité de réfléchir sur ces cas n'arrivera pas et que nos jours ne seront pas assez malheureux pour avoir besoin de tels remèdes. Ah! si le nom de *concile œcuménique,* nom si saint et si vénérable, doit être employé, que ce ne soit pas en matière contentieuse et pour faire durer de funestes divisions; mais plutôt pour réunir la chrétienté déchirée par tant de schismes et pour travailler à l'œuvre de réformation qui jamais n'est achevée durant cette vie! Cependant conservons ces fortes maximes de nos pères, que l'Eglise gallicane a trouvées dans la tradition de l'Eglise uniselle; que les universités du royaume, et principalement celle de

[1] Sess. v.

Paris, ont apprises des saints évêques et des saints docteurs qui ont toujours éclairé l'Eglise de France, sans que le Saint-Siége ait diminué les éloges qu'il a donnés à ces fameuses universités [1]. Au contraire, c'est en sortant du concile de Bâle, où ces maximes avoient été renouvelées avec l'applaudissement de tout le royaume, que Pie II qui le savoit, puisqu'il avoit autrefois prêté sa plume à ce concile, s'adressant à un évêque de Paris dans l'assemblée générale de tous les princes chrétiens, lui parla ainsi de la France [2] : « La France a beaucoup d'universités parmi lesquelles la vôtre, mon vénérable Frère, est la plus illustre, parce qu'on y enseigne si bien la théologie et que c'est un si grand honneur d'y pouvoir mériter le titre de docteur : de sorte que le florissant royaume de France avec tous les avantages de la nature et de la fortune a encore ceux de la doctrine et de la pure religion. » Voilà ce que dit un savant Pape qui n'ignoroit pas nos sentimens, puisqu'ils étoient alors dans leur plus grande vigueur; et je puis dire qu'il en approuve le fond dans la bulle [3], où en révoquant ce qu'il avoit dit avant son exaltation en faveur du concile de Bâle, il déclare qu'il n'en révère pas moins le concile de Constance, dont il embrasse les décrets et nommément ceux où l'autorité et la puissance des conciles est expliquée.

Il savoit bien que la France n'abusoit point de ces maximes, puisque même elle venoit de donner un exemple incomparable de modération dans la célèbre assemblée de Bourges, où louant les Pères de Bâle qui soutenoient ces maximes, elle rejeta l'application outrée qu'ils en firent contre le pape Eugène IV. Nos libertés furent défendues : le Pape fut reconnu : le schisme fut éteint dans sa naissance : tout fut pacifié : qui fit un si grand ouvrage? Un grand roi fidèlement assisté par le plus docte clergé qui fût au monde.

Jamais il ne fut tant parlé des libertés de l'Eglise, et jamais il n'en fut posé un plus solide fondement que dans ces paroles immortelles de Charles VII : « Comme c'est, dit-il, le devoir des prélats d'annoncer avec liberté la vérité qu'ils ont apprise de Jésus-

---

[1] Urban. VI, *Epist.* II ; tom. XI *Conc.*, col. 2048. — [2] Pius II *in Conv. Mant.*, tom. XIII *Conc.*, col. 1771. — [3] *Bulla retract. Pii II,* ibid., col. 1407.

Christ, c'est aussi le devoir du prince et de la recevoir de leur bouche prouvée par les Ecritures, et de l'exécuter avec efficace ¹. » Voilà en effet le vrai fondement des libertés de l'Eglise : alors elle est vraiment libre quand elle dit la vérité : quand elle la dit aux rois qui l'aiment naturellement et qu'ils l'écoutent de sa bouche; car alors s'accomplit cet oracle du Fils de Dieu : « Vous connoîtrez la vérité, et la vérité vous délivrera, et vous serez vraiment libres ². »

Nous sommes accoutumés à voir agir nos rois très-chrétiens dans cet esprit. Depuis le temps qu'ils se sont rangés sous la discipline de saint Remi, ils n'ont jamais manqué d'écouter leurs évêques orthodoxes. L'empire romain vit succéder au premier empereur chrétien un empereur hérétique. La succession des empereurs a souvent été déshonorée par de semblables désordres; mais pour ne point reprocher aux autres royaumes leur malheureux sort, contentons-nous de dire avec humilité et actions de graces que la France est le seul royaume qui jamais depuis tant de siècles n'a vu changer la foi de ses rois : elle n'en a jamais eu depuis plus de douze cents ans qui n'ait été enfant de l'Eglise catholique : le trône royal est sans tache et toujours uni au Saint-Siége; il semble avoir participé à la fermeté de cette pierre. *Gratias Deo super inenarrabili dono ejus :* « Graces à Dieu sur ce don inexplicable de sa bonté ³. »

En écoutant leurs évêques dans la prédication de la vraie foi, c'étoit une suite naturelle que ces rois les écoutassent dans ce qui regarde la discipline ecclésiastique. Loin de vouloir faire en ce point la loi à l'Eglise, un empereur roi de France disoit aux évêques ⁴ : « Je veux qu'appuyés de notre secours et secondés de notre puissance, comme le bon ordre le prescrit : » *Famulante ut decet potestate nostrâ* (pesez ces paroles ; et remarquez que la puissance royale, qui partout ailleurs veut dominer et avec raison, ici ne veut que servir) : « Je veux donc, dit cet empereur, que secondés et servis par notre puissance, vous puissiez exécuter

---

¹ *Prag. Car.* VII. — ² *Joan.*, VIII, 32, 36. — ³ II *Cor.*, IX, 15. — ⁴ Lud. Pius, *Capit.*, an. 8 3: Baluz., tom. I, p. 634; *Epist. Venil. Sen. ad Amul. Lugd.*, Conc. *Gall.*, tom. III, p. 67.

ce que votre autorité demande : » paroles dignes des maîtres du monde, qui ne sont jamais plus dignes de l'être ni plus assurés sur leur trône que lorsqu'ils font respecter l'ordre que Dieu a établi.

Ce langage étoit ordinaire aux rois très-chrétiens ; et ce que faisoient ces pieux princes, ils ne cessoient de l'inspirer à leurs officiers. Malheur, malheur à l'Eglise, quand les deux juridictions ont commencé à se regarder d'un œil jaloux ! O plaie du christianisme ! Ministres de l'Eglise, ministres des rois, et ministres du Roi des rois les uns et les autres quoiqu'établis d'une manière différente, ah ! pourquoi vous divisez-vous ? L'ordre de Dieu est-il opposé à l'ordre de Dieu ? Hé ! pourquoi ne songez-vous pas que vos fonctions sont unies, que servir Dieu c'est servir l'Etat, que servir l'Etat c'est servir Dieu ? Mais l'autorité est aveugle, l'autorité veut toujours monter, toujours s'étendre ; l'autorité se croit dégradée quand on lui montre ses bornes. Pourquoi accuser l'autorité ? Accusons l'orgueil et disons comme l'Apôtre disoit de la loi : « L'autorité est sainte et juste et bonne [1] ; » sainte, elle vient de Dieu ; juste, elle conserve le bien à un chacun ; bonne, elle assure le repos public : « mais l'iniquité, afin de paroître iniquité, se sert » de l'autorité pour mal faire ; en sorte que l'iniquité est souverainement inique, quand elle pèche par l'autorité que Dieu a établie pour le bien des hommes.

Nos rois n'ont rien oublié pour empêcher ce désordre. Leurs capitulaires ne parlent pas moins fortement pour les évêques que les conciles. C'est dans les capitulaires des rois qu'il est ordonné aux deux puissances, au lieu d'entreprendre l'une sur l'autre, « de s'aider mutuellement dans leurs fonctions, » et qu'il est ordonné en particulier aux comtes, aux juges, à ceux qui ont en main l'autorité royale, « d'être obéissans aux évêques. » C'est ce que portoit l'ordonnance de Charlemagne ; et ce grand prince ajoutoit « qu'il ne pouvoit tenir pour de fidèles sujets ceux qui n'étoient pas fidèles à Dieu, ni en espérer une sincère obéissance, lorsqu'ils ne la rendoient pas aux ministres de Jésus-Christ dans

---

[1] *Rom.*, VII, 12.

ce qui regardoit les causes de Dieu et les intérêts de l'Eglise[1]. »
C'étoit parler en prince habile, qui sait en quoi l'obéissance est
due aux évêques et ne confond point les bornes des deux puissances. Il mérite d'autant plus d'en être cru. Selon ses ordonnances on laisse aux évêques l'autorité toute entière dans les
causes de Dieu et dans les intérêts de l'Eglise; et avec raison,
puisqu'en cela l'ordre de Dieu, la grace attachée à leur caractère,
l'Ecriture, la tradition, les canons et les lois parlent pour eux.
Qu'est-il besoin d'alléguer les autres rois? Que ne doivent point
les évêques au grand Louis? Que ne fait point ce religieux prince
pour les intérêts de l'Eglise? Pour qui a-t-il triomphé si ce n'est
pour elle? Quand tout en un moment ploya sous sa main et que
les provinces se soumirent comme à l'envi, n'ouvrit-il pas autant
de temples à l'Eglise qu'il força de places? mais l'hérésie de Calvin
fut la seule confondue en ce temps. Aujourd'hui le luthéranisme,
la source du mal et la tête de l'hérésie, est entamé : heureux présage pour l'Eglise ! il commence à rendre les temples usurpés.
L'un des plus grands de ces temples, celui qui de dessus les bords
du Rhin élève le plus haut et fait révérer de plus loin son sacré
sommet, par la piété de Louis est sanctifié de nouveau. Que ne
doit espérer la France, lorsque fermée de tous côtés par d'invincibles barrières, à couvert de la jalousie et assurant la paix de
l'Europe par celle dont son roi la fera jouir, elle verra ce grand
prince tourner plus que jamais tous ses soins au bonheur des
peuples et aux intérêts de l'Eglise dont il fait les siens? Nous, mes
Frères, nous qui vous parlons, nous avons ouï de la bouche de
ce prince incomparable, à la veille de ce départ glorieux qui tenoit toute l'Europe en suspens, qu'il alloit travailler pour l'Eglise
et pour l'Etat, deux choses qu'on verroit toujours inséparables dans
tous ses desseins. France, tu vivras par ces maximes, et rien ne
sera plus inébranlable qu'un royaume uni si étroitement à l'Eglise
que Dieu soutient ! Combien devons-nous chérir un prince qui unit
tous ses intérêts à ceux de l'Eglise? N'est-il pas notre consolation

---

[1] *Cap.* iv *Car. M.*, an 806, Baluz., tom. I, p. 450 ; *Capit.*, ap. Theod., *de hon. Episc. et rel. Sacerd.*, ibid., p. 438 ; *Coll. Anseg.*, lib. VI, cap. CCXLIX, ibid. p. 965 ; *Conc. Arel.* VI, sub *Car. M.*, can. XIII, tom. II *Conc. Gall.*, p. 271, *Capit. Car. M.*, an. 813, Baluz., tom. I, p. 503.

et notre joie, lui qui réjouit tous les jours le ciel et la terre par tant de conversions? Pouvons-nous n'être pas touchés, pendant que par son secours nous ramenons tous les jours un si grand nombre de nos enfans dévoyés, et qui ressent plus de joie de leur changement que l'Eglise romaine leur Mère commune, qui dilate son sein pour les recevoir? La main de Louis étoit réservée pour achever de guérir les plaies de l'Eglise. Déjà celles de l'épiscopat ne nous paroissent plus irrémédiables. Outre cent arrêts favorables, sous les auspices d'un prince qui ne veut que voir la raison pour s'y soumettre, on ouvre les yeux : on ne lit plus les canons et les décrets des saints Pères par pièces et par lambeaux pour nous y tendre des piéges ; on prend la suite des antiquités ecclésiastiques; et si on entre dans cet esprit, que verra-t-on à toutes les pages, que des monumens éternels de notre autorité sacrée ? « Nous ne prêchons pas nous-mêmes quand nous parlons de cette sorte ; mais nous prêchons Jésus-Christ qui nous a établis ses ministres, et nous prêchons tout ensemble que nous sommes en Jésus-Christ dévoués à votre service [1]. » Car qu'est-ce que l'épiscopat, si ce n'est une servitude que la charité nous impose pour sauver les ames? Et qu'est-ce que soutenir l'épiscopat, que soutenir la foi et la discipline? Il ne faut donc pas s'étonner si Louis qui aime et honore l'Eglise, aime et honore notre ministère apostolique. Que tarde un si saint Pape à s'unir intimement au plus religieux de tous les rois? Un pontificat si saint et si désintéressé ne doit être mémorable que par la paix et par les fruits de la paix, qui seront, j'ose le prédire, l'humiliation des infidèles, la conversion des hérétiques, et le rétablissement de la discipline. Voilà l'objet de nos vœux ; et s'il falloit sacrifier quelque chose à un si grand bien, craindroit-on d'en être blâmé ?

TROISIÈME POINT.

Ç'a toujours été dans l'Eglise un commencement de paix que d'assembler les évêques orthodoxes. Jésus-Christ est l'auteur de la paix, Jésus-Christ est la paix lui-même; nous ne sommes ja-

[1] II *Cor.*, III, 6 ; IV, 5.

mais plus assurés d'être assemblés en son nom, ni par conséquent de l'avoir selon sa promesse au milieu de nous, que,lorsque nous sommes assemblés pour la paix; et nous pouvons dire avec un ancien Pape [1] « que nous sommes véritablement ambassadeurs pour Jésus-Christ, quand nous travaillons à la paix de l'Eglise : » *Pro Christo legatione fungimur, cùm paci Ecclesiæ studium impendere procuramus.* L'épiscopat qui est un, aime à s'unir : c'est en s'unissant qu'il se purifie : c'est en s'unissant qu'il se règle : c'est en s'unissant qu'il se réforme : mais surtout c'est en s'unissant qu'il attire dans son unité le Dieu de la paix ; et « les apôtres étoient assemblés, » dit l'Evangéliste [2], quand Jésus-Christ leur vint dire ce qu'ils disent ensuite à tout le peuple : *Pax vobis :* « La paix soit avec vous. »

Saint Bernard, l'ange de paix, voyant un commencement de division entre l'Eglise et l'Etat, écrivit à Louis VII : « Il n'y a rien de plus nécessaire que d'assembler les évêques en ce temps ; » et une des raisons qu'il en apporte, c'est, dit-il à ce sage prince [3], « que s'il est sorti de la rigueur de l'autorité apostolique quelque chose dont Votre Majesté se trouve offensée, vos fidèles sujets travailleront à faire qu'il soit révoqué ou adouci autant qu'il le faut pour votre honneur. »

Et pour ce qui est de la discipline, quand nous la voyons blessée, nous nous assemblons pour proposer les canons, bornes naturelles de la puissance ecclésiastique, qu'elle se fait elle-même par son exercice. Le Saint-Siége aime cette voie ; le langage des canons est son langage naturel ; et à la louange immortelle de cette Eglise il n'y a rien de plus répété dans ses *Décrétales,* ni rien de mieux établi dans sa pratique, que la loi qu'elle se fait d'observer et de faire observer les saints canons.

Les exemples nous feront mieux voir le succès de ces saintes assemblées. On rapporta dans un concile de la province de Lyon un privilège de Rome qu'on crut contre l'ordre. Nos pères dirent aussitôt selon leur coutume : « Relisant le saint concile de Chalcédoine et les sentences de plusieurs autres Pères authentiques, le

---

[1] Joan. VIII, *Epist.* LXXX. — [2] *Joan.,* XX, 19. — [3] S. Bern.', *Epist.* CCLV, tom. 1, col. 257.

saint concile a résolu que ce privilége ne pouvoit subsister, puisqu'il n'étoit pas conforme, mais contraire aux constitutions canoniques¹. »

Vous reconnoissez dans ces paroles l'ancien style de l'Eglise : ce concile est pourtant de l'onzième siècle, afin que vous voyiez dans tous les temps la suite de nos traditions et la conduite toujours uniforme de l'Eglise gallicane.

Elle ne s'élève pas contre le Saint-Siége, puisqu'elle sait au contraire qu'un Siége qui doit régler tout l'univers, n'a jamais intention d'affoiblir la règle : mais comme dans un si grand Siége où un seul doit répondre à toute la terre, il peut échapper quelque chose même à la plus grande vigilance, on y doit d'autant plus prendre garde que ce qui vient d'une autorité si éminente pourroit à la fin passer pour loi, ou devenir un exemple pour la postérité.

C'est pourquoi dans ces occasions toutes les églises, mais principalement celle de France, ont toujours représenté au Saint-Siége avec un profond respect ce qu'ont réglé les canons. Nous en avons un bel exemple dans le second concile de Limoges, qui est encore de l'onzième siècle. On s'y plaignit d'une sentence donnée par surprise et contre l'ordre canonique par le pape Jean XVIII². Nos prédécesseurs assemblés proposèrent d'abord la règle « qu'ils avoient reçue, disoient-ils, des Pontifes apostoliques et des autres Pères. » Ils ajoutèrent ensuite comme un fondement incontestable « que le jugement de toute l'Eglise paroissoit principalement dans le Saint-Siége apostolique³. » Ce ne fut pas sans remarquer l'ordre canonique avec lequel les affaires y devoient être portées, afin que ce jugement eût toute sa force ; et la conclusion fut que « les Pontifes apostoliques ne doivent pas révoquer les sentences des évêques (contre cet ordre canonique), parce que, comme les membres sont obligés à suivre leur chef, il ne faut pas aussi que le chef afflige ses membres. »

Comme ç'a toujours été la coutume de l'Eglise de France de proposer les canons, ç'a toujours été la coutume du Saint-Siége

---

¹ Conc. Ansan., an. 1025, tom. IX, Conc., col. 859. — ² Conc. Lemov. II, sess. II, tom. IX Conc. — ³ Ibid., col. 909.

d'écouter volontiers de tels discours, et le même concile nous en fournit un exemple mémorable. Un évêque (a) s'étoit plaint au même pape Jean XVIII d'une absolution que ce pape avoit mal donnée au préjudice de la sentence de cet évêque ; le pape lui fit cette réponse vraiment paternelle qui fut lue avec une incroyable consolation de tout le concile : « C'est votre faute, mon très-cher Frère, de ne m'avoir pas instruit ; j'aurois confirmé votre sentence, et ceux qui m'ont surpris n'auroient remporté que des anathèmes. A Dieu ne plaise, poursuit-il, qu'il y ait schisme entre moi et mes co-évêques. Je déclare à tous mes frères les évêques que je veux les consoler et les secourir, et non pas les troubler ni les contredire dans l'exercice de leur ministère[1]. »

A ces mots « tous les évêques se dirent les uns aux autres : C'est à tort que nous osons murmurer contre notre Chef : nous n'avons à nous plaindre que de nous-mêmes et du peu de soin que nous prenons de l'avertir. » Vous le voyez, chrétiens : les puissances suprêmes veulent être instruites et veulent toujours agir avec connoissance. Vous voyez aussi qu'il y a toujours quelque chose de paternel dans le Saint-Siége et toujours un fond de correspondance entre le chef et les membres qui rend la paix assurée, pourvu qu'en proposant la règle, on ne manque jamais au respect que la même règle prescrit. L'Eglise de France aime d'autant plus sa Mère l'Eglise romaine et ressent pour elle un respect d'autant plus sincère, qu'elle y regarde plus purement l'institution primitive et l'ordre de Jésus-Christ. La marque la plus évidente de l'assistance que le Saint-Esprit donne à cette Mère des Eglises, c'est de la rendre si juste et si modérée que jamais elle n'ait mis les excès parmi les dogmes. Qu'elle est grande l'Eglise romaine, soutenant toutes les églises, « portant, dit un ancien pape[2], le fardeau de tous ceux qui souffrent, » entretenant l'unité, confirmant la foi, liant et déliant les pécheurs, ouvrant et fermant le ciel ! Qu'elle est grande encore une fois, lorsque pleine de l'autorité de saint Pierre, de tous les apôtres, de tous les conciles, elle en exécute avec autant de force que de discrétion les salutaires décrets ! Quelle a été

---

[1] Conc. Lemov. II, sess. II. — [2] Joan. VIII, *Epist.* LXXX.

(a) Etienne, évêque de Clermont.

sa puissance, lorsqu'elle l'a fait consister principalement à tenir toute créature abaissée sous l'autorité des canons sans jamais s'éloigner de ceux qui sont les fondemens de la discipline, et qu'heureuse de dispenser les trésors du ciel, elle ne songeoit pas à disposer des choses inférieures que Dieu n'avoit pas mises en sa main!

Dans cet état glorieux où vous paroît l'Eglise romaine, et les rois et les royaumes sont trop heureux d'avoir à lui obéir. Quel aveuglement quand des royaumes chrétiens ont cru s'affranchir en secouant, disoient-ils, le joug de Rome qu'ils appeloient un joug étranger, comme si l'Eglise avoit cessé d'être universelle, ou que le lien commun qui fait de tant de royaumes un seul royaume de Jésus-Christ, pût devenir étranger à des chrétiens! Quelle erreur quand des rois ont cru se rendre plus indépendans en se rendant maîtres de la religion, au lieu que la religion dont l'autorité rend leur majesté inviolable, ne peut être pour leur propre bien trop indépendante et que la grandeur des rois est d'être si grands qu'ils ne puissent, non plus que Dieu dont ils sont l'image, se nuire à eux-mêmes, ni par conséquent à la religion qui est l'appui de leur trône! Dieu préserve nos rois très-chrétiens de prétendre à l'empire des choses sacrées, et qu'il ne leur vienne jamais une si détestable envie de régner! Ils n'y ont jamais pensé. Invincibles envers toute autre puissance et toujours humbles devant le Saint-Siége, ils savent en quoi consiste la véritable hauteur. Ces princes également religieux et magnanimes, n'ont pas moins méprisé que détesté les extrémités auxquelles on ne se laisse emporter que par désespoir et par foiblesse. L'Eglise de France est zélée pour ses libertés [1] : elle a raison, puisque le grand concile d'Ephèse nous apprend [2] que ces libertés particulières des églises sont un des fruits de la rédemption par laquelle Jésus-Christ nous a affranchis : et il est certain qu'en matière de religion et de conscience, des libertés modérées entretiennent l'ordre de l'Eglise et y affermissent la paix. Mais nos pères nous ont appris à soutenir ces libertés sans manquer au respect; et loin d'en vouloir manquer, nous croyons au contraire que le respect invio-

---

[1] Concil. Bitur., cap. *De Elect.* — [2] Conc. Ephes., act. VII.

lable que nous conserverons pour le Saint-Siége nous sauvera des blessures qu'on voudroit nous faire sous un nom qui nous est si cher et si vénérable. Sainte Eglise romaine, Mère des églises et Mère de tous les fidèles, Eglise choisie de Dieu pour unir ses enfans dans la même foi et dans la même charité, nous tiendrons toujours à ton unité par le fond de nos entrailles. « Si je t'oublie, Eglise romaine, puissé-je m'oublier moi-même ! Que ma langue se sèche et demeure immobile dans ma bouche, si tu n'es pas toujours la première dans mon souvenir, si je ne te mets pas au commencement de tous mes cantiques de réjouissance : » *Adhœreat lingua mea faucibus meis, si non meminero tui, si non proposuero Jerusalem in principio lætitiæ meæ* [1].

Mais vous qui nous écoutez, puisque vous nous voyez marcher sur les pas de nos ancêtres, que reste-t-il, chrétiens, sinon qu'unis à notre assemblée avec une fidèle correspondance vous nous aidiez de vos vœux ? « Souvent, dit un ancien Père [2], les lumières de ceux qui enseignent viennent des prières de ceux qui écoutent : » *Hoc accipit doctor quod meretur auditor*. Tout ce qui se fait de bien dans l'Eglise, et même par les pasteurs, se fait, dit saint Augustin [3], par les secrets gémissemens de ces colombes innocentes qui sont répandues par toute la terre. Ames simples, ames cachées aux yeux des hommes, et cachées principalement à vos propres yeux, mais qui connoissez Dieu et que Dieu connoît : où êtes-vous dans cet auditoire, afin que je vous adresse ma parole ? Mais sans qu'il soit besoin que je vous connoisse, ce Dieu qui vous connoît, qui habite en vous, saura bien porter mes paroles qui sont les siennes dans votre cœur. Je vous parle donc sans vous connoître, ames dégoûtées du siècle. Ah ! comment avez-vous pu en éviter la contagion ? Comment est-ce que cette face extérieure du monde ne vous a pas éblouies ? Quelle grace vous a préservées de la vanité : de la vanité que nous voyons si universellement régner ? Personne ne se connoît : on ne connoît plus personne : les marques des conditions sont confondues : on se détruit pour se parer : on s'épuise à dorer un édifice dont les fonde-

---

[1] *Psal.* CXXXVI, 6. — [2] S. Petr. Chrysol., *Serm.* LXXXVI. — [3] *De Bapt. cont. Donat.*, lib. III, n. 22, 23.

TABLE

DES MATIÈRES CONTENUES DANS LE ONZIÈME VOLUME

(QUATRIÈME DES SERMONS).

SERMONS

POUR

LES FÊTES DE LA SAINTE VIERGE.

PREMIER SERMON POUR LA FÊTE DE LA CONCEPTION DE LA SAINTE VIERGE. — Jésus-Christ préserve sa Mère admirable du péché originel; il détruit ce péché en nous par les eaux du baptême, et guérit par sa grace les blessures et les langueurs que le sacrement laisse dans nos ames. . . 1

SECOND SERMON POUR LA FÊTE DE LA CONCEPTION DE LA SAINTE VIERGE. — Loi commune du péché originel; contagion générale qui infecte le genre humain; mal héréditaire qui provoque la colère de Dieu. Or contre la loi il faut dispenser par l'autorité; contre la contagion il faut séparer par la sagesse; contre le mal il faut prévenir par la bonté. Ainsi Marie dispensée de la loi commune du péché originel par la puissance suprême; séparée de la contagion générale par la sagesse infinie; prévenue miséricordieusement contre la colère divine par l'amour éternel. 20

TROISIÈME SERMON POUR LA FÊTE DE LA CONCEPTION DE LA SAINTE VIERGE. — Fondemens et exercice de la dévotion à la sainte Vierge. Pourquoi devons-nous honorer Marie? Parce qu'elle est, non-seulement la Mère du divin Sauveur, mais sa coopératrice dans la vocation à la foi, dans la justification et dans la persévérance. Comment devons-nous l'honorer? en rapportant sa gloire à Dieu, en imitant ses vertus et en lui demandant les biens spirituels avant les biens temporels. 42

PREMIER SERMON POUR LA FÊTE DE LA NATIVITÉ DE LA SAINTE VIERGE. — Dieu a formé la sainte Vierge sur le modèle de Jésus-Christ. Or trois choses en Jésus-Christ : l'exemption de péché, la plénitude de graces, une source inépuisable de charité pour notre nature : la sainte Vierge est donc exempte de péché, pleine de grace et brûlante d'amour pour tous les pécheurs, c'est-à-dire pour tous les hommes. 64

SECOND SERMON POUR LA FÊTE DE LA NATIVITÉ DE LA SAINTE VIERGE. — Marie étant la Mère de notre Sauveur, sa qualité la rapproche de Dieu pour lui donner le pouvoir de nous secourir; Marie étant notre

Mère, son affection la rapproche de nous pour lui donner la volonté de soulager nos misères et de l'intéresser à notre bonheur. 84

TROISIÈME SERMON POUR LA FÊTE DE LA NATIVITÉ DE LA SAINTE VIERGE. — Marie étant Mère de Jésus-Christ, elle aura pour lui une affection sans égale, et il l'aimera aussi d'une amour qui ne souffrira point de comparaison ; cette sainte société l'unira très-étroitement au Père, et dans cette union elle deviendra la Mère des fidèles. 100

PRÉCIS D'UN SERMON POUR LA FÊTE DE LA NATIVITÉ DE LA SAINTE VIERGE. La nativité de la sainte Vierge est discernée des autres par deux choses : par les biens qu'elle reçoit et par ceux qu'elle nous apporte. 121

PRÉCIS D'UN SERMON POUR LA FÊTE DE LA PRÉSENTATION DE LA SAINTE VIERGE. — Retraite perpétuelle : s'éloigner du monde ; adoration perpétuelle : aimer la volonté du Père ; renouvellement perpétuel : croître toujours et toujours décroître. 130

PREMIER SERMON POUR LA FÊTE DE L'ANNONCIATION. — Bienheureuses les entrailles de la sainte Vierge ! Là un Dieu a pris la forme de l'esclave, afin de confondre notre orgueil ; là un Dieu s'est revêtu de notre indigence, afin d'encourager notre bassesse ; là un Dieu se donne lui-même avec tous ses biens, afin d'enrichir notre pauvreté. 131

SECOND SERMON POUR LA FÊTE DE L'ANNONCIATION. — Jésus est tout ensemble l'attrait qui nous gagne à l'amour de Dieu, le modèle qui nous montre les règles de l'amour de Dieu, la voie pour arriver à l'amour de Dieu : nous devons premièrement nous donner à Dieu pour l'amour du Verbe incarné ; nous devons en second lieu nous donner à Dieu à l'exemple du Verbe incarné ; nous devons en troisième lieu nous donner à Dieu par l'entremise du Verbe incarné. 150

TROISIÈME SERMON POUR LA FÊTE DE L'ANNONCIATION. — Marie devient la Mère des hommes dans l'incarnation, et ses enfans doivent l'honorer par l'imitation de ses vertus, principalement de sa pureté et de son humilité. 164

QUATRIÈME SERMON POUR LA FÊTE DE L'ANNONCIATION. — Dans le mystère de l'Incarnation, Dieu qui n'a rien au-dessus de lui se fait sujet et se donne un maître ; Dieu que rien ne peut égaler se fait homme et se donne des compagnons. Et pour honorer Marie, ce Dieu qui se fait sujet l'a choisie pour être le temple où il rend à son Père son premier hommage, et ce Dieu qui s'unit aux hommes l'a choisie par le canal par lequel il se donne à eux. 177

EXORDE D'UN SERMON POUR LA FÊTE DE L'ANNONCIATION. 191

PREMIER SERMON POUR LA FÊTE DE LA VISITATION DE LA SAINTE VIERGE. — Jésus-Christ visitant l'homme, lui donne trois sentimens : l'humilité devant sa majesté, le désir de la jouissance à la vue de ses perfections infinies, et la joie du cœur dans sa possession. Or le mystère de la Visitation nous montre ces trois choses : l'abaissement d'une ame qui se croit indigne de Jésus-Christ, c'est ce que nous remarquons en Elisabeth ; le transport d'une ame qui le cherche, c'est ce que nous reconnoissons en saint Jean ; la paix d'une ame qui le possède, c'est ce que nous admirons en la sainte Vierge. 192

TROISIÈME POINT MODIFIÉ DU SERMON PRÉCÉDENT. 215

ENTRETIEN FAMILIER POUR LA FÊTE DE LA VISITATION DE LA SAINTE VIERGE. — Dans la Visitation, Elisabeth s'humilie, Jean tressaille, Marie chante un admirable cantique : ainsi l'ame doit éprouver trois sentimens dans les visites du Seigneur; un saint abaissement, un transport divin, une joie céleste. 222

SECOND SERMON POUR LA FÊTE DE LA VISITATION DE LA SAINTE VIERGE. — Dans la Visitation, d'abord Elisabeth est la figure de la Synagogue et Marie celle de l'Eglise : car l'une montre dans la dernière vieillesse la caducité mourante de la loi, et l'autre fait voir dans la fleur de l'âge l'éternelle nouveauté de l'Evangile ; ensuite Elisabeth et Marie représentent dans leurs étroits embrassemens l'harmonie de la Synagogue et de l'Eglise; car la loi prépare l'Evangile en l'annonçant, et l'Evangile accomplit la loi en la perfectionnant. 231

PREMIER SERMON POUR LA FÊTE DE LA PURIFICATION DE LA SAINTE VIERGE. — Comme nous devons nous sacrifier avec Jésus-Christ sans réserve, et que la nature nous fait appréhender la mort, la douleur, la contrainte ; Siméon, Anne et Marie nous apprennent dans la Purification à nous immoler avec le Sauveur par trois sortes de sacrifices : par un sacrifice de détachement en méprisant la vie, par un sacrifice de pénitence en mortifiant nos appétits sensuels, par un sacrifice de soumission en captivant notre volonté. 243

SECOND EXORDE DU PREMIER SERMON POUR LA FÊTE DE LA PURIFICATION DE LA SAINTE VIERGE. 263

SECOND SERMON POUR LA FÊTE DE LA PURIFICATION DE LA SAINTE VIERGE. — Parmi les lois différentes qui nous soumettent à leur empire, il y a dans les divins préceptes une loi de justice qui nous dirige, dans les conditions de notre mortalité une loi comme fatale de la nécessité qui nous entraîne, enfin dans nous-mêmes une loi de la concupiscence qui séduit nos sens et notre raison. Or, en ce jour, le Sauveur et sa sainte Mère se soumettant aux commandemens que Dieu a donnés à son peuple ; Siméon, détaché de la vie, en subissant sans se troubler la loi de la mort, se met au-dessus des nécessités qui accablent notre nature ; enfin Anne, pénitente et mortifiée, nous fait voir dans ses sens domptés la loi du péché vaincue. 264

AUTRE CONCLUSION DU SECOND SERMON POUR LA FÊTE DE LA PURIFICATION DE LA SAINTE VIERGE. 285

TROISIÈME SERMON POUR LA FÊTE DE LA PURIFICATION DE LA SAINTE VIERGE. — Marie, en se purifiant dans le temple, sacrifie la gloire de sa virginité devant les hommes pour obéir à la loi ; en faisant à Dieu l'offrande de son Fils, elle nous apprend à lui sacrifier ce que nous avons de plus cher. 290

PREMIER SERMON POUR LA FÊTE DE L'ASSOMPTION DE LA SAINTE VIERGE. — Pour faire entrer Marie dans sa gloire, il falloit avant toutes choses la dépouiller de cette misérable mortalité, ensuite parer son corps et son ame de l'immortalité bienheureuse, enfin la placer dans son trône au-dessus des chérubins et des séraphins, et de toutes les créatures. Or trois vertus de cette glorieuse Reine accomplissent tout ce grand ouvrage : l'amour divin la tire de ce corps de mort ; la virginité, toute pure et toute éclatante, répand jusque sur sa chair la lumière d'immortalité ; et l'humilité toute-puissante la place dans son trône, pour y être éternellement révérée par les anges et par les hommes. 301

SECOND SERMON POUR LA FÊTE DE L'ASSOMPTION DE LA SAINTE VIERGE.

— La force du saint amour a donné la vie à la sainte Vierge ; les impatiences défaillantes du saint amour lui ont donné la mort ; les sublimités du saint amour ont fait la majesté de son triomphe. 323

PLAN D'UN SERMON POUR LA FÊTE DE L'ASSOMPTION DE LA SAINTE VIERGE. 338

MÉDITATION POUR LA VEILLE DE L'ASSOMPTION DE LA SAINTE VIERGE (*inédit*). 341

SERMON POUR LA FÊTE DU ROSAIRE. — Deux grandes choses étaient nécessaires pour nous rendre les enfans de Dieu : puisque nous lui étions étrangers par nature, il falloit que nous fussions adoptés par l'amour du Père; puisque le crime du premier homme nous avoit vendus au démon, il falloit que nous fussions rachetés par le sang du Fils. Or le Père et le Fils ont associé Marie, le premier à la fécondité de son amour, le second à la fécondité de ses souffrances; si bien qu'elle est notre Mère, premièrement par un amour maternel, secondement par les souffrances qui déchirent son ame au Calvaire. 346

SERMON POUR LE JOUR DU SCAPULAIRE (*inédit*). — Premièrement, Dieu a tracé dès l'origine du monde le dessein d'après lequel Marie devoit être la Mère des fidèles; secondement, cette glorieuse maternité s'est accomplie dans la plénitude des temps. 362

SERMONS

DE VÊTURES ET DE PROFESSIONS RELIGIEUSES.

SERMON POUR LA VÊTURE DE MADEMOISELLE DE BOUILLON DE CHATEAU-THIERRY. — Nous apportons au monde en naissant, une liberté indocile, qui affecte l'indépendance; une molle délicatesse, qui nous fait soupirer après les plaisirs; un vain désir de paroître, qui nous épanche au dehors et nous rend ennemis de toute retraite. Or la vie religieuse oppose à ces trois désordres des remèdes forts et infaillibles : la contrainte par la règle, la mortification par la vie pénitente, l'obscurité par une sainte et bienheureuse retraite. 372

PREMIER SERMON POUR LA VÊTURE D'UNE NOUVELLE CATHOLIQUE. — Pour nous revêtir de Notre-Seigneur Jésus-Christ, nous devons considérer quels ont été les sentimens du Fils de Dieu dans le mystère de l'Incarnation, et imprimer les mêmes pensées en nous-mêmes. 391

SECOND SERMON POUR LA VÊTURE D'UNE NOUVELLE CATHOLIQUE. — Dieu a fait à la postulante deux grandes graces : il l'a retirée des ténèbres de l'hérésie, et il lui a donné l'inspiration de renoncer au monde pour se consacrer entièrement à son service. 403

PREMIER SERMON POUR LA VÊTURE D'UNE POSTULANTE BERNARDINE. — Il y a trois lois de servitude : la loi du péché, la loi des passions, la loi de la contrainte et de la bienséance mondaine. Or la vie religieuse brise ces lois destructives de la vraie liberté : la loi du péché par l'ordre et la discipline, la loi des passions par la mortification et la pénitence, la loi de la bienséance mondaine par la retraite et la solitude. 419

FIN DU SERMON PRÉCÉDENT, AUTREMENT TRAITÉE. 442

SECOND SERMON POUR LA VÊTURE D'UNE POSTULANTE BERNARDINE. — Même sujet que le sermon précédent : la vie religieuse délivre de la triple servitude qui enchaîne les hommes dans le siècle : du péché, des passions, de l'empressement et de la bienséance mondaine. 445

SERMON POUR LA VÊTURE DE MARIE-THÉRÈSE-HENRIETTE DE LA VIEUVILLE. — Tandis que le monde, impliquant l'homme dans la multiplicité, disperse ses forces, l'établit dans un état de désordre et trouble son repos : la vie religieuse, par cela qu'elle fixe l'ame dans l'unité, ramasse ses forces, la rappelle à sa constitution naturelle et lui donne une bienheureuse et inébranlable stabilité. 455

SERMON POUR LA PROFESSION DE MADELEINE-ANGÉLIQUE DE BEAUVAIS. — En entrant dans la maison de son Dieu par une profession solennelle, l'Epouse de Jésus-Christ doit quitter toute hauteur, celle que le monde donne et celle qu'un esprit superbe se donne à soi-même ; elle doit choisir l'abaissement et l'abjection selon le précepte de l'Evangile ; elle doit se faire petite aux yeux des autres, et très-petite à ses propres yeux. . . 470

SERMON POUR UNE PROFESSION, PRÊCHÉ LE JOUR DE L'EPIPHANIE. — Jésus est roi, puisque les Mages demandent « où est né le roi des Juifs ; » il aime d'un amour ardent, puisqu'il envoie son étoile pour attirer les Mages ; il aime avec jalousie, puisqu'il ne veut pas que les Mages retournent par le même chemin, ni qu'ils aiment ce qu'ils aimoient auparavant. Mais Jésus est un roi pauvre, qui a pour palais une étable et pour trône une crèche : il demande dans son Epouse l'amour de la pauvreté ; il aime, et ce qu'il aime ce sont les ames pures : pour avoir son amour il faut garder la chasteté ; il est jaloux et veille de près sur les actions, mais comme il aime la soumission, pour éviter sa jalousie, la souveraine précaution c'est l'obéissance. 486

SERMON POUR UNE PROFESSION, PRÊCHÉ LE JOUR DE L'EXALTATION DE LA SAINTE CROIX. — Dans le mystère de cette journée, l'Epouse verra premièrement que son Epoux céleste est roi, et lira le titre de sa royauté gravé en trois langues au haut de sa croix : « Jésus de Nazareth, roi des Juifs. » Elle y apprendra en second lieu que c'est un amant passionné ; et son sang, que le seul amour tire de ses veines, en sera la marque évidente. Enfin elle découvrira que c'est un amant jaloux, et les Ecritures divines lui en donneront des preuves certaines. 508

SERMON POUR UNE PROFESSION, SUR LA VIRGINITÉ. — La virginité chrétienne est une sainte séparation et une bienheureuse union : une séparation de la multiplicité dans l'unité, qui produit la pureté de l'ame ; une union avec le divin Epoux, qui donne sur la terre un avant-goût du bonheur céleste. 525

SERMON POUR LA PROFESSION DE MARIE-ANNE DE SAINT-FRANÇOIS-BAILLY. — L'ame qui se donne à Dieu dans le cloître doit : premièrement, renoncer au monde ; en second lieu, combattre sans relâche pour persévérer dans ce renoncement ; en troisième lieu, toujours avancer et toujours croître dans la perfection chrétienne. 541

SECONDE CONCLUSION DU SERMON PRÉCÉDENT, POUR LA PROFESSION DE MARIE-ANNE DE SAINT-FRANÇOIS-BAILLY. 553

REMARQUES HISTORIQUES sur Madame de La Vallière. 557

SERMON POUR LA PROFESSION DE MADAME DE LA VALLIÈRE. — Il y a deux amours qui font ici-bas toutes choses : l'un est l'amour de soi-même poussé jusqu'au mépris de Dieu, c'est ce qui fait la vie ancienne et la vie du monde ; l'autre est l'amour de Dieu poussé jusqu'au mépris de soi-même, c'est ce qui fait la vie nouvelle du christianisme, et ce qui étant porté à la perfection fait la vie religieuse. 563

REMARQUES HISTORIQUES relatives à l'ouverture de l'assemblée générale du clergé de France. 582

SERMON PRÊCHÉ A L'OUVERTURE DE L'ASSEMBLÉE GÉNÉRALE DU CLERGÉ DE FRANCE, SUR L'UNITÉ DE L'EGLISE. — L'Eglise est belle et une dans son tout; c'est la première partie, où l'on verra la beauté de tout le corps de l'Eglise : belle et une en chaque membre ; c'est la seconde partie, où l'on verra la beauté particulière de l'Eglise gallicane dans ce beau tout de l'Eglise universelle : belle et une d'une beauté et d'une unité durable; c'est la dernière partie, où l'on verra dans le sein de l'unité catholique des remèdes pour prévenir les moindres commencemens de division et de trouble. 588

FIN DE LA TABLE DU ONZIÈME VOLUME

(QUATRIÈME DES SERMONS).

ŒUVRES COMPLÈTES

DE

S. FRANÇOIS DE SALES

ÉVÊQUE ET PRINCE DE GENÈVE

Publiées d'après les manuscrits et les éditions les plus correctes, avec un grand nombre de pièces inédites
précédées de sa Vie, par M. de Sales
et ornées de son portrait et d'un *fac-simile* de son écriture

DEUXIÈME ÉDITION.

14 beaux volumes in-8°, papier vélin glacé. — Prix : 81 francs.

Cette deuxième édition sera imprimée avec même caractère et sur même papier que la première, dont le succès a été tel, qu'elle s'est trouvée épuisée en même temps que terminée.

La réimpression de cet ouvrage sera terminée dans le courant de l'année 1862.

Nous ne louerons pas des écrits dont Fénelon mettait « le style naïf et la simplicité aimable au-dessus de toutes les grâces de l'esprit profane, » que l'Académie française proposait à tous pour modèle dans le temps même où elle relevait les fautes de Corneille, et dont l'Eglise dit par toute la terre dans la recitation de l'Office divin : « Pleins d'une doctrine céleste, ils repandent une vive lumière qui montre un chemin sûr et aisé pour arriver à la perfection chrétienne. » (*Brev. Roman.*)

Voici ce qu'un juge compétent, M. Foisset, conseiller à la cour impériale de Dijon, écrit dans le *Correspondant* (numéro du 25 septembre 1857) concernant notre édition des Œuvres complètes de saint François de Sales :

« En réclamant une édition nouvelle des *Pensées* de Pascal, M. Cousin disait qu'il fallait traiter Pascal COMME UN ANCIEN. Que dirons-nous de saint François de Sales ?

» C'est mieux qu'un ancien, c'est un saint. Et pourtant avec quel sans-façon n'a-t-on pas traité ses écrits ? On ne s'est pas contenté de les mutiler, on les a traduits de l'inimitable langage que vous savez, dans l'incolore et insipide français d'un académicien du XVIIIe siècle.

» Puis on est revenu au vrai saint François de Sales, mais avec quelle incurie du texte ! Ouvrez la plus estimée des éditions modernes, celle de M. Blaise, vous y trouvez des *non-sens* comme celui-ci : « Election de la souveraine dilection, » pour « Reyne de la souveraine dilection ; » — ou cet autre : « Dans le précieux gage que ce grand prince vous a laissé de votre mariage, *laquelle* étant une image vivante du père, » au lieu de : *Je veux dire en Mademoyselle de Mercœur, laquelle*, etc. — Notez qu'il y a vingt passages tout aussi inintelligibles, mais dont j'épargne l'énumération aux lecteurs du *Correspondant*, les fautes d'impression de M. Blaise n'ayant pas même l'excuse, si c'en est une, d'être amusantes.

» Le nouvel éditeur littéraire parait avoir pris sa tâche au sérieux. Il ne se permet pas, comme la plupart de ses devanciers, de corriger saint François de Sales ; il a, si j'ose ainsi parler, la religion du texte original. Il sera le premier qui ait rétabli l'orthographe même du saint évêque de Genève. Il a recouru avec le plus louable scrupule aux anciennes éditions, moins complètes évidemment, mais bien plus exactes que les éditions modernes, et surtout à celle du commandeur de Sillery, l'ami de sainte Chantal. Nous n'avons sous les yeux que l'*Introduction à la vie dévote* et le *Traité de l'amour de Dieu* ; mais ces deux chefs-d'œuvre du saint évêque ne nous laissent rien à désirer quant à la pureté du texte et à la bonne exécution typographique. »

Toutes les Œuvres sont divisées comme en cinq classes. La première comprend les ouvrages ascétiques et les ouvrages de piété ; la deuxième, les sermons et les discours ; la troisième, les écrits concernant le diocèse de Genève et les congrégations religieuses ; la quatrième, les livres de controverse ; enfin la cinquième, les lettres. Chaque partie est précédée d'un avertissement contenant de courtes notices sur les ouvrages qui la composent. On trouve des détails plus étendus dans la Vie du Saint, par Ch.-A. de Sales, qui est imprimée en tête des Œuvres et y sert d'introduction.

Un vocabulaire, beaucoup plus complet que celui des éditions précédentes, explique les termes et les locutions dont le sens peut s'être obscurci par le cours des années.

BESANÇON. — IMPRIMERIE D'OUTHENIN CHALANDRE FILS